Carsten Gansel

ICH BIN SO GIERIG NACH LEBEN
BRIGITTE REIMANN

aufbau

Carsten Gansel

ICH BIN SO GIERIG NACH LEBEN

BRIGITTE REIMANN

Die Biographie

aufbau

Mit 50 Abbildungen

Gewidmet meiner Großmutter Else Affeldt (1896–1980) und meiner Mutter Karin Nitsche

MIX
Papier | Fördert gute Waldnutzung
FSC® C083411

ISBN 978-3-351-03964-6

Aufbau ist eine Marke der Aufbau Verlage GmbH & Co. KG

2. Auflage 2023

www.aufbau-verlage.de
10969 Berlin, Prinzenstraße 85

Einbandgestaltung zero-media.net, München
Satz LVD GmbH, Berlin
Druck und Binden CPI books GmbH, Leck, Germany

Printed in Germany

Inhalt

1. Prolog – wo die Anfänge liegen oder der Bücherschrank der Großmutter

Brigitte Reimann ist mir früh begegnet – zwar nicht persönlich, wohl aber im Bücherschrank meiner Großmutter. Dort standen »Ankunft im Alltag« (1961) und »Die Geschwister« (1963). Meine Großmutter war eine belesene Frau, die noch bis ins hohe Alter fließend Französisch und Englisch sprach. Auch das Lateinische beherrschte sie. Nach der Flucht aus dem Osten im Herbst 1945 war sie gemeinsam mit ihrer kleinen Tochter, meiner Mutter, in Güstrow gestrandet, weil ihre Schwägerin hier wohnte. Gerettet hatten sie nichts, verloren alles. Mit den Erzählungen über den Verlust von weit mehr als der eigenen Bibliothek bin ich aufgewachsen. Als ich dann in den 1980er Jahren Peter Weiss' »Ästhetik des Widerstands« las – meine Großmutter war einige Jahre zuvor verstorben –, fühlte ich mich an ihre Berichte erinnert. Weiss schildert ausführlich, wie Bertolt Brecht 1940 angesichts der vordringenden deutschen Truppen die Flucht aus dem schwedischen Exil vorbereitet. Da er nur weniges mitnehmen kann, muss er sich entscheiden: »In eine schwarze Seemannskiste gelegt wurden die wichtigsten Manuskripte, Notizblätter und Journale, sowie eine äußerst gesicherte Auswahl von Büchern«, heißt es.[1] Diese gesicherte Auswahl herzustellen bereitet Brecht geistige Qual. Das Problem für ihn besteht darin, dass er sich von zahlreichen Texten nicht trennen mag, viele haben ihn »seit seiner Jugend begleitet«.[2] Während Helene Weigel »Kupferschalen, Teekessel, Töpfe und Bratpfannen verstaute, stopfte Brecht noch, wo immer eine Spalte frei war, Bücher, die er aus den Haufen zog, die wir ringsum gelagert hatten«.[3]

Da meine Großmutter 1946 sofort eine Anstellung als Lehrerin fand, blieb sie in der Sowjetischen Besatzungszone und begann neue

Bücher anzuschaffen. So kam es, dass ich in dem kleinen Bücherschrank Literatur fand, die in der SBZ und späteren DDR gedruckt worden war. Dazu gehörten jene Autorinnen und Autoren, die ins Exil zu gehen gezwungen waren, nicht zuletzt weil ihre Bücher am 10. Mai 1933 auf dem Berliner Bebelplatz von Mitgliedern des Nationalsozialistischen Studentenbundes auf einem riesigen Scheiterhaufen verbrannt worden waren: Lion Feuchtwangers »Jud Süß«, seine »Häßliche Herzogin«, die »Josephus-Trilogie«, »Goya«. Von Heinrich Manns ausgewählten Werken in Einzelausgaben hatte meine Großmutter den »Untertan« und »Die Jugend des Königs Henri Quatre«. Sein Bruder Thomas Mann war vertreten mit dem »Zauberberg«, »Doktor Faustus« und zu guter Letzt mit »Ausgewählten Erzählungen«, die mit einer Widmung versehen waren: »Unserer Kollegin Affeldt zum Geburtstag gewidmet. Kollegium der Goethe-Schule. Güstrow, d. 9. 8. 54« stand dort in schöner Schrift.

Das Besondere eines Teils der Bücher im Großmutter-Schrank bestand nun darin, dass es sich durchweg um Erstausgaben des Aufbau-Verlages handelte, den am 16. August 1945 der Journalist Heinz Willmann, der Volkswirt Klaus Gysi, der Verlagsbuchhändler Kurt Wilhelm und der Verlagskaufmann Otto Schiele in der Wohnung von Schiele in Berlin-Dahlem gegründet hatten. Zum Programm des neuen Verlages gehörte auch ein Autor, dem sich der »geistige Gründungsvater« der Unternehmung, Johannes R. Becher, nicht zuletzt aufgrund biographischer Gemeinsamkeiten verbunden fühlte, nämlich Hans Fallada. Die Erstausgabe von »Kleiner Mann – was nun?« (1946) wie auch die zwei Teile von »Wolf unter Wölfen« hatte ich früh in Händen, denn Fallada gehörte zu den besonders wertgeschätzten Autoren meiner Großmutter. Offensichtlich suchte sie in den Jahren nach 1945 einige jener klassischen Bücher wiederzuerwerben, die sie in ihrer eigenen Bibliothek hatte zurücklassen müssen, darunter Franzosen wie Émile Zola mit »Germinal« (1885) und »Die Erde« (1887), Engländer wie Walter Scotts »Ivanhoe« (1820) oder Charles Dickens' »Oliver Twist« (1838) und »David Copperfield« (1850). Scott und Dickens griff ich mir, da war ich zwölf oder dreizehn, und »Ivanhoe« las ich sogar mehrmals. Dass Scotts

Roman um König Richard I., genannt Löwenherz, als ein Geschenk ausgewiesen war, nahm ich damals nicht wahr. Erst viel später interessierte ich mich dafür, warum meine Großmutter den Roman erhalten hatte. »Unsere demokratische Schule wurde zum Vorbild für ganz Deutschland durch die patriotische Tat unserer Volkslehrer. Dank und Anerkennung für zehnjährige Aufbauarbeit in der demokratischen Schule.« Unterschrieben hatten der Schulrat und der Leiter der Gewerkschaft Unterricht und Erziehung, und es ist das Jahr 1956.

Nach welchen Prinzipien meine Großmutter ihre Bücher in den Schrank gestellt hatte, darüber machte ich mir keine Gedanken. Viel später, beim Lesen von Peter Weiss, wurde mir klar, dass sie ähnlich vorgegangen sein könnte wie Brecht. Der Erzähler in der »Ästhetik des Widerstands« notiert nämlich, dass die Bücher »weder alphabetisch noch nach Fachgebieten geordnet, doch auch keineswegs regellos zusammengestellt gewesen waren, sondern nach Verwandtschaftsbeziehungen, nach einem System gegenseitiger Sympathien oder Zusammengehörigkeiten in Streitgesprächen«.[4] Verwandtschaftsbeziehungen und Sympathien, das schien auch ein Kriterium für meine Großmutter gewesen zu sein. Der Blick in ihre neu entstehende Bibliothek belegt den Versuch einer erneuten individuellen Teilhabe an dem, was man kulturelles Gedächtnis nennen kann. Gekauft wurden vor allem jene Bücher, die zum bürgerlichen Kanon gehörten. Wenn man so will, dann handelte es sich um eine individuelle Kanonisierung, meine Großmutter steckte für sich ein bestimmtes Territorium ab, auf das sie ihre Aufmerksamkeit richtete. Theodor W. Adorno hat einmal gesagt, dass bei Kanonisierung fortgelassen werden muss. Daran anschließend, entsteht für Jan und Aleida Assmann jeder Kanon mit einem Trennungsstrich, denn es wird eine Dialektik zwischen dem produziert, »was hineinkommt«, und dem, »was draußen bleibt«.[5] Wenn ich unter diesem Gesichtspunkt heute die Bestände des Bücherschrankes meiner Großmutter betrachte – die meisten befinden sich in meinem Besitz –, dann hat es den Anschein, dass ihr Kaufinteresse in den 1960er Jahren deutlich zurückgegangen ist. 1896 geboren, kam sie in dieser Zeit bereits ins Rentenalter. Unterrichtet hat sie allerdings noch, da war sie einige Jahre über 70. Warum? Sie hatte – vermutlich auch durch ihre Erfahrungen mit Erstem Weltkrieg, Inflation, Weimarer Republik, Nationalsozialismus, Krieg und Holocaust, schließlich Flucht und Vertreibung – eine Lebensmaxime. Oftmals zitierte sie einen Spruch des indischen Dichters und Philosophen Rabindranath Tagore, der 1913 als erster asiatischer Autor den Literaturnobelpreis erhielt. »Ich schlief und träumte, das Leben sei Freude«, wird er gern zitiert. »Ich erwachte und sah, das Leben war Pflicht. Ich handelte, und siehe, die Pflicht war Freude.« Pflicht war für meine Großmutter vielleicht auch der Erwerb von Gegenwartsliteratur, die sie eher distanziert-zurückhaltend zur Kenntnis nahm. Es steckte in den Texten, so ihre Aussage, zu viel »Tendenz«, mithin Ideologie, wie sie meinte. Das, was man in der DDR mit dem »neuen Gegenstand« bezeichnete, bereitete ihr Unbehagen. Die DDR-Literatur ab Mitte der 1960er Jahre hat sie dann kaum noch zur Kenntnis genommen. Umso mehr verwundert es, dass sich in ihrem Bücherschrank die zwei Texte von Brigitte Reimann fanden: »Ankunft im Alltag« (1961) und »Die Geschwister« (1963). Vermutlich hat sie an den »Geschwistern« die deutsch-deutsche Thematik interessiert, denn ihr Sohn, mein Onkel, war nach der amerikanischen Kriegsgefangenschaft in den westlichen Besatzungszonen geblieben, und so war die Familie fortan geteilt. Ob meine Großmutter Brigitte Reimann wirklich gelesen hat, vermag ich nicht zu sagen. Gesprochen haben wir darüber nicht.

In den 1970er und 80er Jahren wurde Brigitte Reimann zu einer Art Kultautorin, und zwar mit jenem Roman, der unvollendet blieb und dennoch 1974 erschien, »Franziska Linkerhand«. Im Nachsatz hat Walter Lewerenz, Brigitte Reimanns langjähriger Lektor beim Verlag Neues Leben, festgehalten, warum die Autorin den Roman nicht vollenden konnte. »Am 20. Februar 1973 starb sie – noch nicht vierzigjährig – an Krebs.« Lewerenz konnte aus eigener Erfahrung etwas über die Energie mitteilen, die Brigitte Reimann in dieses Lebensprojekt gesteckt hatte. »Trotz der Krankheit, an der sie die letzten Jahre ihres Lebens zunehmend litt, trotz der Furcht und der schließlichen Gewißheit, daß die außerordentlich hilfreichen Bemühungen der Ärzte das Schlimmste nicht würden verhindern können, setzte sie die Arbeit an dem Roman, dessen Anfänge in das Jahr 1963 zurückgehen, mit großer Willenskraft fort.«[6]

Mir selbst begegnete Reimanns Roman allerdings erst Ende der 1970er Jahre, als ich im Rahmen eines Sprachpraktikums in der Sowjetunion war, in Belgorod, jener Stadt, deren Name auf die Kalk- und Kreidefelsen verweist, auf denen sie im 13. Jahrhundert erbaut wurde. Hier kaufte ich für einige Rubel ein Exemplar der »Franziska« in einer Buchhandlung, die auch deutschsprachige Literatur vertrieb. Gelesen habe ich es dann Anfang der 1980er Jahre. In meinem Exemplar mit zahlreichen Anstreichungen liegt bis heute eine Besprechung von Christel Berger aus der Wochenzeitung des Kulturbundes »Sonntag«, die zum 10. Todestag der Autorin erschienen war. Sie begann mit einem Zitat der Autorin: »Eine wirklich gute Schriftstellerin – wie ich es früher erträumte – werde ich doch nicht mehr, und alles was ich der deutschen Literaturgeschichte zu bieten habe, ist der dubiose Begriff ›Ankunftsliteratur‹«, hatte sie am 16. Januar 1972, etwa ein Jahr vor ihrem Tod, in einem Brief geschrieben.[7] Freilich war ihre Furcht unbegründet. Und so bringt die Rezensentin auch ihre eigenen Erfahrungen mit ins Spiel. Für sie ist Brigitte Reimann eine »ungeheuer beharrliche und sensible Arbeiterin und eine mutige Frau« gewesen. Der »umstrittene Begriff der Ankunftsliteratur« sei »fast vergessen«, während ihre Bücher lebten. »›Franziska Linkerhand‹, obwohl unvollendet geblieben, gehört für mich zu den schönsten und wichtigsten Büchern der DDR-Literatur«, schreibt Christel Berger, um dann zu bekennen: »Ich lese immer wieder darin und entdecke Neues und finde meist eine Verbündete, wenn ich Rat, Beistand oder Ermunterung brauche. Diese Verbündete heißt Brigitte Reimann.«[8] Das war 1983!

Ein neues Interesse an Brigitte Reimann ergab sich mit und nach dem Ende der DDR und der Wende des Jahres 1989/90. Nicht zuletzt deshalb, weil die Frage im Raum stand, was aus einer Literatur in dem Fall wird, wenn der Staat, auf dessen Boden sie entstand, nicht mehr existiert. Da fielen als Einstieg in den Streit am Beispiel von Christa Wolf und ihrer Erzählung »Was bleibt« Wertungen wie »Staatsdichtertum«,

»machtgeschützte Innerlichkeit« oder »literarisch apokryph«.[9] Die Art und Weise der Argumentation provozierte ein vielstimmiges Pro und Contra. Wohl vor allem das Wie und der Zeitpunkt der Kritik wurde von vielen als unannehmbare Provokation oder gar ›Hetzjagd‹ empfunden. Heftige Reaktionen folgten und führten zu dem, was dann übertreibend »deutscher Literaturstreit« genannt wurde.[10] »Nicht zu Unrecht«, hatte ich damals im Rahmen der ersten Tagung zu Uwe Johnson 1990 geäußert, »herrschte das Empfinden vor, dass es fast über Nacht zur Demontage gerade jener Autoren kam, die wie Christa Wolf und Stefan Heym über Jahrzehnte im Westen als die moralischen und ästhetischen Leitgrößen DDR-deutscher Literatur gegolten hatten. Nach dem Prinzip pars pro toto wurden sie nun als Legitimationsinstanzen eines ostdeutschen Bewußtseins angesehen und damit als Feigenblatt einer real-sozialistischen Diktatur.«[11]

Brigitte Reimann spielte in diesen Debatten keine Rolle. Sie stieg stattdessen einige Jahre später, nach Veröffentlichung ihrer Tagebücher, fast wie ein Phönix aus der Asche. Der begründete Erfolg brachte eine Renaissance der Autorin, die bis in die Gegenwart anhält und gerade auch international eine neue Dimension annimmt – im englischsprachigen Raum sind in den letzten Jahren immer mehr Werke übersetzt worden, zuerst ihre Tagebücher, jüngst in der renommierten Modern-Classics-Reihe von Penguin »Die Geschwister«, »Franziska Linkerhand« wird folgen. Bis auf wenige Ausnahmen erfuhren die Tagebücher, die 1997/98 erstmals veröffentlicht wurden, im Osten wie im Westen Deutschlands eine einhellig positive, ja geradezu euphorische Rezeption. Einmütigkeit bestand in der Überzeugung, Reimanns Tagebücher würden ein Stück Alltagsgeschichte der DDR liefern, wie es bisher nicht vorlag.[12] In den Tagebüchern liege »einfach die große Kraft des Authentischen«.[13] Hier werde die DDR nicht als ein »Konglomerat abstrakter Begriffe« gezeigt, sondern »von innen heraus«, aus der »Perspektive einer Frau, die sich von den Ideen nicht ihre Erlebnisfähigkeit nehmen läßt«.[14] Mit den Tagebüchern, heißt es, habe Reimann zugleich eine Analyse des Alltags wie des politischen Systems geliefert. Insofern funktioniere das

Tagebuch auch wie ein Nachschlagewerk über DDR-Befindlichkeiten, es stelle ein Kompendium der inoffiziellen Alltagskultur jener Zeit dar.[15] Jochen Hiebers Aussage im »Literarischen Quartett«, wonach er aus dem Tagebuch über das Innere in der DDR so viel erfahren habe wie sonst in keinem Buch, trifft eine weit verbreitete Sicht vor allem westlicher Rezensenten.[16] Das erkannte man offensichtlich wieder: die Hoffnungen, Sehnsüchte, Widersprüche, Konflikte, Tragödien einer Generation, die in der DDR »ankam« oder in sie »hineingeboren« wurde. Mit einigem Recht verstanden nicht wenige Leser die Tagebücher als ein »Wiederfinden von gelebtem Leben«, von »widersprüchlicher, unverdauter, aber vertrauter Vergangenheit«.

Ein Blick auf die Kritiken unterstreicht, mit welchen Schwierigkeiten sich jede Biographie, aber insbesondere eine zu Brigitte Reimann konfrontiert sieht. Offenkundig wird, wie stark bei der Modellierung des historischen Bewusstseins, bei der Auswahl des Wirklichkeitsmaterials die Tendenz zur Stereotypenbildung besteht und in welchem Maße neben der persönlichen Betroffenheit, Sozialisation, Erinnerung und Erfahrung auch praktische Orientierungs- und Aufarbeitungsbedürfnisse mitspielen. So diente Reimanns Leben fast allen als Beleg für die Enge, die Unattraktivität, Geschlossenheit, Vormodernität der ostdeutschen Verhältnisse, an denen sie gescheitert sei. Wo die DDR einzig als Ort der Tristesse, der Enge, des grauen Alltags, der Zurückgebliebenheit wahrgenommen wird, muss Reimann als »Exotin«, als »Candida des DDR-Sozialismus«[17], als »privatistischste Autorin der DDR« gelten.[18] Und in dem Maße, wie sie eine späte Würdigung erfährt, ja ihre Tagebücher zum »Besten aus der DDR-Literatur« werden, existieren Stimmen, die den Rest dieser Literatur als weniger künstlerisch, ihn als irrelevant, ja affirmativ aburteilen. Es läge nahe, Reimann vor allem als begeisterte, aber frühzeitig desillusionierte Sozialistin auszuleuchten; als Nymphomanin, die die verlogenen moralischen Konventionen des spießigen DDR-Sozialismus überschreitet; als von der Staatssicherheit bedrohte Systemkritikerin; eine sich vom Dogma des »sozialistischen Realismus« befreiende Autorin. In dieses Bild passt ihr tragischer Tod mit seiner symbolischen Bedeutung. Folgte man diesen

Denkfiguren, erscheint es nur logisch, Brigitte Reimanns Leben als ein privates Fiasko anzusehen, das gleichsam wie ein »Spiegelbild« die »tödlich provinzielle« Gesellschaft abbildet, an der die sensible, lebenshungrige, phantasievolle Frau scheitern musste.[19]

Marcel Reich-Ranicki hatte in seiner Besprechung von Christa Wolfs »Nachdenken über Christa T.« einen Satz formuliert, der den Kern seiner Sicht erkennen lässt. »Sagen wir klar«, hatte er geschrieben, »Christa T. stirbt an Leukämie, aber sie leidet an der DDR.«[20] Dieser Satz über eine literarische Figur wurde einer der Gründe für das Zerwürfnis, das sich im Verhältnis zu Christa und Gerhard Wolf ergab, und avancierte zum Muster, vor dessen Hintergrund das Leben und der frühe Tod von Brigitte Reimann seither interpretiert wurden. Folgte man einem solchen Ansatz, würde einmal mehr das viel zitierte Adorno-Diktum festgeschrieben, wonach es kein »richtiges Leben im falschen« gibt. Aber was ist »richtiges Leben«? Und ist es einzig in einer Gesellschaft möglich, die wie die Bundesrepublik vor und nach 1989 als gleichermaßen offen wie modern gilt? Ganz abgesehen davon, dass die BRD der 1950er, 60er und 70er Jahre keineswegs ein Land war, in dem Intellektuelle sich »behaglich fühlen konnten« (Uwe Johnson). Wo die Wertmaßstäbe einseitig und ausschließlich von den gegenwärtigen Verhältnissen bezogen werden, wird schwerlich ein lebendiges Bild von jener »wirklichen Wirklichkeit« (Anna Seghers) zu entwerfen sein, in der Brigitte Reimann lebte.

Wer über Brigitte Reimann schreibt, bekommt es also mit einem seit 1989 nicht nur für die Historiographie existierenden Problem zu tun, der Tatsache nämlich, dass »moralisch-politische Urteile der Gegenwart relativ ungefiltert auf die Interpretationen der DDR-Geschichte durchschlagen«.[21] Auf diese Weise liefern ost- wie westdeutsche Kritiker über die Bildung von Stereotypen Bilder von der DDR und ihren Autoren, die – gewollt oder ungewollt – an der Neukonstitution eines spezifischen historischen (neu)deutschen Bewusstseins mitwirken und sich aufgrund ihrer Vereinfachungen in ein solches auch widerstandslos einpassen lassen.[22] Gerade weil die Tagebücher umfassend Einblick in die Psyche der Autorin geben und zeigen, auf welche

Weise sie »Wirklichkeit« aufnahm, verarbeitete, was sie wegließ, ignorierte, unter einem spezifischen Blickwinkel sah, sind die Gegenstände der Reibung zu rekonstruieren. Dazu allerdings erscheint es notwendig, die in Tagebüchern wie Werk angebotene »Version der Wirklichkeit« (Uwe Johnson) mit anderen möglichen Versionen zu vergleichen. Dies macht eine eigenständige Arbeit am Material, die Verwendung neuer Quellen, die Neubesichtigung gegebener Fakten notwendig. Eine Biographie zu Brigitte Reimann wird durch das Dokumentieren bislang unbekannter, verschwiegener, vergessener Zusammenhänge wie auch durch das positivistische Sammeln von Fakten, Zeitstimmen, Erinnerungen *alte* Kontexte *neu* zu sichten haben. Insofern ist die Biographie auch als Versuch zu verstehen, Aspekte von DDR-Geschichte neu zu buchstabieren. Der Blick zurück verlangt eine Grenz-Überschreitung – das Bemühen um einen Blick-Wechsel, der inzwischen eingeschliffene Wertungsraster zu vermeiden sucht.

Das Ende der DDR liegt mehr als dreißig Jahre zurück. Durch Archivarbeit wurde es in den vergangenen Jahrzehnten möglich, in das Innere eines Staatswesens zu schauen, wie es nie zuvor in der deutschen Geschichte möglich war. Was sollte es noch Neues geben können? Wir stehen nicht am Ende der Geschichte, wie Francis Fukuyama mit Blick auf den Sieg der westlichen Demokratien 1989 vermutete.[23] Der amerikanische Demokratieforscher glaubte, dass der Sozialismus diskreditiert sei und nunmehr einzig ein Zivilisationsmodell die Zukunft bestimmen würde. Die Gegenwart zeigt, dass dies allem Anschein nach nicht stimmt. Unabhängig davon: Es gibt weiterhin unbekannte und vergessene Zusammenhänge, es gilt, Archivalien zu entdecken, von denen es einige ermöglichen, vermeintlich bekannte Kontexte neu zu ordnen. Es versteht sich von selbst, dass Biographien sich zurückhaltend und tastend einer Person nähern und dort, wo das Nichtwissen beginnt, diese Lücken füllen durch sensibles Umkreisen, letztlich durch das Erzählen von Geschichten. Die Beschäftigung mit Brigitte Reimann soll die Chance bieten, an diesem so kurzen Leben einer faszinierenden Frau und Schriftstellerin möglichst jenseits von »einfachen Wahrheiten« eine Vorstellung von dem zu vermitteln, was ihr Leben und allgemein das Leben nach 1945 in beiden Teilen Deutschlands ausmachte, denn »Biographie ist unwiderruflich«.[24] Insofern ist das vorliegende erzählte Leben ganz im Sinne von Uwe Johnson eine Einladung, die eigene »Version der Wirklichkeit zu vergleichen mit jener« von Brigitte Reimann.[25]

2. Herkunft kenntlich machen – Spurensuche

Geboren wird Brigitte Reimann am 21. Juli 1933 in der Bahnhofsstraße 5 in Burg bei Magdeburg. Es ist ein heißer Freitag. Einen Tag später werden Elisabeth und Willi Reimann »in dankbarer Freude« bekannt geben: »Uns ist gestern ein gesundes, kräftiges Töchterchen geboren.«[1] Ein Jahr später, 1934, zieht die Familie in die Neuendorfer Straße 2, ein schönes Haus, ja eine Art Villa, mit einem Garten und Kirschbäumen. Bruder Ludwig kommt 1934 auf die Welt, 1941 der Bruder Ulrich und 1943 die Schwester Dorothea. Der Vater stammt aus der Familie »eines Burger Buchdruckers, die Großeltern mütterlicherseits waren um 1910 aus Köln nach Burg gekommen, wo der Großvater eine Goldleistenfabrik eröffnete«, heißt es.[2]

Burg, 948 das erste Mal urkundlich erwähnt, war seit dem 13. Jahrhundert für seine Tuchmacherei bekannt. Zeitweise existierten in der Stadt über fünfzig Fabriken. Im 15. Jahrhundert galt Burg neben Halle und Magdeburg als die wirtschaftlich bedeutendste Stadt in der Region. Im Dreißigjährigen Krieg (1618–1648) wurde sie stark zerstört. Nach dem Prager Frieden Kursachsen zugesprochen, ging sie später wiederum an Brandenburg-Preußen. 1713 wurde Burg Garnisonsstadt. Allerdings wurden zu diesem Zeitpunkt die Truppenteile des Preußenkönigs Friedrich Wilhelm I. noch in Privatquartieren untergebracht. Der Bau der ersten Kaserne begann in den Jahren um 1772. In diesem Umfeld ist auch eine für Burg wichtige Persönlichkeit anzusiedeln, Carl von Clausewitz, der 1780 hier geboren wurde und bis zum zwölften Lebensjahr eine Lateinschule besuchte.

Historische Quellen belegen, dass es mit der Industrialisierung im 19. Jahrhundert zu einem wirtschaftlichen Aufschwung kam. Das hing nicht zuletzt mit dem Bau der Bahnstrecke Berlin – Magdeburg im Jahre 1846 zusammen, wodurch die Stadt an das Schienennetz angegliedert wurde und im gleichen Jahr die Einweihung eines Bahnhofs feiern konnte. 1871, im Jahr der Gründung des Deutschen Reiches, wurde der Bau des etwa 30 Kilometer langen Ihle-Kanals abgeschlossen, mit dem Burg besseren Zugang zum Wassernetz der Elbe erhielt. Am nördlichen Kanalufer entstanden zahlreiche Ziegeleibetriebe. Die 1883 gegründete Schuhfabrik »Tack & Cie« galt bis zum Ende des Zweiten Weltkriegs als größte Produktionsstätte, in der täglich bis zu 4000 Schuhe gefertigt wurden. Das Brockhaus-Lexikon von 1894 enthält bereits zu diesem Zeitpunkt einen umfangreichen Eintrag, der die wirtschaftliche Stärke der Stadt ausdrückt:

> Kreisstadt zu beiden Seiten der Ihle, die sich unterhalb der Stadt mit dem Kanal vereinigt, der 1865–71 zur nähern Verbindung der Havel mit der Elbe erbaut und kürzlich verbreitert wurde, und an der Linie Berlin – Magdeburg der Preußischen Staatsbahnen. Die bedeutende Industrie erstreckt sich auf die Fabrikation von Tuch (10 Fabriken, die meist Militärtuch liefern), Goldleisten und Rosetten (5), Glacé- und Saffianleder (2), Handschuhen (7), Maschinen (2), Schuhwaren (4), Cigarren (3), Stärke und Parkettfußböden; ferner bestehen 2 Flanellwebereien, 5 Färbereien, Wollwäscherei, 10 Bierbrauereien und Dampfsägewerke.[3]

Als der Großvater, Wilhelm Besch (1869–1947), 1910 seine Fabrik gründet, gehört Burg zu den wichtigen Städten in Brandenburg-Preußen. Geboren 1869, ist er zu diesem Zeitpunkt 41 Jahre alt und kommt wie seine Frau Franziska, geborene Zabel (1871–1956), aus dem Rheinland.[4] Die Familie ist katholisch. Die Tochter Elisabeth wird 1905 geboren, später absolviert sie eine Lehre in einer Bank und lernt hier ihren späteren Mann Willi Reimann kennen. Mit der Produktion von Gold- und Politurleisten für Bilderrahmen setzt Wilhelm Besch auf einen Industriezweig, der Hochkonjunktur hat. In Burg gibt es damals mehrere Betriebe, die sich auf die Fertigung von

Tapetenleisten, Gardinenbrettern, Portiergarnituren und Kehlleisten für die Bau- und Möbelindustrie spezialisiert haben. Ein Eintrag in Dennert's Konversations-Lexikon von 1910, das sich in der Bibliothek der Familie befindet, belegt, wie wichtig die Herstellung von Goldleisten in der Gründerzeit und im Jugendstil war. Ausführlich werden dort die Unterschiede zwischen einer Leim- und einer Ölvergoldung beschrieben.[5] Für die Großeltern, die das führen, was man einen bürgerlichen Haushalt nennt, sind Bücher wichtig. Im Herrenzimmer gibt es einen großen Bücherschrank, und es gehört zu den Ritualen, dass beide, Großvater Wilhelm Besch und seine Frau Franziska, in ihrem Haus mit verteilten Rollen aus den Märchen der Brüder Grimm vorlesen.

Der Großvater väterlicherseits, Gustav Reimann (1877–1960), ist Buchdrucker im traditionsreichen Buch- und Zeitungsverlag August Hopfer. Er und seine Frau Elisabeth, geborene Schröder, (1877–1961) stammen aus Burg. Ihr Sohn Willi (1904–1990), Brigitte Reimanns Vater, ist von der Ausbildung her Bankangestellter, aber nachdem er 1930 arbeitslos geworden ist, findet er eine Anstellung als Redakteur und später Schriftleiter bei dem Brotgeber des Vaters. Der Familienbetrieb war von Ernst August Hopfer gegründet worden, der ab 1848 die »Buchhandlung Adolph Volger« in Burg geleitet und sie 1853 gekauft hatte. Seitdem baute er das Geschäft erfolgreich aus, gliederte eine Leihbibliothek sowie eine Schreib- und Papierwarenhandlung an und gründete einen eigenen Verlag, der erfolgreich in ganz Deutschland tätig war. 1874 startete er die erste werktags täglich erscheinende Zeitung, das »Tageblatt für den Jerichowschen und benachbarte Kreise, Burgsche Zeitung« mit einer illustrierten Rundschau als Beilage. 1878 schaffte er es, seine Zeitung mit dem »Burgschen Kurier« zu verbinden. Der Heimatforscher Paul Nüchterlein vermutet, dass es das »meist gelesene Blatt, der wirksamste Anzeiger und der schnellste Nachrichtenbote in den beiden Jerichower Kreisen« war. Nach dem Tod des Firmengründers übernahmen die Söhne die Druckerei als gleichberechtigte Mitinhaber. Nüchterlein schreibt:

> Gemeinsam mit seinem Bruder Eugen H. hat Rudolf H. das Unternehmen über die Grenzen seiner Heimat hinaus bekannt gemacht. Die dem Zeitungsverlag angegliederte Werkdruckerei versorgte eine Anzahl großer und größter Verlage mit dem Druck ihrer Verlagswerke, ein eigener kunstgeschichtlicher Verlag schloß sich an. Ab 1885 war Rudolf H. Mitglied des *Sächsisch-Thüringischen Buchhändlerverbandes* und von 1894 an Vorstandsmitglied.[6]

Willi und Elisabeth Reimann heiraten 1930. Als Willi Reimann in die Druckerei kommt, leitet der 14 Jahre ältere Paul Hopfer den Betrieb. Beide haben sich im Burger Ruder-Club kennengelernt und sind trotz des Altersunterschiedes befreundet. Zunächst wohnen sie gemeinsam mit ihren Ehefrauen in einer Villa in der Grabower Straße, bis die Reimanns in die Bahnhofstraße ziehen und Hopfers ein eigenes Haus bauen. Im Verlag, der in der Zerbster Straße 28 seinen Sitz hat, ist Paul Hopfer für die Schriftleitung und den politischen Teil verantwortlich. Willi Reimann ist laut Impressum des »Tageblatts für die Kreise Jerichow – Burger Zeitung« sein Stellvertreter mit den Aufgabenbereichen Politik und Unterhaltung. Zudem entwirft er das Layout für Bücher, die im Verlag erscheinen. Dazu gehören verschiedene Serien, u.a. »Deutsche Bauten«, eine kunstgeschichtliche Buchreihe mit Einzeldarstellungen berühmter Bauwerke und ihrer Kunstschätze. Die Herausgabe der einzelnen Bände verantwortet Hermann Giesau, der als habilitierter Kunsthistoriker und außerordentlicher Professor an der Universität Halle ab 1930 Provinzialkonservator war.[7]

Mit etwa 50 Seiten und 80 Abbildungen erreichten die kunstgeschichtlichen Darstellungen ein größeres Publikum. Die Reihe wurde von Giesau bereits 1924 mit dem Band zum Dom zu Magdeburg eröffnet, an dessen zweiter, veränderter Auflage von 1936 Willi Reimann beteiligt ist.[8] Er arbeitet auch an der Reihe »Heimbücher der Kunst« mit, in der Bände zu Raffael, Michelangelo, Rubens, Frans Hals oder Goya erscheinen. Die kleinen Kunstbücher, als Geschenkbände gedacht, kosten 1,50 Reichsmark und werden erfolgreich deutschlandweit vertrieben. Eine Besprechung in der Mittelschlesischen Gebirgszeitung lobt das Konzept wie die Qualität der Bücher. »Zu den aus umfassender Forschung und Kennerschaft des Werkes geschriebenen Texten gesellt sich in allen diesen Veröffentlichungen eine beziehungsvoll zusammengestellte Bildauswahl, so daß dem Leser ein überraschend nachhaltiger Gesamteindruck zuteil wird«, heißt es.[9] Hervorzuheben ist der Umstand, dass trotz des fundierten kunstgeschichtlichen Anspruchs Wert auf gute Lesbarkeit gelegt wird und die Texte weitgehend ohne nationalsozialistische Ideologeme auskommen.

Sämtliche der bei Hopfer erschienenen Bände gehören zur Bibliothek von Willi Reimann, dessen Arbeitszimmer mit zwei schweren schwarzen Art-déco-Bücherschränken ausgestattet ist. Auf dem großen Schreibtisch stehen Buchstützen aus schwarzem Marmor mit vernickelten Seehunden, die früh die Blicke der Geschwister auf sich ziehen und die Phantasie anregen. Der Vater liest nicht nur aus Märchenbüchern vor, sondern sucht seine beiden Ältesten früh an jene Verlagspublikationen heranzuführen, an denen er als Macher beteiligt ist. Oftmals wird in der Familie ein Blick auf die Fotografien der Bauten sowie der Gemälde von Michelangelo, Rubens oder Goya geworfen.[10]

In der Ehe, in der die Partner unterschiedlicher Konfession sind, wird ein »guter Kompromiss« gefunden. Zwar gehen die Kinder Brigitte, Ludwig und Ulrich in den Religionsunterricht und werden evangelisch konfirmiert, aber die Religionsausübung spielt eine nebenrangige Rolle.[11] Obwohl die Mutter aus der begüterten Familie eines Fabrikanten stammt und der Vater aus der Arbeiterschicht, gibt es keine größeren Konflikte. Ludwig Reimann, Brigittes Bruder, wird Jahrzehnte später erinnern, dass für die Geschwister keinerlei Spannungen wahrnehmbar gewesen seien. »Für uns waren beide Großelternteile liebevolle Großeltern, zu denen wir immer gern zu Besuch gegangen sind. Brigitte hat sich wohl lieber mit der bürgerlichen Seite identifiziert«, schreibt er.[12]

Nach den Erinnerungen nicht nur der Brüder hat Brigitte früh begonnen, »hemmungslos zu lesen«.[13] 2005 berichtet Ludwig, der immer Lutz genannt wurde, wie die Schwester mit acht oder neun Jahren Shakespeare gelesen und ihr entsprechendes Wissen zum Erstaunen der Lehrer im Unterricht angebracht habe. »So sie konnte«, heißt es an anderer Stelle, »saß sie weltabgewandt und möglichst unbehelligt und las. Sie las alle Bücher, die ihr in die Hände kamen.«[14] Erika Raudszus, die Tochter einer Freundin der Mutter, hat festgehalten, wie sie nach der Evakuierung Stettins im August 1943 einen Zwischenstopp in Burg machten. Brigitte habe damals einen Spaziergang mit der Familie energisch abgewehrt und dies damit begründet, dass sie »dichten« müsse. Dazu, so heißt es, »zog sie in ihrem Zimmer die roten Vorhänge zu und nahm Platz auf einem niedrigen Polsterwürfel – mit der bedauernden Äußerung, daß ihr zur Anregung ihrer schöpferischen Phantasie eigentlich noch ein fauler Apfel fehle – sie wisse, daß ein solcher bei Goethe immer sehr befruchtend gewirkt hätte«.[15] Es ist nicht auszumachen, ob Erika Raudszus die Erinnerung trügt oder ob die Zehnjährige die Affinität für faule Äpfel fälschlicherweise Goethe unterschiebt. Die Episode, die auf Johann Peter Eckermanns Gespräche mit Goethe zurückgeht und auf den 7. Oktober 1827 datiert ist, gehört seit dem Ende des 19. Jahrhunderts zum festen Bestand des Deutschunterrichts, in dem das »Triumvirat Lessing, Goethe, Schiller« den Kanon bestimmt. In Eckermanns Eintrag wird mitgeteilt, wie ihm Goethe von einem Besuch bei Schiller berichtet. Da Schiller von einem Gang noch nicht zurück gewesen war, hätte Goethe sich an den Arbeitstisch gesetzt, wo ihm nach einer Weile übel geworden sei. Letztlich stellte er fest, dass »aus einer Schieblade« ein »sehr fataler Geruch strömte«. Zu seinem Erstaunen fand er sie »voll fauler Äpfel«. Schillers Frau habe dann mitgeteilt, dass »die Schieblade immer mit faulen Äpfeln gefüllt sein müsse, indem dieser Geruch Schillern wohltue und er ohne ihn nicht leben und arbeiten könne«.[16]

Die geschilderte Apfel-Episode – egal wie korrekt sie erinnert ist – belegt die früh einsetzende Faszination für Bücher ebenso wie die außerordentliche Belesenheit von Brigitte Reimann, die in die Kindheit zurückreicht. Dabei bevorzugt sie jene Bücher, die sie in der Privatbibliothek des Vaters findet, in der ersten Reihe Lessing, Goethe und Schiller, sodann die Romantiker mit Ludwig Tieck, Joseph von Eichendorff, Clemens Brentano und E. T. A. Hoffmann. Von Ludwig Reimann stammt auch jener Hinweis, dass die Achtjährige in Goethes »Faust« gelesen habe und in besonderem Maße von Gretchen fasziniert gewesen sei, deren Monologe sie auswendig gelernt habe. Die väterliche Privatbibliothek war zwar nicht so umfangreich wie jene von Josef Preußler mit »einigen sechstausend Bänden«. Aber auch für Brigitte Reimann gilt das, was der Schriftsteller Otfried Preußler später als frühe Prägung aufgezeichnet hat: dass beide Kinder zu den Büchern »von klein auf unbeschränkt Zutritt hatten. Einzige Bedingung: Jedes Buch wieder an seinen Platz!«[17]

Diese frühen Lese-Erfahrungen werden später nicht nur in »Franziska Linkerhand« der Protagonistin zugeschrieben. Ludwig Reimann schließlich hat von einem Vorfall erzählt, der in der Familie immer wieder für Belustigung sorgte. »1946 kamen unsere Mutter und ich abends vom Kartoffelstoppeln oder ähnlicher Arbeit nach Hause und fanden Brigitte auf einem Stuhl, den sie auf den Tisch gestellt hatte, völlig ungestört sitzen und lesen, während die Kleinen völlig unbeobachtet, die kleine Schwester mit vollgemachten Windeln, irgendwo herumwuselten.«[18] Der Sozialpsychologe Harald Welzer hat diese Gruppenkonversation (Memory Talk) – hier im Zusammenhang mit der früh sich abzeichnenden Affinität der kleinen Brigitte für Literatur – als grundlegend für den familiären Vergangenheitsbezug und die Herstellung einer kohärenten Gruppenidentität charakterisiert: »Die kommunikative Vergegenwärtigung von Vergangenem in der Familie ist kein bloßer Vorgang der Weitergabe von Erlebnissen und Ereignissen, sondern immer auch eine gemeinsame Praxis, die die Familie als eine Gruppe definiert, die eine besondere Geschichte hat, an der die einzelnen Mitglieder teilhaben und die sich nicht zu verändern scheint«, schreibt er.[19]

In der Familienbibliothek befanden sich vier Bände der »Ausgewählten Werke« Ernst von Wildenbruchs mit einer Einleitung von Hanns Martin Elster, erschienen im Verlag Grote, Berlin 1919.[20] Im Gespräch hat Ludwig Reimann, danach befragt, ob der in Burg zu Beginn des 20. Jahrhunderts bekannte und geschätzte Autor in den Erzählungen der Großeltern oder Eltern eine Rolle gespielt habe, darauf verwiesen, dass eine gut sortierte Sammlung von teilweise vergilbten Heften in einem Fach des Bücherschrankes aufbewahrt wurde. Er erinnere sich, wie der Vater eines der Hefte gezeigt und etwas von Wildenbruch erzählt habe.

Es nimmt nicht wunder, dass Willi Reimann auch Exemplare von Schulprogrammen, denn darum handelt es sich bei den Heften offensichtlich, in der eigenen Bibliothek hatte. Denn: Hopfer hatte eine besondere Textsorte in seinem Programm, die Schulprogrammschriften, auch unter dem Titel »Jahresberichte der Gymnasien« bekannt. Hierbei handelt es sich um eine Publikationsform, die bereits Mitte des 18. Jahrhunderts entstand und mit den Schulneugründungen im höheren Bildungswesen ab 1820 besondere Relevanz erlangte. In Preußen erging mit dem »Circular=Rescript« vom 23. August 1824 an alle höheren Lehranstalten die Verpflichtung, Jahresberichte zu publizieren, und in der Folge organisierten die Schulbehörden landesweit einen Austausch der Schulschriften.[21] Der Verlag Hopfer druckte und vertrieb diese Schriften deutschlandweit, zu denen auch Programme des Burger Königlichen Victoria-Gymnasiums gehörten. Und es hat den Anschein, dass Willi Reimann den Kindern ein Heft präsentiert hat, das zu Ostern 1910 gedruckt worden war, genau in dem Jahr, als Schwiegervater Besch seine Goldleistenfabrik in Burg gründete. Ein halbes Jahr zuvor, am 1. November 1909, hatte die Stadt am Haus Jakobistraße 9 eine Gedenktafel mit der Inschrift angebracht: »Hier wohnte Ernst von Wildenbruch in den Jahren 1865–1867«.[22] Wildenbruch war zuvor am 15. Januar 1909 in Berlin gestorben. Ludwig Reimann erinnert, dass sie als Kinder mit dem Vater auf dem Weg ins Stadtzentrum öfter an dem Haus vorbeigekommen seien.

Bei dem Heft, das anscheinend eine Rolle gespielt hat, handelt es sich um den Jahresbericht des Königlichen Victoria-Gymnasiums zu Burg. Darin findet sich ein Beitrag des Rektors Otto Tüselmann, der die »Weiherede« zur Enthüllung der Gedenktafel am 1. November 1909 gehalten hat. In der »Weiherede«, zu der Honoratioren der Stadt, Lehrerinnen und Lehrer des Gymnasiums sowie ältere Schülerinnen und Schüler geladen waren, sprach der Rektor über die »literarische Bedeutung Wildenbruchs« und dessen Beziehung zu Burg. Über die Veranstaltung war im »Tageblatt für die Jerichowschen und benachbarten Kreise und Burgsche Zeitung« ausführlich berichtet worden.[23] Ein Jahr später nun gibt Otto Tüselmann in seinem Beitrag »Ernst von Wildenbruch in Burg« Auskunft über unbekannte Details der Biographie des damals in Deutschland bekannten Autors.[24] Dass er gerade Burg zum Ausgangspunkt der Dichter-Karriere machte, hatte einen interessanten Hintergrund, vom dem eher die Großeltern berichtet haben werden. Es spricht viel dafür, dass es Großmutter Franziska war, die sich für Wildenbruch und seine Biographie interessierte. Von ihr ist überliefert, dass sie die Enkelkinder mit phantasiereichen Geschichten über Weltreisen begeisterte, die sie sich selbst ausdachte. Sie war es auch, die den Enkeln aus Jack Londons Romanen »Ruf der Wildnis« (1903), »Seewolf« (1904) und »Wolfsblut« (1906) vorlas.

Auf den ersten Blick faszinieren musste die Großmutter die Biographie von Ernst Adam von Wildenbruch, der 1845 in Beirut im damaligen Syrien geboren wurde, wo sein Vater den Posten eines Generalkonsuls bekleidete und gleichzeitig Rittmeister im Garde-Kürassier-Regiment war. Mit zwei Jahren kam der kleine Wildenbruch nach Berlin zurück, um mit dem fünften Lebensjahr nach Athen und von dort ein Jahr später nach Konstantinopel zu gelangen. Hier war der Vater als Gesandter immerhin sechs Jahre tätig. Der Unterricht für die Kinder fand im Haus des Konsuls statt, engagiert dafür hatte die Familie einen jungen Lehrer, Otto Frick. Zehn Jahre später hatte ebendieser Otto Frick promoviert und war nun Rektor des Victoria-Gymnasiums in Burg.

1859, da war Wildenbruch erst 14 Jahre alt, begann er seine Ausbildung im Kadettenkorps und schloss sie vier Jahre später im Mai 1863 erfolgreich ab. Nun geschah etwas in der Biographie von Wildenbruch, was sich für die damalige Zeit geradezu abenteuerlich anhörte und wovon Brigitte und Ludwig Reimann aus den Familienerzählungen erfuhren: Der junge Mann hatte nach einem halben Jahr im Militärdienst das Gefühl, dass die Beschäftigung, die ihm der Offiziersstand zuwies, »eine gewisse Unbefriedigtheit« bei ihm hervorrief. »Dies Gefühl steigerte sich im Verlaufe der Zeit«, notiert Wildenbruch, »und nachdem zwei Jahre verflossen waren, konnte ich mich bei ernster Selbstprüfung der Wahrnehmung nicht verschließen, daß ich zu wissenschaftlicher Beschäftigung entschieden größeren Hang als zur militärischen empfand und daß infolgedessen ein längeres Verweilen in einem Berufe, den ich mehr und mehr als einen verfehlten ansehen mußte, für mich die traurigsten Folgen hervorrufen mußte.«[25] Er war damals erst zwanzig Jahre alt und fasste den Entschluss, »aus dem aktiven Dienst auszutreten«. Mit der Einwilligung des Vaters nahm er seinen Abschied. »Ich begab mich nun, um mich zur Ablegung des Abiturienten-Examens vorzubereiten, zu Weihnachten desselben Jahres nach Burg«, schreibt er.[26]

Für Burg entschied er sich, weil er hier bei dem verehrten früheren Hauslehrer Unterricht nehmen konnte. Otto Frick ist 1865 bereits Gymnasialdirektor, und in den folgenden Jahren wurde er zu einem der führenden Vertreter des deutschen Unterrichts, der sich Mitte des 19. Jahrhunderts erst im Aufbau befand. Von ihm stammen gewichtige Arbeiten zu Gotthold Ephraim Lessing sowie zu Goethe und Schiller. Seine Sammlung »Aus deutschen Lesebüchern. Epische, lyrische und dramatische Dichtungen erläutert für die Oberklassen der höheren Schulen und für das deutsche Haus« gehörte in der Folgezeit zu den zentralen Publikationen des sich etablierenden Kanons der deutschen Literatur an den humanistischen Gymnasien.[27]

Für die Reimann-Kinder ist Wildenbruch neben seiner abenteuerlich anmutenden Biographie auch als Autor präsent. Vater Reimann hat auf Bitten der kleinen Tochter besonders eine Geschichte mehrfach erzählt, die sich in Wildenbruchs Bändchen »Kindertränen« findet, nämlich »Die Landpartie«. In der Erzählung, die ganz im Stil des späten 19. Jahrhunderts einen didaktischen Charakter hat, wird anschaulich gemacht, wie die Kinder ganz praktisch erkennen, was eine Vorsehung ist, von der die Erwachsenen immer wieder sprechen. Den Kinderton treffend, leitet der überschauende Erzähler die Geschichte so ein: »Ein Punkt war es, über den Hänschen nicht zu der Klarheit zu gelangen vermochte, die er sich wünschte, über den ihm auch Fränzchen, sein

Schwesterchen, obschon es doch siebeneinhalb Jahre alt und mithin ein ganzes Jahr und zwei Monate älter war als er, keine genügende Auskunft zu geben vermochte; das war die Frage: was eigentlich die Vorsehung sei?«

Inwieweit die Erinnerungen der Geschwister und anderer Zeitzeugen, von denen ich ab Ende der 1990er Jahre mehr als ein Dutzend in langen Gesprächen befragt habe, die damalige Wirklichkeit korrekt wiedergeben, ist nicht auszumachen. Ulrich Reimann hat diese Unsicherheit präzise auf den Punkt gebracht. »Die ersten bewussten Erinnerungen an meine 8 Jahre ältere Schwester sind mit ihrer Kinderlähmung im Jahr 1947 verbunden«, notiert er. »Bei vielem, was davor liegt, vermischen sich die eigenen Erinnerungen mit dem in den Tagebüchern von Brigitte Gelesenen und mit den Erzählungen meiner Mutter.«[28] Was der Bruder hier mitteilt, ist ein bekanntes Phänomen, dem Rechnung zu tragen ist: Erinnerungen können immer nur eine teilweise, unvollständige Re-Konstruktion der Vergangenheit sein. Uwe Johnson spricht gar von »Tricks der Erinnerung« und der Autor Erwin Strittmatter von »Bastarden der Erinnerung«. Beide meinen den Umstand, dass zwischen den ›realen‹ Geschehnissen der Vergangenheit und den entstehenden Erinnerungen eine Kluft existiert. Der zeitliche Abstand zwischen ›realer Vergangenheit‹ und dem aktuellen Moment, in dem diese erinnert wird, führt dazu, dass die früheren Geschehnisse aus dem Blickwinkel der Gegenwart wahrgenommen und bewertet werden. Damit erfolgt bereits eine Art Umbau. Es werden jene Momente als bedeutsam hervorgehoben, die in der aktuellen Gegenwart für das erinnernde Individuum von größerem Gewicht sind. Aber es gibt noch einen weiteren Grund dafür, warum die erinnerte Vergangenheit nicht der ›wirklichen‹ Vergangenheit entspricht: In die Erinnerungen dringen beständig ›äußere Elemente‹ ein, ohne dass wir uns dessen bewusst sind. So vermischen sich beispielsweise die von anderen erzählten Geschichten, Filmhandlungen oder gar fiktive Romanerlebnisse mit der eigenen Geschichte.[29]

Unabhängig davon, wie authentisch die Erinnerungen im Einzelnen sind, im Falle von Brigitte Reimann gilt einmal mehr das, was der von ihr geschätzte Autor Franz Fühmann einmal geäußert hat. Auf dem VII. Schriftstellerkongress der DDR, der vom 14. bis 16. November 1973 in Berlin stattfand, lieferte Fühmann in der Arbeitsgruppe »Literatur und Kritik« mit seinem Grundsatzreferat einen der wichtigsten Beiträge des Kongresses. Angesichts des Umgangs mit Autorinnen und Autoren in der DDR und der in Teilen von der Kritik nach wie vor erhobenen Forderung, in der Literatur das Typische zu gestalten und bei der literarischen Darstellung die Gesellschaft in ihrer »Totalität« zu erfassen, verweist er darauf, dass dies nur vom »gesamten Ensemble ihrer Schöpfer« geleistet werden könne. Und zu dieser Gesamtheit leiste jeder Schriftsteller »seinen individuellen Beitrag«.

Damit ist er bei einem Problem, mit dem Brigitte Reimann sich bereits frühzeitig beschäftigen wird, nämlich bei der Frage, welche Rolle dem Einzelnen zukommt. Angesichts der nicht hinreichenden Beachtung der Autorpersönlichkeit bringt Fühmann nunmehr unmissverständlich auf den Punkt, dass der individuelle Beitrag eines Schriftstellers ebenjener ist, »den nur *er* und kein anderer leisten und den er nicht anders als nach der Gesamtstruktur seiner Persönlichkeit (Herkunft, Werdegang, emotional-geistiger Charakter, Neigung, Erfahrung und ähnlichem) leisten kann«.[30] Genau diesen Aspekt gilt es auch für Brigitte Reimann zu beachten, wobei außer Frage steht, dass das gegenüber der Literatur aufgeschlossene Familienklima gerade der ältesten Tochter vielfältige Entfaltungsmöglichkeiten bot. Dass dies so gewesen ist, hat Brigitte Reimann selbst als Abiturientin bestätigt. Es liegt ein bislang nicht bekannter Lebenslauf vor, der im Archiv nicht verzeichnet ist: 2001 habe ich mich mehrfach mit dem Direktor des Burger Gymnasiums, Oberstudienrat Dr. Tack, ausgetauscht, und hatte die Möglichkeit, die Klassenbücher und die Schulchronik ab 1945 einzusehen. Und der Direktor stellte ebendiesen Lebenslauf zur Verfügung, den Brigitte Reimann als Schülerin der 12. Klasse geschrieben hat und dem sie den Titel »Mein Bildungsgang« gab. In dem vierseitigen Dokument heißt es zusammenfassend:

Ich habe meine Kindheit in wohlbehütet-kleinbürgerlicher Atmosphäre verlebt – von sehr guten Eltern mehr liebevoll als pädagogisch einwandfrei erzogen. Wir lebten in einer hübschen, sonnigen Wohnung etwas außerhalb der Stadt und machten bis in die Jahre während des Krieges, als bei uns noch zwei Nachkömmlinge geboren wurden, jährliche Sommerreisen an die See oder ins Gebirge.[31]

3. »Bei allen genügt das Jahr der Geburt« – hineingeboren in das Dritte Reich

Ein Autor, der nachfolgend wiederholt eine Rolle spielen wird, ist Uwe Johnson. Das ist kein Zufall. Johnson war nur ein Jahr jünger als Brigitte Reimann, und er arbeitete wie sie nahezu zeitgleich Mitte der 1950er Jahre an einem Roman, der von einer Klasse an einer Erweiterten Oberschule in der DDR und ihren Schwierigkeiten mit der »Demokratischen Republik« erzählt. In beiden Fällen spielt das eine Rolle, was man Denunziation nennt, allerdings mit gänzlich gegensätzlicher Bewertung. Und auch Stalin taucht jeweils in unterschiedlicher Färbung bei beiden auf. Uwe Johnson verließ – anders als Brigitte Reimann – 1959 die DDR, weil er vermutete, die ostdeutschen Behörden würden unangemessen auf seinen in Westdeutschland erscheinenden Romanerstling »Mutmassungen über Jakob« (1959) reagieren. Diesem Uwe Johnson jedenfalls, von dem mit dem Ende der DDR eine erste von Jürgen Grambow besorgte Sammlung mit dem sprechenden Titel »Eine Reise wegwohin« im Aufbau-Verlag erschien, bin ich bereits Mitte der 70er Jahre begegnet.[1] Es gab einen einfachen Grund: Meine Mutter, die nur ein Jahr vor Brigitte Reimann geboren wurde, hat mit ihm die Erweiterte Oberschule »John Brinkmann« besucht und kannte ihn und zahlreiche seiner Klassenkameraden persönlich. Später nahm man wahr, dass aus dem Lockenkopf mit Brille ein bekannter Autor geworden war. In seinen Frankfurter Poetik-Vorlesungen mit dem Titel »Begleitumstände« findet sich nun ganz zu Anfang ein Hinweis, der begründen soll, warum »private Mitteilungen zur Person entfallen werden«. Stattdessen reiche ein Satz: »Wie bei allen, genügt für mich das Jahr der Geburt, 1934.« Und es folgt die Kommentierung: »Mithin war ich fast elf Jahre alt, als ich meinem Staatsoberhaupt

Adolf Hitler zum letzten Mal begegnete in einem mecklenburgischen Dorf.«[2]

Was in den »Begleitumständen« verdichtet in einem Satz zur Sprache kommt, das hatte der Autor 1973 anlässlich einer Lesung aus den »Jahrestagen«, die zwischen 1970 und 1984 entstanden, für seine Figur Gesine so formuliert:

> Wie konnten meine Eltern auf die Idee kommen, daß 1933 ein gutes Jahr für Geburten ist? Und da sie damals die Wahl hatten zwischen England und Deutschland: Warum konnten sie auf die Idee kommen, daß Deutschland ein guter Ort ist, in diesem Jahr geboren zu werden?[3]

Gesine Cresspahl, die Hauptfigur der »Jahrestage«, die Uwe Johnson stets als »Person« bezeichnet, die ihm real begegnet sei, ist – nur wenige Monate vor Brigitte Reimann – geboren, am 3. März 1933 im fiktiven Jerichow, das im Roman zu Mecklenburg und nicht zu Sachsen-Anhalt gehört. Und für sie stellt Johnson die Frage »Woher komme ich und was hat mich zu dem gemacht, was ich bin«.[4]

Während Johnson also den frühen Prägungen seiner »Person« Gesine im Dritten Reich akribisch auf den Grund geht, hat er sich zu seiner Kindheit im Nationalsozialismus kaum geäußert, ihm abgeforderte, schriftlich fixierte Lebensläufe begann er oftmals erst mit 1945. Reinhard Baumgart hat in einem Gespräch mit ihm darauf aufmerksam gemacht und konstatiert, dass es sich so anhöre, »als hätte damals, 1945, mit 11 Jahren Ihr Leben erst begonnen«. Die Antwort von Johnson deutet an, in welcher Weise er sich mit einer neuen Zeit konfrontiert sah. »Ja, ich fing da an, mit eigenen Augen zu sehen«, sagt er. »Das war der Anfang einer neuen Zeit, der Anfang von ganz neuen Umständen, auf die ich mich würde einzurichten haben, während das andere bloß erlebter Vorrat war.«[5] Unabhängig von Johnsons Begründung, deutet die offensichtliche Lücke an, wie bedrängend die Verhältnisse in Nazideutschland für einen Jungen gewesen sein müssen, der »mit der Übungshandgranate bloß auf neun Meter kam«.[6]

Auch Brigitte Reimann hat über die Jahre unter Hitler, mithin ihre Kindheit, nur wenig mitgeteilt. Rückblickend schrieb die junge Autorin im Zusammenhang mit ihrer gerade erschienenen Erzählung »Ankunft im Alltag« und kurz vor dem Mauerbau am 11. August 1961 an Willi Lewin, der damals Mitarbeiter in der Kulturabteilung des Zentralkomitees (ZK) der SED war: »Ich war bei Kriegsende elf Jahre alt, ich hatte noch gelernt, mit erhobenem Arm zu grüßen und den schwarzen Schlips korrekt zu tragen, wenig mehr. Als ich anfing, mich bewußt mit meiner Umwelt auseinanderzusetzen, hatten schon andere mir und meinen Altersgenossen die neue Ordnung gebracht.«[7] Diese Erinnerung ist eine der wenigen, in der Erfahrungen aus der Nazizeit angedeutet sind.

Eingeschult wird Brigitte am 12. April 1939. Zu diesem Zeitpunkt versuchen die Nazis, den Lehrkörper an den Schulen »gleichzuschalten«. Das »Gesetz zur Wiederherstellung des Berufsbeamtentums« war wenige Monate vor Brigitte Reimanns Geburt am 7. April 1933 erlassen worden. Die Nationalsozialisten hatten sich damit eine Rechtsgrundlage geschaffen, um jüdische Lehrer und Schulleiter zu entlassen. Im Paragraph 3 wurde verfügt, alle Beamten aus dem Arbeitsverhältnis zu entfernen, die nicht »arischer Abstammung« seien. Zudem ermöglichte es der Paragraph 4, Beamte in den Ruhestand zu versetzen, die »nach ihrer bisherigen politischen Betätigung nicht die Gewähr dafür bieten, daß sie jederzeit rückhaltlos für den nationalen Staat eintreten«.[8] Parallel dazu machten die Nationalsozialisten die Rassenzugehörigkeit zum entscheidenden Kriterium für den Zugang zu Gymnasien und Universitäten. Sogenannte »Nichtarier« durften nur noch in Ausnahmen die höheren Bildungseinrichtungen besuchen.

Einen Tag nach Brigitte Reimanns Geburt wurde durch den Erlass des Ministers für Wissenschaft, Kunst und Volksbildung vom 22. Juli 1933 der Hitlergruß als verbindlich an den Schulen eingeführt. Es ist der »erhobene Arm«, von dem Brigitte Reimann spricht. Noch im September 1933 war begonnen worden, aus den Schulbüchereien »ungeeignete geschichtliche Bücher, marxistische und kommunistische sogenannte wissenschaftliche Schriften, literarische Werke volksfremder

Schriftsteller (z.B. Bert Brecht, Erich Kästner, Erich Maria Remarque) und Bücher, die das Lehrer-Schüler-Problem in gehässiger und verzerrender Form behandeln«, zu entfernen.[9] Ein halbes Jahr vor Brigitte Reimanns Einschulung, am 9./10. November 1938, kam es mit den Pogromen zur radikalen Zerstörung jüdischen Lebens, die in den Holocaust mündete. Bereits nach dem 10. November begannen die Deportationen der jüdischen Bevölkerung in Konzentrationslager. In der Zeit unmittelbar nach der ›Reichspogromnacht‹ bis zum Beginn des Zweiten Weltkrieges am 1. September 1939 gelang es karitativen Organisationen, an die 10 000 jüdische Kinder im Alter zwischen 7 und 17 Jahren aus Nazideutschland, den besetzten Teilen der Tschechoslowakei und dem annektierten Österreich zu retten und mit Kindertransporten nach Großbritannien zu bringen. Die jüngsten Kinder waren so alt wie Brigitte Reimann. Zu den Ausgewählten gehörte der damals gerade 15-jährige Walter Kaufmann, den Brigitte Reimann 1963 im Künstlerheim Petzow kennenlernen und zu dem sich eine Freundschaft entwickeln wird. In ihrem Tagebuch notiert sie am 3. Februar 1963:

> Wir sind jetzt viel mit Walter Kaufmann zusammen, den wir beide sehr sympathisch finden. Manche seiner Geschichten erinnern an die Jack Londons, und auch in seinem Leben gibt es solche Ähnlichkeiten. Jetzt, über Sonntag, ist seine hübsche Frau hier, Angela Brunner, früher Malerin, jetzt Schauspielerin; sie ist liebenswürdig und gescheit, und wir haben unsere Kaufmann-Sympathie gleich auf sie übertragen.[10]

Über seine Rettung mit dem Kindertransport erzählte Walter Kaufmann Brigitte Reimann nichts Ausführliches. Es ging eher um seine Jahre in Australien. Bis September 1940 war er in einem englischen Internat, und dann kam es zur Internierung jener jungen Leute, die zu diesem Zeitpunkt über 16 Jahre alt waren. In einem Schiff, das für 500 Personen ausgelegt war, auf dem sich aber 2500 befanden, wurden die Jugendlichen nach Australien in ein Gefangenenlager verschifft. Die Fahrt dauerte zwei Monate. Kaufmann kam 1942 frei, als er sich mit anderen Internierten zur australischen Armee meldete. Bis 1946 tat er Dienst in einer Einheit für rückwärtige Dienste, danach arbeitete er in verschiedenen Berufen, als Hafenarbeiter, Seemann und Hochzeitsfotograf. Daneben schrieb er Geschichten, und 1953 erschien sein erster Roman, »Voices in the Storm«, der ein Erfolg wurde. Brigitte Reimann war von Walter Kaufmann und seinem Lebensweg fasziniert. Sie fühlte sich an die Abenteuergeschichten Jack Londons erinnert.

2018, mit 95 Jahren, sprach er mit mir ausführlich über die traumatischen Erfahrungen, die dem Kindertransport vorangingen und die nie verblasst sind. »Es begann damit, dass vor meinen Augen die Synagoge in Düsseldorf in Brand gesteckt wurde«, erinnert Kaufmann, »vor meinen Augen, weil die jüdische Schule, zu der ich damals ging, neben der Synagoge lag. Ich hörte die Massen grölen; was sie grölten, war kaum zu verstehen, es war ein einziges von Judenhass erfülltes Grölen. Entsetzt erkannte ich, dass die Feuerwehr den Brand gar nicht zu löschen versuchte, sondern nur zusah, dass nicht auch die anliegenden Gebäude Feuer fingen. Das Grölen der Massen werde ich nie vergessen.«[11] Zu Hause angekommen, konnte er gerade noch sehen, wie sein Vater von zwei Gestapobeamten in einem Mercedes abgeholt wurde. Danach ging der Schrecken weiter:

> Nur kurze Zeit später begann die SS unser Haus zu stürmen. Die Haustür wurde aufgebrochen. Wir, meine Mutter und ich, wurden in den Keller beordert: »Verschwinden Sie!« Wir hörten Glas splittern und Holz krachen, stampfende Füße und knallende Türen. Ich wollte nach oben, um zu erfahren, was da vorging. Doch meine Mutter klammerte sich an mich: »Bleib hier, bleib hier, du bist das Einzige, was ich jetzt habe.« Als der Lärm nachließ, ging ich dann doch hoch und sah als erstes die Verwüstung im Zimmer meines Vaters. Sämtliche Bücherregale waren umgestürzt, der Roman von Leo Tolstoi »Krieg und Frieden« lag zerrissen auf dem Boden neben dem Band »Deutsche Justiz«. Alle Möbel waren zertrümmert, die Gemälde zerschnitten, bis auf eines, das noch an der Wand hing. Das nahm ich und warf es zu den anderen. Denn es

> bedeutete mir nichts mehr – zwei Frauen im Regen. Meine Mutter hörte den Aufprall und eilte aus dem Keller: »Sind sie wieder da?« »Nein, Mutti, sie sind weg.« »Was war denn das eben?« »Ich hab das Bild von den Frauen im Regen weggeschmissen. Was soll schon so ein Bild in diesen Zeiten?«[12]

1944 wurden die Eltern nach Theresienstadt verschleppt und dort ermordet. Das Trauma hat der Sohn über Jahrzehnte unterdrückt, vergessen hat er es nie. »Die Nachricht von der Ermordung meiner Eltern wirkt bis heute in mir nach – der Vater und die Mutter auf dem Transport nach Auschwitz und auf der Schwelle zu den Gaskammern. Die Vorstellung hat sich in mir mit den Jahren verstärkt«, bekennt er. »In Australien war das anders – mein Leben in diesem riesigen Kontinent verdrängte die Vergangenheit. In Deutschland bin ich fast täglich an Auschwitz erinnert. Da bleibe ich verwundbar. Dabei war das Leben gut zu mir. Ich habe ein hohes Alter erreicht, viel von der Welt gesehen, feste Freundschaften erlebt, und meine Familie ist mir nah – einst gehörte ich zu den Verfolgten, ein Opfer war ich nicht.«[13] Genauso lernte ihn Brigitte Reimann 1963 kennen, als selbstbewussten und faszinierenden Menschen. Die Kindertransporte 1938/39 spielten da keine Rolle mehr, und bei Brigitte Reimann waren die Jahre im Dritten Reich in ihrer Erinnerung verblasst. Das hängt auch damit zusammen, dass das Kind, das sie damals war, noch nicht wissen konnte, was geschah, als Walter Kaufmann am 18. Januar 1939, einen Tag vor seinem fünfzehnten Geburtstag, nach Großbritannien entkam. Das Mädchen ist zu diesem Zeitpunkt voller Erwartungen auf den ersten Schultag.

Als Brigitte zu Ostern 1939 in die Schule kommt, sind bereits zahlreiche Fächer auf die Vermittlung nationalsozialistischer Inhalte ausgerichtet.[14] Im Biologieunterricht werden »Vererbungslehre« und »Rassenkunde« unterrichtet. Vor allem in den sogenannten »gesinnungsbildenden« Fächer wie Deutsch und Geschichte geht es um die Vermittlung nationalsozialistischen Ideenguts anhand von Texten, die Deutschtum, Heroismus, vaterländische Größe verklären und

Leitbilder von Jugend, Gemeinschaft, Fahrt, Lager, Naturverbundenheit, Trommel, Fahne, Feuer, Himmel, Kameradschaft, Führer und Gefolgschaft proklamieren. Geschickt knüpft der Nationalsozialismus an die Jugendbewegung vom Beginn des 20. Jahrhunderts an, die einen emanzipatorischen Ansatz hatte und mit dem Verweis auf Selbstbestimmung eine Art Gegenprogramm zu Leitbildern des sogenannten wilhelminischen Obrigkeitsstaates darstellte. Emanzipatorisch waren die Forderungen auf dem ersten »Freideutschen Jugendtag« im Jahre 1913 geäußert worden. Jugend müsse in »eigener Bestimmung, vor eigener Verantwortung und in innerer Wahrhaftigkeit« ihr Leben gestalten.[15] Dieser Anspruch stand freilich in einem Gegensatz zum »konservativen und neoromantischen Charakter« des inhaltlichen Konzepts, das nicht zuletzt in einem »antiintellektualistischen Zug« von Teilen der Jugendbewegung zum Ausdruck kam.[16] Zivilisationskritische Einstellung und Überbetonung des Nationalgedankens waren mit dem »Bekenntnis zum Deutschtum« verbunden. Zu diesen Traditionen gehörten auch Ideen von Führerprinzip und Gefolgschaftstreue.

Als die Nazis 1933 an die Macht kamen, konnten sie an eine »völkisch« ausgerichtete Deutschkunde anschließen und eine »nationale Ethik« forcieren. Ebendiese Momente finden sich im sogenannten nationalen Gesinnungsbuch. Bereits in der Fibel, mit der Brigitte das Lesen und Schreiben lernt, geht es um Brauchtum, Heimat und Volk. Schon auf den ersten Seiten der Fibel werden allein durch die bildliche Gestaltung konkrete Bezüge zur nationalsozialistischen Ideologie hergestellt. Nicht nur dort, wo es um gemeinschaftliche Tätigkeiten wie Gruppennachmittage, Singen, Musizieren, Ausflüge oder Marschieren geht, stellen die Illustrationen Kinder in der Kleidung des Jungvolks oder der Hitlerjugend dar. Bei den Inhalten gibt es in der Fibel durchweg Sequenzen, die auf nationalsozialistische Rituale orientieren wie »Jungvolk auf dem Marsch nach dem Dorf«, »Marschierende Soldaten«, »Heimabend« oder »Gute Kameraden«. Ganze Kapitel erzählen von Ereignissen, die Elemente nationalsozialistischen Gedankenguts enthalten. »Aus unserer Volksgemeinschaft« heißt ein Kapitel, ein anderes »Familie und Heimat«. Bei der Einführung des Buchstabens T wird den Grundschülern folgender Text angeboten:

Tra ri tra ra – tra ri tra ra!
Trom pe ter sind da.
Tra ra tra ri.
trom pe ten sie.
Trom pe ter wer den wir,
im Takt mar schie ren wir.[17]

Illustriert ist die Sequenz mit einer marschierenden SA-Truppe und darunter zwei Jungen in HJ-Uniform samt Trompete. Das H ist mit folgendem Text und einer bildlichen Illustration verbunden, die vier HJ-Pimpfe in Uniform lesend an einem Tisch zeigt:

Heinrich und Helmut gehen zum Heimabend. Unterwegs treffen sie Horst und Werner. Von weitem sehen sie an dem Maste die Flagge mit dem Hakenkreuz. Sie treten ein und rufen: »Heil Hitler!«

Nun sitzen sie um den Tisch. Zuerst lernen sie ein neues Lied. Dann liest Hermann eine Geschichte vor: Ein Pimpf hat Adolf Hitler auf dem Obersalzberg gesehen.

Sonnabend und Sonntag soll ein Marsch gemacht werden. In der Herberge werden sie übernachten.[18]

Freilich nimmt die Fibel auch klassisches Lerngut auf, das ab Beginn des 20. Jahrhunderts in den Leselehrgängen genutzt wird. Dazu gehören die weit verbreiteten Fabeln von Wilhelm Hey wie auch die Gedichte von Christian Morgenstern oder Friedrich Güll. Brigittes Fibel bietet einen Lese- und Schreiblehrgang, in dem sowohl die lateinische Normschrift als auch Sütterlin vermittelt wird. Sütterlin gehört ab 1935 als »deutsche Volksschrift« zum Lehrplan, ist aber mit dem Schrifterlass vom 1. September 1941 untersagt.[19] Zu diesem Zeitpunkt beherrscht Brigitte Reimann allerdings bereits beide Schriftformen, und in den Briefen an den Vater, der 1943 zur Wehrmacht eingezogen wird, nutzt sie sowohl die Norm- als auch die Sütterlinschrift.

Ab dem 3. und 4. Schuljahr arbeiten die Mädchen und Jungen mit einem Lesebuch, das als Textsorte Mitte des 19. Jahrhunderts entstand.[20] Seine Einführung hing unmittelbar mit dem Wandel der Institution Schule zusammen, die sich dem gesellschaftlichen Modernisierungsdruck nicht entziehen konnte. Ein Ziel bestand darin, die Vormachtstellung des humanistischen Gymnasiums zu beseitigen und gleichberechtigt das Realgymnasium und die Oberrealschule als Institutionen zu etablieren, an denen das Abitur abgelegt werden kann. Mitzudenken ist auch, dass erst mit der Stärkung des Faches Deutsch das Lesebuch seinen Siegeszug antreten und zum Mittelpunkt des Deutschunterrichts werden konnte.[21] Entsprechend handelte es sich bei Lesebüchern – anders als bei der Belletristik – um einen staatlich reglementierten Markt, weil Schulbücher der ministeriellen Zulassung bedurften. Außerdem spielten beim Schulbuchsektor »lobbyistische Gruppeninteressen« der Lehrerschaft mit.[22] Dies galt für das Deutsche Kaiserreich, die Weimarer Republik und auch für die Zeit des Nationalsozialismus.

Die Nationalsozialisten versuchten, den Schulbuchsektor unter ihren Einfluss zu bekommen und ideologisch auszurichten, was nur teilweise gelang. Allerdings schafften sie es aufgrund der ministeriellen Zulassungspraxis vor allem in den Lesebüchern, durch die thematischen Vorgaben in den entsprechenden Kapiteln nationalsozialistische Inhalte zu integrieren. Im »Deutschen Lesebuch für Volksschulen«, das auch an den Schulen in Burg genutzt wird, lauten die großen Schwerpunkte »Daheim bei Vater und Mutter«, »Draußen in Feld und Flur«, »Von Heimat und Vaterland«. Neben dem klassischen Kanon mit Äsop, den Brüdern Grimm, Goethe, Johann Peter Hebel, Martin Luther, Theodor Storm und Ludwig Uhland finden sich vor allem im letzten Kapitel zahlreiche Texte mit explizit nationalsozialistischem Gedankengut. Dazu gehört einer mit dem Titel »Aus Hitlers Jugendzeit«, dessen Verfasser als unbekannt ausgewiesen ist, »Krümel« von Magda Kettner-Agahd, »Oppelner Jungvolk beim Führer« von Günther Kaleja und Walter Flex' »Schwur«.[23]

Wie Brigitte Reimann den Deutschunterricht und das Lesen konkret erlebt hat, kann nur vermutet werden. Sicher ist, dass sie vor allem an abenteuerlichen Erzählungen interessiert ist und wenig mit den ideologisch aufgemachten Führer-Geschichten anfangen kann, die allerdings auch in der Unterzahl sind, denn trotz der Durchdringung des Schulunterrichts mit Inhalten, die auf Heimat, Volk, Brauchtum und Rasse orientieren, gelingt es den Nationalsozialisten nicht, die Schule gänzlich gleichzuschalten.[24] »Trotz aller Maßnahmen des NS-Staats blieb die Schule in ihren Grundzügen eine weitgehend traditionelle Bildungsinstitution, die dem revolutionären Anspruch des NS-Regimes kaum gerecht wurde«, heißt es etwa.[25] Zur Propagierung expliziter nationalsozialistischer Ideologeme setzten die Nazis neben dem traditionellen Schulsystem daher auf den Aufbau von »Eliteschulen«. Dazu gehörten die Adolf-Hitler-Schulen (AHS), die Nationalpolitischen Erziehungsanstalten (Napola), die sogenannten Ordensburgen wie auch spezielle Gymnasien. Brigitte bleiben diese Indoktrinationen erspart, sie wechselt stattdessen zu Ostern 1943 auf das anerkannte Luisen-Lyzeum in der Schartauer Straße. Als weiterführende Schule für Mädchen war es aus der früheren Clara-Schwab-Schule hervorgegangen und wurde 1887 eingeweiht. Vom 1. Oktober 1887 bis zum 1. April 1921, also über einen Zeitraum von mehr als 30 Jahren, leitete Direktor Hübner die Anstalt, auf die bereits Brigitte Reimanns Mutter gegangen war.

Im Bericht für das Schuljahr 1932/33 belegen vor allem die Aussagen des Anstaltsleiters, des Studiendirektors Voigt, die offensichtlichen Wandlungen am Lyzeum, die mit dem Wahlsieg der Nazis 1933 verbunden sind:

> Am 8. 3. 1933 wurde der Wahlsieg der nationalen Parteien vom 5. 3. 1933 durch Unterrichtsausfall gefeiert.
>
> Am 11. 3. 1933 fand eine Feier zum Volkstrauertag statt, bei der Herr Studienrat Dr. Herrmann zum Gedächtnis der im Kriege Gefallenen sprach.

> Am 14. 3. 1933 erfolgte die erstmalige Hissung der Fahnen der nationalsozialistischen Revolution, die von den im Schulgebäude anwesenden Klassen und Lehrkräften begeistert begrüßt wurden.
>
> Am 21. 3. 1933 fand die feierliche Eröffnung des neugewählten Reichstages statt. Nach einer kurzen Ansprache des Anstaltsleiters hörten wir im Rundfunk die Übertragung der Ansprache des Herrn Reichspräsidenten und des Herrn Reichskanzlers bei der Feier in Potsdam an.
>
> Am 25. 3. 1933 fand die feierliche Entlassung der mit dem Schlußzeugnis der Anstalt verlassenden Schülerinnen der Kl. U II statt. In seiner Entlassungsrede wies der Leiter der Anstalt die Abgehenden darauf hin, daß sie nunmehr entlassen würden in ein anderes, ein neues Deutschland, in dem besonders zwei Ureigenschaften unseres Volkes, die Arbeitsamkeit und das tiefe Gemüt, zu neuer Blüte und Gedeihen kommen werden und in dem gerade unsere heranwachsende Jugend das finden werde, wonach sie sich mit uns allen sehnte.
>
> Größere Ausflüge wurden in diesem Jahre mit Rücksicht auf die wirtschaftliche Lage unserer Elternschaft unterlassen.
>
> Das Schuljahr schloß am 8. 4. 1933.[26]

Im Schuljahr 1933/34, zu dem ebenfalls ein Bericht vorliegt, kommt es zu Veränderungen im Lehrkörper, die insofern von Bedeutung sind, als Dr. Hubert Tschersig an das Lyzeum versetzt wird. Tschersig hat als Deutschlehrer für die weitere Entwicklung von Brigitte Reimann eine entscheidende Bedeutung. In dem »Bericht über die Lehrer« hält der Direktor Folgendes fest:

> 3. Im Herbst 1933 verließ uns der kommiss. Studienrat Herr Dr. Vondran, da seine Versetzung an das Städt. Gymnasium in Sangerhausen verfügt worden war. An seine Stelle trat der Oberschulrat Herr Dr. Tschersig vom Oberpräsidium in Breslau (Hubert T. wurde geboren am 16. 8. 1882 als Sohn des Zollaufsehers Gottfried T. in Breslau. Reifeprüfung Ostern 1902 am Friedrichs-

hagengymnasium in Breslau. Studium in Breslau Ostern 1902 – Sommer 1907. Staatsexamen im Sommer 1908 in Deutsch, Geschichte und Religion. Seminarjahr Herbst 1908–1909 am Gymnasium und Realgymnasium z. Hlg. Geist in Breslau. Probejahr in Breslau Herbst 1909–10 an der Bender-Oberrealschule und am Gymnasium z. Hlg. Geist. Studienrat 1. 10. 1910 – 4. 7. 1923, sodann Schultechnischer Hilfsmitarbeiter am P. S. K. in Breslau bis 1. 10. 1923, darauf Oberstudienrat daselbst bis 1. 12. 1925, sodann Oberschulrat bis 26. 4. 1933).[27]

Obwohl die Daten zu Dr. Hubert Tschersig ungewöhnlich ausführlich sind, bleibt einiges zu ergänzen, was seine Biographie betrifft, seinen pädagogischen Ansatz sowie die Motive, die ihn dazu bringen, später eine Schülerin ganz besonders zu unterstützen. Nach dem Besuch der Volksschule brachte sein Vater das Geld auf, um dem Sohn den Besuch des Gymnasiums zu ermöglichen. Die Aussagen zum Studium und dem weiteren Berufsweg sind im Bericht korrekt wiedergegeben. Freilich fehlt der Fakt, dass Tschersig aufgrund der Erfahrungen im Ersten Weltkrieg am 13. November 1918 gemeinsam mit seiner Frau der SPD beitrat und sich in den Jahren der Weimarer Republik in Einrichtungen des Bildungswesens engagierte. So gehörte er von 1925 bis 1933 zum Provinzialkollegium der Provinz Schlesien, einer Schulaufsichtsbehörde. Er war Vorsitzender des Ausschusses für Pädagogische Prüfungsfragen und Präsident des Bundes »Hochschule und höhere Schule«. Außerdem gehörte er zu den Mitgliedern des Arbeitsausschusses der Studienstiftung des deutschen Volkes und war Mitbegründer des Sozialistischen Lehrerbundes. Aufgrund seiner Herkunft und der eigenen Erfahrungen engagierte sich Tschersig im »Verein zur Förderung begabter junger Arbeiter«.[28] Für die SPD trat Tschersig wiederholt als Wahlredner auf und betätigte sich journalistisch. Als der Einfluss der Nationalsozialisten immer größer wurde, kam es zum Eklat: Dr. Tschersig, der in dieser Zeit in Breslau als Oberschulrat in der Schulaufsichtsbehörde der Provinz Schlesien arbeitete, weigerte sich in seiner Funktion als Kommissar für das Rundfunkwesen, eine Rede Adolf Hitlers zur Reichspräsidentenwahl am 23. März 1932 über den Sender Breslau zu übertragen. Das hatte Folgen: Der im Juni 1932 von Hindenburg zum Reichskanzler ernannte Franz von Papen setzte ihn ab. Nach dem Machtantritt der Nationalsozialisten wurde er aus allen Ämtern entlassen und begann in Burg zunächst als Lehrer, kam dann ans Lyzeum, wo er schließlich ab dem Schuljahr 1939/40 stellvertretender Direktor wurde und Lehrer einer besonders begabten Deutschschülerin.

4. »Es sind schwere Zeiten!« – die Jahre ab 1943

Das Jahr 1943 ist für Brigitte Reimann wie für die ganze Familie in mehrfacher Hinsicht einschneidend: Am 28. März 1943 wird die Schwester Dorothea, genannt Dorli, geboren. Drei Tage später, am 31. März 1943, erscheint die letzte Ausgabe des »Tageblatts für die Kreise Jerichow«, weil die Nazis alle Privatzeitungen auflösen. Die Burger Zeitung wird überführt in einen von der NSDAP kontrollierten Verlag. Sie erscheint in Sachsen-Anhalt als »Der Mitteldeutsche« und enthält jeweils lokale Varianten.[1] Willi Reimann wird arbeitslos und erhält wenig später den Gestellungsbefehl, er wird zur Wehrmacht eingezogen.

Bevor Willi Reimann an die Front muss, kann die Familie ihn noch einmal in seiner Ausbildungseinheit besuchen. Danach wird er zusammen mit seinem Freund Paul Hopfer, der zu diesem Zeitpunkt bereits 53 Jahre alt ist, in Riga stationiert. Mit dem Hitler-Stalin-Pakt vom August 1939 ist das Baltikum, mithin auch Lettland als Lettische Sowjetrepublik, der Sowjetunion zugeschlagen worden. Nach dem Beginn des Zweiten Weltkrieges besetzte die deutsche Wehrmacht das Gebiet. Willi Reimann gehört nun zu jenen, die nach der vernichtenden Niederlage in der Schlacht bei Stalingrad Anfang Februar 1943 an die Ostfront abkommandiert werden. Zu diesem Zeitpunkt hat Hitler bereits angeordnet, dass im Falle des Rückzugs die deutschen Truppen »verbrannte Erde« hinterlassen sollen. Wenig später, am 18. Februar, hält Goebbels seine Sportpalastrede und verkündet den »Totalen Krieg«.

Die Familie steht mit dem Vater im Kontakt, die neunjährige Brigitte schreibt ihm Briefe, von denen acht erhalten sind, weil Willi Reimann sie während seiner Urlaubsaufenthalte mit nach Hause bringt. Die Regelungen bei der Wehrmacht sehen vor, dass die Soldaten grundsätzlich zwei- bis dreimal im Jahr nach Hause kommen sollen. Für die Soldaten an der Ostfront ist diese Möglichkeit eingeschränkt, aber laut Verordnung vom Oktober 1942 ist angestrebt, dass sie einmal jährlich einen zusammenhängenden Urlaub von 20 Tagen erhalten.[2]

Der erste überlieferte Brief ist auf den 14. Mai 1943 datiert. Einen Tag zuvor haben die letzten deutschen Einheiten in Nordafrika kapituliert. »Du wirst sicher recht böse sein, daß ich solange nicht geschrieben habe«, vermutet die noch nicht ganz Zehnjährige. »Dafür schreibe ich Dir heute einen ganz langen Brief. Aber wie geht es Dir? Ich sitze gerade in der Schule. Fräulein Born hat nämlich gesagt, daß wir als Niederschrift einen Brief schreiben sollen, wohin und an wen, ist egal, wir dürfen ihn auch richtig abschicken. Natürlich wählte ich Dich aus.« Dann berichtet die Tochter von dem Kirschbaum vor dem Balkon, in dem sich ein Nest mit fünf Eiern befindet, »und die Vögel sind gestern ausgeschlüpft«.[3] Darauf folgt unvermittelt: »Übrigens, heute nacht hatten wir Fliegeralarm. Ihr auch?« Schließlich erzählt sie, die Lehrerin habe sie ausgewählt, anlässlich des Muttertages Blumen an jene Mütter auszuteilen, »die das Ehrenkreuz gekriegt haben. Ich habe mich sehr gefreut! Mutti kriegt kein Ehrenkreuz, weil Dorli 4 Wochen zu spät geboren ist.« Der Stichtag für die Verleihung des »Ehrenkreuzes der deutschen Mutter«, so die Bezeichnung dieses ab 1938 von den Nazis gestifteten Ordens, war der 28. Februar. Elisabeth Reimann hätte mit der Geburt des vierten Kindes das bronzene Ehrenkreuz erhalten. Humorvoll teilt das Kind nun mit, dass eine Nachbarin, Frau Kunze, gesagt habe, »wir werden den Klapperstorch verkaufen, weil er Dorli zu spät gebracht hat«.[4]

Bereits einen Tag später, am 15. Mai 1943, schickt die Tochter dem »lieben Vati« einen Kartengruß und teilt ihm etwas Wichtiges mit: »Ich war heute zur Anmeldung im Lizeum [sic]. Herr Schersig [sic] war sehr nett, er hat festgestellt, ich wäre zutraulich. Ich habe keine Angst vor der Prüfung mehr. Diesmal kannst Du auch deine Stubenkameraden grüßen.«[5] Schon zwei Tage darauf, am 17. Mai 1943, geht ein Brief an den Vater, den Brigitte diesmal in Sütterlin schreibt. Die Handschrift ist für ihr junges Alter ungewöhnlich ausgeschrieben. »Bei uns ist jetzt jeden Tag Fliegeralarm. Bei euch auch? Hoffendlich hört das nächtliche Manöver bald wieder auf« – so setzt der Brief ein, um dann zu einer Einschätzung der Kriegssituation wie der eigenen Gefühle zu kommen, die den kindlichen Horizont eigentlich weit überschreitet:

> Im Wehrmachtbericht werden Tag für Tag schwere Verluste der Bevölkerung zugegeben. Es sind schwere Zeiten! Wenn ich an die verdammten Engländer denke, balle ich die Faust und möchte die Kerle an der Gurgel packen und schütteln, daß ihnen Hören und Sehen vergeht! Oder wenigstens »mang« die »damischen Teifi« schlagen, daß die Fetzen fliegen! Aber es muß bei den löblichen Vorsätzen bleiben, denn die Engländer sind ja nicht mal in Griffweite, höchstens bei ihren Stucka-Angriffen. Auch das aufgegebende Afrika ist für mich ein schwerer Schlag! Ein Strich durch meine ganze Zukunftsrechnung! Leider! Aber ich gehe einfach in den wilden Westen, mit Achim natürlich, denn er teilt meine Sommerkrankheit, oder vielmehr meinen Fimmel. Er hat ein Wildwestbuch gelesen und plötzlich einen Tick bekommen![6]

Sofern die Mutter beim Verfassen des Briefes keine Hilfe geleistet hat, verblüfft die Kenntnis der aktuellen Kriegssituation. In der Tat haben am 13. Mai 1943 die deutschen Truppen in Nordafrika kapituliert. Auch der Einsatz von bayrischer Mundart mit den »damischen Teifi«, den »dämlichen Teufeln«, lässt vermuten, dass Mutter und Tochter den Brief gemeinsam verfasst haben. Darauf deutet auch der Kommentar zum Wehrmachtsbericht, in dem nunmehr »Verluste der Bevölkerung« zugegeben würden. Allerdings hätten derartige Hinweise 1943 ausgereicht, um als defätistisch und wehrkraftzersetzend gewertet zu werden, umso mehr, als das Briefgeheimnis schon mit der Reichstagsbrandverordnung vom 28. Februar 1933 faktisch aufgehoben war. Zudem hatten die Nazis ab Dezember 1934 ein »Gesetz gegen heimtückische Angriffe auf Staat und Partei und zum Schutz der Parteiuniformen« in Kraft gesetzt, womit vermeintliche Delegitimierer des Nazistaates unter

Strafe zu stellen waren. Kritiker werden als »Meckerer« und »Miesmacher« diskreditiert. Ab 1939 gilt »Wehrkraftzersetzung« als Delikt. Verfolgt werden Äußerungen, die dazu angetan seien, die »Wehrkraft des deutschen Volkes« zu untergraben und Zweifel am Endsieg zu säen.[7] Möglicherweise hat Elisabeth Reimann mit der Stimme der Tochter versucht, ihrem Mann Andeutungen zur Situation in Burg zu übermitteln. In jedem Fall authentisch ist Brigittes Begeisterung für Wildwestromane. Auch wenn an dieser Stelle die Namen der Autoren nicht genannt werden, belegt eine spätere Aussage, dass es sich um Karl May, James Fenimore Cooper, Charles Sealsfield und Fritz Steuben handelt.

Der nachfolgende Bericht über die Teilnahme bei der Überreichung von Ehrenkreuzen belegt einmal mehr, dass die kindliche Briefschreiberin souverän mit Signalwörtern wie Stalingrad umgeht: »Ich habe den Müttern gratuliert und ihnen Blumensträuße überreicht. Der Redner hat von Stalingrad erzählt und da haben viele Mütter geweint. Eine Mutter war schon mindestens 90 Jahre alt. Dies alte Mütterchen hat immer so gewankt, und die hatte ganz zittrige Hände, ihr Mund hat auch immer gezittert. Zu ihr waren die Vorsteherinnen besonders nett. Bei der Rede von Stalingrad hat in meiner Nähe eine Frau geweint, sie hat zwei Söhne in St. verloren.«[8] Nach dieser Passage ist ein Bindestrich gesetzt, und es geht mit »Einzelheiten« zum Kinderalltag weiter. Auffällig ist diese Mischung zwischen reflexiver Darstellung, die allein mit dem Verweis auf Stalingrad für den Vater Leerstellen eröffnet und dazu motiviert, zwischen den Zeilen zu lesen, und dem nachfolgenden Kinderton. Dass die Frauen geweint haben, ist verständlich, denn in Stalingrad sind ab November 1942 230 000 Soldaten der Wehrmacht und der verbündeten Truppen in einem Kessel eingeschlossen. An die 110 000 Soldaten geraten in Kriegsgefangenschaft, von denen nur etwa 6000 in das Nachkriegsdeutschland zurückkehren werden.[9]

Der nächste Brief an den Vater geht erst am 24. Juli 1943 in Richtung Riga. Die Tochter entschuldigt sich mit dem Verweis auf die Leistungswoche. Gleichzeitig bestätigt sie den Empfang eines Geburtstagspäckchens mit dem Buch »Sonnige Heimat«. »Es ist prima«, schreibt sie, »ich hab' schon drin gelesen.« Zudem teilt sie mit, dass sie die »Jungmädelprobe« glänzend bestanden habe, die gar nicht schwer war.

> Wir haben bloß aufgeschrieben: Jungmädel Leitsätze, H.J. Fahnenlied, Deutschland Lied, Horst-Wessel-Lied, Bedeutung des 2. Okt., Was weißt Du vom Leben und Kampf des Führer's (Lebenslauf des Führer's) und Was heißt es, J.M. zu sein? Mehr nicht! – – –
>
> Denk bloß mal an, heute Abend wird uns feierlich ein Scharenwimpel überreicht. Ich darf ihn tragen, große Ehre, was? – Ach so, was ich sagen wollte, wir haben zum Geburtstag 12 Blumensträuße gekriegt! Herzliche Grüße, Deine jetzt 10jährige Brigitte![10]

Im Jungmädelbund, von dem Brigitte spricht, werden die 10- bis 13-jährigen Mädchen zusammengefasst. Es gibt ein Aufnahmeritual, bei dem Wissen abgefragt wird, das mit der »nationalsozialistischen Bewegung« zusammenhängt. Das Horst-Wessel-Lied, das der 1930 erschossene Truppführer der SA veröffentlicht hat und das sich in aggressivem Ton gegen Kommunisten und sogenanntes Bürgertum richtet, feiert die »braunen Bataillone« und setzt mit dem Vers ein: »Die Fahne hoch! / Die Reihen fest geschlossen!« Brigittes Bericht zeigt, dass es nicht zuletzt die Freizeitgestaltung ist, die für die Jungmädel verlockend erscheint. Der Schriftsteller Erich Loest, der sieben Jahre älter ist, hat sich später erinnert: »Der Nazi-Einfluss war total. Die Ideologie herrschte morgens bis abends. Sie war in der Stadt, sie war in den Zeitungen, sie war im Radio, das wir damals bereits hatten, sie war im Kino – damals ging der normale Mensch zweimal die Woche ins Kino. Und überall wehten Fahnen. An Feier- und Gedenktagen marschierte SA, später Wehrmacht.«[11] Erich Loest bekennt, dass er gern dabei war, auch beim Jungvolk und den in der Tradition der bündischen Jugend stehenden Vorhaben. »Exerzieren macht zwar niemand so gern, aber es wurde Fußball gespielt, es wurde auf Fahrt gegangen und im Zelt geschlafen, alles Unternehmungen, die auch die Bürgerlichen, die Pfadfinder und andere Jugendverbände getrieben haben. Vieles war mit Spaß und

Abenteuer verbunden. Nur die Unsportlichen versuchten all dem aus dem Weg zu gehen.«[12]

Am 9. August 1944 geht einer der letzten Briefe an den Vater ab. In ihm teilt die Tochter mit, dass sie und der Bruder Lutz sich »über die feinen Bücher« gefreut hätten. »›Die Herden Gottes‹ habe ich schon gelesen. Priiima!!«[13] Mit den Büchersendungen hat Willi Reimann seine lesehungrigen Kinder durchweg angespornt. Er setzt dabei auf Texte, von denen er glaubt, dass sie seinen Kindern verständlich seien: kürzere, in sich abgeschlossene Erzählungen. Die Geschichten in dem Band »Sonnige Heimat« von Kuni Tremel-Eggert sind im Frankenland angesiedelt, sie richten den Blick auf das Maintal mit seinen Wiesen, die Ausläufer des fränkischen Jura und lassen die alten Städtchen mit ihren durch Schnitzereien verzierten Rathäusern auferstehen. Andere Geschichten wie die vom »Schäfer Mendl« berichten von Menschen, die trotz oder gerade wegen ihres tragischen Schicksals fest verwurzelt mit dem Heimatboden sind, der sie trägt. Der Text, den die Zehnjährige mit Sicherheit gelesen hat, setzt mit einer Dorfbeschreibung ein, um dann auf die Holterer Bauern und Mendl zu sprechen zu kommen:

> Drunten liegt das Dorf im Glanz der letzten Sonne, und da und dort steigt schon aus den Schloten, die wie ein einzeln hochgereckter Finger aus dem dunklen Ziegelrot der steilen Dächer stechen, eine dünne Rauchwolke. Wenn der noch mit einem reschen Spritzer Winterluft durchsetzte Frühlingswind durchs Tal und über das Dorf hinstreicht, dann reißt er die dünnen blauen Rauschsäulen in Fetzen und trägt sie davon, über die umzäunten Gärten, die braunen Felder und die frischbegrünten Wiesen, bis darauf zum Schäfer Mendl.[14]

Das Buch von Tremel-Eggert ist vom Vater möglicherweise nicht zuletzt deshalb an die Tochter geschickt worden, weil die Autorin in hohen Auflagen überall in den Buchhandlungen präsent ist. Ihr Roman »Barb« war zum Bestseller avanciert und hatte ein Massenpublikum erreicht. »Unter den wenigen einschlägigen Texten ist ›Barb. Der

Roman einer deutschen Frau‹ eine in mehrfacher Hinsicht bemerkenswerte Erscheinung«, heißt es in einer Studie zu Bestsellern in der Nazizeit. »Er ist mit rund 750 000 Exemplaren nach Schenzingers ›Anilin‹ der am häufigsten gedruckte Roman der Jahre 1933 bis 1945 und somit einer der erfolgreichsten belletristischen Texte.«[15] Tremel-Eggert erzählt im Stil eines Bildungsromans die Geschichte einer Schustersfrau, die sich in ihrer Liebe zur Heimat von den anderen Figuren des Romans absetzt. Barb ist eine »tatkräftige Frau, die zwar ihre Erfüllung im Muttersein findet und dabei die Hüterin der Erdverbundenheit ist, aber verglichen mit allen männlichen Figuren (ihren Mann eingeschlossen) die Stärkere bleibt und den Weg bestimmt, den es einzuschlagen gilt«.[16]

Während die Tochter dem Vater zu den Erzählungen von Tremel-Eggert mitteilt, sie habe bereits darin gelesen, wurden Hans Toltens »Herren Gottes« sofort verschlungen. Bereits das Cover mit einem lassoschwingenden Reiter, der Stieren nachjagt, erweckt Interesse. Tolten führt zudem in eine Gegend, die jener ähnelt, für die sich die beiden Geschwister so ungemein begeistern: den wilden Westen. Allerdings geht es nicht um Nordamerika, sondern um Argentinien. Erzählt wird die Geschichte einer zunächst wohlhabenden deutschen Familie, die erfolgreich eine Viehfarm aufgebaut hat. Durch verworrene Landesgesetze und eine Wetterkatastrophe verliert sie ihren Besitz und versucht einen Neubeginn. Der Text setzt ein mit der Rückkehr des jugendlichen Protagonisten, den sein Vater in ein Schülerstift in Buenos Aires verbracht hat, damit er hier sein Abitur macht. Nur in den großen Ferien kann er zu seinen Eltern, die allerdings nicht in den heimatlichen Savannen leben, sondern in Necochea, einer kleinen Küstenstadt. »Ich hätte mir gewünscht«, bekennt der Ich-Erzähler, »die Ferienzeit daheim zu verbringen. Aber die Eltern meinten, daß ich mich im heißen Norden nicht erholen würde. Und anstatt in den schulfreien Monaten mit unseren Hirten zwischen den halbwilden Rinderhaufen umherzujagen, wie ich es während des ganzen Jahres erträumt hatte, mußte ich mich immer wieder damit begnügen, am Meeresstrand – da, wo die Wellen den Strand gehärtet hatten – entlang zu galoppieren. Und meine Kunst im Lassowerfen konnte ich nur an den zahmen Ziegen und Milchkühen beweisen, die das spärliche Gras in den Dünen abweideten.«[17]

Allein dieser Anfang musste die Phantasie der Reimann-Kinder anregen – umso mehr, als der Ich-Erzähler an ihren eigenen Erfahrungen mit den Märchen der Brüder Grimm und dem Nibelungenlied anschließt. Allerdings lebt der Protagonist in einer abenteuerlichen Welt, die – anders als bei Brigitte und Lutz – einen realen Bezug zu Jung-Siegfrieds Heldentaten herstellt. »Mit einem drei Fuß langen Buschmesser umgürtet, marschierte ich als Jung Siegfried am waldigen Ufer des Flusses entlang«, bekennt der Ich-Erzähler. »Und wenn die riesigen Krokodile, die auf den Lichtungen träge in der Sonne lagen, vor meinem jugendlichen Heldentum fliehend, sich in das aufrauschende dunkle Wasser stürzten, schienen sie mir verächtliche Wichte, gemessen an dem draufgängerischen Lindwurm des Nibelungenliedes.«[18] Beim Lesen solcher Zeilen konnte ein gewisser Neid bei den Reimann-Geschwistern entstehen, und klar war: Dieses Buch musste zu Ende gelesen werden. Dass Toltens Erzählungen und Romane im Nazideutschland von der Kritik gelobt werden, interessiert die Kinder nicht. In »Der Mitteldeutsche« heißt es:

> Tolten ist durch seine Südamerikabücher weithin bekannt geworden und gilt als einer der stärksten Gestalter auslandsdeutscher Dichtung. Seine Bücher sind lebendig und voll Spannung, der Leser erhält eine große Welt leuchtend dargestellt.[19]

Die Frage danach, was Brigitte Reimann im Deutschunterricht am Lyzeum bzw. der Mädchenschule behandelt hat, ist nur bedingt zu beantworten. Der letzte vorliegende Bericht ist aus dem Jahre 1939/40. In der Zwischenzeit ist das Lyzeum zweimal umbenannt worden, ab dem Schuljahr 1937/38 wird das frühere Lyzeum als Städtische Luisen-Schule, Oberschule für Mädchen, geführt, und mit dem Schuljahr 1939/40 ist es dann die Luisenschule, Städtische Oberschule für Mädchen. Der Direktor der Anstalt, Studiendirektor Rohloff, wird mit dem 22. August 1939 zur Wehrmacht einberufen. Die Anstaltsleitung übernimmt nunmehr Dr. Hubert Tschersig, der auch den Bericht gibt. Für den Deutschunterricht, der von besonderem Interesse ist, stehen für die Klasse 6, die Brigitte Reimann ab 1943 besuchen wird, folgende Schwerpunkte:

1. Maria Stuart (F. Schiller).
2. Michael Kohlhaas (H. v. Kleist).
3. Aus der altnordischen Dichtung.
4. Aus der althochdeutschen Dichtung u. dem Heliand.
5. Aus der mittelhochdeutschen Dichtung:
   a) Das Nibelungenlied
   b) Walther von der Vogelweide u.a. Dichter
   c) Wolfram von Eschenbach: Parzival.
6. Antigone (Sophokles).
7. Preußische Novelle (W. Beumelburg).[20]

Als Haus- und Klassenaufsätze für die Klasse 6 in Deutsch stehen folgende Themen auf der Liste:

(H.A.) Stimmungsbilder (verschiedene Themen).
(K.A.) Ein Erlebnis in verschiedenen Darstellungen
a) anschauliche Schilderung
b) Zeitungsbericht
(H.A.) Bäume und Blumen
– Beobachtungsaufgaben –
(K.A.) Kriegszeit in Deutschland
– Eindrücke und Beobachtungen –
(H.A.) Warum sollen wir Bücher lesen?
(Besinnungsaufsatz)
(K.A.) Menschenbeobachtung und Darstellung
– nach der lebendigen Wirklichkeit –
(H.A.) Rüdiger von Bechelaren
– eine Gestalt aus dem Nibelungenliede –
(K.A.) Deutung einer Aussprache
»Die Stärke der Staaten beruht auf den großen Männern,

die ihnen zur rechten Zeit geboren werden.« (Friedrich der Große).

(K.A.) Nacherzählung einer Anekdote (»Marschall Ney«) von Wilhelm Schäfer.[21]

Für die Klasse 6, die 1943 an die Mädchenschule kommt, gelten vergleichbare Inhalte, und auch Brigitte Reimann hat mit Schiller, Kleist, Walther von der Vogelweide oder dem Nibelungenlied den klassischen Kanon kennengelernt. Auch die Aufsätze sind vermutlich in ähnlicher Form gestellt worden. Mit Werner Beumelburg steht auf dem Plan der Klasse 6 ein Schriftsteller, der im Nationalsozialismus Karriere machte.[22] Seine »Preußische Novelle« berichtet von der Schlacht bei Torgau 1760, das folgende schlimme Winterquartier von Leipzig und die Tage von Bunzelwitz und Schweidnitz. Letztlich geht es um das, was im nationalistischen Sinn als »Soldatentum« gilt.

Beim sogenannten »Besinnungsaufsatz« handelt es sich um die Erörterung, die neben der Interpretation literarischer Texte die bis in die Gegenwart wichtigste Form des Deutschunterrichts ist. Dass im Dritten Reich ein Hausaufsatz über »Rüdiger von Bechelaren – eine Gestalt aus dem Nibelungenliede« geschrieben wird, ist nicht von vornherein einsichtig. Aber es gibt gute Gründe, warum gerade Rüdeger, so die zutreffende Schreibweise, im Nationalsozialismus eine Rolle spielt: Rüdeger muss sich zwischen der Treue gegenüber den Burgunden, mit denen er seine Tochter verheiratet hat, und der Treue gegenüber seinen Lehnsherren Kriemhild und Etzel entscheiden. Damit man ihn nicht für feige hält, sieht er sich gezwungen, für Kriemhild in den Kampf zu ziehen. Sein Handeln wie sein Tod gelten im Nationalsozialismus als Inbegriff »germanischer Treue«, die über der »christlichen Treue«, nämlich der Verwandtenliebe, steht. Mit seiner Entscheidung wird der bedingungslose Kampf für den Führer gerechtfertigt.[23] Es nimmt daher nicht wunder, wenn von Hans Baumann, einem der wichtigsten Autoren der Nazizeit, ein Weihespiel mit dem Titel »Rüdiger von Bechelaren. Das Passauer Nibelungenspiel« stammt.

Baumanns Lieder sind im BDM und der Frauenschaft ungemein

beliebt, und auch Brigitte kennt sie. Im »Liederbuch des Bundes Deutscher Mädel« mit dem Titel »Wir Mädel singen«, herausgegeben von der Reichsjugendführung und in der 2., erweiterten Ausgabe von 1939 mit einer Auflage vom 651. bis 680. Tausend erschienen, nimmt Hans Baumann die absolute Spitzenposition ein.[24] Der Historiker und Germanist Winfried Mogge hat ihn als eine Art »›Brückenbauer‹ aus der Jugendbewegung u. dem Christentum in den [Nationalsozialismus]« bezeichnet, wobei die Traditionen transformiert wurden: »Aus der Wanderung der Kameraden wird der Marsch der Kolonnen, aus dem christlichen Herrgott der kriegerische Bündnispartner, aus der kath. ›Reichsideologie‹ das großgermanische ›Dritte Reich‹.«[25] Dabei sind Baumanns Gedichte und Lieder – zwischen 1933 und 1945 werden an die 300 Lieder mit eigenen Vertonungen massenhaft verbreitet[26] – im Sinne einer »Gebrauchs- und Funktionslyrik« auf den performativen Akt gerichtet, sie bedürfen der massenmedialen Inszenierung.[27] Dies betrifft nicht zuletzt sein bekanntestes Lied von den zitternden »morschen Knochen«, das schon 1932 entstanden war und in den zweiten Teil seines Debütbandes aufgenommen wurde. In der communal voice, der Wir-Stimme, wird versichert, dass weitermarschiert werde, auch »wenn alles in Scherben fällt«. Denn »heute gehört/hört uns Deutschland und morgen die ganze Welt«. In seinem Notizbuch eines Philologen, der »Lingua Tertii Imperii« von 1947, notierte Victor Klemperer: »Der Führer hielt eine Friedensrede um die andere, und seine Pimpfe und Hitlerjungen mussten jahraus, jahrein diesen verruchten Text singen.«[28] Hans Baumanns kulturelles Begriffsnetz mit seiner Vagheit einerseits und der apokalyptischen Rhetorik andererseits erreicht die ältere wie die jüngere Generation.

In der Jungmädelgruppe von Brigitte gehören seine Lieder mit Selbstverständlichkeit zum Repertoire. Eine Autorin, nur wenige Jahre älter als Brigitte Reimann, ist Gudrun Pausewang; sie erinnert, welche Faszination von diesen Texten ausging: »Vor allem die Baumann-Lieder machten mich zu einer gläubigen Nationalsozialistin. Denn ich war – wie alle jungen, noch naiven Heranwachsenden – emotional doch sehr beeinflussbar.« Baumann habe die Mädchen und Jungen »ab dem zehnten Lebensjahr mit seinen Liedern in eine Art Rausch« versetzt und sie »in ihrer Bereitschaft, sich zu engagieren, zu glühenden Nazis« gemacht, so Pausewang weiter.[29]

In dem bereits erwähnten Lebenslauf, den Brigitte Reimann in der Klasse 12a der Geschwister-Scholl-Oberschule schreibt und dem sie den Titel »Mein Bildungsgang« gibt, liefert sie eine freimütige Einschätzung der Jahre im Dritten Reich und macht auch Aussagen zu ihrer bevorzugten Lektüre:

> Ich müßte lügen, wollte ich behaupten, daß der Krieg seinerzeit besonderen Eindruck auf mich gemacht hätte. Zwar verfolgte ich mit Begeisterung auf meiner großen, fähnchenbesteckten Landkarte den Vormarsch unserer Soldaten an allen Fronten, zwar arbeitete ich als Jungmädel eifrig in Lazaretten und Bahnhöfen – aber das wahre Gesicht des Krieges lernte ich nie kennen. Die wenigen kleinen Luftangriffe auf den Flugplatz unseres Städtchens betrachteten wir Kinder zum Entsetzen Mutters (Vater war seit 1943 eingezogen) als ein amüsantes und absolut ungefährliches Abenteuer, wie überhaupt mein ganzes Denken jener Zeit stark beeinflußt war durch die Abenteuerlektüre eines Karl May, Cooper und Fritz Steuben, die mich bis zu meinem 15. Lebensjahr beherrschten.[30]

Interessant ist, dass die prägenden Texte, die Brigitte Reimann hier mit Karl May, James Fenimore Cooper und Fritz Steuben nennt, genau die sind, die ansonsten die Lesebiographien von männlichen Jugendlichen kennzeichnen. Die Zeitgenossenschaft als Kriegs- und Nachkriegskinder manifestiere sich in der »breiten Nennung von ~~Indianer~~- und Abenteuerbüchern«, die vor allem für die »heranwachsenden Jungen« typisch gewesen sind.[31] Die Resonanz verdanken diese Autoren nicht zuletzt dem Umstand, dass sie die »verbreitete Neugier auf Fremdes und den Wunsch nach Horizonterweiterung im engeren und weiteren Sinne widerspiegelten, die mit Reisen in der Freizeit nicht immer voll befriedigt werden konnten«. Die Erfolge der »Lederstrumpf«-Romane

Coopers hätten zudem »möglicherweise einen Grund auch darin, dass sie der Sehnsucht nach einem Ort Ausdruck verliehen, ›wo der Freund wartete und die Mutter niemals hinkam‹«.[32] Es muss hier nicht entschieden werden, ob das Moment des Abstands zur Mutter auch für Brigitte Reimann eine Rolle gespielt hat, fest steht, dass das Lesen wie auch eine Distanz zur herkömmlichen Mädchen-Rolle für ihren »emotional-geistigen Charakter« (Franz Fühmann) kennzeichnend war. Ohne hintergründige Argumentation bekennt sie in ihrem Lebenslauf zwei wesentliche Faktoren:

> erstens die geistige Vorstellungswelt, die ich durch meine unbeherrschte Lesewut erwarb, und die mich schon zu frühester Jugend wahllos alles verschlingen ließ, was mir in die Hände fiel, und mich dadurch in literarischer Erziehung hoch über das Bildungsniveau meiner Altersgenossinnen hob (ich hatte mir schon mit 14 Jahren einen Reichtum aus den Schätzen der Weltliteratur angelesen, von dem ich heute noch zehre); zweitens aber die Tatsache, daß ich nie in meinem Leben mit Mädchen, geschweige denn mit Puppen gespielt, sondern immer nur mit Jungen unserer Nachbarschaft getobt und gerauft habe.[33]

Sie macht deutlich, dass sie sich die »gleichberechtigte Stellung unter den Spielkameraden« erwarb, weil sie »manchen Bengel in ehrlichem Ringkampf in den Sand gelegt« habe. Einmal mehr verweist sie darauf, dass diese »~~Indianer~~kämpfe« zu ihren schönsten Kindheitserinnerungen gehören. »Ich muß heute noch lächeln beim Gedanken an die tollen Ausrüstungen, die wir uns schnitzten«, schreibt sie, »an die ›weiße Rose der Prärie‹ und den ›starken Arm‹, an unsere wilden Schlachten auf den Prärien des Kleinbahngeländes und an unsere Blutsbrüderschaft, die wir damals in Erinnerung an unser großes Vorbild, unseren roten Bruder Winnetou, furchtbar ernst nahmen und als geradezu Heiliges verehrten.« In Klammern gibt sie eine Ergänzung, die ihr im Rückblick auf die Zeit des Nationalsozialismus und die Rassenideologie wichtig erscheint: »übrigens möchte ich betonen, daß wir durch unsere Verehrung der Rothäute niemals auf den Gedanken gekommen sind, sie etwa als Menschen minderwertiger Rasse zu betrachten«.[34]

Einmal mehr findet sich mit der »weißen Rose der Prärie« ein Verweis auf Charles Sealsfield und seinen Roman »Tokea oder Die weiße Rose« (1829) und Karl Mays Yuma-Krieger, der im Zweikampf von Old Shatterhand besiegt wird. In den Briefen an den Vater hatte die Zehnjährige von ihrer Aufnahme in den Jungmädelbund berichtet. Sieben Jahre später, unter gänzlich anderen gesellschaftlichen Rahmenbedingungen in der 1949 gegründeten DDR, spricht die Abiturientin in jeder Hinsicht offen nicht nur von ihrer Mitgliedschaft, sondern gar davon, dass sie ein »begeistertes Jungmädel« gewesen sei, »das noch – welche tragische Posse! – unter amerikanischem Artilleriebeschuß unserer Stadt zur Scharführerin ernannt wurde«.[35]

Die Verhältnisse, unter denen die Schülerinnen und Schüler im Krieg lernen, haben sich seit dem Sommer 1943 zugespitzt. Nächtliche Fliegeralarme und Stundenausfälle gehören zum Alltag. Immer mehr Schüler werden aus den besonders luftkriegsgefährdeten Gebieten des Deutschen Reiches wie Berlin, Hamburg und Bremen sowie dem Ruhrgebiet nach Burg evakuiert und in die entsprechenden Klassen eingegliedert. Ende Februar wird die Clausewitz-Schule, das frühere Victoria-Gymnasium in der Brüderstraße, das eine Oberschule für Jungen war, zum Wehrmachtslazarett. Der Unterricht der Jungen wird verkürzt und in einem Raum der Schuhfabrik erteilt. Anfang April stehen die amerikanischen Truppen bereits nahe der Elbe. Mitte April stellen die Schulen in Burg ihren Unterricht ein. Zu diesem Zeitpunkt liegt die Stadt in der Reichweite amerikanischer Geschütze. Nur wenige Häuser in der Stadt werden von Granaten getroffen. Ein Jahr zuvor, im September 1944, hatten zwei kleinere Fliegerbomben eines – später von der deutschen Flak abgeschossenen – amerikanischen Flugzeuges ein Sägewerk in der Holzstraße sowie das Parteigebäude der NSDAP in der Grünstraße dem Erdboden gleichgemacht. Am 10. April 1945 nun zerstören Luftangriffe der Amerikaner den 1937 erbauten Fliegerhorst. Noch am 19. April 1945 richtet »Der Mitteldeutsche« auf Seite 1 in der ersten Spalte der Burger Sonderausgabe eine Durchhalteaufforderung des Gauleiters Rudolf Jordan an die Bevölkerung. Verantwortet wird das »Burger Tageblatt« vom Verleger Theodor Hopfer, einem Verwandten von Paul Hopfer. Die Ansprache setzt wie folgt ein:

> An die Bevölkerung!
> Volksgenossen und Volksgenossinnen!
> Der Feind steht nunmehr seit Tagen in unserem Heimat-Gau. Unserer Wehrmacht stellt sich ihm im härtesten Kampf entgegen und leistet seinem Vorwärtsdringen stärksten Widerstand. Auch unser Volkssturm hat an vielen Kampfplätzen unseres Gaues bereits seine Bewährung abgelegt. Wo Wehrmacht und Volkssturm zusammen in entschlossener Abwehrbereitschaft kämpfen, wird der Feind überall zum Halten gebracht oder er kann erst nach schweren Verlusten Boden gewinnen.
> So muß es auch sein! Der Feind muß jeden Meter Boden unseres Heimatgaues mit seinem Blut und Material so teuer wie möglich bezahlen. Einmal wird auch er verbraucht und abgenutzt sein. Das wissen wir und das weiß auch er selbst genau. Darum versucht er immer wieder zu überreden, zu täuschen und zu bluffen, um auf möglichst billige Art seine Erfolge zu erzielen.
> Das darf nicht sein! Laßt Euch also nicht durch Versprechungen in Eurem Widerstandswillen beirren. Laßt Euch nicht durch irrsinnige Gerüchte aus der Fassung bringen. Glaubt nicht den Meldungen von Angsthasen oder falschen Agenten. Glaubt nicht an die Behauptung, daß Kapitulation vom Kampf verschont.
> Der Feind wird uns nichts schenken! Wir müssen daher für unser Leben und unsere Heimat bis zum letzten kämpfen [...].[36]

In der zweiten Spalte steht unter der Überschrift »Der Kampf um Magdeburg« ein Bericht, der »die Härte des deutschen Widerstandes« bei der Verteidigung hervorhebt. Unter Bezugnahme auf den deutschen Rundfunk heißt es, dass am 11. April die »ersten feindlichen Panzerspitzen den Stadtrand« berührt hätten. Dort sei der Gegner auf eine »nicht vermutete harte Abwehr« gestoßen. Er hätte daher »unter hohem Einsatz von Menschen und Material« versucht, »südlich der Stadt die Elbe zu überqueren«. Der anfängliche Erfolg des Gegners sei aber durch die »deutschen Gegenmaßnahmen bald wieder zunichte« gemacht worden.[37] Auch an den nachfolgenden Tagen werden im »Burger Tageblatt« beständig Durchhalteparolen publiziert. Am 20. April, es ist ein Freitag, ist unter der Headline »Treue um Treue« vom »unerschütterlichen Abwehrkampf« die Rede. Einen Tag später heißt es: »Der Kampf geht weiter.« Am 25. April wird der Volkssturm gefeiert, der »an der Seite der kampfgehärteten Verbände des Heeres jeden Zoll der Heimaterde, Leben und Zukunft unserer Kinder verteidigt«. Am 2. Mai findet sich im »Burger Tageblatt« die Information: »Der Führer für Deutschland gefallen«.[38]

Die publizierten Durchhalteparolen bleiben ohne Wirkung: Bereits am 30. April versucht eine Gruppe von Kommunisten, Sozialdemokraten und engagierten Bürgern mit der Roten Armee die kampflose Übergabe der Stadt auszuhandeln. Das entscheidende Treffen findet in den Räumen des Tuchhändlers Ullrich Deutsch, bekannt als Tuch-Deutsch, in der Franz-Seldte-Straße 27/28 statt. Der Gruppe, zu der auch der sozialdemokratische Oberschulrat Dr. Hubert Tschersig gehört, gelingt es, den Nazioberbürgermeister abzusetzen und die Verwaltung einem kommissarischen Stadtoberhaupt zu übergeben. Die Wahl fällt auf Willy Gebhardt, der bis zur Machtübernahme der Nazis der bürgerlichen Stadtfraktion vorgestanden hat. Gemeinsam wird der Volkssturm aufgelöst, Werwolfaktivitäten werden verboten und ein Stadtparlament begründet, das aus Vertretern der vor 1933 gewählten bürgerlichen, sozialdemokratischen und kommunistischen Fraktionen besteht. Die Informationen werden am 3. Mai im »Burger Tageblatt« übermittelt, das von Paul Hopfer verantwortet wird, der am 4. Mai die vorerst letzte Ausgabe besorgt. Für den 4. Mai 1945 wird vom kommissarischen Oberbürgermeister Gebhardt auch zu einer ersten Arbeitsbesprechung eingeladen.[39] Am 5. Mai 1945 kommt es zum Einmarsch der Roten Armee und der kampflosen Übergabe Burgs.

Auf genau diesen Einmarsch der sowjetischen Soldaten bezieht sich Brigitte Reimann rückblickend auch in ihrem »Bildungsweg«. Einmal mehr legt sie ohne jegliche Scheu ihre damalige Gefühlslage und Weltsicht dar:

> Übrigens habe ich bis zur letzten Minute, als wir, um unser Leben zitternd, russische Panzer durch die Stadt rollen hörten, an den Sieg Deutschlands geglaubt – wahrscheinlich sogar später noch. Ich erinnere mich, daß ich noch zwei Jahre nach dem völligen Zusammenbruch überzeugt war, der einst so verehrte »Führer« lebe irgendwo in Argentinien und werde eines Tages wiederkommen. Nein, in mir ist damals, im April 1945, als ich mit geflohenen deutschen Offizieren die Radiodurchsage von Hitlers Tod hörte, keine Welt zusammengebrochen. Dazu stand diese Welt zu fest – sie mußte Stein für Stein abgetragen werden.[40]

Ein so klares Bekenntnis einer noch nicht 18-Jährigen im Jahr 1951 an einer zu diesem Zeitpunkt bereits sozialistischen Oberschule in der DDR, das ist eine absolute Ausnahme. Schon Anfang der 1950er Jahre hatten Restriktionen gegen Schüler eingesetzt, die den proklamierten Weg in die verordnete neue Gesellschaft nicht gehen wollten. Christa Wolf, die Brigitte Reimann zehn Jahre später als Konkurrentin sieht und die dann mit der gemeinsamen Reise in die Sowjetunion 1963 zu einer engen Freundin wird, hat Anfang der 70er Jahre den Versuch unternommen, den Erfahrungen ihrer Kindheit und Jugend im Dritten Reich literarisch auf die Spur zu kommen. Ihr ging es zunächst um die Frage, »wie sie über die Darstellung von Kindheit und Jugend zu den Wurzeln ihres späteren Denkens und Handelns vordringen könnte«,[41] so beschreibt es Gerhard Wolf in seinem Nachwort zu »Nachruf auf Lebende. Die Flucht«. Der Text selbst, 2014 aus dem Nachlass veröffentlicht, ist eine Vorstufe des Romans »Kindheitsmuster«. Brigitte Reimann, die sich zum Zeitpunkt der Niederschrift im Krankenhaus in Berlin-Buch befindet, ist eine der ganz wenigen, denen Christa Wolf ihre Probleme mit dem Stoff anvertraut. Ihr »Tagwerk«, schreibt sie in einem Brief am 11. Februar 1971, liege hinter ihr, allerdings nur »in

Form einiger mit Stoffassoziationen vollgekritzelter Seiten, damit helf ich mir jetzt, um überhaupt was zu machen, da ich nicht weiß, wie ich dieses Buch erzählen soll. Es heißt übrigens ›Kindheitsmuster‹. Untertitel: Nachruf auf Lebende. Aber das bleibt bitte unbedingt unter uns, ich spreche ungern gerade über dieses ungelegte Buch, ich nähere mich ihm unter großen inneren Hemmnissen.« Christa Wolf bekennt gegenüber der Freundin, dass dieses Abtauchen in die Zeit des Nationalsozialismus »neben allem anderen auch eine Art Psychoanalyse« ist, »da schwemmt eine Menge mit gutem Grund Verdrängtes wieder hoch«.[42] Was bei Christa Wolf hier nur mühsam wieder in der Erinnerung Gestalt gewinnt, das hat Brigitte Reimann als 17-Jährige bereits klar benannt, dazu gehört der Umstand, wie fest ihr Glaube an den »Führer« gewesen war. 1971 kommt Christa Wolf mit ihrem Erinnern jedoch noch nicht so recht voran. Letztlich folgt sie dem Rat ihres Mannes, der dafür plädiert, einfach loszuschreiben. Nach diesem Impuls verfasst sie in vier Wochen zwischen Anfang Februar und Anfang März 1971 einen Text, »sozusagen in einem Schwung, wie es sonst bei ihr nicht üblich ist«.[43]

Einige Jahre später, im Dezember 1975, gibt es bei einer Lesung aus dem fertigen Manuskript von »Kindheitsmuster« die Frage eines Zuhörers, ob sie in ihrer Kindheit Menschen getroffen hätte, die »kritisch über Adolf Hitler und über den Nazismus und über den Endsieg geredet haben oder die politische Witze erzählt haben«. Christa Wolf ist für die Frage dankbar und antwortet sehr deutlich: »Nicht einen, nicht einen! Das ist es ja. Nicht einen! Und deshalb war ich auch immer ein wenig unbefriedigt.«[44] Gemeint ist damit die Literatur in der DDR, die in den Jahren nach 1949 entstand. Mit Bezug auf die sogenannten Wandlungsliteratur notiert sie weiter:

> Ich fand nicht in einem Buch meine Erfahrung wieder; sondern es war doch meist so: Irgendwann kam dann doch einer zu dem jungen Helden und sagte: Hör mal zu, Junge, jetzt gehst du aber wirklich ganz falsch. Und ich dachte: Ich muß ja wirklich ein ausgesprochenes Ausnahmewesen gewesen sein, daß mir nicht eine

> einzige solche Sache passiert ist – bis dann auf der Flucht, die auch beschrieben wird, ein KZ-Häftling mit uns am Lagerfeuer saß und sagte: Wo habt ihr eigentlich alle gelebt! Das war eine Frage, die ich überhaupt nicht verstand. Ich habe nur diese Frage behalten, und viel, viel später habe ich sie erst verstanden.[45]

Brigitte Reimann macht sich 1951 noch keine Gedanken darüber, ob sie möglicherweise auch ein »ausgesprochenes Ausnahmewesen« gewesen sei. Vielmehr reflektiert sie ihre eigene Haltung und gesteht ein, wie fest gefügt ihre Welt war und dass es angesichts dieser Tatsache darum ging, Stein für Stein abzutragen:

> Der erste Einbruch in dieses Bauwerk geschah durch einen Satz, den ich wenige Tage vor der endgültigen Kapitulation Deutschlands über einen – übrigens zufällig gefundenen – Auslandssender hörte und der auf mich einen tiefen, freilich vorerst noch nicht völlig erfaßten Eindruck machte: »Noch nie ist ein Regime so kläglich zusammengebrochen wie das tausendjährige Reich der Nazis.« Freilich, heute kenne ich solche Sätze in allen Variationen, aber was der damals für ein überzeugtes B. D. M. Mädel bedeutete, das höchstens einmal einen ängstlich zugeflüsterten Witz über die »Nazis« gehört hatte, das läßt sich kaum schildern.[46]

Das freimütige Bekenntnis hängt auch mit jenem für die Jugendphase kennzeichnenden Umstand zusammen, dass junge Leute, die über eine starke Persönlichkeit verfügen, sich nicht umgehend neu proklamierten politischen und sozialen Normen unterwerfen. Der Sozialwissenschaftler Klaus Hurrelmann hat darauf hingewiesen, dass Jugendliche »in heutigen Gesellschaften ihre Entwicklung weitgehend selbst in die Hand nehmen und eine Sozialisation in eigener Regie [...] betreiben, um ihre Wertorientierungen und Handlungsmuster an die veränderten sozialen Bedingungen anzupassen«.[47] Für die Kriegsgeneration gilt das nur bedingt. Jahrzehnte später hat Christa Wolf, sich den eigenen »blinden Flecken« stellend, in ihrer »Dankrede für den Geschwister-Scholl-

Preis« (1987) darauf verwiesen, dass vielen Angehörigen ihrer Generation – »unterschiedlich ausgeformt je nach den unterschiedlichen Angeboten und Zwängen in Ost und West – von ihren frühen Prägungen her der Hang zur Ein- und Unterordnung geblieben ist, die Gewohnheit zu funktionieren, Autoritätsgläubigkeit, Übereinstimmungssucht, vor allem aber die Angst vor Widerspruch und Widerstand, vor Konflikten mit der Mehrheit und vor dem Ausgeschlossenwerden aus der Gruppe. Es ist uns schwergefallen, erwachsen zu werden, Selbständigkeit, Souveränität zu erwerben und eine im guten Sinn soziale Haltung.«[48] Christa Wolf bezieht sich hier auf Prägungen im Dritten Reich und die Jahre in der frühen DDR. Es hat den Anschein, dass diese Einschätzung nicht in jeder Hinsicht für die um wenige Jahre jüngere Brigitte Reimann zutrifft. Man wird ohne Idealisierung sagen können: Reimann ist bereits zu diesem Zeitpunkt eine junge Frau, die ihren eigenen Weg sucht, sich gesellschaftlichen Normen nicht anpasst und Widerspruch bewusst in Kauf nimmt. Sie hat – und daran wird sich später nichts ändern – Zivilcourage.

5. Als der Krieg zu Ende war – ein Neuanfang

Als es am 5. Mai 1945 zur kampflosen Übergabe von Burg kommt, wird einen Tag später in der Stadt bereits das »Nachrichtenblatt für die deutsche Bevölkerung« verteilt, eine Flugschrift der sowjetischen Besatzungsmacht. Dort ist zu lesen, dass am 4. Mai die »deutschen Truppen in Holland, Nordwestdeutschland und Dänemark« bedingungslos kapituliert hätten: »500 000 deutsche Soldaten gaben sich gefangen.« Vermerkt wird auch, dass die aus Tirol vorrückenden »amerikanischen Truppen sich mit den englischen Truppen des Generals Alexander« vereinigt hätten und über den Brenner-Pass vorgedrungen seien. »Von den deutschen Truppen ist kein Widerstand zu verzeichnen«, heißt es. Zudem druckt das Flugblatt einen Auszug aus dem Befehl Nummer 20 vom 1. Mai 1945 ab, in dem Stalin der deutschen Bevölkerung im Namen der »Armeen der Vereinigten Nationen« eine humane Behandlung zusichert.[1] Schon wenige Tage später, am 9. Mai 1945, übermittelt selbiges »Nachrichtenblatt« den Wortlaut der »Unterzeichnung der Urkunde über die bedingungslose Kapitulation der deutschen Streitkräfte«, und einen Tag später, am 10. Mai 1945, ist die »Botschaft des Genossen J. W. Stalin an das Volk« abgedruckt. In ihr verweist er auf die »endgültige Kapitulationsurkunde«, betont aber einschränkend, dass man angesichts der »Wolfsmanieren der deutschen Häuptlinge [...], die Verträge und Abkommen als leere Papierfetzen betrachten«, keinen Grund habe, ihren Worten zu glauben. Allerdings hätten die »deutschen Truppen begonnen, in Erfüllung der Kapitulationsurkunde massenweise die Waffen zu strecken und sich unseren Truppen gefangen zu geben. Das ist schon kein leerer Papierfetzen mehr. Das ist die wirkliche Kapitulation der Streitkräfte Deutschlands.« Für Stalin ist die

»Periode des Krieges in Europa« zu Ende, die »Periode der friedlichen Entwicklung« habe begonnen.[2]

Die Botschaft, die Stalin an die deutsche Bevölkerung sendet, wird in der Familie Reimann einerseits mit Erleichterung aufgenommen, andererseits weiß man nach wie vor nicht, was aus dem Vater geworden ist, der seit Ende 1944 als vermisst gilt. Die Lebensverhältnisse sind ausgesprochen kompliziert. Elisabeth Reimann muss allein für die vier Kinder sorgen, der finanzielle Spielraum ist eng, sie erhält nur eine kleine Unterstützung. Zudem gibt es bis ins Jahr 1947 immer wieder Einquartierungen von Offizieren der Roten Armee. Die älteren Geschwister Brigitte und Ludwig stehen der Roten Armee zunächst mit ausgesprochener Distanz gegenüber, die im Nationalsozialismus vermittelten Auffassungen wirken weiter. Nachdem der Vater zur Ostfront eingezogen worden war, haben sie Bücher, in denen vom Kampf gegen den russischen Feind berichtet wird, mit besonderem Interesse gelesen. Dazu gehörten Geschichten von Josef Martin Bauer, propagandistische Kriegsprosa, etwa »Die Kraniche der Nogaia. Tagebuchblätter aus dem Feldzug im Osten« (1942)[3] und die als Tatsachenbericht ausgewiesene Geschichte »Unterm Edelweiss in der Ukraine. Eine Gebirgs-Division im Kampf gegen Sowjet-Russland« (1943). Das Geleitwort zur Sammlung stammt vom Generalmajor und Divisionskommandanten Hubert Lanz.[4] Bauer folgt der für das Dritte Reich kennzeichnenden Rassenideologie, die das Feindbild vom »bolschewistischen Untermenschen« bedient:

> Diesen Gegner haben unsere Männer nicht erwartet. Sie müssen erst einmal die hypnotische Erstarrung vor dem Basiliskenblick abgeschüttelt haben und den Kampf so annehmen, wie es geboten ist. [...] So also sieht er, der Gegner, aus, so gedenkt er zu kämpfen, so muß man ihn nehmen, wenn man seiner Herr werden will, wenn nicht der ehrliche Kampf deutscher Soldaten zerschellen soll an der seelenlosen Tierhaftigkeit dieser schmaläugigen Asiaten.[5]

Bauers Erzählung endet mit der vermeintlichen Befreiung vom Bolschewismus, die Zerstörung und Tod legitimiert. Der Gegner hat dem nichts entgegenzusetzen und wird vernichtet. »Die vom Kreml erhofften Bandenkämpfe brennen nieder im Nichts. Dieses unter den Lebensvoraussetzungen von Tieren hausende Volk denkt nicht daran, sich zu wehren gegen Soldaten, die all dem endlich ein Ende bereiten und Raum schaffen, damit eines Tages die verwüsteten Arbeitsstätten wieder in Betrieb genommen werden können«, kommentiert der Erzähler.[6]

Jetzt finden auch in Burg Übergriffe durch die Soldaten statt, Vergewaltigungen und Plünderungen, und bestätigen zunächst das bis dahin vermittelte Weltbild. Die wiederholte Requirierung von Hausrat durch Soldaten der Roten Armee sorgt bei den Geschwistern für Empörung, die sie in der Schule mit anderen Kindern teilen, als der Schulbetrieb nach den Herbstferien am 1. Oktober 1945 wie in den meisten Ländern der sowjetisch besetzten Zone wieder aufgenommen wird.

Nach der bedingungslosen Kapitulation befindet sich das Schulwesen in einem chaotischen Zustand, radikale Veränderungen stehen an. Das größte Problem ist der Lehrermangel. Die Sowjetische Militäradministration (SMAD) hat bereits im Juni 1945 die »Vorläufigen Richtlinien für die Wiedereröffnung des Schulwesens« erlassen. Dazu gehört die konsequente Entnazifizierung des Bildungswesens und die Entlassung aller Lehrkräfte, die Mitglieder der NSDAP gewesen waren. Umgesetzt werden kann diese Verfügung nur bedingt, denn angesichts der Tatsasche, dass 72 Prozent der etwa 40 000 Lehrer in der Sowjetischen Besatzungszone der Nazipartei angehörten, wäre ein geregelter Schulbetrieb anders nicht möglich gewesen. Mit Befehl Nr. 17 ordnet die SMAD die Bildung einer deutschen Zentralverwaltung für Volksbildung an und beruft Paul Wandel zum Präsidenten. Ein Jahr später formuliert dieser in seiner Rede auf dem 1. Pädagogischen Kongress in Berlin am 15. August 1946, was unter Demokratisierung der deutschen Schule zu verstehen ist. »Wir verstehen unter Demokratisierung der Schule erstens die Säuberung der deutschen Schule von allen Elementen und Erscheinungsformen der verhängnisvollen Kräfte, die Deutschland beherrschten, seine Entwicklung zu einem Land des Friedens und der Freiheit verhinderten und nach zwei Weltkriegen in die nationale Katastrophe stürzten, in der wir uns heute befinden«, stellt er heraus. Es gehe aber um mehr, daher bedeute Demokratisierung der deutschen Schule »vor allem ein Aufbauwerk«. Eine »völlig neue Schule« sei zu schaffen, »sowohl nach ihrem Inhalt wie nach ihrer gehobenen Stellung in den Gesamtbeziehungen unseres öffentlichen Lebens«.[7] Wie schwierig diese Aufgabe sein würde, das zeigen seine Äußerungen über die Lehrerschaft. Von den 11169 Lehrern, die sich der faschistischen Partei nicht angeschlossen hätten, seien nicht wenige Mitglieder der SA, des Nationalsozialistischen Kraftfahrkorps (NSKK) und anderer NS-Verbände gewesen. Wandel beruft sich dabei auf eine Statistik aus dem Dritten Reich, in der die aktive Rolle der Lehrer in der Nazibewegung hervorgehoben wird:

> Am 1. Mai 1936 gab es bereits nach Angabe des NS-Lehrerbundes sieben Gauleiter und stellvertretende Gauleiter, 78 Kreisleiter, 2688 Ortsgruppenleiter und Stützpunktleiter der NSDAP, die aus der Erzieherschaft hervorgegangen waren. 62 Prozent aller männlichen PGs im NS-Lehrerbund waren gleichzeitig politische Leiter der NSDAP.[8]

Hinzu kommt, dass Zehntausende Lehrer im Krieg gefallen sind oder sich in Kriegsgefangenschaft befinden. In der SBZ würden an die 40000 Lehrer fehlen, etwa zwei Drittel des Lehrkörpers. Die im Amt befindlichen Lehrer haben nach Aussagen Wandels ein Durchschnittsalter von 52 Jahren; gut 21 Prozent sind über 60 und 7 Prozent über 65.[9] Angesichts einer solchen Lage wurden im ersten Nachkriegsjahr 15000 Neulehrer gewonnen, die man in Kursen von wenigen Wochen auf ihre neue Aufgabe vorbereitete. Ab Anfang 1946 begannen dann für 25000 Neulehrer Achtmonatskurse.[10]

Neben den Neulehrern gab es in der SBZ sogenannte Oberschulhelfer. Zu ihnen gehörte Gerhard Wolf, der Jahre später Brigitte Reimann und Christa Wolf zusammenbringen wird. Er hatte nach der Entlassung aus der amerikanischen Gefangenschaft 1947 das Abitur gemacht und wurde anschließend als Oberschulhelfer eingesetzt. »Man wurde ein viertel Jahr in einem Fach getrimmt und konnte dann arbeiten«, erinnert er.[11]

Was die Schüler, auch Brigitte Reimann, damals nicht wissen können: Es geht bei der Neugestaltung der Schule um die Frage, ob an das Bildungswesen der Weimarer Republik angeknüpft werden kann oder ob ein grundsätzlicher Neuanfang anzustreben ist. Letztlich schätzt der SMAD-Befehl Nr. 110 ein, dass die deutsche Schule »trotz ihrer beachtlichen Höhe vor 1933 nie eine Stätte wirklich demokratischer Erziehung der Jugend zu verantwortungs- und selbstbewußten freien Bürgern war. Sie war eine Standesschule.« Es müsse daher um eine »grundlegende Demokratisierung der deutschen Schule gehen«.[12] Das »Gesetz zur Demokratisierung der deutschen Schule« vom Mai/Juni 1946 lieferte in der Folgezeit den rechtlichen Rahmen für die Veränderungen. Fragte man nach dem Selbstverständnis der neuen Schule, dann wurde mit Blick auf die damaligen Entwicklungen zusammenfassend folgende Einschätzung gegeben:

> Das Gesetz [zur Demokratisierung der deutschen Schule] verwirklichte die alten Forderungen der revolutionären Arbeiterbewegung nach Brechung des Bildungsprivilegs, nach Wissenschaftlichkeit des Unterrichts für alle Kinder des Volkes sowie nach Einheitlichkeit, Weltlichkeit und Unentgeltlichkeit des Schulwesens. Es stellte erstmalig in der Geschichte der deutschen Schule die Aufgabe, die Jugend frei von nazistischen und militaristischen Auffassungen, im Geiste des friedlichen und freundschaftlichen Zusammenlebens der Völker und einer echten Demokratie zu wahrer Humanität zu erziehen. Es forderte, jedem Kind ohne Unterschied des Besitzes, des Glaubens oder der Abstammung eine vollwertige Ausbildung zu geben. An der Stelle der bisherigen Dreiteilung des Schulwesens wurde die für alle Kinder gemeinsame 8klassige Grundschule geschaffen, auf der die 3jährige obligatorische Berufsschule bzw. die 4jährige Oberschule aufbaute.[13]

Die Selbstbeschreibung, die sich in dieser Weise im »Kulturpolitischen Wörterbuch« findet, ist nach 1989 durch Arbeiten zur deutschen Schulgeschichte durchaus bestätigt worden. »DDR-Geschichte und die Geschichte ihrer Bildungspolitik zu schreiben heißt – zumal für ihre Frühphase – Revolutionsgeschichte erzählen«, notiert der Erziehungswissenschaftler Ernst Cloer.[14]

Der Schulbetrieb beginnt auch für Brigitte Reimann am 1. Oktober 1945 an der Luisen-Mädchenschule. Unter den veränderten Verhältnissen ist eine Lern- und Lehrmittelfreiheit angestrebt einschließlich von Erziehungsbeihilfen und Stipendien für sozial bedürftige Schüler. Brigitte gehört zu dieser Gruppe, denn der Vater ist noch immer vermisst. Sie ist jetzt Schülerin der Klasse 7a, und vor allem der Deutsch- und Geschichtsunterricht begeistert sie. Eine entscheidende Rolle spielt in dieser Zeit der bereits erwähnte Dr. Tschersig, der zum Direktor der Oberschule berufen worden ist. Kurz nach dem Krieg gibt es noch keine Lehrbücher. Aus diesem Grund hängt vieles vom Wissen, Können und nicht zuletzt der Einstellung des jeweiligen Lehrers ab. Hans Klockmann, ein enger Schulfreund von Brigitte, erinnert sich Jahrzehnte später an den Unterricht bei Dr. Tschersig:

> Wir haben ihn dafür geachtet, dass er uns Geschichte nicht entlang der Parteilinie beibrachte, sondern auch als unabhängiger Geist. Die Weimarer Republik waren für ihn nicht nur Jahre des Klassenkampfes, das Bürgertum war nicht die Ausbeuterklasse. Er erzählte uns auch von den kulturellen Errungenschaften dieser Zeit. Auch bemühte sich Herr Tschersig, uns zur freien Rede zu erziehen. »Ihr werdet einmal die führenden Leute in der Gesellschaft sein«, sagte er, »deshalb müsst ihr in der Lage sein, eure Gedanken auch vor einer großen Runde zu formulieren.« Es wurden Themen verteilt, dann musste man aus dem Stegreif eine Rede halten. Das war hart, aber wir haben viel gelernt.[15]

Angeregt durch den Unterricht bei Dr. Tschersig und die Märchen der Brüder Grimm, setzt sich Brigitte in den Kopf, ein Laienspiel zu verfassen, und sie schafft es. Diese ihre erste größere literarische Arbeit wird von den anderen Mädchen der Klasse begeistert aufgenommen. Und sie macht eine Frau zum Ausgangspunkt des Stückes, Dorothea Viehmann, jene Bäuerin, die den Brüdern Grimm »die meisten und schönsten Märchen des zweiten Bandes erzählte. Diese Frau, namens Viehmännin, war noch rüstig, und nicht viel über fünfzig Jahre alt. [...] Sie bewahrte die alten Sagen fest im Gedächtnis.«[16] Die Bedeutung der Märchenerzählerin hervorhebend, formuliert Brigitte Reimann folgende Regieanweisung: »Zunächst hält jemand eine kurze Vorrede über die Viehmännin, der die Brüder Grimm in der Hauptsache ihre Märchen verdanken. Dann treten die Märchengestalten selbst in ihren charakteristischen Kostümen auf.«[17]

Bei dem Laienspiel handelt es sich um die erste überlieferte literarische Arbeit von Brigitte Reimann, sie trägt den Titel »Deutsche Hausmärchen. Laienspiel von Brigitte Reimann, Klasse 7a«. Erstaunen und beeindrucken muss bei diesem Laienspiel, über wie viel Sprachgefühl, Witz und Ironie die Zwölfjährige bereits verfügt. Hinzu kommt etwas, was schon jetzt die Texte der Schülerin auszeichnet: das Empfinden für Geschlechterklischees und die nicht hinreichende Wertschätzung des Weiblichen. Insbesondere im Teil zu »Hänsel und Gretel« wird den gängigen Interpretationen eine eigene Sicht entgegenstellt. Hänsel ist vorlaut und geriert sich als Held, der für sich in Anspruch nimmt, den entscheidenden Anteil an ihrer Rettung zu haben: »Vor der Hexe fürchtet Euch nicht – / Die machte ich schon lange tot!« Dem stellt Gretel ihre Version entgegen, sie verweist auf ihre »Tat«, die die Entscheidung gebracht hat: »Du Schwindler, du warst ja selbst in Not! / Du warst nicht der Held – oh nein! / Ich stieß die Hex' in den Ofen hinein!« Auf Hänsels Entgegnung, der darauf pocht, die Schwester zuvor (männlich) beschützt zu haben, bleibt Gretel gelassen, macht auf den fehlenden Effekt aufmerksam und wirkt gleichzeitig gemeinschaftsbildend, indem sie notiert: »Nun aber, Hänsel, sei wieder gut – / Wir kennen ja auch so Deinen Mut!«

Das Stück schließt mit Hänsel und Gretel im Chor: »Wenn wir auch nur 2 Kinder sind – / Ihr könnt uns glauben: Wer wagt, gewinnt!!!«

Letztlich liefert die Verfasserin damit so etwas wie eine Botschaft für die Nachkriegszeit und benennt Kinder als Symbol des (historischen) Neuanfangs. Ganz im Sinne Erich Kästners, der 1954 in seiner Rede von der »Deutschen Vergeßlichkeit« sagt: »Wer an die Zukunft glaubt, glaubt an die Jugend.«[18]

6. Beginnende Normalisierung – der Alltag ab 1947

Brigitte Reimann hat schon als Zwölfjährige Tagebuch geführt und in den Jahren von 1947 bis 1953 an die zwanzig Diarien gefüllt. Rückblickend spricht sie Ende 1959 von vielen hundert Seiten, »bedeckt mit einer kindlich krakeligen und später einer affektiert schwungvollen Handschrift«. Dem Tagebuch hat sie Tag für Tag ihre »winzigen und gewichtigen Erlebnisse« anvertraut. Berichtet wird ausführlich über »politische Ereignisse, über unsere ideologischen Kämpfe an der Schule, über meine Arbeit als FDJ-Multifunktionärin, über meine Lehrerinzeit und meine lieben kleinen Schülerinnen«.[1] Alle diese Hefte verbrennt sie Ende 1959. Erhalten sind nur ganz wenige auf separaten Blättern festgehaltene Notizen. Dass die Tagebücher nicht mehr existieren, ist ein unschätzbarer Verlust, allein wenn man den wiedergefundenen Eintrag vom 14. Februar 1947 sieht, in dem sie in einer schwer entzifferbaren Handschrift weitreichende Informationen zur persönlichen Situation wie auch zur Rolle der sowjetischen Besatzer liefert:

> Seit meiner letzten Tagebucheintragung ist ja nun so ziemlich 1 Jahr vergangen. Ja – es stimmt schon, ich bin mächtig faul. Das ist beinahe meine einzige Begabung. Darum will ich dieses Buch ein Gelegenheits- und nicht ein Tagebuch nennen. Ich werde nur schreiben, wenn es was Besonderes gegeben hat. Es hat sich sehr viel verändert und ereignet, seit ich das letzte Mal in das andere Heft geschrieben habe. Wir hatten ein halbes Jahr lang einen Russen, Wassili. Er war wirklich prima und konnte fein tanzen – russisch natürlich. Er war schon mit 10 Jahren von Muttern entlaufen u. später Artist im Varitié geworden. Er war sehr drollig

> u. eifriger Patriot. Wir haben oft furchtbar gelacht, wenn er uns in seinem komischen Deutsch von Stalins Unübertrefflichkeit zu überzeugen suchte. Im Januar ist er nach Rußland zurückgefahren. Furchtbar viel Eßwaren hat er für seine Mutter mitgenommen! 1 Zentner Mehl u. 1 Kiste Spekk und Schinken. Und Stoff! Und ein Abendkleid, todschick, für seine Frau, die er noch gar nicht hat, noch nicht einmal kennt! Jetzt haben wir einen Juden mit Frau. Er ist ein bischen komisch, seine Sonja aber ein reizendes Frauchen. Hübsch u. nett u. fleißig. Als wir Kohlen kriegten, hat sie sehr eifrig mit reingetragen, was die Russenfrauen sonst nicht tun.[2]

Einmal mehr erstaunt der für eine Zwölfjährige abgeklärt-humorvolle Ton sowie der hohe Grad an Reflexivität. Auch über die Lebensverhältnisse gibt das Notat Auskunft. So ist aus dem Eintrag zu erfahren, dass ein sowjetischer Offizier im Haus der Reimanns untergebracht ist, der auf eine ironische Distanz der Familie stößt, als er von der »Unübertrefflichkeit Stalins« spricht. Auch der Hinweis zur neuen Einquartierung – »Jetzt haben wir einen Juden mit Frau« – wie auch die Anmerkung zur »Russenfrau« sind vielsagend und belegen die Wirkung der über Jahre erfolgten Propaganda. Umfragen, die die amerikanische Militärregierung zwischen 1945 und 1947 in Nachkriegsdeutschland durchgeführt hat, ergaben, dass 15 % bis 17 % der Deutschen sich noch als überzeugte Nazis bezeichneten und immerhin 47 % bis 65 % den Nationalsozialismus für eine durchaus gute Idee hielten, die lediglich falsch umgesetzt worden sei. 40 % seien überzeugte Antisemiten und 55 % bis 65 % der Deutschen nach wie vor der Meinung gewesen, bestimmte »Rassen« seien besser zum »Herrschen« geeignet als andere.[3]

Ihren Eintrag beendet Brigitte mit einer wichtigen Notiz. »Jetzt muß ich schließen, doch halt, noch etwas von Vati. Er ist in russischer Gefangenschaft, in Jaroslawel [sic], und wohnt in einem Kloster. Er darf alle 2 Monate ungefähr eine Karte schreiben. Wir schreiben oft und viel. Hoffentlich kommt er gut über den Winter. Bei uns sind nämlich schon –30° gewesen – und nun erst in Rußland.«[4] Jaroslawl, wo sich der

Vater im Kriegsgefangenenlager befindet, ist eine Großstadt im russischen Teil der Sowjetunion, nur etwa 280 Kilometer von Moskau entfernt. Als die deutsche Wehrmacht rund 28 Monate, vom 8. September 1941 bis zum 27. Januar 1944, Leningrad belagerte, konnten eine Million Menschen, darunter ca. 300 000 Kinder, über den Ladogasee gerettet werden, und ein großer Teil fand in Jaroslawl eine erste Zuflucht. Der Weg über das Wasser und im Winter über das Eis wurde daher »Straße des Lebens« (Доро́га жи́зни) genannt. Schätzungen besagen, dass von der Zivilbevölkerung ca. 1 Million Menschen starben, wobei 9 von 10 verhungerten. In dem Kriegsgefangenenlager 276 durften die Gefangenen einmal im Monat – nicht, wie die Tochter vermutet, alle zwei Monate – an ihre Angehörigen schreiben, und zwar auf eigens dafür hergestellten Postkarten. Die Mitteilungen durften zunächst zehn Zeilen nicht überschreiten, jegliche Angaben über den Ort des Lagers und die Mitgefangenen hatten zu unterbleiben, Zuwiderhandlungen wurden als »Geheimnisverrat« bestraft. Auch Willi Reimann erhielt die auf braunem Papier gedruckten Karten. Die Antworten aus Deutschland waren jeweils auf eine angehängte Postkarte zu schreiben, auf der die Kriegsgefangenen vorab die Absenderadresse einzutragen hatten, im Fall der Reimanns Neuendorfer Straße 2 in Burg. Die Karten, die der Vater an die Familie schrieb, sind jedoch nicht erhalten.

Der Tagebucheintrag der Tochter indes enthält eine knappe Information zu den Lebensverhältnissen. Der Winter in Nachkriegsdeutschland zwischen November 1946 und März 1947 ist einer der kältesten des Jahrhunderts, es herrschen Temperaturen bis zu minus 20 Grad. Die Elbe, mit der Burg durch den Ihle-Kanal verbunden ist, ist zugefroren und kann von den Binnenschiffen nicht passiert werden. Mehr als die Hälfte des Wohnraums in den deutschen Städten ist zerstört, hinzu kommen an die zehn Millionen Flüchtlinge und Vertriebene aus den nunmehr nicht mehr zu Deutschland gehörenden Ostgebieten. Hunderttausende sterben an den Folgen von Hunger und Kälte.[5] Angesichts dieser Verhältnisse nimmt sich der Eintrag fast entspannt aus.

»Augenblicklich ist es bei uns im Zimmer saukalt, trotzdem wir eine Canone haben« – gemeint ist ein Kanonenofen, dessen Zylinderform einer Kanone ähnelte. »Die Heizung ist schon lange nicht mehr in Betrieb. Wir sind in der Schule bloß 12 Schülerinnen, die anderen 20 sind krank – alle haben Grippe. – Wir wollen mit unserem geliebten Fräulein Lange bald mal ein Maskenfest machen. Ich freue mich halbtot. Veralore Weich ist jetzt meine beste Freundin. Ich habe sie furchtbar lieb. Wir wollen beide im gleichen Kostüm, nämlich als Tänzerinnen, gehen.«[6] Mit selbiger Veralore, die aufgrund einer Lungenschwäche in ein Erholungsheim im Harz geschickt wird und nach der Rückkehr des Vaters aus der Kriegsgefangenschaft mit der Mutter zu ihm in den Westen geht, entspinnt sich ein intensiver Briefwechsel, der im Juni 1947 beginnt.

Im August 1947 schreibt Brigitte der Freundin über ihren Lesestoff, der keineswegs nur Schöngeistiges betrifft, sondern auch die Tagespresse umfasst, vor allem die »Tägliche Rundschau«. Darüber hinaus legt sie sich Schulhefte an, in denen sie Artikel, Witze und vor allem eine Serie mit dem Titel »Das Stadtbild der Zone« sammelt. In den Beiträgen, »die so in Witzform oder auch Anekdotenform sind, werden die jetzigen Zustände und schlechten Behörden, die Schieber und Nazis u. s. w. scharf kritisiert«. Und: »Manchmal sind es richtige lange Geschichten mit überraschenden Pointen.« Die Artikel schneidet Brigitte aus und klebt sie in ein Heft. In einem zweiten Diarium sammelt sie politische Witze, die sich über die »heutigen Zustände lustig machen«, mit den dazugehörigen Karikaturen. Und in ein drittes Schulheft kommen die Stadtartikel, die jeweils nach einem bestimmten Muster verfasst sind. »Da reist ein Mann in der russischen Zone rum und besichtigt und kritisiert alle großen und kleinen Städte. Ich habe schon Greifswald, Anklam, Potsdam, Stralsund u. s. w. Die beste Kritik aber hat – Burg bei Magdeburg! Sie ist vielleicht sogar ein bißchen zu gut«, vermutet sie.[7] Teile des Schulheftes sind erhalten und auch der Artikel zu Burg, der so einsetzt:

> Wer von Magdeburg kommend den Bahnhof von Burg verläßt, wird unwillkürlich aufatmen und innere Befreiung in sich spüren. Man wandert durch ausgedehnte Anlagen, farbenprächtige Bilder

gärtnerischer Kunst, und sieht sich unvermittelt mitten in einem Kleinstadtidyll.

Wenig später verweist der Beitrag darauf, dass es den Anschein hat, der Krieg und seine Folgen hätten die Stadt überhaupt nicht berührt. »Was hat sich schon geändert? Nicht einmal die Bevölkerungszahl ist gewachsen; Burg zählt noch immer 25.000 Einwohner, wie schon im Jahre 1933«, heißt es.[8]

Die »Tägliche Rundschau«, das hat Brigitte gehört, ist in der sowjetisch besetzten Zone, zu der die Stadt Burg gehört, bereits am 15. Mai 1945 als erste deutschsprachige Zeitung nach dem Ende des Krieges erschienen. Zunächst trägt sie den Untertitel »Tageszeitung des Kommandos der Roten Armee für die deutsche Bevölkerung«, aber schon wenig später heißt sie »Zeitung für die deutsche Bevölkerung«. Brigitte, ständige Leserin des Blattes, nimmt wahr, dass zu den Mitarbeitern der aus dem sowjetischen Exil zusammen mit der Gruppe Ulbricht zurückgekehrte Wolfgang Leonhard ebenso gehört wie der kommunistische Autor und Journalist Karl Grünberg, der in der Weimarer Republik zu den Mitbegründern des Bundes proletarisch-revolutionärer Schriftsteller gehörte und dessen Roman »Brennende Ruhr« (1928) der Bücherverbrennung zum Opfer gefallen war. Anfangen kann sie mit den Namen zunächst nichts. Das gilt auch für Stefan Heym, der 1933 ins Exil gegangen und über verschiedenen Stationen in die USA gelangt war, wo er studierte und mit dem Roman »Hostages« (1942) großen Erfolg hatte. Von den sogenannten »Ritchie Boys«, bei denen er als amerikanischer Offizier mit psychologischer Kriegsführung befasst war, hat sie ebenso wenig gehört wie von dem damals knapp 22 Jahre alten Wolfgang Harich. Mit beiden, die in der DDR bereits wenige Jahre später zu den prominenten kritischen Intellektuellen gehören, wird die junge Autorin dann mehrfach zu tun haben.

Auch liest sie die Fortsetzungsserie eines Mannes, den sie noch persönlich kennenlernen wird. Alfred Kurella war im Moskauer Exil persönlicher Sekretär von Georgi Dimitroff und arbeitete später leitend in der Zeitung des Nationalkomitees »Freies Deutschland«, jener Zeitung, die auch Willi Reimann im Kriegsgefangenenlager zu lesen bekam. Kurellas Reihe, die Einblicke in das Leben in der Sowjetunion geben soll, heißt »Ich lebe in Moskau. Erlebnisse und Beobachtungen eines Deutschen«.[9]

Die in den Tageszeitungen, auch in der »Täglichen Rundschau« geführte Debatte um deutsche Schuld spielt für das Mädchen verständlicherweise keine Rolle. Die Abwesenheit eines Gefühls von Schuld gilt in besonderem Maße für die Elterngeneration, und sie ist ein Grund, warum etwa die amerikanischen Truppen in Weimar oder Wallern (Böhmen) verfügen, dass die deutschen Einwohner gezwungen werden, sich mit den Verbrechen auseinandersetzen, indem man sie mit den Leichenbergen der Konzentrationslager konfrontiert. Das Erzwingen von Zeugenschaft soll einer Mentalität entgegenwirken, die darauf aus ist, sich selbst als Opfer zu sehen. Johannes R. Becher, der 1954 erster Kulturminister in der DDR wird und den Brigitte Reimann später zu den »Großen« zählt, hat nach der Rückkehr aus dem Exil im Juni 1945 in seinen Notizen ratlos diese weit verbreitete Abwehr von Schuld verzeichnet und beobachtet, dass viele Menschen von den Toten kaum sprächen, aber ihre Stimme ins Zittern geriete, sobald »sie, die total Ausgebombten, von ihren verbrannten Möbeln berichteten«. Becher erlebte diese Anästhesie, die Verdrängung bedeutet, bei der eigenen Mutter: »Auch sie schien das Vergangene ›verschmerzt‹ zu haben, und sie führte mir das gerettete Köfferchen vor und streichelte es liebevoll.«[10]

Die Familie Reimann ist von Verlusten, wie Becher sie schildert, größtenteils verschont geblieben. Burg ist dank der kampflosen Übergabe der Stadt weitgehend unzerstört, die Bombenangriffe der Amerikaner hatten keinen wesentlichen Schaden angerichtet. Dennoch sind die Lebensumstände ausgesprochen kompliziert, was vor allem die Versorgung betrifft, Brot und Kartoffeln sind rationiert. In einem Brief an die Freundin Veralore vom August 1947 beschreibt die 14-Jährige ausführlich die Hungersituation. »Morgens bloß 2 Schnitten, mittags nicht genug Essen, so daß man meistens gar nicht satt wird, nachmittags eine Stulle und abends einen einzigen, noch nicht mal bis obenhin vollen Teller Graupensuppe und eine Stulle. Und dann meistens noch trocken, wenn es nicht gerade Gurken gegeben hat.«[11] Die Mutter Elisabeth und der Bruder Ludwig sorgen weitgehend allein für den Unterhalt der Familie, sie gehen Ähren lesen und Kartoffeln stoppeln, sammeln Pilze und Beeren und bewirtschaften den Garten am Haus. Manchmal schleppt Elisabeth Reimann auf dem Fahrrad einen Zentner Kartoffeln über zehn Kilometer nach Hause in die Neuendorfer Straße. Brigitte ist in diese Tätigkeiten nicht involviert, sie ist in allen »praktischen Dingen für das Leben in dieser kargen Zeit nicht ›brauchbar‹«, wie sich Bruder Ludwig erinnert. »Sie hatte sich in ihrer eigenen Welt von Schule, Freundinnen, Bücher lesen eingerichtet. Sie nahm am Familienleben aktiv teil, aber nicht im Sinne von erhaltend oder gestaltend.«[12] Zur Buchlektüre sind eigene Schreibversuche gekommen. Das zweite Laienspiel entsteht im Schuljahr 1946/47 in der 8. Klasse und kann als Versuch gewertet werden, sich gegen den Vorwurf, sie würde keinen hinreichenden Beitrag für die Ernährung der Familie leisten, mit einem kreativen Beitrag zu Wort zu melden. Es trägt den sprechenden Titel »Maikäfers Bekehrung«.

Für das Stück nutzt sie ein Heftchen mit dem Titel »Die in Deutschland geschützten Pflanzen«, das noch aus dem Dritten Reich stammt. Darin findet sich eine »Zensurkarte«, wie sie in den ersten Jahren nach 1945 üblich sind und für ausgewählte Bücher und Filme angelegt werden. In diesem Fall geht es um den Film »Auf dem Bauernhof«, der mit »Genehmigung der sowjetischen=Militäradministration in Berlin« zur »Vorführung in Schulen, Hochschulen, Volkshochschulen und innerhalb kultureller Veranstaltungen« zugelassen ist. Brigitte kennt den Film noch aus der Grundschulzeit. Beigelegt ist ein Erläuterungsblatt, das die Vorführdauer mit 14 Minuten benennt und die Lehrerin Elisabeth Gamlin aus Berlin als Sachbearbeiterin ausweist. Zudem gibt es einen Aufkleber mit dem Hinweis, dass der Film »von der Zentralbildstelle bei der Deutschen Verwaltung für Volksbildung in der Sowjetischen Besatzungszone Deutschlands« überarbeitet worden ist. Eine der Zielsetzungen des Filmes wird wie folgt ausgedrückt:

> Klarwerden muß, daß der Mensch, der sich Tiere zu seiner Freude oder zu seinem Nutzen hält, auch verpflichtet ist, nach besten Kräften für sie zu sorgen, daß er ihnen die Wohnung und Nahrung geben muß, die sie zu ihrem Gedeihen und Wohlbefinden nötig haben. Der Gedanke des Tierschutzes muß den Kindern von früh an zur Selbstverständlichkeit gemacht werden.[13]

In dem Heft sind sämtliche Pflanzen aufgelistet und knapp beschrieben, die unter Naturschutz stehen, weil sie in besonderer Weise als Heilmittel genutzt werden. Zur Primel, die in Brigitte Reimanns Laienspiel eine zentrale Rolle spielt, heißt es in dem Büchlein: »Nur wenig später als das Leberblümchen, weil schon im März, erscheint in Laubwäldern und Wiesen die Gebräuchliche Primel (Primula officinális Jacq.). Aus ihrem kräftigen Wurzelstock entspringen die länglich eiförmigen Laubblätter, die – zu einer Rosette zusammengeordnet – dem Erdboden aufliegen. Auffallend ist die runzlige Beschaffenheit der Blattfläche.« Auch zum Maiglöckchen findet sich ein Eintrag mit der Beschreibung der »lieblich duftenden Blüten«, die die »Gestalt eines weißen, am Rande mit sechs Zähnchen versehenen Glöckchens« haben.[14]

Im Zentrum des Laienspiels steht indes der Maikäfer, der sich von dem ungebührlichen Betragen der »Blumenkinder« gestört fühlt, weshalb er sie als »albern und vergnügungssüchtig« beschimpft und aggressiv ausruft: »Fort! – Möcht' wissen, wozu Ihr nützlich seid!« Die Primel schlägt vor, den Ort zu verlassen (»Kommt, Schwestern, kommt, wir fliehn / Der Brummbär will das Stöckchen ziehn!«), doch das Maiglöckchen setzt sich zur Wehr, indem es dem Maikäfer vorwurfsvoll den eigenen Nutzen für die Menschen entgegenhält:

> Mürrischer, was nimmst stets Du / Mit bösem Schelten Dir selbst Deine Ruh'? / Zankst uns albern und vergnügungssüchtig – / Und doch sind wir in der Arbeit tüchtig, / Als Heilpflanzen den Menschen wichtig! / Nenn es Eigenlob – ich will es doch wagen, / etwas Gutes auch von mir zu sagen. / Zu feinem Staub zerreibt

> man meine Blüten, / Um einen guten Schnupftabak zu kriegen. / Na, Maikrabbel, sag' es nur ehrlich – / vielen Männern ist er unentbehrlich!

Der Maikäfer hat ein Einsehen und antwortet »eifrig«, wie es in der Regieanweisung heißt: »Ja, ja, das stimmt! Mir nämlich auch! / Beim Rauchen tut mir so weh der Bauch! / Doch Schnupftabak nehm ich vielen täglich – / unterm ½ Pf. ist mirs nicht möglich.« Daraufhin ist der Reigen eröffnet, denn das Maiglöckchen ruft: »Na, also! Da ist auch die Primel, die hat – doch halt / Mein Glöckchen weit über die Wiesen schallt. / Ich ruf' die Blumen, sie sollen selbst dir sagen, / wie sie den Menschen Nutzen tragen (Sie klingelt).« Nunmehr treten nacheinander die Akteure auf und künden von ihrem Wert für die Menschen. Das Laienspiel schließt mit einer Art Happy End – der Maikäfer erkennt sein fehlerhaftes Verhalten und gesteht ein:

> Ich hab mich zu Unrecht über euch beschwert, / Nun habt ihr mich aber gründlich bekehrt! / Ich wills verbreiten in aller Welt / Damit man Euch nicht für sowas hält / Wie ich es hab' bis jetzt getan!

Nachdem der Schmetterling kommentiert: »Nun, alter Brummbär, fängst Du endlich an / Einmal vernünftig zu werden«, fordert das Maiglöckchen: »Auf, Schwestern, kommt zum Tanze herbei!! (alle kommen und bilden eine Kette)«, und sie sprechen im Chor: »Wir wünschen allen einen fröhlichen Mai!!!!« Es endet mit der Regieanweisung »(Maitanz)«.[15]

Das Laienspiel, in dem die Autorin den Paarreim nutzt, folgt im Ansatz jener Kinderliteratur, die sie in der Grundschule kennengelernt hatte. Dazu gehört auch Christian Felix Weiße, der mit einer Neuauflage seiner ersten deutschen Kindergedichtsammlung der Aufklärung, »Lieder für Kinder« (1767), im Bücherschrank des Vaters steht. Weiße hatte in seinen Texten die Exempelmethode angewandt, weil sie ihm die Möglichkeit gab, Wissen, moralische Lehren, Erziehungsregeln (literarisch) einzukleiden.[16] In dem Gedicht »Der Seiltänzer« fragt er nach dem »Nutzen« bestimmter Fähigkeiten oder Professionen: »Ich hab ihn gesehen, / Den künstlichen Mann, / Auf einem Seile gehen, / So gut ichs auf der Ebne kann. // Ich muß es wohl sagen, / Das fordert viel Müh: / Doch möcht ich etwas fragen: / Die seltne Kunst – was nützet sie?«[17]

Das witzig anmutende Spiel, das auf den ersten Blick nicht über sich hinausweist, verarbeitet durchaus Nachkriegserfahrungen der 14-Jährigen, es geht um Konflikte zwischen den Generationen, speziell mit der Mutter, die der Tochter mehrfach den Vorwurf macht, sie sei »albern und vergnügungssüchtig« und halte sich nicht an die geltenden Normen. Einige Jahre später, genauer 1951, wird Brigitte Reimann die damalige Situation und das nicht unkomplizierte Verhältnis zur Mutter so reflektieren:

> Ich glaube, wir Kinder (damals noch dazu im richtigen Wachstumsalter) waren schrecklich verwildert – und hatten Hunger, furchtbaren Hunger. Das ist mir heute so unbegreiflich, daß mir die Schamröte ins Gesicht steigt, wenn ich – an wieviele! – kleine Episoden unserer magenknurrenden Gier denke. Das Schlimmste war, daß Mutter nicht mehr die geringste Autorität bei mir hatte. Ich weiß noch, daß sie mir mehr als einmal das Fußballspielen verbot, ohne daß ich mich dadurch im geringsten stören ließ. Dabei war ich damals schon 14 Jahre und, seitdem ich in die Oberschule gekommen war, so etwas wie eine »Dame«.[18]

Was neben der eindringlich geschilderten Hungersituation noch offensichtlicher wird: Die Mutter ist keine Respektsperson. Elisabeth Reimann versucht zwar, die ihrem Bild von Weiblichkeit widersprechenden Aktivitäten der Tochter einzudämmen, aber auch angesichts der Ausnahmebedingungen in Krieg und Nachkrieg kann sie sich nicht durchsetzen. Seit ihr Mann 1943 zur Wehrmacht eingezogen wurde, trägt sie die alleinige Verantwortung für die Familie. Und als Mutter von vier Kindern ist sie mit anderem befasst als damit, die beginnenden

Allmachtphantasien ihrer Tochter einzugrenzen. Das hat für diese den Vorteil, dass ihre adoleszenten Spielräume nur wenig eingeschränkt sind und sie sich einen eigenen Entwicklungs- und Experimentierraum schaffen kann.[19]

7. »Der Lateinunterricht ist fabelhaft bei ihm« – die neue Oberschule

Mit dem Wechsel zur Oberschule beginnt für Brigitte Reimann eine Phase, in der sich ihr neue Möglichkeiten eröffnen, die für die Jugendzeit wichtigen Allmacht- und Größenphantasien zu erproben. Doch zunächst stehen Prüfungen an. 265 Jungen und Mädchen sind für die Erweiterte Oberschule, die zum Abitur führt, gemeldet worden. Sie alle haben sich an ihren alten Schulen einer schriftlichen Prüfung zu stellen, die an der Burger Mädchenschule sechs Stunden in Anspruch nimmt. Den Anfang bildet das Diktat mit dem Schwerpunkt Kommasetzung. Es folgt der Schulaufsatz, für den vier Themen zur Auswahl stehen. Das erste Thema fragt danach, in welcher Weise der Hungerwinter von 1946/47 erlebt wurde, ein zweites, wie die letzte Reise mit der Eisenbahn aussah, schließlich geht es bei einer dritten Frage um eine Phantasiereise, nämlich die eines Zwanzigmarkscheins durch Stadt und Land, und schließlich soll der Besuch bei einem Handwerksmeister erzählt werden. Zum letzten Teil der Prüfung gehört eine Mathematikarbeit. Brigitte Reimann besteht alle Teile der Prüfung, und es nimmt nicht wunder, dass sie für den Aufsatz das Thema drei wählt, die Phantasieerzählung.

Am 2. September 1947, es ist ein Dienstag, beginnt für Brigitte Reimann nun endlich der neue Lebensabschnitt. Sie startet die Oberschule einen Tag nach dem in der Sowjetischen Besatzungszone am 1. September begangenen »Weltfriedenstag der Jugend«. Die Idee für einen solchen Tag war bereits nach dem Ersten Weltkrieg im Umfeld der von Bertha von Suttner mitgegründeten »Deutschen Friedensunion« aufgekommen. Nunmehr setzt die Sowjetische Militäradministration darauf, diesen Tag verbindlich in das kulturelle Gedächtnis einzuschreiben. Als sich die neuen Schüler um 10 Uhr in der Aula einfinden, darunter die Mädchen der Luisenschule, die jetzt in die bisherige Knaben-Oberschule in der Brüderstraße gehen, obliegt die Einführung Direktor Dr. Tschersig. Es erfolgt die Aufteilung in vier Klassen, in denen Mädchen und Jungen gemeinsam unterrichtet werden. Es wird nunmehr mit dem koedukativen Unterricht, der Gemeinschaftserziehung, Ernst gemacht. Die Leitlinien dafür waren bereits 1945 im Gesetz zur Demokratisierung der deutschen Schule vorgegeben worden. Das gemeinsame Lernen ist nicht nur für Brigitte, die vom Lyzeum kommt, etwas Neues. Sie ist etwas »aufgeregt durch die ungewohnte männliche Anwesenheit«.[1] Es wird ein sprachlicher Zweig gebildet, die Klasse 9a, und ein naturwissenschaftlicher, die 9b. Da Brigitte auf der Mädchenschule bereits vier Jahre Englisch und Latein hatte, kommt sie in erstere. Das Klassenbuch 1947/48 für die 9a weist ursprünglich 42 Schüler aus, doch hinter 14 Namen steht der Vermerk »Abgang«, und so sind es 28 Schüler, 10 Jungen und 18 Mädchen. Klassenleiter ist Dr. Loose, der Englisch unterrichtet. Die neuen Lehrer scheinen ihr nach dem ersten Kennenlernen zu gefallen:

> Bei G. haben wir Erdkunde, Geschichte und Latein. Der Lateinunterricht ist fabelhaft bei ihm. Jeder Satz wird auf das sorgfältigste zerlegt, jedes Wort einzeln übersetzt und so, daß jeder nur ein Wort kriegt. Gleichzeitig wird im Anschluß an die Übungsstunde griechische und römische Geschichte und Sage erzählt.[2]

Was die Schüler nicht wissen: Noch zum Ende des letzten Schuljahres hat Direktor Tschersig in einer Mitteilung vom 11. Juni 1947 festgelegt, dass »eine Untersuchung aller Sachgebiete und Räume der Oberschule stattfinden« müsse. Das betraf neben dem naturwissenschaftlichen Unterricht, vor allem Biologie, insbesondere die Lehrbücherei, die Arbeitsbücherei und die Schulbücherei. Für die Kontrolle waren jeweils einzelne Lehrer verantwortlich erklärt worden. Bereits fünf Tage später sollte ein Bericht über den Vorgang »Aussonderung« vorgelegt werden mit der Antwort auf folgende Fragen: »Was wurde ausgesondert? Von wem?« Alle ausgesonderten Stücke wurden sodann im Amtszimmer deponiert. Schließlich war die Aktion per Unterschrift mit folgendem Satz zu beglaubigen: »Ich versichere, daß nach meiner Überzeugung in den von mir untersuchten Sachgebieten und Räumen nichts Bedenkliches (im Sinne der Besatzungsmacht) vorhanden ist. Name und Amtsbezeichnung.« Daran schließt sich der Hinweis des Direktors an: »Um die ohnehin unfreundliche politische Beurteilung der Oberschule in der Öffentlichkeit nicht zu verschlimmern, bitte ich über die Funde nirgends zu sprechen.«[3] Die Aussonderungsaktion hatte einen besonderen Anlass. In der Schulchronik 1946–1951 findet sich ein von Stadtrat Dr. Tschersig gezeichneter maschinengeschriebener Text, in dem es heißt:

> 4. Juni 1947: einige russische Kinder sind mißhandelt und beraubt worden. Nach Besprechung der Angelegenheit bei der Kommandantur durch den Herrn Oberbürgermeister ist es notwendig, daß alle Lehrkräfte unverzüglich ihre Klassen auf die sehr ernsten Folgen hinweisen, die sich im Wiederholungsfalle aus einem solchen Verhalten ergeben müssen. Auch in den Elternversammlungen ist mit aller Deutlichkeit zu betonen, daß die Besatzungsmacht zwar nicht unsere Freundschaft verlangt, aber unbedingt erwarten darf, daß unfreundliche Handlungen selbst unter Jugendlichen vermieden werden.[4]

Die Sicht auf »die Russen« ist nach wie vor ausgesprochen distanziert, was sich auf alle Generationen bezieht. So ist Brigitte Reimann abgestoßen von dem Umstand, dass »deutsche Weiber« mit Russen »rumknutschen«. Für sie sind das »Russenliebchen«, die sie verachtet.[5] Mit dieser Auffassung steht sie nicht allein. In einem solchen Zusammenhang befürchtet der Stadtrat, die Besatzungsmacht könnte eine Kontrolle der Schulen vornehmen, um die Umsetzung des Gesetzes zur Aussonderung von Schriften, die die Rassentheorien oder die »gewaltsame Aneignung fremder Länder« propagieren, zu überprüfen.

Das Gesetz war bereits im September 1945 durch einen Befehl von

Marschall Shukow, dem Oberbefehlshaber der Sowjetischen Militäradministration, erlassen worden. Dabei geht es zudem darum, »jegliche Propaganda durch Wort und Schrift, die auf die Erhaltung des kriegerischen Geistes oder auf Verherrlichung der Kriegserlebnisse gerichtet« ist, aus Bibliotheken, Buchhandlungen, Verlagen und Schulen zu entfernen.[6] Am 13. Mai 1946 erließ der Alliierte Kontrollrat mit dem Befehl zur »Einziehung von Literatur und Werken nationalsozialistischen und militaristischen Charakters« eine für alle Besatzungszonen verbindliche Gesetzesvorlage. Alle öffentlichen Bibliotheken einschließlich der Schulen wurden verpflichtet, »Bücher, Flugschriften, Zeitschriften, Zeitungssammlungen, Alben, Manuskripte, Urkunden, Landkarten, Pläne, Gesang- und Musikbücher, Filme und Lichtbilddarstellungen (Diapositive) – auch solche für Kinder jeglichen Alters –, welche nationalsozialistische Propaganda, Rassenlehre und Aufreizung zu Gewalttätigkeiten oder gegen die Vereinten Nationen gerichtete Propaganda enthalten«, auszusortieren.[7] Auf dieser Grundlage wurde eine entsprechende Liste erstellt. Allerdings war es in der SBZ aus Zeitgründen schlichtweg unmöglich, über eine Million Bücher auf ihren Inhalt zu prüfen, so dass oftmals die gesamte Produktion einzelner Verlage aufgenommen wurde. Das führte einerseits dazu, dass sich auch Titel auf der Liste fanden, die vom Inhalt her keinen expliziten Bezug zum NS-System hatten. Andererseits war klar, dass weiterhin in Bibliotheken und Schulen Bücher im Bestand waren, die eigentlich hätten ausgesondert werden müssen. Direktor Tschersig ist sich dessen bewusst und will vermeiden, dass nach den Vorkommnissen an der Schule gegen »einige russische Kinder« eine mögliche Kontrolle den Ruf der Schule beschädigt. Brigitte Reimann bekommt von alldem nichts mit, allerdings gibt es im Russischunterricht die unerfreuliche Einlassung eines Mitschülers. Der Russischlehrer, ein noch sehr junger Mann, fragt Brigitte Reimann, ob der bekannte Leiter der KPD in der britischen Zone mit ihr verwandt sei, woraufhin besagter Mitschüler laut dazwischenruft: »Ach iwo, der ihr Vater ist doch son Nazi!«[8]

Im Klassenbuch der 9a, das wie üblich Geburtsdatum, Geburtsort, Glaubensrichtung, den Stand des Vaters bzw. des Vormundes sowie den

Wohnort verzeichnet, ist bei Brigittes Vater die Spalte leer, denn der ist noch in Kriegsgefangenschaft in Jaroslawl. Seit Jahresbeginn können die Kriegsgefangenen über das Rote Kreuz nicht nur Post nach Deutschland schicken, sie erhalten auch Zeitungen aus der Sowjetischen Besatzungszone, zum Beispiel die »Tägliche Rundschau« und die »Berliner Zeitung«, deren Berichte ihnen nach Monaten der Ungewissheit eine Ahnung vermitteln, was zu Hause passiert. Willi Reimann kennt die Ergebnisse der Potsdamer Konferenz in Schloss Cecilienhof vom 17. Juli bis zum 2. August 1945, auf der die drei Hauptsiegermächte, die Sowjetunion, die USA und Großbritannien, die internationale Nachkriegsordnung mit der Teilung Deutschlands in Besatzungszonen beschließen. Später lesen die Kriegsgefangenen, dass der amerikanische Präsident Truman von hier aus den Befehl zu den Atombombenabwürfen auf Hiroshima und Nagaski in Japan gegeben hat, die am 6. und 9. August 1945 erfolgten. Viel mehr aber interessiert Willi Reimann, was in der Ostzone geschieht und wie dort mit früheren NSDAP-Mitgliedern umgegangen wird.

Als Verlagsmann beschäftigt ihn, der zu diesem Zeitpunkt noch an eine Wiederaufnahme der Tätigkeit im Verlag Hopfer in Burg glaubt, vor allem, was im kulturellen Sektor geschieht, wie man dort mit der Schuldfrage umgeht und welche Berichte es über die Entnazifizierung gibt. Freilich finden sich derlei Details nur bedingt in der Presse. Die internen Auseinandersetzungen etwa im Schutzverband Deutscher Autoren (SDA), in dem Schriftsteller nach 1945 zunächst organisiert sind, gelangen nur spärlich an die Öffentlichkeit. Dort hatte eine Kommission am 30. November 1945 versucht, die Grundsätze für die Aufnahme in den SDA weiter zu präzisieren. Es existiere in »politischer Hinsicht« Einigkeit darüber, dass »Parteimitglieder usw. zwar grundsätzlich, aber doch nicht ausnahmslos auszuschließen seien«. Maßgeblich für die Entscheidung sei – auch wenn es sich nicht um Parteimitglieder handelte – »die in Veröffentlichungen zutage getretene Gesinnung«. Es sollten daher jene Schriftsteller nicht aufgenommen werden, die »dem nationalsozialistischen Geist Vorschub geleistet oder sich ihm gegenüber unterwürfig gezeigt hätten«.[9]

Diese Bestimmungen betreffen Willi Reimann nicht, denn er war nur Verlagsmitarbeiter und nicht Mitglied der Reichsschrifttumskammer. In der »Täglichen Rundschau« verfolgt er, was grundsätzlich zur Schuldfrage geäußert wird. Dazu gehört die Neujahrsbetrachtung von Ricarda Huch, die, obwohl sie den Nationalsozialismus insgesamt abgelehnt hatte und in eine Art »innere Emigration« gegangen war, in ihren Aussagen zur Schuldfrage dennoch von »wir« spricht und auf einen Dialog setzt:

> Sind wir uns über die Notwendigkeit und den Sinn unseres Unglücks klar, können wir es besser ertragen. Unser Aufstieg muß im Erwerben der Einsicht bestehen, daß ein Volk sich nicht wie ein Haufen von Privatleuten abseits von der Regierung stellen und sie schalten lassen kann, ohne sich dafür verantwortlich zu fühlen. Jeder muß den Sinn für Recht und Freiheit in sich entwickeln oder schärfen.[10]

Willi Reimann ist auch an den Diskussionen um Hans Friedrich Blunck interessiert, denn eine Ausgabe von dessen »Deutschen Heldensagen« (1938) steht in seinem Bücherschrank. Blunck stellt sich nunmehr auf den Standpunkt, »immer Antifaschist gewesen zu sein«.[11] Unter Schriftstellern gibt es jetzt verschiedene Stimmen. So fordern einige, entschieden »gegen die Aktivisten« aus dem Dritten Reich vorzugehen. Andere wie der Präsident des Kulturbundes, Johannes R. Becher, sehen die Situation weniger kategorisch und verweisen darauf, dass doch klar sei, wer »führend literarisch diese Dinge mitgemacht hat«. Becher betont gleichzeitig, dass man »einem Manne, der jetzt von seinem Irrtum überzeugt ist, eine Chance geben sollte«.[12] Es ist dies Ausdruck des Bemühens, Angebote zur Verständigung zu machen, und entspricht den Positionen des Kulturbundes, alles zu vermeiden, was als »Generalabrechnung« gewertet werden könnte.

Im Vorfeld des I. Schriftstellerkongresses, der vom 4. bis 8. Oktober 1947 im Hebbel-Theater stattfindet und bei dem bereits die neuen Frontlinien des Kalten Krieges erkennbar werden, gibt es vermehrt Diskussionen über die Rolle der Literatur.[13] Horst Lommer, der als Lyriker und Schauspieler bekannt ist und für die »Tägliche Rundschau«, die »Weltbühne« und auch die Satirezeitschrift »Ulenspiegel« arbeitet, spricht in seiner Rede vor dem SDA über die »Haltung der deutschen Schriftsteller gestern und heute«. Er geht davon aus, dass es die »vornehmste Aufgabe des Schriftstellers« sei, »Vernunft und Menschenwürde gegen die dunklen Mächte der Gewalt und Unmenschlichkeit zu verteidigen«. Gerade darum bedauert er, dass so viele deutsche Autoren von »Rang und Namen diese selbstverständliche Protesthaltung aufgaben und vor der bestialischen Macht kapitulierten«. Für ihn wiegt das Verhalten eines Schriftstellers weit schwerer als etwa die Schuld eines kleinen Beamten, Angestellten oder Arbeiters, der der NSDAP beigetreten ist. »Nichts hat der Sache der Nazis im Ausland mehr genutzt, nichts dem Ansehen Deutschlands in der Welt mehr geschadet«, betont er, »als die traurige geistige Kapitulation der deutschen Schriftsteller.« Diese Autoren sind aus seiner Sicht wesentlich schärfer zur Verantwortung zu ziehen als andere Mitläufer. Mit Blick auf die aktuelle Situation hebt Lommer als problematisch hervor, dass die Werke dieser Autoren weiter auf Leser einwirken: »Sie leben in den Bücherschränken nicht ausgebombter Familien weiter, ja sind sogar noch in Leihbüchereien und Buchläden anzutreffen.« Aus diesem Grunde dekretiert er: »Die politische Säuberung unseres Berufsstandes darf uns deshalb nicht gleichgültig sein. Wir können die Haltung unserer Kollegen schwarz auf weiß nachweisen. Wer Nazigift verbreitete, war Aktivist.«[14]

Willi Reimann hat es im Kriegsgefangenenlager vorerst noch mit existenziellen Problemen zu tun. Maßgebliche Gespräche im Lager Jaroslawl drehen sich nach wie vor um das Essen. Als sich die Lebensbedingungen langsam verbessern, gewinnen die politischen Verhältnisse jedoch an Bedeutung. Wesentlich wichtiger als die Berichte aus den Zeitungen ist ihm dabei der Briefkontakt mit der Familie. Willi Reimann nummeriert seine Postkarten, wie das nahezu alle Kriegsgefangenen machen. Nicht selten kommt die Post am Ziel nicht an, was auch bei Familie Reimann jedes Mal große Angst auslöst. Endlich, am 1. September 1947, einem Tag vor Schulbeginn, ist wieder eine Karte vom Vater da, nach Monaten des Schweigens – vier Karten fehlen. Auf der Karte vom 8. Juli 1947 hatte er mitgeteilt, dass er bald wieder anfangen werde zu arbeiten. Derzeit lasse er sich von der Sonne braten und lese deutsche Zeitungen, die regelmäßig im Lager ankommen.[15] Dazu gehört mit der »Täglichen Rundschau« genau jene Zeitung, die auch die Tochter in Burg liest. Allerdings sind die deutschen Zeitungen bei den Kriegsgefangenen aus sehr praktischen Gründen nicht beliebt. Sie eignen sich nur bedingt, um Papyrossi, also Zigaretten, zu drehen. Bei jedem Zug flammen sie auf und lassen keinen rechten Genuss aufkommen. Ganz anders sieht es bei den »Nachrichten für deutsche Kriegsgefangene« aus, die auf russischem Papier gedruckt sind und mit denen das Zigarettendrehen und Inhalieren bestens funktioniert.[16]

Für den Beginn des Schuljahres 1947 weist die Chronik einen besonderen Vorgang aus: »11. 9. Antrag Tschersig Name ›Geschwister-Scholl-Oberschule‹«.[17] Im »Mitteilungsbuch der Oberschule Burg b. M. 1946–1951« steht das Vorhaben in Verbindung mit der »Schulfeier zum Gedächtnis der Opfer des Faschismus«, die am 13. September, einem Sonnabend, stattfindet. Dr. Tschersig kommentiert den ins Auge gefassten Antrag so:

> Bei der Schulfeier am Sonnabend zu Ehren der Opfer des Faschismus beabsichtige ich, bekannt zu geben, daß ich bei dem Herrn Minister für Volksbildung, Kunst und Wissenschaft beantragen werde, der Oberschule Burg b. M. den Namen »Geschwister-Scholl-Oberschule« zu verleihen. Wenn keine besondere Stellungnahme des Lehrerkollegiums erfolgt, nehme ich Einverständnis an, um welches ich hiermit bitte.[18]

Die Burger Schule ist die erste in der Sowjetischen Besatzungszone, die in dieser Weise den antifaschistischen Widerstand im kollektiven Gedächtnis zu verankern sucht. »Die Erinnerung an die Breite und Vielfalt des Widerstandes gegen den Nationalsozialismus musste mühsam durchgesetzt werden. Vieles wurde dabei ignoriert, verdrängt, vergessen«, konstatierte Johannes Tuchel, Politikwissenschaftler und Leiter der Gedenkstätte Deutscher Widerstand in Berlin.[19] Er betont, dass beide deutsche Nachkriegsgesellschaften mit der Erinnerung an den Widerstand gegen den Nationalsozialismus bzw. Faschismus auch politische Ziele begründeten. Das Engagement von Dr. Tschersig ist vor diesem Hintergrund nicht hoch genug einzuschätzen. Umso mehr, da es 1947 erst eine Publikation gab, die sich mit dem Thema beschäftigte, Rudolf Pechels Monographie »Deutscher Widerstand«, die im Eugen Rentsch Verlag in Zürich erschienen war. Pechel war in Ost und West auch wegen seiner Biographie eine über alle Parteigrenzen hinweg anerkannte Persönlichkeit. Bis zum Verbot 1942 leitete er als Chefredakteur die renommierte »Deutsche Rundschau«. Wegen eines kritischen Beitrags über die deutsche Nachrichtenpolitik im NS-Staat, der im Ausland nachgedruckt wurde, kam es zu seiner Verhaftung und der Überstellung ins Konzentrationslager Sachsenhausen. Erst im April 1945 kam er durch den Einsatz seines Sohnes auf freien Fuß und konnte in seine Heimatstadt Güstrow zurückkehren.[20] In seinem Buch erfasst er den Widerstand gegen Hitler in seiner Breite. In dem Kapitel »Widerstand einzelner Gruppen 1932–1944« wendet er sich auch den Geschwistern Scholl zu. Einleitend schreibt er:

> Es liegt etwas unsagbar Trauriges und zugleich ein strahlend heller Schein über dem Leben und Sterben der Geschwister Scholl und ihrer Kameraden. Traurigkeit, weil hier der ver sacrum, der heilige Frühling des deutschen Volkes, dem Henker preisgegeben wurde. Und ein Strahlenkreuz von Licht, weil diese Menschen die Ehre der deutschen studentischen Jugend gerettet und bewiesen haben, daß junge deutsche Menschen ihre inneren Befehle ebenso wie viele ältere von den Gesetzen der Ethik, der Humanität und der Gerechtigkeit, von Gott empfangen und bereit waren, für sie zu kämpfen und zu sterben.[21]

Rudolf Pechel zitiert in seinem Beitrag aus den verschiedenen Flugblättern der Weißen Rose und betont – nachdem die »Wahrheit über die Katastrophe von Stalingrad« in weiten Kreisen des deutschen Volkes bekannt geworden war –, wie viele daran glaubten, dass das Ende des Regimes bevorstände. Auch der Kreis um die Geschwister Scholl sei davon ausgegangen, dass es nur eines Anstoßes von außen bedürfe, um das »Mordsystem hinwegzufegen«.[22] Für Brigitte Reimann sind die mit der Namensgebung verbundenen Fragen des deutschen Widerstandes eine Motivation, als sie ab 1953 beginnt, an der größeren Erzählung »Die Denunziantin« zu arbeiten. Doch zunächst gibt es Anfang Oktober 1947 ein bedeutendes familiäres Ereignis: Vater Willi Reimann kehrt aus der Kriegsgefangenschaft zurück.

8. »Vati ist gekommen« – ein Zwischenspiel

Als Willi Reimann im Juli 1947 einen seiner letzten Briefe aus der Kriegsgefangenschaft an die Familie schrieb, wusste er noch nicht, dass er bald auf der Liste mit den Repatriierungen stehen, also zu jenen gehören würde, die in das Nachkriegsdeutschland entlassen wurden. Dann aber ging es schnell. Für Ende September war sein Rücktransport vorgesehen. Mit einiger Sicherheit ging der über Moskau, Smolensk, Minsk und Brest. Der Brester Bahnhof hatte eine »Warschauer Seite«, hier kamen die Züge aus dem Westen an, und eine »Moskauer Seite«, die in Richtung Sowjetunion führte. In Brest brachte der Kriegsgefangenentransport länger zu, denn hier wurden die Züge von einer Schienenspurbreite von 1520 mm auf eine Breite von 1435 umgespurt – die europäische Norm ist schmaler. Danach ging es weiter nach Warschau und von dort nach Frankfurt/Oder. Aus diesem Lager wurde Willi Reimann – wie die meisten Kriegsgefangenen aus der Sowjetunion – in die Freiheit entlassen. Was hatte der Vater bis hierher erlebt? Dazu könnte, so die Annahme, die Kriegsgefangenenakte Auskunft geben. Denn: Die sowjetischen Behörden haben von jedem deutschen Wehrmachtssoldaten, der in Gefangenschaft geriet, in Fragebogenform alle notwendigen Informationen zur Person festgehalten.[1]

Das Militärarchiv befindet sich in Moskau in der ulica Makarowa unweit der Metrostation »Vodny Stadion« in einem schmucklosen zweistöckigen Bau. Errichtet wurde er nach 1945 von deutschen Kriegsgefangenen. Wenn man die schwere Holztür geöffnet hat, signalisiert eine Sperrschranke, hinter der russisches Wachpersonal in Schutzwesten steht, dass man im Begriff ist, einen Ort mit entsprechender Sicherheitsstufe zu betreten. Nachdem alle Taschen in einem Schrank weggeschlossen sind, geht es mit einem Passierschein in die obere Etage. Hier befindet sich der Lesesaal. Von der Treppe aus ist es möglich, den hinteren Teil des Gebäudes einzusehen. So auch einen siloartigen Turm, in dem die Dokumente aus einer Reihe von russischen Archiven aufbewahrt werden.[2] Hier lagern umfangreiche »Fondsbestände« der sowjetischen Streitkräfte und von Spezialtruppen aus der Zeit des Bürgerkriegs bis zum Zweiten Weltkrieg einschließlich der entsprechenden Personalunterlagen. Zum Militärarchiv gehört seit 1999 auch das sogenannte »Sonderarchiv«, in dem sich der größte deutsche Aktenbestand befindet. Zugang zum Sonderarchiv, das vom sowjetischen Geheimdienst im August 1945 für Beuteakten gegründet worden war, hatte zunächst einzig das Volkskommissariat für innere Angelegenheiten (NKWD) und ab 1954 das Komitee für Staatssicherheit, bekannt als KGB.[3] Die dort deponierten Akten dienten nach 1945 auch als Beweismaterial für Kriegsverbrecherprozesse und für die Arbeit des KGB im In- und Ausland. Die Dokumentation der Bestände in einem Karteisystem erfolgte bis in die 1970er Jahre, ihre Systematik wurde aber nicht bis zu Ende geführt.[4] Auch angesichts der Menge sind bis heute längst nicht alle Archivalien erfasst und erschlossen.

Willi Reimanns Zustand bei seiner Rückkehr schien nach den Aussagen der Tochter bedenklich zu sein: unterernährt, hatte er zudem eine doppelseitige Lungenentzündung überlebt und eine zerschossene Kniescheibe. Aber vor allem sei er schrecklich nervös gewesen. 2020 begann ich, nach seiner Kriegsgefangenenakte zu suchen.

Während etwa bei den Schriftstellern Heinrich Gerlach und Otfried Preußler die Kriegsgefangenenakten umfassend Auskunft über bis dahin unbekannte Details der Biographie gaben, war das Ergebnis bei Willi Reimann durchaus überraschend und unerklärlich. Zwar gibt es die Akte einer Person gleichen Namens, die 1904 in Burg geboren ist und auch dort lebte, aber dieser Willi Reimann ist erst 1950 aus der Gefangenschaft entlassen worden, nicht im Oktober 1947. Außerdem war er von Beruf Maurer und nicht Bankangestellter oder Verlagsmitarbeiter. Die im Fragebogen eingetragene Straße ist kaum zu entziffern, mit einiger Phantasie könnte man eine Abkürzung als Neuendorfer

Straße deuten. Gedient hatte dieser Willi Reimann bei der Infanterie und dem Truppenteil 1223, einem Wachbataillon, in Klammern ist »Schutzmannschaft« vermerkt. Auch er wurde über Frankfurt/Oder repatriiert. Das Irritierende an diesem Fall: Zu den Akten gehört ein Konvolut mit Fingerabdrücken. Darüber hinaus ist den Unterlagen zu entnehmen, dass er sich im Dezember 1949 im Transitgefängnis (Krasnaja Pressnja) befunden habe und nach dem »Kl. 17 des Russischen Strafgesetzbuches und des Artikels 1 des Befehls des Präsidiums des Obersten Rates vom 19. April 1943« wegen Kriegsverbrechen angeklagt worden sei. In der Personalakte fehlen jene 13 Seiten, die konkreteren Aufschluss bieten würden.

Es ist bekannt, dass Stalin und die sowjetischen Behörden – wie auch die Alliierten, insbesondere die USA – bereits vor Kriegsende für die Zeit danach planten und neben Gewährsleuten in den politischen und staatlichen Institutionen langfristig ein Agentennetz in Deutschland aufzubauen suchten. Bereits im März 1944 lag daher auf dem Tisch des Geheimdienstchefs Lawrentij Berija ein Bericht von Generalmajor Petrow, dem stellvertretenden Leiter des NKWD für die Angelegenheiten der Kriegsgefangenen und Internierten (UPWI). Das 25 Seiten umfassende Papier informiert über die »geheimdienstlich-operative Arbeit der sowjetischen NKWD-Verwaltung«.[5] Hingewiesen wird darauf, dass ab August 1943 die geheimdienstliche Tätigkeit umgebaut worden sei. So war eine neue Abteilung gebildet worden, deren Hauptaufgabe in der Organisation der nachrichtendienstlichen Tätigkeit und der Anwerbung von Personen für die Nachkriegsperiode bestand. Für die Durchführung der geheimdienstlichen Arbeit unter den Kriegsgefangenen würden vor allem in Moskauer Vororten geeignete Objekte aufgebaut.

Obwohl mir diese Fakten bekannt waren, konnte ich mit dem zweiten Willi Reimann, auf den ich nunmehr gestoßen war, nichts anfangen. Aber es gibt eine mögliche Antwort zu der geheimnisvollen Akte. Ein ausgewiesener Spezialist, Alexander Zabelin, der sich seit vielen Jahren mit Fragen der geheimdienstlichen Tätigkeit des KGB beschäftigt, verweist darauf, dass in gleichem Maße, wie neue Kriegsgefangene in die

Lager kamen, die Rekrutierungsarbeit zunahm. In einem Dokument der Hauptdirektion für Kriegsgefangene vom 1. März 1944 werden sogar Zahlen genannt: 3239 Personen, darunter 956 Deutsche, seien als Agenten verpflichtet worden, am 31. Dezember 1944 betrug die Zahl der angeworbenen Spione bereits 5214, wovon 3042 mit deutscher Staatsangehörigkeit registriert waren, die meisten der für die Agententätigkeit Rekrutierten waren Unteroffiziere und untere Dienstgrade der Wehrmacht. Eigentlich jedoch suchte der KGB in den Kriegsgefangenenlagern bevorzugt nach Personen, von denen zu erwarten war, dass sie im Nachkriegsdeutschland führende Positionen einnehmen würden. Es zählten daher Charisma, gute Ausbildung, Fremdsprachenkenntnisse und weitreichende gesellschaftliche Verbindungen. Nimmt man die Kriegsgefangenenakte »Willi Reimann 2«, dann wird man davon nicht sprechen können: Er hatte lediglich die achtklassige Volksschule besucht und 14 Jahre als Maurer gearbeitet. Was es mit »Willi Reimann 2« auf sich hat, schätzt Alexander Zabelin so ein:

> Es ist davon auszugehen, dass es sich um einen Doppelgänger handelt, der möglicherweise ebenfalls im Jahr 1904 und in Burg geboren wurde. Er sollte sich unbedingt gut in der Stadt und den dortigen Verhältnissen auskennen, um bei eventuellen Abfragen nicht entlarvt zu werden und der Legendierung treu zu bleiben. Letztlich ist dieser Willi Reimann mit einiger Sicherheit als KGB-Agent nach Deutschland zurückgekehrt.

Was aus dem »Doppelgänger« von Brigitte Reimanns Vater geworden ist, muss offenbleiben. Seine Spur verliert sich nach der Rückkehr. Aber die Vermutung, dass er als Agent geworben wurde, wird durch den Umstand gestützt, dass nur die reduzierte Kriegsgefangenenakte mit dem üblichen Fragebogen des »Doppelgängers« im Militärarchiv lagert. Unterlagen über Brigittes Vater Willi Reimann aus dem Gefangenenlager in Jaroslawl sind dagegen nicht vorhanden bzw. auffindbar.

9. »Kinderlähmung ist so ziemlich die schrecklichste Krankheit, die es gibt« – ein Schock

Die ersten Wochen im September 1947 an der Oberschule zu Burg sind für Brigitte Reimann ungewöhnlich. Sie hat sich nicht nur in eine neue Klasse einzufinden und in den gemeinsamen Unterricht von Mädchen und Jungen, sondern auch in die vielfältigen gesellschaftlichen Aktivitäten. Nachdem der Unterricht ausfallen musste, weil eine überraschend hohe Anzahl von Schülern am 31. Oktober 1947 den Reformationstag beging, schlägt Direktor Tschersig für November vor, die für den Tag geplanten Aktivitäten nachzuholen und in den Fächern Geschichte und Deutsch »die Bedeutung der ›Russischen Revolution‹ herauszustellen«. Im Mitteilungsbuch der Schule heißt es: »Stoff ist aus der ausliegenden Literatur und aus der Tagespresse zu entnehmen. In den Klassen sind Schüler auszuwählen, welche bei der Revolutionsfeier der Schule, d. 7. November, mitwirken.«[1]

In Vorbereitung auf den »Tag des Sieges der Großen Sozialistischen Oktoberrevolution« spricht als Vertreter der sowjetischen Besatzungsmacht Major Sacharow in der Aula der Schule. Sein Thema: »30 Jahre Sowjetunion«. Alle Lehrer und Schüler sind zur Teilnahme verpflichtet. Für den Ablauf der Festivitäten gibt es vom Schulleiter eine Vorgabe. Der Unterricht läuft nur bis zur 4. Stunde. Danach findet in »jeder Klasse eine Würdigung der ›Russischen Revolution‹ statt, der Klassenleiter oder die von ihm betraute Lehrkraft ist dafür verantwortlich«, heißt es. Zudem soll für alle neben russischen Filmen der Besuch von Konstantin Simonows Theaterstück »Die russische Frage« organisiert werden. Das Stück war unmittelbar nach seiner Fertigstellung in der SBZ erschienen und gehörte zum Repertoire in den Kriegsgefangenenlagern. Premiere feierte es im April 1947 unter Regie von Max

Reinhardt am Deutschen Theater in Ostberlin, worauf die Vertreter der amerikanischen Besatzungsmacht öffentlich protestierten.

Brigitte Reimann interessiert sich zu diesem Zeitpunkt noch wenig dafür, obwohl ihre Leistungen im Russischunterricht zunächst noch befriedigend ausfallen. Deutlich stärker ist ihr Engagement in Deutsch und Geschichte. Freilich ist den Schülern nicht bekannt, welche Anstrengungen die Lehrer unternehmen, um den Stoff in neuer Form zu unterrichten. Direktor Tschersig hat aus diesem Grund an der Schule eine Orientierung für das Erstellen von »Stoffplänen« gegeben. Im Mitteilungsbuch der Schule ist folgender Eintrag zu lesen:

> Jeder Lehrer hat gemäß der am 1. 12. 47 geltenden Unterrichtsverteilung für alle Fächer und Klassen, in denen er tätig ist, einen besonderen Stoffplan aufzustellen, und zwar für jedes Fach und jede Klasse auf besonderem Blatt, am besten Heftformat [...]. Die Auswahl des im laufenden Schuljahr zu erledigenden Stoffes ist den amtlichen Lehrplänen zu entnehmen unter dem Gesichtspunkt: Was hat Bedeutung für das Leben der Gegenwart? Was hat die Entwicklung der menschlichen Gesellschaft fördernd oder hemmend beeinflußt? Was ist geeignet, unser Handeln in der Gegenwart zu bestimmen?[2]

Als grundsätzliche Voraussetzung für die Behandlung des Stoffes nennt Tschersig »das Primat der Wirtschaft; Ziel: Erziehung zur Demokratie«.[3] Und es ist davon auszugehen, dass Dr. Tschersig es ernst meinte. Jahrzehnte später erinnert sich Hans Klockmann, von dem bereits die Rede war: »Wir Schüler liebten ihn. Denn er war mutig, tolerant und weltoffen. Außerdem hatte er Humor. So wurde er auch damit fertig, dass einige Schüler ein Bild von Stalin auf einer Wandzeitung verzierten. War natürlich ironisch gemeint. Der sowjetische Offizier, der am nächsten Tag vorbeikam, fand das gar nicht lustig und stellte unseren Direktor zur Rede. Aber irgendwie schaffte er es, selbst diesen grimmigen Offizier davon zu überzeugen, dass wir es angeblich ernst gemeint hätten und das Bild verschönern wollten. Das war nicht das einzige

Mal, dass sich Herr Tschersig vor uns stellte. In dieser politisch bewegten Zeit hatten nicht viele Schuldirektoren den Mut dazu.«[4]

Jener Dr. Tschersig, der bis zum Rentenalter im Jahr 1950 Direktor der Oberschule sein wird, beförderte die Entwicklung von Brigitte Reimann ganz entscheidend. Doch zunächst wird ihr hoffnungsvoller Schuleinstieg durch einen geradezu existenziellen Einschnitt unterbrochen. Noch am 29. Oktober 1947 erlässt Dr. Tschersig folgende Verfügung: »In Rücksicht auf die Kinderlähmung ist sofort jeder Turn- und Sportunterricht einzustellen. Die beteiligten Lehrkräfte wollen mir bis Freitag, d. 31. 10., schriftlich mitteilen, wie sie die betreffenden Stunden mit wissenschaftlichem Unterricht ausfüllen.«[5] Doch für Brigitte Reimann kommt diese Entscheidung zu spät: Ab dem 1. Dezember, einem Montag, ist sie im Klassenbuch der 9a als entschuldigt krankgemeldet. Sie wird mit Kinderlähmung ins Krankenhaus eingeliefert. Und erst über vier Monate später, am 13. April 1948, kann sie die Schule wieder besuchen. Was diese Erkrankung für sie bedeutete, das resümiert sie selbst im Abstand von drei Jahren nüchtern-ironisch so:

> Im Herbst kehrte dann mein Vater heim. Schwer hatten wir, oder vielmehr ich, das Glück seiner Heimkehr zu bezahlen: Kurze Zeit darauf brach ich plötzlich eines Abends, scheinbar ohne Grund, zusammen. Verzweifelt biß ich mich in einen Stuhl fest und versuchte mich, mit den Zähnen hochzuziehen – vergebens, der Kerngesunden versagten plötzlich alle Glieder den Dienst. Der schnellstens herbeigerufene Arzt ordnete die sofortige Überführung ins Krankenhaus an – Kinderlähmung.[6]

Die Kinderlähmung, mit dem Fachbegriff Poliomyelitis, gehörte seit dem ausgehenden 19. Jahrhundert zu den besonders gefürchteten Krankheiten. Zu diagnostizieren war sie schwer, weil die Symptome einer Erkältung oder Grippe ähnelten. Schon seit Ende der 1920er Jahren kam es zu größeren Wellen, den Höhepunkt erreichte die Krankheit weltweit im Jahr 1947. Brigitte Reimann ist eines jener betroffenen Kinder. Erhebungen, die der Ausbreitung nachgehen, kommen zu dem

Ergebnis, dass es im Juni 1947 ein gehäuftes Auftreten der Kinderlähmung zunächst im Südwesten Deutschlands und in Österreich gab. Im Juli 1947 stieg die Zahl der Erkrankten vor allem in der Sowjetischen Besatzungszone und in Groß-Berlin deutlich an. In Berlin nahm die Epidemie ihren Anfang im Bezirk Friedrichshain am Boxhagener Platz. Vermutet wurde zunächst, dass sich die Kinder in einem Planschbecken infizierten.[7] Letztlich ergaben sich aber keine hinreichenden Belege. Es ließ sich kein ursächlicher Zusammenhang mit Klima oder der sozialen Schichtung feststellen. »Ganz allgemein kann jedoch gesagt werden«, heißt es in einem Beitrag aus dem Jahr 1948, »daß Überanstrengungen und Traumen mit großer Wahrscheinlichkeit mit dem Manifestwerden der Krankheit beim Patienten in Zusammenhang gebracht werden können.«[8] Bei der Frage nach den Hauptansteckungsquellen konnte man 1947/48 noch keine gesicherten Aussagen machen. Gleichwohl heißt es: »Eines jedoch steht fest: Als Übertragungsmodus kann nur die Schmierinfektion in Frage kommen, wobei zugegeben werden soll, daß in einzelnen Fällen auch eine Übertragung durch Tröpfcheninfektion möglich gewesen ist.«[9]

Mädchen und Frauen waren eher betroffen, wobei die Überlebenschancen im Kindesalter größer waren. Die Letalität, also die Todesrate, lag im dritten und vierten Lebensjahrzehnt am höchsten bei ca. 20 Prozent. Betroffene kamen sofort auf die in den Krankenhäusern eingerichteten Isolierstationen und wurden über mindestens vier Wochen von Kontakten zur Außenwelt abgeschnitten. Das trifft auch für Brigitte Reimann zu, die ihre Zeit bis kurz vor Weihnachten 1947 im Infektionskrankenhaus in Burg zubringt. »Ihr braucht Euch keine Sorgen um mich zu machen«, schreibt sie den Eltern. »Es geht mir soweit ganz gut. Die Schwestern sind sehr nett und das Essen gut und reichlich. Gleich als ich gestern gekommen bin, hat mir der Arzt das Rückenmark punktiert. Es hat zwar scheußlich weh getan, aber ich habe ordentlich die Zähne zusammengebissen.«[10]

Wie sich die Situation nach den ersten Wochen darstellt, das übermittelt sie der Freundin Veralore. »Ich kann Dir bloß sagen, Kinderlähmung ist so ziemlich die schrecklichste Krankheit, die es gibt«, notiert sie. »Diese Hilflosigkeit macht mich bald verrückt. Das rechte Bein war zu Anfang vollständig gelähmt, das linke Bein war sehr schwach. Ich habe schrecklich geheult, als ich ins Krankenhaus mußte und die Schwestern mir die liebliche Aussicht eröffneten, daß ich die sechs Wochen, bis die Ansteckung vorbei ist, keinen Besuch kriegen dürfte.«[11] Das Mädchen hat aber noch Glück, sie liegt im Erdgeschoss und kann durch das offene Fenster mit Besuchern sprechen. Ein Schulkamerad kümmert sich rührend um sie und kommt immer wieder vorbei. »Aber ich bin nun mal unsterblich: unsterblich in meinen (leider nur in Gedanken ›meinen‹) Hannes verliebt. Ich könnte manchmal direkt heulen vor Sehnsucht nach ihm«, schreibt sie zu Weihnachten 1947, da ist sie nach sechs Wochen endlich wieder zu Hause, wo sie weiter ihre Spritzen bekommt.[12] Die 14-Jährige weiß inzwischen auch, dass sie Anfang des Jahres in eine Spezialklinik nach Magdeburg zur Rehabilitation soll, auf die sogenannte »Krüppelstation«. Aber im Brief an Veralore spricht sie von ihren großen Plänen, bei denen das Schreiben im Zentrum steht: »Wir haben über meinen Beruf gesprochen, und ich will gerne Schriftsteller werden, aber nicht nur nebenbei, sondern als Hauptberuf. Damit man mein Talent prüfen kann, soll ich nun in M. schreiben. Vielleicht zuerst eine Novelle. Zeit und Lust und Phantasie habe ich. Hoffentlich wirds was!«[13]

Am 12. Januar 1948 wird sie mit einem Auto nach M. – Magdeburg – gebracht, in eine Villa, die direkt an der Elbe liegt. Vom Balkon aus kann sie auf das Wasser blicken. Während sich die junge Patientin an die neuen Verhältnisse und ihren Tagesplan in der Klinik zu gewöhnen sucht, laufen an der Geschwister-Scholl-Oberschule zahlreiche Aktivitäten, die auch die politische Ausrichtung betreffen. Am Freitag, dem 16. Januar 1948, spricht ein russischer Major über die »Londoner Konferenz«. Die Teilnahme aller Schüler wird auch hier erwartet. Die Konferenz fand vom 25. November bis zum 15. Dezember 1947 statt. Die Außenminister der vier Siegermächte hatten sich über die Zukunft Deutschlands zu verständigen. Allerdings kam es zum Bruch zwischen den USA und der Sowjetunion, so dass die Verhandlungen unverrichteter Dinge abgebrochen wurden. Parallel dazu trafen die USA und Großbritannien die Entscheidung für eine separate Währungsreform und die Gründung eines Staates, der aus den westlichen Besatzungszonen bestehen sollte.[14] Angesichts dieser zunehmenden Auseinanderentwicklung und des beginnenden Kalten Krieges wird in der SBZ verstärkt versucht, das Modell der Sowjetunion zu popularisieren. Dies geschieht nicht zuletzt über Filme aus der Sowjetunion. Dazu gehört der unter Federführung von Michail Romm produzierte Streifen »Lenin 1918«, der 1939 entstand und am 17. Januar 1946 im Nachkriegsdeutschland seinen Kinostart hatte. Der Film spielt während des Ersten Weltkrieges und der Zeit des Bürgerkrieges. Im Zentrum steht das Attentat auf Lenin, der schwer verletzt überlebt. Hervorgehoben wird die Rolle von Stalin, der erfolgreich den Kampf an der Front organisiert. Als der Film am 22. Januar im Kino Roland in Burg aufgeführt wird, verpflichtet Direktor Tschersig alle Schüler zur Teilnahme. Auch die Lehrer sollen anwesend sein, »um die im Kino besonders gefährdete Ordnung zu sichern«, notiert er und macht konkrete Vorschläge. »Daher ist es notwendig, daß sich die Lehrkräfte angemessen auf die Sitzplätze verteilen, d. h. den ganzen Rang und die letzten 2 Reihen im Parkett.«[15]

Zur gleichen Zeit, während sich die Mitschüler das Drama um Lenin ansehen, kämpft Brigitte Reimann weiter um ihre Gesundheit. Inzwischen macht sie die ersten Schritte. Sie erhält jeden Tag Massagen. Damit sie besser liegend im Bett schreiben kann, hat sie die Eltern gebeten, ihr ein Tischchen mitzubringen. Der Bruder, der mit seinen handwerklichen Fähigkeiten weitaus geschickter als der Vater ist, bringt sofort eine Konstruktion zustande. Als Brigitte nun aber die Oberschwester bittet, das Tischchen zu nutzen, wird es ihr verboten. »Ich bin augenblicklich in einer schrecklichen Mißstimmung, weil ich heute schon am frühen Morgen nichts als Pech gehabt habe«, beklagt sie sich im Brief an die Mutter. »Ich habe mich zu der Frage an Emma, wegen des Tischchens aufgeschwungen und es ist natürlich abgeschlagen worden. Bringt es um Gottes willen nicht mit, bei der alten Zicke hilft alles Bitten nichts u. wenn ihr fragt, kriege ich nachher alles von ihr auf den

Deckel.«[16] Und als ob das nicht schon Unglück genug ist, findet die Oberschwester beim Bettenmachen das homöopathische Mittel Alumina, das ihr die besorgten Eltern zugesteckt haben und das das Mädchen insgeheim einnimmt. Es wird aus Aluminiumoxid hergestellt und besonders bei Lähmungen in den Beinen eingesetzt. Allerdings kann das Mittel Nebenwirkungen verursachen, die die Haut- und Schleimhäute betreffen.[17] Oberschwester Emma untersagt die weitere Einnahme, die ohne Rücksprache mit dem behandelnden Arzt erfolgt ist, kategorisch. Brigitte ist ausgesprochen unglücklich: »Ich bin in scheußlicher Verlegenheit u. könnte richtig heulen aus Angst vor der Blamage. Was soll ich nun bloß machen? Kann denn nicht Vati morgen Nachmittag kommen? Er wollte doch sowieso mit dem Dr. sprechen u. kann ihm dann gleich das mit dem Aluminia erklären u. mich entlasten.«[18] Die Sache geht schließlich gut aus.

In einer überlieferten Notiz fixiert die Patientin akribisch ihr Tagesprogramm:

> morgens: ½ 6 wecken; Fieber messen, waschen, kämmen, ¼ Std. Übungen.
> 6 Betten machen.
> Bis 8 Uhr lesen. 8 – ½ 9 Frühstück.
> ½ 9 – ½ 11 Schularbeiten machen.
> ½ 11 – ½ 12 Briefe schreiben u. lesen.
> ½ 12 – 12 oder ½ 1 Massage.
> 12 Mittagbrot.
> Von ½ 1 bis 2 schlafen o. ruhen.
> 2 – 3 lesen. 3 Kaffee trinken.
> 3 – 4 sticken oder sonstige Handarbeiten.
> 4 – ½ 5 lesen oder unterhalten.
> ¼ – ½ 6 Übungen, ½ 6 Abendbrot.
> 6 – 7 lesen, dann schlafen.[19]

An einem Donnerstag dann, dem 12. Februar 1948, schreibt Brigitte Reimann endlich die erlösende Nachricht: Sie soll Ende nächster

Woche aus der Spezialklinik in Magdeburg entlassen werden und nach Hause kommen. Das hat der Doktor auf der täglichen Visite entschieden. Das Mädchen ist überglücklich, das lassen die Hinweise erkennen, die sie den Eltern in einem kurzen Brief übermittelt: »Ihr müßt aber, wenn Ihr kommt, alles zum Aufstehen mitbringen, Hose, Hemd u. Kleid habe ich hier, ich brauche noch Strümpfe, aber möglichst Kniestrümpfe o. Wollsöckchen. Vergeßt das um Gottes willen nicht.«[20]

10. »Ein Satz aus dem Kommunistischen Manifest« – Neustart und beginnende Wende

Am 13. April 1948, es ist ein Dienstag, kann Brigitte Reimann endlich wieder den Unterricht besuchen, wie das Klassenbuch der 9a ausweist. Nach wie vor muss sie eine Beinschiene tragen, die bis zur Wade reicht. Um das zu kaschieren, trägt sie eine Hose. Laufen kann sie nach dem vielen Training wieder, freilich zieht sie das rechte Bein etwas nach. Das Treppensteigen bereitet ihr Mühe, und beim Hinuntergehen muss sie auf einem Bein hopsen. Wenn sie äußerlich auch versucht, mit der Situation gelassen umzugehen, fühlt sie sich zurückgesetzt – »und das trägt die Schuld daran, daß sich eine gewisse Anlage zur Ironie, zu offener Spötterei entwickelt hat, die oft geradezu in Sarkasmus ausartet und mich bei den meisten meiner Kameradinnen unbeliebt gemacht hat«, so ihre Selbsteinschätzung.[1] Das ausgestellte Selbstbewusstsein und die »gespielt leichte Lebensauffassung« kämen bei den Mädchen nicht gut an – diese wüssten ja nicht, dass beides »in Wirklichkeit tiefsten Melancholieanfällen und Minderwertigkeitskomplexen« entspringt, gesteht sie später.[2]

Betrachtet man Brigitte Reimanns erstaunlich analytische Einschätzung ihrer damaligen Situation, dann wird klar, dass hier von Adoleszenzproblemen die Rede ist. Die Sozialpsychologin Vera King hat herausgestellt, dass die Jugendphase der Frauen »lange Zeit entweder ausgeblendet oder an normativen Modellen männlicher Jugend gemessen und abgehandelt« wurde. Traditionelle Weiblichkeitsentwürfe waren über Jahrhunderte durch einen »unvermittelten Übergang aus der Position des Kindes und der infantilen Abhängigkeit von der Herkunftsfamilie in die Position der Ehefrau und Mutter gekennzeichnet – zugespitzt formuliert: durch einen raschen Übergang vom Kind-

Sein zum Kind-*Haben*.«[3] Das Bild der Schaukel in Theodor Fontanes Roman »Effi Briest« steht für diesen Sprung, denn vom kindlichen Spiel, symbolisiert durch die Schaukel, geht es für die 17-jährige Effi direkt in die Ehe mit Baron von Innstetten, der über 20 Jahre älter ist. Entsprechend dem Altersunterschied behandelt er seine junge Frau oftmals wie ein Kind.

Es ist kein Wunder, wenn in kulturellen Debatten über die Adoleszenz zur Jahrhundertwende die sogenannte »weibliche Hysterie« eine Rolle spielt. Von diesen für die bürgerliche Gesellschaft jener Zeit typischen Konstellationen sucht Brigitte Reimann sich frühzeitig abzusetzen und Spielräume zu gewinnen, die ganz gezielt auch Grenzüberschreitungen einschließen. Die Krankheit hat die Situation frühzeitig zugespitzt und ihr große Energie und Disziplin abverlangt. »Jede einzelne Stunde der zehn Wochen, die ich im Krankenhaus zubrachte, hat dazu beigetragen, den Keim einer schlechten Eigenschaft in mir zu schönster Blüte zu entwickeln«, schreibt sie selbstkritisch, um dann fortzufahren: »Ich bitte um Verständnis, wenn ich sagen muß, daß meine Verzweiflung schließlich in einen wilden Haß gegen alles Gesunde ausartete.«[4]

Nach der Rückkehr aus dem Krankenhaus muss sie erkennen, dass sie nicht nur viel Stoff, sondern auch zahlreiche Gruppenaktivitäten versäumt hat. Dazu gehörte die »Gedenkfeier für das Kommunistische Manifest« am 21. Februar 1948. Der Festakt sollte zunächst ab 10.30 Uhr in der Aula stattfinden, wurde dann aber auf 11.30 Uhr verlegt. Im Mitteilungsbuch gibt es den Hinweis: »Da nicht geheizt, bitte die Schüler auf entsprechende Kleidung hinweisen.«[5] Anlass für die Feier war das »Kommunistische Manifest«, das Karl Marx und Friedrich Engels auf den Tag genau vor 100 Jahren veröffentlicht hatten. Dabei wurde – für die SBZ kennzeichnend – eine Verbindung hergestellt zwischen dem »Manifest« und der Revolution von 1848. Alles zielte auf eine Legitimation der bis dahin realisierten Veränderungen, wozu die Bodenreform wie auch die Enteignung von Nazi- und Kriegsverbrechern gehörten. Letztlich wurde der Umwälzungsprozess als eine Realisierung der Ideale der Revolution von 1848 gedeutet. Auf einer Massenkundgebung am 18. März 1948 stellte Wilhelm Pieck genau diese Überzeugung in den Vordergrund. »Wir werden vollenden, was sie begannen«, rief er aus und gab damit eine Sicht vor, an der in den folgenden Jahrzehnten festgehalten wurde.

Zwar kann die Schülerin Brigitte an der Gedenkfeier nicht teilnehmen, weil sie noch immer das Bett hüten und zu Hause bleiben muss, aber im laufenden Schuljahr wird wiederholt auf das »Manifest« Bezug genommen, vor allem im Geschichtsunterricht. Und es findet eine zweite Veranstaltung statt, die sich mit der Revolution von 1848 beschäftigt. »Laut behördlicher Weisung sollen der Schuljugend Lichtbilder mit Vorträgen zum Gedenken an 1848 geboten werden. Für die Oberschüler findet diese Veranstaltung am Do, den 11. März, statt und zwar (in dem für Verdunklung eingerichteten Raum) für die Klassen 9a, 9b, 9c und 10nat. [...] Den Vortrag hält Neulehrer Guebel. Die Lehrkräfte, besonders alle Klassenleiter, nehmen teil«, notiert Dr. Tschersig im Mitteilungsbuch.[6]

Welche entscheidende Bedeutung das »Kommunistische Manifest« für Brigitte Reimann hat, geht erst jetzt aus ihrem bislang unbekannten »Bildungsgang« hervor. Rückblickend wirkt die Beschäftigung mit dem 23-seitigen Text von Marx und Engels fast wie ein Erweckungserlebnis, das verantwortlich für die dann einsetzende Wandlung ist. »Übrigens halte ich es für immerhin bedenkenswert, daß es ein Satz aus dem ›Kommunistischen Manifest‹ war, der eigentlich meine Wandlung bewirkte. Ich weiß selbst nicht, warum er damals so stark auf mich gewirkt hat (es ist durchaus kein bekannter Satz)«, schreibt sie.[7]

Bei den bekannten und oft zitierten Sätzen handelt es sich um den Anfang: »Ein Gespenst geht um in Europa – das Gespenst des Kommunismus.« Freilich geht der Satz weiter und markiert, wie auf das »Gespenst« reagiert wird: »Alle Mächte des alten Europa haben sich zu einer heiligen Hetzjagd gegen dies Gespenst verbündet, der Papst und der Zar, Metternich und Guizot, französische Radikale und deutsche Polizisten.« Ebenso markant und als Botschaft gebraucht ist die abschließende Aufforderung: »Proletarier aller Länder, vereinigt euch!«[8]

Aber auch hier gibt es einen Passus, der zu diesem Ruf hinführt. »Die Kommunisten verschmähen es, ihre Ansichten und Absichten zu verheimlichen«, schreiben Marx und Engels. »Sie erklären es offen, daß ihre Zwecke nur erreicht werden können durch den gewaltsamen Umsturz aller bisherigen Gesellschaftsordnung. Mögen die herrschenden Klassen vor einer kommunistischen Revolution zittern. Die Proletarier haben nichts in ihr zu verlieren als ihre Ketten. Sie haben eine Welt zu gewinnen.«[9]

In ihrem eigenen Exemplar des »Kommunistischen Manifestes« hat Brigitte Reimann an den Rand die, wie sie es rückblickend bezeichnet, »kindlich begeisterte Bemerkung: ›Großartig‹« geschrieben. »Wen es interessieren sollte«, führt sie weiter aus, »es sind die beiden letzten Abschnitte im Kapitel 2 ›Proletarier und Kommunisten‹, hinreißend durch ihre bezwingende Logik und strahlende Siegesgewißheit.«[10] Das Kapitel II enthält in der Tat entscheidende Positionen, und es ist nicht verwunderlich, dass sie damals von den Überlegungen fasziniert ist: »Die kommunistische Revolution ist das radikalste Brechen mit den überlieferten Eigentumsverhältnissen; kein Wunder, daß in ihrem Entwicklungsgange am radikalsten mit den überlieferten Ideen gebrochen wird«, liest sie in einem der letzten Absätze.[11]

Aber mit Sicherheit ist es der Schluss von Kapitel II, der sie beeindruckt und ihr für die Zukunft zu einer Richtschnur wird: »An die Stelle der alten bürgerlichen Gesellschaft mit ihren Klassen und Klassengegensätzen tritt eine Assoziation, worin die freie Entwicklung eines jeden die Bedingung für die freie Entwicklung aller ist.«[12] Diese Aussage gewinnt für das Leben von Brigitte Reimann auch deshalb an Bedeutung, weil hier die Rolle des Einzelnen und seine Individualität herausgestellt sind, geht es doch letztlich um das, was man menschliche Selbstbestimmung nennen kann. Dass diese Grundbedingung in den nachfolgenden Jahren in der DDR zunehmend in Vergessenheit gerät und an ihre Stelle die Einordnung in die Gemeinschaft steht, dagegen wird Brigitte Reimann sich zunehmend zur Wehr setzen.

Erst spät kommt eine Diskussion in Gang, die ein Autor auslöst, den Brigitte Reimann in den 1960er Jahren persönlich kennenlernt. In

Stephan Hermlins Prosatext »Abendlicht« (1979) steht die Frage nach dem Verhältnis von Individuum und Gesellschaft im Zentrum. Es ist ein Problembereich, über den Brigitte Reimann schon als Kind, später als Schülerin und junge Autorin nachdenkt. Hermlin erinnert sich in den autobiographisch angelegten Episoden, wie sein Lehrer Hermann Duncker Vorlesungen über das »Kommunistische Manifest« von Karl Marx und Friedrich Engels gehalten hat. Dann macht Hermlin im 50. Lebensjahr eine – wie er sagt – unheimliche Entdeckung. »Unter den Sätzen, die für mich seit langem selbstverständlich geworden waren, befand sich einer, der folgendermaßen lautete: ›An die Stelle der alten bürgerlichen Gesellschaft mit ihren Klassen und Klassengegensätzen tritt eine Assoziation, worin die freie Entwicklung aller die Bedingung für die freie Entwicklung eines jeden ist.‹« In dieser verdrehten Weise hatte er sich den Satz eingeprägt. Dann erst macht er die erstaunliche, ja bestürzende Entdeckung: »Wie groß war mein [...] Entsetzen, als ich nach vielen Jahren fand, daß der Satz in Wirklichkeit gerade das Gegenteil besagt: ›...worin die freie Entwicklung eines jeden die Bedingung für die freie Entwicklung aller ist‹.«[13]

Hermlin, Jahrgang 1915, wird sich Mitte der 1960er Jahre bewusst, wie falsch er das »Manifest« ausgelegt hat, und es ist dies gerade jene Zeit, in der Brigitte Reimann mit ihm in persönlichen Kontakt kommt. Sie treffen sich bei einer Beratung mit Kulturschaffenden, zu der Walter Ulbricht im November 1962 eingeladen hat. »Ich saß neben Hermlin und sah, wie er litt. In der Tat, für die Ohren eines Mannes wie H., mit seiner Weltoffenheit, seinen Auffassungen von Literatur, mußte die eingangs von U. gehaltene Rede eine Qual sein«, schreibt sie am 2. Dezember 1962 in ihr Tagebuch.[14]

Die Schülerin besucht außerdem eine Ausstellung, die der Revolution von 1848 gewidmet ist und Bezug auf das »Manifest« nimmt. »Die Ausstellung über 1848 verdient Beachtung und unterrichtliche Auswertung, da sie u.a. methodisch und graphisch die deutsche Entwicklung von 1900 bis heute sehr einprägsam darstellt«, schreibt Direktor Tschersig. »Es sind daher die Bildungsmöglichkeiten dieser Sammlung in Berichten mündlich und schriftlich (Aufsätze), besonders in Deutsch, Geschichte und Kunsterziehung auszuwerten; von diesen Aufsätzen jeder Klasse erbitte ich je 2 Arbeiten zur Kenntnis. Mi, den 5. Mai.«[15] Es verwundert nicht, wenn das Klassenbuch der 9a ausweist, dass der Aufsatz der Schülerin Brigitte Reimann so gut ist, dass der Klassenleiter Dr. Loose die Arbeit an den Direktor schickt.

Im Geschichtsunterricht wiederum spielt im Zusammenhang mit der »Entwicklung des Brandenburgisch-Preußischen Staates bis 1876« Karl Marx einmal mehr eine Rolle. In den neuen Arbeitsheften für den Unterricht, die der Verlag Volk und Wissen gerade herausgebracht hat, findet sich ein Auszug aus Marx' Darstellung über die »Teilungen Polens«. Brigitte Reimann liest den Text genauso wie Abschnitte aus Franz Mehrings »Lessing-Legende«, in der er sich mit »Friedrichs aufgeklärtem Despotismus« beschäftigt.[16]

Dass gerade der Geschichtsunterricht das Fach ist, für das in der SBZ gleich nach dem Schulbeginn im Herbst 1945 ideologisch zielgerichtete Materialien und Lehrpläne vorliegen, das hat einen Grund. Unmittelbar nach der Jalta-Konferenz vom Februar 1945 hatten im Nationalkomitee »Freies Deutschland« die Planungen für die Nachkriegszeit eingesetzt. Es stand bereits zu diesem Zeitpunkt fest, dass Deutschland in Besatzungszonen aufgeteilt wird und die Sowjetunion in der von ihr verantworteten Zone ihre politischen Leitlinien umsetzen kann. So erklärt sich, warum in Lunjowo bei Moskau, wo das Nationalkomitee seinen Sitz hatte, verschiedene Kommissionen Richtlinien für jene Zone erarbeiteten, die später die DDR wurde. Der Entwurf wurde schon am 31. Juli 1945 abgeschlossen.[17] Im Vorwort des damaligen Strategiepapiers, das 66 Seiten umfasst, heißt es:

> Nach 10 Jahren nationalsozialistischer Geschichtsfälschung soll diese Arbeit dem Lehrer eine Hilfe bieten bei der richtigen Auswahl und Beurteilung des geschichtlichen Stoffes für den Unterricht. Die Arbeit will kein Lehr- und Handbuch sein, sie soll dem Lehrer nur die Hauptgesichtspunkte geben, unter die der Geschichtsunterricht zu stellen ist. Besonderes Gewicht wird auf die Tatsachen gelegt, die vom Nationalsozialismus verfälscht oder

> mit propagandistischer Absicht verschwiegen wurden. Das gedankliche Niveau und den Umfang des Stoffes hat der Lehrer der jeweiligen Klassenstufe anzupassen.[18]

Im Vorwort werden zudem die Grundsätze des Unterrichts benannt. Danach muss die Darstellung »wissenschaftlich einwandfrei sein«, sie habe von den »ökonomischen und gesellschaftlichen Kräften« auszugehen, und die zeitgeschichtlichen Bewegungen sind nach dem Gesichtspunkt »fortschrittlich oder reaktionär« zu beurteilen. Zu zeigen sei, dass die »Geschichte nicht von Führerpersönlichkeiten gemacht wird«, und die Kriege »vor allem hinsichtlich ihrer Ursachen und Folgen zu betrachten« sind. Schließlich soll der Geschichtsunterricht »zu demokratischem Denken, zu verantwortlicher, aktiver Teilnahme am Leben des Volkes« erziehen.[19] Ernst Hadermann, der 14 Tage nach der Fertigstellung des Entwurfs nach Berlin zurückkehrte und sofort in der neu gegründeten Deutschen Zentralverwaltung für Volksbildung unter Paul Wandel eingesetzt wurde, brachte die Richtlinien schließlich zum Druck. Sie waren verbindlich für den Geschichtsunterricht in der SBZ.[20]

Für den Deutschunterricht, in dem Brigitte Reimann in den letzten Monaten des Schuljahres gute Leistungen erbringt, steht auch der Besuch einer Theateraufführung von Friedrich Hebbels »Maria Magdalena« an. Das Stück macht auf die Schülerin großen Eindruck. Sie weiß, dass es sich um ein bürgerliches Trauerspiel handelt. Gotthold Ephraim Lessing ist bereits Gegenstand auf der Luisenschule gewesen, vor allem seine Fabeln »Der Besitzer des Bogens« und »Der Affe und der Fuchs«. Einige, so »Der Esel und der Wolf«, kannte sie sogar auswendig. »Ein Esel begegnete einem hungrigen Wolfe«, beginnt sie, wenn sie den Text vor ihrer Familie aufsagt. Weiter: »›Habe Mitleid mit mir‹, sagte der zitternde Esel, ›ich bin ein armes krankes Tier; sieh nur, was für einen Dorn ich mir in den Fuß getreten habe!‹ / ›Wahrhaftig, du dauerst mich‹, versetzte der Wolf, ›und ich finde mich in meinem Gewissen verbunden, dich von deinen Schmerzen zu befreien.‹ / Kaum war das Wort gesagt, so ward der Esel zerrissen.«

Auch Teile von Lessings Lustspiel »Minna von Barnhelm« waren behandelt worden. Dass Lessing im bürgerlichen Trauerspiel den Bürger als Hauptfigur einführt, war der Laienspielautorin ebenfalls bekannt. Lessing hatte auf diese Weise versucht, eine moralische Selbstvergewisserung des Bürgertums in Gang und die Willkürakte des Adels auf die Bühne zu bringen, vor allem in »Emilia Galotti« (1772). Das Drama wird im Deutschunterricht der Abiturstufe einige Jahre später behandelt werden. Wie gut sie es kennt, zeigt sich in ihrer Erzählung »Ankunft im Alltag« (1961), in der sie eine der Figuren, es ist Curt, im Streit mit Recha locker einwenden lässt: »Hör auf, hier rumzutoben, sonst enden wir doch noch im Straßengraben ... Die Kunst geht nach Brot. Lessing, ›Emilia Galotti‹. Oder, wenn du's ganz klassisch haben willst: Virtus post nummos. Horaz. Na? Du warst doch mal 'ne große Lateinerin.«[21]

Im Mai 1948 geht es vorerst aber noch um Hebbels Stück »Maria Magdalena« (1844), das eine neue Stufe des bürgerlichen Trauerspiels darstellt, wie die Schüler in Vorbereitung auf die Theateraufführung erfahren. Jetzt steht nicht mehr der Konflikt zwischen Adel und Bürgertum im Zentrum, sondern der Fokus liegt auf der kleinbürgerlichen Moral. Das Drama in drei Akten schildert den Weg in die Katastrophe: Klara, die Tochter des Tischlermeisters Anton, sieht am Ende keinen anderen Weg als den Selbstmord, um die Ehre des Vaters und die eigene zu retten. Sie erwartet ein uneheliches Kind von einem ungeliebten Mann.

Einmal mehr ist es eine junge Frau, die an den Verhältnissen zerbricht und sich opfert. Brigitte Reimann, die unsterblich in einen Jungen aus der Oberschule verliebt ist, fühlt sich motiviert, in Gedichten ihre Gefühle auszudrücken. Bestärkt werden diese Schreibversuche durch die Behandlung ausgewählter Lyrik der Annette von Droste-Hülshoff. Auf dem Programm im Deutschunterricht der 9. Klasse stehen »Das junge Herz«, »Die junge Mutter« und »Die beschränkte Frau«, alles Texte mit Frauenfiguren. Ihr eigenes Gedicht, das sie im Juni 1948 schreibt, widmet sie ihrer »ersten großen Liebe – Hans Hoffmann«.

SEHNSUCHT …

Hoffi – ein Traum von Glück und Wonne
liegt in diesem einen Wort,
Hoffi – Du meine strahlende Sonne –
Ein Blick von Dir scheucht allen Kummer fort …

Es bricht ein Wunsch aus heißem Herzen:
Hoffi – Sonnengott, wärst Du mein!
Doch, ach, Du kennst nicht meine Schmerzen –
Ein Wort von Dir und wir könnten glücklich sein!

Ein himmelstürmend Glück, so groß und wunderbar –
In Deinen Armen liegend, Mund auf Mund …
Mein schönster Traum – er wird wohl niemals wahr –
Du kommst und küssest mich gesund!

Einmal über Deine blonden Locken streichen,
Einmal in Deine Augen schauen,
Die wie Bergseen unergründlich blauen –
So könnte ich auf Erden schon die höchste Seligkeit erreichen …

Doch wozu Wünschen, Träumen hingegeben?
Wahr wird es niemals werden …
Die Sehnsucht brennt aus mir das Leben –
Ein Kuß von Dir und glücklich könnt' ich sterben!

Im Juni 1948
Gewidmet meiner ersten »großen Liebe« –
Hans Hoffmann.[22]

Im Juni 1948 steht noch etwas anderes auf dem Programm, das ihre Leidenschaft für Literatur verstärkt. Die Schülerschaft lädt für den 5. Juni 1948 zu einem Elternabend in der Zentralhalle von Burg ein. Neben einem Chorauftritt der Oberschule Genthin wird der »Zerbrochne Krug« von Heinrich von Kleist zur Aufführung gebracht. Es ist ein Laienspiel, dass die Schüler selbst verantworten. Brigitte Reimann ist an der Inszenierung beteiligt, sie zieht hinter den Kulissen die Fäden.

Engagiert beschäftigt sie sich nach der überstandenen Krankheit auch mit grundsätzlichen Fragen des Zusammenhangs von Politik und Literatur. In den Deutsch- und Geschichtsstunden ist nach Maßgabe des Direktors über die »Bedeutung des Volksbegehrens zur Durchführung eines Volksentscheides eingehend zu sprechen«.[23] Über eine Rede von Anton Ackermann, dem KPD-Funktionär und Mitglied des inneren Führungszirkels der SED, ist im Mai in der »Täglichen Rundschau« informiert worden, die Brigitte Reimann nach wie vor liest. Anlässlich der »Ersten Zentralen Kulturtagung« sucht Ackermann in seinem Beitrag die Rolle von Kunst und Literatur aus dem Verhältnis von Basis und Überbau abzuleiten.[24] Er sieht die Produktionsverhältnisse als entscheidende Grundlage für die Ausprägung einer Kultur. In diesem Sinne sei die Kultur der Antike die »Kultur der Sklavenhaltergesellschaft« gewesen. Für die »Kultur der Zukunft« konstatiert der Politiker eine Auflösung der Klassengegensätze und die Aufhebung der Trennung zwischen den »Hand- wie den Kopfarbeitern«.[25]

Im Herbst 1948 gilt es für die Schülerin, weiter den versäumten Stoff aufzuholen. Ihre Leistungen am Schuljahresende waren durchwachsen. In Latein kann sie ein »Gut« vorweisen und in Englisch ein »Befriedigend«. Ausgesprochen mangelhaft sind ihre Leistungen in Russisch. Bei den schriftlichen Arbeiten verzeichnet das Klassenbuch die Noten: 5, 5, 4, 4. Dass ihr gerade Russisch so große Schwierigkeiten macht, hängt nicht nur mit dem krankheitsbedingten Fehlen zusammen. Nach wie vor hat es auch mit einer Abwehr gegen die Russen sowie die sowjetische Besatzungmacht zu tun. Damit ist Brigitte Reimann keineswegs allein. Von den 28 Schülern werden der Hälfte ungenügende Leistungen in Russisch bescheinigt. Auch so erklärt sich, warum in der SBZ durchgängig versucht wird, alle Altersgruppen mit Informationen über die Sowjetunion zu versorgen, und die Schule ein Ort für derlei Bemühungen darstellt. Dazu gehört am 9. November 1948 eine »Gedenkfeier zur Russischen Oktoberrevolution 1917 und der Revolution vom 9. November 1918«.

Es ist das neue Schuljahr 1948/49, das am 1. September 1948 begonnen hat, und Studienrat Ernst Rumpel übernimmt die 10a, er unterrichtet die Fächer Mathematik und Englisch und erhält den Spitznamen »Munjo«. Das Klassenbuch weist nach dem Abschluss des Schulhalbjahres am 1. Februar 1949 aus, dass mit Zugängen und Abgängen nunmehr 19 Schülerinnen und Schüler in der 10a lernen. Der Altersdurchschnitt beträgt 16,5 Jahre. Beim »Stand« des Vaters steht bei Brigitte Reimann jetzt »Kaufmann«. Zu ihren Lieblingsfächern gehören neben Deutsch Geschichte und Erdkunde, denn hier hat sie es wieder mit ihrem Lieblingslehrer Dr. Tschersig zu tun. Der ist weiterhin Schuldirektor und hat auch als Geschichtslehrer ein Interesse daran, dass die jungen Leute mehr über die historische Entwicklung in der Sowjetunion erfahren. Auch die 10a nimmt an der Festveranstaltung zur Oktoberrevolution teil. Von Interesse ist das Programm der Veranstaltung, das so aussieht:

1. Gemeinsamer Gesang: Brüder, zur Sonne, zur Freiheit!
2. Einführung Schulleiter
3. Russisches Volkslied
4. Rede Hochmuth
5. Gedicht
6. Lieder
7. Gemeinsamer Gesang: »Wann wir schreiten Seit' an Seit'«

Anschließend weiter Unterricht![26]

Das abschließende Lied: »Wann wir schreiten Seit' an Seit' / und die alten Lieder singen / und die Wälder widerklingen / fühlen wir, es muß gelingen: / Mit uns zieht die neue Zeit, / Mit uns zieht die neue Zeit«, stammt aus der sozialdemokratischen Arbeiterbewegung und steht in Verbindung mit der Jugendbewegung, es gehört in der SBZ und später in der DDR zu einem der bekanntesten Jugendlieder. Schon einen Tag später, am 10. November, einem Dienstag, wird in der Aula ab 8 Uhr der Weltjugendtag begangen. Erinnert wird damit an den Gründungstag des Weltbundes der demokratischen Jugend im Jahr 1945. Er beginnt mit einem Orchesterauftritt. Gespielt wird das Andante aus Ludwig van Beethovens C-Dur-Symphonie. Es folgt eine Rede des Schulleiters und danach der Chor mit »Freiheit, die ich meine« – einem Volkslied nach dem Gedicht von Max von Schenkendorf aus den Befreiungskriegen gegen Napoleon in der Vertonung von Karl August Groos, das aufgrund seiner eingängigen Melodie in der Folgezeit zu einem der populärsten Songs wird. Einige Wochen später, am 24. Januar 1949, findet in der Aula dann für alle Schüler und Lehrer eine Lenin-Feier statt.

Nimmt man nur diese drei Veranstaltungen, zeigt sich, in welcher Weise in den Jahren nach dem Ende des Zweiten Weltkrieges ein neues Kollektivgedächtnis geschaffen wurde, bei dem die Freundschaft zur Sowjetunion eine gewichtige Rolle spielte. In der kulturwissenschaftlichen Erinnerungsforschung wie den einschlägigen Arbeiten zu Literatur und Gedächtnis ist durchweg darauf verwiesen worden, dass sich Kultur dem Gedächtnis »als der Fähigkeit« verdankt, »durch Erinnern des Bedeutsamen und Vergessen des Kontingenten« Sinnwelten zu erzeugen.[27] Dabei ist das Kollektivgedächtnis darauf ausgerichtet, eine Art Übereinkunft zu schaffen. Es versucht, eine Harmonisierung von Gegenwart und Vergangenheit herzustellen, also jene Teile in Geschichten und Riten zu erinnern, die in der Lage sind, Gemeinschaft zu stiften und eine kollektive Identität auszubilden.[28] Genau das geschah in der SBZ und späteren DDR mit der Vermittlung von Wissen über die Sowjetunion, die Revolution von 1848 und die kommunistische Bewegung. Über Bewertungsakte wurden in der »neuen Schule« und in den Medien aus einer Vielzahl möglicher Vergangenheitsreferenzen – von Orten, Personen, Ereignissen, Zusammenhängen – gerade jene Elemente ausgewählt, die vor dem Hintergrund der entstehenden politisch-kulturellen Interessen und Bedürfnisse als bedeutsam und erinnerungswürdig gelten sollten. Anders gesagt, es war ein kollektives Gedächtnis im Entstehen, das spezifisch für die damalige Ostzone ist. Man kann noch weiter gehen.

Der Kulturwissenschaftler Jan Assmann hat zwei Gedächtnis-Rahmen unterschieden, nämlich das kommunikative und das kulturelle Gedächtnis.[29] Dieser Präzisierung liegt die Überlegung zugrunde, dass es nicht unwesentlich ist, ob das kollektive Gedächtnis auf der Alltagskommunikation basiert oder auf der Grundlage von offiziellen symbolischen Gütern. Während das kommunikative Gedächtnis gespeist wird durch Gespräche mit Freunden, Erfahrungen in der Familie oder der Gruppe, ist das kulturelle Gedächtnis an »feste Objektivationen« gebunden – es ist offiziell gestiftet und transportiert einen »festen Bestand« an Inhalten und Sinngebungen. Entsprechend hat Assmann unter dem Begriff »kulturelles Gedächtnis« »den jeder Gesellschaft und jeder Epoche eigentümlichen Bestand an Wiedergebrauchs-Texten, -Bildern und -Riten« gefasst, »in deren ›Pflege‹ sie ihr Selbstbild stabilisiert und vermittelt, ein kollektiv geteiltes Wissen vorzugsweise (aber nicht ausschließlich) über die Vergangenheit, auf das eine Gruppe ihr Bewusstsein von Einheit und Eigenart stützt«.[30]

Genau das zeigt sich an den Aktivitäten in der Burger Oberschule, die durchaus repräsentativ für die gesamte damalige Ostzone sind. Feier- und Gedenktage, Ausstellungen, Lieder und Gedichte orientieren auf eine neue Gesellschaft. Dass die Bezüge zur Sowjetunion dominant waren, hatte einen Grund: »die beide Siegerparteien versuchen nun auf ihrem jeweiligen Gebiet die Nützlichkeit ihrer Art zu leben, nachzuweisen«, wie Uwe Johnson es formuliert.[31]

Uwe Johnson hat – wie an anderer Stelle Brigitte Reimann – eine Begründung dafür gegeben, warum gerade die neue Generation sich von der Vision einer neuen Gesellschaft so angezogen fühlte. »Ihr solltet vernünftiger leben lernen als noch eure Eltern. Das hört sich gut an für junge Leute, nicht nur weil da ein Jeder anders werden will als seine Älteren«, schreibt er. »Wem das nicht glatt genug hinunterging, dem half auch Nüchternheit nicht gegen die Annahme, daß nach dem abgetanen System der Faschisten diese neue Autorität von Haus aus die bessere war, weil anti-faschistisch. Die moralische Eindeutigkeit war verführerisch. Das saß. Es saß tief, es reichte für Vorschüsse, zu entrichten in Vertrauen.«[32] Direktor Tschersig steht für diese moralische

Eindeutigkeit und für das, was antifaschistisch heißt. Die Geschwister-Scholl-Gedenkfeier, die er für den 22. Februar 1949 ab 9.45 Uhr in der großen Aula organisierte, und die Teilnahme, die er für alle Klassen verbindlich machte, entsprachen seiner Überzeugung. Mit einiger Wahrscheinlichkeit liegen hier, verstärkt durch die Person Tschersigs, die Unterschiede, die zwischen der SBZ und den Westzonen entstanden. Rolf Schörken, Jahrgang 1928 und also fünf Jahre älter als Brigitte Reimann, kehrte nach fast zwei Jahren Kriegseinsatz und Gefangenschaft wieder an sein altes Westgymnasium zurück, um das Abitur zu machen. »In Geschichte fingen wir bei Hammurabi an und in Biologie bei den Einzellern«, erinnert er. »Bis zum Abitur kamen wir nicht an das zwanzigste Jahrhundert heran, und buchstäblich kein einziges Wort fiel über Nationalsozialismus oder Kommunismus oder das moderne Amerika. Hätte man danach geurteilt, was in der Schule behandelt wurde, hatte es den Nationalsozialismus, die Sowjetunion, den Zweiten Weltkrieg, Auschwitz und Hiroshima überhaupt nicht gegeben.«[33]

11. »Mädchen sind den gleichaltrigen Jungen geistig immer überlegen« – das Laienspiel »Die Probe«

Zu Weihnachten 1948 gibt es ein besonderes Ereignis. Brigitte Reimann hat nach der Entlassung aus dem Krankenhaus ihr Vorhaben umgesetzt und stellt mit einem Laienspiel erneut ihre literarischen Fähigkeiten unter Beweis. Diese Produktion ist nicht mehr mit den früheren Versuchen zu vergleichen. Das Stück mit dem Titel »Die Probe« wird zur Schulweihnachtsfeier uraufgeführt. Dr. Tschersig, der erfahrene Lehrer und Germanist, sieht darin denn auch mehr als eine Talentprobe, für ihn meldet sich hier bereits eine junge Dichterin zu Wort. Vor der gesamten Schule wie Teilen der Elternschaft preist der Direktor das Ergebnis der literarischen Arbeit seiner Schülerin als »erstes wirkliches Laienspiel der Provinz Sachsen«. Auch die anderen Lehrer sind beeindruckt. Die Aufführung zieht Kreise, Brigitte Reimann wird in der Lokalausgabe der »Volksstimme« vorgestellt, und in der Öffentlichkeit gibt es geradezu euphorische Reaktionen.

Die gefeierte Autorin berichtet ihrer Freundin Veralore, dass nach dem Fallen des Vorhangs vor allem die Jungs aus der 12. Klasse verlangt hätten, dass sie auf die Bühne komme. Aus Verlegenheit habe sie sich »mit Händen und Füßen« gewehrt. Aber die Jungs hätten nicht lockergelassen und sie einfach auf die Bühne gezerrt. Nach ein paar Verbeugungen sei sie »wie ein Blitz« verschwunden.

Interessant ist, wie Brigitte Reimann das Laienspiel zusammenfasst. »Übrigens handelt das Stück von der Kameradschaft zwischen Jungs und Mädchen«, schreibt sie.[1] Betrachtet man das Stück im Abstand von fast 75 Jahren, dann müssen einmal mehr das hohe Reflexionsniveau wie auch der gekonnte Figuren- und Konfliktaufbau überzeugen. Es ist kaum vorzustellen, dass hier ein junges Mädchen diese Geschichte in drei Aufzügen auf die Bühne bringt, das gerade einmal 15 Jahre alt ist und das erst vor Kurzem eine lebensbedrohliche Krankheit überstanden hat.

Freilich geht es in dem Stück um weit mehr als um die »Kameradschaft zwischen Jungs und Mädchen«. Offenkundig ist, dass der Stoff aus dem aktuellen Schulalltag stammt. Mit anderen Worten: Brigitte Reimann nutzt das in der Schulwirklichkeit existierende Material und verarbeitet eigene Erlebnisse. Der Schauplatz: »Eine Schulklasse«, so benennt sie den Ort, und die Zeit ist vielsagend mit »Heute und morgen« angegeben. Es handelt sich also um eine Art Zeitstück, das gegenwärtige Probleme aufgreift. Von den Mädchen sind zwei, Angela und Purzel, im Jugendverband Freie Deutsche Jugend (FDJ), bei Purzel wird im Nebentext notiert »im FDJ-Hemd«, und über Angela heißt es: »trägt FDJ-Abzeichen«. Worum es in dem Stück geht, wird schnell erkennbar: Zunächst tauschen sich die Mädchen, die erst seit drei Monaten die Oberschule besuchen, also in der 9. Klasse sind, in lockerem Ton über den Mathematikunterricht aus. Angela hat große Angst und Lisa für die bevorstehende Stunde ihre Hausaufgaben nicht gemacht. »Ich begreife den ganzen Kram nicht«, gesteht sie verzweifelt. Das lässt Eva so nicht stehen. »Weil du dir keine Mühe gibst, du leichtsinniges Frauenzimmer«, kontert sie humorvoll. Lisa wehrt sich zornig: »Na, erlaube mal, du alter Spießer!« Daraufhin sucht Angela, »begütigend«, so die Regieanweisung, auf beide einzureden. »Keine Verbalinjurien, meine Damen«, wirft sie ein. »Übrigens hat Eva recht – du bist genauso dumm und faul wie Hans!« Jetzt mischt sich Purzel ein und korrigiert: »Dumm ist er nicht, verstanden!« Damit ist das Gespräch über die Jungen eröffnet. Die Mädchen sind frustriert, dass sie nach wie vor kein Verhältnis zu ihnen gefunden haben. »Fast ein Vierteljahr sind wir jetzt mit ihnen zusammen und ihnen noch keinen Schritt nähergetreten«, bringt Eva das Problem auf den Punkt. Sie schiebt nach: »Ich möchte wissen, woran das liegt!«[2]

Was nun folgt, ist ein Gespräch über das, was man Frauenemanzipation nennen kann. Brigitte Reimann hinterfragt mit dem Gespräch der Mädchen, in welcher Weise überkommene Verhaltensmaximen für beide Geschlechter gelten, in denen die Mädchen nicht das Recht haben, selbst aktiv eine Beziehung anzubahnen, und warten müssen, bis sie angesprochen werden.

Erster Aufzug
Mädchen (Angela, Purzel, Eva, Lisa, Ulle und Inge sitzen plaudernd auf den Bänken)

[...]

Purzel: [...] Wißt ihr, woran es liegt, daß wir ihnen noch nicht nähergetreten sind? Wißt ihr, warum das alles ein Problem ist? Weil ihr es dazu macht! (alle protestieren) Jawohl, ihr und selbstverständlich auch die Jungs! [...]

Angela: (lebhaft einfallend) Ja, ja, Purzel hat recht! Es liegt auch an uns, daß keine Kameradschaft entsteht, denn die Mädchen müssen doch schließlich diejenigen sein, welche ...

Ulle: Ich finde, das müssen die Männer. Die haben doch sonst auch immer das Recht, sich an die Mädchen ranzumachen; die dürfen uns anquatschen, wann sie wollen. Aber wenn ein weibliches Wesen sowas wagen würde, wäre alles entrüstet.

Inge: Stimmt, Ulle. Die Jungs haben es darin viel besser.

Angela: Leider ... Und das wird wohl auch keine Frauenrechtlerin jemals abschaffen können, weil es zu tief in allen Wurzeln und zu jeder Zeit als »unweiblich« gelten wird.

Purzel: Da muß ich widersprechen, Angela. Denn es gab doch zu allen Zeiten schon Vorurteile, die man für unausrottbar hielt und die heutzutage längst als »überwundene Standpünkter« verlacht werden.

Inge: Du meinst also, daß die alleinigen Vorrechte der Jungen auf diesem Gebiet auch mal unmodern werden?

Purzel: Ganz dasselbe meine ich! Darum sage ich ja auch, daß wir anfangen müssen.

Angela: Das hat mit Annäherungsversuchen überhaupt nichts zu tun! Erstens sind Mädchen den gleichaltrigen Jungen geistig immer überlegen, so daß es sich schon von selbst ergeben müßte, daß sie den ersten Schritt zur Verständigung tun; zweitens herrscht doch in den anderen Klassen, die allerdings schon länger zusammen sind, auch ein herzlicher Ton.

Eva: (bissig) Ein bißchen zu herzlich sogar, meine Beste – ganz so, wie ihr Revolutionäre es haben wollt!

Purzel: Was soll das heißen?

Angela: Du wirst gemein, Eva. So, wie du es jetzt meinst, wollen wir es natürlich nicht; wir wollen eine gute Freundschaft, nichts weiter, verstanden?

Eva: (springt wütend auf) Also, die Parole: Freundschaft um jeden Preis! Rezept: Man pirsche sich an die Jungs ran, lächele süß, bis der Eispanzer schmilzt, und nenne das dann »Freundschaft!«

Inge: (begütigend) Nun übertreibe doch nicht, Eva!

Angela: Pfui, schämst du dich nicht, uns sowas an den Kopf zu werfen?

Ulle: Ich verstehe überhaupt nicht, warum du dich so ereiferst.

Angela: Natürlich übertreibt Eva. Klar, in den oberen Klassen ist da schon manchmal soon bißchen Liebe oder sowas – aber Menschenskinder, so schlimm ist das ja nun auch nicht!

Purzel: (lächelnd) Übrigens kommt ihr mit euren – entschuldigt – bürgerlichen Moralpauken auch nicht weiter. (nachdenklich) Ich persönlich sähe nur oder wenigstens vor allem in der Zusammenarbeit in der F. D. J. eine Möglichkeit, den Jungs näherzukommen.

Eva: (spitz) Danke, ich persönlich lege keinen Wert darauf. (wendet sich ab)

Ulle: Kinder, es sind schon 30 Minuten von der Stunde rum; ich schlage vor, wir stürzen uns noch ein bißchen in unsere Matheaufgaben.[3]

Nimmt man sich nur die 1. Szene des ersten Aufzugs vor, stehen für die 15-jährige Brigitte nichts Geringeres als die Geschlechterstereotype zur

Debatte. Und das im Jahr 1948, als noch nicht die Rede davon sein kann, dass eine umfassende Emanzipationsbewegung in Gang gekommen wäre. Friedrich Engels' Schrift »Der Ursprung der Familie, des Privateigentums und des Staats« wird erst in den folgenden Jahren zur Grundlage der Argumentation. Und auch Rudolf Neuberts »Die Geschlechterfrage« erscheint erst 1956. In dem Buch verweist er auf eine inzwischen zunehmende Irritation bei den Frauen, die bei der kirchlichen Trauung auf die Frage, ob sie ihrem Manne gehorsam sein wollen, nur noch sehr zaghaft und voller Zweifel Ja sagten. »Unsere Mädchen sind gar nicht mehr der Meinung, daß sie ihrem Ehemann gehorchen müssen.«[4] Er stellt dar, wie sich das Verhältnis der Männer zu den Frauen verändert hat, und betont, dass der »Eheform der sozialistischen Gesellschaft [...] eine viel sorgfältigere persönliche Wahl der Eheschließung« wird vorausgehen müssen. »Die Zeit des Suchens, Wählens und Prüfens wird länger sein als früher«, schreibt er. »Man wird sich gegenseitig nach anderen Gesichtspunkten als früher prüfen, und die Gesellschaft wird Formen entwickeln müssen, in denen diese Wahl und Auswahl möglich ist.«[5] 30 Jahre später wird Ulrich Beck in »Risikogesellschaft« den Hinweis geben, dass die Moderne nicht einzig unter einem allgemein aufsteigenden Gesichtspunkt betrachtet werden könne, sondern der »Aufbruch in die Moderne immer nur in Käfigen, eingegrenzt, exklusiv für bestimmte Gruppen« erfolgt.[6] Im 18. und 19. Jahrhundert wären nicht nur die Ideen der politischen und kulturellen Moderne diffundiert und in entsprechenden Institutionen materialisiert (parlamentarische Demokratie, allgemeines Wahlrecht, Rechtsstaat, universalistische Prinzipien der Menschenrechte), sondern eben auch ihre gegenmodernen Elemente realisiert worden: die Unterdrückung von Frauen und Kindern, Nationalismus, Rassismus, Militarismus, Weltkriege, Konzentrationslager, Umerziehungslager. Die moderne Ausdifferenzierung der Geschlechter und Lebensalter schließt nach Ulrich Beck zunächst aus, dass Frauen und Kinder an den »unteilbaren Prinzipien der Moderne wie Freiheit und Gleichheit jenseits der Beschränkung von Geburt« partizipieren.[7] Der Sozialismus und die DDR freilich traten an, um genau das zu verändern. In dieser

Hinsicht ist Brigitte Reimanns Stück von 1948 ein erstaunlicher Vorgriff.

In den folgenden zwei Aufzügen des Stücks geht es um den zunächst von den anderen Mädchen scharf abgelehnten Versuch Purzels, ein Lernkollektiv mit Hans zu bilden, von dem beide profitieren: Purzel unterstützt Hans bei den Matheaufgaben, er hilft ihr in Physik – eine klassische Win-Win-Situation. Bis dies allerdings in der Klasse von den Mädchen und Jungen anerkannt wird und überkommene Vorstellungen von Moral und Rollenverhalten abgelegt sind, gibt es harte Auseinandersetzungen. Die dramatische Handlung des Dreiakters wird von Brigitte Reimann gezielt durch ein retardierendes Moment hinausgezögert. Als sich bereits eine Lerngemeinschaft anbahnt, kommt es zu einem Vorfall, der die Klassengemeinschaft durcheinanderbringt. Studienrat Gordius wird zum Direktor gerufen, und als er in die Klasse zurückkehrt, teilt er Folgendes mit:

Gordius: (streng) Setzen! (als alle etwas zögern, unbeherrscht) Beeilt euch gefälligst, wenn ich euch zur Ordnung rufe! (alle sehen ihn erstaunt an und begeben sich langsam auf ihre Plätze) Weshalb mich der Herr Direktor rufen ließ! Ihr wißt, daß schon öfter Klage darüber geführt wurde, daß Geräte aus dem Bio- oder Physikraum spurlos verschwanden. Eine Zeitlang hatte man nichts mehr darüber gehört, aber eben wurde mir mitgeteilt, daß ein wertvolles Meßinstrument fehlt. Leider kommt als Täter nur ein Mitglied eurer Klasse in Frage. (Protestgemurmel) Jawohl, meine Herrschaften – eurer Klasse! Es tut mir selbst sehr leid, daß hier so etwas vorkommen konnte, aber ich nehme zu eurer Ehrenrettung an, daß –

Fips: Aber, Herr Studienrat – das ist doch bestimmt ein Irrtum!

Ulle: Sicher ist das Ding nur verbaselt worden und nun sollen wir die Schuld daran haben![8]

Letztlich stellt sich heraus, dass Hans der Missetäter ist, allerdings geht es nicht um einen Diebstahl. Ihm ist das Messgerät aus der Hand gefallen, woraufhin er einen Mechaniker gesucht hat, damit der es reparieren kann. Als die FDJlerin Purzel davon erfährt, nimmt sie alle Schuld auf sich und behauptet, dass sie das Gerät entwendet hätte. Letztlich kommt es im dritten Akt zur Lösung, und Hans fragt schuldbewusst: »Purzel, magst du mich jetzt noch in die FDJ aufnehmen?« Die Antwort ist klar: »nach diesem Vorfall – erst recht!«.

Trotz der starken ideologischen Grundierung sind die Szenen mit erstaunlicher jugendlicher Frische und Authentizität erzählt. Da überrascht es nicht, dass die Aufführung zu Weihnachten 1948 ein derart großer Erfolg wird. Was später noch wichtig wird: Die letzte Szene übernimmt Brigitte Reimann vollständig in ihre Erzählung »Die Denunziantin«. Der Konflikt der dortigen Hauptfiguren Eva und Klaus ist da allerdings deutlicher ausgebaut und motiviert Eva dazu, sich über etwas für sie ganz Entscheidendes zu äußern: »Irgendein Deutscher hat mal das Wort ›Zivilcourage‹ erfunden«.[9]

12. »Ich habe mich entschlossen, die Schriftstellerei zu meinem Lebensinhalte zu machen« – neue Herausforderungen

Das Schuljahr 1949/50 beginnt in der Aula mit einer Friedensfeier, und ab 14 Uhr geht es zu einer Kundgebung auf den Stalinplatz, an der alle Schüler verpflichtend teilnehmen. In der Klasse 11a lernen nur noch 9 Mädchen und 6 Jungs. Die Leistungen sind weiterhin durchwachsen. Brigitte Reimann hat nach wie vor die Note 4, »genügend«, in Russisch. Aber in einem Fach steht sie an der Spitze, das ist Latein, und auch in Deutsch sind ihre Leistungen »gut« bis »sehr gut«.

Als Lesestoffe der 11. Klasse sind im Klassenbuch Goethes »Egmont« sowie »Dichtung und Wahrheit«, Schillers »Don Carlos« und Lessings »Emilia Galotti« ausgewiesen und von der Gegenwartsliteratur Konstantin Simonows »Die russische Frage«. Das entspricht dem Lehrplan, der ab dem 1. September 1947 in Kraft getreten ist. Seine grundsätzlichen Aspekte sind so formuliert:

> Im Mittelpunkt des Deutschunterrichts im 11. und 12. Schuljahr stehen die Dichtung des deutschen Klassizismus, des poetischen Realismus des 19. Jahrhunderts und Gesellschaftsromane und Dramen der jüngsten Vergangenheit und Gegenwart. Hinter diese Hauptthemen tritt die literarische Betrachtung der Romantik, des provinziellen deutschen Realismus des 19. Jahrhunderts und der folgenden spätbürgerlichen literarischen Strömungen zurück.[1]

Das ist ein anspruchsvolles Programm, das auch die Weltliteratur einbezieht. Die vom 4. bis 11. September 1949 durchgeführte Friedenswoche steht sodann auch »unterrichtlich ganz im Zeichen des Friedensgedankens, besonders im Deutsch- und Geschichtsunterricht«, notiert Dr. Tschersig. An dem Sonnabend, dem 10. September, findet nach der 4. Stunde wieder eine Feier in der Aula zu Ehren der Opfer des Faschismus statt. Für die Erteilung von Stipendien sind von den Klassenlehrern Verzeichnisse anzulegen, in denen die Frage zu beantworten ist, ob sich unter den Erziehungsberechtigten oder Eltern Verfolgte des Naziregimes (VVN – nach der »Vereinigung der Verfolgten des Naziregimes«) oder Opfer des Faschismus (OdF) befinden. Auch sind Arbeiter oder Kleinbauern hervorzuheben sowie Voll- und Halbwaisen. Schließlich ist zu vermerken, welche Schüler sich beim »Neuaufbau demokratisch bewährt haben (führende Junge Pioniere und FDJ-Mitglieder)«.[2] Diese Abfrage kommt für Brigitte Reimann noch zu früh, der FDJ steht sie bislang eher distanziert gegenüber.

Aber mit dem Wechsel in die 11. Klasse wächst das Selbstbewusstsein. Das findet seinen Ausdruck schon allein darin, dass sie sich in das Amt der Klassensprecherin wählen lässt. Diese Funktion gibt ihr Auftrieb, sie fühlt sich ernst genommen und nutzt ihre Fähigkeiten als blendende und gescheite Rednerin. »Um noch einmal auf die Jahre nach meiner Krankheit zurückzukommen«, notiert sie in ihrem »Bildungsgang«: »Ich suchte einen Ausgleich für die mir geraubten Lebensfreuden – und fand ihn in einer kleinen literarischen Beschäftigung. Seit meine ersten zwei Laienspiele mit großem Erfolg in der Schule aufgeführt wurden, habe ich mich entschlossen, die Schriftstellerei, genauer gesagt: Die Dramatik zu meinem Lebensinhalte zu machen.«[3] Die Überzeugung, dass sie besonders für das Drama befähigt sei, wird noch einige Jahre anhalten. Immer wieder sucht sie die Klassenkameraden für Theateraufführungen und Filmnachmittage zu begeistern. Dazu gehört der Dokumentarfilm »Stalingrad heute«, der am 28. September 1949 auf dem Programm steht, für den sich die anderen Schüler aber nicht sonderlich erwärmen. 1948 von Mosfilm produziert, läuft er seit fast einem Jahr in den Kinos und wird in den Städten für Schulklassen gezeigt. Die Teilnahme ist wieder einmal Verpflichtung. Im Frühjahr 1950 wird es einen weiteren Stalingradfilm geben, der den Schülern vorgeführt wird. Es ist der Spielfilm »Die Stalingrader Schlacht«, der in der DDR in einer Schnittfassung ausgestrahlt wird. Für Brigitte Reimann sind diese Filme von großem Interesse, denn in ihre Zukunftsplanung bezieht sie auch die Deutsche Film AG (DEFA) ein. »Von allem ist mir bestätigt worden, ich sei hochbegabt – und deshalb habe ich mir vorgenommen, Germanistik, Dramaturgie und Theaterwissenschaften zu studieren um entweder freier Schriftsteller zu werden oder Regisseur an einem Theater – vielleicht auch bei der defa.«[4]

Für die Behandlung der Texte wird folgende Orientierung gegeben:

> In den an die Lektüre sich anschließenden Ausführungen nimmt die Betrachtung über die Idee der Humanität eine wichtige Rolle ein. Ihre Entfaltung in der Hochzeit des deutschen Klassizismus, ihre Wandlung und die bis zur Selbstauflösung sich steigernde Erschütterung und Entwertung der humanitären Gedankenwelt in ihrer idealistischen Gestalt im Laufe des 19. Jahrhunderts und in der jüngsten Vergangenheit sind zu zeigen. Dabei sind die mannigfaltigen Beziehungen zwischen der Dichtung und den sich wandelnden gesellschaftlichen Verhältnissen dem Schüler verständlich zu machen.[5]

Den Ansatz wird man insgesamt als materialistisch bezeichnen können, da implizit auf das Verhältnis von Basis und Überbau verwiesen ist. Dabei umfasst die Basis die ökonomische Struktur einer Gesellschaft, mithin das, was in den Kategorien des historischen Materialismus die Produktionsverhältnisse sind. Der auf dieser Basis sich gründende Überbau wiederum umfasst die Gesamtheit der politischen, juristischen, künstlerischen und moralischen Anschauungen der Gesellschaft wie auch der sich daraus ergebenden Institutionen, Einrichtungen und Organisationen. Gemeint sind damit der Staat, politische Parteien, wissenschaftliche, künstlerische sowie Bildungs- und Erziehungseinrichtungen von der Schule bis zur Hochschule und Universität. Dabei wird davon ausgegangen, dass die Produktionsverhältnisse den sozialen, politischen und kulturellen Lebensprozess bestimmen.

Sofern es nicht zu dogmatischen Verengungen kommt, ist dieser Ansatz durchaus im weitesten Sinne nachvollziehbar. Jörg Schönert, einer der wichtigen Vertreter einer Sozialgeschichte der Literatur, hat betont, dass Veränderungen im »System der Gattungen und Genres« eine Reaktion »auf die Umwelt, auf die Entwicklungen in den Sozialsystemen, auf Prozesse der gesellschaftlichen Modernisierung« sind.[6] Im Rahmen von Diskussionen um Kulturwissenschaft ist betont worden, dass Literatur nicht »isoliert von ihren Kontexten (z. B. Akteuren, Kultur, Gesellschaft) zu untersuchen« ist, vielmehr erscheint es angeraten, die »wissenschaftliche (Re)Konstruktion« in einem »Netzwerk von interagierenden Faktoren« vorzunehmen.[7]

Wie konkret die Diskussionen von Klassik-Texten in der 11a an der Geschwister-Scholl-Oberschule abgelaufen sind, ist nur zu vermuten. Klar allerdings ist, dass vom 10. bis zum 21. September 1949 in zunächst sechs Stunden »Egmont« (1788) behandelt wird. In Goethes drittem Drama, das er in Italien zu Ende schrieb, geht es im Kern um die niederländische Revolution, die um 1565 beginnt und erst 1648 durch die Anerkennung der Republik durch Spanien endet. Goethe schildert von dem historischen Stoff die frühe Phase, die bis zur Hinrichtung Egmonts führt. In der 11a wird das Stück sicher vor allem als eines der wenigen großen Freiheitsdramen der deutschen Literatur und als Produkt der Sturm-und-Drang-Periode behandelt.

Anschließend stehen für die Schülerinnen und Schüler über einen Zeitraum von vier Wochen, bis zum 27. Oktober 1949, ausgewählte Aspekte aus Goethes »Dichtung und Wahrheit« in Verbindung mit den »Leiden des jungen Werther« (1774/1776) auf dem Unterrichtsplan. Danach, vom 4. bis zum 26. November, in immerhin 11 Stunden ein weiteres Drama der Klassik: Friedrich Schillers »Don Carlos«. Im Zentrum steht hierbei, das belegt eine Notiz im Klassenbuch, die politische Idee und damit die Figur des Marquis Posa, der zum eigentlichen Helden wird. Im 3. Akt, der ausführlich am 18. und 19. November besprochen wird, tritt dem König mit Posa zum ersten Mal ein Mensch entgegen, der keine Furcht hat und der es wagt, ihm die Wahrheit ins Gesicht zu sagen. Im Stolz auf sein Menschtum lehnt er alle Gnadenbeweise mit dem selbstbewussten Satz ab: »Ich kann nicht Fürstendiener sein.« Stattdessen fordert er Gedankenfreiheit für die Bürger und das Ende jeglichen Zwangs.[8]

Einen Einschnitt, der nicht zuletzt die gesamte junge Generation betrifft, bildete am 7. Oktober 1949 die Gründung der Deutschen Demokratischen Republik, nachdem zuvor auf dem Gebiet der Westalliierten die Bundesrepublik Deutschland entstanden war. Erster Präsident der DDR wurde Wilhelm Pieck, erster Ministerpräsident Otto Grotewohl. Beide hatten bisher paritätisch das Amt des Vorsitzenden der SED ausgeübt. Vergleicht man die sonstigen politisch-aufklärenden Aktivitäten an der Burger Oberschule, dann verwundert, dass dieser Akt der Staatsgründung relativ wenig Aufmerksamkeit erfuhr. Am 8. Oktober gibt es eine offizielle Kundgebung auf dem Stalinplatz. Drei Tage später findet sich der Eintrag: »Morgen, Mi, 12. 10., zur Feier der Regierungsbildung schulfrei. Um 9 Uhr Schulfeier für alle in der Aula, auch für die Auswärtigen!«[9]

Die nächsten Monate sind für Brigitte Reimann in mehrfacher Hinsicht wichtig. Sie stürzt sich in zahlreiche politisch-kulturelle schulische Aktivtäten. Am Montag, dem 7. November 1949, ist sie mit der Klasse dabei, als der russischen Oktoberrevolution gedacht wird, am 9. November geht es um eine »Feier zur deutschen Novemberrevolution«. Am Mittwoch, dem 21. Dezember 1949, gibt es eine Feier anlässlich des 70. Geburtstages von Stalin. Überhaupt: Die Werbung für die Mitgliedschaft in der Gesellschaft für Deutsch-Sowjetische Freundschaft (DSF) wird an allen Schulen in der neu gegründeten DDR verstärkt. Brigitte Reimann ist davon in besonderer Weise betroffen, denn sie wird zur Vorsitzenden gewählt. Zuvor hat Direktor Dr. Tschersig im Mitteilungsbuch der Schule ein Schreiben des Schulrates Maier vom 12. Dezember 1949 »zur sofortigen Bekanntgabe an alle Lehrkräfte« öffentlich gemacht. Da heißt es:

> In einer Besprechung der Vertreter sämtlicher Organisationen des Kreises ist beschlossen worden, bis zum 21. Dezember 1949 für eine erhöhte Werbung des Freundschaftsgedankens mit der Sowjetunion einzutreten. Das Eintrittsgeld für den Beitritt zur Gesellschaft für deutsch-sowjetische Freundschaft soll bis zum 21. Dezember auf 0,10 DM gesenkt werden. Ich nehme an, daß jeder Lehrer es für seine Pflicht hält, der Vereinigung beizutreten. Ich bitte sämtliche Bezirksschulleiter und Schulleiter in Burg, mir zur nächsten Schulleitersitzung eine Liste der ihnen unterstellten Lehrkräfte, die Mitglied der Gesellschaft für deutsch-sowjetische Freundschaft sind oder sich zum Beitritt gemeldet haben, mitzubringen.
>
> In Zukunft bitte ich, daß die Schulen, wie auch sonst den neuen Beitritt der Lehrkräfte zu einer Partei oder Massenorganisation, so auch den Eintritt dieser jüngsten Massenorganisation bis zum 25. eines jeden Monats zu melden.
>
> Die Beitrittserklärungen selbst sind von den Lehrkräften direkt an das Sekretariat der Gesellschaft für deutsch-sowjetische Freundschaft zu richten.[10]

Dem Schreiben ist eine weitere Notiz des Schulrates vom 15. Dezember beigefügt. »Ich bitte, daß die neu eingetretenen Mitglieder mir davon sofort Mitteilung machen, damit der von mir erstattete Bericht den Tatsachen entspricht.«[11] Die Äußerung ist insofern von Bedeutung, als sich eine Tendenz andeutet, die das Sammeln von Informationen legitimiert, die eigentlich zur Privatsphäre gehören. Hier beginnt der neue Staat, in persönliche Belange einzugreifen. Freilich bemerken die jungen Leute davon nichts. Stattdessen wird im Deutschunterricht nach der Weihnachtspause und mit Beginn des neuen Jahres vier Wochen lang Friedrich Schiller behandelt. Bevor die Einheit abgerundet wird durch die Behandlung ausgewählter Gedichte sowie der Geschichte »Verbrecher aus verlorener Ehre« (1786), liest die 11a mit Begeisterung sein erstes Drama »Die Räuber« (1781). Brigitte Reimann, die auch später Friedrich Schiller schätzt, sieht hier einen jungen Dichter am Werk.

Es wird ein menschlicher und zugleich gesellschaftlicher Konflikt einsehbar. Mit Karl Moor drückt sich ein Held aus, der das vermittelt, was man revolutionäre Begeisterung nennt. »Ich soll meinen Leib pressen in eine Schnürbrust und meinen Willen schnüren in Gesetze«, ruft er aus. »Das Gesetz hat zum Schneckengang verdorben, was Adlerflug geworden wäre. Das Gesetz hat noch keinen großen Mann gebildet, aber die Freiheit brütet Kolosse und Extremitäten aus.«[12] Das sind Sätze, die Brigitte Reimann später zitieren wird, als sie die Beengungen in der DDR der 1960er Jahre immer stärker empfindet.

Zur Werbung für die Deutsch-Sowjetische Freundschaft gehört wiederum eine Veranstaltung zum Gedenken an die Schlacht von Stalingrad, die auf den 2. Februar 1950 gelegt ist, jenen Tag, an dem die 6. Armee unter Generalfeldmarschall Paulus kapituliert hat. Zwei Tage später »besuchen alle Schüler die Pflichtveranstaltung ›Frühling des Lebens‹, Beitrag 25 Pf.«.[13] Gemeint ist der Film aus der Sowjetunion, der 1940 produziert wurde. Er erzählt von einer Lehrerin, die nach dem Studium in einer Kleinstadt an der Wolga eingesetzt wird. Als einer der Schüler, die Nadja Kulagina unterrichtet, von der Schule fliegen soll, tritt sie für ihn ein. Sie bringt stets Empathie für ihre Schüler auf, und es gelingt ihr, bei der Lösung der zahlreichen Konflikte ein gemeinschaftliches Gefühl zu erzeugen.

Brigitte Reimann ist – nicht nur von den Filmen – beeindruckt, inzwischen ist sie auch in die FDJ eingetreten. Sie gehört zu jenen, die oft ein kleines Büchlein bei sich tragen, erschienen im Verlag Neues Leben, dessen Autorin sie schon wenige Jahre später sein wird. Es handelt sich um die Sammlung »Leben, Singen, Kämpfen«, der Untertitel lautet: »Liederbuch der Freien Deutschen Jugend«. Den Anfang macht die »Nationalhymne der Deutschen Demokratischen Republik« mit dem Text von Johannes R. Becher und der Musik von Hanns Eisler. Entstanden war das Lied im Herbst 1949, vor der Gründung der DDR:

> Auferstanden aus Ruinen / Und der Zukunft zugewandt / Laß uns dir zum Guten dienen / Deutschland, einig Vaterland

> Alte Not gilt es zu zwingen / Und wir zwingen sie vereint / Denn es muß uns doch gelingen / Daß die Sonne schön wie nie / Über Deutschland scheint / Über Deutschland scheint
>
> Glück und Friede sei beschieden / Deutschland, unserm Vaterland / Alle Welt sehnt sich nach Frieden / Reicht den Völkern eure Hand
>
> Wenn wir brüderlich uns einen / Schlagen wir des Volkes Feind / Laßt das Licht des Friedens scheinen / Daß nie eine Mutter mehr / Ihren Sohn beweint / Ihren Sohn beweint (ihren Sohn beweint)
>
> Laßt uns pflügen, laßt uns bauen / Lernt und schafft wie nie zuvor / Und der eignen Kraft vertrauend / Steigt ein frei Geschlecht empor
>
> Deutsche Jugend, bestes Streben / Unsres Volks in Dir vereint / Wirst du Deutschlands neues Leben / Und die Sonne, schön wie nie / Über Deutschland scheint /
> Über Deutschland scheint.[14]

Für die jungen Leute waren allerdings das »Lied der Weltjugend« und das »Aufbaulied« wichtiger, weil hier an konkrete, von ihnen gemachte Lebenserfahrungen angeknüpft wird. Als »Multi-Funktionärin« kennt Brigitte Reimann besonders dieses Lied:

> Jugend aller Nationen! / Uns vereint gleicher Sinn, gleicher Mut! / Wo auch immer wir wohnen, / unser Glück auf dem Frieden beruht. / In den düsteren Jahren / haben wir es erfahren: / Arm ward das Leben! / Wir aber geben / Hoffnung der müden Welt!
>
> Unser Lied die Ländergrenzen überfliegt, / Freundschaft siegt! Freundschaft siegt! / Über Klüfte, die des Krieges Hader schuf, /

springt der Ruf, springt der Ruf: / Freund, reih dich ein, / daß vom Grauen wir die Welt befrein! / Unser Lied die Ozeane überfliegt, / Freundschaft siegt! Freundschaft siegt![15]

Mindestens ebenso grundlegend wie die gesellschaftlichen Ereignisse sind für das Mädchen die ab Ende 1949 einsetzenden Freundschaften und Liebesabenteuer, von denen nun in den Briefen an die Freundin Veralore permanent gesprochen wird. Sie liefert ausführliche Berichte über Glück und Leid in Herzenssachen. Innerhalb kurzer Zeit hat sie drei Liebeleien hinter sich gebracht, die allesamt »glücklich« waren, wobei sie dennoch zu der Einschätzung kommt, dass es dumme Jungs sind, »höchst albern und geradezu unwissend, trotzdem sie sämtlich von unserer Penne sind«.[16] Es folgt eine Liaison mit einem Jungen aus ihrer Klasse, Ulrich R., der zwei Jahre älter und bis dahin ihr größter Feind gewesen ist. Sein Vater steht als Landwirt im Klassenbuch, die Familie kommt aus Gerstenberg in Ostpreußen und wohnt nun in Friedensau, das 14 Kilometer von Burg entfernt ist. Durch ihn wird sie zu einem der ersten Liebesgedichte motiviert.

An Dich, mein Freund Ulli!

Ich denke Dein, mein Freund,
In all' den bangen Nächten,
Da Sehnsucht weint ...
Ich denke Dein, mein Freund,
In jeder schönen Stunde, da Glück mir scheint.

Was ist mir Glück, was Freude ohne Dich?
Träf' aller Seligkeiten Abglanz mich –
Sie wären trüb' und schal mir ohne Dich.

Wenn zärtlich sich Dein Blick in meine Augen senkt,
Fühl'n sich die armen Sterne, ach, wie reich beschenkt!

Von Deinen Lippen nur ein Liebeswort
Jagt die Dämonen meines Elends fort.

Wie leer ist doch mein Leben ohne Dich!
Stöhnend geißelt Sehnsucht mich,
Und weinend ruft mein armes Herz nur Dich!

Bleib' Du bei mir, mein Freund!
Und tausendfache schöne Blüten
Trägt jeder frohe Tag, der uns vereint.
Bleib' Du bei mir mein Freund!
Und wild zerflatternd in Äonen
Wird jeder böse Tag für uns ein leichtbesiegter Feind ...

Im Januar 1949[17]

Die Liebelei dauert nicht lange. Der Ton der Briefe verrät, dass die Schreiberin eines nicht ist: »aufgeklärt«. Das ist kein Wunder, denn mit der Mutter kann sie über Fragen von Sexualität nicht sprechen. Und das Buch »Die Geschlechterfrage« von Rudolf Neubert, das in der DDR zu den ersten Aufklärungsbüchern gehören wird, erscheint – wie bereits gesagt – erst 1956. In seiner Zusammenfassung betont der Mediziner Neubert, dass die Epoche des Übergangs auch die Liebesbeziehungen des Menschen beeinflusst. Die alten Sittengesetze würden sich auflösen und neue sich herausbilden. In einer solchen Situation sei es für Jungen und Mädchen im Besonderen schwer, das richtige Verhalten zu finden. Neubert spricht sein jugendliches Publikum direkt an: »Liebe Jungen und Mädel! Dieses kleine Buch schreibe ich als Antwort auf Hunderte von Fragen, die im Anschluß an Vorträge und in Briefen an mich gestellt worden sind. Sie entstanden nicht zufällig, sondern ergaben sich aus der Lage, in der sich unsere Jugend, in der ihr euch befindet.« Sein Ziel besteht darin, die Leser zu folgender Einsicht zu führen: »Wenn sich die gesellschaftlichen Verhältnisse von Grund auf ändern, dann ändert sich auch das Verhältnis der Frauen und Männer zueinander. Diese Tatsache ist in der Verfassung der Deutschen Demokratischen Republik festgelegt im Artikel 7.« Neubert zitiert den Gesetzestext, in dem es heißt: »(1) Mann und Frau sind gleichberechtigt. (2) Alle Gesetze und Bestimmungen, die der Gleichberechtigung der Frau entgegenstehen, sind aufgehoben.«[18] Freilich würde eine solche Festlegung noch nicht das Verhalten der Menschen verändern. Daher sei es wichtig, »mit mir gemeinsam die Fragen zu durchdenken«. Allerdings schränkt er ein und notiert durchaus zutreffend: »Die Wahl müßt ihr selbst treffen, euer Leben müßt ihr selbst leben.«[19]

Brigitte Reimann hätte das Buch damals, davon können wir ausgehen, brennend interessiert. Neubert spricht auch über die Liebe als menschliches Erlebnis, über das die Dichter, Musiker und Künstler aller Völker geschrieben und gesungen haben. Und er fordert auf zu lesen – die Bücher zu lesen, die Brigitte Reimann damals bereits kennt und die sie dann noch ausführlich im Deutschunterricht behandelt: »Lest! Lest Goethes Gedichte und Dramen, lest Schillers Dramen ›Kabale und Liebe‹, ›Don Carlos‹, lest Eichendorff, Mörike, Storm, lest vor allen Dingen Gottfried Kellers Novellen, Legenden und seinen Lebensroman ›Der grüne Heinrich‹.«[20] Dabei würden die Dichter nicht nur von der Liebe Lust künden, sondern auch von der Liebe Leid. Neuberts Hinweis, dass es einen Menschen kennzeichnet, »wie der dem Leid, das die Liebe ihm bringt, begegnet, ob er daran wächst oder davon geschwächt wird«, wäre für Brigitte Reimann damals vielleicht eine Hilfe gewesen. Jedenfalls versucht sie in ihren Gedichten, mit den Zweifeln, den Hoffnungen, den Enttäuschungen der ersten Lieben zurechtzukommen. Sämtliche der frühen Texte sind unveröffentlicht, und sie geben besonderen Aufschluss über ihre damalige Gefühlslage. Im Erinnern an den ersten Kuss entsteht das Gedicht »Erwachen«.

ERWACHEN ...

Kannt' lang mein Herz die Liebe nicht
In kindlich stiller Welt –
Vor Deinem schönen, stolzen Gesicht
Ist sein Traum zerschellt.

Deine heißen Lippen
Haben es geweckt,
Haben in fragenden Augen
Zwei helle Flammen aufgesteckt.

Junger Augen Lodernde Glut
Folgt Dir auf Deinen Wegen,
Sehnsucht im erwachten Blut
Drängt Dir hell und heiß entgegen.
Schlief die Leidenschaft versteckt
Ahnend nur im Herzen mir –
Was Dein Kuss im Kind geweckt,
Fordert jetzt das Weib von Dir!

Juni 49
Im Erinnern an meinen
ersten Kuss ...

Was die 16-jährige Brigitte hier verfasst, das sind Liebesgedichte, die klassischen Formen folgen. Es handelt sich um einfache Vers- und Strophenformen, die in der Motivik wie den Wortfeldern an deutsche Romantik und Biedermeier angelehnt sind.

TRAUM ...

Ich hab' geträumt von Dir heut' nacht –
Die Sehnsucht malte lächelnd mir,
Was heimlich ich am Tag gedacht:
Bei Dir zu sein, bei Dir!

Ich hab' geträumt von Dir heut' nacht –
Dein Bild hat mich gegrüßt;
Deine Augen haben mir gelacht,
Dein Mund mich heiß geküsst.

Ich hab' geträumt von Dir heut' nacht –
So schön, wie nie das Leben scheint.
Bin lächelnd aus dem Traum erwacht –
Und habe bitterlich geweint ...

Im Juli 1949

Gängigen Volks- oder Kirchenliedstrophen nachempfunden, nutzt die Schülerin geschickt die Apostrophe, also die direkte Anrede des Adressaten. Die Motive sind mit Sehnsucht, Traum, Schmerz deutlich benannt. Auch bei »Giftblüte« ist der Bezug zur Lyrik der Romantik offensichtlich:

GIFTBLÜTE

Eine schimmernde Blüte schmiegt
Sich ins goldgrüne Laub.
Aus dornigem Geranke wiegt
Sie ihr prächtiges Haupt.

Farbglühend wie ein Tropentag,
So brennend heiß und wild –
Und weich wie eine Märchennacht
Ihr Samtkelch aus dem Dickicht quillt.

Schwer und süß erfüllt ihr Duft
In berauschende Wogen,
Feuchtwarm atmende Urwaldluft –
Und, wie verzaubert angezogen,

Fliegt auf schmelzzarten Schwingen
Herbei ein Falter purpurrot –
Taumelt nach kurzem, wehem Ringen
Liebestrunken in den Tod.

Es ragt eine Blüte, schön und groß,
Die unendlich weh und selig macht ...
Sie birgt ein süßes Gift im Schoß –
Verführerisch wie eine südliche Nacht.

Gierig suchen sie und – sterben,
Die ihre bannende Pracht gekannt
Und ihr flammendes Verderben.
Ich hörte, sie werde auch »Liebe« genannt ...

August 49

In der Literatur der Romantik steht zwar die »Blaue Blume« als Sinnbild für die Sehnsucht nach dem Unerreichbaren und Unendlichen, so in Joseph von Eichendorffs gleichnamigem Gedicht oder bei Novalis in »Heinrich von Ofterdingen«, aber auch die »Giftblüte« spielt im Sinne einer Allegorie auf die Liebe eine Rolle. Ganz anders »Künstlers Erdenlos«, das an die Klassiker Goethe und Schiller erinnert.

Künstlers Erdenlos.

Aufjauchzend schwingt sich die glühende Seele des Dichters empor –
Empor zu den Gipfeln des Ruhmes auf Flügeln der Genien.
Doch grausam zurück ihn reißen die fesselnden Ketten der Erde –
Und seufzend versinkt er im grauen Schmutze des Alltags ...

März 49

Die Versfüße werden von der jungen Dichterin genutzt, um die Bewegungsrichtungen sprachlich zu untermalen (aufjauchzend / Schmutze / des Alltags), wobei auch die Lexik treffend gewählt ist (Dichter / Gipfel / Genien / Erde / seufzend / Alltag). Einzelne der geschriebenen Texte tendieren in ihrer selbstironischen Sicht in Richtung Epigramm:

Kleiner Dämpfer.
(extra für mich ...)

Wenn einer, der mit Mühe viel
Geschrieben hat ein Laienspiel –
Schon glaubt, er wär' Dramatiker,
So irrt sich der!!!

(Frei nach Busch)
Juli 49[21]

Wieder anders ist das Gedicht »Begegnung« gestaltet, das Erich Kästners »Gebrauchslyrik« nahe kommt.

BEGEGNUNG.

Heut' sah ich Dich –
Nach langer Zeit,
Die mir verstrich
Wie Ewigkeit ...

Wie Ewigkeit,
So trostlos lang,
So endlos weit
Und todesbang.

Heut' sah ich Dich –
Du hob'st die Hand
Und grüßtest mich – –
Kalt, unbekannt ...

Dein stolzer Mund
Blieb stumm
Dein harter Blick
Sah sich nicht um.

Keines Lächelns Strahl
Auf Deinem Gesicht,
Dein Auge Stahl:
»Ich kenn' Dich nicht!«

Die Hand am Herzen,
Sah ich Dir nach,
Und tausend Schmerzen
Wurden wach ...

Könnt' ich Dich hassen,
Dir wehe tun!
Von Dir lassen
Und endlich ruhn ...

Ich kann es nicht!
Und tödlich flammt
Die Leidenschaft,
Die mich verdammt!

August 49, Werner ... [22]

Hierbei handelt es sich um einfache Quartette im Kreuzreim, wobei wiederum das durchaus gelungene Spiel mit rhetorischen Figuren (Enjambements, Parallelismus, Alliterationen, Assonanzen) interessant ist.

Offensichtlich wird bei den frühen lyrischen Versuchen, dass Brigitte Reimann ausgesprochen kenntnisreich mit Sprache umgeht. Es steht außer Frage, dass der Deutschunterricht entscheidenden Anteil daran hat, anders wäre ein so kreativer Umgang mit Rhythmus, Metrik oder Versmaßen kaum möglich. Hinzu kommt die Beschäftigung mit dem Kanon der deutschen Literatur, zu dem ganz selbstverständlich das »Triumvirat Lessing, Goethe, Schiller« gehört. Lessings »Emilia Galotti« ist denn auch bald drei Wochen, vom 20. Februar bis zum 10. März 1950, Gegenstand in der Schule. Das Drama stellt den willkürlich-despotischen Herrschaftsstil des Adels und seine Vorstellungen von Liebe und Ehe der neuen, aufgeklärten Moral des Bürgertums gegenüber. Die erzählte Geschichte beeindruckt wie empört Brigitte Reimann gleichermaßen. Das Klassenbuch der 11a weist für Montag, den 6. März 1950, ein Referat der Schülerin aus. Bei ihrem Beitrag orientiert sie sich an Franz Mehrings »Lessing-Legende«, die nach 1949 in der DDR zunächst ein Ausgangspunkt von Interpretationen ist, wonach die Familie Galotti für das Bürgertum steht, das sich entsprechend der marxistischen Klassentheorie in Auseinandersetzung mit dem Adel (Prinz Hettore Gonzaga) befindet. Auf der einen Seite steht mithin die bürgerliche Tugend, auf der anderen stehen die Laster und die Verkommenheit des Adels.

Betrachtet man die Darstellungen, die es schon im 19. Jahrhundert umfänglich gibt, dann muss erstaunen, in welcher Weise das Neue von Lessings Drama bereits damals erkannt wird: dass das Stück nämlich als »soziale Kritik« gelesen werden kann. »In letzter Hinsicht«, so Rudolf Lehmann um die Jahrhundertwende, »ist darauf hinzuweisen, daß dieses Trauerspiel trotz seines italienischen Kostüms die Menschen und Verhältnisse deutscher Kleinstaaten des 18. Jahrhunderts widerspiegelt und mit ›Kabale und Liebe‹ in engster Verwandtschaft steht.«[23] Die sozialkritische Komponente, die Lessing in Deutschland gewissermaßen zu einem Vorreiter macht, wird hier früh ins Zentrum gerückt.[24] Auch Paul Goldscheider streicht zur gleichen Zeit die soziale Komponente heraus und notiert in seiner die Diskussionen zusammenfassenden Darstellung: »Es ist das erste und das feinste von allen Revolutionsdramen. Die Hofgesellschaft vor der französischen Revolution!« Das Stück würde »für die literarische Würdigung [...] zu den dankbarsten Gegenständen« gehören und »Spiegelbild der Zeitfragen« sein.[25] Betont wird in diesem Zusammenhang auch, dass Lessing als »moderner Dichter« es nicht erträgt, in der jungen Frau ein »passives Opfer zu sehen, das der Vater hinschlachtet, ohne es auch nur zu befragen«.[26] Entsprechend spielten die psychischen Abgründe, die sich vor Emilia auftun, eine Rolle. Mit der Übertragung des Virginia-Motivs in die bürgerliche Welt gründe die Katastrophe, so der Germanist Gustav

Marseilles 1904, nicht mehr in der brutalen Gewalt äußerer Verhältnisse, sondern sei Folge eines Konflikts, der im »Herzen der handelnden Personen« ablaufe.[27] Insofern existiert zu »Emilia Galotti« bereits eine Lesart, die in dem Stück eine Art Psychodrama sieht. Die dahinterstehende Frage – sie gehört zu den am meisten gestellten in der Forschung nicht nur des 19. Jahrhunderts – könnte heute so formuliert werden: Emilia zwischen Frömmigkeit und Lust. Mit anderen Worten: Wählt Emilia möglicherweise den Tod, weil sie sich sexuell vom Prinzen angezogen fühlt und fürchtet, der Verführung nicht standzuhalten?

Von diesen frühen Interpretationen aus dem beginnenden 20. Jahrhundert kann Brigitte Reimann nichts wissen. Vermutlich ist ihr nicht bekannt, dass es der Rektor des früheren Burger Victoria-Gymnasiums ist, Otto Frick, der in seinem »Wegweiser durch die klassischen Schuldramen für die Oberklassen der höheren Schulen« Lessing und Goethe behandelt hat. Frick, dessen Karriere in Burg einen ersten Höhepunkt erreichte, sieht die Chance, gerade über »Emilia Galotti« Einsichten in die Technik des Dramas zu vermitteln und am exemplarischen Beispiel ein Verständnis für grundlegende Kategorien wie den Begriff des Tragischen oder der Erhabenheit bei den Schülern zu schaffen. Die Dringlichkeit, »Emilia Galotti« im Unterricht zu behandeln, wird schließlich auch mit der Möglichkeit begründet, einen stofflich-thematischen Bezug zu anderen Texten herzustellen:

> 1. mit allen denjenigen, welche den Ehrbegriff in besonderer Weise herausstellen, den wir mit F. Schiller [...] für einen der fruchtbarsten Konzentrationspunkte halten; 2. mit denjenigen, welche die Annäherung des Revolutionszeitalters ankündigen (Götz von Berlichingen, die Anfangsdramen Schillers); wie die Lessingschen Vorbilder aus Emilia Galotti im Fiesko und Kabale und Liebe wiederkehren, wird bei Betrachtung dieser Dramen zu sagen sein.[28]

All diesen Autoren und Texten, die in der Abiturstufe im Deutschunterricht behandelt werden, werden wir in der bereits angesprochenen

Erzählung »Die Denunziantin« wiederbegegnen. Zudem hat Brigitte Reimann als Leiterin der Laienspielgruppe kleine Szenen aus »Don Carlos«, den »Räubern« und »Kabale und Liebe« auf die Bühne gebracht.[29]

In einem aufschlussreichen Brief kurz vor dem Ende der 11. Klasse fasst Brigitte Reimann die letzten Monate für Veralore, die inzwischen mit ihrer Familie im Westen lebt, so zusammen:

> Menschenskind, wenn Du wüßtest, wie hier bei uns gearbeitet wird! Aber wir schaffens, verlaß Dich drauf! Ich persönlich stürze mich von einer Funktion in die andere. Augenblicklich bin ich Werbeleiterin bei uns an der Schule und gehöre somit zur »Prominenz« der Schule. Außerdem bin ich Gruppenleiterin meiner Klasse, Redakteur an der Wandzeitung (Klaus ist Chefredakteur und also auch »Prominenz«). Das ist im Rahmen der F.D.J., aber ganz außerdem bin ich »erster Mann im Staat«, nämlich insofern, als ich den ehrenvollen Posten eines »1. Vorsitzenden der Betriebsgruppe der Gesellschaft für Deutsch-Sowjetische Freundschaft an der Geschwister-Scholl-Oberschule« – ziemlich langer Titel, nicht wahr? – bekleide. Aber ich bin doch sehr stolz darauf, denn er ist mit zwei Jahren Arbeit und Lernen erkauft. Seht Ihr, und das haben wir wieder vor Euch voraus! Wir sehen wenigstens, was wir hinter uns gebracht haben und wissen, daß das die Arbeit wert war.[30]

Für jene der neuen Generation, die den Aufbau einer nach ihrem Verständnis neuen Gesellschaft mittragen wollten, zahlte sich das schulische wie gesellschaftliche Engagement scheinbar aus. Mit dem kapitalistischen Westen wollten sie hingegen nichts zu tun haben. Brigitte Reimann folgte durchweg den Positionen Bodo Uhses – der sie zehn Jahre später als »Meister-Schülerin« für die Akademie der Künste gewinnen wollte –, der in seinem Hauptreferat auf dem II. Schriftstellerkongress am 5. Juli 1950 formulierte: »Wir nehmen Partei, wir nehmen Partei für die demokratische Einheit Deutschlands, Partei für den Frieden, für die Zukunft, wir nehmen Partei für das Leben. Wir haben den Übergang vom Alten zum Neuen vollzogen.«[31]

In dem Brief ist aber auch von Klaus die Rede, dem neuen Freund, mit dem sie seit Februar zusammen ist. Im lockeren Ton wird der Freundin vermittelt, dass das im Vergleich zu sonst schon recht lange ist, da hat es immer höchstens vier Wochen gehalten. Die 17-Jährige ist stolz darauf, dass sie so recht treu nicht ist, sich immer wieder kleine Seitensprünge leistet und dem Klaus schon »dreimal den Abschied« gegeben hat. Selbstbewusst verweist sie darauf, dass er so in sie verliebt sei, dass es für ihn schrecklich wäre, wenn sie Schluss machen würde. Der »Treuebruch« wird dann auch zu einem selbstreflexiven lyrischen Versuch gemacht:

Seitensprung

Ja, es ist wahr,
Ich habe Dich betrogen –
Doch tust Du Unrecht, wenn Du gram mir bist.
Trägst Du nicht selbst die Schuld daran?
Du wolltest Freundschaft,
Ich wollte mehr,
Mein Gott, ich bin doch nur ein Mensch!
Es – war – zu schwer ...
Mein Herz
Hat nur nach Deinem Kuß geschrien.
Du hast es nicht gehört.
Oder – wolltest es nicht hören.
Du mußtest »Selbstzucht« üben, nicht?
Und dann
Kam der »Andere«.
Und sein heißer Mund
Gab mir, was ich bei Dir umsonst ersehnt,
Ich hasse ihn.
Und doch schlug ich ihn nicht in seine

Gierige Fratze.
Glaub' mir, mein Freund,
Es war nicht Leichtsinn, Lust,
Die mich in seine Arme trieb.
Es war nur Trotz,
Triumph
Über Dich.
In dem Gedanken:
Auch andere lieben mich!
Doch als ich dann in seinen Armen lag,
Da zerbrach in mir
Der Glaube an die reine Liebe
(Ein Kinderglaube, meinst Du, nicht?),
Und hinter meinem Lächeln
Standen ungeweinte Tränen –
Es war mein erster Treuebruch, Freund!
Freilich,
Als ich dann daheim war,
Wo der Spiegel mir
Mein Bildnis silberglänzend zuwarf,
Da war mir klar,
Was ich getan.
So also sieht ein Mädchen aus,
das Treue bricht – – –
Und plötzlich haßerfüllt
Sah ich dies' Gesicht,
Das jung und frisch im Spiegel stand.
Ich haßte dieses schwarze Haar,
Das eben noch ein Anderer
Gestreichelt, als Du!
Die dunklen Augen,
In die eben noch ein Anderer
Geblickt, als Du!
Die roten Lippen,

Die noch brannten
Von den Küssen
Eines Andern ...
Das ist der Mensch,
Der seinen Freund verraten hat!
Ich hob die Faust
Und schlug mit aller Kraft
In diese hübsche Fratze.
Als grell der Spiegel sprang
Und warmes Blut
Von den zerschnitt'nen Händen tropfte,
Da fühlte ich,
Den Schmerz da drinnen
Konnte nichts betäuben.
Nicht die wunden Hände,
Nicht den Trotz,
Das Aufbäumen:
Du bist schuld, mein Freund!
Nein, mein Freund,
Ich bin schuld!
Du bist böse und blickst schweigend
Über mich hinweg.
Soll ich Dir sagen, was ich leide?
Doch das
Wird Dich wohl nicht mehr interessieren ...

Derselbe Treuebruch – mal von der anderen Seite (Jan. 1950)[32]

Das Gedicht liest sich wie ein Prosatext, wobei die Zeilenumbrüche keine wirkliche Funktion haben, eher der Betonung dienen. Die rhetorischen Mittel wie Inversionen (wenn Du gram mir bist) wirken wenig motiviert und erscheinen doch, weil der Vorgang selbst keineswegs der empfundenen Dramatik entspricht, etwas überzogen und ein wenig zu pathetisch. Aber diese Stimmungsschwankungen zwischen Euphorie und Verzweiflung liegen in der Persönlichkeit von Brigitte Reimann, hängen womöglich auch mit den traumatisierenden Krankheitserfahrungen zusammen. An anderer Stelle unterzieht sich das Mädchen – in einer für das Alter ungemein nüchternen Betrachtung – einer Selbstanalyse, in der es um ihre »seelische Formung« geht, die man durchaus treffend nennen kann:

> Noch eins hat wesentlich zu meiner seelischen Formung beigetragen: die Tatsache, daß ich einen guten Schuß Mongolenblut in mir habe. Man hat mich als Kind immer für eine Japanerin gehalten, da ich die Merkmale der mongolischen Rasse sehr stark ausgeprägt trug – den Mongolenfleck, Haut- und Haarfarbe und vor allem die Mongolenfalte. Diese Merkmale sind mit zunehmendem Alter zurückgegangen, trotzdem aber sehen mir Kenner noch den Mischling an (wir hatten tatsächlich einen Asiaten in der Familie), und ich halte dieses Erbteil für eine Erklärung meines unausgeglichenen Charakters, der zwischen tausend Extremen schwankt, meines großen Fernwehs, meines unmotivierten furchtbaren Jähzorns und der vielbelächelten Erscheinung, daß ich innerhalb von Minuten ohne äußeren Anlaß von höchster Seligkeit in tiefste Verzweiflung – oder umgekehrt – stürzen kann.[33]

Nun spielt bei dieser Selbstbeschreibung ein gewisses Kokettieren mit. Der Verweis etwa auf den Mongolenfleck geht auf überkommene und inzwischen widerlegte Theorien zurück. Letztlich fühlt Brigitte Reimann sich angenommen, sie ist erfolgreich, und dies führt zu einer Stärkung ihres Selbstbildes. In Verbindung damit entstehen gewisse Allmacht- und Größenphantasien, die für die Jugendzeit kennzeichnend sind. Dazu gehört das Pendeln zwischen Euphorie und Schmerz, was wiederum zum Schreiben von lyrischen Texten motiviert, die helfen sollen, die wechselnden Gefühlslagen zu bewältigen. In diesem Zusammenhang steht das Gedicht »Die ewige Frage«, bei dem die junge Verfasserin aus vier- bis sechshebigen Versen gebaute Quartette mit Kreuzreimen nutzt, außer für die Strophen fünf und sechs, bei denen es sich um mit einem Schweifreim verbundene Terzette handelt. Die Abweichung hat eine inhaltliche Bedeutung: die ersten drei Quartette stehen für Verzweiflung, die Terzette für das Schweigen Gottes und die nachfolgenden drei Quartette für Resignation, Lebensmüdigkeit und Selbstmordphantasien. Die Anklänge an die Motive der Naturlyrik wie die Balladenform sind offensichtlich. Dominant ist der Ausdruck des Schmerzes. Das Gedicht wurde unmittelbar nach einer als existenziell empfundenen Situation geschrieben.

Die ewige Frage

Sternklare Winternacht. Beschneit das Feld.
Ein einsam' Mädchen ragt im bleichen Licht.
Und tausendfaches Elend einer Welt
Aus blindgeweinten Augen spricht.

Und gellend klingt in die erbarmungslose Nacht
Einer Verlassenen wehe Klage.
Die Lippen halten weinend Wacht
Über der einen Frage:

»Mein Gott, warum hast Du mir das getan?
Warum hast Du mit grauser Hand mein Glück zerstört?
Warum hast Du so furchtbar mich an Deine Macht gemahnt?
Warum mein Fleh'n um den Geliebten nicht erhört?«

Und jede Frage ein banger Schrei: Warum?
Gott schweigt ... Und seine Sterne funkeln stumm
In kalter Schönheit dem verstörten Erdenkind.

Armes Geschöpf! Was lauschest Du beklommen?
Aus jenem Reich ist Antwort nie gekommen ...
Antwort haucht mit eis'gem Odem nur der Wind:

»Geh' heim, Du Närrin, und frage nicht!
Du wagst mit Gott zu rechten um Dein Glück?
Betteln und Fragen bringen nicht
Dir den toten Liebsten zurück!«

Heimgehen? Gibt es denn Heimat ohne ihn?
Das Mädchen bebt – ein Schauer schüttelt seine Glieder –
Sterben – verschlafen dieses Leben ohne Sinn
Erdrosselnd Leid wirft sie am Wege nieder.

In seinen Arm nimmt sie barmherz'ger Schnee.
Sein weißer Mantel deckt ihr stumm
Des toten Mundes bitteres Weh
Und sein ewig fragendes »Warum?« ...

Nach meinem 2. Selbstmordversuch
im Jan. 1950[34]

In ihrem 1957 entstandenen kleinen Roman »Joe und das Mädchen auf der Lotosblume«, der erst postum erscheint, erinnert sich die Ich-Erzählerin daran, wie verliebt sie in einen Mitschüler gewesen ist. »Ich schrieb Liebesgedichte, hysterisch und sentimental – ich werde heute noch rot, wenn ich sie wieder mal lese«, heißt es, »ich weinte, wenn er mich kühl grüßte, und war selig, wenn er mir ein freundliches Wort gönnte.« Wenig später ist von Selbstmordphantasien die Rede: »Mit einer Rasierklinge wollte ich mir die Pulsadern durchschneiden. Phantastisch«, bekennt das Ich. »Die schönste und letzte der Tugenden, die in der Büchse der Pandora uns geblieben, die Hoffnung hielt mich am Leben: Ein Kuß von Hans und dann sterben ...«[35] Der im Gedicht angesprochene Selbstmordversuch stellt eine literarische Überhöhung dar. Wie später ihr Freund Klaus nimmt sie einige Schlaftabletten, wohl wissend, wie weit sie ohne Gefahr gehen kann.

In den Briefen an die Freundin spielen derartige Erschütterungen eine eher untergeordnete Rolle. Hier dominiert die Selbstinszenierung, die mit markierten Übertreibungen augenzwinkernd andeutet, dass das alles nicht ganz so ernst zu nehmen ist. Das wird sich einige Monate später ändern, wenn die Freundschaft zu Klaus zu einer festen Beziehung wird. Noch treten diese ersten Erfahrungen mit dem anderen Geschlecht und dem, was Sexualität genannt wird, hinter den von ihr bekleideten Ämtern zurück, die – wie das der Wandzeitungsredakteurin – durchweg mit agitatorischen Aufgaben verbunden sind, die ein hohes Maß an kommunikativer Kompetenz wie auch an argumentativen Fähigkeiten verlangen.

Bei der Wandzeitung handelt es sich um eine aus der jungen Sowjetunion übernommene Agitationsform, die zu einem zumeist politischen Thema Beiträge aus Zeitungen sowie eigene Stellungnahmen umfasst und in einer Wanddarstellung präsentiert wird. Das deutsche Wort ist als Kompositum eine direkte Übersetzung aus dem Russischen (стенгазета). Für die aufwendige Erstellung waren unter Federführung eines Redakteurs weitere Klassenmitglieder verantwortlich, die sich gemeinsam mit dem konkreten Thema beschäftigten und dessen künstlerische Gestaltung umsetzten.

Mit Wandzeitungen und Dokumentationsalben hatte auch Willi Reimann zu tun. Diese Formen der Agitation spielten in allen Kriegsgefangenenlagern in der Sowjetunion eine Rolle. Sie waren nach der bedingungslosen Kapitulation Bestandteil der sowjetischen Re-Education. Thematisch ging es um den Lageralltag, um Wiedergutmachung, die Propagierung von hohen Arbeitsleistungen, Kulturarbeit, Entwicklungen in der deutschen Politik wie auch um Erfahrungen in der Sowjetunion. Es wurde zudem versucht, den Kriegsgefangenen grundlegende Kenntnisse der marxistisch-leninistischen Ideologie zu vermitteln – und sie davon zu überzeugen. Als Verlagsmensch arbeitete Willi Reimann in Jaroslawl, wie er später gegenüber der Familie andeutet, an Wandzeitungen mit. Im Prinzip übernehmen die Wandzeitungen, die an den Oberschulen in der jungen DDR zur Praxis der FDJ-Arbeit werden, diese Erfahrungen aus der Sowjetunion. Das Interessante im vorliegenden Fall ist, dass die von mir aufgefundenen Unterlagen zur Geschwister-Scholl-Oberschule ein Dokument enthalten, das Dr. Tschersig erarbeitet und mit seiner Unterschrift beglaubigt hat. Darin heißt es:

> Eine Wandzeitung hat nur dann einen Sinn, wenn sie eine erzieherische Wirkung auf sämtliche Schüler ausübt; sie muß erziehen:
>
> 1. Zur Leistungssteigerung;
> 2. Zum gesellschaftlichen Bewußtsein;
> 3. Zur politischen Betätigung.
>
> Die Wandzeitung darf kein bloßes Mitteilungsblatt sein. Sie muß Redensarten vermeiden. Sie ist keine journalistische Spielerei und Nachahmung der Tagespresse. Sie soll einen »Briefkasten« enthalten für Anfragen und Antworten aus der Schülerschaft. Aber es dürfen nicht nur einige Schüler mitarbeiten, denn dabei gehen die Redaktionen an Überlastung zugrunde. Sie muß aktuelle Fragen der Schule, der Schüler behandeln z. B.
>
> Wie helfen wir unseren schwächeren Mitschülern?
>
> Wir verbessern wir die Aufmerksamkeit, Pünktlichkeit, Disziplin und Arbeit?
>
> Wie stehen wir Schüler zu bestimmten Tagesfragen? […][36]

Schließlich benennt Dr. Tschersig den Deutsch- und Kunstunterricht als jene Fächer, in denen die Wandzeitung Gegenstand der Beschäftigung sein soll. In ebenjenem Rahmen würde die Wandzeitung zugleich »Kunde von dem politischen Zustand der Schüler und ihrem gesellschaftlichen Bewußtsein« geben.[37]

Eine Wandzeitung, die Brigitte Reimann verantwortet hat, ist nicht überliefert, aber sie hat die Hinweise ihres Mentors direkt übernommen und sie von der Figur der Eva in ihrer »Denunziantin« bedenken lassen. Die Protagonistin schaut auf einen Artikel über »Marspflanzen«, der genau das praktiziert, was Dr. Tschersig ablehnt, nämlich simpel Artikel aus der Tagespresse zu übernehmen. »Ach ja, da hatte mal wieder irgend so ein fauler Schmierfink, der mit einem Beitrag für die Wandzeitung dran war, einfach einen Artikel aus ›Natur und Technik‹ abgeschrieben«, notiert der Erzähler, in die Innensicht der Figur wechselnd. »Wie oft hatte Eva schon in den Funktionärssitzungen der Oberschulgruppe über die Aufgaben einer Wandzeitung gesprochen! Wozu eigentlich? Erfolg: ›Marspflanzen‹! Man sprach hier ja doch bloß wie gegen die Wand.«[38]

Deutlich weiter geht die junge Autorin mit einem von ihr verfassten »Agitationsspiel«, das den Titel »Der Ruf vom anderen Ufer« trägt und mit dem sie für die Deutsch-Sowjetische Freundschaft (DSF) wirbt. Zum Figurenensemble des Stückes gehören Kater, eine Funktionärin der DSF, Wolfgang und Jochen, zwei FDJler, Biene, eine ostpreußische Umsiedlerin, und Herr Stolz, ein Junglehrer. Zu Beginn spielen Jochen und Wolfgang Schach, Kater steht sichtlich ungeduldig daneben und wartet, dass die beiden endlich fertig werden. Als es sich hinzieht, stößt sie die Schachfiguren um. Wolfgang reagiert ärgerlich, worauf Kater sich entschuldigt und um Hilfe bittet. Gleichzeitig übt sie leichte Kritik an den Jungen, die so täten, als seien sie überlastet. Wolfgang reagiert daraufhin erstaunt: »Dir ist wohl dein schöner Titel zu Kopfe gestiegen? Seit du 1. Vorsitzende der Gesellschaft [DSF; Anm. C.G.] bist, scheinst du ja auch so eine ›Hundertfünfzigprozentige‹ zu sein.« Die Antwort von Kater kommt prompt: »Unsinn! Ich setze mich nur für das ein, was ich als richtig erkannt habe!« Auf die Frage, warum nun unbedingt ein Agitationsaktiv auf die Beine gestellt werden soll, argumentiert Kater, dass eine »Werbung für die DSF« wichtig sei. Es sollen möglichst viele Mitglieder gewonnen werden. Die Begründung von Kater lautet so: »Jetzt, wo wir unsere Regierung selbst gewählt haben, müßte ihnen doch einleuchten, was wir der Sowjetunion zu verdanken haben. Aber nein –!«[39] In Jochens Antwort scheinen die Erfahrungen auf, die junge Leute mit der Roten Armee gemacht haben und die nach wie vor eine Distanz begründen, hier die Plünderungen nach 1945: »Ach, du kennst doch unsere Leute – da gibt es solche Typen, die es nie verwinden werden können, daß ihnen einer von der Kampftruppe beim Einmarsch eine Uhr weggenommen hat.« Wolfgang sekundiert und verweist auf eine Klassenkameradin, deren Verlust der Armbanduhr ihr »Gegenargument bei allen Versuchen war, sie für die D.S.F. zu gewinnen«. Jochen kommt dann auf Biene zu sprechen, die andere Gründe hat, nicht in die DSF einzutreten: »Da kann ich Biene schon eher verstehen, wenn die sich sträubt, weil ihr drüben in Ostpreußen Haus und Hof abgebrannt sind. Und das Schlimmste – ihr Vater ist während der Kampfhandlungen erschossen worden.« Kater reagiert betroffen. Und es entspinnt sich ein erstaunlicher Dialog, der das Verhältnis zwischen der Sowjetunion und der neu gegründeten DDR betrifft:

K.: Das mit der Freundschaft und so ... (zögernd). Ihr dürft mich aber nicht auslachen – vielleicht sehe ich als Mädchen das eben doch ein bißchen gefühlsmäßiger als ihr Jungen –

J.: Warum sollen wir darüber lachen? Ich habe schon einmal gedacht, es wäre sogar ganz gut, wenn mal vor allem Frauen in der Regierung säßen, die bei politischen Fragen auch ihr Gefühl als Mütter und Gattinnen mitsprechen ließen. Dann gäbe es bestimmt keinen Krieg mehr auf der Welt!

K.: Ja also, wißt ihr – mir kommt das immer so vor, als ob (langsam) wir auf einem anderen Ufer wohnen als die Sowjets, und zwischen uns fließt ein Strom – ein Strom von Mißtrauen und Bosheit und kleinlicher Nörgelei. Und von drüben rufen sie und strecken uns die Hand entgegen. Wenn ich mir dann meine und eure und überhaupt die Lage von allen Menschen vorstelle, die so denken wie wir, dann sehe ich uns und sie immer wie in einem kleinen Boote auf diesem Fluß, und sie müssen mächtig kämpfen gegen die Strömung ... (auflachend). Die Strömung kommt von dem furchtbaren Westwind, wißt ihr? – Nun, und wenn man dann erstmal am anderen Ufer ist, dann ziehen sie einen rauf und alles ist in Ordnung.

W.: (nachdenklich): Der Vergleich ist ganz gut. Nur würde ich nicht sagen, daß wir alle einzeln in kleinen Booten rüberrudern – nein, ich finde das wie ein Brückenbau über den Fluß von Mißtrauen und so. Die wirklich friedfertigen Menschen bauen zum anderen Ufer eine breite Brücke, und jede Tat, die zum Frieden und zur Freundschaft mit der Sowjetunion beiträgt, ist so ein Mauerstein, der die Brücke fester macht.

K.: Du, das ließe sich prima zeichnen! (hier tritt Biene ein). So vielleicht unter dem Titel: Der Ruf vom anderen Ufer.[40]

Von dem Agitationsspiel, das im Mai 1950 entstanden ist, sind nur die ersten beiden Seiten erhalten. Sie vermitteln Überzeugungen einer Schülerin, die angesichts der Schrecken des Zweiten Weltkrieges und der Millionen Opfer, die es allein in der Sowjetunion gegeben hat, inzwischen auf das setzt, was man Verständigung und im besten Fall Freundschaft nennt. Das Laienspiel passt in diesem Sinne in den Auftrag der DSF, der es mit ihrer Gründung 1947 darum ging, Wissen über die Sowjetunion zu vermitteln und antisowjetische Ressentiments abzubauen. Dafür stand auch der erste Präsident, der damals 43-jährige Wirtschaftshistoriker Jürgen Kuczynski. Er war 1936 nach England emigriert und dort vom amerikanischen Geheimdienst angeworben worden. Zeitweise arbeitete er für den Deutschen Freiheitssender. In der sowjetisch besetzten Zone wurde er 1945 Präsident der Zentralverwaltung für Finanzen. Der Gründungskongress der DSF vom 30. Juni 1947 entsprach mit der Losung »Durch Studium zur Wahrheit – durch Wahrheit zur Freundschaft mit der Sowjetunion« dem Anliegen der Gesellschaft, die sich zunächst vor allem an Wissenschaftler und Künstler richtete. Als Vertreter der Sowjetischen Militäradministration sprach hier Oberst Tulpanow und betonte, dass jede »demokratische Bewegung und jede Kultur« etwas sei, das nicht nur »den intelligenten Klassen zur Verfügung steht«. Daher müssten gerade auch die »breiten Massen der Arbeiter, der Bauern und des Mittelstandes« aufgenommen werden.[41]

Nimmt man das Laienspiel, ist wiederum erstaunlich, in welcher Weise die Schülerin eine weibliche Perspektive einzubringen weiß, die sie nicht nur der Figur Kater einschreibt, die offensichtlich mit autobiographischen Zügen ausgestattet ist. »Vielleicht sehe ich als Mädchen das eben doch ein bißchen gefühlsmäßiger als ihr Jungen«, lässt sie die Protagonistin sagen. Und einer der Jungen verstärkt diese Perspektive, indem er noch einen Schritt weitergeht. Wenn Frauen in den Regierungen säßen, die »bei politischen Fragen auch ihr Gefühl als Mütter und Gattinnen mitsprechen ließen, gäbe es bestimmt keinen Krieg mehr auf der Welt«![42]

Das Stück ist noch in anderer Hinsicht aufschlussreich. Kater wird in ihrer Haltung als DSF-Funktionärin als eine »Hundertfünfzigprozentige« eingestuft, eine Bezeichnung, die bis in die späte DDR für jene galt, die die ideologischen Positionen des Staates einlinig übernahmen und umzusetzen suchten. Die Erwiderung Katers spricht für sich und ist nahezu identisch mit der Sicht Brigitte Reimanns, die sich gerade nicht als eine unreflektierte Agitatorin von Parteiparolen sieht. »Ich setze mich nur für das ein, was ich als richtig erkannt habe«, antwortet das Mädchen. Das ist eine Aussage, die in dieser Form mehrfach im Briefwechsel mit der Freundin Veralore artikuliert wird und die sie so meint. Das Denunzieren von anderen Positionen – darauf ist im Zusammenhang mit ihrer Erzählung »Die »Denunziantin« zurückzukommen – gehört nicht zu ihren Überzeugungen. Im Gegenteil, den Klassenkameraden Albrecht Pape schätzt Brigitte Reimann ungemein, weil er der Einzige ist, der zu »unserer Politik ein ganz klares ›Nein!‹ sagt«. Er vertrete diese gegensätzliche Position zum Entsetzen der Lehrer auch in öffentlichen Versammlungen. Obwohl Albrecht in jeder Beziehung also eine Art Widerpart ist, achtet sie ihn gerade wegen seiner Ehrlichkeit.[43] Albrechts Sicht hängt nicht zuletzt mit seiner Herkunft zusammen, im schlesischen Pombsen geboren, ist sein Vater Heinrich – wie es das Klassenbuch der 11a ausweist – evangelischer Pfarrer.

In der Biographie Brigitte Reimanns bildet das 11. Schuljahr einen Einschnitt. Später wird sie in einem Brief an die Freundin auf ihr gewachsenes politisches Bewusstsein verweisen und nicht zuletzt Leseerfahrungen dafür verantwortlich machen. Dazu gehört die Lektüre von Maxim Gorkis Roman »Die Mutter«, der 1907 auf Russisch erschienen war. Erzählt wird vom Weg des jungen Arbeiters Pawel, der eine Entwicklung hin zum Revolutionär nimmt. An seiner Seite macht die Mutter, die Arbeiterfrau Pelageja Nilowna, einen Bewusstseinsprozess durch, in dessen Folge sie erkennt, dass man für die Revolution einstehen muss. Brigitte Reimann ist von dem Roman beeindruckt und argumentiert gegenüber ihrer Freundin mit einem Satz aus dem Text. »Man muß immer ein festes Ja oder Nein sagen!«, heißt es dort.[44] Im Februar 1950 ist sie – davon war bereits die Rede – Mitglied der FDJ geworden, zunächst mit Widerwillen, wie sie andeutet. »Mein Eintritt war lediglich eine Konzession an die neue Schule«, gesteht sie ein. »Trotzdem wurde ich sofort Gruppenleiterin meiner Klasse, wo ich immer eine gewisse Führerschaft innehatte. Von da ab bekleidete ich immer mehr und höhere Funktionen. War es anfangs nur Ehrgeiz, so machte es mir später ›Spaß‹, und schließlich arbeitete ich aus wirklicher Überzeugung in der F. D. J. mit.«[45]

13. »Ich bin bloß froh, wenn ich erst einmal das dumme Abitur hinter mir habe« – das letzte Jahr an der Oberschule

Am Freitag, dem 1. September 1950, beginnt für Brigitte Reimann das letzte Schuljahr, sie ist weiterhin die Klassensprecherin der 12a. Direktor Tschersig hat zwar das neue Schuljahr noch eröffnet, geht kurze Zeit später aber in den Ruhestand – er ist inzwischen 68 Jahre alt –, betreut dennoch die von Brigitte Reimann geleitete Agitationsgruppe weiter. Die Gruppe tritt am 7. Oktober bei der Schulfeier anlässlich des Gründungstages der DDR auf und hat auch am 11. Oktober auf dem Stalinplatz einen Einsatz. Die Abiturientin schreibt weiter an Laien- und Agitationsspielen, von denen sie einige an Verlage geschickt hat. Entsprechend engagiert sie sich vor allem im Deutschunterricht. Im ersten Halbjahr steht hier erneut die Klassik im Zentrum. Die setzt mit Goethes Bühnenstück »Iphigenie auf Tauris« (1779) ein.

Goethe hatte das Stück in der kurzen Zeit vom 14. Februar bis zum 28. März 1779 verfasst. Aufgeführt wurde es bereits am 6. April, wobei Goethe selbst den Orest spielte. In der 12a wird insbesondere der Ideengehalt herausgearbeitet, bei dem sich der Autor zunächst an Euripides' Fassung anlehnt. Die Wirkung der »Iphigenie« beruht vor allem auf ihrer Sittlichkeit. Wie in Lessings »Nathan der Weise« bedeutet Sittlichkeit hier religiöse Toleranz und Lauterkeit der Gesinnung.[1] Dem materialistischen Ansatz verpflichtet, wird neben den ökonomischen und gesellschaftlichen Voraussetzungen das »Wesen der sozialen Entwicklung« besprochen.[2] Noch vor den Herbstferien, die bis zum 22. Oktober 1950 dauern, beginnt die Behandlung von Goethes »Faust«, die fast acht Wochen lang, bis zum 6. Dezember, fortgesetzt wird. Sämtliche Facetten der Dichtung geraten in den Horizont der Abiturklasse.

Es beginnt mit dem »Faustproblem in der Renaissance«, dann werden das Spies'sche Faust-Buch von 1587 und Karl Simrocks Puppenspiel vom Dr. Faust besprochen. Auch Lessings Faust-Fragment ist Thema, bevor nach drei Wochen der Urfaust, Goethes erster Entwurf, und endlich die Entstehungsgeschichte von »Faust I« in den Fokus gerückt werden. Ein Vergleich von früher Fassung und Theaterstück leitet zu zentralen Aspekten des Werkes über, in dem es um den Monolog, das Wettmotiv, Fausts Erkenntnisstreben und sein Verhältnis zur Natur oder mit der Gretchen-Szene um die historischen Hintergründe der tragischen Liebe geht. Betrachtet man die behandelten Aspekte, dann wird mit Fausts Entwicklungsweg nach den Möglichkeiten menschlichen Handelns unter konkret-historischen Bedingungen gefragt. In Verbindung damit steht für die Schülerschaft das Problem, sich eine eigene Position zu den proklamierten Werten und Idealen des Sozialismus zu erarbeiten. Auch Brigitte Reimann ist mit der Überlegung konfrontiert, dass Goethe in seinem Text bedenkt, wie die gesellschaftlichen Verhältnisse gestaltet sein müssen, damit dem Einzelnen ein sinnvolles und der Gemeinschaft dienendes Leben möglich ist. Den Abschluss bildet »Faust II« mit der Szene »Großer Vorhof des Palasts« und der Zukunftsvision[3]:

> Ein Sumpf zieht am Gebirge hin, / Verpestet alles schon Errungene; / Den faulen Pfuhl auch abzuziehn, / Das letzte wäre das Höchsterrungene. / Eröffn ich Räume vielen Millionen, / Nicht sicher zwar, doch tätig-frei zu wohnen. [...] / Solch ein Gewimmel möcht ich sehn, / Auf freiem Grund mit freiem Volke stehn. / Zum Augenblicke dürft ich sagen: / Verweile doch, du bist so schön! / Es kann die Spur von meinen Erdetagen / Nicht in Äonen untergehn. – / Im Vorgefühl von solchem hohen Glück / Genieß ich jetzt den höchsten Augenblick.[4]

Goethe hat im Gespräch mit Johann Peter Eckermann, dem Schriftsteller und engen Vertrauten, hervorgehoben, dass die Engel, die, »schwebend in der höhern Atmosphäre, Faustens Unsterbliches tragend«, der Schlüssel zu seiner Errettung sind, wenn sie sagen: »Gerettet ist das edle Glied / Der Geisterwelt vom Bösen: / *Wer immer strebend sich bemüht, / Den können wir erlösen.*«[5] Es geht mithin um Fausts Streben und seine Bereitschaft, sich immer wieder neuen Bewährungen zu stellen. Mit dieser Schlussformel ist etwas formuliert, was Brigitte Reimann schon als Schülerin in hohem Maße verinnerlicht hat und was ihr Arbeitsethos bestimmen wird, gerade auch in existenziellen Situationen.

Betrachtet man den Deutschunterricht, den Brigitte Reimann in der Abiturstufe durchläuft, ergeben sich aufschlussreiche Bezüge zu Uwe Johnsons Werk. Noch radikaler als in der Burger Oberschule bei der Behandlung von Goethe und Schiller verfährt die fiktive Lehrergestalt, die er in den »Jahrestagen« (1970) entwirft. Dort behandelt die Klasse Theodor Fontanes Novelle »Schach von Wuthenow« und erhält vom Lehrer Mathias Weserich zunächst die Aufgabe, »bis zum Mittwoch die ersten zwei Seiten wenigstens versuchen zu *lesen*«. Allerdings: »Die Elf A zwei benötigte für die ersten sechs Seiten der Erzählung an die drei Wochen«, für die ganze Behandlung sechs Monate. Johnson lässt den Erzähler die Wuthenow-Episode so beenden: »Einen einzigen Anzug (grauen Sommerstoff) hatte er besessen, den trug er mit Tuch in der Brusttasche und täglicher Krawatte; als sei er uns den achtbaren Aufzug schuldig.« Und ohne Kommentar schließt an die Beschreibung, die ein Bild von der Bescheidenheit des Lehrers liefert, der abschließende Satz an: »Und wir hatten bei ihm das Deutsche lesen gelernt.«[6]

Auch für Brigitte Reimann ist das Lesen nach wie vor eine Lieblingsbeschäftigung, obwohl sie aufgrund der gesellschaftlichen Aktivitäten wenig Ruhe hat. Sie versucht sich in dieser Zeit an der Novellenform. Die Gattung kennt sie aus dem Unterricht, in der 8. Klasse war die Wahl auf Gottfried Kellers »Kleider machen Leute« (1875) gefallen, die Geschichte vom Schneidergesellen Wenzel Strapinksi, der sich trotz ärmlicher Verhältnisse gut kleidet und daher für einen Grafen gehalten wird. Der Textanfang ist typisch für einen Novellenanfang: »An einem unfreundlichen Novembertage wanderte ein armes Schneiderlein auf der Landstraße nach Goldach, einer kleinen reichen Stadt, die nur wenige Stunden von Seldwyla entfernt ist.«[7] In diesem ersten Satz wird aus einer für den Leser unbekannten Welt ein einzelner Abschnitt vorgestellt – der Ort wird benannt, die Zeit angegeben, und mit einem unbestimmten Artikel kommt es zur Einführung der Figur des Schneiderleins. Heinrich von Kleists »Michael Kohlhaas« wie auch Storms »Schimmelreiter« waren dann in der 10. Klasse Unterrichtsgegenstand. Brigitte Reimann weiß um die Gattungsmerkmale der Novelle, die nach Goethes Formel von einer »unerhörten Begebenheit« erzählt, die einen Wendepunkt im Leben eines Menschen markiert. Und sie versucht sich nun an einer Geschichte, von der sie selbst sagt, dass sie »gegen den Westen« gerichtet sei. Geschildert wird »das Schicksal eines kleinen Arbeiters in einem Provinznest, der vom Rias als Spitzel verleumdet wird [...] und nun langsam am Klatsch und Mißtrauen seiner spießigen Nachbarn und ›Genossen‹ zugrunde geht«.[8] Die Erzählung ist nicht erhalten, aber dafür die ausformulierte »Laienspielidee«, die einen Eindruck vom Inhalt vermittelt.

Die erste Szene spielt in der Wohnung eines kleinen Beamten. Die Einrichtung der »guten Stube« spiegelt die Geisteshaltung: »engstirniger, solider Spießer – ehrbare, leicht verkitschte Plüschmöbel – Behaglichkeit«. Karl Besen, ein »angestaubter Bürovorsteher«, und seine Frau Pauline, die »kleinliche, klatschsüchtige Gattin«, unterhalten sich in »geradezu rührender Sachunkenntnis« über das, was im Radio berichtet wird. Da sendet der RIAS aus Westberlin plötzlich eine seiner »Warnmeldungen«. Beide hören voller Neugier die Sondermitteilung: »Hermann Kasner – Mitglied der K.P.D. seit 1915, jetzt Vorarbeiter im Walzwerk Röhringen; als Spitzel besonders gefährlich durch seine scheinbare Harmlosigkeit, mit der er sich den Leuten nähert.« Es setzt ein kurzes Erstaunen ein, und sofort beginnt die Ehefrau zu zischeln: »Na, nun wüßte man ja, woher Kasner es habe, daß er sich nebenan eine 2½-Zimmerwohnung habe mieten können – wo er doch von Rechts wegen – ja, und neulich habe die Kasner in der HO [der neuen Handelsorganisation in der DDR; Anm. C.G.] – usw. usw.«[9] Man habe im

Grunde immer schon geahnt, was das für Leute seien, allein dieser heimtückische Blick.

Das Besondere an der Geschichte: Sie spielt nicht im Westen, sondern es ist der Rundfunk im amerikanischen Sektor (RIAS), der eine Meldung für die Ostzone gesendet hat. Hier im Osten – wo doch vorgeblich neue Verhältnisse herrschen – wird nun ein Mechanismus der Denunziation in Gang gebracht. Die Kasners stoßen auf Distanz bei Nachbarn und Arbeitskollegen, können sich deren verändertes Verhalten aber nicht erklären. An diesem Punkt setzt die zweite Szene an. Brigitte Reimann wechselt den Schauplatz, es geht in die Wohnung der Familie Kasner, ein Arbeitskollege kommt zu Besuch, dem der Beschuldigte letztlich entlockt, worüber das ganze Städtchen spricht. Das Ehepaar ist schockiert, und die Frau rät, »sich direkt an den Rias zu wenden und eine Dementierung der Lügenmeldung zu verlangen«. Entsprechend ist die dritte Szene in die Nachrichtenabteilung des Senders verlegt. Arrogante Abwehr dominiert, aber als der zuständige Redakteur hört, dass der unangekündigte Besucher aus der Ostzone kommt, lässt er ihn vor. Eine Korrektur lehnt der »elegante Herr« indes ab, für ihn reicht der Umstand, dass Kasner »hundertprozentiger Kommunist« sei, als »gewichtiger Grund für gewisse Leute ihn nach Möglichkeit unschädlich zu machen«, heißt es im Text der 17-Jährigen. Es geht um einen »gesellschaftlichen Boykott« und das »Verächtlichmachen« vor den Leuten.[10]

Die letzte und vierte Szene spielt in der Wohnküche der Kasners und schildert den »völligen Zusammenbruch« des Arbeiters. Mühsam entlockt ihm die resolute Frau, was in der Redaktion vorgefallen ist, sie will nicht aufgeben und ermutigt ihren Mann, sich an »höhere Stellen« zu wenden. Aber Kasner ist nervlich am Ende, er geht in die Schlafkammer. Seine Frau schaltet das Radio ein:

> Eine Stimme klingt auf – sie lauscht atemlos: Rias nimmt mit dem Ausdruck des Bedauerns seine Falschmeldung zurück, betreffend den Arbeiter Hermann Kasner, der durch ein Versehen der Redaktion usw. Musik – »Berlin spricht zur Zone«.[11]

Die Frau springt auf zur Kammertür, die ist abgeschlossen, sie ahnt Schreckliches. Die Tür wird aufgebrochen, mit verzerrtem Gesicht schreckt sie zurück. Ihr Mann hat sich das Leben genommen. Die Skizze für das Laienspiel endet so:

> Die Nachbarn schütteln bedauernd die Köpfe: Völlig unverständlich von dem Manne, so zu handelt. Schade um ihn, er war doch wirklich ein so braver, ein so arbeitsamer Mann ... Sanfter Spießervorwurf: Wie konnte er das seiner Frau nur antun! Am 18. Mai erhängte sich der Vorarbeiter Hermann Kasner in seiner Wohnung. Motiv – unbekannt ... [12]

Die Geschichte erinnert an Heinrich Bölls »Die verlorene Ehre der Katharina Blum« (1974), die etwa 25 Jahre später und unter gänzlich anderen historischen Konstellationen spielt, nämlich vor dem Hintergrund der Terroristenverfolgung in der Bundesrepublik der 1970er Jahre.[13] Aber auch bei Böll werden Teile der Medien zum Auslöser der Katastrophe, denn Katharina Blum wird von der »ZEITUNG« denunziert, diffamiert und zur »Terroristenbraut« hochgeschrieben. Aus Verzweiflung und Wut erschießt sie den verantwortlichen Redakteur. Bei Brigitte Reimann weiß sich der Protagonist nicht anders zu helfen, als Selbstmord zu begehen. Auffällig ist, wie die Schülerin den RIAS zwar zum Auslöser des Konfliktes macht, der einen Wendepunkt im Leben der Familie Kasner einleitet, in den Tod treiben ihn aber die »neuen Menschen«. Und genau darum geht es Brigitte Reimann, die bekennt, dass sich ihre Intention gegen das »ganze Spießertum unserer Kleinstädte« richtet, »das ich tödlich hasse«. Diese Leute werden »lächerlich gemacht, durch den Dreck geschleift und in ihrer ganzen Gemeinheit bloßgestellt«. Auch sie selbst hat die Erfahrung gemacht, dass über sie »in schuftigster Weise geklatscht und gelästert« wird. »Ob politisch oder moralisch – dieses ganze schmutzige Pack hier zieht bei jeder Gelegenheit über mich her.« Als das Furchtbarste empfindet sie:

> Du kannst dich nicht wehren! Du kannst nicht einfach einen von diesen Heuchlern in die lächelnde Fratze schlagen und sagen: »Du Schwein – du hast das über mich gesagt – bitte, verantworte dich!« Und du kannst dich nicht hinstellen in die Straßen und schreien: »Ich bin doch unschuldig. Warum bewerft ihr mich mit Dreck? Ich bin ja reiner als ihr, die ihr mich mit verbindlichem Lächeln quält!« Ich halte sonst nicht allzuviel von der Bibel, aber sie hat viele schöne Worte, die sich jeder, auch jeder Kommunist und Antichrist, über sein Leben stellen kann. In diesem Falle: »Wer sich rein fühlt, der werfe den ersten Stein auf sie.«[14]

Was Brigitte Reimann hier mit siebzehn Jahren einem Text einschreibt, das prägt ihre Persönlichkeit: eine Aversion gegen Unehrlichkeit und Heimtücke. Dagegen setzt sie Offenheit und den Mut sowie den Anspruch, einen eigenen Weg zu gehen.

Einen eigenen Weg sucht sie auch in ihrer Beziehung zu Klaus, wobei sie einem ständigen Gefühlschaos ausgesetzt ist. Treueschwüre und Trennungen wechseln sich ab, gerade weil in den letzten Monaten aus der Freundschaft mehr geworden ist. »Weißt Du«, schreibt sie der Freundin Veralore, »das Geständnis wird mir furchtbar schwer – schau, ich habe mich von Klaus verführen lassen. (Hast Du einen großen Schreck gekriegt?) Glaube mir – noch vor einem Jahr wäre mir das als eine Ungeheuerlichkeit erschienen, als völlig indiskutabel. In den Ferien fing es dann an.«[15] Das Verhältnis bleibt den Eltern nicht verborgen, Ende des Jahres 1950 kommt es zu heftigen Auseinandersetzungen, die Eltern verlangen von der Tochter, sich auf das bevorstehende Abitur zu konzentrieren und die Beziehung zu beenden. Die Konflikte nehmen zu, und die beiden trennen sich. Brigitte Reimann fährt als Delegierte des Kreises zum 3. Kongress der Gesellschaft für Deutsch-Sowjetische Freundschaft, der vom 20. bis 22. Januar 1951 in Berlin unter der Losung »Von der Sowjetunion lernen, heißt siegen lernen« stattfindet. In den Reden wird immer wieder zur Gründung von Zirkeln motiviert, die als eine Art Motor funktionieren sollen, um die Erfahrungen aus der Sowjetunion in allen Bereichen des gesellschaftlichen Lebens zu vermitteln. Für die Burger Schülerin ist der Kongress ein Ereignis, auch weil sie eine Reihe von Männerbekanntschaften macht und sich in Tanzbars und Cafés amüsiert. Sie lernt einen Redakteur des Berliner Rundfunks kennen, der gute Kontakte zum Verlag Kultur und Fortschritt hat, dem gesellschaftseigenen Verlag der DSF. Mit Ernst, einem Mitglied der Landesleitung der DSF, besucht sie eine Vorstellung von Nikolai Gogols »Revisor« am Deutschen Theater. Danach sind die beiden in der Stadt unterwegs, es bleibt jedoch beim Kokettieren, mehr als einen Kuss kann er ihr nicht entlocken. Sie kommt mit vielen Ideen vom Kongress zurück und berichtet darüber ausführlich in einer FDJ-Veranstaltung an der Schule, die am 26. Januar 1951, einem Freitag, stattfindet.[16]

Als es im Geschichtsunterricht um das Thema »Warschau, Symbol des Friedens und Aufbauwillens« geht, schreibt sie ein Gedicht, das auf den ersten Blick von Johannes R. Bechers nachexpressionistischer Phase und seiner politischen Lyrik beeinflusst ist, aber sehr wohl auch rhetorische Mittel nutzt, wie sie in der Nachkriegslyrik gebräuchlich sind. Ausgangspunkt ist das Warschauer Ghetto, dass die Nationalsozialisten ab 1940 im Zentrum Warschaus errichtet hatten. In das Lager wurden jüdische Bürger aus Warschau und anderen Gebieten des deutschen Reichs gepfercht, und von hier aus gingen vor allem die Transporte in das Vernichtungslager Treblinka. Ab dem 19. April 1943 kam es im Ghetto zu einem Aufstand, der von der SS brutal niedergeschlagen wurde. Danach erfolgte die totale Zerstörung des restlichen Ghettos wie des ehemaligen jüdischen Wohnbezirks.

Licht über Warschau

1943
Und es war eine große Finsternis
Über der Stadt ...
Schwarzes Grauen hockte wie ein Totenvogel
Auf schwelenden Dächern –
Würgte mit blutigem Griff
Stöhnende Kehlen.

Kennt ihr sie noch –
Die Stadt ohne Hoffnung?
Gellen euch nicht noch die Ohren
Vom schrillenden Schrei der Gefangenen,
Die gefoltert im Getto verreckten –
Vom klagenden Weinen der Mütter,
Die für ein kleines Stück Brot –
Verfluchtes, begehrtes, bitteres Brot –
Sich fremden Söldnern ergaben –
Vom brüllenden Bersten
Zerschmetterte Häuser –
Vom schweren Hall der Soldatenstiefel, –
Der dumpf sich an brandigen Mauern brach –
Vom wimmernden Schluchzen
Verhungerter Kinder –
Stürzender Glocken –
Höllenmusik –
Siegreich verschlungen vom klingenden Spiel
Marschierender Kolonnen:
»Siehst du im Osten das Morgenrot –
Ein Zeichen der Freiheit, der Sonne ...«
Blutige Posse
Der toten Stadt;
Die kein Morgen mehr kannte ...

1947
Und es wuchs eine Dämmerung
Über der Stadt
Künderin künftigen Morgens ...
Zärtliche Gräser wiegten sich scheu
Auf überwuchertem Schnitt –
Aus schmutzigen Pfützen geronnenen Blutes,
Aus ragenden Schluchten gestorbener Straßen,
Aus dem bangen Dunkel erstickter Keller

Sprudelte lächelnd lebendiger Quell
Der Auferstehung ...
Brennen euch nicht noch die Augen
Vom Anblick
Der wunden Hände,
Die tastend stumpfes Werkzeug ergriffen –
Der müden Augen,
Aus denen der Schrecken des Krieges noch schrie –
Der scheuen Kinder,
Die zitternd ihr erstes Stück Brot verschlangen –
Der hoffenden Gier,
Die mit Arbeiterfäusten
Den Schoß der Ruinen nach Schätzen durchwühlte:
Versunknen Maschinen,
Turbinen,
Hämmern und Äxten –
Der Anblick des ersten Brückenbogens,
Der sich stählern über die Weichsel schwang –
Ein lachender Knabe,
Kühn in schmalen Hüften federnd ...
Und zaghaft schwollen helle Klänge –
Akkorde erst, die mählich sich vereinten
Zum brausenden
Triumphsang eines Volkes,
Getragen von der Kraft
Der erwachenden Stadt,
Die mit hämmerndem Herzen
Das Licht ihres Tages ersehnte ...

1951
Und es strahlt Sonnenlicht
Über der Stadt ...
In breiten Wogen flutet warmes Gold
Durch die belebten Straßen –

Aus buntem Wirbel
Streben Baugerüste,
Erhobenen Händen gleich, gen Himmel;
Darauf die besten ihres Landes
Die starken Fäuste schwingen
Im Rhythmus der Freude.
Denkt ihr noch der grauen Straßen,
In deren Dunkel feige Augen bangten?
Das hungerbleiche Kind von gestern
Schreitet heut, ein starker Bursch mit frohen Augen,
In glückdurchpulster Farbensinfonie
Der neuen Häuser, Plätze, Straßen –
Der jubelnd bunten Parks und Gärten
Und als der arbeitsfroh beschwingten Menschen –
Auf gradem Weg zum Ziel.
Und Warschau träumt
Von großen Plänen:
Vom kühnen Sprung geschweifter Brücken –
Vom singenden Stampfen ratternder Bahnen –
Von hohen Hallen, lichterfüllten Schulen,
In denen eine neue Jugend lernt –
Vom geheimnisvollen Dämmer
Der Theater,
In denen eine neue Kunst
Erfreut und stärkt –
Zum Bau der auferstandnen Stadt,
Die abgrundtiefes Elend
Siegreich überwand!

Vor allem die erste Strophe ist sprachlich auffallend kunstvoll gestaltet, sie erinnert an die Expressionismus-Rezeption in Teilen der Nachkriegslyrik, wie sie sich bei Ingeborg Bachmann findet. Freilich ist nicht wahrscheinlich, dass die Abiturientin die österreichische Autorin 1951 bereits gekannt hat. Brigitte Reimann nutzt Apostrophen (Kennt ihr sie noch / Gellen euch), Akkumulationen sowie Anaphern-Parallelismen (Vom ..., die ... / Vom ..., die ...), und es finden sich zahlreiche emotionsauslösende Klangfiguren und Assonanzen, bei denen sich Bezüge zu Georg Trakl ergeben (Assonanzen: hockte wie ein Totenvogel / an brandigen Mauern brach / siegreich verschlungen vom klingenden Spiel / im Osten das Morgenrot). Ob Trakl im Deutschunterricht eine Rolle gespielt hat, ist nicht bekannt, möglich wäre es, denn die Abwehr des Expressionismus setzt in der DDR erst später ein. Auch gibt es im Gedicht Alliterationen: gefoltert im Getto, brüllendes Bersten, schwerer Hall der Soldatenstiefel, und Antithesen: stürzende Glocken, Höllenmusik, klingendes Spiel, marschierende Kolonnen. Die sprachliche Kraft des Gedichts nimmt mit der zunehmenden politischen Grundierung in den Strophen zwei und drei ab. Durchaus nachvollziehbar wird auf eine Steigerung der Botschaft gezielt, und die Autorin sucht nach entsprechenden Ausdrucksmitteln. Allerdings führt das Stufenmotiv »Finsternis« (Strophe 1) – »Dämmerung« (Strophe 2) – »Sonnenlicht« (Strophe 3) zu Redundanzen und Sprachklischees (zärtliche Gräser; lächelnd lebendiger Quell, lachender Knabe, kühn in schmalen Hüften federnd). Offensichtlich gelingt es im Gedicht besser, die Zerstörung zu beschreiben, als daraus in den historischen Stufen ein Fundament für die Wiederaufbau-Rhetorik abzuleiten.

Nach den Winterferien beginnen die Vorbereitungen für das Abitur. Für den 10. März 1951 findet sich ein Eintrag im Mitteilungsbuch der Geschwister-Scholl-Oberschule, der in einer Verfügung des Ministeriums für Volksbildung der Landesregierung die Texte nennt, die hierfür in Hauslektüre zu lesen und sodann im Unterricht zu behandeln sind. Auf der Liste stehen: Stalins »Über Marxismus in der Sprachwissenschaft«, Friedrich Engels' »Ludwig Feuerbach und der Ausgang der klassischen deutschen Philosophie«, Karl Marx' »Lohnarbeit und Kapital«, Heinrich Manns »Der Untertan«, Alexander Fadejews »Die junge Garde« und Anna Seghers' »Das siebte Kreuz«. In der Notiz wird der Hinweis gegeben: »Eine intensive Durcharbeit der o.g. Werke ist für die Abschlußprüfung der Oberschule eine unbedingte Voraussetzung.«[17] Das ist bereits ein Hinweis auf mögliche Prüfungsaufgaben, die für alle Oberschulen zentral gestellt werden.

Was die jungen Leute über den Lehrplan vermittelt bekommen, das hat seine Grundlage nicht zuletzt in der Verlagsproduktion der SBZ. Veröffentlicht werden vor allem Vertreter des antifaschistischen Exils. Anna Seghers' »Das siebte Kreuz« erfährt bis 1949 drei Auflagen mit insgesamt 80 000 Exemplaren, Heinrich Manns »Der Untertan« fünf Auflagen mit 60 000 Exemplaren und Theodor Plieviers »Stalingrad« neun Auflagen mit 150 000 Exemplaren.[18] Neben der Exilliteratur spielen, so etwa auch im neu gegründeten Aufbau-Verlag, sowjetische Autoren eine wichtige Rolle, darunter Maxim Gorki, Michail Scholochow, Konstantin Simonow oder Alexander Fadejew. Es sind dies sämtlich Autoren, die Brigitte Reimann gelesen hat und auf die sie sich bezieht. Auch Vertreter der inneren Emigration wie Hans Fallada, Peter Huchel, Bernhard Kellermann und Günther Weisenborn werden publiziert. Gerade auch Letzterer ist für die Abiturientin wichtig. In einem Brief an die Freundin Veralore schreibt sie:

> Wenn Du mal Werke in die Hände kriegst wie Anna Seghers: »Das siebte Kreuz«, Günther Weisenborn: »Memorial« (wunderbar!), Andersen-Nexö: »Ditte Menschenkind« (davon war ich hell begeistert) u. s. w., wenn Du diese Werke also mal in die Hand kriegst – lies sie! Die reiten auch nicht auf irgendwelchen abgedroschenen Phrasen herum, sondern packen und belehren dabei unmerklich. Besonders Weisenborn und Andersen-Nexö sind meine Lieblingsdichter. Wirklich, selten oder nie habe ich so fesselnde, so farbige und dabei so erschütternde Werke gelesen wie die beiden, die ich eben anführte. Bei uns gibt es keinen »Schmutz und Schund«, wie bei Euch, gegen den man sogar Gesetze erlassen muß. So ist es doch, stimmts? Oh, darüber sind wir hier gut orientiert, denn gerade diese Schundliteratur ist es, gegen die man auch von der DDR aus zu Felde zieht.[19]

Das Klassenbuch der 12a belegt detailliert, dass es vor allem zwei der eben erwähnten Texte sind, die ab Ende April wiederholt im Unterricht behandelt werden, »Das siebte Kreuz« und »Der Untertan«. Hinzu kommen Bertolt Brechts »Furcht und Elend des Dritten Reiches«, Heinrich Heines »Wintermärchen« und Paul Reimanns »Über realistische Kunstauffassung«. Reimanns Schrift, die 1943 in London erschienen war, wird 1949 im Dietz Verlag neu aufgelegt. 1945 aus dem Exil in Großbritannien nach Prag zurückgekehrt, war der Autor dort ab 1949 Chefredakteur der Zeitschrift »Nova mysl«, später Direktor des Instituts für die Geschichte der Kommunistischen Partei der Tschechoslowakei. Bei seiner Aufsatzsammlung handelt es sich um den Versuch, »die historische Entwicklung der ästhetischen Theorien und insbesondere der realistischen Auffassung der Literatur und Kunst zu überprüfen«, wie er es beschreibt. Allerdings folgt Paul Reimann im Vorwort Positionen von Andrej Shdanow, einem engen Mitarbeiter Stalins. »In den großen ideologischen Auseinandersetzungen der letzten Jahre über Kulturfragen in der Sowjetunion, in denen Shdanow das Wesen der dekadenten westlichen Kultur enthüllte, wurde der Weg für die weitere progressive Entwicklung der neuen sozialistischen Kultur frei gemacht, die sich auf die besten Traditionen der klassischen Literatur und Kunst stützt«, dekretiert er.[20] Nun hatte Shdanow derartige Anschauungen bereits mit seiner damals allerdings nicht unwidersprochenen Rede auf dem I. Unionskongress der Sowjetschriftsteller 1934 gemacht und auf diese Weise versucht, eine Orientierung für das vorzugegeben, was sozialistischer Realismus sein sollte. 1946 stellt er in einem Referat über die Zeitschriften »Swesda« und »Leningrad« heraus, dass in der »Sowjetliteratur kein Platz für dekadente, nichtige, ideenlose und oberflächliche Werke« sei.[21]

Paul Reimann reflektiert in seinem Beitrag, der Gegenstand im Deutschunterricht der Klasse 12a ist, »Hauptfragen der Ästhetik«. Maßgeblich sind für ihn dabei zwei Überlegungen, die ästhetische Theorien zu beantworten haben: »Erstens das Verhältnis der Kunst zum Leben und – speziell – zu der menschlichen Gesellschaft; zweitens das Verhältnis von Inhalt und Form in der Kunst«. Beide Fragen sieht er in enger Verbindung. Dabei würde die Hegel'sche Ästhetik im Gegensatz zum Marxismus und zu anderen Strömungen »die Kunst über das Leben« stellen, sie stimme mit der realistischen Ästhetik aber darin überein, dass der Inhalt das Primäre sei und die Form das abgeleitete Element.[22] Reimann wendet sich auch Goethe zu und sieht ihn – anders als Kleist – als »Realist, der das Leben, Gesundheit und Kraft über alles stellte«. In diesem Rahmen zitiert er ausgewählte Aussagen Goethes über Schiller, die in der 12a Ausgangspunkt einer Diskussion werden. »Es ist ein großer Unterschied, ob der Dichter zum Allgemeinen das Besondere sucht, oder im Besonderen das Allgemeine schaut.«[23]

Die auf den ersten Blick kryptischen Aussagen beeindrucken Brigitte Reimann in einer Weise, dass sie Paul Reimanns Buch »Über realistische Kunstauffassung« sowie die Aussage Goethes über Schiller zum Gegenstand des Gesprächs im fiktiven Literaturzirkel ihrer Erzählung »Die Denunziantin« machen wird.[24] Mit den Positionen von Paul Reimann, der in der Folgezeit in der DDR an Einfluss verliert und Anfang der 1960 Jahre zu den Mitorganisatoren der Kafka-Konferenz gehört, wird sie sich in den nächsten Jahren immer wieder konfrontiert sehen. Es geht ihr um das Verhältnis von Inhalt und Form, allerdings sind es dann verstärkt die Theorien von Georg Lukács, über die sie nachdenkt. Paul Reimanns Vorstellungen werden in der 12a in einer Stunde besprochen[25] und in ihrem wirklich existierenden Literaturzirkel weiter diskutiert.

Zuvor hat es Ende April bereits eine Diskussion gegeben, die allerdings nicht den Deutschunterricht betrifft, sondern im Rahmen der FDJ stattgefunden hat. Hier geht es um den »Formalismus in Kunst und Literatur« und um den II. Schriftstellerkongress in der DDR von 1950, der vom 4. bis 6. Juli 1950 abgehalten wurde. Im Zentrum der FDJ-Veranstaltung, die Brigitte Reimann leitet, steht zunächst die Rede des damaligen Ministerpräsidenten Otto Grotewohl. Der machte anschaulich, womit Staat und Partei nunmehr in Zukunft rechnen. »Wir wissen«, heißt es bei Grotewohl, »daß wir uns nicht damit begnügen dürfen, eine neue und eine andere politische und wirtschaftliche Form des Daseins für das Leben zu suchen, sondern wir sind uns vollkommen im klaren darüber, daß künstlerische und kulturelle Bedürfnisse des Volkes und des Lebens keine Arabeske darstellen, keine schöne Zutat zum Leben, sondern daß kulturelle und künstlerische Dinge ein wichtiger Bestandteil des Lebens überhaupt sind. Aus dieser Einstellung heraus finden wir unsere Orientierung zu Fragen der Kultur, der Kunst und auch zu den Fragen, die Sie hier als Schriftsteller behandeln wollen.«[26]

Grotewohl wendet sich zwar gegen den »Erlaß von Vorschriften«, die in die Arbeit von Künstlern eingreifen, aber er verweist auf das »neue Verhältnis«, das sich »zwischen Volk und Künstler, zwischen Künstler und Regierung auf der Grundlage veränderter gesellschaftlicher Beziehungen entwickeln wird und entwickeln muß«.[27] Unter Beifall macht er darauf aufmerksam, dass die Regierung Maßnahmen ergriffen habe, die »Schwierigkeiten der äußeren materiellen Lebensbedingungen [der Schriftsteller; Anm. C. G.] ein wenig leichter zu machen, zu überwinden und durch diese Überwindung den Kopf und das Herz freizubekommen für die Entfaltung einer schöpferischen Tätigkeit«.[28] Aus der Unterstützung für die Künste leitet Grotewohl die Aufgaben ab und wirbt für Gegenleistungen:

> Sehen Sie, liebe Freunde, in dieser Arbeit ist der fortschrittliche Schriftsteller nicht nur ein guter Freund einer fortschrittlichen Regierung, sondern er ist ihr Kampfgenosse, ihr Mitstreiter, und darum stehe ich hier und spreche zu Ihnen, um Sie zu bitten, uns in diesem Kampf um eine neue Menschlichkeit zu helfen, in diesem Kampf, bei dem im Mittelpunkt des Lebens das Wort Frieden groß und leuchtend für alle Menschen und für alle Zukunft stehen muß. Sie verfügen über die schärfsten Waffen. Sie verfügen über die spitzen Federn, mit denen Sie in die dunklen Hirne der brütenden Menschen hineinstoßen.[29]

An die Schriftsteller ergeht der Appell:

> Schaffen Sie Licht! Werben Sie für den Frieden und wecken Sie Hunderttausende, die in einem Schlaf dahinleben, auf! Rütteln Sie all diese Menschen auf, daß der Gedanke der geistigen Erneuerung Deutschlands ein lebendiges Erlebnis wird.[30]

Keineswegs nur politisch involvierte Autoren wie Johannes R. Becher folgten dem Konzept und nahmen Grotewohls Angebot von den Dichtern als den »Kampfgenossen der Regierung« ernst. Becher selbst bezieht sich in seiner Eröffnungsrede zunächst auf Goethe und Schiller und vertritt die Auffassung, dass ein Schriftsteller umso bedeutender sei, »je tiefer und umfassender er in seinen Werken die Probleme seines Zeitalters gestaltet«. Für ihn geht es nicht um die »Suche neuer Formen«, sondern um die Gestaltung des »geschichtlich Neuen«. Dabei markiert er die veränderte Stellung des Schriftstellers, die nicht vergleichbar mit jener Rolle sei, die Autoren in vergangenen Zeiten gehabt hätten. Es gehe unter den veränderten Bedingungen darum, ein »Künder und Wegbereiter des Neuen zu sein und überall dort, wo es sich zeigt und hervortritt, ihm zu einem machtvollen Durchbruch zu verhelfen«. In Verbindung damit sieht Becher – das wird für Brigitte Reimanns Abituraufsatz wichtig sein – den Widerspruch zwischen Geist und Macht in der DDR gelöst und die Kritik an den gesellschaftlichen Verhältnissen ersetzt durch ein »leidenschaftliches Ja«. »Wir sagen zur Deutschen Demokratischen Republik du«, so Becher, »wie sie auch zu uns du sagt. Wir sagen zu ihr ›du unser Staat‹, wie sie uns auch ›ihre Schriftsteller‹ nennt.«[31]

Damit beschreibt Becher eine grundlegende Veränderung der ›Funktion‹ von Literatur, die Konsequenzen deshalb haben muss, weil sie es Autoren zukünftig schwer macht, die »wirkliche Wirklichkeit« (Anna Seghers) in ihren Texten kritisch zu reflektieren. Um die erhofften großen Kunstwerke hervorzubringen, sieht Becher die Notwendigkeit, eine ›Literaturbewegung‹ in Gang zu bringen, weil ohne eine »breite Durchschnittsliteratur« keine reichhaltige Literatur entstehen könne. Der Hinweis ist insofern von Bedeutung, als Becher auf diese Weise eine Bresche für die sogenannte Unterhaltungsliteratur schlägt.

Damit ist zudem auf die Bedeutung von Literaturkritik verwiesen, der Becher eine maßgebliche Rolle bei der Ausgestaltung des literarischen Lebens beimisst, weil sie die Interessen des Lesers im Auge haben müsse.

Wichtig für die angesprochenen Fragen des Formalismus ist die Rede von Kuba (Kurt Barthel), der gezielt auf das Problem des Formalismus aufmerksam macht und konstatiert, dass inzwischen die »letzte violette Kuh [...] nach dem Westen gegangen« sei. Daher sei von einem Formalismus, der »vom Abstrakten« herkomme, nicht mehr allzu viel zu befürchten, wohl aber von einem Formalismus, der im Naturalismus seinen Grund habe. Amusische Menschen würden in diesem Sinne beim Lesen eines Gedichtes oder einer Novelle wie auch beim Betrachten eines Bildes notieren: »›Ja, das ist ein richtiger Baum, die Linde ist ganz natürlich, das ist Realismus, das ist sozialistischer Realismus, das ist in Ordnung.‹« Gegen einen solchen Formalismus, konstatiert Kuba unter starkem Beifall, werde nichts getan, »den druckt man auf Plakate, der kann sich breitmachen«.[32] Kuba spielt hier kritisch auf die enger werdenden Möglichkeiten künstlerischer Gestaltung an und berührt die Frage nach dem Realismus.

In den nachfolgenden Diskussionsbeiträgen sind es u.a. Rudolf Leonhard und Anna Seghers, die mit unterschiedlichen Akzentuierungen auf den Problemkreis eingehen. Leonhard konstatiert begriffliche Unklarheiten und schlägt unter Zustimmung im »Unterschiede vom früheren Realismus« vor, unter sozialistischem Realismus »die Darstellung der Wirklichkeit plus ihrer Bedingungen« zu verstehen.[33] Anna Seghers schließlich versucht in ihrem Statement zurückhaltend, die Rolle von künstlerischen Experimenten zu legitimieren, und warnt davor, immer sogleich mit der Formel vom sozialistischen Realismus zu argumentieren.[34] Explizit nennt sie die Reportage als Experimentierfeld vor allem für jüngere Autoren.[35] Mehrfach wird auch in anderen Beiträgen die Reportage als künstlerische Form angesprochen, etwa von Jan Koplowitz[36] oder Wolf Brennecke, der für Brigitte Reimann über einen längeren Zeitraum eine entscheidende Vertrauensperson wird.[37] Allerdings gibt es auch gegenteilige Positionen. Während die DDR-Autoren auf dem Kongress durchweg das innovative Moment der Reportage herausstellen, argumentiert der prominente sowjetische Autor Konstantin Fedin dagegen. »Wenn ich am 5. Juli etwas schreibe, was sich am 5. Juli auf irgendeiner Baustelle in Berlin zugetragen hat«, betonte er, »so ist es möglich, daß es eine Reportage wird. Es kann aber auch ein großes künstlerisches Werk werden. Ich will keine Reportage schreiben. Ich bin ein Künstler und will darum künstlerische Werke schaffen.«[38] Fedin schließt die Reportage aus den künstlerischen Gattungen aus.[39]

Die Beschäftigung mit dem Schriftstellerkongress ist für Brigitte Reimann eine gute Vorbereitung auf das Abitur. Der Zeitraum der schriftlichen Reifeprüfung ist für den 7. bis 12. Mai 1951 festgelegt: am 7. Mai die schriftliche Reifeprüfung in Russisch, am 9. Mai in Mathematik, am 10. Mai folgt Deutsch und am 11. und 12. Mai die schriftlichen Prüfungen in Englisch sowie Latein. Brigitte Reimann schätzt ihre Chancen in Mathematik als gering ein. Und es ärgert sie ausgesprochen, wie den Briefen an die Freundin Veralore zu entnehmen ist. Man hat ihr nämlich eröffnet, »daß ich trotz meiner Glanzfächer keine 2 bauen kann, weil mir die 4 in Mathe alles versaut«. Jetzt »habe ich sowieso keinen Ehrgeiz mehr und tue weniger denn je zuvor«.[40] Wie hat sie schließlich abgeschlossen? Die Dokumente der schriftlichen Abiturprüfungen oder deren Ergebnisse waren bisher nicht bekannt. Was Rektor Otto Tüselmann über die entsprechenden Prüfungsaufsätze des Burgers Ernst von Wildenbruchs in den Fächern Deutsch und Latein festhält (die der Prüfling mit besten Noten abschloss),[41] gilt indes auch für die Burgerin Brigitte Reimann: Die Aufsätze seien in einer Zeit in Wildenbruchs Leben entstanden, »die für das Werden des Dichters entscheidend war, über die aber selbst die neuesten Veröffentlichungen gar nichts oder nur wenig beibringen«.[42] In der Tat lassen die Abiturleistungen durchaus Rückschlüsse über die Persönlichkeit zu und gehören somit zu Herkunft und Werdegang von Autorinnen und Autoren.

Nun hat sich für Brigitte Reimann der glückliche Umstand ergeben, dass alle Abiturarbeiten erhalten geblieben sind – der damalige

Direktor des Burger Gymnasiums, Dr. Tack, konnte mir Kopien der Arbeiten zur Verfügung stellen, ein seltener Glücksfall. Die Unterlagen belegen, dass es die Abiturwoche von Brigitte Reimann durchaus in sich hatte. Es beginnt mit einer Nacherzählung aus dem Russischen, dem ein Leitartikel von Stalin aus der »Prawda« zugrunde liegt: »Die allesbesiegende Kraft der Idee Lenins und Stalins«. Brigitte Reimann kommt damit nicht gut zurecht. Der Inhalt des Textes wird von der Abiturientin zwar »richtig verstanden«, heißt es in der kurzen Bewertung, aber die »Fehlerzahl in der Grammatik, Orthographie und Stilistik reduziert den inhaltlich gelungenen Wert der Arbeit«. Das ergibt lediglich ein »noch genügend«. Der zweite Tag läuft noch schlechter, in Mathematik sind die Ergebnisse »ungenügend«. Bleibt die Hoffnung, durch eine sehr gute Note in Deutsch auszugleichen. Und genau das gelingt ihr.

Das Thema des Abituraufsatzes lautet »Heinrich Manns Roman ›Der Untertan‹ als gesellschaftskritische Auseinandersetzung mit dem deutschen Vorkriegsimperialismus«. Das passt bestens, denn vom 16. bis zum 23. April 1951 war es in vier Stunden um den »Untertan« gegangen. Erzählt wird der Aufstieg von Diederich Heßling, dem Sohn eines kleinen Papierfabrikanten, der es bis zum Generaldirektor eines großen Unternehmens bringt. Er ist schon als Kind schwächlich und feige und erkennt in der Schule, dass es von Vorteil ist, sich der Macht unterzuordnen, um selbst Macht gegen Schwächere ausüben zu können. Der »Untertan« Heßling ist ein leidenschaftlicher Anbeter des Kaisers und sucht ihm auch im äußeren Erscheinungsbild wie im Gebaren gleichzukommen. Als Satire ist der Roman darauf gerichtet, durch Überspitzung die Figur des Heßling lächerlich zu machen. Gegner, die ihm gefährlich werden können, finden sich im Roman nicht.

Das alles ist Brigitte Reimann hinreichend bekannt, zumal nach dem Tod von Heinrich Mann am 11. März 1950 im Auftrag des Ministeriums für Volksbildung der DDR umgehend »Material zur Veranstaltung von Schulgedenkfeiern« erscheint, das auch in der Geschwister-Scholl-Schule in Umlauf ist.[43] In ihrem Aufsatz hat sie ursprünglich vor, sich in der Einleitung zu »Heinrich Mann als Betrachter und Kritiker seiner Zeit« zu äußern, so weist es die Gliederung aus. Doch dann entscheidet sie sich spontan anders. Die Abiturientin setzt mit einer grundsätzlichen Frage ein, die an den Kern der Literatur der Gegenwart rührt. »Als ich soeben in meinem Entwurf zur Einleitung den Zusatz brachte: ›Gesellschaftskritik – eine Aufgabe der Literatur‹, da erschrak ich selbst vor der Größe des Themas, das ich mir damit gestellt hatte«, heißt es. »Im ersten Augenblick schien es nämlich so völlig selbstverständlich für einen noch so unreif materialistisch denkenden Menschen, Literatur müsse nun einmal Gesellschaftskritik sein, daß ich diese Einleitung mit einigen wenigen Worten, die nur noch einmal die Selbstverständlichkeit betonen sollten, abtun wollte.« Dann aber habe sie in Verbindung mit dem »von Stalin geprägten Begriff des sozialistischen Realismus« bedenken müssen, ob denn in der »sozialistischen Gesellschaftsordnung eine Gesellschaftskritik überhaupt noch nötig sei, ob also nicht dort diese Gesellschaftskritik durch die Literatur ihre Selbstverständlichkeit verlöre«.[44] Damit stellt die Abiturientin bereits an den Anfang eine grundsätzliche Frage, die mit dem Stalin-Verweis auf Diskussionen in der Sowjetunion in den 1930er Jahren rekurriert und nunmehr auch die DDR-Literatur betrifft. Rhetorisch geschickt, reflektiert die Verfasserin, dass sie als »noch nicht genügend geschulter junger Mensch« nicht wissen könne, wie sich die Philosophen zu dieser Frage stellen. Aber da der Sozialismus noch nicht die »ideale, die als vollendet angestrebte Gesellschaftsordnung ist, so müßte die Literatur hier noch ihre für die fortschrittliche Literatur in kapitalistischen Ländern selbstverständliche Aufgabe der Gesellschaftskritik erfüllen – durch das Aufdecken und Kritisieren der Fehler und Schwächen der Gesellschaft und vor allem: durch den Versuch einer zukunftsweisenden und wegbereitenden Lösung der Zeitprobleme«.[45]

Was die Abiturientin hier als Problem benennt, das wird die DDR-Literatur in Theorie wie Praxis bis in die 1970er Jahre beschäftigen. Brigitte Reimann hatte sich mit der Frage bereits bei der Auswertung der Rede von Johannes R. Becher auf dem II. Schriftstellerkongress 1950 beschäftigt. Angesprochen sind mit dem Verhältnis von Geist und

Macht in der Tat theoretische Grundpositionen der marxistischen Literatur- und Gesellschaftstheorie. Wobei Brigitte Reimann hier weiter geht, als es sich die Theoretiker in der DDR zutrauen, denn natürlich – so die Argumentation – müsse, da der Sozialismus als erste Etappe hin zum Kommunismus noch nicht die ideale Gesellschaftsformation sei, Literatur weiterhin Kritik an Erscheinungen üben, die dem Ideal noch nicht entsprechen. Allerdings schränkt sie ihre Positionen ein, indem sie an Maßgaben anschließt, die im Statut des sowjetischen Schriftstellerverbandes zum sozialistischen Realismus festgeschrieben waren:

> Der sozialistische Realismus, der die Hauptmethode der sowjetischen schönen Literatur und Literaturkritik darstellt, fordert vom Künstler wahrheitsgetreue, historisch konkrete Darstellung der Wirklichkeit in ihrer revolutionären Entwicklung. Wahrheitstreue und historische Konkretheit der künstlerischen Darstellung muß mit den Aufgaben der ideologischen Umgestaltung und Erziehung der Werktätigen im Geiste des Sozialismus verbunden werden.[46]

Brigitte Reimanns Verweis auf die »zukunftsweisende und wegbereitende Lösung«, die den literarischen Darstellungen eingeschrieben sein solle, ist eine Konzession an das, was in der Theorie vom sozialistischen Realismus mit »sozialistischer Perspektivgestaltung« gemeint ist. Es bedeutet für einen literarischen Text nicht mehr und nicht weniger als die Orientierung auf ein »positives Ende«. Dabei sollte die »wahrheitsgetreue« und »historisch konkrete« Darstellung »mit der Aufgabe verbunden werden, die werktätigen Menschen im Geiste des Sozialismus ideologisch umzuformen und zu erziehen«. Mögliche Kritiken vorwegnehmend, hatte Andrej Shdanow auf dem I. Allunionskongress der Sowjetschriftsteller von 1934 folgende Position vertreten:

> Unsere Sowjetliteratur fürchtet sich nicht vor dem Vorwurf, tendenziös zu sein. Jawohl, die Sowjetliteratur ist tendenziös, weil es in der Epoche des Klassenkampfes keine über den Klassen

> stehende tendenzlose, angeblich unpolitische Literatur gibt und auch nicht geben kann. Und ich glaube, daß jeder Sowjetschriftsteller jedwedem bornierten Bourgeois, jedwedem Philister, jedwedem bürgerlichen Schriftsteller, der darauf hinwiese, daß unsere Literatur tendenziös sei, antworten könnte: ›Ja, unsere Sowjetliteratur ist tendenziös, und wir sind stolz darauf, daß sie tendenziös ist, denn unsere Tendenz besteht darin, daß wir die Werktätigen, die ganze Menschheit vom Joche der kapitalistischen Versklavung *befreien* wollen.[47]

Es steht die Frage, woher Shdanow 1934 das Selbstbewusstsein für eine derartige Funktionssetzung für Literatur nimmt. Hinter der Argumentation steht die Lenin'sche Theorie, die im Anschluss an die materialistische Geschichtsauffassung von Karl Marx nach dem ökonomischen Wesen der bürgerlichen Gesellschaft fragt und den Imperialismus als das »höchste und letzte Stadium des Kapitalismus« ansieht. Ausgehend davon ist von einem »parasitären oder faulenden Kapitalismus« die Rede.[48] Insofern sieht Brigitte Reimann in ihrem Abituraufsatz, dass etwa die fortschrittliche amerikanische Literatur die Aufgaben einer »wegbereitenden Lösung« nicht hinreichend erfülle. Dies gelte auch für Thomas und Heinrich Mann, die zwar »erbarmungslose Schilderer und Kritiker der Dekadenz und des Verfalls der Bourgeoisieklasse« gewesen seien, nicht aber den Versuch unternommen hätten, »einen Weg aus diesem Verfall zu weisen«.[49] Gleichviel gelangt sie zu dem Schluss, dass es sich bei Heinrich Manns Roman »Der Untertan« um ein »Meisterwerk« handelt, das »schonungslos mit geistreichster Ironie gesellschaftliche Zustände geißelt – oft so schonungslos, daß die Zustände uns jungen Menschen einer neuen Zeit einfach unbegreiflich sind«.[50] Im weiteren Verlauf konzentriert sich Brigitte Reimann auf die Figur des Diederich Heßling, den sie, zeitgenössischen Interpretationen folgend, als sprichwörtlich gewordenes Exempel des »Herrenvolks der Untertanen« sieht. Emotional nahe geht ihr Heßlings »Verhältnis zu den Frauen«: »Ich habe – und ich schäme mich nicht, es zu gestehen – geweint vor Empörung und Mitleid, als ich die Szene zwischen Agnes'

Vater und Diederich Heßling las, in der dieser Mann, der das Mädchen verführt und entehrt hat, mit solch einer Schamlosigkeit sagen kann: ›Ich kann es mit meinen moralischen Prinzipien nicht vereinen, ein Mädchen zu heiraten, das nicht einmal ihre Reinheit mit in die Ehe bringt.‹«[51]

Die 18-Jährige geht souverän mit dem Roman um und beweist, dass sie nicht nur eine ausgezeichnete Textkenntnis besitzt, sondern sich das analytische Handwerkszeug angeeignet hat, um den Figuren auf den Grund zu gehen. Ausgesprochen reflexiv werden von der Schülerin die Handlungen und Motive der Hauptfigur wie ihre ironisch-sarkastische Darstellung durch den Erzähler erfasst. Sie gelangt schließlich zu dem Ergebnis, dass es keine wirkliche Gegenfigur zu Heßling gibt. Die übrigen Gestalten im Roman stellten keinerlei Alternativen dar. »Es stimmt fast traurig, in der bedrückenden Fülle lebendig gezeichneter Menschen auch nicht einen wirklich sympathischen zu finden«, schreibt sie. Auch für die Frauenfiguren, die die Verfasserin wiederum mit besonderer Aufmerksamkeit betrachtet, treffe Gleiches zu. »Agnes in ihrer kränklich blassen Sinnlichkeit der erotischen Verwirrung höherer Töchter, die dicke gierige Guste, die in entwürdigenden Szenen ihren Gatten zu ihren Füßen kriechen läßt; die geile, schamlose Pfarrerstochter Kätchen, die zur öffentlichen Dirne herabsinkt; die schüchterne, verängstigte und dümmlich besorgte Mutter Diederichs in ihrer abgöttisch verschrobenen Liebe zu dem heimlich gefürchteten Sohn; die Gruppe eingebildeter, dummer Klatschbasen – das ist die Galerie edlen deutschen Frauentums, in der bestenfalls die verhältnismäßig kluge und selbstbewußte Schwester Emmi einen Lichtblick darstellt.«[52] Brigitte Reimann wendet sich auch der Figur des Maschinenmeisters Napoleon Fischer zu, der in Heßlings Papierfabrik arbeitet. In ihm gestaltet Heinrich Mann, so die Abiturientin, einen sozialdemokratischen Funktionär, der sich mit dem Unternehmer verständigt, weil er Reichstagsabgeordneter werden will. »Meine Auffassungen und Gedanken zu dieser Romanfigur entnehme ich im wesentlichen Willi Bredels ›Ernst Thälmann‹ und ähnlichen Werken«, schreibt die Schülerin. Und weiter:

> Napoleon Fischer erscheint mir als der Prototyp jener opportunistischen Sozialdemokraten der Vorkriegszeit, die rücksichtslos ihren Klassenstandpunkt aufgaben, bewußt oder unbewußt im Klassenkampf versagten und sich nicht scheuten, mit ihren naturgemäß unversöhnlichen Feinden, den bourgeoisen Kapitalisten, Geschäfte und Kompromisse zur Erreichung ihrer Ziele zu machen.[53]

Die Folgen mit Blick auf die politischen Entwicklungen fasst die Verfasserin, den Einschätzungen in der SBZ folgend, so zusammen: »Wer die Geschichte der deutschen Arbeiterbewegung kennt, der weiß sehr gut, wo die Sozialdemokraten mit diesem Kurs landeten – bei der Bewilligung der Kriegskredite für einen imperialistischen Krieg.«[54]

In die Wertung gehen Kenntnisse von Willi Bredels Biographie über Ernst Thälmann ein, die den Horizont einer Schülerin der 12. Klasse eigentlich überschreiten. Thälmann war als Vorsitzender der Kommunistischen Partei Deutschlands (KPD) von 1925 bis zu seiner Verhaftung wenige Tage nach dem Reichstagsbrand 1933 Mitglied des Reichstages. Bredel hat seinem Buch, das 1948 in der ersten Auflage erschien, den Untertitel »Beitrag zu einem politischen Lebensbild« gegeben. Das Buch enthält ein Vorwort von Wilhelm Pieck, dem späteren ersten Präsidenten der DDR: »Ende August 1944 wurde Ernst Thälmann im Auftrag von Hitler-Göring durch SS-Banditen ermordet. Elfeinhalb Jahre war er in der Einzelhaft der Nazizuchthäuser drangsaliert worden.«[55] Brigitte Reimann nimmt mit ihrem Abituraufsatz auf »Ernst Thälmanns Vermächtnis« Bezug, das Willi Bredel einleitend so formuliert:

> Ernst Thälmann ist tot. Deutschland, das er vor Krieg und Zerstörung bewahren wollte, liegt zerschmettert am Boden. Der Zusammenbruch des von Hitler in diesen zweiten imperialistischen Weltkrieg geführten Deutschlands ist mehr, viel mehr als eine einfache Niederlage; er ist ein Wendepunkt in der tausendjährigen unheilvollen Geschichte des deutschen Volkes. Von mittelalterlicher Fürstenwillkür führte der historische Entwicklungsweg

> Deutschlands über Preußentum, Militarismus, Imperialismus zum Hitlerismus, und wie vor dreihundert Jahren ist Deutschland ein ausgeblutetes Volk im ruinierten Land. Nur wenn die Deutschen mit der reaktionären und imperialistischen Ideologie der Gewalt und des Raubes entscheidend brechen, kann es für sie eine Gesundung und einen Neuaufbau des staatlichen Lebens, eine nationale Wiedergeburt geben.[56]

Diese Überlegungen bringen in nuce den nach 1945 in der SBZ und der späteren DDR realisierten Zugriff auf die deutsche Geschichte auf den Punkt und bestimmen auch Wertungen im Geschichts- und Deutschunterricht. Es ist also nachvollziehbar, wenn die junge Verfasserin hier einige ihrer Argumente findet. Die Überlegungen zum »Untertan« fasst die Abiturientin – auf den Anfang des Aufsatzes zurückkommend – so zusammen:

> Kann man von einem Heinrich Mann jener Zeit auch noch keinen sozialistischen Realismus verlangen, so hat er uns mit seinem Roman »Der Untertan« dennoch ein realistisches Meisterwerk gesellschaftskritischer Auseinandersetzung mit dem Vorkriegsimperialismus hinterlassen, das zu den größten literarischen Kostbarkeiten der Welt gehört.[57]

Der Abituraufsatz von 20 Seiten liefert ein eindrucksvolles Bild der Fähigkeiten Brigitte Reimanns. Die Schülerin der Klasse 12a ist bestens in der Lage, die in der frühen DDR verbindliche Lektüre zu reflektieren und bei der Interpretation in Anwendung zu bringen. Dabei argumentiert sie keineswegs plakativ, sondern es gelingt ihr der Nachweis eigenständigen Denkens. Die Form des Aufsatzes belegt zudem, dass hier jemand mit Sprache umgehen kann. Dies wird auch in der auf den 17. Mai 1951 datierten Bewertung so gesehen. Der Abituraufsatz erhält die Note »sehr gut«, wobei die »sprachliche Treffsicherheit und Gewandtheit« hervorgehoben wird. Und mit diesem »sehr gut« kann sie das »ungenügend« in Mathematik ausgleichen.

Auch mit der schriftlichen Prüfung in Latein kann sie zufrieden sein. Es geht um eine Übersetzung des römischen Geschichtsschreibers Florus aus seiner Skizze der Geschichte Roms mit dem Titel »Epitoma«. In der Bewertung der Arbeit wird betont, dass der Textinhalt richtig verstanden wurde. »Die wörtliche Übersetzung leidet unter 4 leichten Vokabelfehlern«, wird notiert, »sowie 3 nicht ins Gewicht fallenden grammatischen Verstößen.« Letztlich habe die Verfasserin eine »schwungvolle stilgerechte Übersetzung« geliefert, die die »Mängel ziemlich ausgleicht«. Die Arbeit wird mit »gut« bewertet. Das schriftliche Abitur in Englisch wiederum misslingt, es reicht aber für ein »genügend«. Mit den mündlichen Prüfungen im obligatorischen Fach Geschichte–Gegenwartskunde und dem Wahlfach Deutsch kann die junge Frau dagegen mehr als zufrieden sein.

Die euphorische Selbstdarstellung gegenüber der Freundin, die Lehrer hätten sie nach der Prüfung in Deutsch zum »Schmuck der Anstalt« erklärt, mag zutreffen, allerdings ändert es nichts an der Tatsache, dass die Abschlussprüfungen insgesamt nur mit dem Prädikat »bestanden« absolviert wurden.[58]

14. »Aus tiefstem Schmerz in himmelhoher Begeisterung!« – neue Ziele

Das bestandene Abitur, bei dem aus der 12a zwei Mädchen durchgefallen sind, feiert die Klasse in der HO-Gaststätte in Burg. Auch einige Lehrer sind dabei. Der größte Teil der Schüler ist betrunken. Am 7. Juli 1951 findet der Abschlussball statt. Brigitte Reimann ist Chefredakteurin der Abizeitung, zusammen mit vier Jungen, die – so meint sie – alle mehr oder weniger in sie verliebt sind. Zu diesem Zeitpunkt sieht die junge Frau optimistisch in die Zukunft. Das ist nicht selbstverständlich, es liegen schlimme Wochen hinter ihr. Die Beziehung zu Klaus, mit dem sie seit Februar 1950, also seit eineinhalb Jahren, zusammen ist, befindet sich schon länger in einer Krise. Er hat eine neue Freundin, kommt aber immer wieder zu ihr zurück. Es ist eine Art Dreiecksbeziehung entstanden, was für Brigitte bis dahin undenkbar gewesen wäre.

In den ersten Monaten hat sie Veralore noch mit einem gewissen Stolz von Seitensprüngen berichtet. Auch später, als die Beziehung zu Klaus schon fast ein Dreivierteljahr hält und er für sie »unbedingt zum Leben gehört«, leistet sie sich eine »neue Flamme«. Die körperliche Anziehung spielt eine wichtige Rolle, Wolf Dieter, der beim Abitur durchgefallen ist und nun in ihrer Klasse eine zweite Chance bekommt, ist ein »süßer Bengel – mit einem wüsten, blonden Lockenkopf und so vollen, niedlichen Lippen«. Man könne kaum anders, als ihn »recht herzlich« zu küssen. Auf der anderen Seite ist die Umworbene ungemein eifersüchtig und kann sich bis zur Weißglut erregen, wenn eine andere ihrem Klaus auch nur verstohlene Blicke schickt. Obwohl sie im Verhältnis zu ihm oft kratzbürstig ist, lobt sie sein Äußeres gegenüber Freunden in den höchsten Tönen, ja, sie ist geradezu stolz auf ihren Klaus: einen Kopf größer als sie, etwa 1,80 Meter, und von einer Figur, an der sie sich immer wieder berauschen kann, schmale Hüften und lange schlanke Beine. Überhaupt sehe er so aus, wie sie sich einen Seeräuber, ja einen kühnen Piraten vorstelle, mit einem »fast silberblonden Lockenschopf, grau-blauen Augen und fabelhaftem Profil«. Es folgt die heute ein wenig irritierende Kommentierung »typisch nordisch« mit »gerader, schmaler Nase, energischem Kinn und etwas sinnlichen, vollen Lippen«.[1] Allein sein Mund habe eine verblüffende Ähnlichkeit mit dem Viktor de Kowas. Der Vergleich deutet zumindest die Prägungen von Kindheit und Jugend im Dritten Reich an, gehörte de Kowa doch zu den seinerzeit erfolgreichen Theater- und Filmschauspielern – seine Karriere hatte er im Stummfilm begonnen und war in den Jahren des Nationalsozialismus zum UFA-Star aufgestiegen. Belegt ist zugleich, dass er die Widerstandsgruppe Ernst unterstützte.[2] In der Sowjetischen Besatzungszone war er 1946 in der Hauptrolle des Unterhaltungsfilms »Peter Voss, der Millionendieb« zu sehen. Einerseits fühlt sich Brigitte Reimann ihrem Klaus an Wissen überlegen, andererseits – und das wird sich in späteren Beziehungen wiederholen – gesteht sie ein, dass er weltgewandter ist und sie sich gern unter seinem Schutz in die Öffentlichkeit begibt. Als es zur Trennung kommt und er sich mit wechselnden Freundinnen tröstet, tritt bei ihr eine Art Verlustangst ein, und das Verhältnis kehrt sich um, jetzt dominiert Klaus und nutzt ihre Abhängigkeit aus.

Etwa in dieser Zeit, vor dem Abitur, wird Brigitte Reimann schwanger. Der Freundin im Westen berichtet sie, dass sie nach einem Ausweg suche. Da die bekannten Hausmittel nicht den erhofften Erfolg zeitigen, ist Chinin im Gespräch, von dem es heißt, dass die Einnahme in hohen Dosen eine Schwangerschaft beenden könne. Allerdings ist es verschreibungspflichtig, und die jungen Leute sehen keine Möglichkeit, eine Verordnung vom Arzt zu erwirken. Ab 1945 hatten die Länder der SBZ zwar Regelungen erlassen, die einen Schwangerschaftsabbruch ermöglichten, aber nach der Gründung der DDR war mit dem »Gesetz über den Mütter- und Kinderschutz und die Rechte der Frau« vom September 1950 ein Abbruch nur noch aus medizinischen Gründen erlaubt. Anderslautende frühere Forderungen aus der Arbeiterbewegung der 1920er Jahre wurden nicht umgesetzt. Dazu zählten auch die Forderungen Friedrich Wolfs, der mit seinem Stück »Cyankali«, das 1929 am Berliner Lessing-Theater uraufgeführt wurde, eine breite Diskussion über den sogenannten Abtreibungsparagraphen 218 ausgelöst hatte.

Brigitte Reimann sieht verzweifelt Parallelen zu den ihr bekannten Dramen: Goethes »Faust«, Friedrich Hebbels »Maria Magdalena« oder dem, was sie im Abituraufsatz zu Agnes in Heinrich Manns »Untertan« geschrieben hat. Wenngleich sich Klaus »rührend lieb« ihr gegenüber verhält, baut er auf ihren Arzt und schiebt damit die Verantwortung ihr zu. Brigitte Reimann denkt gar an Selbstmord, so verzweifelt ist sie. Umso erstaunlicher ist es, dass sie der Freundin einige Wochen später mitteilt, dass sie noch einmal Glück gehabt haben, »eine Flasche Rotwein hat mir geholfen«.[3] Dass sich die Sache wirklich so hat klären lassen, ist unwahrscheinlich, wie es auch die gesundheitlichen Komplikationen in der Folgezeit anders nahelegen. Die Eltern hatten am Abend des bestandenen Abiturs alles erfahren und mit Fassung ertragen. Allerdings beendet Klaus die Beziehung nach 16 Monaten wegen einer anderen. Brigitte Reimann bemüht sich, gelassen mit dem Verlust umzugehen. Sie vermutet, dass es ohnehin nur Gewöhnung und sexuelle Anziehung gewesen seien, die sie verbunden hätten. Jedenfalls schaut sie nach vorn und fährt zur Aufnahmeprüfung an das Theaterinstitut in Weimar. Beworben hat sie sich für das Studium bereits im Frühjahr 1951. Das Institut ist zu diesem Zeitpunkt ein geradezu idyllischer Ort.

Die Einrichtung ging auf einen Befehl der Sowjetischen Militäradministration zurück. Generalmajor Kolesnikow, Chef der SMAD in Thüringen, hatte in Abstimmung mit der Landesregierung und Befehl Nr. 230 vom 28. Oktober 1947 die Gründung einer Schauspielabteilung verfügt. Sie sollte aus der Musikhochschule Weimar ausgegliedert werden. Als Sitz des zu gründenden Instituts hatte man das Schloss Belvedere gewählt. Die Entscheidung fand keineswegs überall Zustimmung. Der Chef der Kunstsammlung, Dr. Walter Scheidig, protestierte, weil in dem Gebäude die Porzellansammlung gelagert wurde und Restaurationsarbeiten anstanden. Prof. Schulz, der Direktor der Musikhochschule, wollte um keinen Preis seine Schauspielabteilung aufgeben. Doch die Einwände fanden kein Gehör, mit dem 24. November 1947 nahm das »Deutsche Theater-Institut Weimar Schloß Belvedere« die Arbeit auf. Es war das »erste selbständige, von anderen Institutionen unabhängige staatliche Theater-Ausbildungs-Institut mit Hochschulcharakter auf – geteiltem – deutschem Boden«.[4]

Wie für Schauspielschulen üblich, gibt es eine Aufnahmeprüfung. Die Anreise ist beschwerlich, mehrfach muss Brigitte Reimann umsteigen, zunächst in Magdeburg, dann in Halle, schließlich in Naumburg. Vom Hauptbahnhof in Weimar sind es noch einmal sieben Kilometer bis zum Belvedere. Aber der Anblick entschädigt die zukünftige Studentin. Das Schloss hat Herzog Ernst August sich in den Jahren 1724 bis 1748 als Sommerresidenz bauen lassen, dazu gehört eine Orangerie sowie ein Lust- und Irrgarten. Goethe vollendete hier nach eigenen Angaben sein Schauspiel »Torquato Tasso« (1889).

Als Brigitte Reimann im Juni 1951 ihr Reiseziel erreicht, ist das Institut bereits etabliert. Die Verwaltung befindet sich rechter Hand vor dem Schloss im früheren Marschallhaus, das nun Otto-Brahm-Haus heißt, linker Hand im Stanislawski-Haus hat die Institutsleitung unter Maxim Vallentin ihren Platz. Das große Kavaliershaus wird als Hans-Otto-Haus zum Wohnheim für die Studentinnen, und im ehemaligen Uhrenhaus, das nun Heinrich-Greif-Haus heißt, sind die Studenten untergebracht.[5] Die Namen sind Ausdruck der Traditionsbildung. Hans Otto war einer der ersten Künstler, die wegen ihrer linken Gesinnung nach der Machtübernahme der Nazis im November 1933 ermordet wurden, und Heinrich Greif, der unter Erwin Piscator gespielt hatte, ging ins Exil und war bis 1945 Chefsprecher der Sendungen von Radio Moskau.[6]

Brigitte Reimann empfindet das Programm nach einem freilich nur kurzen Einblick als so ungemein fortschrittlich, dass es selbst ihr fast zu viel ist: An erster Stelle stünden die Gesellschaftswissenschaften, dann folge Russisch, schließlich Florettfechten und Schauspiel, so das nicht ganz zutreffende Resümee der Besucherin. Im Zentrum stand die Ausbildung von Ensembleschauspielern, die sechs Semester dauern sollte und sich aus vier Semestern Grundstudium und zwei Semestern praktische Ausbildung zusammensetzte. Als entscheidend wurde die Verbindung der Schauspielausbildung mit der theaterwissenschaftlichen Forschung angesehen. Das Vorhaben gelang, ab 1949 wurden Studierende an der theaterwissenschaftlichen Abteilung immatrikuliert. Damit hatte das Belvedere eine Art Alleinstellungsmerkmal in der damaligen Ausbildungslandschaft.

Als Brigitte Reimann über das Studium nachdenkt, gehören zum Institut etwa 70 Personen zumeist männlichen Geschlechts. Die potenziellen Kommilitonen erscheinen ihr größtenteils unattraktiv und sind deutlich älter. Und in der Tat ist sie eine der Jüngsten, zumal sie direkt von der Oberschule kommt, Erfahrungen in der »wirklichen Welt« gesammelt hat sie keine. Entsprechend hart stellt sich die Aufnahmeprüfung dar. Brigitte Reimann als Theatererfahrene reizt zwar ihre rhetorischen Fähigkeiten aus und sucht kokettierend zu gefallen, aber kommt damit nicht unbedingt gut an. Die Gründungsväter Otto Lang, Maxim Vallentin und Ottofritz Gaillard sind Vertreter jenes Mannes, der in der Sowjetunion eine ganze Theaterschule geprägt hat. Konstantin Stanislawski (1863–1938) geht es darum, dass sich Schauspieler aufgrund ihrer eigenen Lebenserfahrungen maximal in die Rolle einfühlen. Er spricht in diesem Zusammenhang vom »emotionalen Gedächtnis«. Und so kommt die Prüfungskommission zu dem Schluss, dass Brigitte Reimann schlichtweg zu jung ist. Sie können sich dabei auf ihr »Deutsches Stanislawski-Buch« berufen, das den Untertitel »Lehrbuch der Schauspielkunst nach dem Stanislawski-System« trägt. Brigitte Reimann kennt das Buch, und einige Jahre später werden sich Spuren davon in einer ihrer ersten Erzählungen finden, der Liebesgeschichte »Katja«. Nachdem sich Katja, die Theaterwissenschaft studiert hat und nach dem Studium ans Theater möchte, von ihrem Freund schon verabschiedet hat, dreht sie sich noch einmal um und fragt: »›Nicht wahr, du kommst heute abend zu mir, Jochen? Wir müssen das Stanislawski-Buch noch einmal durchgehen.‹«[7]

Eingeleitet wird der Band mit folgender Vorbemerkung:

> Dieses Buch ist ein erstes Ergebnis der gemeinsamen Arbeit, die seit dem Sommer 1945 durch Maxim Vallentin, Ottofritz Gaillard und Otto Lang, aufbauend auf den Erkenntnissen Stanislawskis, für die Erziehung des Nachwuchses eines neuen deutschen Theaters an der neu gegründeten Schauspiel-Abteilung der Staatlichen Musikhochschule Weimar geleistet wird.[8]

Die Grundlage bildet Stanislawskis bis in die Gegenwart immer wieder aufgelegte Schrift »Die Arbeit des Schauspielers an sich selbst« (1938). Allerdings hat Gaillard den Text sehr frei bearbeitet und in der Art eines Readers zusammengestellt. Eingegangen sind zudem eigene Erfahrungen der ersten Szenenstudien am Weimarer Institut. Dazu gehört eine Inszenierung von Friedrich Wolfs »Bürgermeister Anna«. Das Gegenwartsstück war von Bodo Uhse auf dem II. Schriftstellerkongress 1950 hervorgehoben worden, weil hier »zum ersten Mal Stoffe und Themen unsere Gegenwart angeschnitten« werden. Dazu gehören nach Uhses Ansicht weitere Stücke wie Gustav von Wangenheims »Du bist der Richtige« und Karl Grünbergs »Golden fließt der Stahl«.[9] Brigitte Reimann kennt sich aus in diesen Zeitstücken. »Bürgermeister Anna« hat sie nicht nur gelesen, sondern auch versucht, einige Szenen auf die Schulbühne zu bringen. Bodo Uhses Grundsatzreferat ist ihr bekannt, sie hat es regelrecht studiert, es stellt eine Art Bestandsaufnahme der in der SBZ bzw. DDR neu entstandenen Literatur dar. Positiv hat er die Entwicklungen in der Lyrik mit Gedichten von Becher, Brecht, Kurt Barthel (Kuba), Fürnberg oder Hermlin eingeschätzt. Anders sehe es in der »schwerfälligeren Prosa« aus:

> Das Leben auf den Feldern der Neubauernhöfe, in den volkseigenen Betrieben, in Planungsämtern und auf Maschinenausleihstationen, also die durch die Bodenreform, Umsiedlung, Enteignung wichtiger Industrieanlagen und ihre Überführungen in Volkseigentum hervorgerufenen Umwälzungen und ihr Echo im

> Bewußtsein unserer Menschen haben bisher, mit der Ausnahme einiger Versuche, keinerlei Gestaltung erfahren.[10]

Vor allem mit Blick auf die Jugend fordert Uhse Bücher, »in denen sie ihr eigenes Leben« wiederfinden könne, was für ihn bedeutet, von der »Wiederbesinnung nach dem Zusammenbruch« zu erzählen, vom »Überwinden des Hungers«, vom »zögernden Neubeginn« oder vom »zuversichtlicher werdenden Aufbau«.[11] Genau davon wird Brigitte Reimann in ihrem ersten Roman erzählen, vom »zögernden Neubeginn« und dem »zuversichtlicher werdenden Aufbau«.

In dem zweistündigen Gespräch, das Brigitte Reimann mit der Aufnahmekommission führt, kann sie auf all das verinnerlichte Wissen zurückgreifen. Auch in den aktuellen Diskussionen über Formalismus weiß sie bestens Bescheid. Nur wenige Wochen zuvor haben sie in der FDJ-Gruppe über »Formalismus in Kunst und Literatur« gestritten, sie weiß sogar noch das Datum, es war Freitag, der 26. April 1951. Wie immer in der 6. Stunde, die für FDJ-Arbeit reserviert ist. Und Paul Reimanns Buch über Realismus haben sie noch kurz vor ihrer Fahrt im Deutschunterricht besprochen. Die Bewerberin kann ihre profunden Kenntnisse regelrecht herunterspulen, sie verweist auf den III. Parteitag der SED, der vom 20. bis 24. Juli 1950 stattgefunden hat und auf dem zum Kampf gegen alle reaktionären Tendenzen im kulturellen Bereich aufgerufen wurde.[12] Und sie beruft sich auf einen Zeitungsartikel in der »Täglichen Rundschau« vom 20./21. Januar 1951, den ein N. Orlow veröffentlicht hat. Unter der Überschrift »Wege und Irrwege der modernen Kunst« greift er das Volksbildungsministerium unter Leitung von Paul Wandel an, weil es sich nicht hinreichend mit dem Formalismus auseinandersetze.[13] Bei N. Orlow handelt es sich um ein Pseudonym, wer dahintersteckt, das weiß die Öffentlichkeit zu diesem Zeitpunkt nicht. Licht in das Dunkel wird erst ab Mitte der 1980er Jahre kommen, nicht zuletzt durch ein viel diskutiertes Buch von Werner Mittenzwei: »Das Leben des Bertolt Brecht oder Der Umgang mit den Welträtseln«.[14]

Während der Beginn der öffentlich geführten Formalismuskampagne seinen Ursprung in der sowjetischen Diskussion hatte, war die dann einsetzende zweite Phase nach Gründung der DDR eine ostdeutsche Variante. Dabei nahm die Schärfe der Angriffe auf vermeintlich formalistische Künstler zu.[15] In Hinblick auf die Literatur konzentriert sich die Kritik u.a. auf Bertolt Brechts Inszenierung der »Mutter« am Berliner Ensemble und vor allem auf seine Oper »Das Verhör des Lukullus«.[16] In der ab März 1951 geführten Debatte setzte Brecht auf Dialog, bezog Politiker wie Walter Ulbricht, ja die Regierung insgesamt geschickt in die Auseinandersetzung ein und veränderte schließlich das Stück. Seine Notizen »Zur Unterdrückung der Oper ›Lukullus‹« deuten allerdings an, dass er die Anwürfe als »diktatorisch administrativen Akt« empfand, weil »die Gesichtspunkte der Kunstkommission oder anderer Behörden nicht durch Diskussion und Unterweisung dem Publikum klargemacht und von ihm akzeptiert werden«.[17] Nicht die Einmischung als solche störte Brecht – er hielt sie zu diesem Zeitpunkt durchaus für legitim –, sondern die Tatsache, dass diese ohne vorherige demokratische Diskussion erfolgte. Seiner Forderung nach einer Debatte um den »Lukullus« wurde schließlich am zweiten Tag der 5. Tagung des ZK der SED im Beisein des Staatspräsidenten Wilhelm Pieck und des Ministerpräsidenten Otto Grotewohl stattgegeben. Hier setzte sich dann mit dem Referat des SED-Funktionärs Hans Lauter allerdings offiziell eine verbindliche SED-Linie durch.[18]

Auch für die Weimarer ist Brecht das genaue Gegenteil der Stanislawski-Methode und insofern ein Antipode.[19] Brecht fordert vom Schauspieler Distanz zu seiner Rolle, und anstelle von Einfühlung setzt er auf Verfremdung. Es ist davon auszugehen, dass Brigitte Reimann das weiß und in dieser Hinsicht die Aufnahmekommission zufriedenstellt.

Das Rätsel um das Pseudonym allerdings konnte ich für mich klären, als ich im Mai/Juni 2005 mehrfach mit Hans Lauter, seit 1950 Mitglied des ZK der SED und zuständig für Kultur, sprach. »Orlow« sei identisch gewesen mit Wladimir Semjonowitsch Semjonow, den er persönlich gekannt habe, da er mehrere Gespräche bei ihm in Karlshorst geführt habe. »Besagter Artikel wurde mir in der Nacht vor seinem Erscheinen durch Kurier zugestellt, offensichtlich mit der Absicht, dass er mit meiner Kenntnis erschienen sei«, erinnerte er sich. »Von der Art und der Sprache war ich überrascht, zumal es vorher darüber keine Diskussionen oder irgendwelche Gespräche gab. Das Problem war aber, dass es dazu deutscherseits eine Zuarbeit gegeben haben muss. Wer diese Zuarbeit geleistet haben könnte? Da mir ein solcher Autor nicht bekannt ist, kann ich darüber keine Aussage machen.«[20]

Brigitte Reimanns »fortschrittliche Überzeugungen« reichen, anders als einige Wochen später beim mündlichen Abitur, wo man sie wohlwollend mit einer erfolgsgewöhnten Operettendiva vergleicht, in dieser Prüfungssituation allerdings nicht aus, um alle zu begeistern. Zu exaltiert, zu bürgerlich, zu individualistisch lauten einige Kommentare, die sie sich anhören muss. Aber der FDJ-Vertreter in der Kommission gibt ein nachdrückliches Votum ab, und so wird sie – mit Bedenken – angenommen. Zufrieden fährt sie nach Burg zurück. In dieser Gewissheit absolviert sie die Abiturprüfungen und die Feiern des erfolgreichen Bestehens.

Nachdem die große Anspannung vorbei ist, fällt Brigitte Reimann gewissermaßen in ein Loch. Sie muss sich Ende Juli in einer Magdeburger Frauenklinik einem operativen Eingriff unterziehen. Nebenher sucht sie sich abzulenken, sie hat einige Affären, die das Selbstbewusstsein stärken und ihr dabei helfen sollen, von Klaus loszukommen. An die Freundin Veralore schreibt sie einen Brief, in dem sie eingesteht, dass die Liebeleien nur der Versuch sind, sich zu betäuben, sie eigentlich gar nicht leichtsinnig ist, sondern »alle diese vorgetäuschte Oberflächlichkeit mit unzähligen Stunden Bitterkeit und ekelhafter Übersättigung erkaufen muß«.[21] Die zunehmend depressive Stimmung hat Gründe: Der heimliche Schwangerschaftsabbruch ist nicht ohne Folgen geblieben, sie hat psychosomatische Symptome – unwillkürliche Körperreaktionen wie Zittern, Atembeschwerden, Herzklopfen und chronische Schmerzen –, hinzu kommen Selbstvorwürfe und Depressionen. Es ist zu vermuten, dass der Schwangerschaftsabbruch zu einer Art posttraumatischer Belastungsstörung führte, etwas, was 1951 noch nicht ansatzweise medizinisch diagnostiziert wurde. Liest man die Briefe an die Freundin, dann scheinen sich jedoch zahlreiche Hinweise zu finden, die in der Gegenwart unter einer ebensolchen Diagnose gefasst würden. Geringes Alter, Zweifel an der Entscheidung und inadäquate Unterstützung durch den Partner gelten als begünstigende Faktoren. Das Erleben des Traumas löst einen Schlüsselreiz aus, der sich in unwillkürlichen und belastenden Erinnerungen ausdrückt.[22] Brigitte Reimann stellt sich wiederholt die Frage, was aus dem Kind geworden wäre, wenn sie sich anders entschieden hätte.[23] Daraus entsteht typischerweise ein Vermeidungsverhalten, um die bedrängenden Erinnerungen abzuschalten oder Gedanken und Gefühle auszuschließen.[24] Es kommt – die Briefe an die Freundin lassen solch einen Schluss zu – auch zu Entfremdungsgefühlen bzw. einer Abwehr gegenüber Personen, die keine vergleichbare Erfahrung machen mussten. Die »Empfindung, dass das Trauma das eigene Gefühlsleben zerstört hat« und die »Fähigkeit, jemanden zu lieben, sich zu freuen«, verloren gegangen ist, gehört ebenfalls dazu.[25] An Veralore schreibt sie:

> Meine Operation ist, wie es scheint, glücklich verlaufen, und ich habe nur selten noch besondere Schmerzen. Weit größer sind die inneren Schmerzen darüber, daß Klaus, der doch den gleichen Teil Schuld an dem Unglück trägt wie ich, nicht einmal etwas von sich hören ließ. Dabei ist mir die ganze Tragweite unserer Schuld erst so recht in der Klinik bewußt geworden, und ich habe manche bittere Träne der Scham und Selbstverachtung geweint. Nun, nichts mehr davon![26]

Ein Weg, mit dem Erlebten umzugehen, ist für Brigitte Reimann einmal mehr das Sichverlieben. Diesmal ist es ein junger Arzt in der Klinik, für den sie heftige Gefühle entwickelt und der ihr die schlimmen Stunden verschönt. Sie ist glücklich, endlich »wieder einmal die schmerzliche Seligkeit einer brennenden Verliebtheit fühlen zu dürfen, endlich mir einmal wieder beweisen zu können, daß ich nicht alles Gefühl an einen Unwürdigen verschwendet habe und für andere, Bessere, empfindungslos bin.« Sie lobt ihr »glückliches Naturell«, das sie in die Lage versetzt, »urplötzlich aus tiefstem Schmerz in himmelhoher Begeisterung für ein neues Ideal zu entflammen«.[27] Und zu ihrem Ideal gehört es, dabei zu helfen, eine neue, eine bessere Welt aufzubauen. Für die will sie sich einsetzen, und wenn sie denn genügend Talent zur Schriftstellerin hat, wolle sie ihre »Lebensaufgabe darin sehen, meine ganze Kraft zu entwickeln und anzuwenden darauf, mit meinen Werken die Menschen zu erziehen und besser zu machen, reif für eine schöne Zukunft«.[28]

Der neu gewonnene Lebensmut, der aus den Briefen spricht, fällt zusammen mit einer folgenschweren Entscheidung: Brigitte Reimann verzichtet aus eigenen Stücken auf das Studium am Theater-Institut in Weimar. Stattdessen bestürmt sie den Vater, dass er sie noch ein Jahr zu Hause bleiben lässt. Dieser Entschluss ist für die Angehörigen zeitlebens unerklärlich geblieben. Noch 2005 in Hamburg hat Ludwig Reimann, der ihr von den Geschwistern zunächst am nächsten stand, im persönlichen Gespräch mehrfach betont, dass er die Gründe nicht kenne. Auch der jüngere Bruder äußert sich nur vage, dass sich die Studienabsichten in Richtung Theater zerschlagen hätten.[29] Denkbar wäre, dass die beschriebenen Folgen der unterbrochenen Schwangerschaft zumindest einen Anteil daran hatten. Nicht zuletzt kann es – so die heutigen Studien – infolge eines Traumas zu einer zeitweisen Abflachung der allgemeinen Sensibilität kommen, wozu das »verminderte Interesse an wichtigen Aktivitäten des täglichen Lebens oder an individuell vor dem traumatischen Erlebnis gern ausgeführten Aktivitäten« gehört. Eingeschlossen sind hier ausdrücklich frühere Karrierebemühungen oder Hobbys, die plötzlich an Relevanz verlieren, ja unwichtig werden.[30] Hatte sie Angst, den gewohnten Kreis der Familie und die Kleinstadt Burg zu verlassen? Hinzu kommt womöglich das, was man Furcht vor der eigenen Courage nennt. Brigitte Reimann hat bei ihrer kurzen Stippvisite erlebt, dass sie mit Abstand die Jüngste sein würde – ob sie in der Lage wäre, die Herausforderungen zu bewältigen und den Vorbehalten einiger der Prüfer zu trotzen? Sie tritt in Weimar nicht an.

15. »Abend für Abend spiele ich glänzend die Rolle der Leidenschaftlichen« – zwischen Tanzbar und Schule

Nachdem Brigitte Reimann auf das Studium am Theater-Institut in Weimar verzichtet hat, ist klar, dass ein Neustart erst in einem Jahr möglich ist. Die Immatrikulation an den Universitäten und Hochschulen in der DDR erfolgt grundsätzlich im September, also zum Herbstsemester. Das bedeutet 12 Monate Zeit für eine Neuorientierung. Was soll sie in diesem Jahr machen? Der Entschluss wird unmittelbar nach der Absage in Weimar getroffen: Die junge Republik sucht Lehrer, und die Anfrage beim Schulrat ergibt eine sofortige Zusage: Brigitte Reimann wird als Deutschlehrerin angestellt. Wenige Tage später erfolgt die Delegierung zu einem Lehrgang an das Institut für Lehrerbildung (IfL) in Staßfurt, einer kleinen Stadt, die etwa 70 Kilometer von Burg entfernt liegt und rund 25000 Einwohner hat. Hier werden Unterstufenlehrer für die Klassen 1 bis 4 ausgebildet. Lehrerbildungsinstitute gelten als Fachschulen; um hier zu studieren, benötigt man kein Abitur. Dennoch hat es der Lehrgang in sich, es bedeutet etwas gänzlich anderes, über Literatur zu sprechen, was Brigitte Reimann gewohnt ist, als Kindern mit der Fibel das Lesen und Schreiben beizubringen. Das Lehrprogramm für die Seiteneinsteiger, sprich alle Abiturienten, umfasst täglich etwa acht Stunden bei einer Unterbringung im Internat – was Brigitte Reimann zunächst unerträglich findet. Sie ist es nicht gewohnt, sich mit fünf anderen Mädchen ein Zimmer teilen zu müssen und in Doppelstockbetten zu schlafen. Aber der Klubraum des Internats entschädigt. Hier trifft man sich nach den Seminaren und zieht danach gemeinsam in die Stadt. Und es dauert nicht lange, da verliebt sich die junge Frau. Helmut heißt er und ist ein

»feuriger Halbungar mit pechschwarzem Haar und prächtigen dunklen Augen«.[1] Am letzten Tag des Kurses schmieden die beiden Zukunftspläne. Helmut ist in Sangerhausen eingesetzt, im südlichen Harzvorland, über 100 Kilometer von Burg entfernt. Er will sich nach einer Einarbeitungszeit zu seiner Brigitte versetzen lassen, und dann soll es im nächsten Jahr gemeinsam zum Studium nach Berlin gehen. Aber zurück in Burg, verflüchtigen sich die Zukunftsvisionen mit Helly schon bald, und sie stürzt sich in die Arbeit mit den Kindern, die ihr große Freude macht. Sie ist in einer 5. Klasse eingesetzt. Die Kinder sind von der unkonventionellen und modern gekleideten Frau begeistert. Abends indes zieht es Brigitte Reimann in die »Centralhalle« oder, wenn sie es sich leisten kann, ins gehobene HO-Hotel Roland. Sie ist eine umworbene Tänzerin. Langsamer Walzer, Foxtrott und Tango sind angesagt. Rita Paul und Bully Buhlan mit »Am Samstag um vier« gehören zu den Favoriten, hoch in der Hörergunst steht nach wie vor Kurt Reimann mit einer der ersten Amiga-Platten, seiner Version des Schlagers »Capri-Fischer«. Freilich ist die Version von Rudi Schuricke aus dem Westen noch beliebter. Tango spielte die Schülerkapelle schon in der Abiturzeit, auch Boogie-Woogie, der in der jungen DDR nicht auf politisch-kulturellen Zuspruch stößt, ganz im Gegenteil. Dass Brigitte Reimann zu den Fans dieses Musikstils gehört, der als amerikanisch abgelehnt wird, davon finden sich Spuren in der vierten Fassung ihrer »Denunziantin«. Es ist Klaus, der der staatstragenden Rede von Eva, die die Musik verteufelt, ironisch entgegentritt:

> Er steht straff, den Kopf zur linken Schulter geneigt, das Gesicht in grämlich strenge Falten gekniffт – die Karikatur eines gewissen Instrukteurs, der zuweilen, wenn sein Auto nicht gerade in Reparatur ist, die Schule besucht und jeden dritten Satz seiner trostlos leeren Reden mit »Guckt mal, Freunde –« anfängt.
>
> Klaus schraubt seine Stimme zu hohem Singsang hinauf, und: »Guckt mal, Freunde –«, beginnt er. Die Burschen stutzen, erkennen das Urbild, lachen; Eva verschlägt es die Sprache vor soviel Unverschämtheit.

»– die amerikanische Kulturbarbarei verseucht systematisch unseren stolzen Millionenverband mit Boogie-Woogie und anderen antidemokratischen Tänzen«, leiert Klaus. Die Burschen schreien Beifall. Klaus droht: »Schäzz ist Verrat an der Arbeiterklasse!« Er beschwört sie: »Jugendfreunde, wir müssen Schulter an Schulter mit den breiten Massen der Werktätigen für Frieden und Fortschritt in den Tanzsälen der ganzen Welt kämpfen!«

Der kleine Schwärzlichbraune wälzt sich quiekend auf dem Tisch. Klaus, angefeuert durch das beifällige Lachen, spielt hingebungsvoll. Er gleicht jetzt täuschend jenem gewissen Instrukteur, als er, jeder Zoll Zuversicht, schmettert: »Darum, liebe Jugendfreunde, rufe ich euch zu: Vorwärts im Kampf für die Popularisierung der demokratischen Polka! Es lebe unser leuchtendes Vorbild, die Sowjetunion! Es lebe Stalin! Es lebe – es lebe –« und bescheiden zurücktritt, sich selbst entzückt Applaus spendend.[2]

Klaus, den Brigitte Reimann seine Rede über den Boogie-Woogie in ironischem Ton führen lässt, weiß um die Verdikte, die in jenen Jahren kursieren. Ernst Hermann Meyer, Anfang der 1950er Jahre der in der DDR einflussreichste Komponist und Musikwissenschaftler, sieht den Boogie-Woogie gar als Kanal, »durch den das barbarisierende Gift des Amerikanismus eindringt und die Gehirne der Werktätigen zu betäuben droht. Diese Bedrohung ist ebenso gefährlich wie ein militärischer Angriff mit Giftgas.« Für Meyer, der 1933 aus Deutschland floh und dessen Eltern 1942 in Auschwitz ermordet wurden, ist er nur ein »schwächlicher Abklatsch des ehemals lebensvollen Jazz«.[3] Noch deutlicher lässt Brigitte Reimann die Ich-Erzählerin des dann ebenfalls nicht publizierten Romans »Joe und das Mädchen auf der Lotosblume« ihre Faszination für die Musik beschreiben:

Ich hatte schon einen Schwips, einen netten kleinen Kicher-Schwips, da wurden mir die betulichen Artigkeiten Joes und die zierlichen Spieldosen-Walzer langweilig; ich suchte heiße Musik

> im Radio, und wir tobten im Boogie durch die Halle, und weil niemand uns beobachtete, durfte ich mir nach Belieben Arme und Beine ausrenken. Ich war außer Rand und Band, und Joe ertrug mit engelhafter Geduld meine wilde Laune.[4]

Modisch setzt Brigitte Reimann Trends und zieht die Blicke der Männer auf sich. Freilich ist das Angebot der HO, der neuen Handelsorganisation in der DDR, eher schmal, und der Konsum vertreibt zu diesem Zeitpunkt bevorzugt Lebensmittel. Der Vorteil allerdings besteht darin, dass nahezu jedes Dorf mit einer solchen Verkaufseinrichtung ausgestattet ist. Brigitte Reimann trägt gern die angesagten weiten Plisseeröcke oder Hemdblusenkleider. Und ihr taillierter Mantel mit dem modisch ausgestellten Rock hat die Trendfarbe Kornblumenblau. Das passt zum Schlager »Über's Jahr, wenn die Kornblumen blühen«, der 1951 gerade herauskommt. Heinz Becker mit seinen Solisten und Irma Baltuttis haben ihn bei Amiga eingespielt. Finanziell kann sie sich das eine oder andere Accessoire leisten, dazu gehören die Damenstrümpfe aus Nylon mit der gut erkennbaren Naht hinten, die als Blickfang wirken. Dieter Noll, dessen Roman »Die Abenteuer des Werner Holt« (1960) sie mehr ergreifen und aufrühren wird als Thomas Mann, schreibt genau dazu eine Reportage mit dem Titel »Die Dame Perlon«.[5] Sie beginnt so: »Wir alle kennen, lieben und begehren sie, die Dame Perlon. Wunderdinge hörten wir von ihr. Die Zeitungen überschlugen sich, bauten babylonische Türme der Lobpreisung, erzeugten nach allen Regeln der Kunst eine Psychose, eine Perlon-Nylon-Psychose.«[6]

Nach den durchfeierten Abenden liegt Brigitte Reimann nächtelang wach und ist verzweifelt. Wieder schreibt sie der Freundin Veralore und liefert eine Selbsteinschätzung, die bei aller Zuspitzung doch einen Einblick in ihre Situation gibt:

> Fremde Menschen würden mein Leben als »herrlich« bezeichnen, übelwollende als »leichtsinnig und verschwenderisch«. Was ist es in Wirklichkeit? Abend für Abend tobe ich mich in forcierter Lustigkeit aus – Abend für Abend bemühe ich mich krampfhaft,

> mich an Wein, Tanzmusik und bewundernden Männerblicken zu berauschen – Abend für Abend spiele ich glänzend die Rolle der Leidenschaftlichen. Und Nacht für Nacht liege ich stundenlang wach, starre ins Dunkel und weine verzweifelt über mein sogenanntes »Leben« und über meine Energielosigkeit, die es nicht ändern kann. Ich selbst bin die Verkörperung dessen, was ich Euch drüben vorgeworfen habe: der Dekadenz.[7]

Brigitte Reimann empfindet wenig, sie flirtet viel, aber die vorgespielten Gefühle sind nicht echt. Sie kommt sich herzlos vor, und sie fühlt sich an Wilhelm Hauffs Märchen »Das kalte Herz« erinnert, in dem Peter Munk, den alle nur den Kohlenmunk-Peter nennen, dem Holländer-Michel sein Herz verkauft und von diesem im Tausch einen Stein in die Brust bekommt. Seitdem kann ihn nichts mehr erfreuen. Die Märchenverfilmung der DEFA hat sie mit einigen ihrer Schüler im Kino Roland gesehen. Sie ist von Paul Verhoeven als Regisseur begeistert, und neben dem Schauspieler Lutz Moik machen vor allem Erwin Geschonneck als Holländer-Michel und Lotte Loebinger als Peter Munks Mutter Eindruck auf sie.

An ihrer alten Oberschule übernimmt sie wieder die dort nach wie vor aktive Laienspielgruppe, studiert mit den Schülern Konstantin Simonows Stück »Die russische Frage« ein. Sie folgt dabei Otto Langs Hinweisen, der als Schauspieler und Hochschullehrer gefordert hat, lebensnahe Stoffe zu gestalten, und auch sogleich mit Missverständnissen aufräumt. »Lebensnah ist der Stoff des Laienspiels dann«, schreibt er, »wenn Probleme zur Diskussion kommen, die uns und besonders die Jugend angehen. Probleme, um deren Lösung wir uns bemühen, die aus dem Versagen der hinter uns liegenden Zeit und den Nöten und Forderungen des Tages und der in ihm stehenden Menschen erwachsen.«[8] Allerdings ist für Lang »lebensnah« nicht zu verwechseln mit »lebensbejahend«, er setzt sich damit von einer engen Definition des sozialistischen Realismus ab.

An ihrer Schule wird die junge Lehrerin inzwischen auch als Pionierleiterin eingesetzt, eigentlich eine hauptamtliche Tätigkeit, für die an den Lehrerbildungsinstituten spezielle Kräfte ausgebildet werden. Nun trägt Brigitte Reimann Verantwortung für die Jungpioniere der Klassen 1 bis 4 und übernimmt teilweise auch die Betreuung der Thälmannpioniere in den Klassenstufen 5 bis 7. Sie gestaltet Pioniernachmittage und übt Lieder ein. »Zu einem fröhlichen Pionierleben gehören selbstverständlich Gesang und Tanz«, heißt es denn auch in ihrem Liederbuch. »Um euch bei der Erfüllung Eurer Aufgabe zu helfen, haben wir dieses Pionierliederbuch zusammengestellt.«[9]

Allerdings wird die Arbeit an der Schule immer anstrengender. Der Direktor, der gerade einmal 24 Jahre alt ist und den sie einmal ironisch fragt, ob er auch lachen kann, verlangt von ihr absurderweise für jede Stunde, die sie erteilt, eine Vorbereitungszeit von eineinhalb Stunden. Das wären bei sechs Unterrichtsstunden täglich allein neun Stunden. Dazu kommt die Arbeit mit den Pionieren und der Literaturarbeitsgemeinschaft, die sie leitet. Das ist für sie nicht akzeptabel, zumal sie in den freien Stunden wieder schreibt. Ihrem Schulfreund, Hans Klockmann, der inzwischen an der Berliner Humboldt-Universität Wirtschaftswissenschaften studiert, berichtet sie davon und auch von ihrer mitunter ausweglosen Lage mit den Gefühlsschwankungen. Auf ihren Brief vom 17. November 1951 antwortet er nur vier Tage später. Wanjuschka, so sein Spitzname, bereitet sich gerade auf die Klausur in Politischer Ökonomie vor, bei der es um die »Produktion des absoluten Mehrwerts« gehen soll. Er studiert daher Band 1 des »Kapitals« von Karl Marx. Die »liebe Gitta«, wie er seine Schulfreundin nennt, hat in ihrem Brief von Eifersuchtsanfällen gesprochen, von denen sie selbst oder aber ihre jeweiligen Freunde heimgesucht werden. Klockmann setzt ihr auseinander, wie er das Problem sieht. »Eifersucht ist ein Gefühl, das ich nicht kenne. Ich mag – hier möchte ich das Problem einmal abstrahieren – eine Geliebte haben, ich mag – falls es einmal soweit kommt – verheiratet sein, in allen Fällen könnte meine Frau tun und lassen, was sie will, und sich nicht über einen eifersüchtigen Mann beklagen. Sie könnte ruhig mit Freunden oder Geschäftskollegen zusammen sein, sich auch mit ihnen einmal vergnügen (Tanzen, Segeln) ohne mich – ich hätte nichts dagegen. Sie könnte überhaupt ihr eigenes

Leben soweit wie möglich führen: Ich hätte nichts dagegen.«[10] Auch über den Tod reflektiert er und reagiert damit auf Andeutungen seiner Briefpartnerin. Wenn ihm das gleiche Schicksal wie Pawel Kortschagin, dem Helden des Romans »Wie der Stahl gehärtet wurde« (1932), bevorstünde, »meinst Du, ich würde einen Augenblick am Leben verzweifeln«, fragt er, »ich würde mich langsam und würdig auf mein Ende vorbereiten – andere würden schreien, davonlaufen, toben, doch dies ist alles Unsinn –, doch vorher noch hartnäckig mit dem Tode kämpfen und in rastloser Arbeit meiner sozialistischen Heimat zu dienen versuchen«.[11] Jahrzehnte später hat Klockmann angemerkt, wie idealistisch er damals gewesen sei, aber auch die Gemeinsamkeiten mit seiner Schulfreundin betont: »Brigitte nannte mich Wanjuschka (Wanja, Hans), und für mich war sie die Golubotschka (Goluba, Taube). Wir beide waren Genossen im Geiste, weltanschaulich, nicht parteiorganisatorisch.«[12] Nikolai Ostrowski erzählt anhand von Pawel Kortschagin vom beispielhaften Kampf der Komsomolzen, der Jugendorganisation der KPdSU, für die Sowjetmacht. Der Protagonist, der autobiographische Züge trägt, avanciert in der sowjetischen Literatur zur Kultfigur, steht für die völlige Hingabe an die Revolution und verkörpert den Idealtyp des sowjetischen Kommunisten, der sein Leben für die neue Gesellschaft gibt und in der Roten Armee, dem Komsomol und der Kommunistischen Partei an vorderster Linie steht, ohne Rücksicht auf die eigene Gesundheit. Nach Jugendjahren im kommunistischen Untergrund, nach Bürgerkrieg und Aufbauarbeit bekommt er die Folgen einer Kriegsverletzung zu spüren: Kortschagin erblindet und ist gelähmt. Nun schreibt er seine Geschichte nieder. Der Roman wird zum Urbild des sozialistischen Realismus und in Millionenauflagen verbreitet. In der DDR erscheint das Buch 1947 im Verlag Neues Leben und wird Schullektüre.[13] Klockmann räumt ein, dass man angesichts des »ganzen Jammers in der Welt« am Leben verzweifeln könne. Aber es sei völlig falsch, sich dem zu ergeben. Der Freundin Mut zusprechend, schreibt er: »Wir haben ein Ideal, zu dessen Verwirklichung wir alle unsere Kräfte einsetzen. Wir wissen, warum und wofür wir leben und wem unsere Arbeit gilt.«[14]

Der Brief muntert Brigitte Reimann auf. Zudem hat sie Grund zur Freude: Ihre »Szenen um Stalin« sind in der Mitteldeutschen Druckerei erschienen. Grundlage für den Text ist ihre Jahresdrittelarbeit aus der 12. Klasse von Anfang Dezember 1950, die den Titel »Josef Wissarionowitsch Stalin – Der Bannerträger des Friedens und des Fortschritts in der Welt« trägt.[15]

Die Fertigstellung des Laienspiels hat sie auf den 27. Juni 1951 datiert, es ist während der krisenhaften Situation der Schwangerschaft entstanden. Die euphemistische Titelgebung ist nicht ungewöhnlich, der Reigen jener, die Texte auf Stalin verfassten, reicht von anerkannten Autoren wie André Gide, Jorge Amado, Pablo Neruda, Arnold Zweig bis zu Johannes R. Becher, Stephan Hermlin, Kuba und Erich Weinert. Das Stück, dem der lyrische Versuch »Licht über der Taiga« vorausgegangen war, verfolgt die Absicht, durchaus nachvollziehbar in biographisch-geschichtlicher Perspektive, vier Stationen Stalins zu erfassen: 1898, 1912, 1924, 1941. Es nimmt nicht wunder, wenn Stalin in allen Szenen eine Vorbildhaftigkeit zugeschrieben wird.

In der 1. Szene des Stückes findet man Dschugaschwili/Stalin noch agitierend im Priesterseminar. Ganz in diesem Sinne führt die Jungautorin im Nebentext in die Situation ein:

> (Ein nüchternes Klassenzimmer; an der kahlen Wand ein großes Kruzifix und ein Bild des Zaren Nikolaus II. Auf den Tischen sitzen Jossif Wissarionowitschs Kameraden: Ilja, Wanja, Kolja, Pawel und Nikita. Dschugaschwili selbst steht in der Mitte des Raumes, ein Buch in der Hand, aus dem er vorliest.)

Es folgt Stalins Monolog:

> Jossif: (liest mit begeisterter Stimme und blitzenden Augen) »Wenn das Proletariat im Kampfe gegen die Bourgeoisie sich notwendig zur Klasse vereint, durch eine Revolution sich zur herrschenden Klasse macht und als herrschende Klasse die alten Produktionsverhältnisse aufhebt, so hebt es

> mit diesen Produktionsverhältnissen die Existenzbedingungen des Klassengegensatzes, die Klassen überhaupt und damit seine eigene Herrschaft als Klasse auf. (mit erhobener Stimme nachdrücklich) An die Stelle der alten bürgerlichen Gesellschaft mit ihren Klassen und Klassengegensätzen tritt eine Assoziation, worin die freie Entwicklung eines jeden die Bedingung für die freie Entwicklung aller ist.« (läßt das Buch sinken – durch die Reihe der lauschenden Jünglinge geht ein hörbares Auftatmen)[16]

Die 18-Jährige lässt den jungen Stalin aus dem »Kommunistischen Manifest« von Karl Marx und Friedrich Engels genau jene Stelle zitieren, auf die sie bereits 1948 gestoßen war. Überhaupt weisen die »Szenen um Stalin« aus, wie gut Brigitte Reimann sich mit den Grundlagen des Marxismus auskennt. Als Vorbereitung auf die Abiturprüfungen waren im März und April 1951 vor allem in den Fächern Gegenwartskunde, Geschichte, Russisch, aber selbst in Latein einschlägige Gegenstände vom marxistischen Standpunkt aus behandelt worden. Im Klassenbuch finden sich für die Monate ab Januar Stundeneinträge wie »UN und Weltfriedensbewegung«, »Leninismus«, »Der sozialistische Wettbewerb«, »Staatsaufbau i. d. SU u. DDR«, »Verfass. Fragen« (Gegenwartskunde), »Das Volk, der Schöpfer der Geschichte«, »Zur Verfassung der UdSSR«, »Lenins Werk – Redeübung« (Russisch), »Potsdamer Abkommen« (Geschichte), »Die Sklavenaufstände« (Latein).[17]

In ihrem Stalin-Stück legt die Abiturientin die nächste historische Station auf den September 1912 und führt wie folgt ein:

> J. W. Stalin (wie er sich jetzt bereits nennt) ist inzwischen, bewährt im gefahrvollen Leben des Berufsrevolutionärs, ein unentbehrliches Mitglied der SDAPR geworden. Mehrere Verhaftungen und Verbannungen nach Sibirien liegen hinter ihm. Ein 1904 erfolgreich geleiteter Streik der Erdölarbeiter in Baku und die gescheiterte Revolution von 1905 sind Etappen seines kämpferischen Weges.[18]

Was Stalin anbetrifft, so ist Brigitte Reimanns Verhältnis zum Generalissimo zu diesem Zeitpunkt noch ungebrochen. Stalin gilt in der DDR als herausragender Führer, durch dessen Intelligenz und Durchsetzungskraft im Zweiten Weltkrieg Hitlerdeutschland besiegt werden konnte. Dem herrschenden Diktum folgend, wird das Verhältnis zwischen Lenin, dem eigentlichen Gründer der Sowjetunion, und seinem Nachfolger Stalin verklärt. Brigitte Reimann folgt in ihrem Stück dieser weitverbreiteten Auffassung, indem sie mit einem Zeitsprung von der II. Szene im September 1912 zur III. Szene führt und Stalin trauernd nach Lenins Tod in den Mittelpunkt rückt. In den Szenenanweisungen heißt es entsprechend:

> In den folgenden Jahren unermüdlichen Kampfes arbeitete sich Stalin mehr und mehr zum Kern der Parteiführung empor. Markstein seines Lebens wurde der von ihm siegreich geleitete, am 24. Oktober begonnene bewaffnete Aufstand. In den sich anschließenden Jahren aufreibender Arbeit blieb ihm treuester Freund und bestes Vorbild Wladimir Iljitsch Lenin – bis zu seinem Tode 1924.[19]

Bis zu Nikita Chruschtschows Geheimrede auf dem XX. Parteitag der KPdSU am 25. Februar 1956 blieb Stalin Idol für die kommunistische Weltbewegung.[20] Auch die Repräsentanten der DDR-Regierung wie Walter Ulbricht, Wilhelm Pieck und Otto Grotewohl erfuhren bei jungen Leuten Zustimmung, dagegen stieß der westdeutsche Gegenspieler, Konrad Adenauer, auf Ablehnung. Natürlich hatten die Medien Anteil am negativen Bild des Kanzlers, der im Frühjahr 1952 in der DDR-Presse scharf angegriffen und als Spalter Deutschlands angeprangert wurde. Der Briefwechsel zwischen Brigitte Reimann und Veralore belegt eindrücklich, wie mit Gründung der Bundesrepublik und der DDR die Auseinanderentwicklung der beiden deutschen Teile ihre staatliche Legitimation erhielt und die Systemkonfrontation schärfer wurde. Die Schülerin aus dem Osten hielt ganz in Übereinstimmung mit der vertretenen DDR-Politik an der Einheit Deutschlands und dem Ziel eines gesamtdeutschen Staates fest. Die bundesdeutsche Politik hingegen brachte sich mit ihren auf Abgrenzung orientierten Prämissen in Widerspruch zu jungen Intellektuellen im Osten wie auch im Westen.[21] Otto Grotewohl konnte sich hier wie da gewisser Sympathie sicher sein, wenn er Vorschläge zu gesamtdeutschen Wahlen machte. Demgegenüber schaffte die Haltung Jakob Kaisers, der sich als Vertreter der Bundesregierung äußerte, Distanz. Seine Position konnte als symptomatisch für die vertretene politische Linie und den inzwischen herrschenden Ton gegenseitiger Schuldzuweisungen zwischen Ost- und Westdeutschland gelten:

> Herr Grotewohl weiß trotz seines nationalen Getues so gut wie wir, daß [...] freie Wahlen in Gesamtdeutschland nicht möglich sind. Daran ist allein das System der Unfreiheit in der Sowjetzone schuld. Beratungen mit Exponenten dieses Systems, daher mit den derzeitigen Sowjetzonenbehörden, sind deshalb zwecklos.[22]

Die Argumentation Kaisers musste auf die junge Generation im Osten wie Westen, die zu Beginn der 1950er Jahre auf die Einheit setzte, selbst dann brüskierend wirken, wenn sie dem DDR-System kritisch gegenüberstand. Insofern bot der von SED-Politikern vertretene Standpunkt eher Konsensmöglichkeiten und überdeckte, in welchem Ausmaß in der DDR gerade in dieser Phase stalinistische Muster kopiert wurden. Zudem stieß die Integration der Bundesrepublik in das westliche Bündnissystem unter Intellektuellen nicht auf einhellige Zustimmung. Aber eben darin sah Bundeskanzler Adenauer die »Grundlinie der deutschen Außenpolitik überhaupt« und betonte, dass die Bundesrepublik wünsche, den »Prozeß der europäischen Integration soweit voranzutreiben wie nur möglich«.[23] Die dann geschlossenen Verträge trugen wesentlich zur ökonomischen, politischen, kulturellen Integration in das westliche Bündnis bei, die Mitte der 1950er Jahre abgeschlossen war. Bundesinnenminister Robert Lehr brachte zum Ausdruck, mit welchem Ziel die Verträge unterzeichnet wurden: Sie

> sind nichts anderes als ein fester Zusammenschluß der Kulturnationen des Westens zum Schutze all dessen, was unser Leben eigentlich erst lebenswert macht. In erster Linie ein Zusammenschluß zum Schutz der persönlichen Freiheit; des höchsten Gutes, das erst eigentlich den höchsten Einsatz jedes einzelnen rechtfertigt. Die Unterzeichner der Verträge sehen in dem asiatischen Kollektivismus den größten Feind der Menschheit und schließen sich zur einheitlichen Verteidigung ihrer Lebensrechte und Kulturgüter fest zusammen.[24]

Diese scharfe Ablehnung der Entwicklung im Osten provozierte weitere Distanz. Obwohl die von der SED proklamierten Feindbilder keineswegs moderater waren, erschienen sie in gewissen Kreisen insofern anziehender, als sie weiter die staatliche Einheit versprachen. Den Alleinvertretungsanspruch aber formulierte Konrad Adenauer bereits 1949 als Ziel der bundesdeutschen Politik: »Die Bundesrepublik Deutschland war und ist allein befugt, für das deutsche Volk zu sprechen.«[25] Franz Thedieck als Staatssekretär im Ministerium für gesamtdeutsche Fragen fasste zwei Jahre später die Haltung gegen kulturelle Kontakte so zusammen:

> Tagungen, auch kultureller Art, haben die Eigenschaft, sich fortzuzeugen: aus einem Kontakt wird eine Beziehung, werden viele Kontakte und enge Beziehungen. [...] wir werden also der Politik mit der Geige, der Feder und dem Fußball zu begegnen haben.[26]

Veranstaltungen zwischen Kulturschaffenden aus beiden Teilen Deutschlands wurden von Westseite kritisch bewertet und auch unterbunden. Dass diese Verbote bei Kulturschaffenden in Ost- wie Westdeutschland und bei jungen Leuten wie Brigitte Reimann auf Unverständnis und Widerspruch stießen und von führenden SED-Politikern – auch mit rhetorischem Geschick – scharf attackiert wurden, war unter den damaligen Verhältnissen nachvollziehbar. Von DDR-Seite wurde versucht, gegen derartige Entwicklungen zu agitieren, wiederholt waren Gruppen von FDJlern mit Flugblättern in Westberlin und Westdeutschland unterwegs. Christa Wolf, die einige Jahre älter war als Brigitte Reimann, geriet in eine dieser nichtgesetzlichen SED-Aktionen und wurde in Westberlin kurzzeitig verhaftet.[27]

Auch Brigitte Reimann tritt für Gespräche zwischen Ost und West ein und billigt das Vorgehen der FDJ, ja, sie schreibt in ihrer Abiturzeit sogar ein Agitationsspiel, das den Titel trägt: »1:0 für DDR«. Ort der Handlung: eine Straße in Bad Pyrmont in Westdeutschland. Im Kern geht es in dem Stück um das Auseinanderleben der Deutschen und den Versuch, gegen die Spaltungstendenzen anzugehen, indem eine gemeinsame Wahlliste der Nationalen Front in Ost und West aufgestellt wird. Die beiden Hauptfiguren sind hier Eva, eine überzeugte FDJlerin, und ihre westdeutsche Freundin Veralore. Der Briefwechsel mit Veralore Schwirtz belegt, auf welche Weise Brigitte Reimann die eigenen Erfahrungen direkt in die Stückidee überträgt. So durchschaut Eva, die weitgehend mit der Autorin identisch ist, die Argumentationen »der Spalter« und doziert:

> Die Spalter haben es großartig verstanden, Deutschland nicht nur politisch und wirtschaftlich zu zerreißen, sie haben nicht nur das Land geteilt, sondern sie haben, und das ist das Schlimmste, auch die Menschen einer Nation einander entfremdet, daß ein Deutscher den anderen nicht mehr versteht, nicht mehr an seiner Arbeit teilnimmt, daß er eine ganz andere Lebens- und Weltanschauung bekommen hat. Sehen Sie bloß meine Freundin Veralore (Gibt ihr einen sanften Rippenstoß) und mich an. Wir sind doch geradezu lebende Sinnbilder dieser Spaltung! Unsere Interessen sind so verschieden geworden, daß wir uns oft gar nicht mehr verständigen können.[28]

Das Stück endet damit, dass Eva ihre Freundin überzeugt.

Die agitatorischen Texte, die Brigitte Reimann in diesen Jahren verfasst, folgen Friedrich Wolfs Auffassung von den eingreifenden

Möglichkeiten der Kunst. In seiner Rede »Kunst ist Waffe« (1928) lehnt er eine Kunst des sogenannten L'art pour l'art, einer Kunst um der Kunst willen, radikal ab. Stattdessen fordert er, auch die Literatur müsse im Klassenkampf Position beziehen und etwa die »Tragödie eines Arbeitslosen vor uns hinstellen«.[29] Allerdings warnt Friedrich Wolf vor der falschen Vorstellung, rein agitatorisch wirken zu können. Insofern hält er an literarischen Wertmaßstäben fest. »Gewiß, es ist noch lange kein Arbeiterstück, wenn in ihm unentwegt: Es lebe die Weltrevolution! gerufen und die Internationale gesungen wird, wenn Lenin immer wieder persönlich auf der Bühne erscheint. Das ist höchstens eine ›Walze‹, die gerade den Arbeiter sehr bald langweilt.«[30] Diesen Beitrag Friedrich Wolfs, der die Grenzen des Agitatorischen aufzeigt, kennt Brigitte Reimann damals nicht. Sie hat die Postionen von zahlreichen linken Intellektuellen verinnerlicht, die wie Johannes R. Becher, Willi Bredel, Hans Günther, Egon Erwin Kisch, Alfred Kurella, Berta Lask, Georg Lukács, Ernst Ottwalt oder Erwin Piscator im Bund proletarisch-revolutionärer Schriftsteller organisiert sind und die die Auffassung vom Schriftsteller als »Soldaten der Klasse« vertreten. Von Erwin Piscator ist bekannt, dass er mit seinem Proletarischen Theater in Kneipen und auf öffentlichen Plätzen auftrat. Im Exil in der Sowjetunion baute er in Dnepropetrowsk ein Kolchostheater auf – der Wanderbühne gehörten eine Reihe von exilierten deutschen Schauspielern an, darunter Erwin Geschonneck, der in der Verfilmung des Kunstmärchens »Das kalte Herz« den Holländer-Michel spielte.

Was die FDJ betrifft, für die Brigitte Reimann in ihrem Stück agitiert, die wird in der Bundesrepublik abgelehnt und ab 1954 als verfassungswidrige Organisation angesehen. Ähnlich wie die Deutsch-Sowjetische Freundschaft (DSF), deren Vorsitzende sie in Burg gewesen ist, als kommunistische Tarnorganisation gilt.[31] 1952 zeichnet sich, entgegen der utopischen Hoffnungen von Brigitte Reimann, die weitere Spaltung Deutschlands immer deutlicher ab: Konrad Adenauer verhandelt mit den Westalliierten über den General- und den EVG-Vertrag, die der Bundesrepublik innen- wie außenpolitische Souveränität bringen sollen. In ebendieser Situation – die Unterzeichnung wird am

26. und 27. Mai 1952 vollzogen – findet vom 22. bis 25. Mai der III. Schriftstellerkongress in Ostberlin statt.[32]

Im »Neuen Deutschland« wird auf der ersten Seite die Bedeutung des Kongresses mit einem groß aufgemachten zweispaltigen Artikel herausgestellt. Der Titel lautet: »Die nationale Mission des deutschen Schriftstellers«. Der ungenannte Verfasser polemisiert in scharfen Tönen gegen die Entwicklungen in der BRD:

> Dieser tierische Haß gegen die Kunst, dieses geistmordende System [des »mörderischen Faschismus«; Anm. C. G.] feiert heute in Westdeutschland seine amerikanische Auferstehung. Alles, was sich nicht den amerikanischen Kulturbarbaren, ihren Mördergeneralen und SS-Knechten demütig zu Füßen wirft, soll niedergetrampelt werden.[33]

Der Bericht enthält ein großes Foto von Anna Seghers, die den Kongress eröffnete und zum Abschluss zur Präsidentin gewählt wurde.[34]

In einem Brief an den Schulfreund Hans Klockmann spricht die 19-jährige Brigitte Reimann davon, wie intensiv sie den Schriftstellerkongress in der Burger »Volksstimme« verfolgt hat. Wie in allen Tageszeitungen wird hier die Grußnote des Präsidenten Wilhelm Pieck abgedruckt: »Gerade in diesen Tagen wollen Adenauer und seine ausländischen Hintermänner durch den Abschluß des Generalkriegsvertrages die Spaltung Deutschlands vertiefen und Westdeutschland skrupellos in den amerikanischen Kriegsblock eingliedern.«[35] In der gleichen Ausgabe des »ND« wird das Referat von Willi Bredel in Auszügen wiedergegeben. Bredel beschwört einmal mehr den Westen als Feindbild. In seiner Darstellung ist er nicht zimperlich und warnt davor, dass »die amerikanischen Pestgeneräle auf Grund des Generalkriegsvertrages und mit Hilfe ihrer Bonner Knechte ihre Giftpfoten nach unserer Deutschen Demokratischen Republik ausstrecken«.[36]

Aber mehr als für Willi Bredel, mit dessen Thälmann-Biographie sie im Abituraufsatz argumentiert hat, interessiert sich Brigitte Reimann für Anna Seghers, die Autorin des »Siebten Kreuzes«. Der Roman war Lesestoff in der 12a der Geschwister-Scholl-Oberschule. Erneut nimmt Anna Seghers sie für sich ein, als sich diese in einer ausgesprochen emotionalen Rede am dritten Tag des Kongresses für Nachwuchsautorinnen und -autoren stark macht und vorwurfsvoll feststellt, dass gerade sie auf dem Kongress fehlen:

> Aber ich frage nun nach Menschen, die ich hier nicht sehe, vielleicht nur, weil ich schlechte Augen habe. Sehen Sie, ich habe in den letzten Jahren so viel zu tun gehabt mit jungen Menschen, die im Arbeitsprozeß gestanden haben. Ich habe ihnen mehr schlecht als recht geraten, ich habe ihnen mehr schlecht als recht dieses und jenes gesagt. Ich muß ihnen gestehen, ich habe viel von diesen Menschen gelernt, mehr als die jungen Menschen von mir.[37]

Ausgehend davon kommt sie auf eine junge Autorin zu sprechen und wirft rhetorisch die Frage auf, wo »hier eine Frau mit dem Namen Christa Reinig« stecke – »ich glaube, sie ist eine unserer begabtesten jungen Menschen«. Und da es auf diese Einschätzung keinen Widerspruch gibt, setzt Anna Seghers nach: »Wo ist sie? Wie kommt es, daß hier Hunderte Leute und viel mehr sitzen, die nicht wissen, wo sie ist?«[38] Starke Worte und ein Votum für eine junge Autorin auf einer so gewichtigen Veranstaltung. Umso mehr, da Christa Reinig bislang kaum etwas publiziert hat. 1949 ist in der Novemberausgabe der Zeitschrift »Ost und West« ihre erste Erzählung, »Die Ruine«, erschienen. In dem Heft, das als Ganzes der »Gründung der Deutschen Demokratischen Republik« gewidmet ist, erscheinen in der Rubrik »Tribüne der Jungen«, die von Wolfgang Weyrauch redaktionell betreut wird, Texte von »mehreren jungen Leuten«, »die noch nicht lange dabei sind«. Sie schreiben »über ein und dasselbe Thema«, immer geht es um einen »gegenständlichen Stoff: eine Ruine«.[39] Christa Reinig ist die einzige Autorin, von der eine Kurzgeschichte abgedruckt wird, eine Frau unter männlichen Kollegen wie Helmut Haese, Bruno Hampel, Richard Rosen und Wolfgang Grothe. Vor allem Bruno Hampel (d.i. Heinz Glogau) wird später als Autor von Kriminalromanen und Drehbüchern eine Rolle spielen und in Wolfgang Weyrauchs berühmt gewordener Anthologie »Tausend Gramm« (1949), in der er neue deutsche Stimmen versammelt, mit der Kurzgeschichte »Das mit dem Mais« vertreten sein. Darin erzählt er von den Gewissensnöten eines ehemaligen jungen Soldaten, der auf Befehl einen wehrlosen Russen erschossen hat. Es ist ein Motiv, das die spezifische Situation einer Generation ausdrückt, die traumatisiert aus dem Krieg zurückkehrt und sich plötzlich in einer Gesellschaft wiederfindet, die von diesen Erinnerungen nichts wissen will. Auch Wolfgang Borchert lässt seinen Protagonisten Beckmann in dem Drama »Draußen vor der Tür« (1946) über die Schuldigen nachdenken. Es geht um den Verrat der Väter an ihren Kindern, vor allem den Söhnen.[40] So heißt es denn auch im Stück:

> Sie haben uns verraten. So furchtbar verraten. Wie wir noch ganz klein waren, da haben sie Krieg gemacht. Und als wir größer waren, da haben sie vom Krieg erzählt. Begeistert. Immer waren sie begeistert. Und als wir dann noch größer waren, da haben sie sich auch für uns einen Krieg ausgedacht. Und da haben sie uns dann hingeschickt. Und sie waren begeistert. Und keiner hat uns gesagt, wo wir hingingen. Keiner hat uns gesagt: Ihr geht in die Hölle. O nein, keiner. [...] So haben sie uns verraten. So furchtbar verraten.[41]

Mit seiner etwas didaktisch gehaltenen Kurzgeschichte schreibt Bruno Hampel gegen Gleichgültigkeit und Verdrängung an, die sich inmitten von Ruinenlandschaft und Aufbauoptimismus breitgemacht haben. Ganz anders Christa Reinig, die mit ihrer Geschichte einen weiblichen Blickwinkel einbringt, indem sie eine Ich-Erzählerin als Figur etabliert. »Ich habe keine Erinnerung mehr an das unzerstörte Berlin«, so beginnt der Text, in dem eine Trümmerfrau von ihrem Alltag berichtet. Die Arbeit unter den schlimmsten Bedingungen ist ihr nur möglich, weil sie die Erinnerungen an die einst dynamische Metropole verdrängt, während sie die Lebensgefährdung, der sie weiter alle ständig ausgesetzt sind, im Unterschied zu den meisten anderen Frauen mit geradezu stoischer Gelassenheit erträgt. »Kein Tag verging, ohne daß ich nicht irgendwo einen Fetzen Haut hängen ließ. Beinahe wurde ich von einer fallenden Mauer erschlagen, beinahe zerschmetterte mir ein Eisenträger den Kopf. Ein Schreck und ab davon, nicht denken und nicht fühlen, Steine tun das auch nicht«, notiert sie.[42]

Die Geschichte endet nicht ohne Optimismus, wenn die Ich-Erzählerin resümiert: »Und eines Tages hoben wir unser letztes Feldbahngleis auf den letzten Karren, legten die Schippen und Picken dazu und ließen einen weiten, ebenen Platz zurück. Ich aber ging fort und ließ mir mein Arbeitsbuch ausstempeln, denn andere werden jetzt kommen, und die werden hier bauen.«[43]

Dass sich Anna Seghers so für Christa Reinig einsetzt, macht Brigitte Reimann Mut. Am 22. Juli 1952, mitten in der Ferienzeit, schreibt sie an die verehrte Autorin einen Brief. Kurz zuvor, vom 9. bis 12. Juli 1952, hat die II. Parteikonferenz der SED stattgefunden, auf der Walter Ulbricht, Generalsekretär des ZK der SED, das Grundsatzreferat hielt. In der Rede machte er auch Aussagen zum »Kampf um ein realistisches Kunstschaffen«. Danach sei es die Aufgabe der Künstler, »dem Leben vorauszueilen und durch ihr Schaffen Millionen Menschen für die großen Aufgaben des Sozialismus zu begeistern«. Hinter dieser Formel steckt ein Element des sozialistischen Realismus, das Brigitte Reimann zu diesem Zeitpunkt verinnerlicht hat, die »sozialistische Perspektivgestaltung«. Auch das »Weltbild« bzw. die Weltanschauung wird in der Rede des Generalsekretärs angesprochen. Etwas, was im Abituraufsatz der zukünftigen Autorin eine gewichtige Rolle gespielt hatte. »Nur ein Künstler, der konsequent für die Sache des Fortschritts Partei ergreift, der mit dem Volk fest verbunden ist, kann Menschen im Geist des Sozialismus erziehen«, verkündet Ulbricht nun.[44]

Das Protokoll verzeichnet »Beifall«. Die Aufgabe der Erziehung könne der Künstler allerdings nur erfüllen, wenn er sich »völlig frei macht vom Formalismus und anderen Kunstrichtungen der kapitalistischen Dekadenz und [...] lernt, seine Kunstwerke im Geiste des sozialistischen Realismus zu gestalten«. Im Kern:

> Im Mittelpunkt des künstlerischen Schaffens muß der neue Mensch stehen, der Kämpfer für ein einheitliches demokratisches Deutschland, der Aktivist, der Held des sozialistischen Aufbaus. Indem der Künstler dieses Neue, dieses Fortschrittliche in der Entwicklung des Menschen gestaltet, hilft er mit, Millionen zu fortschriftlichen Menschen zu machen.[45]

Mit Ulbrichts Einschätzung sind Vorgaben für bestimmte Stoffe und Themen gemacht. Es geht um die Darstellung des »neuen Menschen«, der über ganz besondere Eigenschaften verfügt, der ein »Kämpfer für ein einheitliches demokratisches Deutschland« und darüber hinaus innergesellschaftlich ein »Aktivist« und »Held des sozialistischen Aufbaus« sein soll. Mit der Gestaltung des Neuen würde der Künstler helfen, »Millionen zu fortschrittlichen Menschen« zu erziehen.

Auslöser für ihren Brief ist indes ein Schreibwettbewerb, den Anna Seghers am 8. Februar 1952 initiiert hat. Es geht um die »schönste Liebesgeschichte«. Mit der ihr eigenen Courage fragt Brigitte Reimann an, ob Seghers den Abgabetermin des ausgeschriebenen Wettbewerbs nicht vom 1. August auf den 1. September verschieben könne. Da sie, Brigitte Reimann, den Aufruf zu spät bekommen habe, sei die Arbeit terminlich anders nicht zu schaffen. Zudem absolviere sie ein Lehrerpraktikum. Erst jetzt, in den Sommerferien, hätte sie Zeit, um an der Erzählung zu arbeiten. Gleichzeitig bittet sie um Rat:

> Es gibt in unserem nicht sehr kunstfreudigen Städtchen wenige Menschen, an die man sich einmal mit der Bitte um Beurteilung wenden kann. Ich habe von ihnen immer sehr viel Lobendes, aber wenige richtige Kritiken und Anregungen zu hören bekommen. Vor allem an der Schule bin ich wegen meines angeblichen Talentes stets von Lehrern und Mitschülern über Gebühr verwöhnt worden, und man hat mir viele Fehler zugute gehalten, aber ich spüre jetzt deutlich, daß sie mir damit nur einen geringen Gefallen getan haben, denn ich habe mich dadurch so sehr in die Idee verbissen, Schriftsteller werden zu wollen und zu müssen, daß es ein vernich-

> tender Schlag für mich wäre, wenn ich feststellen müßte, daß ich niemals über eine triste Mittelmäßigkeit hinauskommen werde. Ich fürchte nur, daß sich mit der Zeit dieses Glauben und Zweifeln immer hemmender auf meine praktische Arbeit und mein späteres Studium auswirken wird, wenn ich mich nicht endlich einmal von berufener Seite bestätigt oder abgelehnt finde.[46]

Das Ansinnen der jungen Frau ist keineswegs als Rhetorik abzuwehren oder als Versuch, sich der anerkannten Autorin hintenherum zu nähern. Es geht ihr um eine ehrliche Meinung. Sie ist unsicher, ob Anna Seghers antworten wird. Umso mehr freut es sie, als die Antwort vom 6. August 1952 eingeht. Anna Seghers teilt ihr mit, dass der Einsendetermin zwar nicht verschoben werden könne, aber sie die Liebesgeschichte – außer Konkurrenz sozusagen – dennoch lesen werde, wenn sie später einginge. Der Preis wird im Mai 1953 vergeben und geht an den Brigitte Reimann damals unbekannten Siegfried Pitschmann. Es ist Stephan Hermlin, der Pitschmann im Auftrag von Anna Seghers mitteilt, dass er im Wettbewerb den zweiten Preis gewonnen hat: »Der Wettbewerb hat nicht ergeben, was wir erhofft hatten – das sei freimütig gesagt. Wir haben darum keinen Beitrag mit dem ersten Preis ausgezeichnet. Doch freue ich mich, daß unter den eingesandten Arbeiten die Ihre am besten war.«[47]

Anna Seghers geht in ihrem Brief auf die Zweifel der jungen Kollegin ein und warnt sie, die Messlatte zu hoch zu legen. Manche hätten mit dem ersten Text hohe Erwartungen erzeugt, aber dann nichts mehr geliefert, bei anderen sei es umgekehrt. »Zum Schreiben gehört«, so Anna Seghers, »eine gewisse Kühnheit wie zu allen wichtigen Unternehmen.« Sie bringt ihren Ratschlag für die Jüngere so auf den Punkt, wobei sie sich indirekt auf Diskussionen des gerade zu Ende gegangenen Schriftstellerkongresses bezieht: »Schreiben Sie nur kein Sonntagsdeutsch, schreiben Sie nur, was sie wirklich denken und erleben. Schreiben Sie nur keinen falschen Pathos und keine gedichteten Artikel.«[48] Dies ist eine Kritik an ideologisch gut gemeinten, aber klischeehaften Texten in der DDR. Auch auf dem Schriftstellerkongress hat sie in diesem Sinne vor »falschem Pathos« in der Darstellung gewarnt und damit eine hitzige Debatte entfacht. Bei der Auseinandersetzung mit der neuen Wirklichkeit könne man durchaus in ein Wespennest stoßen, aber man dürfe nicht klein beigeben, sondern müsse »private Courage« zeigen. Hier macht sich Anna Seghers für eine Sache stark, die sie in ihrem Antwortbrief mit anderen Worten auch empfiehlt: »Ein wenig Kühnheit und Mut, ein Haufen Kenntnisse aller Art, Box- und Menschenkenntnis sowie literarisches Können und Kennen, das ist bei jedem von uns nötig.«[49] Anna Seghers' Plädoyer ist ganz im Sinne von Brigitte Reimann. Diese wird den Hinweis im Gedächtnis behalten und fast wortgetreu bei den anstehenden Auseinandersetzungen zehn Jahre später zitieren, wenn es um ihre Erzählung »Die Geschwister« geht.

Brigitte Reimann antwortet umgehend, am 9. August 1952, bedankt sich überschwänglich und gesteht ein, dass sie mit einer Antwort gar nicht gerechnet habe und die »guten Lehren« beherzigen wolle. Sie habe auch sofort die eigene Arbeit »kritisch durchgesehen« und sei zu dem Ergebnis gekommen, dass sie »sogar recht viel von falschem Pathos« enthalte. Das mag – so erkennt Brigitte Reimann zutreffend – mit dem Thema zusammenhängen, den Sklavenaufständen in Rom. Das Bemühen, dem Text eine Botschaft, eine Idee zugrunde zu legen, habe zu einem Stil geführt, der »entsetzlich schwülstig« wirke, überhaupt nicht vergleichbar mit einem Realismus, wie er ihr mit Anna Seghers' »Das siebte Kreuz« als Vorbild vorschwebe. Die Erzählung folgt in der Tat einem recht einfachen Mechanismus, von Beginn an steht fest, auf welches Ende der Text hinausläuft: Die Sklaven befreien sich, und ein mächtiger Aufstand nimmt seinen Anfang. Zweifellos orientiert sich die junge Autorin am Geschichtsunterricht der Abiturstufe und einem Buch, das seit 1948 in Gebrauch ist, der »Geschichte des Altertums«. Im Vorwort verweist der Verlag Volk und Wissen auf die Übersetzung aus dem Russischen und begründet sie damit, dass ein Lehrbuch für den Geschichtsunterricht vorbereitet werde und es für die »Übergangszeit« eine Hilfe sei, auf Bücher zurückzugreifen, die »im heutigen Geschichtsunterricht demokratischer Staaten verwendet werden«.[50] Brigitte Reimanns Erzählung hat ihre Grundlage in den Kapiteln XV und XVI, in denen es um grundsätzliche Fragen zum »Sklavenhalterstaat Rom« (3. und 2. Jahrhundert v. Chr.) sowie »Die Aufstände der Sklaven und freien Armen. Der Verfall der römischen Republik« (137 bis 30 v. Chr.) geht. Die Entwicklung der Sklavenarbeit und die Lage der Sklaven wird zu Beginn des Kapitels so auf den Punkt gebracht:

> Die römischen Eroberungen förderten die Sklavenarbeit in Italien. Die meisten Sklaven erbrachte der Krieg, da die Römer nach Eroberung eines Landes den größten Teil der Bevölkerung zu Sklaven machten. Oft luden die Heerführer die Handelsherren zu sich ins Lager und verkauften ihnen die Kriegsgefangenen an Ort und Stelle. Die zweite Quelle der Sklaverei war die Verschuldung. Die Bewohner der Provinzen, die ungeheure Abgaben an Rom leisten mußten, fielen nur zu bald in die Hände von Wucherern und wurden von diesen in die Sklaverei verkauft. Die dritte Quelle der Sklaverei war der Raub von Menschen durch Seeräuber (Piraten), die vorüberfahrende Schiffe überfielen und die Küstenländer plünderten.[51]

Die einfach strukturierte Darstellung liefert sodann Aussagen zu den verschiedenen Abhängigkeiten der Sklaven und stellt eine besondere Gruppe heraus, nämlich die Gladiatoren: »Dies waren Menschen, die man zwang, zur Belustigung des Publikums miteinander oder mit wilden Tieren zu kämpfen und in der Zirkusarena zu sterben.« Entscheidend aber sind für Brigitte Reimann die Aussagen zur Lage der Sklaven:

> Die römischen Sklaven hatten ein sehr schweres Dasein; sie wurden nicht als Menschen angesehen und genossen keinen Gesetzesschutz. Der Besitzer konnte sie nach Belieben strafen oder sogar töten, ohne dafür zur Verantwortung gezogen zu werden. Die Sklaven durften keine Familie und kein Eigentum ohne Erlaubnis ihrer Herren besitzen. Oft wurden Sklaven wie Vieh mit Brand-

> stempeln gekennzeichnet. Besonders schwer war das Los der Feldsklaven, die unter der Aufsicht strenger Aufseher arbeiteten. Sklaven, die sich nicht willig zeigten, schloß man nachts in besondere Verliese ein und führte sie in Fesseln zur Arbeit.[52]

Sämtliche dieser Kennzeichen der Sklaverei im Römischen Reich werden in der Erzählung »Claudia Serva« bei der Figurengestaltung genutzt. Nachdem der Erzähler den Schauplatz beschrieben hat, wird mit der reichen Römerin Cornelia die erste Figur eingeführt:

> Cornelia dehnt ihre weißen, üppigen Glieder in den duftenden Kissen des Diwans. Tief atmet sie die feuchte, frische Luft ein, aber unzufriedene Ruhelosigkeit liegt auf ihrem noch immer schönen Gesicht, das freilich trotz dick aufgetragener Schminke nicht ganz die harten Linien verleugnen kann, die der wahnwitzig übersteigerte Lebensgenuß römischer Gesellschaft [sic] hineingezeichnet hat.

Die formalen Techniken der Informationsvergabe, die die Autorin über den Erzähler nutzt, laufen bereits zu Beginn auf eine Schwarz-Weiß-Zeichnung hinaus. Die Konventionen, nach denen die Figur in diesem Fall gebaut ist, sind untrennbar mit dem Menschenbild von Brigitte Reimann verbunden und ihrer in jeder Hinsicht nachvollziehbaren Ablehnung der Sklaverei. Im Gegensatz dazu steht die Figur der Claudia, die als abhängige Zofe und Lieblingssklavin auftritt: »Cornelia gähnt. Leicht klatscht sie in die Hände: ›Claudia!‹ Aus dem Halbdunkel am Fuße des Diwans wächst eine zusammengekauerte Gestalt empor, Claudia, gegenwärtig jeden Winks ihrer Herrin, streckt ihr eine goldgetriebene Schale mit saftigen Früchten entgegen.« Aber die reiche Römerin ist launisch, sie mag eigentlich gar nicht essen, Claudia soll singen, doch nach wenigen Takten winkt sie ab, die Zofe verstummt, sie kennt die Launen der Herrin. Der Erzähler wechselt den Standpunkt und nimmt wiederum die Herrin in den Blick:

> Cornelia betrachtet langsam ihre Zofe von Kopf bis zum Fuß. Es ist nicht zu leugnen – sie hat damals, als sie vor einem halben Dutzend Jahren das knapp zwölfjährige Mädchen erwarb, einen guten Kauf gemacht. Im allgemeinen hütet sich eine schöne Römerin wohl, ein gar zu niedliches Zöfchen in ihre Dienste zu nehmen, aber zu der Zeit, als Cornelia, in der vollsten Blüte ihrer Schönheit stehend, auf einem Sklavenmarkte die hellhaarige Claudia entdeckte, begann blondes Haar in Rom modern zu werden. Man riß sich um hellhäutige, blonde Sklavinnen – und nur wenige Edeldamen Roms können sich rühmen, eine so prachtvolle blonde Zofe zu besitzen wie Cornelia.[53]

Die Geschichte entwickelt sich im Rahmen des Erwartbaren. Auf dem Dachgarten des Hauses tauchen drei Gestalten auf: »Von dem Aufseher und einigen Wächtern geführt, schreiten mühsam zwei hochgewachsene Sklaven heran. Nur kurze Schritte erlaubt ihnen die straffgespannte Stahlkette an den Fußknöcheln.«[54] Die Sympathielenkung ist klar, was auch zu sprachlichen Fehlern führt, denn ein Schreiten ist bei »kurzen Schritten« schwerlich möglich. Auf die vorgetragene Bitte um Kleidung und Nahrung reagiert der Römer aggressiv und lässt die Sklaven hinauswerfen. Noch bevor das geschieht, »schnellt Kleisthenes [der Sklave, Anm. C.G.] empor und schleudert die geballte Faust dem Dicken ins Gesicht, daß er aufstöhnend zurücktaumelt.« Was nun folgt, ist klar. Die beiden Gefesselten werden von den Aufsehern bezwungen und brutal fortgeschafft. Dabei begegnet ihnen Claudia. Letztlich pflegt sie die Ausgepeitschten, die zu Anführern des Aufstandes werden. Die Aufseher »sind überwältigt, niedergemäht von erbarmungslos geschwungenen Sensen, die Schädel zerschmettert mit bleischweren Knüppeln, erwürgt von rasenden Händen. Die ihre tierische Wut an den Quälern austoben, deren wehrlose Opfer sie lange genug waren. Jahrelang aufgespeicherte hoffnungslose Verzweiflung der Männer durchbricht alle Schranken der Menschlichkeit und des Erbarmens. Mitleidlos reißt die brüllende Bestie nieder, was ihr in den Weg zu treten versucht.«[55]

Man kommt mit Brigitte Reimann zu dem Ergebnis, dass die Erzählung »entsetzlich schwülstig« ist und voller Klischees. Allerdings lässt sie ihre weibliche Protagonistin eine entscheidende Frage bedenken: »Hat sie das Recht, einen, fünf, zwanzig Menschen, lebendige Menschen wie sie, töten zu lassen, um hundert, zweihundert, fünfhundert anderen das Tor zum Leben zu öffnen?«

Die Sklavin Claudia findet keine Antwort auf die selbst gestellte Frage, die in das Umfeld dessen führt, was im marxistischen Sinne zur Revolutionstheorie gehört. Die freilich übersteigt den Horizont der Figur. Es ist der Erzähler, der mitteilt, die »Sklavin Claudia« habe in der »Stunde ihrer Tat nur als Weib gehandelt«, was meint, dass sie sich zwar über die möglichen Folgen ihrer Entscheidung klar war, die sie zuliebe des jungen Sklaven getroffen hat, »aber jetzt vor dem Tatsächlichen zurückweicht, bis ins Innerste erschreckt von dem Sturm, den es selbst entfesselt hat«.[56] Dass diese Reflexion als »weiblich« eingeordnet wird, mag überraschen, entspricht jedoch durchaus dem für die Figur entworfenen Profil. Noch interessanter sind die Passagen, in denen der Erzähler die Rolle des Sklavenanführers Kleisthenes hinterfragt. Es stimmt ihn bedenklich, dass die Männer, die bislang den Befehlen ihrer Aufseher folgen mussten, nun »willenlos dem Manne« folgen, »dessen Überlegenheit sie wohl spüren«. Das mache sie nach der Euphorie des Sieges hilflos, und eine Perspektive sieht der Erzähler einzig darin, dass sie lernen müssten, »mit ihrer Freiheit etwas anzufangen, selbständig über ihr Leben zu bestimmen und die Verantwortung für alle ihre Handlungen selbst zu tragen«.[57]

Es hat den Anschein, dass Brigitte Reimann mit der »Erzählung aus der Zeit der Sklavenaufstände in Rom« Probleme bearbeitet, die sich auf die Zeit des Nationalsozialismus und Führerkults beziehen, ebenso aber auf die DDR, in der sich bereits Anfang der 1950er Jahre Entwicklungen abzeichneten, die den offenen Widerstreit unterschiedlicher Auffassungen sukzessive ausschlossen. Dem hält die junge Frau den Anspruch entgegen, selbständig über das eigene Leben zu bestimmen – gerade auch für die weibliche Heldin Claudia.

Brigitte Reimann legt die Erzählung beiseite und wendet sich, den Anregungen von Anna Seghers folgend, einem neuen Gegenstand zu, mithin einer Geschichte, die »in Schulkreisen spielt«, in Kreisen also, in »deren Sprache [...] ich mich am besten aus[kenne], denn ich bin ja auch erst vor kurzer Zeit von der Penne entwichen. Da besteht dann wenigstens die Aussicht auf eine lebendige Schilderung.«[58] Damit fällt der Startschuss für jene Erzählung, an der die Autorin nun über einen längeren Zeitraum arbeitet, zwischen August 1952 bis etwa Juni 1956, immerhin fast vier Jahre. Bereits der Titel wirkt irritierend, wenn nicht gar provokant. »Die Denunziantin« soll sie heißen.

16. »Nur eine flammt auf in gerechter Empörung« – Schreiben ohne Pathos

Auf die Spuren von Brigitte Reimanns erstem Roman stieß ich um 2000. Allerdings handelte es sich hier um kein abenteuerliches Unterfangen[1], die verschiedenen Fassungen liegen, im Findbuch verzeichnet, im Brigitte-Reimann-Archiv vor, und trotz der teilweise unübersichtlichen Paginierung ist es recht schnell möglich, die erste von der letzten Fassung zu unterscheiden. Zu sehen ist auch, bis zu welchem Punkt die Texte korrigiert wurden, wo die Arbeit jeweils abgebrochen wurde, wobei das Entscheidende ist, dass die Urfassung in Gänze vorliegt. Beim Lesen dieser ersten Fassung ist man hin und her gerissen. Auf der einen Seite ist der Text ein Beleg für das Talent der jungen Autorin, es gibt Episoden, die, atmosphärisch dicht, ein Bild jener Zeit zu Beginn der 1950er Jahre liefern. Das trifft vor allem auf das erste Kapitel mit der Fahrt der beiden Abiturienten Eva und Klaus nach Westberlin zu. Auf der anderen Seite ist etwas problematisch, was man damals den Ideengehalt nannte, denn letztlich wird der Akt einer Denunziation, um den die Handlung kreist, im Erzählvorgang legitimiert. Liegen möglicherweise hierin die Gründe, warum der Text in der DDR nicht erschien? Mein Interesse an der Erzählung hatte noch einen übergeordneten Grund: Ein Text, der von seiner »Botschaft« das genaue Gegenteil transportiert, ist Uwe Johnsons ebenfalls erst postum erschienener Roman »Ingrid Babendererde. Reifeprüfung 1953«.[2] Die Frage, warum die beiden Debüts nicht publiziert wurden, führt mitten hinein in das Land DDR, das sich damals erst anschickte, ein Leseland zu werden. Zunächst stellt sich die Frage, unter welchen Bedingungen Brigitte Reimanns Erzählung entstand.

Unbestritten ist, dass die Arbeit an dem Werk mit einer neuen Liebe zusammenfällt. Nachdem sie über einen gewissen Zeitraum im HO-Tanzlokal so manchen Verehrer unter den Tisch getrunken und in den Nächten gelesen und an neuen Texten geschrieben hat, bringt der Sommer 1952 endlich eine Veränderung. Sie ist im Klubhaus am Kanal verabredet, wo sie zufällig einen Sportfreund von Lutz kennenlernt, es ist wieder ein »großer, bildhübscher Bengel mit wildem blondem Lockenschopf«, dem sie verfällt. Die neue Beziehung ermöglicht ihr, endlich von Klaus loszukommen. Ihr neuer »Pirat«, wie sie ihn nennt, wirkt motivierend, und so beginnt sie im Herbst mit dem neuen Projekt.

Worum es in der »Denunziantin« nach dem Willen der Autorin ursprünglich gehen soll, das lässt sich gut rekonstruieren, da eine Inhaltsangabe und ein Exposé für ein »Laienspiel in 3 Aufzügen« vorliegen. Zudem wird der Text in der Folgezeit mehrfach in der 1953 gegründeten Magdeburger Arbeitsgemeinschaft Junger Autoren (AJA) besprochen. Der Leiter, Wolf D. Brennecke, berichtet immer wieder über den Stand der Arbeit an dem Manuskript. In einem Rechenschaftsbericht, den Brigitte Reimann für die AJA schreibt, gibt sie ebenfalls Auskunft. »Die umfangreichste Arbeit des vergangenen Jahres war ein Jugendroman, ›Die Denunziantin‹, der in Kreisen der Oberschule spielt und den Kampf fortschrittlicher Jugend gegen das reaktionäre Alte schildert.« Es folgt die Präzisierung: »Als ich im Januar 1953 in die AG Junger Autoren aufgenommen wurde, war das 4. Kapitel beendet, und im Mai konnte ich den Roman abschließen und dem Lektorat des Mitteldeutschen Verlages zur Prüfung übergeben.«[3]

Auf den ersten Blick handelt es sich um eine Geschichte, die jene ideologischen Fragen und Problemlagen aufgreift, die auf dem III. Schriftstellerkongress 1952 eine Rolle spielten. Letztlich geht es um einen Konflikt zwischen Vertretern der alten und Teilen jener Generation, die sich anschickt, nach einem verheerenden Krieg eine neue Gesellschaft aufzubauen. Erzählt wird von Eva Hennig, einer Oberschülerin, die in die 12. Klasse einer Kleinstadt kommt und dort in wenigen Monaten das Abitur machen soll. Evas Mutter ist die neue Bürgermeisterin, ihr Vater ist während der Zeit des Nationalsozialismus als Kommunist und Widerstandskämpfer zum Tode verurteilt und hingerichtet

1 Brigitte Reimann (1933–1973)

2 Von Brigitte Reimann fotografiert: die Kirche »Unser Lieben Frauen« in ihrer Heimatstadt Burg bei Magdeburg

3 In der Neuendorfer Straße 2 verbrachte sie Kindheit und Jugend

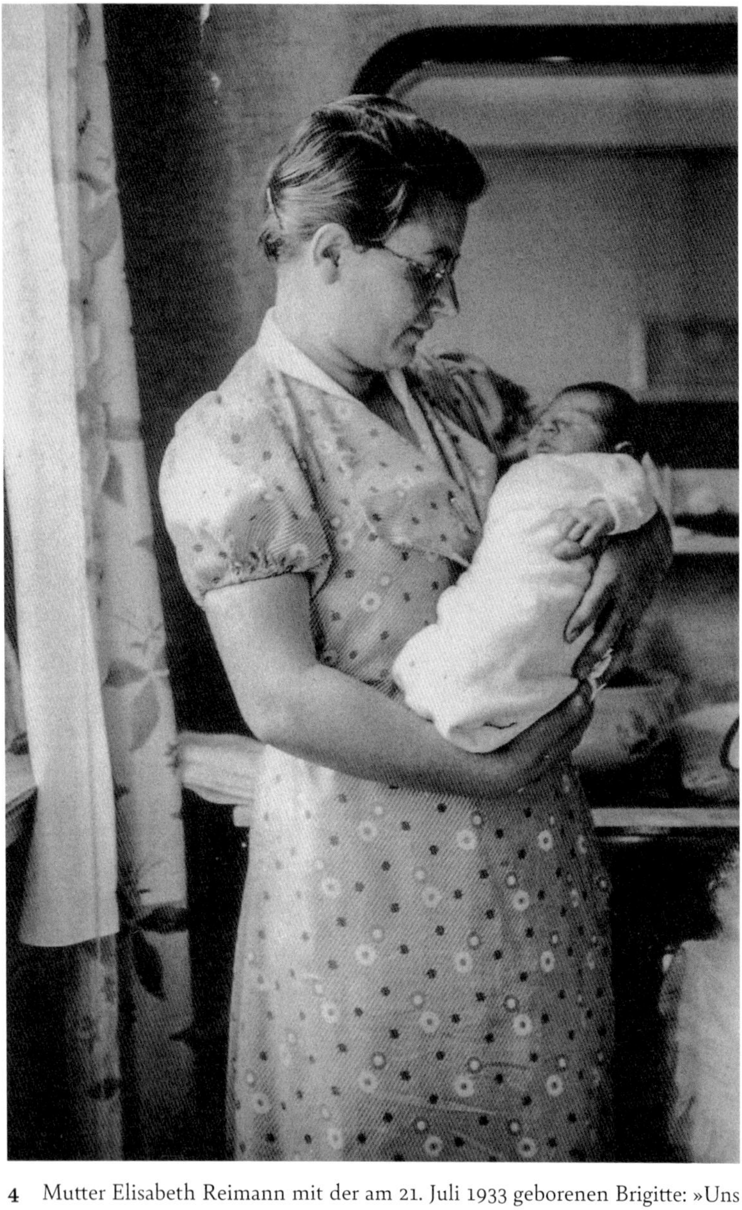

4 Mutter Elisabeth Reimann mit der am 21. Juli 1933 geborenen Brigitte: »Uns ist gestern ein gesundes, kräftiges Töchterchen geboren«

5 »So sie konnte, saß sie weltabgewandt und möglichst unbehelligt und las. Sie las alle Bücher, die ihr in die Hände kamen«, erinnerte sich Bruder Ludwig (Lutz) an die anderthalb Jahre ältere Schwester

6 Familienbild ohne Vater, der in diesem Jahr eingezogen und an die Ostfront geschickt wurde: Brigitte und die Geschwister Ulrich (Uli), Dorothea (Dorli) und Lutz (v. l. n. r.), 1943

7 In Jungmädel-Kluft, 1943/44

8 Brigitte Reimann, 1947

9 Die Freundin und spätere Briefpartnerin Veralore Weich, 1946

10 Als Darstellerin (l.) in dem von ihr selbst geschriebenen und an der Schule inszenierten Stück »Maikäfers Bekehrung«, 1947

11 Erste Aufnahme des Vaters Willi Reimann nach der Rückkehr aus der Kriegsgefangenschaft, Frühjahr 1949

12 Die Reimann-Geschwister, 1949

13 Klasse 10a mit Direktor Dr. Tschersig, die Schülerin Brigitte rechts neben dem Lehrer, der ihr literarisches Talent früh erkannt und gefördert hat, 1949

14 Mit der Abiturklasse 12a (3. v. l.)

15 Brigitte Reimann und Günter Domnik heirateten am 17. Oktober 1953

16 Mit Großmutter und Mutter Reimann

17 Das junge Ehepaar

18 Um 1955

19 Verlag Neues Leben, 1956

20 Mit dem Honorar für die Erzählung »Die Frau am Pranger« konnte sie erstmals richtig Urlaub machen – auch später kehrte sie öfter nach Ahrenshoop zurück, wo der Freund und Kollege Wolfgang Schreyer lebte

V E B

87

DEFA

STUDIO FÜR SPIELFILME

POTSDAM-BABELSBERG · AUGUST-BEBEL-STRASSE 26-53

FERNRUF: POTSDAM, Sammel-Nummer 7521
Berlin 22 53 51
DRAHTWORT: Filmstudios Babelsberg
BAHNSTATION: Drewitz
BANKKONTO: Deutsche Notenbank
Potsdam, Konto-Nummer 35 62
Bank-Kenn-Nr. 104 000
POSTSCHECKKONTO: Berlin 156 95

Frau
Brigitte R e i m a n n
B u r g bei Magdeburg
Neuendorfer Str. 9

Ihre Zeichen | Ihre Nachricht vom | Unser Zeichen | Tag 6.8.1956

Betr.: Autoren-Seminar.

Sehr geehrte Kollegin R e i m a n n !

Um einer Reihe begabter, aber mit dem Film noch nicht oder nur wenig in Berührung gekommener Autoren Gelegenheit zu geben, sich mit der literarischen Arbeit für den Film vertraut zu machen, ist die Direktion des DEFA-Studios für Spielfilme mit dem Ministerium für Kultur und dem Deutschen Schriftsteller-Verband übereingekommen, in der Zeit

vom 15. Oktober bis 30. November 1956
im Schriftsteller-Heim "Friedrich Wolf"
am Schwielow-See bei Potsdam

ein Autoren-Seminar durchzuführen.

21 Im Frühjahr 1956 unternahm Brigitte Reimann erste Schritte als Drehbuchautorin

22 Im Liselotte-Herrmann-Heim in Sacrow bei Potsdam knüpfte sie wichtige Kontakte zur Kulturszene, Foto: Brigitte Reimann

worden. Eva ist eine aktive FDJlerin, Leiterin der Laienspielgruppe und gilt in der Schule als eine »Überfortschrittliche«.

Die autobiographischen Momente sind von Beginn an offensichtlich. So nimmt es nicht wunder, dass Eva vorschlägt, »für eine Aufführung vor Kindern von im KZ gestorbenen Antifaschisten« ein Stück der Gegenwartsliteratur von Peter Nell aufzuführen. Das Stück heißt »Die Eysenhardts« und trägt den Untertitel »Der Weg einer Frau«. Von Interesse ist der Umstand, dass es sich bei Peter Nell – eigentlich Kurt Heinze – um einen wirklich existierenden Autor handelt, der 1907 geboren wurde. Bereits mit 16 Jahren wurde er Mitglied der Sozialistischen Arbeiterjugend und trat 1927 in die KPD ein. 1931/32 war er deutscher Korrespondent in der Sowjetunion, ab 1933 ging er zeitweise in den Widerstand, wurde später eingezogen und schwer verwundet. Sein Stück »Die Eysenhardts« kam 1950 an der Potsdamer Volksbühne zur Aufführung, es ist auch im ersten Nachschlagewerk zur DDR-Literatur belegt.[4] Kurz nach dem III. Schriftstellerkongress 1952 agierte Nell als Sprecher der Redaktionskommission. Mit ihrem Laienspiel stellte die junge Autorin so eine direkte Verbindung zur Gegenwartsliteratur her. Letztlich ging es ihr darum, einen »neuen Stoff« zu gestalten.

Erich Loest, der für Brigitte Reimann einige Jahre später wichtig wurde und damals gerade mit dem autobiographischen Kriegsroman »Jungen, die übrig blieben« (1950) erfolgreich war, erinnert Jahrzehnte später, wie er selbst Anfang der 1950er Jahre gegenüber dem anerkannten Lyriker Georg Maurer selbstbewusst verkündete: »Stil kommt später.« Loest war wie Brigitte Reimann mithin der Auffassung, »es müssten erst einmal überhaupt Geschichten geschrieben werden«.[5] Die Unsicherheit darüber, wie die Qualität eines Textes zu bewerten sei, spielt für die Figuren in Brigitte Reimanns Erzählung eine Rolle. Evas Freund Klaus kann nicht entscheiden, ob es sich bei den »Eysenhardts« um ein gutes Stück handelt oder nicht. Der von den Schülern geschätzte Deutschlehrer soll eingeschaltet werden. Er gilt als herausragender Literaturkenner. Einzig Eva lehnt das ab, da ihrer Meinung nach gerade dieser Lehrer »nicht der geeignete Mann sei, ausgerechnet ein solches Thema mit fortschrittlichen jungen Menschen zu behandeln, da er, wenn auch nicht offen, so doch versteckt und innerlich reaktionär sei, einer jener Typen, die wir, da sie ausgezeichnete Lehrer sind, 1945 abzubauen vergaßen«.[6] Die Abiturienten legen besagtem Studienrat Sehning den Text dennoch vor, und es tritt ein, was Eva vermutet hat: Er interpretiert das Stück so, dass antifaschistischer Widerstand und das Sterben einiger Mutiger im Dritten Reich überflüssig gewesen seien. Die Klasse gibt dem geachteten Lehrer recht. Hier entzündet sich der Hauptkonflikt, den Brigitte Reimann für den 1. Aufzug so fixiert:

> Nur eine flammt auf in gerechter Empörung: Eva. Zu tief haben sich ihr gräßliche Bilder und erschütternde Filmdokumente aus KZs, aufrüttelnde Erzählungen alter Antifaschisten und der Bericht vom Sterben ihres eigenen Vaters eingeprägt. Ihr erregter Widerspruch aber stößt auf das überlegene Lehrerlächeln, vor dem jeder Schüler den Nacken beugt. Da steht sie impulsiv auf und verläßt den Raum.[7]

Doch dabei bleibt es nicht. Eva meldet den Vorfall dem Schuldirektor, und der beruft eine Kommission ein, um das Verhalten des Studienrats zu untersuchen. Die Klasse ist empört, für sie ist Eva nichts anderes als eine Denunziantin. In der Schule ist Eva nunmehr isoliert, auch Klaus beendet die Freundschaft. Letztlich aber findet Eva in einem kleinen Kreis von Mitschülern Zuspruch, gemeinsam studieren sie Nells Stück »Eysenhardts« ein und führen es mit großem Erfolg vor Kindern ermordeter Antifaschisten auf. Als Studienrat Sehning versucht, am darauffolgenden Tag die Aufführung und die Grundidee des Stückes erneut in Misskredit zu bringen, steht ihm eine geschlossene Schülerfront gegenüber, darunter auch jene, die ihn zuvor engagiert verteidigt haben. Der Lehrer erkennt, dass er keine Chance mehr hat, er verlässt den Raum, und kurz darauf flieht er in den Westen. Gegen Ende der Geschichte kommentiert der Erzähler:

> Das war das letzte, was Sehning sah. Dann ging er. Und nie wird er sie vergessen, die strahlenden Augen der Schülerin Eva Hennig, der Denunziantin, die ein Mädchen war wie viele andere, die dennoch gesiegt hatte über ihn, weil auf ihrer Seite das Recht war und der Glaube und die unermeßliche Kraft der Jugend und der Wahrheit.[8]

Die ideologischen Prämissen scheinen klar: Am Ende siegt der sozialistische Fortschritt, die neue Generation erteilt den Relikten des Alten und Reaktionären, repräsentiert durch Studienrat Sehning, eine Absage. Insofern gibt der frühe Text in mehrfacher Hinsicht Auskunft über das damalige Selbstverständnis der jungen Schriftstellerin. Man mag Brigitte Reimann und anderen Autoren rückblickend vorwerfen, dass sie zu schnell zum Sozialismus ›konvertiert‹ sind und diese Wendung geflissentlich mit den Figuren sowie den von ihnen zu lösenden Konflikten vor sich selbst rechtfertigten. Doch eine solche Betrachtung scheint selbst dann zu einfach, wenn man rückblickend – wie bei der »Denunziantin« – die didaktische Absicht allzu schnell durchschaut. Ernst nehmen muss man den Schock, den die von Brigitte Reimann entworfene Figur der Eva durch die »Filmdokumente« aus den KZs erlitten hat. Hier spielt einmal mehr Autobiographisches mit hinein, das all jene Jahrgänge betrifft, die nach 1945 von den Verbrechen des Nationalsozialismus erfahren und erkennen mussten, dass es in Deutschland einen industriell betriebenen Massenmord gegeben hat.

Brigitte Reimann weiß, dass die Amerikaner die Einwohner Weimars in Buchenwald an den Leichenbergen vorbeimarschieren ließen, ähnlich wie es die Engländer in Bergen-Belsen taten. Die Alliierten zwangen – davon war bereits die Rede – die deutsche Bevölkerung auf diese Weise zur Zeugenschaft.

Dieser Schock, der Evas Verhalten motiviert, wird 18 Jahre später auch die Erinnerungsarbeit einer anderen Figur motivieren, die im Zentrum eines der wichtigsten Romane des 20. Jahrhunderts steht. Gesine Cresspahl ist die Hauptfigur in Uwe Johnsons »Riesentext« »Jahrestage« (1970). Auch hier reicht der Schock der Hauptfigur in das Jahr 1945 zurück. Als Auslöser wirkt »eine Fotografie, die die Briten im

Konzentrationslager Bergen-Belsen gemacht hatten«. Die Fotografie gerät für die am 3. März 1933 geboren Gesine zu einer Grunderfahrung:

> Die Wirkung hat bis heute nicht aufgehört. Betroffen war die eigene Person: ich bin das Kind eines Vaters, der von der planmäßigen Ermordung der Juden gewußt hat. Betroffen war die eigene Gruppe: ich mag zwölf Jahre alt sein, ich gehöre zu einer nationalen Gruppe, die eine andere Gruppe abgeschlachtet hat in zu großer Zahl (einem Kind wäre schon ein einziges Opfer als Anblick zuviel gewesen).[9]

Was Uwe Johnson hier zum zentralen Auslöser der »Jahrestage« macht, das legt auch Brigitte Reimann dem Verhalten ihrer Figur der Eva zugrunde: das Wissen von den Naziverbrechen. Freilich spitzt Brigitte Reimann in ihrem Bemühen, die Schuld sehr deutlich zu verteilen, die Figurenanlage über Gebühr zu. Während Johnson seine Gesine zur Angehörigen eines »Tätervolkes« macht, verschafft die 19-jährige Brigitte Reimann ihrer Hauptfigur einen Vorsprung, ja, sie schreibt ihr eine Wunschbiographie zu. Denn Eva ist die Tochter von Antifaschisten. Damit bezieht sich die Autorin auf die entscheidende Gründungserzählung der DDR. Nach dem Ende der deutschen Teilung hat Günter de Bruyn in seiner autobiographischen »Zwischenbilanz« von dem die »Macht adelnden Antifaschismus« gesprochen, der bei größeren Teilen der Bevölkerung auf Zustimmung stieß. Christa Wolf machte in einem Gespräch Ende der 1980er Jahre darauf aufmerksam, dass die neue Gesellschaft die Befreiung von Schuld verheiße. »Uns wurde dann ein verlockendes Angebot gemacht: Ihr könnt, hieß es, eure mögliche, noch nicht verwirklichte Teilhabe an dieser nationalen Schuld loswerden oder abtragen, indem ihr aktiv am Aufbau der neuen Gesellschaft teilnehmt, die das genaue Gegenteil, die einzig radikale Alternative zum verbrecherischen System des Nationalsozialismus darstellt.«[10]

Christa Wolfs Erinnerung ist in mehrfacher Hinsicht für Brigitte Reimann und ihr Manuskript von Interesse: Es findet sich hierin eine

Bestätigung für die Bedeutung, die die Gründungserzählung des Antifaschismus in der frühen DDR hatte. Das drückt sich in den verschiedenen Fassungen der »Denunziantin« aus, die in der Folgezeit bis 1956 entstehen. Unterschlüge man diese Rahmenbedingung, dann könnte der Text leicht als klischeehaft und unfertig abgetan werden. Da der Antifaschismus in den persönlichen Biographien der neuen DDR-Bürger nur in Ausnahmen verankert war – auch die Familie Reimann konnte für sich keinen Widerstand gegen Hitler reklamieren –, musste er umso mehr in Alltag und Literatur beschworen werden. Mit anderen Worten: Der Antifaschismus bedurfte der beständigen Vermittlung durch narrative, ikonische und rituelle Formen, um im Bewusstsein der Bürger des neuen Staates verankert zu werden und darüber im kollektiven Gedächtnis seinen Platz einnehmen zu können. Brigitte Reimanns »Denunziantin« zeigt nun im Besonderen, wie mit der Figurenanlage versucht wird, eine begründete Kritik an einer durchaus weitverbreiteten Haltung unter den Deutschen zu üben, die das Dritte Reich und seine Verbrechen vergessen und auf die Zukunft setzen wollen. Mit ihrer antifaschistischen Herkunft muss man der Figur der Eva das Recht zugestehen, gegen das Vergessen anzugehen und einen Lehrer zu kritisieren, der Anpassung als die einzige Chance darstellt, im Dritten Reich überleben zu können. Dem Akt der Denunziation wird auf diese Weise seine Schärfe genommen, ja, er wird in gewisser Weise sogar legitimiert.

Interessanterweise hat es einen solchen Fall, wie die 19-Jährige ihn hier erzählt, an der Geschwister-Scholl-Oberschule in Burg nicht gegeben. Weder das existierende Protokollbuch noch die Erinnerungen von Klassenkameraden bestätigen einen ähnlich gearteten Konflikt. Hans Klockmann verweist stattdessen auf einen gänzlich anderen Fall von Denunziation, über den auch Brigitte Reimann ihre Freundin Veralore informiert hat:

> Bei uns an der Schule wurde kürzlich ein Junge verhaftet. Politisches Motiv unbekannt. Es gehen nur vage Gerüchte um, daß ihn die sogenannte NKWD verhaftet hat (es geschah übrigens

> während der Schulzeit). Das gleiche geschah vor nicht langer Zeit auf der Genthiner Oberschule, wo freilich ein paar Jungen betroffen wurden. Das hatte mir damals zwar leid getan, mich aber nicht weiter gerührt. Ich glaube, ich hatte sogar die Stirn, zu behaupten, den Jungen wäre recht geschehen, wenn sie sich tatsächlich staatsfeindlicher Umtriebe schuldig gemacht hätten. Na, und dann wurde eben einer aus unserer eigenen Mitte herausgeholt. Ein Bursche, den man gut kannte, mit dem man zwei Stunden zuvor noch gesprochen und gelacht hatte, war plötzlich verschwunden – vielleicht für immer. Und das Schlimmste – er ist gewiß nicht das, was man in ihm sieht. Ich glaube ihn als einen albernen, wenn auch oppositionellen, so doch harmlosen, etwas frechen und sonst völlig unbedeutenden Menschen zu kennen.[11]

Auch einen repressiv eingestellten Lehrer vom Typ eines Studienrates Sehning scheint es an der Burger Oberschule nicht gegeben zu haben. Im Gegenteil, die Geschwister-Scholl-Oberschule galt als ausgesprochen fortschrittlich. Das Protokollbuch der Schule gibt Auskunft über die ideologischen Positionen der Lehrerschaft und jene Auffassungen, die Anfang der 1950er Jahre an die Oberschüler vermittelt wurden.

Die ersten zwei Kapitel der »Denunziantin« hat Brigitte Reimann persönlich im Oktober 1952 im Ostberliner Aufbau-Verlag abgegeben, sie kommt nur bis zum Pförtner. Eine Bestätigung erhält sie nicht, daher fragt sie Mitte November nach dem Verbleib. Der Verlag antworte am 28. November, dass das Manuskript eingegangen sei und sich in »guten Händen« befinde. Damit hat es sein Bewenden. Später, in den 1990er Jahren, finden sich die beiden Kapitel im Verlagsarchiv wieder.[12] Sie führen unvermittelt in das Geschehen hinein:

> Immerhin war dieser 19. Februar 1950 ein Fest- und Feiertag für die beiden, den Jungen und das Mädchen, die da im S-Bahnzug durch Berlin gondelten und Sahnebonbons lutschten, die einem immer so eklig in den Zähnen kleben blieben, daß man sie kaum

> wieder rauskriegte, ohne daß man auf allen Anstand pfiff und die Finger als Zahnstocher benutzte.
> Vor einem Fahrplan standen sie, studierend, denn beide kannten sich nicht gerade allzu gut aus in den Verkehrslinien der Weltstadt, die in diesen Jahren wieder das wurde, was sie früher gewesen war.[13]

Die Figuren Eva und Klaus werden zu Beginn der Handlung ganz bewusst nach Berlin versetzt. Vor dem Hintergrund der Großstadt stellt sich die »kleine Heimatstadt« als spießig und beengend dar. Die jungen Leute machen das an den Vorhaltungen der Erwachsenen aus, die von ihnen verlangen, dass sie sich doch wenigstens ein wenig »nach der guten alten Sitte« richten mögen, Händchenhalten oder am helllichten Tag untergehakt durch die Stadt gehen, das sei Verlobten vorbehalten. Für Eva und Klaus, zumal erst seit einem Jahr zusammen, schicke es sich nicht. Der Erzähler sieht das anders. »Das will viel heißen bei jungen Leuten«, wird kommentiert, wobei einschränkend von Evas Untreue die Rede ist. Klaus hat nämlich seine Freundin gerade erst vor Kurzem mit einem anderen Jungen im Vorgarten erwischt. Für den Nebenbuhler, noch dazu aus einer unteren Klasse, bleibt das nicht ohne Folgen. Klaus hat ihm »ohne Warnung mit der Faust ist Gesicht geschlagen«. Der so Misshandelte läuft »wochenlang mit einem dekorativen Pflaster über der Stirn durch den Schulflur«.[14] Eva allerdings rührte das nicht, sie ist da »längst wieder reumütig zu ihrem Klaus zurückgekehrt«[15].

Unübersehbar baut die junge Autorin in die Figuren von Eva und Klaus eigenes Erleben ein. Klaus entspricht Brigitte Reimanns damaligem Freund Klaus B., der einen Jahrgang unter ihr war. Für Wanjuschka, dem im Text eine tragende Rolle zukommt, gab Hans Klockmann das Vorbild ab, wie er selbst bestätigt:

> Wanjuschka ist der Hans Klockmann, nur mit dem kleinen Unterschied, daß er in der Realität keinen Sprachfehler hat. Ulrich ist der Ulrich R., den Brigitte auch der Veralore gegenüber erwähnt

> und kurz skizziert. Von seinen vier hier aufgeführten charakterlichen Attributen stimmen die beiden letzten. Heimtückisch und reaktionär – was den wirklichen Ulrich betrifft – kann ich nicht bestätigen. Er war vielmehr oft ironisch und sehr skeptisch, emotional leicht unterkühlt. Peter S. aus der 12b ist hier richtig skizziert. Er wurde auch Diplom-Physiker.[16]

In die Figurenkonzeption der Eva sind Eigenschaften eingegangen, die Brigitte Reimann an sich selbst auszumachen glaubt, darunter die Unbeständigkeit in Liebesbeziehungen. Nun ist dies ein Charakterzug, der auf den ersten Blick nicht so recht zur Anlage der Eva als überzeugter FDJlerin passt, andererseits bricht er die klischeehaft anmutende Vorbildhaftigkeit der Figur auf. Die Tatsache, dass das Pärchen bei einem Aufenthalt in Westberlin eingeführt wird, ist durchaus kein Zufall und hat noch mehr als die oben genannten Gründe. Der Schauplatz Westberlin bot der Autorin die Möglichkeit, die unterschiedlichen Denk- und Verhaltensweisen in Ost und West einsehbar zu machen und gleichzeitig ein authentisches Bild von jungen Leuten damals zu liefern. So pfeift Eva beständig eine Melodie, die ein Leierkastenmann am Alexanderplatz gespielt hat, aber sie kann sich beim besten Willen nicht an den Text erinnern. Klaus hilft lässig aus. »Du und ich und eine kleine Melodie«, lautet der Titel des Kassenschlagers, der damals in beiden Teilen Deutschlands Erfolg hatte und von Heinz Huppertz' Tanzorchester gespielt wurde.

Dass Eva und Klaus am Bahnhof Zoo, der »glänzendsten Geschäftsstraße des Berliner Westens«, aussteigen, passt da genau in die Konzeption. Auf diese Weise wird es möglich, die Ostjugendlichen mit der Fassade des Westens zu konfrontieren. »Wieviel Schwindel und Oberflächlichkeit gab es da!«, wird Eva bei der Rückfahrt rekapitulieren. Aber zunächst kann sich die junge Frau nicht der »Farbensinfonie« in Rot und Grün und Blau und blendend Weiß entziehen. Sie ist fasziniert vom Wirbel der Lichtreklamen, sie springen das Mädchen aus der Provinz an »wie gierige Fabeltiere«. Es ist die Mischung aus Trubel bei gleichzeitiger Großstadtanonymität, die den beiden ein so noch nicht erlebtes

Gefühl der Freiheit gibt. Und was ganz wichtig ist: Es finden sich keine Augen, die ihnen hinter zurückgeschobenen Gardinen nachspionieren.

Eva ist von Westberlin schlichtweg beeindruckt. Aber weil sich das für eine überzeugte FDJlerin nicht gehört, muss der Erzähler Gründe dafür finden. Er führt die Begeisterung auf »weibliche Eigenschaften« zurück und bemerkt, dass Eva kein Mädchen wäre, wenn »sie nicht begehrliche Augen nach den eleganten Kleidern, Mänteln und Handtaschen« geworfen hätte, »die da in den lichtüberfluteten Schaufenstern schmeichelten«[17]. Doch sie lässt sich nicht lange blenden, als geschulte Marxistin erkennt sie – und hier ist Eva ganz Kind der frühen DDR –, worin der Preis des offensichtlichen Reichtums besteht. Der Erzähler ermöglicht dem Leser einen Einblick in Evas Gedankenwelt, wenn sie die DDR gegen die Bundesrepublik abwägt:

> Aber da gab es auch nicht an jeder Ecke frierende Zeitungsverkäufer, Studenten unter ihnen, die ihr Studium sich damit verdienten, daß sie hier, heiser vom Wind und Frost, die neuesten Mordtaten ausschrien (heute schien gerade ein Kindermord die Zeitungen mit Schlagzeilen zu versorgen), es gab auch nicht jene Damen, die die extravagantesten Moden spazieren tragen konnten, weil ihnen ihr Gewerbe in die schlaffen, bemalten Gesichter geschrieben war. Oh, es gab sehr vieles nicht von dem, was sich hier abspielte hinter der strahlenden Kulisse reichster Auswahl an allem, was den verwöhnten Ansprüchen jener genügen kann, die ausreichend Geld haben und – den Krieg vergessen haben.[18]

Eva lässt sich also, so soll deutlich werden, nicht vom Reichtum korrumpieren, sie nimmt die Brüchigkeit der Welt mit ihren sozialen Unterschieden wahr. Anders als Klaus schockiert sie der kriegsversehrte Bettler, der auf seinem Wägelchen reglos an der Ecke kauert und um Almosen bittet – auch wenn es nur Ostgroschen sind, die sie in seine vorgestreckte Mütze legt.

Der Erzähler teilt auch mit, dass die Werbeplakate des Erfolgsfilmes »Bitterer Reis« Eva geradezu anekeln, weil sie meint, der Regisseur versuche, soziale Problemfragen mit einer Prise Erotik zu vermischen. In der Tat war Giuseppe De Santis' neorealistischer Film von 1949 der Versuch, am Beispiel von zwei Liebespaaren das Nachkriegsitalien mit seiner Armut einzufangen und den Klassenkampf anschaulich zu machen. Die Wirkung des gesellschaftskritischen Films hing vor allem mit dem für das Kino neu entdeckten früheren Fotomodel Silvana Mangano zusammen, die lasziv-aufreizend ein Mädchen aus dem Volk spielt. Eva allerdings missfällt die »zu dick aufgetragene Erotik«.[19] Hier ist die Figurensicht einmal mehr identisch mit der Sicht der 19-jährigen Jungautorin. In der Tat verdankte der 1951 mit einer Oscar-Nominierung bedachte Streifen seinen Erfolg vor allem der Ausstrahlung der Hauptdarstellerin. De Santis hat seine Sozialkritik mit Kolportage-Elementen gespickt. Dass Klaus' jungmännlicher Blick vor allem Gefallen an dem »schönen Busen einer so tollen Frau« findet, trägt zur Abwehr bei der eifersüchtigen Freundin bei. Sie muss eine Filmreklame ablehnen, die vor allem auf männliche Zuschauer abzielt. Immerhin war die Wirkung des Films so groß, dass ein üppiger Busen im Berlin jener Jahre eine Zeit lang mit dem Synonym »Bitterer Reis« umschrieben wurde und Silvana Mangano auch im Osten ein Star war.

Wie für das junge Pärchen aus Reimanns Erzählung, so war es bis zum Bau der Mauer möglich, dass Bewohner Ostberlins Kinos und Theater im Westteil der Stadt besuchten und umgekehrt. Aus politischen Gründen konnten Karten für Kino- und Theatervorstellungen in den Westsektoren dabei 1:1 in Ostmark bezahlt werden. Ähnliches galt für die Ostdeutschen im Allgemeinen. Dass auf diese Weise für Ostmark erworbene Karten auf dem Schwarzmarkt für Westmark weiterverkauft werden konnten, das hatten findige Ostdeutsche schnell heraus. Das Westgeld wurde dann zum aktuellen Kurs wieder in Ostgeld umgetauscht. Auf diesem Weg avancierten Kinokarten zu beliebten Tauschobjekten. Ob Klaus sich mit derlei Geschäften auskennt, wird im Text nicht mitgeteilt, auf jeden Fall präsentiert er bei der Rückfahrt eine »funkelnagelneue Lederjacke und ein wildkariertes buntes Hemd, zu dem sein blonder Lockenschopf so prima paßte, daß Eva ihm ganz schnell einen Kuß geben mußte«. Freilich ist Eva erschrocken, als sie den Preis erfährt: »70 – West natürlich«.[20] Klaus nimmt es mit der Ideologie und den Gesetzen des neuen Staates nicht so genau. Er kann sich neueste Modetrends leisten, weil sein Vater von illegalen Schiebereien lebt. Insofern ärgern ihn Evas Vorhaltungen, sie verderben ihm den Spaß. Der Erzähler gibt einen Blick in das Innenleben von Klaus, für den die DDR nicht gleich zugrunde gehen wird, »weil er ein paar Pfund Schokolade und Margarine in der Aktentasche hatte«. Eva ist für ihn »'ne ganz Überzeugte«, ihre leidenschaftlichen Argumente lässt er über sich ergehen, sie tropfen an ihm ab. Dass Eva wiederum mit Klaus' Lockerheit nur schwer umgehen kann, wird bereits auf den ersten Seiten der »Denunziantin« hervorgehoben. Die überzeugte Eva macht seine »Denkfaulheit« geradezu wild, »seine Gleichgültigkeit gegen politische und soziale Probleme, die sie bis zu Tränen erregen konnten«.[21] Bei der Rückfahrt aus Westberlin freilich kokettiert sie mit dem Volkspolizisten, und so gelangen beide ohne Kontrolle wieder in den östlichen Sektor.

Mit dem zweiten Kapitel wechselt der Schauplatz, und die Schule rückt ins Zentrum. Brigitte Reimann entfaltet nun sukzessive den Konflikt um Eva und den Lehrer Sehning. Wenngleich die jungen Leute durchaus die »geistige Führerschaft« von Eva in der Klasse anerkennen, in ihrem Eifer gegen Sehning mag ihr keiner folgen. Das Problem ist auf den Punkt gebracht, als Eva gegenüber Klaus ihren Vorsatz zum Ausdruck bringt: »Und eines Tages fliegt er doch – aber hundertprozentig, sage ich dir.«[22] Der dann folgende Streit zwischen den beiden markiert die unterschiedlichen Fronten, die sich weiter zuspitzen. Im Wechsel von Figurenrede und Erzählerkommentar heißt es: »›Jetzt reicht es mir aber!‹ Der Junge verzerrte den Mund bis zur Grimasse. ›Du – wenn du das tust, dann bist du die längste Zeit meine Freundin gewesen –‹« Evas Antwort erfolgt postwendend, und auch hier kommentiert der Erzähler einmal mehr, wie das Mädchen hinter ihrer klassenbewussten Attitüde die eigene Unsicherheit verbirgt: »›Meine gesellschaftlichen Pflichten stehen mir höher als meine Privatinteressen‹, sagte Eva überheblich und versuchte, sehr märtyrerhaft und großartig auszusehen, während sich doch in ihrem Innern ein sehr kleines, sehr klägliches Mädchenherz zusammenzog bei der Drohung ihres besten Freundes.«[23]

Die Arbeit an den weiteren Kapiteln der »Denunziantin« geht rasch voran. Stolz schreibt Brigitte Reimann der Freundin Veralore Anfang Februar 1953 auch von der Gründung der Arbeitsgemeinschaft Junger Autoren und der Fürsprache von Otto Bernhard Wendler. Ihre schriftstellerischen Versuche bekommen durch seine Unterstützung eine neue Richtung. Der Freundin berichtet sie begeistert, welche Veränderungen eingetreten sind:

> Du erinnerst Dich wohl, daß ich Dir schon früher von meinen schriftstellerischen Versuchen erzählte; vielleicht deutete ich auch im letzten Briefe schon an, daß ich an einem Jugendroman »Die Denunziantin« schreibe. Ich habe hier in Burg einen Mäzen gefunden: den bekannten Schriftsteller O. B. Wendler, der mich außerordentlich fördert (im erfreulichen Gegensatz zu anderen jungen Autoren, die er in seiner ironischen Art scharf kritisiert, was die meisten nicht vertragen), weil er sich viel von mir verspricht.
>
> Auch bei mir ging nicht alles glatt. Ich habe bis vor kurzer Zeit einen unmöglich schwülstigen Ausdruck gehabt, den mir Wendler unbarmherzig vorwarf, bis ich meine Fehler mit Schrecken erkannte und eine ganz neue Bahn beschritt – eben mit meiner »Denunziantin«, von der Wendler begeistert ist. Kürzlich wurde in unserem Bezirk ein Verband junger Autoren gegründet, dessen Vorsitzender der Schriftsteller Brennecke ist. Ich wagte in einem Anfall von Bescheidenheit nicht, mich um Aufnahme zu bewerben, aber das erledigte Wendler für mich, denn eines Tages bekam ich ein Schreiben vom Schriftstellerverband, das mich zur ersten Autorentagung einlud. Welche Freude und auch Ehre mir das bedeutet, wirst Du ermessen können, wenn Du weißt, daß in der ganzen DDR nur ca. 300 Schriftsteller im Verband sind.[24]

Mit Wendler hat Brigitte Reimann einen erfahrenen Autor als Mentor gewonnen. 1895 geboren, gehörte er zu jenen Schriftstellern, deren Debüt bereits in den 1920er Jahren erfolgt war. Sein Lebensweg prädestinierte ihn zu einer Art Vorbild für junge Autoren. Von den Nationalsozialisten war er nach der ›Machtübernahme‹ sofort als Rektor einer Schule abgelöst worden. Schließlich stand er ab 1936 sogar unter Polizeiaufsicht. Ursprünglich hatte Wendler das Lehrerseminar in Genthin besucht, sich 1914 freiwillig zum Krieg gemeldet, aus dem er erst 1918 als Leutnant der Reserve desillusioniert zurückkehrte. Nach dem Krieg schloss er das Seminar ab und wurde Lehrer. Als entschiedener Kriegsgegner trat er 1921 der SPD bei und wurde nach Abschluss seiner zweiten Lehrerprüfung 1927 zum Rektor der neu gegründeten »Sammelschule« berufen, einer weltlichen Schule, die keinen Religions-, dafür aber Lebenskundeunterricht anbot. Die Schule stellte in Deutschland ein Novum dar, sie war von Freidenkern initiiert und vom zuständigen SPD-Stadtrat am Katharinenkirchplatz in der Neustadt von Brandenburg (Havel) innerhalb von nur drei Monaten eingerichtet worden.

Dass Wendler sich nach 1945 für Nachwuchsautoren einsetzte, das hing unmittelbar mit seinen eigenen Erfahrungen zusammen. Er sah sich selbst als »zufälligen Dichter«, der in der Weimarer Zeit als Kinderbuchautor mit Büchern wie »Spuk um Mitternacht« Erfolg hatte. 1929 erschien sein erster Roman »Soldaten Marieen«, in dem er seine Kriegserlebnisse verarbeitete. Der zweite Roman, »Laubenkolonie Erdenglück« (1931), wurde, wie auch seine Arbeit als Stadtrat der SPD in Brandenburg, Ursache dafür, dass er von den Nationalsozialisten aller Ämter enthoben und seine Texte verboten wurden. Der Förderer von Brigitte Reimann verfügte aber auch in den 1930er Jahren über beste Kontakte in Künstlerkreisen. Durch seine Genthiner Zeit war er mit dem Regisseur Robert A. Stemmle befreundet, dem Assistenten Max Reinhardts, der mit Erfolg an der Volksbühne inszenierte und die erste Verfilmung der »Feuerzangenbowle« unter dem Titel »So ein Flegel« mit Heinz Rühmann und Oskar Sima verantwortete. Über Stemmle wurde Wendler mit UFA-Stars wie Hans Albers, Ilse Werner und Heinz Rühmann bekannt und arbeitete als Autor an Filmdrehbüchern mit.[25] So war er auch am Drehbuch zu dem UFA-Klassiker »Große Freiheit Nr. 7« beteiligt.[26] 1947 schied er aus allen Lehrerämtern aus, um sich ganz auf das Schreiben zu konzentrieren.

Von den ersten vier Kapiteln der »Denunziantin« ist Wendler so begeistert, dass er sie für die Aufnahme in eine »Anthologie junger Schriftsteller« vorschlägt. Anthologien bieten bisher unbekannten Autoren neben dem Abdruck in Tageszeitungen die Möglichkeit, mit Verlagen in Kontakt zu kommen und ihre Texte einer literarischen Öffentlichkeit vorzustellen. Doch die von Wendler unterstützte Publikation kommt nicht zustande. Dies hat einen Grund in dem Skandal um die 1953 erschienene Anthologie »Erste Ernte«, in der Autoren der AJA aus den Bezirken Dresden, Leipzig und Karl-Marx-Stadt vertreten waren. In der Neuen deutschen Literatur (NdL) erschien ein Verriss von der anerkannten Kinderbuchautorin Auguste Lazar, die eng mit der Familie Victor Klemperers befreundet war. Allein die Überschrift hat es in sich: »Beckmesser im Verlag Neues Leben« nannte sie ihre Besprechung, in der sie nachweist, in welcher Weise in die Texte der Autoren eingegriffen worden war. »Beckmesser hat nicht nur in kindischer Korrigierwut eine Unzahl überflüssiger, sondern auch sinnstörender Veränderungen vorgenommen, hat nicht nur mit Unverstand, sondern auch leichtsinnig und verantwortungslos drauflos gestrichen und ›verbessert‹«, moniert sie und liefert sogleich zahlreiche Beispiele, darunter das folgende:

> Auf alberne Bessermacherei zurückzuführen ist es, wenn ein Satz wie »Aber die Nacht ist ohne Mond« durch einen anderen: »Kein Mond erhellt das Dunkel« ersetzt wird, wogegen der von dieser Verbesserung betroffene Götz R. Richter mit Recht protestiert.[27]

Auguste Lazar ruft den Deutschen Schriftstellerverband an, der die Nachwuchsschriftsteller dabei unterstützen müsse, dem Verlag Neues Leben klarzumachen, dass es dem »Ansehen der Verlage schadet und der Achtung vor der künstlerischen Arbeit widerspricht«, wenn Korrekturen ohne Zustimmung der Autoren vorgenommen würden. Auch sei es geradezu fatal, dass man auf diese Weise die behutsame Arbeit des Vorwortgebers Rudolf Leonhard zunichtegemacht habe.

Interessant ist, dass Brigitte Reimanns späterer Lektor, Walter Püschel, stellvertretend für das Neue Leben auf die Kritik antwortet und zu begründen sucht, dass Umstrukturierungen im Verlag sowie Unterbesetzung des Lektorats Mitschuld an den Problemen trügen. Letztlich kommt der Verlag der Forderung der Arbeitsgemeinschaft nach und stellt den Verkauf des Buches ein.[28]

17. »Die Denunziantin hat mich manche schlaflose Nacht gekostet« – immer neue Versuche

Die Gründung der Arbeitsgemeinschaft Junger Autoren, deren Mitglied Brigitte Reimann wurde, erfolgte am 11. Januar 1953 in Magdeburg. Dem war ein Aufruf in der »Volksstimme« vorausgegangen, in dem der Schriftstellerverband Magdeburg um die Einsendung von Gedichten und Kurzgeschichten bat. Das stellte den kleinen Verband vor eine schwierige Aufgabe, denn es mussten Hunderte Einsendungen geprüft werden. Schließlich einigte man sich darauf, fünfzehn junge Autoren einzuladen. »Unter ihnen ist ein attraktives Mädchen«, schreibt der Leiter Wolf Dieter Brennecke. »Sie heißt Brigitte Reimann, ist neunzehn Jahre alt und wohnt in Burg bei Magdeburg.«[1]

In der von Männern dominierten Schriftstellerzunft der 1950er Jahre ist Brigitte Reimann nunmehr eine absolute Ausnahme. Als sie zur Gründungssitzung erscheint, zieht sie die Blicke auf sich. »Klein, apart, schwarzhaarig, volle Lippen, fernöstlicher Silberblick; Abiturientin und Neulehrerin, Journalistentochter«, so beschreibt der Freund Wolfgang Schreyer später den ›männlichen Blick‹.[2] Die AJAs, in denen Schreyer und Brigitte Reimann sich fortan engagieren, entstanden schon Ende der 1940er Jahre und wurden in der frühen DDR staatlich sowie durch den Schriftstellerverband in hohem Maße gefördert. Die erste Arbeitsgemeinschaft wurde von Franz Hammer, der von 1946 bis 1950 Landessekretär des Kulturbundes in Sachsen war, in seiner Wohnung gegründet. Zuletzt gehörten unter seiner Ägide Armin Müller, Harry Thürk, Walter Stranka, Hans Jürgen Geerdts und Hansgeorg Stengel zu dem Kreis – junge Schreiber, die zu erfolgreichen Autoren wurden.[3]

In den Arbeitsgemeinschaften sollte unter Anleitung von erfahrenen Autoren der schriftstellerische Nachwuchs herangebildet werden. Die »Arbeitsrichtlinien« des Deutschen Schriftstellerverbandes (DSV) von 1950 weisen die Ziele des neu gegründeten Verbandes aus: Der DSV

> betrachtet es als seine vornehmste Aufgabe, die schöpferischen Kräfte des Volkes zu wecken, aus den breiten Schichten des Volkes junge Talente heranzuziehen und ihnen geistige und materielle Hilfe zur Weiterbildung und Förderung ihrer literarischen Arbeiten zu verschaffen.[4]

Zu den Fördermöglichkeiten für Autoren zählten neben der ideologischen Schulung in Zirkeln das Auftragswesen, Preisausschreiben wie auch Stipendien. Brigitte Reimann verspricht sich von der Mitgliedschaft einen Austausch, und sie hofft, dass sie Unterstützung erhält. Optimistisch macht sie sich an die Überarbeitung der »Denunziantin«, die sie bereits am 7. März 1953 abschließt. Sie ist sich unsicher, ob das Ergebnis den Vorstellungen von Wendler entspricht. Zugleich sieht sie sich gezwungen, ihre Teilnahme an der nächsten Sitzung abzusagen. Der Brief an Wolf Dieter Brennecke klingt gleichermaßen verzweifelt wie hoffnungsvoll:

> Trotz meiner zusagenden Karte, die ich Ihnen vor ein paar Tagen schickte, muß ich jetzt um Entschuldigung bitten, daß ich doch nicht kommen kann. Daß ich in den letzten Tagen so manche Träne geweint habe vor Enttäuschung, an der Autorentagung nicht teilnehmen zu können, auf die ich mich schon den ganzen Monat gefreut habe, brauche ich Ihnen wohl nicht zu versichern. Sie können es sich bestimmt vorstellen, daß nur zwingende Gründe mich zurückhalten. (Mein Freund, um dessentwillen ich letztes Mal Lamento machte, trägt jedenfalls keine Schuld, denn er ist in ein anderes Revier versetzt worden, hat dadurch anderen Schichtwechsel u. kommt erst nächsten Sonntag.)[5]

Es gibt einen einfachen Grund für ihre Absage: Sie ist krank und kann schon seit einigen Tagen wegen einer Hüftgelenkentzündung nicht zur Arbeit. Die Schmerzen sind stark, hinzu kommen Fieber und Abgeschlagenheit. Dazu kommen die angesprochenen Probleme mit ihrem Freund, der nur wochenends nach Burg kommt. Der Facharbeiter ist von seinem Betrieb nach Johanngeorgenstadt in die Wismut-AG delegiert worden. Brigitte Reimann hat sofort reagiert und nachgezogen – in der Schule gekündigt, sich mit ihren Eltern überworfen und sich als Kulturinstrukteurin in der Wismut beworben. Im Raum Johanngeorgenstadt befand sich damals ein erschlossenes Grubenfeld von etwa 10 Quadratkilometern, in dem Uran abgebaut wurde. Bei dem Betrieb handelte es sich um ein deutsch-sowjetisches Bergbauunternehmen. Eingerichtet worden war die Aktiengesellschaft nicht zuletzt, um den Reparationsforderungen der Sowjetunion nachzukommen und Uran für die Atomindustrie zu liefern. Entsprechend unterstand die Wismut-AG zunächst der sowjetischen Verteidigungsindustrie und wurde von Truppen des sowjetischen Innenministeriums gesichert.

Brigitte Reimann hat natürlich von den besonderen Bedingungen in der Wismut gehört, und als sie tatsächlich die Stellung als Kulturinstrukteurin erhält, lernt sie schnell das Klima dort kennen. »Nun mußt Du aber wissen«, schreibt sie an Veralore, »daß gerade diese Stadt als Deutsch-Wildwest verschrien ist, daß es eine reine Männergegend und für Mädchen nahezu unmöglich ist.«[6] Was Brigitte Reimann hier in wenigen Tagen erlebt, deckt sich mit dem, was Werner Bräunig rund zehn Jahre später in seinem Romanprojekt »Rummelplatz« erzählt. Bereits am Beginn des Textes, der bis zum Ende der DDR nicht erscheinen konnte, wird aus der Perspektive des Steigers Hermann Fischer die Atmosphäre eingefangen. Der Vorarbeiter sieht Leute »müde dahin[trotten], mit übernächtigten Gesichtern, die von hier aus bedrückend gleichförmig erschienen«. Zwei der Ankömmlinge werden in dem Vorspann bereits erkennbar zu Hauptfiguren aufgebaut, Christian Kleinschmidt und Peter Loose, Professorensohn und Abiturient der eine, Arbeiterkind und Ungelernter der andere. Das Milieu wirkt auf beide Protagonisten deprimierend, was Bräunig Christian Kleinschmidt im inneren Monolog auf den Punkt bringen lässt: »Das ist also die Wismut. Baracken, Dreck, hölzerne Fördertürme, die wenig vertrauenerweckend aussahen, nochmals Dreck.« Der erste Eindruck scheint die Gerüchte zu bestätigen, von denen er gehört hat, »von den rauhen Sitten, [...] von Saufgelagen, Schlägereien, Messerstechereien, von leichten Mädchen und von Straßenschlachten mit der Polizei«.[7] Genauso erlebt es Brigitte Reimann jetzt. Und als Mitte der 1960er Jahre ein Kapitel von Bräunigs Roman abgedruckt wird und umgehend danach im »Neuen Deutschland« protestierende Leserbriefe erscheinen, erinnert sie sich wieder an jene Zeit. »Heute ist im ND ein Brief von Wismut-Kumpeln (die inzwischen Funktionäre sind) an Bräunig, wegen eines Kapitels aus seinem – noch unveröffentlichten – Roman«, schreibt sie voller Ironie in ihr Tagebuch. »Er hat historische Wahrheiten verletzt, im Schmutz gewühlt, wüste Szenen geschrieben über die braven Kumpel, die ein grandioses Werk aufgebaut haben. Die Schreibenden berufen sich nur auf das Jetzt – die Vergangenheit ignorieren sie einfach. Sie verlangen vom Schriftsteller, daß er alles nur am heutigen Stand politischer und historischer Einsicht mißt – Szenen (wie die, die ich damals bei der Wismut gesehen und erlebt habe) darf es nicht gegeben haben.«[8] Eine solche in den Leserbriefen zu Bräunig geforderte Sicht auf Vergangenes kann nicht anders denn ahistorisch genannt werden, verlangt sie nicht nur eine Bewertung der Vergangenheit aus der Sicht der Gegenwart, sondern zudem eine Darstellung, die mit gegenwärtigen politischen Einschätzungen kompatibel ist – für Brigitte Reimann inakzeptabel. Sie weiß von Konrad Wolfs Film »Sonnensucher« (1958), der an Originalschauplätzen in der Wismut gedreht worden ist, aber die Öffentlichkeit nicht erreichte, weil die sowjetische Botschaft dagegenstimmte.

Wenngleich Brigitte Reimann Ende 1952 ihren Wismut-Plan schnell aufgibt, nach Burg und an die Schule zurückkehrt, hat die Zeit ausgereicht, ihr zu zeigen, was die Wismut ist. Die Erfahrungen bleiben.

Anfang 1953 geht es dann endlich ganz ums Schreiben. Sie verzichtet auf »jede Art von Vergnügungen«, geht nicht mehr aus, trifft sich nur selten mit dem Freund, ist treu und in Gedanken bei Günter.

Zu Ostern wollen sie sich verloben. Und da Günter nur alle drei Wochen aus Johanngeorgenstadt kommt, bleibt neben der Schule Zeit, die sie nutzt, um sich auf die »Denunziantin« zu konzentrieren. Beide haben gemeinsame Zukunftspläne, sie wollen nach Berlin zum Studium, Günter an die Technische Hochschule, um Ingenieur zu werden. Im Herbst soll dann geheiratet werden. Ziel ist es, bis dahin 5000 Mark zu sparen. Und auch die Schriftstellerei soll einen Beitrag leisten.

Über die verschiedenen Überarbeitungsstadien der »Denunziantin« gibt es hinreichende Informationen. Withold Bonner hat in einer lesenswerten Studie bereits 2003 treffend herausgearbeitet, welche Überarbeitungsstufen es gegeben hat und wie die Veränderungen jeweils aussahen. Irritationen ergaben sich für ihn, über fünfzig Jahre nach der Niederschrift, aus dem Umstand, dass hier der Akt einer Denunziation eine moralische Rechtfertigung erfährt und dies dem Anschein nach von allen Beteiligten – Autorin und Umfeld – gebilligt wurde.[9] Dass Brigitte Reimann zunächst bei den Förderern Wendler und Brennecke wie auch bei den Lesungen in der Arbeitsgemeinschaft Zustimmung erntet, ist durchaus nachvollziehbar. Sie liest aus den ersten zwei, dann vier Kapiteln, also jenen, die auch Wendler begeistert rezipiert hat. Wie die Geschichte sich weiterentwickelt, ist zu diesem Zeitpunkt noch nicht absehbar. Wendler schlägt grundsätzlich vor, »Naturalismen der Klein-Mädchen-Pubertät« auszumerzen, aber das habe Zeit. Auch »alle Anklänge an die Burger Verhältnisse« sollten besser wegfallen und schließlich: »Sich selbst aus der Geschichte rausbringen. Lasse die Heldin meinetwegen blond und schlank sein«, schreibt er. Auch merkte er an, dass der Vorwurf »Denunziantin« zu früh falle: »Das muß letzte Steigerung sein. Also die Gegnerschaft der Klasse viel vorsichtiger anlaufen lassen.«[10]

Nun kommt man nicht umhin, die Vorschläge Wendlers als wenig produktiv einzuschätzen. Er war ein Autor, der in seinem ersten Roman, »Soldaten Marieen« (1929), seine Erlebnisse aus dem Ersten Weltkrieg verarbeitete. Sein Roman »Laubenkolonie Erdenglück« (1931) erzählt die Geschichte vom alten Vater Dingelmann, der Ende der 1920er Jahre in der Laube seines Schwiegersohnes lebt, also vom Schicksal eines Arbeitslosen. Aber mit dem »neuen Gegenstand« Anfang der 1950er Jahre hatte er seine Probleme, und für eine Geschichte, die in der »neuen Schule« spielt, fehlte ihm schlichtweg die Erfahrung.

Brigitte Reimann indes versucht im Vertrauen auf den erfahrenen Autor, seine Vorschläge umzusetzen. Allerdings wird der Erzählung damit ein Teil dessen genommen, was sie auszeichnet, das Authentische aus dem Schülermilieu mit einem Sprachduktus, der so gehalten ist, wie man eben miteinander umging.

Kristina Stellas akribische Edition, die alle vier Fassungen der »Denunziantin« vergleicht, belegt zutreffend, wie auf diese Weise genau das entsteht, was Seghers »Sonntagsdeutsch« nennt.[11] Allerdings kann man nicht sagen, dass das Manuskript abgelehnt wurde, weil die Hauptfigur nicht dem Ideal einer positiven Heldin entsprochen hätte. Denn genau das war Eva Hennig aus damaliger Sicht, »Korrekturen« im Sinne der DDR-Kulturpolitik waren nicht nötig. Es handelt sich bei den ersten drei Fassungen vielmehr um eine »systemkonforme Darstellung«. Im persönlichen Gespräch bestätigte Walter Lewerenz Jahrzehnte später eine Art Unwohlsein auf Verlagsseite angesichts der proletkulthaften-linksradikalen Position, in der ein bürgerlicher Lehrer gewissermaßen entsorgt und in den Westen getrieben wird. Der Proletkult, eine 1917 in der Sowjetunion gegründete Organisation, verfolgte das Ziel, eine »vollkommen neue, ausschließlich proletarische Kultur und Massenkunst« zu schaffen.[12] Dabei sollte die Arbeiterklasse gebildet und mit Wissen ausgerüstet werden. Allerdings – und das war das Entscheidende – sollte die neue proletarische Kultur ohne jeden bourgeoisen Einfluss entstehen. Mit anderen Worten ging es darum, eine proletarische Kultur aus den Reihen der Arbeiterklasse aufzubauen. Die Kritik Lenins am Führer des Proletkults, Alexander Bogdanow, kannte Brigitte Reimann sicherlich nicht, einige der Lektoren dann doch sehr wohl.

Was aber viel schwerer ins Gewicht fällt: Das Manuskript geriet in eine diffuse politische Gemengelage. Bereits im April 1953 las Brigitte Reimann in der Arbeitsgemeinschaft einen Ausschnitt aus der Erzählung und erfuhr neben konstruktiven Hinweisen viel Zuspruch. Das überarbeitete Manuskript ging am 17. April an den Mitteldeutschen Verlag, mit dem sie in Verhandlungen über eine Veröffentlichung stand.[13] Der Verlag reagiert nicht sofort, aber in einem Brief vom 4. Juni entschuldigt man sich für das Ausbleiben der längst fälligen Reaktion und lädt die Autorin für den 15. Juni zu einem Gespräch ein, »um mit unserem Lektorat über Ihr Manuskript zu diskutieren«.[14] Dann kam es am 17. Juni 1953 zu dem Volksaufstand, der einen Einschnitt bildete und über den bis zum Ende der DDR die öffentliche Position vertreten wurde, es habe sich um einen »faschistischen Putsch« gehandelt. In diesem Sinne beschreibt Heinz Heitzer das Ereignis in seinem »Geschichtlichen Überblick« 1987 wie folgt:

> Am 17. Juni 1953 nutzten illegale konterrevolutionäre Gruppen, die von Rundfunksendern und Agentenzentralen in Westberlin und der BRD Anleitung erhielten, die Mißstimmung von Werktätigen aus, um einen konterrevolutionären Putsch zu organisieren. Von Westberlin wurden zahlreiche Provokateure in die DDR eingeschleust.[15]

Demgegenüber ist in der Erinnerung größerer Teile der DDR-Bevölkerung das Ereignis mit der Auffassung verbunden, dass die DDR-Regierung zu diesem Zeitpunkt ihre Unfähigkeit erwiesen habe und hätte »abtreten« müssen.[16] Betrachtet man die historischen Fakten, kam es in den Tagen vom 16. bis zum 21. Juni in der gesamten DDR zu Demonstrationen, es gab Streiks, Kundgebungen, und teilweise wurden öffentliche Gebäude gestürmt.[17]

Zweifellos stand die DDR im Sommer 1953 vor einer Wende. Für eine kurze Zeit schien die Abkehr vom stalinistischen Modell, das sich zunehmend durchzusetzen begann, möglich. Bereits seit 1951 hatten sich Rudolf Herrnstadt, der Chefredakteur des »Neuen Deutschland«, und Wilhelm Zaisser, der Minister für Staatssicherheit, für Reformen in der DDR ausgesprochen und eine Ablösung von Ulbricht gefordert. Der Tod Stalins am 5. März 1953 wie auch der 17. Juni hatten dessen

Position stark angegriffen, und alle Signale aus Moskau deuteten auf sein Ende in der SED-Führung. Die Machtkämpfe in der Sowjetunion um die Nachfolge Stalins kulminierten in der Hinrichtung des Innenministers Berija, der – so paradox das erscheint – die Veränderungsbemühungen in der DDR gestützt hatte. Der Reformprozess geriet ins Stocken, und es gelang Walter Ulbricht, Anschluss an die neue Führung in der Sowjetunion zu finden. Herrnstadt und Zaisser wurden in einem parteiinternen Prozess aus der SED ausgeschlossen. Dennoch gab es nach dem Volksaufstand eine kurze Spanne, in der in Verlagen und im Schriftstellerverband offen über die Probleme informiert wurde. Eine Reihe von Autoren und Mitarbeitern kritisierte die Erklärung des Deutschen Schriftstellerverbandes, der offiziell verkündet hatte: »Gewissenlose Hetzer haben versucht, den Friedenskräften, die in der gesamten Welt das Übergewicht gewonnen haben, in den Rücken zu fallen.« Der Regierung und der SED wurde das »uneingeschränkte Vertrauen« ausgesprochen, und es wurde ein akklamatives Bekenntnis abgegeben: »Es lebe die Regierung Grotewohl! Es lebe der Präsident Wilhelm Pieck.«[18]

Dennoch gab es bei der Einschätzung der Ereignisse des 17. Juni 1953 keineswegs ein einhellig kritikloses Votum für die SED-Politik. Ganz im Gegenteil. So stimmten am 25. Juni 1953 alle anwesenden Mitglieder des Deutschen Schriftstellerverbandes im Bezirk Leipzig einer Resolution zu, in der »einmütig festgestellt« wurde, dass die Arbeit der Presse »nicht geeignet ist, das verlorengegangene Vertrauen breiter Teile der Bevölkerung wiederzugewinnen«. Ferner wurde verlautet: »Dies erfüllt uns Schriftsteller mit tiefer Sorge.« Die Autorinnen und Autoren wandten sich gegen »lückenhafte und beschönigende Informationen« und gegen »Versuche, die Demonstrationen zahlreicher Arbeiter lediglich als Folge von Agentenarbeit darzustellen«. In der Resolution, die 24 Autoren, darunter Erich Loest, Georg Maurer, Wieland Herzfelde, Werner Lindemann, Günther Deicke und Hildegard Maria Rauchfuß unterzeichnet hatten, wurde abschließend erneut »rückhaltlose Wahrheit« gefordert.[19]

Die Wertung des Aufstandes signalisierte, dass bei grundsätzlicher

Zustimmung zum »Projekt DDR« eine veränderte Politik gefordert wurde. Auch im Bezirksverband Berlin, dem größten in der DDR, gab es auf einer außerordentlichen Sitzung vom 22. Juni 1953 die Forderung, »wahrheitsgetreu über Tatsachen« zu schreiben. Stattdessen habe man »schlechte und schöngefärbte Reportagen« gebracht.

Stefan Heym sah eine entsprechende Schuld auch aufseiten der Autoren. »Die Entfremdung, die in der Bevölkerung eingetreten ist, ist auch ein Fehler der Schriftsteller. Es gilt jetzt, die Situation wieder zu heilen. Wir müssen die Feder nicht nur der Arbeiter, sondern auch der Intelligenz und der Bauern sprechen lassen.«[20] Heym forderte, dass die »Phrasendrescherei« endlich aufhören müsse. Im Zentrum der Debatte stand die Erörterung von Möglichkeiten, sich publizistisch zum 17. Juni 1953 zu äußern und in die Betriebe zu gehen, um »Aufklärungsarbeit« im Sinne des »Neuen Kurses« zu leisten.[21]

Unter den im Archiv des Schriftstellerverbandes bis 1989 unter Verschluss gehaltenen Materialien befinden sich zahlreiche Dokumente, die die Vielstimmigkeit der Positionen markieren. So auch ein bislang weitgehend unbekanntes »Poem« des damals erst 24-jährigen Günter Kunert mit dem Titel »Unter Euch war ich«.

> Unter Euch war ich an jenem Mittwoch in der Leipziger Straße. In
> der Friedrichstraße. Auf dem Alexanderplatz.
> Hörend. Sehend. Fühlend.
> Zorn hatte Euch ergriffen, wie eine Flamme das Trockene Holz.
> Aber daß dann andere sich die Hände wärmen und ihr scharfes
> Süppchen kochen würden, das hattet Ihr
> Nicht gedacht.
> Ich hörte, Ihr hattet es nicht gedacht.
> Marschiert seid Ihr zu denen, die für Euch regieren. Doch
> Der Marsch führte nicht zu denen, sondern gegen sie auf
> Einmal. Von der Straße weg tratet Ihr an den Rand.
> Ich sah, die Beine wurden Euch schwer.
> Daß Einiges nicht stimmte, fühltet Ihr. Ihr fühltet es
> In der Lohntüte. Ihr fühltet es im Magen. Doch was fühltet Ihr

> Als Eure Fahne am Boden brannte? Und als die Glasfenster
> Brachen? Als der erste Qualm aufstieg? Nicht Einiges,
> Vieles stimmte dabei nicht.
> Ich fühlte, Euch war nicht wohl in der Haut, die Euch
> Der Feind zugedacht. Ihr spürtet sie schon.
> Das hörte ich sagen. Das sah ich geschehen. Das fühlte ich
> In den Seelen. An jenem Mittwoch. An diesem 17. Juni 1953.
>
> *Poem von Günter Kunert*
>
> *23. 6. 53*[22]

Bei aller möglichen Kritik, nicht zuletzt an dem, was die Arbeiter in der Lohntüte fanden, bringt Kunert die Rede letztlich doch wieder auf den »Feind«, der hier seine Hände im Spiel habe. Daneben finden sich Berichte und Reportagen von Karl Grünberg und Wieland Herzfelde, die ein authentisches Bild von der Stimmung geben und signalisieren, dass ein Teil der Autoren die stalinistischen Fehlentwicklungen in der DDR besorgt registrierten. In einer als »vertraulich« eingeschätzten Information unter der Überschrift »Was sagen die SED-Genossen« notiert Grünberg:

> Allgemein ist eine tiefe Depression darüber, daß die Partei, die gestern noch so stolz auf den großen Erfolgsstraßen des Sozialismus marschierte, heute den vollkommenen Zusammenbruch dieser Politik feststellen mußte! Wie konnte das geschehen. Darüber grübeln unzählige nach, die unserer Partei z. T. seit Jahrzehnten durch dick und dünn gefolgt sind; die Enthüllungen über die Putschisten aus dem Westen können diese Tatsachen des Zusammenbruchs unserer auf den Sozialismus ausgerichteten Politik nicht aus der Welt schaffen bzw. beschönigen. Was wird dazu gesagt?[23]

In der Folgezeit nahmen im »Neuen Kurs« Formalismusvorwürfe gegen Künstler ab, gleichzeitig nahmen die Versuche zu, mit Intellektuellen ins Gespräch zu kommen. Diese Rahmenbedingungen, die auch die Arbeit der Verlage beeinflussten, konnte Brigitte Reimann nicht kennen. Vor diesem Hintergrund ist es geradezu tragisch zu nennen, wie die junge Autorin sich in den nächsten zwei Jahren mit immer neuen Ansätzen der Überarbeitung abmüht, die jeweils in wechselnde kulturpolitische Kontexte geraten und im Mitteldeutschen Verlag und dem Verlag Neues Leben in unterschiedliche Verlagsprofile. Klar dürfte zudem sein, dass sie zunehmend Distanz zur Fabel gewinnt, in der der Akt der Denunziation das glorreiche Zentrum bildet. Erst mit der vierten Fassung nähert sie sich in einigen Episoden einem Autor an – und dies ist verblüffend –, der fast zeitgleich eine Geschichte schrieb, die ebenfalls im Schulmilieu spielt und in der DDR keine Chance auf Veröffentlichung hatte: Uwe Johnson.

18. »Ein verzerrtes Bild jener Zeit« – wie zwei Debüts sich annähern

Wie Brigitte Reimann erzählt Uwe Johnson in »Ingrid Babendererde« von jungen Leuten, die in einer mecklenburgischen Kleinstadt im Mai des Jahres 1953 kurz vor dem Abitur stehen. Sein Roman ist nur zwei Jahre später angesiedelt als Brigitte Reimanns »Denunziantin«. Ingrid Babendererde, Klaus Niebuhr und Jürgen Petersen, die Hauptfiguren und Schüler der Klasse 12a der Gustav-Adolf-Oberschule, geraten in den staatlicherseits provozierten Konflikt um die christliche Junge Gemeinde. Aus moralischen wie politischen Gründen halten sie das Vorgehen des Staates gegen einzelne Mitschüler für einen Verfassungsbruch. Ingrid und Klaus, die ein Paar sind, ziehen die Konsequenz und verlassen die DDR. Jürgen wird für seine Ideale eines demokratischen Sozialismus weiter einstehen und in der Jonas-Figur der »Mutmassungen über Jakob« (1959) bei Johnson eine Fortsetzung finden. Als ein Thema fasste Johnson später »all die Knoten und Knicke und Brüche in Lebensläufen« zusammen und wie sie sich ergeben bei Personen »seit dem verfassungswidrigen Kirchenkampf von 1953«.[1] Dabei griff der Autor – genau wie Brigitte Reimann – mit Stoff wie Thema auf die eigenen Erfahrungen als Schüler an der John-Brinckman-Oberschule in Güstrow sowie als Student an der Universität Rostock zurück.

Nach dem Abitur im Juni 1952, ein Jahr nach Brigitte Reimann, fiel der Beginn seines Germanistikstudiums ab September 1952 in jene Monate, als mit der II. Parteikonferenz der SED vom Juli 1952 der Aufbau des Sozialismus in der DDR als unmittelbare Aufgabe gestellt wurde. Ausgehend davon, zeichneten sich in der Schul- und Hochschulpolitik deutliche Veränderungen ab. Mit dem Beschluss vom 29. Juni 1952 »Zur Erhöhung des wissenschaftlichen Niveaus des Unterrichts und zur Verbesserung der Parteiarbeit an den allgemeinbildenden Schulen« erfolgte eine Neubearbeitung der Lehrpläne und Lehrbücher. Eine Zäsur in der Schulpolitik stellte das Jahr 1952 auch deshalb dar, weil es zu einer Modifizierung der Gesetze zur »Demokratisierung der deutschen Schule« von 1946 kam. Ursprünglich bestand laut Paragraph 1 das erklärte Erziehungsziel darin, die Schüler zu »selbständig denkenden und verantwortungsbewußt handelnden Menschen zu erziehen« im Geiste einer »echten Demokratie«.[2] Das war eine Orientierung, die auf Zustimmung bauen konnte. Der Gründungskonsens wird in Johnsons »Babendererde« denn auch wörtlich zitiert und explizit von jener »außerordentlich straffen und unbedingten Organisation« abgesetzt, die für die Protagonisten schließlich bestimmend wird.[3] Mit der gesetzlichen Umorientierung galten die Schüler als »junge Erbauer des Sozialismus«, womit der Druck auf die Institutionen wuchs. Genau diese Entwicklungsstufen samt Folgen erfasst Johnson und stellt sie in Form einer Rückwendung[4] bewusst dem Höhepunkt des Textes, Ingrids Rede auf »Eva Maus Hosen« und gegen Kleiderordnung, voran.[5]

Für die Lehrerschaft bedeutete der Einschnitt, dass Fragen der Parteizugehörigkeit wie solche einer vermeintlich marxistischen Interpretation für alle Unterrichtsfächer maßgeblich wurden. Das erklärt in »Babendererde« die Hilflosigkeit einzelner Lehrer, denen die vulgärmaterialistische Wertung von Vergangenheit wie Gegenwart nicht einleuchten will. Dr. Kollmorgen (genannt Ähnst) hat entsprechend Schwierigkeiten, die erdkundlichen Betrachtungen in Verbindung zu bringen mit der Entwicklung in der Sowjetunion.[6] Die neue Schulpolitik führt zudem zu einer Isolierung der »bürgerlichen« Lehrer[7] und letztlich dazu, dass sie ihrer sozialen Existenz wegen sich den einsetzenden Zwangsmaßnahmen gegen Schüler nicht widersetzen.[8]

Für die Schülerschaft in der DDR bedeutete die mit der II. Parteikonferenz einsetzende stringente Verpflichtung auf den Aufbau des Sozialismus eine Stärkung der Rolle der FDJ und den Versuch, die Jugend in *einer* Organisation zusammenzufassen.[9] Die evangelische Junge Gemeinde galt als Konkurrent, da ihr ein nicht geringer Teil der Schüler weiterhin angehörte.[10] Johnson spitzt in »Babendererde« den Konflikt poetisch zu, denn bei ihm hat der größte Teil der Schüler mit der Jungen Gemeinde nichts zu tun, eine politische »Gefährdung« ist also gar nicht gegeben. Von Ingrid, Klaus und Jürgen heißt es, sie »seien alle drei nicht mit der Jungen Gemeinde verschwägert und keiner werde sie für bedeutend halten«.[11] Der Erzähler merkt an, dass in der 12a Marianne »als einzige zur Jungen Gemeinde« gehört und es »lange ihr Kummer [war], daß Ingrid nichts davon wissen wollte und immer nur lachte, wenn sie vorsichtig davon anfing«.[12] Den Intentionen des neuen Staates folgend, »trat die Klasse 10 A II vollständig ein in die Organisation der Freien Deutschen Jugend«, als die »Demokratische Republik ungefähr ein Jahr lang bestanden hatte«, also zu Schuljahresbeginn im Herbst 1950.[13] Das entspricht den historischen Fakten, wonach Anfang der 1950er Jahre die Zahl der FDJ-Mitglieder deutlich zunahm. Die staatlichen Instanzen störte, dass dennoch viele Schüler weiter Beziehungen zur Jungen Gemeinde unterhielten. Dieser Umstand reichte aus, um einen der Verfassung widersprechenden Circulus vitiosus in Gang zu bringen: Eine Analyse für das Politbüro des ZK der SED vom Juli 1952 gelangte zu der Auffassung, die Kirchenleitungen würden »im Solde des amerikanischen und deutschen Imperialismus stehen« und die Arbeit der Jungen Gemeinde sei »auf den USA- und westdeutschen Imperialismus ausgerichtet«. Den »Hauptkern« der Jungen Gemeinde sah der Bericht an den Erweiterten Oberschulen, »weil die Jugendlichen aus dem Bürger- und Kleinbürgertum den reaktionären Bestrebungen der Kirchenleitungen am leichtesten verfallen«.[14] Johnsons Wahl des Schauplatzes Schule wie des zeitlichen Rahmens (Frühjahr 1953) ergab sich also aus den historischen Konstellationen. Der Jungen Gemeinde wurde einerseits vorgeworfen, sie würde die Jugendlichen davon abhalten, sich in der FDJ zu engagieren. Andererseits machte der ZK-Bericht eine Tendenz aus, wonach Mitglieder der Jungen Gemeinde eine Mitgliedschaft in der FDJ mit dem Ziel anstrebten, die Arbeit dort »zu erschweren«.[15] Es ist diese Doppelmitgliedschaft von Elisabeth Rehfelde, die im »Babendererde«-Text Ausgangspunkt des Konflikts wird.[16]

Mit dem 3. August 1952 – unmittelbar vor Johnsons Immatrikulation – begann die vom FDJ-Zentralrat herausgegebene Tageszeitung »Junge Welt« mit einer Artikelserie über die vermeintlich »feindliche Tätigkeit« der Jungen Gemeinde. Der Erfolg der einsetzenden Kampagne war begrenzt, im Dezember 1952 notierte ein weiterer Bericht: »Die Junge Gemeinde hat in ihrer zahlenmäßigen Stärke im letzten Schuljahr zugenommen. Gegenwärtig gibt es nicht wenige Oberschulen, an denen um 50 bis 70 % aller Schüler der Jungen Gemeinde angehören. Davon ist auch ein erheblicher Teil Mitglied der FDJ.«[17] Zu regionalen Zentren der Jungen Gemeinde zählten Mecklenburg, Ost-Sachsen sowie das Wismut-Gebiet.

Der Bericht bildete den Ausgangspunkt für einen Beschluss im Politbüro der SED vom 27. Januar 1953, der darauf orientierte, die »feindliche Tätigkeit« der Jungen Gemeinde zu »entlarven« und ihre Arbeit zu verbieten. Zu diesem Zweck wurde ein abgestimmter Katalog an Maßnahmen beschlossen. Neben propagandistischen Veranstaltungen erhielt der Generalstaatsanwalt der DDR eine Weisung, Schauprozesse gegen Mitglieder der Jungen Gemeinde durchzuführen. »Aktiven Mitgliedern und Funktionären« sollte zudem untersagt werden, ein Studium an Universitäten und Hochschulen der DDR aufzunehmen.[18] Zur Kontrolle der Maßnahmen setzte das Politbüro eine Kommission ein, der neben dem 1. Sekretär des Zentralrates der FDJ, Erich Honecker, Volksbildungsminister Paul Wandel sowie der Staatssekretär im Ministerium für Staatssicherheit Erich Mielke angehörten. Die FDJ-Tageszeitung »Junge Welt« berichtete erneut – nunmehr über zwei Monate von Mitte März bis Ende Mai 1953 – fast täglich über die vermeintlich staatsfeindliche Tätigkeit der Jungen Gemeinde.[19]

Der von Johnson in den »Begleitumständen« zitierte Beitrag, mit dem die Auseinandersetzung zwischen FDJ-Sekretär Dieter Seevken und Elisabeth Rehfelde ihren Anfang nimmt und auf den sich später Direktor »Pius« Siebmann bezieht, erschien in der Sonderausgabe vom 16. April 1953.[20] Der letzte Artikel gegen die Junge Gemeinde findet sich in der »Jungen Welt«-Ausgabe vom 30. Mai 1953, es ist der Tag, an dem Klaus und Ingrid die DDR verlassen.

In Mecklenburg, wo Johnsons Roman angesiedelt ist, wurde eine Reihe von Schauprozessen in Zusammenarbeit von Ministerium des Innern, Schulleitung, SED, FDJ-Leitungen und MfS geplant und durchgeführt. In Abstimmung von Bezirksdirektionen der Volkspolizei (BDVP) und SED-Bezirksleitung Schwerin erging an die Volkspolizei-Kreisämter folgende Mitteilung: »In der Zeit vom 27. 3. – 2. 4. 1953 werden alle reaktionären Schüler der kirchlichen Jugendorganisationen in den Versammlungen der Oberschulen entlarvt und von den Schulen verwiesen. In den Versammlungen wird besonders gegen die feindliche Tätigkeit der Jungen Gemeinde Stellung genommen.«[21] Die Außensteuerung, mithin der Eingriff der »großen Politik« in den Schonraum Schule, wird in »Babendererde« explizit betont. Erzähler und Ingrid verweisen auf »vier völlig fremde Gesichter über blauen Hemden«, wobei der »mit den langen Haaren« aktiv mittut.[22] Auch an Johnsons Güstrower Oberschule, die im Text bis auf poetisch motivierte Abweichungen exakt erfasst wird, fand eine Schulversammlung zum Ausschluss von Vertretern der Jungen Gemeinde statt. Im Bezirk Schwerin kam es zur Relegation von 46 Oberschülern, insgesamt waren es in der DDR etwa 300.[23] In der Bezirkshauptstadt Schwerin wurden die Schauprozesse mit besonderer Intensität an den Goetheschulen I und II vorbereitet und am 31. März sowie 1. April 1953 durchgeführt, 19 Oberschüler mussten danach die Schulen verlassen. Johnson war über die Vorgänge sowohl in Güstrow als auch vermutlich in Schwerin informiert,[24] und was an den Universitäten der DDR ablief, erlebte er im Frühjahr 1953 selbst mit.[25]

Wenngleich Brigitte Reimann zu diesem Zeitpunkt weder das Manuskript von Uwe Johnson kannte noch sämtliche politische Implikationen wahrnahm, ist mit Sicherheit zu sagen, dass sie in der vierten, unvollendeten Fassung versuchte, eine andere Geschichte zu erzählen, mit der sie genau an nunmehr existierende Tabus rührte, die mit den ursprünglichen Kritikpunkten an den früheren Fassungen nichts mehr zu tun hatten. Bei der zweiten und dritten Fassung waren im Mitteldeutschen Verlag Einwände gegen die vermeintlich erotische Komponente gekommen, andere wiederum monierten, dass Eva »jahrelang ein

Liebesverhältnis zu einem Mitschüler [unterhält], um dessentwillen sie die umfangreichen Schiebereien des Vaters verschweigt«. Auch gebe sich Eva kokett und habe ausschließlich Freunde »aus bürgerlichen Familien«. In einem Brief an Peter Nell vom April 1955 notiert die Verfasserin verzweifelt, dass sie das alles nicht verstehe, »ich weiß gar nicht mehr ein noch aus«.[26]

Anders die vierte Fassung. Allein der Titel: »Wenn die Stunde ist, zu sprechen ...« deutet an, welcher Autor inzwischen zu einem Bezugspunkt geworden ist, nämlich Ernest Hemingway. Und in der Bewertung des Amerikaners hat sich inzwischen eine deutliche Veränderung ergeben. Noch in einer früheren Fassung der »Denunziantin« liest Eva – darauf hat Withold Bonner verwiesen – Sinclair Lewis, Theodore Dreiser und Howard Fast, die Klaus als Tendenzliteratur ablehnt. Er favorisiert stattdessen Hemingway:[27] »Weißt du noch, ich hatte dir einmal einen Roman von Ernest Hemingway, ›Wem die Stunde schlägt‹, gegeben. Ein Jammer, daß man so hervorragende Autoren wie Hemingway im Osten überhaupt nicht in die Hände kriegt.« Das werde schon Gründe haben, dass die in der DDR nicht veröffentlich werden, wendet Eva ein. Das war damals mit einiger Wahrscheinlichkeit auch die Sicht von Brigitte Reimann, inzwischen aber gehörte Hemingway zu ihren Lieblingsautoren, was für die neue Autorengeneration Mitte der 1950er Jahre in der DDR insgesamt galt. Erich Loest dazu:

> Ich kam aus dem Krieg zurück. Ich war Soldat gewesen, ich war neunzehn, als ich nach Hause kam, und Deutschland war noch offen, Berlin war noch offen. Wir fuhren nach Berlin, wir fuhren nach Hamburg. Und es kam Literatur aus den Westzonen auch zu uns, und es kamen die ersten Geschichten von Hemingway. Und eine ganze Generation ist damit infiziert worden, auch ein bisschen versaut worden.[28]

Allein eine Episode belegt, welchen Sprung Brigitte Reimann inzwischen auch politisch gemacht hat. Erzählt wird im 6. Kapitel der vierten Fassung, das den Titel »Einer spricht zuviel – und was danach geschieht« trägt, von einem Vorfall, der sich drei Jahre zuvor, also 1949, ereignet hat. Der Mitschüler Kurt Hansen wird verhaftet, weil seine Eltern vorgeblich Gelder im Betrieb veruntreut hätten. Informationen gibt es nicht, niemand erfährt, ob der Schüler beteiligt war, er bleibt spurlos verschwunden. »Doch glaubten die Schüler ein Recht darauf zu haben, Gewisses über das Schicksal ihres Kameraden zu erfahren. Die Schulleitung schwieg. Die Lehrer, direkt befragt, zuckten die Schultern und schwiegen. Eines Tages wurde der Name ›Kurt Hansen‹ im Klassenbuch ausgestrichen.«[29] Das wollen die Schüler nicht akzeptieren, sie fordern in einem Brief an den Schulleiter Aufklärung und drohen mit einem Proteststreik. Der Schulrat wird involviert, »ein bis zur Erbarmungslosigkeit strenger und mißtrauischer Mann, witterte in jedem Zweifler einen Staatsgegner und hieß unbedenklich jede noch so harte Maßnahme gut, wenn sie sich gegen einen selbständig Denkenden – für ihn gleichbedeutend mit Klassenfeind – richtete«.[30]

Wie bei Uwe Johnson ist es auch bei Brigitte Reimann nunmehr der Schuldirektor, der den Konflikt mit den jungen Leuten zuspitzt. Es kommt zur Relegation der beiden Wortführer des Schulprotests. Nur durch die Fürsprache von Studienrat Sehning werden Klaus und Johnny, die in die Affäre verwickelt sind, nicht der Schule verwiesen. Wenige Woche später, während einer Versammlung in der Aula, fordert der Direktor die Jungen und Mädchen auf, in die FDJ einzutreten. Und er lässt durchblicken, dass man eine Liste führt, auf der diejenigen notiert werden, die sich gegen eine Aufnahme aussprechen. »Drei Tage darauf war die Mitgliederzahl von 43 auf 218 emporgeschnellt«:

> Seit jenen Herbsttagen hat das Schweigen sich über die Schule gebreitet: keine Auflehnung mehr gegen Ungerechtigkeiten, keine ehrliche Diskussion im Gegenwartskunde-Unterricht, kein offenes Wort gegen Lehrer wie Rinck und Stolze … Man hält den Mund und macht mit, man schimpft zuhause oder im Kreis der vertrautesten Freunde, man spricht und schreibt, was die Lehrer erwarten – die Aufsätze in Deutsch und Gegenwartskunde sind musterhafte Zeugnisse einer gefestigten Ideologie.

> Vor einem Jahr ist der Mathematiklehrer Munde entlassen worden, ein weitgereister Mann, sieben Sprachen kundig, um seines trockenen Humors willen beliebt im Kollegium und verehrt von den Schülern. Stolze hat bei einem Besuch in Mundes Wohnung westdeutsche und amerikanische Zeitschriften auf – oder in? – dessen Schreibtisch entdeckt.
>
> Munde ist nach seiner Entlassung in den Westen gegangen und lehrt jetzt an einem Hamburger Gymnasium. Die Schüler haben getobt und gejammert und dem Stolze Rache geschworen. Wie der im Unterricht wieder vor sie hingetreten ist, haben sie geschwiegen und sich geduckt und russische Vokabeln gebüffelt und brav mitgelacht über seine abgeschmackten Witze, um Gnade zu finden vor seinen Augen.
>
> Proteststreik? – Ungeheuerlicher Gedanke!
>
> Dies also ist die Situation an einer kleinstädtischen Oberschule, die Eva Hennig besuchen muß. Sie hat die sparsamen Sätze, Andeutungen nur, der Jungen aufgenommen und modelt sich ihr Bild. Sie sieht nicht das schwarze Tuch des Schweigens, unter dem ihre Kameraden ersticken. Sie spürt in den Worten der drei ihr gleichaltrigen Jungen das schwache Flämmchen beginnenden Aufruhrs. Und sie sieht ihre Aufgabe: das Flämmchen auszutreten und den Schreiern den Mund zu stopfen.[31]

Das hört sich fast so an, als hätte Brigitte Reimann Uwe Johnsons Manuskript gelesen. Denn auch bei Johnson ziehen die Schüler nach der Konfrontation mit dem Direktor das Schweigen vor, weil »Pius nicht mehr hören wollte, wie es war nach ihrer Einsicht«.[32] Johnson vermeidet es in »Babendererde« – wie Brigitte Reimann in der vierten Fassung der »Denunziantin« –, trotz der Folgen für die jungen Leute die real-sozialistische Gesellschaft und ihre schon existierenden Strukturen für die Eskalation verantwortlich zu machen. Die Schuldfrage wird an einzelne Vertreter des Systems abgeleitet. Wiederholt versichert der Erzähler, dass die Abiturienten sich für die DDR und gegen den Westen entschieden – obwohl sie anders hätte entscheiden können. Noch vor dem

Tribunal heißt es: Der »einzige Vorwurf« der Schule an die Demokratische Republik »war manchmal doch der, dass sie ihnen einen solchen Direktor habe vorsetzen mögen«.[33] Als die Schüler schließlich wie in der »Denunziantin« das Schweigen vorziehen, besteht das vom Erzähler hervorgehobene »Sonderbare ihrer Verteidigung« in »deren Richtung für die Demokratische Republik und gegen Pius«.[34] Noch im Bewusstsein des Verlustes macht Klaus nicht die »Demokratische Republik« für das Geschehene verantwortlich, sondern die die politische Macht besitzenden Subjekte. »Ich möchte mit solchen Leuten nichts mehr zu tun haben«, heißt es.[35] Dem Prinzip Hoffnung folgend, wird sowohl von Brigitte Reimann als auch von Uwe Johnson die Utopie, die im Selbstversprechen des neuen Staates steckt, verteidigt. Die Überlegung, dass es möglicherweise die entstehenden gesellschaftlichen Strukturen sind, die einen demokratischen Sozialismus unmöglich machen, liegt noch nicht im Horizont der Figuren.

Warum dann die vierte Fassung von Brigitte Reimann nicht angenommen wird, das teilt ihr schließlich der Cheflektor des Verlages Neues Leben, Walter Püschel, mit. Er bringt die Kritik des Verlages klar auf den Punkt. »Der Sektor aus dem Leben der Oberschüler und aus einem bestimmten Entwicklungsstadium unserer antifaschistisch-demokratischen Ordnung (1949/50), den Du ausgewählt hast, gibt ein verzerrtes Bild jener Zeit. Das soll nicht heißen, daß die Beispiele des Dogmatismus und der Verletzung der Gesetze und der Intoleranz, die Du gibst, nicht der Wirklichkeit entnommen sind.« Das alles habe es einmal gegeben, aber inzwischen sei das überwunden. Zudem würde die »Darstellung dieser Erscheinungen in solcher Ausschließlichkeit« das Positive verdecken, »das in jenen Jahren geschaffen worden ist«.[36] Hier findet sich bereits ein Argument, das bis weit in die 1970er Jahre bei der Ablehnung von Manuskripten ins Feld geführt wurde und mit dem Brigitte Reimann es auch bei den nachfolgenden Romanen zu tun bekam, vor allem mit ihrer »Franziska Linkerhand«. Die dogmatischen Verengungen seien nicht typisch und zudem inzwischen überwunden.

Vergleicht man diese Einwände mit jenen, die gegenüber Uwe Johnson von DDR-Verlagen ins Feld geführt wurden, dann gleichen sie sich, ja, sie sind fast identisch. Wobei es einen Unterschied gibt: Johnson legte den Verlagen im Januar 1957 ein fertiges Manuskript vor, ebenfalls die vierte Fassung. Jahrzehnte später hat Johnson in seinen »Begleitumständen« von der Entstehungsgeschichte berichtet.[37] Die bis Januar 1957 entstandene vierte und letzte Fassung ging im Februar 1957 auch an den Suhrkamp Verlag im Westen.[38] Die literarische Qualität des Manuskriptes wurde in sämtlichen DDR-Verlagen erkannt. Als Johnson seine »Babendererde« am 5. März 1957 an den Mitteldeutschen Verlag schickte, erbat er sich eine schriftliche Einschätzung. »Dieses Manuskript ist nicht druckbar«, heißt es da. Und es folgt die Aussage: »Der Autor hochbegabt, aber unausgegoren.« Wie bei Brigitte Reimann wird das »noch Pubertäthafte in der Gestaltung« moniert. Entscheidend aber ist das abschließende Urteil, das sich wie bei Walter Püschels Ablehnung der »Denunziantin« liest: »Was zu fehlen scheint, ist, daß alle diese negativen Erscheinungen als bestimmte und bestimmbare Etappe innerhalb eines großen dialektischen Prozesses dargestellt werden. [...] Der Wahrheit entsprechende einzelne Ereignisse können, unproportional aufgeboten, die Unwahrheit über einen großen Zusammenhang aussagen.«[39]

Die Gemeinsamkeiten liegen auf der Hand, und es kommt noch etwas Entscheidendes dazu. Die beiden Debütgeschichten von Reimann und Johnson und deren Ablehnung verbindet die politische Situation der Jahre 1956/57: Nach den Ungarn-Ereignissen setzte mit der 30. Tagung des ZK der SED vom Januar 1957 öffentlich ein harter Kurs gegen reformerische Intellektuelle ein. Walter Ulbricht nahm die Verhaftung von Wolfgang Harich zum Anlass, in seinem Beitrag aggressiv Verbindungen zwischen Harich und den »konterrevolutionären Aktivitäten« in Ungarn herzustellen. Erich Honecker erhob die Forderung, eine »Prüfung der Haltung bzw. der staatsfeindlichen Tätigkeit einiger Genossen« vorzunehmen. Der Autor Willi Bredel, den Brigitte Reimann schätzte und dessen Haltung Johnson in seiner Klausur zum IV. Schriftstellerkongress 1956 positiv wertete, attackierte den Kulturbund als »Schlupfwinkel« für »staatsfeindliche Machenschaften«.[40] Bereits wenig später, auf der am 26. März 1957 stattfindenden Sitzung des Politbüros des ZK der SED, wurde eine Vorlage eingebracht, die den Titel trug »Bericht über die Entstehung und Entwicklung der konterrevolutionären Gruppe des Wolfgang Harich in der Parteiorganisation des Aufbau-Verlages«.[41] Mit Blick auf die Zeitschrift des Kulturbundes »Sonntag« heißt es, dass eine weitgehende Übereinstimmung zwischen den Redakteuren und Harich bestünde. Insofern waren Johnsons Befürchtungen nicht unbegründet, das Manuskript könne in falsche Hände geraten, das auch dem Aufbau-Verlag sowie Georg Piltz, dem Redakteur des »Sonntag«, vorlag.[42] Anfang Juli 1957 geriet auch Hans Mayer, Johnsons Lehrer in Leipzig, in die Schusslinie. Paul Fröhlich, 1. Sekretär der SED-Bezirksleitung Leipzig, unterstellte erregt, dass in Leipzig »durch die Wirkung von Professor Hans Mayer die revolutionäre Arbeiterliteratur seit jeher abgelehnt« werde und man dort »Kader auf der Grundlage der bürgerlichen Dekadenz« erziehe.[43] Damit ist bereits vorgegriffen in eine Zeitt, da Brigitte Reimann mit einem der wichtigen Redakteure des »Sonntag« in einer engen Beziehung steht, nämlich mit Georg Piltz. Im Gespräch 2002 hat dieser bestätigt, was Uwe Johnson über ihn in den »Begleitumständen« – ohne Namensnennung – schreibt: dass er ein vehementer Befürworter des Manuskriptes war. Am 31. Dezember 1956 hatte er an den Jungautor Johnson aus Güstrow geschrieben:

> Ich habe seit vielen Jahren kein Manuskript mit soviel Interesse gelesen, wie das Ihre. Sie haben einen Stoff angepackt, der meiner Meinung nach dringend einer Behandlung bedurfte, wenn ich mir auch nicht verhehle, dass die Zeit für ein solches Manuskript noch nicht reif ist. Das Buch ist sauber, anständig, geistig klar und kompromißlos in der Lösung des aufgeworfenen Problems. Trotz einiger formaler Mängel ist es Ihnen gelungen, ein Werk zu schaffen, das die Atmosphäre in der Republik so dicht wiedergibt, wie kein anderes sonst.[44]

Als Georg Piltz diese Einschätzung zu Johnsons Roman abgab, kannte er Brigitte Reimann bereits eineinhalb Jahre. Im August 1955 hatten sich beide in Rheinsberg getroffen, um an dem Manuskript »Frau am Pranger« zu arbeiten. Es steht außer Frage, dass die beiden sich auch über die »Denunziantin« austauschten. Gesprächsweise hat Piltz bestätigt, dass er den ursprünglichen Ansatz der ersten Fassungen kannte, diese aber nicht akzeptieren konnte, er sah darin ein Exempel für »linientreue« Literatur. Etwa ein Jahr später, im Sommer 1956, sei dann das Manuskript von Uwe Johnsons »Babendererde« in der Redaktion des »Sonntags« gelandet, und man entschied sich, Auszüge zu drucken.[45] Er habe Brigitte Reimann vom Schulroman des Kollegen erzählt und den gänzlich anderen Grundansatz positiv hervorgehoben. Der Name des Autors sei, seiner Erinnerung nach, nicht gefallen, und in der Tat findet sich bei Brigitte Reimann an keiner Stelle der Name Uwe Johnson. Selbst dort nicht, wo sie etwa acht Jahre später, Mitte April 1964, in einem Tagebucheintrag auf das Radiogespräch eingeht, das Heinz von Cramer, Günter Grass, Uwe Johnson, Hans Werner Richter mit Hermann Kant, Max Walter Schulz und Paul Wiens in der Reihe »Jour fixe. Literarisch-politischer Salon von Hans Werner Richter« führten.[46] Ansonsten müsste man vermuten, dass sie Teile des Manuskriptes in der Tat kannte.

Es ist kein Zufall, sondern hängt mit Georg Piltz zusammen, dass Brigitte Reimann am 25. Juli 1956 dem Verlag Neues Leben mitteilt, sie würde erneut an der »Denunziantin« arbeiten. Genau zu diesem Zeitpunkt entsteht die vierte Fassung mit dem von Hemingway entlehnten Titel »Wenn die Stunde ist, zu sprechen ...« und jenem neuen Ansatz, der Uwe Johnsons Debütroman in der Grundaussage ähnelt. Nur zwei Monate später, am 26. September 1956, schickt sie an Walter Lewerenz Teile der nunmehr vorliegenden vierten Fassung, deren Anfangskapitel »die ganze Redaktion« liest und »des Lobes voll« ist.[47] Dass dann doch kein Buch in der DDR daraus wurde, hängt mit den bereits angedeuteten Entwicklungen um die Verhaftung von Wolfgang Harich und Walter Janka im November 1956 zusammen.

Betrachtet man die Entstehungsgeschichte der »Denunziantin«, dann liegen die Gründe für die Ablehnung an unterschiedlichen Polen: Die ersten Fassungen wurden von den Verlagen – und von der Autorin selbst – als verbesserungswürdig angesehen. Die letzte Fassung dagegen stieß auf Zustimmung, nur ist nach dem Ende des durch Stalins Tod eingeleiteten »Tauwetters« an eine Veröffentlichung des systemkritischen Manuskripts – wie beim Kollegen Johnson – nicht mehr zu denken. Insofern laufen die jeweils vierten Fassungen von Brigitte Reimanns »Denunziantin« und Uwe Johnsons »Ingrid Babendererde« auf eine vergleichbare Botschaft hinaus: Es geht um Widerstand als »moralische Geste«, wie das Herta Müller Jahrzehnte später auf den Punkt bringt.[48]

19. »So verwirrt und so wankend geworden im Glauben an eine schriftstellerische Begabung in mir« – das Erzählen von weiblicher Emanzipation

Obwohl der Mitteldeutsche Verlag im Zusammenhang mit dem gescheiterten Debüt keine positive Rolle gespielt hat, ist den Lektoren klar, dass Brigitte Reimann ein ungewöhnliches Talent ist, und sie versuchen, die junge Frau an den Verlag zu binden. Bei ihr geht eine Einladung zur Autorentagung ein, die am 26. und 27. September 1953 stattfinden soll. Die Autorin ist über dieses Angebot gleichermaßen erfreut wie erschrocken. Am ersten Tag steht das Referat von einem Vertreter des Amtes für Literatur und Verlagswesen auf dem Programm. Es geht um die »neuen Aufgaben der Literatur« mit anschließender Diskussion. Zudem hat der Verlag Erich Loest für einen Vortrag »Über die Fabel« gewonnen – »konkrete Beispiele unserer jungen Literatur« sollen Ausgangspunkt der Verständigung sein, wie es in der Ankündigung heißt. Der Verlag will mit den Autoren ferner über folgende Bücher ins Gespräch kommen: Hildegard Maria Rauchfuß' »Wem die Steine Antwort geben«, Hans Lorbeers »Die Sieben ist eine gute Zahl«, Karl Mundstocks »Helle Nächte« und Rudolf Bartschs »Man kann nicht immer stumm sein«. An Brigitte Reimann ergeht die Bitte, sich bei den Büchern besonders mit den Fragen zur Gestaltung einer Fabel wie auch zu dem Problem des Schematismus zu beschäftigen.

So ehrenvoll Brigitte Reimann die Einladung auch empfindet, von der Aufforderung zur Diskussion fühlt sie sich überfordert. Man versucht in einem Brief vom 18. August 1953 aufmunternd auf sie einzuwirken: »Seien Sie nicht zu unsicher und zu bescheiden! Die Teilnahme an der Autorentagung des Verlages verpflichtet Sie noch lange nicht, auch in der Diskussion grundsätzliche Beiträge zu leisten.«[1] Verfasst hat den Brief Karin Kaminsky im Auftrag des Cheflektors Gerd Noglik, der sichtlich bemüht ist, die Autorin zur Teilnahme zu bewegen. Gewiss werde sie »auch manches Interessantes für ihre Arbeit mitnehmen«.[2] In der Tat kümmert sich der Mitteldeutsche Verlag zu jener Zeit in besonderer Weise um seine Schriftsteller, umso mehr, da das aktuelle Durchschnittsalter der hier als »jung« zu klassifizierenden Autoren bei über 50 Jahren liegt. Hans Lorbeer Jahrgang 1901, Werner Reinowski 1908, Otto Gotsche 1904, Marianne Bruns 1897. Erich Loest (geboren 1926) und Karl Mundstock (geboren 1915) sind die jüngsten. Erich Loest schwärmte noch Jahrzehnte später, dass er sich bei »keinem anderen Verlag, und ich veröffentlichte in etlichen«, so »umsorgt und geschätzt« gefühlt habe wie dort. Zum Geburtstag besuchte ihn Verleger Heinz Sachs, »Seele und Motor« des Verlags, und Cheflektor Gert Noglik, ein »Bürger in Bildung und Gehabe«, mit »weißem Flieder und grusinischem Weinbrand«.[3]

Mit den Autorentagungen betritt der Mitteldeutsche Verlag Anfang der 1950er Jahre Neuland, was landesweit wahrgenommen wird. Über die Veranstaltung, die am 1. und 2. November 1952 stattfindet, heißt es im »Börsenblatt«, sie sei »beispielhaft« gewesen. Sechs Wochen vorher sind neue Texte – Marianne Bruns' »Uns hebt die Flut«, August Hilds »Die aus dem Schatten treten«, Werner Reinowskis »Der kleine Kopf« und Erich Loests »Die Westmark fällt weiter« – an Autoren, Lektoren und einige Kulturfunktionäre verschickt worden. Im »Börsenblatt« ist nachzulesen, dass Erich Loests gelobter Roman zum »Ausgangspunkt einer lebhaften Aussprache über die Rolle des positiven und negativen Helden in der Literatur« geworden sei, »während bei Reinowski stärker Fragen der Gestaltung, wie etwa der zu starken Betonung der ›argumentierenden Debatte‹ statt der menschlichen Handlung mit inneren und äußeren Konflikten, erörtert wurden«.[4]

Das angekündigte Thema, Fragen der Handlung und Konfliktgestaltung am Beispiel neuer Texte, interessierte Brigitte Reimann außerordentlich, denn mehrfach ist ihr inzwischen gesagt worden, dass sie lebendig und lebensnah schreibe, aber eben auch flüchtig sei, dass sie stilistisch unsauber arbeite und die »Handlungsweise ihrer Helden oft unmotiviert« erscheine.[5]

Das hat sie zuletzt auch über die »Denunziantin« zu hören bekommen, die sie zwischenzeitlich beiseitelegt, zu diesem Zeitpunkt aber noch nicht aufgegeben hat, auch wenn wir bereits wissen, dass das Projekt im vierten Versuch unvollendet bleibt. Zunächst versucht sie sich an einer Geschichte, die das Thema Republikflucht behandelt. Manchmal ist sie selbstbewusst und voller Gewissheit, um jeden Preis schreiben zu wollen, dann wieder weiß sie nicht aus noch ein und verfällt in depressive Stimmungen.

An Wolf D. Brennecke schreibt sie Ende Juli 1953:

> Ich bin momentan so verwirrt und so wankend geworden im Glauben an eine schriftstellerische Begabung in mir, daß ich einfach nicht imstande bin zu beurteilen, ob meine Geschichte gut oder miserabel ist. Als ich sie schrieb, habe ich sie geliebt – verstehst Du? – ein Stück Herz mit hineingelegt – und hinterher kam sie mir so unvollkommen, so roh vor.[6]

Gemeint ist ihre Erzählung »Katja«, der sie den Untertitel »Eine Liebesgeschichte aus unseren Tagen« gibt. Obwohl Brigitte Reimann Zweifel am Text hat, liest sie ihn am 15. August 1953 in der AJA – und erhält Zustimmung von den anderen Autoren. Das macht ihr Mut, zumal sie die Geschichte für den Wettbewerb des Zirkels eingereicht hat. Völlig unerwartet erhält ihre Erzählung dann auch den 2. Preis und wird vom 17. bis zum 22. August 1953 in Fortsetzungen in der Magdeburger »Volksstimme« abgedruckt, immerhin der wichtigsten Tageszeitung der Region. Erzählt wird von einer Studentin der Theaterwissenschaft. Katja verliebt sich in einen Arzt. Als der verlangt, dass sie nach der Heirat mit dem Studium aufhören und Hausfrau werden soll, beendet sie die Beziehung. Aber in dem Text geht es um weit mehr. Es ist im Kern eine Emanzipationsgeschichte, mit der Brigitte Reimann an ihre frühen Schultexte anknüpft, in denen Mädchen nach ihrem eigenen Weg suchen.

Mit ihrem Plädoyer für Eigenverantwortung weiß sie sich in Übereinstimmung mit dem, was sie bei Karl Marx gelesen hat: dass sich der gesellschaftliche Fortschritt exakt messen lasse an der gesellschaftlichen Stellung der Frau. An anderer Stelle heißt es bei ihm, dass sich im Verhältnis von Mann und Frau auf ein »anschaubares Faktum« reduziert zeige, »inwieweit dem Menschen das menschliche Wesen zur Natur oder die Natur zum menschlichen Wesen des Menschen geworden« sei.[7] Natürlich ist Brigitte Reimann auch Lenins Schrift bekannt, in der es um die »proletarische Frauenbewegung« geht. Dort findet sich der Hinweis, der »eigentliche Aufbau der sozialistischen Gesellschaft« könne erst dann beginnen, »wenn wir die vollständige Gleichstellung der Frau durchgesetzt haben und gemeinsam mit der von dieser abstumpfenden, unproduktiven Kleinarbeit befreiten Frau an die neue Arbeit gehen werden«.[8]

Allerdings findet sich in der frühen DDR-Literatur, in der Männer im Zentrum der Aufmerksamkeit stehen, zunächst wenig von jenen emanzipatorischen Gedanken der sonst viel zitierten Klassiker. Geradezu exemplarisch nimmt sich die Position von Hans Aehre aus, der Hauptfigur in Eduard Claudius' wichtigem Roman »Menschen an unserer Seite«. Aehre zeichnet zwar ein neues Verhältnis zur Arbeit aus, er lehnt es aber ab, dass seine Frau arbeitet, und ist geradezu empört, als er erfährt, dass sie sich eine Stelle gesucht hat. »Wozu arbeiten und schuften«, fragt er, »wenn man nichts mehr hat, für das es sich verlohnt? War es nicht so, daß in allem Dreck, in allem Kampf, in der Verzweiflung so manchen Tages das Bild dieser kleinen Küche mit der Frau und dem Kind immer wieder alles erträglich machte ...?« Aehres Frau kontert später: »Wie kannst du glauben, ich könnte mich mit dem Leben in der Küche zufriedengeben? Ich bin doch mehr als nur eine Frau, mit der man schläft und die das Nest sauberhält.«[9] Brigitte Reimann kennt den Roman. 1960 wird sie – kurz vor der ersten Schicht im Hoyerswerdaer Kombinat – ihren Meister Hanke mit Hans Garbe vergleichen, der das Vorbild für die Figur bei Eduard Claudius abgibt und später bei Heiner Müller in seinem Schauspiel »Der Lohndrücker« (1958): »Eine Stunde lang mit Hanke in der Brikettfabrik herumgestiefelt [...]. Was für ein Mensch! [...] Er erinnert mich oft an Erwin Garbe, dessen starke Persönlichkeit mein Bild von einem guten Kommunisten geprägt hat.«[10]

Die »kleine Küche mit der Frau und dem Kind«, das ist das Gegenteil dessen, was Brigitte Reimann anstrebt, und genau das schreibt sie ihrer »Katja« ein, die an einem Wochenende allein und ohne männlichen Begleiter an einem See zeltet. Dort lernt sie einen Mann kennen, der mit »wachsender Befremdung keine Spur des vermutlichen Partners entdecken« kann. »Er stellte sich als Gerd Schröder vor, erzählte, daß er Mediziner sei und seit seiner Promotion vor einem Jahr als Assistenzarzt in der chirurgischen Abteilung eines Krankenhauses arbeite.« Die beiden kommen sich näher. Ihrem Kommilitonen Jochen, der heimlich in sie verliebt ist, zeigt sie ein Foto: »ein junger Mensch – Mitte der Zwanziger, schätzte er – stand unter Birken, gegen deren weiße Stämme sich dunkel der prächtige Körper abhob. Jochen starrte das Bild an: das regelmäßige, kluge Gesicht des Mannes, die kräftigen Schultern und schmalen Hüften, und er wußte, daß jede Frage überflüssig« sei.[11] Die Figurenzeichnung entspricht jenem männlichen Phänotyp, den Brigitte Reimann in den Briefen an ihre Freundin Veralore immer wieder beschrieben hat. Allerdings ziehen schon bald Wolken auf. Es gibt heftige Auseinandersetzungen mit Gerd, der nicht verstehen will, »daß es für sie trotz ihrer Liebe zu ihm Höheres gab, Stellen in ihrem Hirn und Herzen, die ihm fremd waren, die er nicht verstand und – wie sie mit schmerzhafter Klarheit einsah – nie verstehen würde«.[12] Als sie sich wegen einer Diskussion über die Aufführung des Bertolt-Brecht-Stücks »Der Hofmeister« verspätet, macht Gerd ihr eine Szene. Trotz der unterschiedlichen Auffassungen über die Zukunft verloben sie sich. Als Katja zur Feier des Tages einen Schuss Kognak einschenkt, zieht er sie mit den Worten auf seinen Schoß: »›Vielen Dank, kleine Hausfrau.‹« Katja wird nachdenklich, und es kommt erneut zur Auseinandersetzung. »Ich habe dir oft genug erklärt«, wendet sie ein, »daß ich trotz Heirat und Haushalt am Theater arbeiten werde.« Gerad reagiert aggressiv: »Du wirst dich damit abfinden müssen, daß du nach unserer Verheiratung dein Studium abbrichst«, antwortet er und schiebt nach, dass ein Arzthaushalt die »volle Kraft der Frau« brauche und die es »bei der Stellung ihres Mannes« nicht nötig habe zu arbeiten. Überhaupt wäre es die »höchste Aufgabe der Frau [...] ihrem Gatten und ihren Kindern zu leben«. Der Konflikt kulminiert, es kommt zur Trennung, obwohl beide sich lieben. Auf den zweiten Brief von Gerd antwortet Katja nicht mehr, sie entscheidet sich für den verständnisvollen Jochen. Als die beiden nach der Abschlussprüfung zufällig »in den abendstillen Straßen der Stadt« Gerd Schröder begegnen, hat Katja für ihn nur »ein dünnes Lächeln« übrig. »Dann ging sie vorüber, sehr aufrecht.« Als Jochen zurückhaltend fragt: »Katja?«, heißt es im Text: »›Nein‹, sagte sie fest. Und nach einer Weile: ›Ich habe doch meine Arbeit und dich.‹ Hand in Hand gingen sie weiter – nach Hause.«[13]

Thematik und Darstellungsweise sind kennzeichnend für die junge Brigitte Reimann. Die weibliche Figur hat »hellblondes Haar, das silberne Funken versprühte, als sie den Kopf zurückbog«.[14] Die männliche Hauptfigur übt offensichtlich eine sexuelle Anziehungskraft auf das Mädchen aus, sie fesselt die »Klugheit, die Selbstsicherheit, die ihr so verwandte Lebensfreude und Leidenschaftlichkeit Gerds«. Letztlich aber entscheidet sich Katja mit Jochen für den Fortschritt – er wird sie nie vor die Alternative Beruf oder Familie stellen. »Als Mensch, der Anspruch darauf erhebt, ein kluger und fortschrittlich denkender Mann zu sein, wird ihm deine Freiheit höher stehen als sein kleinlicher Egoismus«, hatte er einst über Gerd gesagt. Man mag zu der Auffassung gelangen, dass sich hinter dem Rücken des Erzählers, hinter dem Rücken der Autorin Signale finden, die darauf deuten, dass der politisch korrekte Jochen, der Katja heimlich liebt, nur zweite Wahl ist und ihre wirkliche Liebe Gerd, dem Mediziner mit den überholten Ansichten, gilt.[15]

Auch in einem zehn Jahre späteren Text, in Christa Wolfs »Der geteilte Himmel«, entscheidet sich Rita Seidel gegen Manfred Herfurth, den sie liebt, und zwar nicht zuletzt deshalb, weil es ihr – wie Katja – zu wenig ist, die Frau eines Mannes zu sein. Selbst wenn der Text nicht frei von Klischees ist, muss herausgestellt werden, dass Brigitte Reimann in diesem Fall Jahre vor Christa Wolf ein emanzipatorisches Modell entwickelt, in dem den von ihr entworfenen weiblichen Figuren eine Liebe, die das Aufgeben der eigenen Lebensvisionen bedeutet, nicht genügt. 30 Jahre später, in »Zeitschichten« (1983), wird Christa Wolf beim Blick auf die verehrte Anna Seghers etwas herausstellen, was den Unterschied zu Anna Seghers ausmacht. Es ist der Eindruck, dass Seghers' Frauenfiguren »eher unauffällig, still, zäh, bewahrend, auch dienend, treu, anspruchslos, liebend« sind. Und sie sind, anders als die Männer, kaum beunruhigt durch »jene ›Lust auf absonderliche, ausschweifende Unternehmungen‹«, zu denen Anna Seghers sich einzig im »Ausflug der toten Mädchen« bekenne. An der Göttin Artemis gar könne auffallen, dass sie das »gleiche gelassene unbewegte Wesen hat wie sonst die Männer«.[16] Welch Gegenprogramm zu Brigitte Reimann!

Es ist nicht anzunehmen, dass den männlichen Verlegern zu diesem Zeitpunkt klar ist, was für eine Vision die Autorin – ohne es selbst zu ahnen – ansteuert. Allerdings spüren sie, dass sich hier ein Talent zeigt, das zu großen Hoffnungen berechtigt. Mit der Publikation der Erzählung »Katja« ist ein erstes Achtungszeichen gesetzt. Der Cheflektor des Mitteldeutschen Verlages Noglik fährt nach Burg, um mit seiner Autorin das Manuskript der »Denunziantin« zu besprechen. Auch geht es um weitere Vorhaben. Brigitte Reimann macht sich zudem an das Schreiben von Kindergeschichten. Zu diesem Zeitpunkt ahnt sie bereits, dass sie erneut schwanger ist. Im September ist sie sicher, und sie und Günter beschließen zu heiraten. Die standesamtliche Trauung findet am 17. Oktober 1953 statt. Aus der Kirche ist sie schon im Dezember des Vorjahres ausgetreten: »aus marxistischer Überzeugung«, wie sie sagt. Sie heiratet auch nicht in Weiß, sie trägt ein dunkles leichtes, kurzärmliges Brokatkleid mit Ornamenten, Günter Domnik einen dunklen Anzug, dazu Krawatte. Allerdings: Die beiden haben keine eigene Wohnung und leben vorerst bei ihren Eltern. Brigitte Reimann legt Wert auf getrennte Kassen, sie möchte selbständig sein und sich nicht von Günter unterhalten lassen. Allerdings verdient sie kaum etwas, denn nach zwei Jahren an der Schule hat sie die Arbeit als Lehrerin endgültig aufgegeben und will versuchen, als freie Autorin für ihren Lebensunterhalt aufzukommen. Das aber gestaltet sich ausgesprochen schwierig. Selbst für den Abdruck ihrer »Katja« in der »Volksstimme« steht das Honorar noch aus. Hinzu kommt eine ausgesprochen schwierige Schwangerschaft. Sie ist ständig krank, ihr ist dauernd übel. Dazu hat sie starke Schmerzen und kann das Bett kaum verlassen. Ihr physischer und psychischer Zustand lässt es nur selten zu, sich auf das Schreiben zu konzentrieren.

Wenngleich sich Günter rührend um sie kümmert, bereitet er ihr Sorgen. Er hat schon vor der Heirat angefangen zu trinken, und auch die Ehe hält ihn davon nicht ab. Hinzu kommt, dass er gänzlich andere Vorstellungen vom Leben hat. Noch im April 1953 hat sie ihn als Menschen gesehen, der »mit dem eben Erreichten unbedingt zufrieden ist, und wir haben schon manche heftige Auseinandersetzung gehabt, wenn er mir vorwarf, ich sei ›Karrierist‹. Ich habe geglaubt, ich könnte mich hinwegsetzen über diese nerventötende Zufriedenheit von ihm, aber ich spüre gerade in letzter Zeit stärker denn je, daß ich es niemals können werde. Es macht mich einfach verrückt, ihn von häuslichem Glück, von ruhiger Arbeit und von still gemütlicher Zurückgezogenheit träumen zu hören. Dieses Spießerglück würde mich töten!«[17]

Diese Einschätzung trifft den Kern. Jetzt, in der Ehe, sucht Günter seine Vorstellungen umzusetzen. Er erwartet von seiner Frau genau das, was sie um keinen Preis in der Welt sein kann und will, ein »spießbürgerlich braves Hausmütterchen«, das seine ganze Freude darin sieht, den Gatten zu umsorgen. Dass seiner Frau das Schreiben ein Lebensmittel ist, das wird er zeitlebens nicht verstehen, und er macht ihr Szenen. Umso mehr, da sie ein neues Vorhaben hat, es soll eine Jugenderzählung werden mit dem Titel »Jim von Manhattan«. Es geht um das Schicksal eines schwarzen Jungen in den USA. Im November 1953 schickt sie die Erzählung an den Gebrüder Knabe-Verlag nach Weimar, der nach dem Volksaufstand vom 17. Juni 1953 eine Lizenz für Kinder- und Jugendliteratur erhalten hat. Gegründet von Karl Friedrich Knabe 1932, richtet er das Programm seit 1945 auf Bilderbücher aus und genießt durch die Reihe »Knabes Jugendbücherei« Bekanntheit in der DDR.

Überhaupt fasziniert sie der Stoff des amerikanischen Bürgerkriegs der Jahre 1861 bis 1865. Dabei geht es ihr zentral um die Befreiung der Sklaven, insofern schließt sie an ihre Erzählung »Claudia Serva« an. Auffällig ist, dass es sich durchweg um Texte handelt, die zur Kinder- und Jugendliteratur gehören. Brigitte Reimann sieht hier eine Möglichkeit, mit Erzählungen, die ihr schnell von der Hand gehen, Lücken zwischen der Arbeit an der »Denunziantin« zu nutzen.

Zu diesem Komplex gehört auch die Erzählung »Der Kundschafter des John Brown«, der sie den Untertitel »Jugenderzählung« gibt. Im Zentrum steht ein weißer Farmer, der sich in der »Bewegung gegen die Sklaverei« engagiert. Der Text beginnt mit einer Leseranrede. »Gewiß haben viele von euch, liebe Jungen und Mädel, im Geschichtsunterricht von dem Bürgerkrieg in den USA gehört, der sich in den fünfziger und sechziger Jahren des vergangenen Jahrhunderts abspielte und die Befreiung der ~~Neger~~ von der Sklaverei zum Ziel hatte«, teilt der Erzähler mit und fährt fort: »Im Süden herrschten die reichen Großgrundbesitzer, auf deren Baumwollplantagen Tausende von schwarzen Sklaven unter menschenunwürdigen Bedingungen arbeiteten.«[18] Mit John Brown stellt Brigitte Reimann eine historisch verbürgte Person ins Zentrum der Handlung, der 1859 mit einem Überfall auf ein Waffendepot versucht, einen Sklavenaufstand zu initiieren. Die Aktion schlägt fehl, John Brown wird nach einem Prozess hingerichtet und damit zum Märtyrer. Die Erzählung führt Brigitte Reimann nicht zu Ende, obwohl sie das Interesse am Thema schon lange begleitet: Geschichten zum amerikanischen Bürgerkrieg hat sie bereits in der Abiturstufe geschrieben.[19] Ihr Interesse am Gegenstand ist nicht zuletzt in einem Aufsatz zu dem Schauspiel »Tiefe Wurzeln« von James Howe und Arnaud d'Usseau belegt. Das Stück in drei Akten war in einer Produktion des Deutschen Nationaltheaters Weimar am 30. Juni 1950 in Jena aufgeführt worden.

Zu dem Manuskript »Jim von Manhattan« teilt der Knabe-Verlag mit, dass es sofort lektoriert worden sei. Die Aufforderung, den zweiten Teil der Erzählung wegen der großen Stofffülle zu einem Entwicklungsroman auszuarbeiten, lehnt Brigitte Reimann aus nachvollziehbaren Gründen ab. Ihr fehle, so schreibt sie, die nötige Reife, aber vor allem »die gründliche Kenntnis« der Lage der schwarzen Bevölkerung in den USA. Sie kürzt daher den zweiten Teil und schickt den Text im Februar 1954 zurück. Zu diesem Zeitpunkt liegt eine schwere Krise hinter ihr.

Noch Ende Oktober teilt sie Wolf Dieter Brennecke, dem Leiter der AJA, mit, dass sie nach der Geburt ihres Sohnes wohl aus Zeitgründen nicht mehr an der Arbeitsgemeinschaft werde teilnehmen können.[20] Brigitte Reimann ist sicher, dass sie einen Sohn haben wird. Nur drei Wochen später ist sie verzweifelt und berichtet ihm, wie die letzten Monate sie »körperlich und seelisch derart zu Grunde gerichtet haben, daß ich einfach nicht mehr fähig bin, Euren frohen Optimismus zu ertragen«.[21] Sie schlägt vor, freiwillig aus der AJA auszuscheiden oder ausgeschlossen zu werden. An die Kollegen gewandt, heißt es: »Wolf schrieb mir freilich, daß viele unserer bedeutendsten Dichter unter weit schlimmeren Verhältnissen gearbeitet haben – aber ich besitze nicht die Seelengröße eines Balzac, eines Schiller oder anderer.« Die eigene Situation lässt sie verzweifeln. »Täglich dasselbe Elend – Schmerzen, materielle Not, die Konflikte einer Ehe zwischen knapp Zwanzigjährigen, machen mich allmählich mürbe.«[22] Die AJA berät am 15. November 1953 über den Brief und lehnt einen Ausschluss ab, worüber Brigitte Reimann froh ist. Sie möchte nun doch an der 12. Tagung der Arbeitsgemeinschaft in Magdeburg teilnehmen, bittet allerdings darum, von der Bahn abgeholt zu werden, da sie häufig ohnmächtig wird und sich nur ungern allein auf die Straße wagt. Doch dazu kommt es nicht. Am 10. Januar 1954, es ist ein Sonntag, verliert Brigitte Reimann im 6. Monat ihr Kind. Nur zwei Tage später entschuldigt sie sich in einem Brief an den Arbeitsgruppenleiter für ihr neuerliches Fehlen. Offen teilt sie den Grund mit und gibt Einblick in ihre Gefühlswelt:

> Ich hatte vorgestern – nach über 60stündigen entsetzlichen Wehen – eine Frühgeburt im 6. Monat. Das Kind – es war ein Mädchen – ist gleich gestorben. Ich bin sehr unglücklich, Wolf. ich habe nicht geahnt, daß man wahrhaft Mutter wird erst in dem

> Augenblick, da das Kind seinen ersten Schrei tut. Nach diesem furchtbaren Schlage wird mich, menschlichem Ermessen nach, kaum Schlimmeres treffen können. Ich wünsche sehr, an unserer nächsten Tagung teilnehmen zu können, obgleich ich noch für einige Wochen den strengsten Anordnungen meines Arztes unterworfen bin.[23]

Es ist bemerkenswert, dass Brigitte Reimann trotz des Schocks, den der Verlust des Kindes für sie bedeutet, sofort nach vorn schaut und hofft, bald wieder schreiben zu können. Wie tief der Schmerz allerdings ist, das offenbart ein Brief, den sie zwei Wochen später wiederum an Wolf Dieter Brennecke auf den Weg bringt, einem der wenigen Menschen, denen sie sich anvertraut. Sie berichtet ihm, dass Irmgard Schröder-Hauptmann sie besucht und viele Grüße und Wünsche der AJA überbracht habe. »Ich kann dir gar nicht schildern, Wolf, wie glücklich ich war, einem solchen Beweis Eurer Anteilnahme zu begegnen, und Du kannst Dir vielleicht gar nicht vorstellen, was mir in meiner jetzigen, wahrlich nicht leichten Lage die Worte des Trostes bedeuten, die Irmgard mir sagte. Ich weiß nicht, wie ich ihr dafür danken soll!« Dann schildert sie ihren Schmerz:

> Der Tod meines Kindes hat mich tief getroffen, und ich quäle mich mit furchtbaren Selbstvorwürfen, habe ich ihm doch so oft während meiner Schwangerschaft geflucht, weil ich glaubte, es raube mir meine Zukunft. Und dann im ersten Augenblick, da man wirklich als Mutter fühlt, es sterben sehen zu müssen – das ist zuviel! Wie oft sehe ich des Nachts sein Gesichtchen vor mir, oder ich fahre aus dem Schlafe auf, weil ich seinen Schrei zu hören glaube. Ich habe in letzter Zeit nicht einmal mehr weinen dürfen, weil ich weiß, wie unglücklich ich damit Günter mache. Als gestern Irmgard zu mir kam, war ich zum ersten Male seit jenem Tage wieder froh – ja, und stolz, weil Ihr noch an mich denkt.[24]

Eigentlich wäre nach dem Verlust der Tochter eine medizinisch-psychologische Betreuung angeraten gewesen. Allerdings ist man im Jahr 1954 noch nicht so weit, mitunter selbst in der Gegenwart, rund 70 Jahre später, nicht. Die Gynäkologin Jessica Farren verweist im Rahmen einer Studie darauf, dass posttraumatischer Stress einen »toxischen Effekt« haben kann, der sich auf »alle Elemente des Lebens einer Person [auswirkt], auf Arbeit, Zuhause, Beziehungen«.[25] Brigitte Reimann sucht einmal mehr die traumatische Situation zu kompensieren und ist sich sicher: »Bald werde ich wieder gesund und kräftig sein wie früher – und dann werde ich an die Arbeit gehen!«. Auch ist sie hoffnungsfroh, was ihre Ehe mit Günter betrifft. Nach einem schrecklichen Streit noch im Dezember, der zu einer kurzen Trennung geführt und in deren Folge sie einen Nervenzusammenbruch erlitten hat, verstehen sie sich aktuell prächtig und »wachsen zu einer wunderbaren Gemeinschaft zusammen«. Günter sei in den vergangenen Wochen zudem der »beste Tröster und Helfer« gewesen.[26] Allerdings geht es ihr gesundheitlich weiterhin nicht gut, nur durch das Geschick des Hausarztes kann eine Operation vermieden werden. Schon nehmen die Auseinandersetzungen in der Ehe wieder zu.

Wie immer sucht Brigitte Reimann die scheinbar ausweglose Situation produktiv zu nutzen. Ihre »Marienlegende 1952« entsteht an »einem Nachmittag tiefster Melancholie – genauer gesagt: nach einem heftigen Ehekrach«.[27] Sie schickt den Text an Brennecke, und der macht Korrekturvorschläge, die sie bei der Umarbeitung berücksichtigt.

Die Motivation für den Text kommt »von Außen« und geht auf einen Bericht zurück, der am 12. April 1951 in der »Volksstimme« erschienen ist. »Im Zuge eines Gefangenenaustausches zwischen der vietnamesischen Volksarmee und der französischen Kolonialarmee kehrte der ehemalige Angehörige des ersten französischen Kavallerieregiments der Fremdenlegion Gerd Rosentreter, geboren am 19. Juli 1926 in Berlin, nach Deutschland zurück«, heißt es da. Rosentreter sei dann von Westdeutschland in die DDR gekommen und habe in einer Belegschaftsveranstaltung in der Mitteldeutschen Druckerei und Verlagsanstalt (Volksstimme) von seinem Schicksal und den »verabscheuungswürdigen Methoden« berichtet, »mit denen junge Deutsche bereits im Jahre 1944 in der französischen Gefangenschaft zur Fremdenlegion gepresst wurden«.[28]

In der Tat waren von den rund 70 000 Fremdenlegionären, die zwischen 1946 und 1954 auf französischer Seite im Indochinakrieg kämpften, rund die Hälfte Deutsche, die in der Kriegsgefangenschaft und danach angeworben oder aber auch in die Legion gepresst worden waren.[29] Aus den Gegnern im Zweiten Weltkrieg wurden nun unverzichtbare Einheiten gegen die Liga für die Unabhängigkeit Vietnams (Viet Minh), die unter der Führung der vietnamesischen Kommunisten standen. Da einerseits die Viet Minh von China, andererseits Frankreich von den USA unterstützt wurden, kam es zu einer Art Stellvertreterkrieg im Rahmen der Systemauseinandersetzung zwischen den beiden Blöcken in Ost und West. Die Indochinakonferenz 1954 führte zu einer Lösung am Verhandlungstisch, und es kam zu einer Teilung in Nord- und Südvietnam.

Mit den Erfahrungen von Brigitte Reimann hat der entstandene Text nichts zu tun. Gleichwohl handelt es sich bei der Geschichte – auch wenn auf den ersten Blick nicht sofort erkennbar – um den Versuch, Eigenes zu verarbeiten, nämlich den Verlust des Kindes. Veröffentlicht wird der Text ein Jahr später unter dem Titel »Der Legionär. Marienlegende 1952« im ersten »Magdeburger Lesebogen«, der von der AJA in Verbindung mit der Bezirksleitung Magdeburg, der FDJ und den Volkshochschulen des Bezirks zur Vorbereitung der V. Weltfestspiele 1955 in Warschau herausgegeben wird. Die Erzählung setzt auf der Gegenwartsebene in medias res ein:

> Still saßen sie am Tisch. Seine Hand, breit und braungebrannt, ruhte auf dem weißen Tuch. Der Junge starrte in die Kerzenflammen. Duft von Tannennadeln hing schwer und würzig über dem Raum. Verlorene Jahre zählen doppelt. Wieviel lagen zwischen dem letzten Weihnachtsbaum seiner Kindheit und diesem dort? Laß sehen: vier, fast fünf Jahre, böse Jahre – eine Welt, wahrhaf-

> tig ... Der Junge grübelte. Man könnte jetzt ausgelernt haben, Geselle sein, Meister sogar, wenn man tüchtig wäre ...[30]

Der auktoriale Erzähler wirft Fragen auf, die für den Leser zunächst offen bleiben. Es ist dann von einer Frau die Rede, der Mutter, die in seinem Gesicht forscht und noch gar nicht fassen kann, dass der Junge wieder zu Hause ist. Sie weiß, dass der Sohn vor einem Jahr »übergelaufen war zu den Männern Vietnams, die um die Freiheit ihres Landes kämpften«. Aber der Junge schweigt über das Erlebte, und die Mutter lässt ihm Zeit. »Prüfend lagen ihre Blicke auf ihm. Mein Gott, was quält ihn noch? dachte sie. Warum spricht er nicht über das, was ihn bedrückt«, heißt es, in den inneren Monolog wechselnd. Aber dann beginnt der Sohn zu erzählen, und die Zeitebene wird gewechselt. Der Leser befindet sich in der Vergangenheit, und er wird mit zwei Männern konfrontiert, »Soldaten der Fremdenlegion. Hochgewachsen und breitschultrig der eine, mit verwüstetem Gesicht, in das Ausschweifungen und Kriegsjahre ihre Linien gegraben hatten. Schmächtig der andere, fast noch ein Knabe. In seinem schmalen Gesicht trübe Augen. Frühe Falten um Mund und Lider.«[31] Bereits bei der Beschreibung der äußeren Erscheinung der beiden männlichen Figuren entwirft der Erzähler einen Antagonismus, der sich im weiteren Verlauf der Geschichte fortsetzt. Beide stoßen in einem von französischen Legionären zerstörten Dorf auf eine unversehrte Hütte, aus der »das Stöhnen eines Menschen« dringt. Als die beiden Legionäre den »halbdunklen Raum« betreten, sehen sie zwei Menschen. Der überschauende Erzähler teilt mit, wie es um die Empfindungen des Legionärs steht:

> Der Junge hatte noch nie eine Gebärende gesehen. Ein eigenes Gefühl ergriff ihn, das er längst verschüttet geglaubt, überschwemmt von Schmutz und Blut und Tränen. Und auf einmal stieg ein Bild in ihm auf: die Mutter, die ihm die Weihnachtsgeschichte erzählte, die uralte und immer neue Legende von der Geburt des Christkindes, von der Mutter Maria und dem Stall zu Bethlehem. Weihnachten – Fest des Friedens ...[32]

Der ältere der Legionäre erteilt den unmenschlichen Befehl: »Liquidieren!«, und auf die verzweifelte Reaktion des Jungen antwortet er aggressiv: »›Keine falschen Sentimentalitäten! Tolle Hunde schlägt man tot, ehe sie beißen. – Du bleibst bei dem Weib – nachher –.‹ Er machte eine bezeichnende Geste.«[33] In dem Bruchteil einer Sekunde ziehen an dem Jungen die bisherigen Erlebnisse seiner Legionärszeit vorbei, und er wird sich bewusst, welche Rolle der Landser dabei gespielt hat.

> Da erkannte der Junge, daß das Werkzeug des Bösen vor ihm stand, gefräßige Waffe in der Hand des Ungeheuers, das da im Namen des Geldes das Land Vietnam verwüstete. Er hob das Gewehr, und er wußte, daß der Feind der Menschheit ausgelöscht werden muß. Er schmetterte den Kolben auf den Schädel des Legionärs, dem Befehl und Schrei in Hirn und Blut erstickten.[34]

Der vietnamesische Mann ist gerettet. An der Hütte angekommen, hören sie den »herzzerreißenden Schrei des Weibes, standen auf der Schwelle und sahen. Sahen das Wunder der Geburt.« Der Junge weiß, dass es kein Zurück mehr zu den Legionären gibt, und gemeinsam verlassen sie die »Stätte der Zerstörung« in Richtung der Truppen des Ho Chi Minh. Der Junge stützt dabei die Mutter, und in seinem Arm hält er das neugeborene Kind.

Die abschließende »Botschaft« wird von dem Erzähler unmissverständlich zusammengefasst: »Und ihm war, als trüge er ein Versprechen an das Land Vietnam, als wären eingeschlossen in diesen neuen Menschen die Macht und die Kraft und der Glaube des kämpfenden Volkes.«[35] Damit ist ein Endpunkt gesetzt, und die Erzählung wechselt erneut auf die Gegenwartsebene. Die Mutter streicht dem Jungen über Augen, Stirn, Wangen und Mund. In einem fast symbolischen Akt blättert damit das »fremde Gesicht« ab und macht Platz für die »vertrauten Züge seiner Jugend«. Hoffnungsvoll und mit Blick auf Zukünftiges ist von Erlösung, von Wissen und Zuversicht die Rede.

Hinter der Geschichte, die in eher plakativer Weise Motive des

Weihnachtsevangeliums mit einer Friedensbotschaft verbindet, steht eine zentrale Frage, die Brigitte Reimann auch in den nächsten Erzählungen thematisieren wird, die Frage danach, ob es im Namen der Gerechtigkeit und Menschlichkeit angemessen ist, (revolutionäre) Gewalt auszuüben, ja zu töten. Es ist dies eine Problematik, die in der kommunistischen Bewegung eine zentrale Bedeutung einnimmt. Johannes R. Becher, der für Brigitte Reimann bis in die 1960er Jahre eine Bezugsgröße ist, hat den Einsatz von Gewalt, die sich als revolutionäre und historisch notwendige versteht, wiederholt bezweifelt und dann umso fester bestätigt. Letztlich sieht er es als erwiesen an, dass man »auch mit verwerflichen Mitteln [...] einer guten Sache dienen« kann.[36] Schon in den Texten der 1920er Jahre finden sich Metaphern, die »Bajonett, Roten Terror, Tscheka, Bombe« rechtfertigen. Die Frage nach dem Verhältnis von Intellektuellen zum »roten Terror« und zur revolutionären Gewalt führt zurück zu Bewertungen der Französischen Revolution, der Pariser Kommune sowie zu Positionen von Marx, Engels, Lenin und Rosa Luxemburg. Lenin vertritt in seiner Schrift »Staat und Revolution«, in der es um die Aufgaben des Proletariats in der Revolution geht, den Standpunkt, dass die Befreiung der unterdrückten Klassen nur durch eine gewaltsame Bewegung erfolgen kann. Nach der siegreichen Machtübernahme müsse der alte Staatsapparat zerschlagen und der Widerstand der Bourgeoisie durch eine Diktatur des Proletariats unterdrückt werden. Lenin gibt vor, sich dabei auf Marx und Engels zu beziehen. Jahrzehnte später wird Leszek Kołakowski, dessen Schrift »Der Mensch ohne Alternative. Von der Möglichkeit und Unmöglichkeit, Marxist zu sein« (1964) Brigitte Reimann mit Zustimmung liest, zeigen, dass der Begriff »Diktatur des Proletariats« in Marx' Schriften nur zweimal auftaucht und keineswegs im Sinne der »Liquidierung der demokratischen Institutionen«.[37]

Nicht erst in diesem Zusammenhang erlangt Rosa Luxemburgs Schrift »Die Russische Revolution. Eine kritische Würdigung«, 1922 aus dem Nachlass herausgegeben, neue Bedeutung. Rosa Luxemburg widerspricht Lenin entschieden und betont: »Freiheit ist immer Freiheit des anders Denkenden.«[38] Die von Paul Levi herausgegebene

Schrift war seit der Veröffentlichung nicht nur in der kommunistischen Bewegung kontrovers aufgenommen worden. In den 1920er Jahren existierte gar der Begriff des »Luxemburgismus«, der als ideologische Abweichung galt und zum Parteiausschluss führen konnte. Stalin verschärfte diese Sicht, indem er die Positionen von Luxemburg und ihren Anhängern als »halb-menschewistisch« brandmarkte. In der DDR wurde die Schrift von Rosa Luxemburg zunächst »unterdrückt«. Brigitte Reimann stößt auf die Fragen von Freiheit und Demokratie um 1964, als in der DDR die Auseinandersetzung über Äußerungen Robert Havemanns einsetzt.[39] Havemann war in der NS-Diktatur wegen seiner Widerstandstätigkeiten zum Tode verurteilt worden, die Vollstreckung des Urteils konnte durch die Intervention verschiedener Behörden und einflussreicher Wissenschaftler aber bis Kriegsende verhindert werden. In der DDR war er einer der prominentesten Wissenschaftler, und bis 1963 gehörte er auch der Volkskammer an. Dann, im Wintersemester 1963/64, hielt Havemann seine Vorlesungsreihe »Naturwissenschaftliche Aspekte philosophischer Probleme« an der Humboldt-Universität zu Berlin, woraufhin er am 12. März 1964 aus der SED ausgeschlossen wurde. Das Staatssekretariat für Hoch- und Fachschulwesen entzog ihm die Lehrbefugnis.

Doch schon Mitte der 1950er Jahre sucht Brigitte Reimann eine eigene Sicht zu gewinnen und thematisiert die Problematik in den nachfolgend zu betrachtenden Texten »Kinder von Hellas« und »Der Tod der schönen Helena«.

20. »Könnt Ihr verstehen, wie schwer es für mich ist, von meinem Mann abhängig zu sein« – Ehekrise und Schreiben als Aufgabe

Die positive Rückmeldung auf die Erzählung »Katja« und die »Marienlegende 1952« ist für Brigitte Reimann eine Bestätigung. Sie hat schon vorher die Idee zu einem Novellenband, in dem es um »Frauenschicksale« gehen soll. Auch einen zweiten Roman hat sie im Auge, wie sie in ihrem Rechenschaftsbericht für das Jahr 1953 angibt, der an die AJA geht. Der Arbeitstitel: »Nur eine Liebesgeschichte«. Es geht – entsprechend der eigenen Erfahrungen – um die »Liebe zwischen einem bürgerlichen Mädchen und einem jungen Arbeiter«. Der Roman, der von den sozialen Gegensätzen und den daraus erwachsenden Konflikten erzählen soll, ist in Johanngeorgenstadt angesiedelt, in der Wismut und dem Uranbergbau. Aber das Vorhaben bleibt in den Anfängen stecken, nicht zuletzt weil die Konflikte in der jungen Ehe immer stärker zutage treten. Am Montag, dem 29. März 1954, hält Brigitte Reimann es nicht mehr aus, sie begeht einen Selbstmordversuch. »Ich habe am Montag morgen nach einem furchtbaren Ehestreit Gift genommen«, schreibt sie am 7. April an Wolf D. Brennecke. Da ist sie nach einer Woche im Krankenhaus gerade wieder zu Hause. »Du kannst Dir vielleicht vorstellen, was ich in den Wochen und Monaten vorher gelitten habe, daß ich mich zu solch einem Schritt entschlossen habe«, heißt es weiter. »Immer habe ich anderen gegenüber behauptet, ich sei glücklich in meiner Ehe – in Wahrheit bin ich an ihr fast zugrunde gegangen. Die Gegensätze zwischen meinem Mann und mir sind unüberbrückbar. Ich habe manchmal geglaubt, ich müßte verrückt werden, denn trotz alledem haben wir zwei uns sehr lieb, und nur unsere verschiedene Herkunft, deren Folgen uns immer noch anhaften, haben zu den schrecklichen Konflikten zwischen uns geführt.«[1]

Johannes R. Becher, der nach außen immer selbstbewusst-männlich agierte, kannte – wenngleich unter gänzlich anderen Bedingungen – Situationen, in denen er keinen anderen Ausweg sah als den Versuch, dem eigenen Leben ein Ende zu setzen. In seinem »Tagebuch 1950« findet sich eine Notiz, die darauf deutet, dass solche existenziellen Entscheidungen aus der Hoffnung auf einen Neuanfang erwachsen können: »Das Leben gewaltsam zu unterbrechen, ihm künstlich eine neue Richtung zu geben – das ist mitunter auch ein Anlaß zum Selbstmord (Selbstmordversuch). Man kann danach nicht mehr so weiterleben wie bisher. Ein anderes beginnt. Neugierde darauf, Sehnsucht danach. Denn die Mehrzahl der Menschen will, daß es anders werde.«[2]

Ohne es gleichsetzen zu wollen, kann man Bechers Hinweis auch für Brigitte Reimann bedenken. Ihr Selbstmordversuch entspringt wohl in der Tat auch dem Wunsch, dem Leben eine neue Richtung zu geben. Allerdings wird es noch Jahre dauern, bis sie so weit ist, die Ehe zu beenden. Noch am Tag, an dem sie aus dem Krankenhaus zurückkommt, schreibt sie einen Lebenslauf für die AJA, der die komplizierte Situation andeutet – ein hinreichender Beleg dafür, dass sie sogleich wieder nach vorn schaut:

> Ich wurde am 21. 7. 33 in Burg bei Magdeburg geboren. Mein Vater, Willi Reimann, war Schriftleiter und ist jetzt, nach seiner Rückkehr aus sowjetischer Kriegsgefangenschaft, Bankangestellter. Ich besuchte die Grund- und die Oberschule und machte im Jahre 1951 mein Abitur. Ursprünglich wollte ich Theaterwissenschaften studieren und Regisseur werden. Ich legte die Aufnahmeprüfung an der Theaterhochschule Weimar ab, musste aber bei Semesterbeginn wegen eines Unfalls, der mir die notwendige Schauspielarbeit unmöglich machte, vom Studium zurücktreten.
>
> Nach einem kurzen pädagogischen Lehrgang wurde ich Lehrerin an der Grundschule in Burg, wo ich zwei Jahre arbeitete. Da ich – inzwischen mit dem Maschinenschlosser Günter Domnik

verheiratet – ein Kind erwartete und ständig krank war, verließ ich die Schule. Im Januar des Jahres wurde mein Kind geboren. Es starb noch am selben Tage.

Nachdem ich jetzt wieder arbeitsfähig bin, bemühe ich mich um eine Anstellung im Buchhandel. Durch den Besuch entsprechender Schulen will ich mich zur Fachkraft auf diesem Gebiet qualifizieren.

Burg, den 7. 4. 54, Brigitte Reimann-Domnik[3]

Dass die Herkunft, von der Brigitte Reimann immer wieder spricht, ein Grund für die Auseinandersetzungen zwischen den Eheleuten ist, kann angenommen werden. Hinzu kommen die durchaus damit verbundenen, gänzlich unterschiedlichen Auffassungen von der Rolle von Mann und Frau, die die beiden 21-Jährigen haben: auf der einen Seite die überkommene Vorstellung von der Hausfrau, auf der anderen Seite das genaue Gegenteil, Selbständigkeit und schöpferische Entfaltung. Brigitte Reimanns jüngerer Bruder Ulrich sah die Entscheidung seiner Schwester, Günter Domnik zu heiraten, in einem »Helfersyndrom« begründet. »Sie hatte die Tendenz«, sagt er, »einen Arbeiter zu heiraten mit der Illusion, ihn zu bilden und zu fördern, um damit gleichzeitig selbst aus der bürgerlichen Gesellschaft entkommen zu können.«[4] Eine solche Vorstellung wurde durchaus von frühen Leseerlebnissen und Debatten über Texte wie Gorkis »Mutter« befördert. Aber beide wollen es noch einmal miteinander versuchen. Für wie lange das funktioniert, wissen sie nicht. Auf jeden Fall nehmen sie sich vor, mehr Geduld und Verständnis füreinander aufzubringen. Die guten Vorsätze reichen bis in den Sommer.

Die Gegensätze brechen trotz beiderseitigen Bemühens immer wieder auf. »Könnt Ihr verstehen, wie schwer es für mich ist, von meinem Mann abhängig zu sein, unsere bedrückenden Verhältnisse mitansehen zu müssen und doch nicht helfen zu können«, fragt sie einmal mehr in einem Brief an Wolf D. Brennecke.[5] Brennecke und Wendler machen ihr Mut und ignorieren ihre wiederholt geäußerte Absicht, aus der Arbeitsgemeinschaft auszutreten. Währenddessen sucht Brigitte Reimann mit der »Denunziantin« voranzukommen. Im September 1954 liest sie vor der AJA erneut aus dem Manuskript. In der Diskussion werden die Fabel und der Aufbau als geglückt bezeichnet, die Figurengestaltung hingegen überzeuge noch nicht. Brigitte Reimann arbeitet weiter am Text, beginnt aber mit einer neuen Erzählung, der sie den Titel »Die Frau am Pranger« gibt. Sie ist inzwischen als Ortsvorsitzende den halben Tag im Kulturbund beschäftigt. Das nächtliche Schreiben hat sie aufgegeben, weil sie es körperlich nicht durchstehen kann.

Die Eheprobleme nehmen nunmehr eine existenzielle Form an: »Zu alledem hängt mir das Elend zuhause zum Halse raus: Günter trinkt, und es geht immer schlechter«, schreibt sie an Wolf D. Brennecke.[6] Bruder Ulrich erinnert, dass sich der Schwager immer öfter in Gaststätten betrinkt. Die Eltern, die die Verzweiflung der Tochter mitansehen müssen, schicken den 13-Jährigen dann los, um Günter in den Kneipen der Stadt zu suchen und ihn nach Hause zu bringen. Die Szenen der Eheleute, die inzwischen das Eckzimmer in der unteren Etage rechts im Haus ihrer Eltern bewohnen, das zum Garten führt, sind für alle zu hören. Wenn Günter stark alkoholisiert ist, sind Gespräche überhaupt nicht mehr möglich. »Brigitte bekam hysterische Anfälle oder Schreikrämpfe, bei denen mein Vater losstürzte und in der Nacht den Hausarzt rief«, erinnert Ulrich Reimann. Auch hätten er und seine Schwester Dorli des Öfteren an Freitagnachmittagen vor dem NAGEMA-Betrieb, also dem VEB Maschinenbau Burg, gewartet, um Günter abzupassen, damit er mit dem wöchentlich ausgezahlten Lohn direkt nach Hause kommt und ihn nicht in die Kneipe trägt. Für die Eltern sei die damalige Situation eine »mittlere Katastrophe« gewesen: Streng bürgerlich, vielleicht auch kleinbürgerlich erzogen, mussten sie erleben, »wie ihre Tochter in diesem Burg, einer so kleinen Stadt, in der fast jeder jeden kannte, zum Gerede der Leute wurde«.[7] Brigitte Reimann sieht das anders, aber gänzlich frei machen kann sie sich nicht von dem, was »geredet« wird. Das ist Geschichte. In der Gegenwart ist sie fest im kollektiven Gedächtnis der Stadt verankert. Die Stadtbibliothek und eine Promenade tragen ihren Namen, es gibt eine Tafel mit biographischen Daten sowie ein riesiges Wandbild, das eine gesamte

Hauswand bedeckt und das Porträt der jungen Autorin zeigt. Und regelmäßig wird eine Brigitte-Reimann-Stadtführung angeboten.

Brigitte Reimann ist Anfang 1955 zumindest glücklich »mit meiner Arbeit, weißt Du«, äußert sie gegenüber ihrer Vertrauensperson Wolf D. Brennecke. Sie beschäftigt sich intensiv mit der »Frau am Pranger«. Sie weiß um die Schwierigkeiten des Themas. Die Ratschläge von Brennecke sind ihr wichtig, dazu gehört die Faustregel für junge Autoren, jeden Tag mindestens drei Seiten zu schreiben. Das schafft sie nur selten. Sie hat verschiedene Ehrenämter übernommen, und die zur Verfügung stehende Zeit ist begrenzt. So arbeitet sie als Betriebschronistin im VEB Maschinenbau. Neu für sie ist die Erfahrung, in welcher Weise das Schreiben sie wirklich packt, dass sie unter einer Art innerem Zwang steht, weiter am Text zu arbeiten. Zuvor hat sie beim Knabe-Verlag ihre Erzählung »Jim von Mannhattan« zurückgerufen. Die Geschichte »genügt mir nicht mehr«. Für Wolf D. Brennecke gibt dieser lapidare Satz zutreffend »Auskunft über einen Sprung, den die Schriftstellerin Brigitte Reimann gemacht hat, die Zeit der tastenden Versuche und des wilden Drauflosschreibens ist vorbei«.[8]

In der Tat ist Brigitte Reimann mitunter das, was sie selbst als »flatterhaft« bezeichnet. Wenn sie ein Thema reizt, dann legt sie bereits begonnene Arbeiten einfach beiseite und muss sich wie im Zwang und »aller vernünftigen Erwägungen zu Trotz« in die neue Idee stürzen. Brennecke wirft auch die Frage auf, ob die Geschichte um die »Frau am Pranger«, die in die Zeit des Zweiten Weltkrieges führt, möglicherweise so etwas sei wie eine »Flucht vor der Gegenwart«.

Dieser Einwand ist nicht gleichzusetzen mit jener Kritik von Walter Ulbricht auf der Tagung »Kultur und der Zweijahrplan« vom September 1948. Dort hatte er den Kunstschaffenden in der SBZ diesen Satz entgegengeschleudert: »Ihr seid zurückgeblieben, weit zurückgeblieben.« Die Ursache sah Ulbricht damals nicht zuletzt in der Auseinandersetzung der Autoren mit der Vergangenheit und einer vermeintlichen Konzentration auf »Emigrationsliteratur« und »KZ-Literatur«.[9]

Hinter der Polemik stand ein Wechsel in der Erinnerungspolitik. Noch auf der ersten Funktionärskonferenz der KPD am 25. Juni 1945 war Ulbricht mit Blick auf die Zeit zwischen 1933 und 1945 davon ausgegangen, dass »die deutsche Arbeiterklasse und das schaffende Volk geschichtlich versagt haben«.[10] Doch sukzessive setzten sich in der neu gegründeten DDR marxistische Positionen von Georgi Dimitroff durch. Danach ist der Faschismus die »offene, terroristische Diktatur der reaktionärsten, chauvinistischsten, am meisten imperialistischen Elemente des Finanzkapitals«, womit es zu einer ›Entschuldung‹ der Bevölkerung kommt. Von einer Schuld des deutschen Volkes war nun nicht mehr die Rede, stattdessen wurde das »arbeitende Volk« zum Opfer einer kleinen Gruppe von Rüstungsindustriellen und Bankiers. Insofern erfolgte eine Gleichsetzung mit jenen Gruppen, die zu wirklichen Opfern von Krieg und Holocaust geworden waren. Olaf Groehler verweist früh darauf, dass eine solche Erinnerungspolitik durchaus den Bedürfnissen der ostdeutschen Bevölkerung entsprach.[11]

Das dies freilich nicht funktionieren konnte, belegt die Diskussion um die »harte Schreibweise« 1958/59, in die Brigitte Reimann involviert ist. Für Anfang der 1950er Jahre jedenfalls gewann vorerst die Verpflichtung die Oberhand, in der Literatur »das Neue« zu gestalten. Nicht die Orientierung auf den »neuen Gegenstand« war dabei das Problematische, sondern die Tatsache, dass hier der Versuch unternommen wurde, parteistaatliche Vorgaben für das Schreiben zu machen und andere als die favorisierten Themen an den Rand zu drücken. Im Kern ist mit dem »neuen Gegenstand« das »Was« und »Wie« der literarischen Darstellung angesprochen. In den Fokus gerieten spezifische Schauplätze und Figuren, eben solche, die sich auf »Feldern der Neubauernhöfe« oder in neuen volkseigenen Betrieben für den Fortschritt einsetzen. Genau davon hatte Bodo Uhse bereits auf dem II. Schriftstellerkongress 1950 gesprochen. Dabei handelte es sich in der Tat um Geschehnisse von einer durchaus neuen historischen Qualität. Die »Überführung in Volkseigentum«, also die Herstellung des sogenannten gesellschaftlichen Eigentums – egal, wie man sich dazu stellt –, war etwas in der deutschen Geschichte in dieser Form bis dahin Unbekanntes. In diesem Sinne ist der Einwand Brenneckes hinsichtlich der erzählten Geschichte von einer »Frau am Pranger«, die in der Zeit des Dritten Reiches spielt, nachvollziehbar. Brigitte Reimann ist sich durchaus bewusst, dass sie damit ein Feld betritt, das weder mit der Gegenwart noch ihren eigenen Erfahrungen etwas zu tun hat. Aber sie muss die »Frau am Pranger« dennoch fertig bekommen, bevor sie auf den Plan für die bereits genannte »Liebesgeschichte aus unserer Zeit« zurückkommen kann.

Sie weiß bereits, dass die Geschichte der »Frau am Pranger« nicht gut ausgehen wird. »Sie kann es nicht unter den Verhältnissen des Nazireiches. Tod und Schande sind den beiden Menschen gewiß.« Weiter: »Ich glaube, das Ende der Geschichte wird stark werden, aber ich muß sparsam sein, sehr sparsam, damit ich nicht zu dick auftrage und Abscheu erwecke anstatt Erschütterung.«[12] Brigitte Reimann ist als Autorin gewachsen, sie hat zunehmend ein Gefühl dafür entwickelt, wie weit sie mit dem Konfliktaufbau gehen kann und welche sprachlichen Mittel sich eignen, ohne in Klischees zu geraten. Sie arbeitet mitunter noch immer zeitgleich an verschiedenen Vorhaben. Dazu gehört der Gegenwartsstoff, der in die Wismut-AG führen soll. Allerdings erkennt sie bald, dass das Vorhaben nicht umsetzbar ist, die wenigen Wochen, die sie in dieser sehr speziellen Welt verbracht hat, reichen nicht aus, um daraus einen Roman zu machen. Was sie aber täglich vor Augen hat, das sind die Eheprobleme junger Leute, er arbeitet als Schlosser in einem Betrieb, und sie will als Schriftstellerin ihren Weg finden. Das ist der eigene Lebensstoff. Und so reduziert sie das große Romanvorhaben und baut daraus eine kleine Geschichte, immer noch mit dem Gedanken, später auf die Wismut zurückzukommen.

Ins Zentrum stellt sie, dem autobiographischen Ansatz folgend, ein junges Pärchen, Annelies und Werner, sie Schriftstellerin, er Arbeiter. Die Beziehung der beiden ist konflikthaft, Alkohol spielt indes keine Rolle. Mit dem Textanfang wird vom auktorialen, mithin überschauenden Erzähler mitten hinein in die Geschichte geführt:

> Sie wartete am Werktor, den Mantelkragen hochgeschlagen, ein zartgrüner Fleck im Dämmer des späten Nachmittags. Zerstreut nickte sie nach rechts und links Antwort auf Grüße und Zurufe der Arbeiter. Da kam er. Sein blondes Haar sprühte goldig auf im Licht der Bogenlampe über dem Werktor. Über die Köpfe der anderen hinweg winkte er ihr.[13]

Dass Brigitte Reimann nicht immer eine adäquate sprachliche Form findet und das »blonde Haar« des Protagonisten »goldig« sprüht, wird man vernachlässigen können. Wichtiger erscheint in diesem Zusammenhang der Inhalt der Geschichte. Annelies, die weibliche Protagonistin, ist nicht wirklich bei der Sache, sie wirkt zerstreut und denkt allem Anschein nach an anderes. Als ihr Partner erscheint, reagiert sie zwar auf den ersten Blick gelöst, aber umgehend erfahren wir, dass sie kein wirkliches Interesse hat zu erfahren, was ihr Ehemann im Werk erlebt hat:

> Die junge Frau fragte, nur so obenhin: »Wie war es heute im Werk?« Der große Junge machte eine unbestimmte Handbewegung. »Wie immer eben. Nichts Besonderes.« Dabei dachte er: Wir haben heute endlich die neue Serie Wassermischer herausgebracht. Otto hat heute für die streikenden Arbeiter in Westdeutschland gesammelt – wir haben alle einen Stundenlohn gegeben. Unsere Laienspielgruppe sucht einen Leiter. Aber wozu davon sprechen? Es interessiert ja doch nicht, sie denkt immer an etwas anderes ...[14]

Über den inneren Monolog erfolgt ein Wechsel auf die Innensicht des männlichen Protagonisten. Der macht nicht zum ersten Mal die deprimierende Erfahrung, dass es die Partnerin nicht interessiert, was er im Laufe des Tages im Werk erlebt hat. Als die beiden zu Hause in ihrem »Zimmer mit Kochgelegenheit« sind, kommt es zum Gespräch über den »Auftrag«, der die junge Frau beschäftigt: Sie soll eine »Geschichte auf Bestellung« für die Zeitung schreiben, nur fällt ihr nichts ein. Im Wechsel zwischen Erzähler und dem Dialog der Eheleute schält sich das Grundproblem heraus:

> Nervös öffnete und schloß sie die Hand. »Die Gestalten gleiten mir unter den Fingern fort, ich fühle selbst: Das sind gar keine richtigen Menschen ... Und mir fällt einfach nichts Vernünftiges ein, ich habe keinen Stoff, das ist es!«
>
> Erstaunt hob Werner die Brauen. »Keinen Stoff? So was liegt doch auf der Straße, man muß sich bloß danach bücken –.«
>
> Annelies lachte, gereizt, böse fast. »Du hast gut reden! Du weißt doch nicht, was das heißt: schreiben ...«
>
> »Nein, das weiß ich nicht«, sagte er ganz ernsthaft. »Ich bin ja auch bloß ein kleiner Maschinenschlosser, nicht wahr? Ich habe ja auch keine Ahnung von Literatur, nicht wahr?« Er erhob sich, wanderte mit großen Schritten auf und ab zwischen Tisch und Schrank [...].[15]

Im Dialog der beiden Figuren zeichnet sich eine der zentralen Fragen der frühen DDR ab, die Anton Ackermann im Mai 1948 angesprochen hatte. Für die »Kultur der Zukunft« hatte er die Vision einer Auflösung der Klassengegensätze und die Aufhebung der Trennung zwischen den »Hand- wie den Kopfarbeitern«. Er ging dabei von einem Kulturverständnis aus, das Arbeiter wie Intellektuelle gleichermaßen als Schöpfer und Nutzer von Kultur ansieht. Für das nicht spannungsfreie Verhältnis zwischen Intellektuellen und Proletariat schlägt er vor, dass die Intellektuellen auf »Gefühle der Überheblichkeit« verzichten, während es bei den Arbeitern darum gehe, Vorstellungen von »Minderwertigkeit« abzubauen. Mit Blick auf ein anvisiertes »Bündnis« macht er den Vorschlag, Intellektuelle sollten »zu den Arbeitern in die Fabriken« gehen.[16] Bereits Ende der 1940er Jahre existierte also eine Ausrichtung, die dann mit dem »Bitterfelder Weg« zur kulturpolitischen Orientierung wird und Brigitte Reimann gemeinsam mit Siegfried Pitschmann Anfang der 1960er Jahre nach Hoyerswerda bringt.

Das Problem, das Brigitte Reimann in der kurzen Geschichte andeutet: Werner sieht sich lediglich als »kleiner Maschinenschlosser«, und von Selbstbewusstsein ist zunächst nichts zu spüren. Doch im weiteren Verlauf ist er es, der zunehmend die Initiative ergreift und dessen Konturen schärfer werden. Etwas gönnerhaft – offensichtlich ist er es, der weitgehend für den Familienunterhalt aufkommt – gesteht er seiner freischaffend tätigen Frau zu: »[...] ich habe dir gesagt: schreib, wenn es dir Spaß macht; aber ich habe dir auch hunderte mal gesagt: du darfst nicht ewig nur zu Hause hocken – du kannst doch nicht über das Leben schreiben, wenn du es nicht kennst.« Annelies kontert mit dem Hinweis, dass sie oft genug im Betrieb sei, da würde sie allerdings keine »Stoffe auf dem Hof rumliegen« sehen. Die Antwort des Maschinenschlossers kommt sofort: »Denkst du, es genügt, wenn du mal für eine Stunde deine Nase in den Betrieb 'reinsteckst?«

Der Leser erfährt, dass sich Werner resignierend auf die Couch wirft, weil das »leidige Thema« immer wieder für Auseinandersetzungen sorgt. Aber diesmal ist es anders. Werner erzählt von den Vorgängen im Betrieb: dass die Kollegen für westdeutsche Arbeiter, die einen Streik organisieren, Geld gesammelt haben. In der Geschichte steckt eine weitere, nämlich die von der westdeutschen Arbeiterfrau, die davon überzeugt werden muss, »daß der Mann recht hat«, der trotz der Gefährdung des Arbeitsplatzes streiken will.[17] Am Ende der Erzählung läuft es darauf hinaus, dass Annelies den Ratschlägen des in der Produktion arbeitenden Ehemannes folgt, er ist es, der die Zielrichtung vorgibt und schließlich vom Erzähler mit Autorität ausgestattet wird. Nach der erfolgreichen Überzeugungsarbeit lässt Werner, fast nebenher, den Hinweis fallen, dass »unsere Laienspielgruppe« einen Leiter braucht. Und wer anders könnte diese Funktion übernehmen als Annelies. »›Ja‹, sagte Annelies. ›Ja, ich glaube schon. Ich könnte ... Überhaupt Laienspiel hat mir schon in der Schule Spaß gemacht.‹« Durch die gemeinsam anvisierte Aufgabe wird eheliche Harmonie hergestellt, Annelies lacht erleichtert und »küßte ihn auf das Ohrläppchen und – na, Sie wissen ja, junge Leute sind so schrecklich unsachlich«. Zum Schluss werden mit einem Zeitsprung die Leser vom Erzähler angesprochen, der ihnen die Perspektiven der Zusammenarbeit von Intelligenz und Arbeiterschaft vor Augen führt: »Trotzdem, nächste Woche soll im Betrieb die Premiere eines Laienspiels stattfinden, das zwei junge Menschen geschrieben haben. Sie haben ganz richtig geraten, eben jene zwei ...«[18]

Was man mit Sicherheit sagen kann: 1954/55 schreibt Brigitte Reimann mit dieser Geschichte so etwas wie eine Wunschbiographie, also einen Text, der das umsetzt, was sie sich von der Partnerschaft mit Günter Domnik und der symbolischen Vermählung mit der Arbeiterklasse erhofft. Auf den ersten Blick kann der Eindruck entstehen, hier würde die weibliche Emanzipation auf der Strecke bleiben. Doch worauf gezielt wird, das ist eine Partnerschaft, in die beide etwas einzubringen haben.

Die ideologische Ausrichtung der Geschichte ist offensichtlich, aber darum geht es hier gar nicht in erster Linie. Viel wichtiger ist der Umstand – und das macht diese frühe Fingerübung interessant –, dass eine Grundfrage angesprochen wird, die Brigitte Reimann bis zu ihrer »Franziska Linkerhand« nicht loslässt und die weitaus komplexer ist, als es zunächst den Anschein hat. Der Literaturwissenschaftler Gottfried Willems hat mit einigem Recht den Standpunkt vertreten, dass das »Postulat der Lebensunmittelbarkeit« der eigentliche Motor der Moderne gewesen ist. Denn es sei darum gegangen, die Kluft zwischen Kunst und Leben zu überbrücken und Kunst und Wirklichkeit einander anzunähern.[19] Mit Blick auf die 1920er Jahre in Deutschland wurde betont, dass »Prosatexte über Arbeit, Produktionssphäre, Ausbeutung, Widerstand als thematische Domäne vor allem der Arbeiterautoren zu literaturhistorisch wichtigen Innovationen« gehörten.[20]

Die Sowjetunion der 1920er Jahre bot zahlreichen Künstlern die Möglichkeit, mit Plakaten, Losungen, theatralischen Inszenierungen und anderen Experimenten endlich ein Massenpublikum anzusprechen und messbare Wirkungen zu erreichen. Sergei Tretjakow als Vertreter der russischen Avantgarde ging von einer These aus, auf die auch die junge Brigitte Reimann vor 1956 setzt. »Der Arbeiter der Kunst muß neben dem Mann der Wissenschaft stehen, als ein Psycho-Ingenieur und Psycho-Konstrukteur«, so die Überzeugung. Der normative Kern der Vision vom »neuen Menschen« blieb unerkannt, ebenso wenig konnte Tretjakow ahnen, dass Stalin an genau diese Formel mit seiner Auffassung vom Schriftsteller als »Ingenieur der menschlichen Seele« anschließen würde. Diese Aussage, die Stalin am 26. Oktober 1932 bei einem Treffen von Schriftstellern im Haus von Maxim Gorki gemacht haben soll, geriet in der Folgezeit zu einem viel zitierten Marker, mit dem versucht wurde, die Funktion von Literatur auf den Punkt zu bringen, so auch auf dem I. Allunionskongress 1934 in der Sowjetunion, wo es Andrej Shdanow war, der an diese Aussage anknüpfte.[21]

Brigitte Reimann wird in »Franziska Linkerhand« die frühe Erfahrung mit Günter Domnik und das, was sie mit »Zwei schreiben eine Geschichte« entwirft, auf eine neue Ebene bringen. Wilhelm, der Bruder, warnt Franziska: »›Nimm dich in acht‹, sagte er, ›Wolfgang hat einen Ruf als unwiderstehlicher Mann zu verteidigen.‹ Er grinste breit; hinter ihrem Rücken aber warf er dem schönen jungen Mann einen kalten Blick zu.« Zunächst vergeht sie vor Schüchternheit. Doch später geht es weiter:

> Als der junge Mann, über die Köpfe der anderen hinweg, Wilhelm erblickte, der sich zu ihnen durchzudrängen suchte, sagte er rasch: »Wir könnten mal ins Kino gehen ... wenn Sie sich mit einem einfachen Arbeiter über die Straße trauen.«
>
> Später hörte ich diese Redewendung bis zum Überdruß, ich als einfacher Arbeiter, bald vorwurfsvoll, bald als Entschuldigung, immer Stiefkind des Schicksals, Herkunft als Handicap. Wie er mich mit seinem faulen Fatalismus anödete! Ein Strohkopf. Ich muß verrückt gewesen sein. Aber [er] war wirklich wahnsinnig schön ...[22]

Mit der Figur des Wolfgang Exß, der Franziskas Ehemann ist, verabschiedet sich Brigitte Reimann einerseits von jenen Anfangsidealen, andererseits nutzt sie ihre Erfahrungen ganz im Sinne von Christa Wolf, die 1973 auf eine in der DDR »so lange verkannte, unterschätzte, ja verdächtige Kategorie« wie die Erfahrung aufmerksam machte: »Das Reservoir, aus dem er [der Autor; Anm. C.G.] schreibt, ist seine Erfahrung.«[23]

21. »Es geht fast über menschliches Begreifen« – noch einmal fremde Geschichten erzählen

Im Frühjahr 1955 beginnt für Brigitte Reimann eine Zeit der Signale, die sie zunehmend optimistisch stimmen. Der Wechsel vom Mitteldeutschen Verlag zum Verlag Neues Leben zahlt sich aus, hier liegt nun das Manuskript der »Denunziantin«, und der Verlagsleiter schickt ihr mit Datum vom 15. März 1955 endlich die beiden Ausfertigungen des Vertrages. Am 26. März telegrafiert Jürgen Gruner, der zu diesem Zeitpunkt noch beim Neuen Leben ist, dass er am Mittwoch in Burg eintreffen werde. Danach erhält Brigitte Reimann ein Honorar von 1200 Mark der DDR, ausgewiesen als 1. Rate. Eigentlich könnte es nun weitergehen. Aber die ständigen Bemühungen um den Schultext zermürben die junge Autorin, sie sucht lieber nach neuen Stoffen und Themen. Und mit der Geschichte um die »schöne Helena« scheint sie einen Gegenstand gefunden zu haben, der ihren Neigungen entspricht und der sie zur Gestaltung drängt. Wolf D. Brennecke teilt sie am 10. Mai 1955 mit, dass sie einen »tollen Stoff für einen Roman« gefunden habe:

> Im Betrieb meines Mannes arbeitet seit einiger Zeit ein Grieche, ehemaliger Partisan, mit dem haben wir uns befreundet. Das ist noch nicht einmal das richtige Wort; vielmehr ist er uns ein Bruder, wir haben vom ersten Tage an schon unser Herz an ihn verloren. Das ist ein Mensch, Du! Wenn man ihn erzählen hört, gehen einem die Augen über. Es geht fast über menschliches Begreifen, was dieser junge Bursche – er ist auch erst einundzwanzig – schon erlebt hat. Und dabei ist er so heiter, so ausgeglichen und übt in jeder Beziehung auf uns beide einen guten Einfluß aus.

> Am tiefsten hat mich das Schicksal seiner Schwester Maria erschüttert ... Das zu gestalten muß eine große, herrliche und unendlich schwere Aufgabe sein. Aber eines Tages werde ich damit beginnen, das weiß ich, weil es mich nicht mehr losläßt. Ich habe mir ein Buch angelegt, in das ich dies und jenes aus meinen Berichten niederschreibe, ich sammle Material und lerne Griechisch.[1]

Was Brigitte Reimann hier skizziert, trifft nicht ganz den Stand der Arbeit, längst hat sie konkrete Vorstellungen und schreibt bereits an den Geschichten zum Griechenland-Komplex. Erkennbar wird auch, dass die Autorin inzwischen durch den Austausch in der AJA und die Bekanntschaft mit Schriftstellerkollegen die Erfahrung gemacht hat, dass man zur Bewältigung eines Stoffes ausreichend Kenntnisse zum historischen wie aktuellen Hintergrund benötigt. Sie sammelt also fleißig Material und informiert sich über die Verhältnisse in Griechenland. Diese Arbeitsweise kommt nicht von ungefähr, sondern hängt in besonderer Weise mit einem Autor zusammen, den sie in der AJA zwei Jahre zuvor kennengelernt hat und der innerhalb kurzer Zeit zu dem geworden ist, was man einen Freund nennen kann. Dabei ist Wolfgang Schreyer, sechs Jahre älter als sie, nicht nur lebenserfahrener, sondern auch als Autor bereits erfolgreich. Von der Oberschule weg wurde er zum Flakhelfer gemacht und dann zur Wehrmacht eingezogen. Als Fahnenjunker sollte er noch gegen Ende des Zweiten Weltkrieges Offizier werden. »Sechs Kampftage sind meine Feuertaufe; ich nehme sie als wichtige Erfahrung. Sie flößt mir Respekt ein vor allen, deren Soldatenleben das seit Jahren ist«, sagte er später.[2] Mit Kriegsende geriet er in amerikanische Gefangenschaft, aus der er 1946 entlassen wurde. Es folgte eine Ausbildung zum Drogisten, er wurde Geschäftsführer eines Pharmabetriebes – und begann zu schreiben. Im Schnelldurchgang musste Wolfgang Schreyer Erfahrungen machen, für die andere Jahre brauchen. Ganz anders Brigitte Reimann.

Sie bewundert Wolfgang Schreyer gleich in mehrfacher Weise und nicht nur, weil er es schon früh geschafft hat, sich eine Existenz als freier Schriftsteller aufzubauen. Kurz nach seinem Debüt mit dem Kriminalroman »Großgarage Südwest« ist er bereits Mitglied des Schriftstellerverbandes geworden, was als Ausweis für Qualität gilt. Für die Aufnahme gelten strenge Regeln. Mit »Unternehmen Thunderstorm«, einem Tatsachenroman, in dem er Kriegserlebnisse über den Aufstand im Warschauer Ghetto verarbeitet, gelingt ihm just 1955 der Durchbruch. Brigitte Reimann ist eine der frühen Leserinnen, und im Gespräch hat sie von Wolfgang Schreyer erfahren, welchem Schreibansatz er folgt: »Jede mir zugängliche Quelle, jeden erreichbaren Zeitzeugen befrage ich, sitze in Lesesälen, zapfe aus Ost und West alles an, bis sich ein Bild formt in mir. Zugleich wächst der Handlungsfaden.«[3] Hinzu kommt, dass sich seine Erfahrungen als Leser bei der Arbeit an »Unternehmen Thunderstorm« früh bestätigen: »Beredsam zu sein, weitschweifig, auch kolportagehaft, das hat schon Balzac mich gelehrt.«[4] Das sind Positionen, die die jüngere Freundin zu diesem Zeitpunkt in jeder Hinsicht teilt.

Brigitte Reimann äußert sich in einem Brief vom 3. Mai 1955 an Schreyer ausführlich zu seinem Roman, der in der noch jungen DDR schon bald Bestsellerstatus erreicht. Dabei bringt sie die Leistung des Freundes so auf den Punkt: »Eines aber muß ich dennoch sagen, und ich kann es nicht genug bewundern: Deine unerhörten Kenntnisse auf diesem Gebiet, die Fülle von Tatsachenmaterial, die Genauigkeit im kleinsten Detail – also, das ist einfach toll!« Und sie ergänzt: »Ich begreife einfach nicht, wie Du in so relativ kurzer Zeit das alles zusammentragen, studieren, ausarbeiten konntest – diesen Fleiß, diese Energie würde ich niemals aufbringen!«[5] Die kritische Selbsteinschätzung mündet in einer treffenden Charakteristik von Wolfgang Schreyer: »Wenn ich Dich nicht kennen würde, so müßte ich annehmen, Du seiest ein alter Diplomat, ein ausgefuchster Politiker, ein Soldat, der von Anfang bis Ende das alles selbst erlebt hat. Aber in Deinem Alter! Diese Leistung wird mir immer ein Rätsel bleiben!«[6]

Was Brigitte Reimann hier an Wolfgang Schreyer beobachtet, das will sie nunmehr in ihrem Griechenland-Projekt umsetzen. Sie recherchiert und arbeitet sich in die Situation ein, die mit dem Bürgerkrieg in Griechenland entstanden war. Sie sucht auch die historischen Wurzeln des Konflikts zu ergründen. Dazu gehört der Umstand, dass die deutsche Wehrmacht Anfang April 1941 Griechenland und Jugoslawien angriff.

Mit Beginn des sogenannten Balkankrieges hatten sich in Jugoslawien und Griechenland Partisanenverbände gebildet, die gegen die deutschen, italienischen und bulgarischen Besatzungstruppen kämpften. Die Wehrmacht ging mit äußerster Brutalität gegen die Partisanen vor. Eine besondere Rolle spielten dabei auch Polizeigebirgsregimenter. Der Einsatz hing nicht zuletzt damit zusammen, dass die Deutschen eine Landung der Alliierten in Griechenland erwarteten und zudem der Auffassung waren, dass die italienischen Truppen nicht hart genug gegen Partisanen vorgingen.[7]

Zu diesem Zeitpunkt wurden die Partisanenverbände noch von britischen Truppen unterstützt. Das änderte sich nach dem Ende des Zweiten Weltkrieges. Der Beginn des Bürgerkrieges im März 1946, in dem die Linke Volksfront die konservative griechische Regierung bekämpfte, hatte seinen Ursprung allerdings in den 1930er Jahren und fand während der Besetzung durch die Wehrmacht eine Fortsetzung.

Nach dem Ende des Zweiten Weltkrieges kam es zu dem, was später als das »grausame Brudermorden« bezeichnet wurde. Mit wenigen Unterbrechungen sei es in Griechenland schon zwischen 1943 und 1949 zu Verwüstungen gekommen, die mit dem vergleichbar sind, was im Spanischen Bürgerkrieg ein Jahrzehnt vorher ablief. »Mit gleichem Haß und gleicher Grausamkeit wie spanische Republikaner und Faschisten wüteten griechische ›Monarchofaschisten‹ und sogenannte ›Slawokommunisten‹ gegeneinander«, heißt es bei dem Journalisten Siegfried Kogelfranz. »Und so wie Spanien Probe-Kriegsschauplatz von Mächten war, die danach im Zweiten Weltkrieg aufeinanderprallten, wurde Griechenland zum ersten Schlachtfeld des Kalten Krieges. An der Grenze Griechenlands stoppte der britische Premier Winston Churchill, in der Wahl seiner Mittel ziemlich skrupellos, den kommunistischen Vormarsch in Südosteuropa. Griechenland war der Grund für die Truman-Doktrin vom März 1947 gegen eine weitere Ausdehnung des sowjetischen Machtbereichs, ein Schritt, der die Weltkriegsalliierten USA und UdSSR endgültig zu Gegnern machte.«[8]

Die Weichen für diese Entwicklungen waren allerdings schon während der Moskauer Konferenz vom 9. bis 20. Oktober 1944 gestellt worden, bei der sich Stalin und Churchill über die Zukunft der Länder Ost- und Südosteuropas verständigten. Es ist überliefert, dass der Vorschlag über die Aufteilung der Interessensphären von Churchill gekommen sei. Auf einem einfachen Blatt Papier habe er notiert, welches Land welcher Siegermacht zugeschlagen werde. Nach einiger Überlegung soll Stalin dann dem Vorschlag zugestimmt haben. Und so wurde Griechenland der britischen, wurden Bulgarien und Rumänien der sowjetischen Hemisphäre zugeordnet.

Diese damals zugänglichen Fakten sind Brigitte Reimann bekannt, und es gelingt ihr in kurzer Zeit, die beiden Geschichten »Der Tod der schönen Helena« und »Waffen für Tanassis« fertigzustellen. In einem Brief vom 26. Juni 1955 berichtet sie von dem Abdruck im »Feuilleton-Presse-Dienst«, dessen Chefredakteur bis zu seinem Tod 1956 Hermann Zilles ist, der zuvor die Intendanz des Deutschen Fernsehfunks innehatte. Im Mai erscheint zudem ihre »Legionär«-Erzählung. Die Publikationen geben ihr Auftrieb, und Brigitte Reimann arbeitet die Kurzgeschichte »Der Tod der schönen Helena« zu einer längeren Erzählung aus. Walter Püschel vom Verlag Neues Leben teilt ihr sodann am 16. August 1955 in einem ausführlichen Brief mit, dass die »Junge Welt« sich für die Annahme der Erzählung entschieden habe und sie in einer nicht ungeschickt gestrafften Fassung publizieren wolle. Zwar habe den Redakteuren der Titel nicht zugesagt, aber sie hätten auch keinen besseren vorschlagen können. Das Wichtigste: Es gibt ein vereinbartes Honorar von 800 Mark der DDR.

Die Geschichte, die vom 30. August bis zum 22. September 1955 als Fortsetzungsfolge in der Tageszeitung der FDJ erscheint, verschafft ihr Publizität. Beim Verlag Neues Leben bleibt Brigitte Reimann mit der Geschichte der »schönen Helena« allerdings nicht. Jürgen Gruner, der dort ihr Lektor gewesen ist, wechselt zum Verlag des Ministeriums des Innern, und da sie mit ihm gute Erfahrungen gemacht hat, folgt sie ihm. Der Verlag meint es auch ernst mit ihr und schickt ihr am 16. Oktober ein Telegramm: »Manuskript angenommen. Erscheinen erforderlich = Verlag Ministerium des Innern = Gruner.«[9] Das Telegramm wird 16 Uhr zugestellt, und Brigitte Reimann jubelt. Am Abend stößt sie mit Günter auf den Erfolg an, eine Flasche Sekt steht schon bereit.

Wenige Tage später ist sie in Berlin zu einer Tagung für Abenteuerschriftsteller. Eingeladen hat das Kulturministerium, und es gibt ein vierstündiges Referat von Nadeshda Ludwig, einer ausgewiesenen Literaturwissenschaftlerin, die an der Pädagogischen Hochschule in Potsdam und zudem als Übersetzerin aus dem Russischen arbeitet. Ihren Vortrag findet Brigitte Reimann ausgezeichnet, allerdings missfällt ihr die nachfolgende Diskussion. Es geht um Karl May, »man lehnte ihn fast einstimmig ab«. Sie findet das »ungerecht – wahrscheinlich fürchtet man seine Konkurrenz«, schreibt sie in ihr Tagebuch.[10] Am nächsten Tag hat sie den Termin im Verlag:

> Jürgen Gruner und Eberhard Panitz empfingen mich wie gute alte Freunde, sie waren ganz begeistert von der Geschichte [der »schönen Helena«; Anm. C. G.] und legten mir sofort den Vertrag vor – ich werde sogar in Anbetracht der Qualität höher honoriert als die anderen Autoren. Der Verlag möchte mich für sich gewinnen, man hat mir schmeichelhafte Anträge gemacht und versuchte mir das »Neue Leben« auszureden. [...] Ja, man wird allmählich eine geachtete Persönlichkeit ...[11]

Der Verlag hält Wort. Mit Schreiben vom 21. Oktober 1955 erhält Brigitte Reimann den Vertrag, unterschrieben von Major Kinscher, dem Verlagsleiter, und Eberhard Panitz, der die Redaktion der Erzählerreihe verantwortet. Schon zehn Tage später, am 31. Oktober, gehen vom Verlag die Druckfahnen mit der Bitte um Durchsicht und Rücksendung an sie ab. Per Telegramm wird sie für den 18. November nach Berlin eingeladen, um letzte Fragen zu klären. Die Geschichte erscheint noch vor Jahresende als erste Verlagspublikation der 22-jährigen Autorin mit einem Umschlagbild und Illustrationen von Kurt Zimmermann. Dass der Verlag den Künstler gewinnen kann, ist für Brigitte Reimann eine Bestätigung der eigenen Arbeit, denn der Illustrator ist hoch angesehen, hat u. a. die deutschen Ausgaben von Nikolai Ostrowskis »Wie der Stahl gehärtet wurde« und Arkadi Gaidars »Timur und sein Trupp« bebildert, beides Texte, die für die Oberschülerin einmal wichtig gewesen sind.

Ihre Geschichte von der »schönen Helena« erscheint nunmehr als Heft 12 in der Reihe mit dem markigen Titel »Zur Abwehr bereit«. Sie umfasst, so heißt es von Verlagsseite, »spannend geschriebene Erzählungen deutscher und ausländischer Autoren über Spionagefälle und abenteuerliche Begebenheiten aus aller Welt«.[12] Vor Brigitte Reimanns Text sind W. Tschernoswitows Kriminalerzählung »Der sibirische Wolf« und Willi Bredels »Marcel, der junge Sansculotte« erschienen. 1957 publiziert der Verlag – er heißt dann bereits Verlag des Ministeriums für Nationale Verteidigung – Erich Loests Erzählung »Der Schnee von Podgonowka«. Zu diesem Zeitpunkt, davon wird noch die Rede sein, ist Erich Loest im Zusammenhang mit den Prozessen gegen Wolfgang Harich und Walter Janka schon verhaftet, und im November 1957 wird er zu siebeneinhalb Jahren Zuchthaus verurteilt.

Eigentlich passt Brigitte Reimanns Liebesgeschichte, denn darum handelt es sich im Kern, nicht in diese Reihe. Aber der Bezug ist für den Verlag allein dadurch hergestellt, dass der historische Hintergrund ins Jahr 1946 führt, in der die von der Kommunistischen Partei unterstützte Demokratische Armee Griechenlands einen zunächst erfolgreichen Kampf gegen die griechische Regierung führte. Zu einer Wendung kam es im Bürgerkrieg ab Herbst 1948, was einerseits auf das Engagement der USA zurückzuführen ist, andererseits auf den Bruch zwischen Jugoslawien und der Sowjetunion, so dass die Demokratische Armee ihre wichtigsten Unterstützer verlor und eine vollständige Niederlage erfuhr. In der Folge gingen die Regierungstruppen mit äußerster Brutalität vor, es gab – wie erneut in den 1960er Jahren – schlimmste Folterungen. Auf Befehl der griechischen Regierung wurden zudem zahlreiche Kinder entführt, weil deren Eltern vermeintlich in der Guerillabewegung aktiv waren. Die Einheiten der Demokratischen Armee verbrachten viele Kinder aus den umkämpften Gebieten außer Landes. Über 1000 Kinder wie auch Kämpfer der Demokratischen Armee und Kommunisten erhielten Asyl in der SBZ und der späteren DDR.[13]

Brigitte Reimann kann sich noch gut an die Sonderbriefmarken erinnern, die um das DDR-Gründungsjahr herausgekommen sind, als Unterstützungsaufruf für die Kommunisten im Bürgerkrieg. Auf der 10-Pfennig-Marke prangt in der Mitte die Fahne von Griechenland, außen herum läuft in Rot-Weiß die Schrift mit dem Wortlaut: »Verteidigt den Frieden. Helft dem demokratischen Griechenland.« Auf der zweiten Marke für einen Betrag von 50 Pfennig ist im Innern eines Kreises ein roter Soldat mit Fahne und Gewehr zu sehen. Die Geschichte von Brigitte Reimann führt nun mitten hinein in diese Jahre des griechischen Bürgerkrieges. Im Zentrum steht Helena Ziplakis, die mit den Eltern und drei Brüdern in Alexandroupolis lebt, einer Hafenstadt rund 800 Kilometer von Athen entfernt, im Nordosten Griechenlands. Der Text setzt mit einer dramatischen Episode ein:

> Das Mädchen fand den Bruder am Stadtrand. Er lag mit ausgebreiteten Armen, das Gesicht in den Boden gedrückt, inmitten des zerstampften Melonenfeldes, und seine schwarzen Haare klebten von geronnenem Blut.[14]

Helena weint nicht, sie hat geahnt, dass das eines Tages passieren würde, denn »seit Monaten schon durchstreiften die Wölfe des Königs das Land, und vor ihrem glühenden Atem gingen die Häuser der Partisanen in Flammen auf, Hunderte starben, Tausende, unter den Messern und Kugeln der Henker«.[15]

Was der Erzähler hier aus der Sicht der Figur mitteilt, hat einen realen historischen Hintergrund, der durch die metaphorische Darstellung nur vage angedeutet wird. In späteren historischen Einschätzungen ist die Rede vom südöstlichen Winkel Europas, »wo seit Jahrhunderten Angst und Haß die Hirne vergifteten, politische Leidenschaften in einem Blutrausch, in dem sich Grenz- und Nationalitätenkonflikte, Ideologien und Glaubenskampf, republikanische und monarchistische Fanatiker, soziale und regionale Gegensätze grausam austobten«.[16]

Dass die von der Kommunistischen Partei unterstützte Befreiungsfront in der einfachen Bevölkerung so starke Sympathien besitzt, hängt nicht zuletzt damit zusammen, dass die Konservativen mit der deutschen Besatzungsmacht kollaborierten, die mit zahlreichen Exekutionen versuchte, den Widerstand zu brechen. So wurden in Kalavryta 1943 alle männlichen Einwohner wegen vermeintlicher Zusammenarbeit mit den Partisanen erschossen, es waren über 1000. Aus Saloniki deportierten die Deutschen 46 000 jüdische Bürger.[17] Viel wichtiger als diese ihr bekannten dokumentarischen Details ist Brigitte Reimann beim Erzählen allerdings eine Grundfrage. Es geht erneut um das Problem der Denunziation bzw. des Verrats. Der Erzähler teilt eine entsprechende Vermutung der Familie mit:

> Und irgendwo, vielleicht im Nachbarhaus, hockte jener, der den Bruder verraten hatte: Seht, der junge Ziplakis war auch Partisan, er hat so und so viele Engländer auf dem Gewissen; auch damals 1944 – ihr erinnert euch – hat er mitgekämpft gegen die Deutschen. Ein gefährlicher Bursche, der junge Ziplakis, er soll mit Kommunisten Verbindung haben, und auf die Waffen versteht er sich wie nur einer.[18]

Nach dem Tod von Nikos ziehen der ältere Bruder Tanassis und Helena, die erst 15 Jahre alt ist, in die Berge zu den Partisanen. Nur der »kleine Christos, vierzehnjährig und schmal«, bleibt bei den Eltern. Der Kommandeur der Einheit, Stawros Tadschidis, dem die Geschwister zugeteilt werden, verliebt sich in das schöne Mädchen, er beschützt sie und hilft ihr zugleich, sich an die Schrecknisse der kriegerischen Auseinandersetzungen zu gewöhnen. Dazu gehört der Einsatz von Waffen gegen den erklärten Gegner. Letztlich bewährt sich Helena im Kampf:

> Hunderte ehemalige Partisanen bezeugen, daß Helena Ziplakis sechs Panzer auf diese Weise vernichtete; jedesmal entrann sie dem

> Tod wie durch ein Wunder – aber es gibt kein sechsfaches Wunder, deshalb hatte ihr Name einen guten Klang in den Bergen.[19]

Zum Konflikt kommt es, als mit Costas ein junger Mann, der ihrem getöteten Bruder ähnelt, zu der Brigade stößt. Es entwickelt sich eine Konfrontation zwischen dem erst 16-jährigen Jungen und dem erfahrenen Kommandeur, die beide die schöne Helena lieben. Diese steht – wie das im Leben und den Texten von Brigitte Reimann auch in Zukunft der Fall sein wird – zwischen zwei Männern. Sie entscheidet sich für Costas. Der aber hält der Kriegssituation nicht stand, den lebenslustigen Jungen packt die »graue Furcht«, und der Erzähler ergänzt: »und von ferne winkte mit dürrem Finger der Tod«. Costas versucht aus Liebe, Helena zur Flucht aus dem Lager zu überreden, um in einer fremden Stadt unerkannt ein gemeinsames Leben zu beginnen. Auf diesen Vorschlag aber geht Helena nicht ein.

> Das Mädchen war stehengeblieben, umfing mit großem Blick das Gesicht des Freundes, in dem die hohen Backenknochen stark hervortraten über die hohlen Wangen. Sie sagte, und ihre Stimme bebte vor Zorn: »Das ist ja Verrat, Costas. So etwas hätte Stawros niemals gesagt.«[20]

Costas ist schockiert, rudert zurück und betont abermals, dass er sie nur retten will. Letztlich verrät er bei einer Aktion, an der auch Helena und ihr Bruder Tanassis beteiligt sind, die Gruppe tatsächlich, weil er das Leben der Geliebten so zu retten meint. Tanassis wird getötet, Helena gefangen genommen und er selbst frei gelassen. Er kehrt zu den Partisanen zurück und wird wegen Verrat zum Tode verurteilt und am Morgen erschossen. Helena kommt ins Gefängnis, wird auf schlimmste Weise gefoltert und zu 22 Jahren Zuchthaus verurteilt. Die Geschichte endet tragisch: Nach Jahren der Haft wird sie erschossen. Am Schluss steht ein Kommentar, der in die Mitte der fünfziger Jahre ebenso passt, wie er der damaligen Sicht der Autorin entspricht:

> Dennoch – der Tod der schönen Helena ist nicht sinnlos. Sie ist und bleibt eine Heldin in der Reihe jener, die die Welt ein Stück näher gebracht haben dem endlichen Ziel aller menschlichen Sehnsüchte.[21]

Brigitte Reimann hat vor, die kurze Geschichte vom »Tod der schönen Helena« weiter auszuarbeiten. Aktuell sitzt sie aber noch an der neuen Erzählung »Die Frau am Pranger«, die beim Neuen Leben schon gelesen wird. Eigentlich hat sie vor, das neue Manuskript, dem sie zunächst den Titel »Mädchen von Chronos« geben möchte, auch hier drucken zu lassen. Ihr Lektor Lewerenz hat von Wutausbrüchen des Verlagsleiters Peterson berichtet, weil er das Abenteuerheft »Der Tod der schönen Helena« nicht hat machen dürfen. Gleichzeitig rät er zur Vorsicht für das neue Vorhaben. Im Tagebuch notiert Brigitte Reimann:

> Peterson warnte mich: Es sei ein diffiziles Thema, da die Meinungen über den griechischen Befreiungskampf geteilt seien, auch wisse man nicht, wie sich unsere Beziehungen zu Griechenland entwickeln werden etc. Das kratzte mich schon wieder: als ob Literatur von politischen Tagesfragen abhängig sei ... Der Partisanenkampf war zu seiner Zeit gut und richtig, außerdem geht es mir um das Schicksal meiner Liebenden, ihren menschlichen Konflikt.[22]

Dann aber entstehen Unstimmigkeiten, weil Peterson ihr einige Tage später, am 15. November 1955, mitteilen lässt, dass es nicht möglich sei, »Die Frau am Pranger« bis zum Sommer 1956 herauszubringen. Er bittet sie, beim nächsten Berlin-Besuch im Verlag vorbeizukommen. »Wir könnten dann, falls Du Wert darauf legst, unser Urteil über den ersten Teil Deiner ›Helena‹-Novelle abgeben.« Lewerenz ergänzt: »So viel jetzt schon: Die Schwächen, die wir bei der ›Frau am Pranger‹ zu erkennen glaubten, scheinen bei der neuen Erzählung in nicht geringerem Maße vorhanden zu sein. Schwächen freilich, über die man sich streiten kann. Mündlich darüber Genaueres.«[23] Natürlich legt Brigitte Reimann Wert auf Ratschläge, aber nach den Erfahrungen mit der »Denunziantin« will sie endlich Ergebnisse sehen und nicht beständig in neue Überarbeitungsrunden geschickt werden.

Mit der Geschichte »Kinder von Hellas« geht es dann auch schnell voran. Am 13. Februar 1956 schreibt der andere Verlagsleiter Major Kinscher nämlich, dass das Manuskript in der Redaktion gelesen worden sei, es aber gut wäre, schnell einen Termin zu konkreten Absprachen zu finden.[24] Das daraufhin vereinbarte Treffen mit Gruner im traditionsreichen Leipziger Hotel Astoria kommt allerdings nicht zustande: Die beide verfehlen sich. Brigitte Reimann schreibt dem Lektor einen empört-wütenden Brief. Der reagiert sachlich-ironisch. »Der Verlag der Kasernierten Volkspolizei hat seinen Lektor Gruner am 21. 2. 56 frühmorgens nach Leipzig geschickt – ganz wie es der Vereinbarung entsprach«, antwortet er. »Gruner saß dann am 21. 2. 56 etwa von 18.30 bis 20.00 Uhr in den unteren Räumen des ›Astoria‹ – vergeblich. Nun war ich wahrscheinlich viel trauriger und mehr enttäuscht als Du wütend.«[25] Ab Dezember 1955 lautete der Name seines Arbeitgebers tatsächlich kurzzeitig Verlag der Kasernierten Volkspolizei, bevor er dann von 1956 bis 1960 als Verlag des Ministeriums für Nationale Verteidigung firmierte. Der ausgemachte Treff spricht für sich.

Das Astoria gehörte 1956 zu den nobelsten Hotels der DDR. Schon ab 1946 werden hier im Rahmen der ersten Leipziger Messe ausländische Gäste untergebracht, und seit 1949 befindet sich in der Eingangshalle eine für die damalige Zeit besondere Attraktion: ein Fernsehapparat.[26] Gruner lässt nicht locker und schlägt für den 5. März erneut ein Treffen in Leipzig vor, diesmal Karl-Marx-Platz, 14.00 Uhr, im Café am Hochhaus – auch das eine noble Adresse. Wieder verfehlen sie sich. Daher schickt er abermals ein Telegramm mit einem neuen Terminvorschlag für den 13. März 1956. Diesmal klappt es, und man wird sich einig. Mit Datum vom 21. März 1956 liegt der von beiden Seiten unterschriebene Verlagsvertrag vor.

Im Herbst dann erscheinen die »Kinder von Hellas«. Der Text selbst ist ein Beleg für die Arbeitsweise von Brigitte Reimann, der es in kürzester Zeit gelingt, aus einem Grundplot eine deutlich differenziertere Geschichte zu machen. Wie für das Geschichtenerzählen üblich, baut sie auf der Grundlage von ausgewählten historischen Fakten eine vertiefte Versuchsanordnung mit den entsprechenden Parametern. Dies ist möglich, weil sie die herausgehobene Fähigkeit besitzt, vergangene eigene oder aber auch in der Literatur wahrgenommene Handlungen in eine konkrete Situation zu fassen und neu zu kombinieren. Letztlich macht sie genau das, was Umberto Eco Jahrzehnte später als Grundvoraussetzung beschrieben hat: »Wer erzählen will, muß sich zunächst eine Welt errichten, eine möglichst reich ausstaffierte Welt bis hin zu den letzten Details.« Er unterstreicht: »Das Problem ist, die Welt zu errichten, die Worte kommen dann fast von selbst.«[27] Darüber hinaus besitzt Brigitte Reimann in besonderem Maße das, was man Empathie und Perspektivenübernahme nennt. Sie vermag es, sich in mögliche Handlungen, Gefühlszustände, innere Überzeugungen von Menschen hineinzuversetzen.

Ihrer Erzählung stellt sie einen Paratext in Form einer Widmung voran: »Der Helena Ziplakis, die im Sommer 1955, dreiundzwanzig Jahre alt, nach siebenjähriger Kerkerhaft in Griechenland ermordet wurde.«[28] Im Unterschied zur »schönen Helena« ist der Textanfang deutlich ausgebaut. Der Vater kommt erst 1947 in die kleine Stadt am Meer:

> Im Frühling des Jahres 1947 ließ sich in Alexandroupolis, einer kleinen Hafenstadt am Ägäischen Meer, ein alter Bauer namens Tanassis Zachanidis nieder, der, wie es hieß, aus Saloniki stammte. Er pachtete ein Gehöft vor der Stadt und Stallungen für eine beträchtliche Anzahl Schafe, deren Wolle er zweimal im Jahre an den Großhändler in der Stadt verkaufte. Von dem geringen Erlös, den er hieraus schlug, lebte er recht und schlecht mit seiner Frau Maria und seinen Kindern, zwei Söhnen und einer Tochter.[29]

Im Weiteren wird vom Erzähler mitgeteilt, dass der alte Zachanidis »sehr fromm« ist und jeden Sonntag in die Kirche geht, begleitet von seiner Frau. Allerdings ist sie keine Griechin, sondern Albanerin, »die nur sehr wenig Griechisch sprach«. Auch die Söhne leben zurückgezogen, was den anderen Grund für Vermutungen ist. Ähnlich wie in der »Schönen Helena« munkelt man, »sie seien 1946 am Aufstand gegen die Engländer beteiligt gewesen«. Allerdings schweigt der Alte, und so kann er unbehelligt bis ins Jahr 1948 leben, jener Zeit, »da die so lange unterdrückte Bewegung der freiheitlich gesinnten Griechen zu offenem Widerstand gegen den Monarchen entflammte und Tausende von Partisanen in die Berge gingen«.[30] Ausgebaut wird im weiteren Verlauf die Ausgangssituation, denn es ist die Rede davon, dass unter dem Schutz von amerikanischen Offizieren Mörderbanden das Land durchstreifen. Schließlich muss Helena, die Schwester, eine traumatische Erfahrung machen: »Das Mädchen stand versteinert, es hatte nun auch die drei Soldaten erblickt, die quer über den Markt schwankten, auf den Brunnen zu. Der Mann in der Mitte trug wie eine Fahne hoch erhoben sein Gewehr, von dessen Bajonett herab grinste mit bleckenden Zähnen ein fahler Kopf mit geschlossenen Augen. Ein Frauenkopf: Langes dunkles Haar zottelte um den Schaft des Gewehrs. Helena riß das Kopftuch über die Augen.«[31]

Damit zeigt sich gegenüber dem Vorläufertext eine deutliche Steigerung in Hinsicht auf die grausamen Details und die Unmenschlichkeit der Regierungstruppen. Die nachfolgenden Stationen gleichen der Erzählung: der jüngere geliebte Bruder Nikos wird gemeuchelt, und gemeinsam ziehen Helena und Tanassis zu den Partisanen in die Berge. Auch was dann erzählt wird, ähnelt dem Ausgangstext. Es entsteht eine ähnlich geartete Dreiecksbeziehung. Stärker konturiert wird jetzt die Frage nach dem, was man revolutionäre Gewalt und Disziplin nennt, wie auch nach der Sinnhaftigkeit des Tötens in kriegerischen Auseinandersetzungen. Als Helena ihr erstes Gefecht hat, wird ihr »übel vor Angst bei dem trockenen Knattern des Gewehrfeuers«, und sie ist nicht in der Lage, auf Menschen zu schießen. Ganz anders als Athena, die ohne Rücksicht auf das eigene Leben mit einer Handgranate gegen ein Maschinengewehrnest vorgeht:

> Das Maschinengewehr verstummte, brüllend sprangen schwarzer Rauch und Sandwirbel auf, wo eben noch der Schütze gelegen

hatte. Eine eiserne Faust preßte Helena Magen und Eingeweide zusammen, und sie wälzte sich krampfhaft schluckend auf die Seite.[32]

Gegenüber Athena gesteht sie ein, »schreckliche Angst vor dem Sterben« zu haben. Die redet ihr gut zu, das sei beim ersten Gefecht noch allen so gegangen, man würde das Gefühl überwinden und auch die Tatsache, »daß man auf Menschen schießen muß«. Der Erzähler liefert – ohne dass zu diesem Zeitpunkt die Gründe für Athenas Verhalten genannt werden – einen Kommentar, der sich wie eine Begründung ausnimmt: »Sie stockte, unversehens glitt ein wildes Zucken über ihr Gesicht, sie stieß hervor: ›Du mußt auch hassen können –‹«[33] Der Gedanke wird wenig später vom Kommandeur Tadschidis vertieft, der von seiner Hilflosigkeit wie den eigenen Traumatisierungen spricht, die ihn angesichts des Sterbens der Kameraden ereilen:

> »Aber was bleibt uns übrig? Die Hände in den Schoß legen, stillhalten wie die Schafe, wenn die anderen uns umlegen? Wenn du gesehen hättest, was ich gesehen habe – wie die Bestien gehaust haben – es gibt auf der ganzen Welt keine gräßliche Art, einen Menschen zu Tode zu bringen, die sie nicht an unseren Genossen ausprobiert haben. An den verstümmelten Leichen unserer besten Kameraden habe ich hassen gelernt – und glaube mir: Haß ist kein schlechtes Gefühl!« Lange blieb es still zwischen ihnen.[34]

Die Frage nach dem Töten, das mit zur revolutionären Gewalt gehört, wird also im Text keineswegs eindeutig beantwortet. Helena scheint sich zwar an die Maschinerie des Krieges zu gewöhnen, aber überzeugt ist sie nicht von dem entstehenden Teufelskreis, der Gewalt provoziert und produziert. Und dass der Einzelne sich gegebenenfalls für eine »gute Sache« opfern soll, vermag sie nicht nachzuvollziehen. Dort, wo die Figur zu keiner Erkenntnis gelangt, springt kommentierend der auktoriale Erzähler ein:

> Der Weg zum Wissen um unsere Unwichtigkeit im Ganzen ist jedoch schmerzhaft, und das Mädchen mußte ihn gehen, an allen jenen Meilensteinen vorüber, die Niedergeschlagenheit und Mut heißen, Kränkung und Selbstbewußtsein und endliches Sichfinden.[35]

Der Kommentar bleibt isoliert. Nachfolgend vermögen die Protagonisten nicht einzusehen, dass »Sichfinden« auch heißen kann, das Leben zu verlieren. Allerdings – und zwar deutlich zu markieren – ist das Bemühen Brigitte Reimanns, über den kommentierenden Erzähler die weltanschaulich vermeintlich »richtige« Position mitzuliefern. Das ist keineswegs auf ihre Unerfahrenheit als Autorin zurückzuführen. Hinter dem Zwang, mehr mitzuteilen, als die Figuren wissen, stehen Auffassungen, die keineswegs allein für ihre frühen Texte kennzeichnend sind. Im Gegenteil waltet hier ein Mechanismus, der für die DDR und ihre Literatur bis weit in die 1960er Jahre maßgeblich ist: Dahinter stehen Positionen des für die DDR bis zum Ungarn-Aufstand 1956 maßgeblichen marxistischen Theoretikers Georg Lukács.

In seinem Aufsatz »Erzählen oder beschreiben?« hatte er im Moskauer Exil 1936 die Grundlage für die folgenreiche Abwertung ebenjener Autoren gelegt, denen das Beobachten, das Zeigen, das Beschreiben wichtig war und die auf eine chronikalisch-objektivierte Darstellung zielten.[36] Lukács, der mit seinem Verdikt ausdrücklich an Lessing anknüpft, liefert in seinem Aufsatz eine implizite ethische Begründung gegen die beschreibende Methode. Er bindet nämlich das Erzählen und das Beschreiben an »zwei grundlegend verschiedene Stellungen zur Wirklichkeit«. »Mitleben« (d.h. Erzählen) oder »Beobachten« (d.h. Beschreiben) seien also, so Lukács, »gesellschaftlich notwendige Verhaltensweisen der Schriftsteller zweier Perioden des Kapitalismus, Erzählen oder Beschreiben die beiden grundlegenden Darstellungsmethoden dieser Perioden«.[37] Unter Kritik gerät bei ihm die beschreibende Methode, weil der Autor hier seine »Übersicht«, die »Allwissenheit des alten Epikers« verliere. Der beschreibende Autor sinke »auf das Niveau seiner Gestalten: er weiß über die Zusammenhänge nur so viel, wie die einzelnen Gestalten jeweils wissen«.[38] Schließlich stellt Lukács einen Zusammenhang her zwischen Literatur und Weltanschauung. »Ohne Weltanschauung nämlich«, so der ungarische Philosoph, könne man »nicht richtig erzählen, keine richtige, gegliederte, abwechslungsreiche und vollständige epische Komposition aufbauen. Die Beobachtung, das Beschreiben ist aber gerade ein Ersatzmittel für die fehlende bewegte Ordnung des Lebens im Kopfe des Schriftstellers.«[39] Beschreibende Schriftsteller würden »kampflos« vor der »kapitalistischen Wirklichkeit« kapitulieren. Lukács bringt das auf die pointierte Formel: »Die beschreibende Methode ist unmenschlich« – und zwar weil sie das menschliche Handeln nivelliere.[40]

Mit Lukács' Argumentation kam es zur folgenreichen Bindung von Ästhetik und Ethik und zu einer Ideologisierung literarischer Formen. Émile Zola, James Joyce, John Dos Passos, mithin Teile der klassischen Moderne wie der Avantgarde des 20. Jahrhunderts, wurden mit dem Etikett vom »falschen Objektivismus« belegt und damit Bewertungskriterien für literarische Texte aufgestellt, die den künstlerischen Spielraum einschränkten.

Bei den »Kindern von Hellas« führt dies dazu, dass der Erzähler überall dort eingreift, wo die Figuren noch nicht über die »richtige Weltanschauung« verfügen. Es ist nur konsequent, wenn Costas, der Helena liebt, nach einem Ausweg sucht. Als sie in der Kälte des Winters schwer erkrankt, macht er ihr Mut und entwirft die Utopie einer winzigen Insel im Ägäischen Meer, »weit fort von Krieg und Geschrei und Schüssen. Eine Insel ganz allein für sie beide ...«[41] Was Brigitte Reimann ihre jungen Leute hier unter den existenziellen Bedingungen eines mörderischen Bürgerkrieges hoffen lässt, das erinnert an die Urfassung von Hans Falladas »Kleiner Mann – was nun?«. In dem Welterfolg gibt es eine längere Assoziation, die 1932 im Verlag dem Rotstift zum Opfer fiel, eine Kindheitserinnerung des Protagonisten Pinneberg an Daniel Defoes Weltbestseller »Robinson Crusoe« (1719). Erzählerisch gekonnt beleuchtet sie Pinnebergs Persönlichkeit und drückt sein aktuelles Lebensgefühl in den Jahren 1930 bis 1932 aus: »Als er ein Kind war – und er war kein sehr mutiges Kind –, lernte er Robinson kennen. Dies war alles zu verstehen: Man kam auf eine Insel, man war völlig allein, man baute sich sein Leben um sich auf. Man konnte es, niemand war da, dies zu hindern, zu beschneiden, zu beeinflussen. Man war der Herr seines Lebens.«[42] Freilich erkennt Pinneberg in seinem Tagtraum, dass eine einsame Insel oder ein Blockhaus nicht dauerhaft Schutz vor der Umwelt bieten. Daher entwirft er die Utopie: »sich von der Welt zurückziehen, einen Schacht graben, einen Gang in die Erde und am Schluss des Ganges eine beutelartige Höhle wie ein Hamsternest. Man konnte sich das wunderschön einrichten, man war dort sicher vor jedem Zugriff, jeder Entdeckung, jedem Menschen.«[43]

Diesen Rückzug empfindet Pinneberg als die einzige Chance, der Welt zu entkommen. Ähnlich sieht es Helena: »Das Mädchen zwang ein Lächeln auf die blauen Lippen. ›Aber Costas, so etwas gibt es doch gar nicht – solch eine Stadt oder gar Insel, auf der wir zwei allein sind.‹«[44] Dennoch hoffen beide auf einen solchen Ort. Dies wird einmal mehr im Gespräch zwischen Helena und dem Anführer Stawros deutlich, der darunter leidet, dass er »seine Leute um sich herum krepieren« sieht und nichts dagegen tun kann. Helena ist berührt von seiner Fürsorge, denkt sie selbst »Tag und Nacht nur daran, wie ich fortkommen kann von euch«. Auch den Grund benennt sie: »Ich bin doch noch so jung – ich will hier nicht sterben, und mir wird ganz kalt vor Angst, wenn ich mir vorstelle, daß nun bald alles wieder anfängt: die Gefechte, das Schießen, diese ganze gräßliche Schlächterei ...«[45] Zunächst stellt Stawros es Helena frei, zu gehen, dann aber kommt er auf die angenommene politisch korrekte Position zu sprechen:

> »Eines Tages wirst du selbst begreifen, daß es ein solches Glück nicht gibt, in den Wolken, im Lande Nirgendwo fern von den Menschen und ihren Auseinandersetzungen. Immer muß man sich entscheiden – für diese oder für jene Seite ... Du gehörst zu uns oder zu denen da drüben, zu den Faschisten; einen Mittelweg gibt es nicht, verstehst du das?« »Ja«, sagte sie, aber es klang, als weine sie nach innen.[46]

Helena möchte zwar den klassenbewussten Einredungen des Kommandeurs glauben, kann es aber gefühlsmäßig noch nicht. Das scheint sich zu ändern, als sie Costas gegen Ende des Winterlagers vom Sinn des Opfertods zu überzeugen sucht:

> »Schau, wenn ich wirklich sterbe – natürlich will ich nicht sterben –, es wäre doch für Griechenland, es wäre nicht umsonst, irgendwie hat es einen Sinn, weil es für etwas Gutes ist – so wie der Tod von all den Partisanen, die in diesem Krieg gefallen sind. Man muß doch auch Opfer bringen können, sonst erreichen wir niemals das, was wir erreichen wollen, verstehst du?«[47]

Vergleicht man diese Argumentation, die mit dem »doch«, dem »irgendwie« und dem Wechsel ins unpersönliche »man« brüchig erscheint, mit jener Vehemenz, in der noch in den ersten Fassungen der »Denunziantin« für das Selbstopfer unter Bedingungen der Nazidiktatur gestritten wird, dann zeichnen sich Veränderungen im Weltbild von Brigitte Reimann ab.[48]

Sie spricht in ihren »Kindern von Hellas« zudem – ohne dass sie explizit darauf abzielt – die weitere Grundfrage der kommunistischen Bewegung an, jene nach der revolutionären Gewalt. Ihr sind die Aussagen von Karl Marx bekannt, wonach die sozialistische Revolution die gründlichste aller Umwälzungen sei, weil sie nicht nur Schranken beseitige, sondern eine »Auflösung der bisherigen Weltordnung« bedeute.[49] Die Argumentation, wie sie in jenen Jahren vertreten wurde, läuft darauf hinaus, dass in dem Maße, wie das »revolutionäre Proletariat seine historische Aufgabe erfüllt, also die kapitalistische Ausbeuterordnung beseitigt, [...] es keine nur einer Klasse dienenden Sonderinteressen, sondern eine Menschheitsaufgabe« vollstrecke. Damit wäre Gewalt gerechtfertigt. Dies sieht auch fast zwanzig Jahre später Werner Mittenzwei noch so, für den die Größe der »Menschheitsaufgabe« auch »die Radikalität des marxistisch-leninistischen Revolutionärs« erkläre.[50] Die Legitimität der revolutionären Gewalt liegt in dieser Diktion nicht zuletzt darin begründet, dass es darum geht, den Menschen aus seiner Deformation zu befreien. Der bewaffnete Aufstand gehöre unter entsprechenden historischen Bedingungen dazu, »weil der Gegner selten anders als durch Gewalt abtritt«.[51]

Zu den ungeschriebenen Gesetzen gehört auch, die Kameraden um keinen Preis zu verraten. Das allerdings macht Costas auch in dieser Geschichte. Als Helena und er in Gefangenschaft geraten und der Offizier, ein »vortrefflich erzogener Sohn eines Großkaufmanns«, der eine »humanistische Bildung genossen hatte«, ihm erklärt, dass er Helena foltern werde, wenn er die Stellungen der Partisanen nicht verrate.[52] Er macht sich damit des schlimmsten Verbrechens schuldig, das es in einer revolutionären Bewegung gibt. Dass er für den Verrat den Tod verdient hat, wird in der Folge vom Erzähler mitgeteilt.

Betrachtet man die Geschichte, dann werden in den »Kindern von Hellas« die gesetzten Normen einer sich als Avantgarde verstehenden Gruppe durch die Handlung, die Weltanschauungsgespräche der Figuren wie auch durch den kommentierenden Erzähler bestätigt, aber hinter dem Rücken der Autorin und des von ihr eingesetzten Erzählers wird das festgefügte Wertesystem unmerklich aufgebrochen. Insofern gilt hier zum wiederholten Mal, dass manche der Figuren bereits »klüger« sind als die Autorin.

22. »Er will nicht, daß ich der herrschenden Strömung in der heutigen DDR-Literatur verfalle« – eine »Frau am Pranger«

Am 16. August 1955 schreibt Georg Piltz, Mitarbeiter der kulturpolitischen Wochenzeitung »Sonntag«, an Brigitte Reimann einen langen Brief. Das Blatt, das als Zeitung des von Johannes R. Becher gegründeten »Kulturbundes zur demokratischen Erneuerung Deutschlands« schon am 7. Juli 1946 das erste Mal mit einer kontinuierlichen Auflage von immerhin 200 000 Exemplaren erscheint, ist Mitte der 1950er Jahre die wichtigste Wochenzeitung für Kunst und Leben in der DDR. Nach der Ablösung von Heinrich Goeres, der die Zeitung von 1949 an geleitet hat, ist Heinz Zöger seit 1955 Chefredakteur. Piltz, 1925 geboren, gehört seit 1953 zur Redaktion. Sitz ist am Hausvogteiplatz im Zentrum von Ostberlin, in einem schmutzig-gelben Gebäude. Piltz hat nun das Manuskript der »Frau am Pranger« gründlich gelesen und möchte der Chefredaktion die Publikation vorschlagen, allerdings ist die Erzählung für einen fortlaufenden Abdruck um 30 Seiten zu lang. Zudem hat er einige Änderungs- und Kürzungsvorschläge, die nicht ohne die Autorin zu entscheiden sind. Das alles müsste allerdings bis Anfang September geschafft sein, wenn Oktober als Drucktermin anvisiert wird. Es gibt da nur ein Problem, wie Piltz mitteilt. Er fährt am 17. August in den Urlaub, es ist die einzige Möglichkeit, danach hat er mit der Vorbereitung des IV. Schriftstellerkongresses zu tun. Und so macht Piltz der Autorin einen Vorschlag. »Ich verbringe meine Ferien in einem kleinen Ort nördlich von Berlin, in Rheinsberg«, schreibt er. »Wäre es Ihnen möglich, für ein oder zwei Tage dorthin zu kommen? Rheinsberg ist ein sehr ruhiges Städtchen, was dem schnellen Fortgang der Arbeit zweifellos dienlich ist.«[1]

In der Tat ist Rheinsberg ein idyllischer Ort, das sieht nicht nur der Kunst- und Architekturkenner Piltz so. Das Schloss hatte Friedrich II. 1740 erweitern lassen, es wurde damit das erste Bauwerk, das das Friderizianische Rokoko repräsentierte. Schließlich hatten Theodor Fontanes »Wanderungen durch die Mark Brandenburg« (1862) und Kurt Tucholskys Erzählung »Rheinsberg. Ein Bilderbuch für Verliebte« (1912) die Stadt in der literarischen Öffentlichkeit bekannt gemacht. So schön Rheinsberg als Ferienort ist, so schwer kann man es mit der Bahn erreichen. Daher schickt Piltz einen detaillierten Fahrplan mit. Der Personenzug von Burg würde 8.04 Uhr abgehen, Ankunft in Potsdam 10.57 Uhr. Von dort mit der S-Bahn zum Bahnhof Friedrichstraße, umsteigen und weiter mit der S-Bahn nach Oranienburg. Ab Oranienburg geht es 14.13 Uhr weiter bis Löwenberg, Ankunft 14.51 Uhr. Nach einem Aufenthalt von einer Dreiviertelstunde fährt der Zug 15.38 Uhr ab Löwenberg und kommt schließlich 17.15 Uhr in Rheinsberg an.

Der Plan, der alle Daten bis auf die Minute verzeichnet, lässt Rückschlüsse darüber zu, wie wichtig Piltz das Treffen mit der Autorin ist. Er gibt ihr noch einen weiteren Hinweis mit, der für den Verkehr zwischen den Sektorengrenzen wichtig ist. »Der komplizierteste Teil der Fahrt ist wohl die Strecke Potsdam – Oranienburg. Dennoch reichen die drei Stunden, die Ihnen zur Verfügung stehen, zu ihrer Bewältigung völlig. Ich rate Ihnen, nur das Notwendigste mitzunehmen, da Sie an den Sektorengrenzen Kontrollen zu passieren haben.«[2]

Da Rheinsberg »tatsächlich am Ende der Welt liegt (wenn es auch, dank Fontane und Tucholsky, ein hochberühmter Ort ist)« und Piltz nichts dem Zufall überlassen möchte, bittet er Brigitte Reimann, telegrafisch mitzuteilen, ob und wann sie komme. Er schlägt die Woche vom 21. bis 27. August 1955 vor, dann könne er eine Unterkunft besorgen. Dass die Redaktion die Fahrt- und Übernachtungskosten übernimmt, das versteht sich von selbst. Ebenso teilt er mit, die Chefredaktion habe ein ausgesprochen hohes Honorar zugesichert, nämlich 5000 Mark. Das ist für Brigitte Reimann zu diesem Zeitpunkt eine fast schon astronomisch zu nennende Summe. An ihre Freundin Veralore hatte sie zwei Jahre zuvor geschrieben, dass ein »junger Schriftsteller« in »99 von 100 Fällen ein verdammt armes Schweinchen« sei, »und bedauerlicherweise gehöre ich momentan noch zu diesen 99«.[3] Diese Situation trifft auch im August 1955 noch auf den Kontostand der Autorin zu, die als Freischaffende nach wie vor von ihrem Mann abhängig ist. Mit dem gibt es eine längere Auseinandersetzung, er will sie nicht fahren lassen. Letztlich »erlaubt« Günter ihr einen dreitägigen Aufenthalt. Zuvor muss sie ihm Treue schwören, was die junge Frau leichten Herzens macht, wohl wissend, dass es den »üblichen Flirt« geben wird. Es kommt dann aber ganz anders.

Nach einer mehr als anstrengenden zehnstündigen Fahrt erreicht sie endlich Rheinsberg. Georg Piltz holt sie vom Bahnhof ab, er hat für sie im HO-Ratskeller ein Zimmer gebucht. Das einzige Hotel in der Stadt liegt in unmittelbarer Nähe zum Schloss, das sie sich noch vor der Dämmerung ansehen. Piltz erzählt nicht nur, dass es von dem berühmten Georg Wenzeslaus von Knobelsdorff zusammen mit seinem Lehrer Johann Gottfried Kemmeter erbaut wurde. Er hat auch Tucholskys schöne Erzählung dabei:

> Sie schritten durch ein schmiedeeisernes Tor in den Park. Hier war es ruhig. In dem einfachen weißen Bau des Schlosses klopfte ein Handwerker. Sie gingen durch den Hof wieder in den Park, wieder in die Stille ...
>
> Noch brausten und dröhnten in ihnen die Geräusche der großen Stadt, der Straßenbahnen, Gespräche waren noch nicht verhallt, der Lärm der Herfahrt ... der Lärm ihres täglichen Lebens, den sie nicht mehr hörten, den die Nerven aber doch zu überwinden hatten, der eine bestimmte Menge Lebensenergie wegnahm, ohne daß man es merkte ... Aber hier war es nun still, die Ruhe wirkte lähmend, wie wenn ein regelmäßiges, langgewohntes Geräusch plötzlich abgestellt wird. Lange sprachen sie nicht, ließen sich beruhigen von den schattigen Wegen, der stillen Fläche des Sees, den Bäumen ... [4]

Beide gehen durch den Park, den Tucholsky beschrieben hat und dessen frühklassizistische Raumordnung Piltz genau erklären kann. »[...] er ist so klug, er weiß ungeheuer viel, und er ist erschreckend sarkastisch und von geistvoller Ironie, daß ich ihm nicht immer zu folgen vermochte und stumm lauschte, erfüllt von Bewunderung«, wird Brigitte Reimann später in ihr Tagebuch schreiben.[5] Überhaupt ist sie fasziniert von diesem Georg Piltz, der verheiratet ist und zwei Kinder hat. Das liegt nicht nur an seiner äußeren Erscheinung. Er kennt sich auf zahlreichen Gebieten der Kunst aus, der Literatur sowieso, aber auch der Architektur, der bildenden Kunst, der Musik. Und er, der gerade erst 30-Jährige, gehört bereits zu den erfolgreichen Sachbuchautoren der jungen Republik. Ein Jahr zuvor ist sein Band »Magdeburg. Stadt am Strom« im Sachsenverlag Dresden erschienen und zuvor ein Buch über Sanssouci. Um die zehn Jahre später, als Brigitte Reimann bereits an ihrem »Franziska«-Roman arbeitet und es um das Verhältnis von Altstadt und neuen Gebäuden geht, wird sie sich an Piltz' Sicht erinnern. »Es versteht sich von selbst, daß der Wiederaufbau Magdeburgs unter Wahrung der Maßverhältnisse erfolgen muß«, hatte er geschrieben. »Ein Hochhaus gehört nicht unmittelbar neben eine kleine gotische Kapelle, und das im Grunde gesunde Bestreben, höher und mächtiger zu bauen, als es die Vorfahren taten, wird nur dann Werte schaffen, wenn man sich vor einem maßverachtenden Auftrumpfen hütet.«[6]

Mit Piltz kann sie sich austauschen, und sein großer Wissensvorsprung stört sie in keiner Weise. Gemeinsam wandern sie zum Obelisken, der um 1790 zu Ehren der im Siebenjährigen Krieg gefallenen preußischen Soldaten errichtet wurde. Aber anstatt in der Dunkelheit zurück ins Hotel zu gehen, überredet Piltz seine Begleiterin, noch hinunter an den See zu spazieren. Beide schweigen, und es kommt das, was Brigitte Reimann aus Büchern kennt und was sie dann im Tagebuch so festhalten wird:

> Ich weiß nicht, wie es kam, daß er mich in seine Arme zog – aber das weiß man ja hinterher niemals mehr. Wir küßten uns, und wir

> wußten an diesem ersten Abend schon, daß wir uns gern haben, sehr gern – aber zu welcher Verstrickung das anwachsen sollte, wußten wir noch nicht.[7]

Am nächsten Morgen brechen sie zu einer Bootspartie über den Grienericksee auf. Piltz rudert, sie steuert. In den Pausen zitiert er Tucholsky. Das mag erklären, warum Brigitte Reimanns Eintrag fast identisch klingt wie das, was in dessen Erzählung steht:

> Am Nachmittag fuhren sie auf dem See herum. Er ruderte, und sie saß am Steuer, während sie dann und wann drohte, sie werde ihre graue, alte Familie unglücklich machen, sie habe es nunmehr satt und stürze sich ins Wasser. Er werde sowieso bald umwerfen. Nein – sie landeten an einer kleinen Insel. Ein paar Bäume standen darauf. Sie lagerten sich ins Gras ... Ein kühler Wind strich vom See herüber. Die Uferlinien waren unendlich fein geschwungen, die hellblaue Fläche glänzte matt ... [8]

Als sie an der Remusinsel ankommen, sprechen sie über die »Frau am Pranger«. Piltz hat rigoros gestrichen, aber Brigitte Reimann kann seinen Überlegungen folgen. Er erklärt ihr genau, warum man »dies und jenes nicht schreiben dürfte in einer so strengen Novelle«. Aber viel entscheidender sind die grundsätzlichen Überlegungen, die das Literarische und Politische betreffen. »Georg meint, ich könne, wenn ich den rechten Weg fände, eine zweite Seghers werden; ich könne aber auch, verfehlte ich den Weg, in glatter Mittelmäßigkeit landen«, notiert sie nach der Rückkehr aus Rheinsberg am 31. August 1955. Und weiter: »Er will nicht, daß ich der herrschenden Strömung in der heutigen DDR-Literatur verfalle, [...] er will nicht, daß ich ›linientreu‹ schreibe – ich soll meinen eigenen Weg gehen, unbekümmert um Parteiregeln, und wirkliche Menschen gestalten, Bücher schreiben, die nicht heute nur gelten, sondern auch später noch Bestand haben. Er hat sehr eigenwillige Anschauungen, und er wird deshalb gehaßt, aber ich glaube, er ist im Recht.«[9]

Piltz nimmt kein Blatt vor den Mund, er vertraut Brigitte Reimann und spricht mit ihr auch über jene Bemühungen, die es im Umfeld des Aufbau-Verlages und des »Sonntags« gibt und die langfristig auf eine Demokratisierung der DDR zielen. Sie hört das erste Mal – und weitaus früher als andere – von jenen Auffassungen, die dann 1956 im sogenannten Donnerstagskreis diskutiert werden, zu dem neben Piltz zahlreiche junge Intellektuelle gehören: Wolfgang Harich und Walter Janka, Erich Arendt, Karl Heinz Berger, Manfred Bieler, Günter Caspar, Jens Gerlach, Heinz Kahlau, Heinz Nahke, Günter Kunert, Fritz J. Raddatz, Paul Wiens. Auch ihr Lektor beim Neuen Leben, Walter Püschel, ist dabei.[10] Aber als Brigitte Reimann und Georg Piltz in Rheinsberg spazieren gehen und rudern, sind die kommenden Entwicklungen noch nicht absehbar, die zu einem politischen Erdbeben in der noch jungen DDR werden.

Was mit Sicherheit gesagt werden kann: Die Tage in Rheinsberg und das Zusammensein mit Piltz sind für die sich dann anbahnende Entwicklung der Schriftstellerin nicht hoch genug einzuschätzen. Für Brigitte Reimann ist die Verbindung zu ihm eine prägende, ja eine entscheidende Erfahrung. Dabei geht es keineswegs, wie mitunter vereinfacht angenommen, um die erotische Komponente. Ganz im Gegenteil: Der Austausch mit dem Intellektuellen bestätigt vieles von dem, was sie fühlt und erahnt, politisch wie auch literarisch. Sie erhält Bestätigung in ihrem Denken. Ab jetzt wird sie ihren eigenen Beobachtungen mehr trauen. Ihre politische Sensibilität ist geschärft, sie hinterfragt Entscheidungen und lässt sich weniger mit Allgemeinplätzen abspeisen. Insofern ist sie nach den Tagen mit Georg Piltz eine andere. Es passiert, was sie aus ihren marxistischen Studien mit Blick auf gesellschaftliche Entwicklungen gelernt hat: Die Anreicherung von Quantitäten führt ab einem bestimmten Punkt zu einem Umschlag in eine neue Qualität. So lautet eines der Hauptgesetze der Dialektik, die Friedrich Engels – die Dialektik Georg Wilhelm Friedrich Hegels interpretierend – aufgestellt hat. Der Schriftstellerin Dorothea von Törne ist zuzustimmen, wenn sie mit Blick auf das Treffen der beiden schreibt: »Was dann geschieht, ist eine Romanze, die zumindest Brigitte Reimann stark erschüttert und ihrem Leben – wenn auch nicht äußerlich, so doch innerlich – eine andere Richtung gibt.«[11] Bei ihr klingt es so: »Ich will mich in Zukunft ganz nach ihm richten, er soll meine Arbeiten lesen und mich unbarmherzig kritisieren, es wird gut werden dadurch.«[12] Der Eintrag könnte dazu verleiten, eine einlinige Abhängigkeit der jüngeren Frau von dem erfahrenen älteren Mann zu konstruieren. Doch schon die Arbeit in den nächsten Wochen an der Erzählung »Die Frau am Pranger« wird im Gegensatz dazu ein wachsendes Selbstbewusstsein und einen zunehmend analytischen Blick zeigen.

Als Abgabedatum ist im Verlagsvertrag der 1. Juli 1955 fixiert. In gut leserlichem und satzfertigem Zustand soll Brigitte Reimann das Manuskript in vierfacher Ausfertigung beim Verlag Neues Leben einreichen. Die erste Auflage ist mit 10 000 Exemplaren für ein Debüt hoch veranschlagt, und die Verfasserin erhält Tantiemen von 10 Prozent. Sie kann den Termin einhalten, am 24. Juni liegt die Erzählung druckfertig vor. Brigitte Reimann aber hat noch Veränderungsvorschläge, die der Verlag nicht übernehmen möchte. Es ist ein Einschub, in dem »von der Möglichkeit gesprochen wird, daß man Kathrin das Kind wegnehmen möchte«. Dies scheint dem Verlag nicht plausibel, so Walter Püschel in einem Schreiben vom 1. Juli 1955. Auch ihrem Wunsch, für die Illustrationen Max Schwimmer zu gewinnen, mag man nicht nachkommen. Schwimmer wird als Künstler international geschätzt, aber der Verlag denkt an das zu zahlende Honorar und die zur Verfügung stehende Zeit. Außerdem, wendet der Cheflektor ein, sei seine Illustrationsweise »zu zart, zu verspielt, zu ironisch, um für diese wuchtige, dramatische Erzählung adäquate Bilder schaffen zu können«.[13] Stattdessen engagieren sie Eberhard Binder aus Staßfurt, der zu diesem Zeitpunkt seine Karriere als Illustrator beginnt und im Verlag bereits Peter Hacks' »Das Windloch« (1953) illustriert hat. Mitte August legt er einen ersten Entwurf des Schutzumschlags vor, der einen die Vorderseite des Buches vollständig bedeckenden Frauenkopf zeigt. Trotz der harten Konturen und der leidgezeichneten Züge ist das Antlitz der jungen Frau, so meint Püschel, »über das Leid und über den Schmerz hinausgewachsen«. Die Redaktion schlägt lediglich vor, den

Farben noch etwas von ihrer Düsterheit zu nehmen. Der neue Entwurf findet auch die Zustimmung Brigitte Reimanns.

Auf der vorderen Buchklappe heißt es zum Inhalt der Erzählung:

> Das Schicksal zweier Menschen, die, wie es schon im Volkslied heißt, einander so lieb hatten und doch ihr Glück nicht fanden – dieses alte Thema wird hier neu gestaltet. Nicht Familienzwist, nicht Standesunterschiede bestimmen die Tragik der Liebenden, sondern der Gegensatz ihrer Staatsangehörigkeit. Aus Mitleid und Achtung wächst zwischen Kathrin Marten und dem Kriegsgefangenen Alexej Lunjew das Gefühl tiefer Leidenschaft, das sie ungeachtet drohender Schande und Verurteilung zusammenführt.[14]

Schon bald informiert Walter Lewerenz die Autorin, dass die Druckfahnen im Verlag vorlägen, und bittet sie, möglichst umgehend den Text durchzusehen. Sie solle aber nur tatsächlich Falsches korrigieren. Brigitte Reimann hält sich daran, obwohl ihr zahlreiche Veränderungen vorschweben. Die lassen ihr keine Ruhe, bereits im November ist sie mit der Erzählung so unzufrieden, dass sie sie vom Verlag zurückholen will. Lewerenz schlägt daraufhin vor, bei einer zweiten Auflage mögliche Veränderungen zu berücksichtigen. Die Zeit drängt, zumal seit dem 19. August die Druckgenehmigung bereits vorliegt, die damals stets eingeholt werden musste. Unter »Vermerke« wird in dem Papier auch die Diskussion zum Titel markiert, aber in einer handschriftlichen Notiz heißt es: »Titel ist gut. Solche Erwägungen beim Verlag rückgängig machen.« Die Inhalts-Charakteristik, die die Druckgenehmigung enthält und die vom Schutzumschlag abweicht, lautet – die ideologischen Momente betonend:

> Diese Erzählung hat die tragische Kollision einer Liebesleidenschaft mit der Moral einer reaktionären Gesellschaftsordnung zum allgemeinen Thema. Die junge Bäuerin Kathrin Marten empört sich gegen die menschenunwürdige Behandlung des russischen

Kriegsgefangenen Alexej Lunjew, liebt ihn und wird deswegen an den Pranger gestellt. Diese Erzählung ist eine Anklage gegen die Grausamkeit und Unmenschlichkeit des faschistischen Systems und ein Bekenntnis zum Humanismus, zur Achtung anderer Völker.[15]

Dem Druckgenehmigungsverfahren sind zwei Gutachten beigegeben, wovon eines aus dem Lektorat des Verlages kommt und ein zweites als Außengutachten ausgewiesen ist – der normale Vorgang einer Druckgenehmigung. Dabei stehen die Verlage in der Pflicht, nur »kulturpolitisch wertvolle druckreife Manuskripte« zur Vorlage zu bringen. Die Druckreife haben Cheflektor oder Verlagsleiter zu bestätigen. Für die Gutachten gelten bestimmte Orientierungen, die sich an folgenden Fragen orientieren sollten:

a) Weshalb wurde das Buch in den Jahresthemenplan aufgenommen? Entspricht der Titel den von der Literatur-Arbeitsgemeinschaft bestätigten Grundsätzen des Literaturentwicklungsprogramms?
b) Entspricht der politisch-ideologische Gehalt und die wissenschaftliche Qualität den gesellschaftlichen Bedürfnissen?
c) Kurze Charakterisierung des Autors
d) Für welchen Leserkreis ist die Publikation bestimmt und ist die inhaltliche Gestaltung und die Form der Darstellung dementsprechend?
e) Hinweis auf alle ideologischen Probleme, die im Zusammenhang mit der Bearbeitung des Manuskripts aufgetreten sind[16]

Das Außengutachten hat dabei folgende Grundsätze zu beachten:

a) Kurze Darlegung des Inhalts des Buches
b) Parteiliche Einschätzung des ideologischen und wissenschaftlichen Inhalts des Buches, vom Standpunkt des Marxismus-Leninismus ausgehend

> c) Wie schätzt der Gutachter die gesellschaftliche Notwendigkeit des Erscheinens des Buches ein?
> d) Welche Schwächen sind zu verzeichnen?
> e) Welche Probleme bzw. Stellen müssen vor Erscheinen des Buches nach Meinung des Gutachters geändert werden?[17]

Die »Richtlinien für die Begutachtung«, die in dieser Form 1960 niedergelegt worden sind, gelten bereits für die 1950er Jahre und auch für die »Frau am Pranger«. Dabei setzt das Verlagsgutachten von Walter Lewerenz mit einem Gesamturteil ein: »Die sehr junge Autorin Brigitte Reimann offenbart in dieser Erzählung, mit der sie zum erstenmal als Schriftstellerin vor die Öffentlichkeit treten will, eine überraschende Begabung.« Hervorgehoben werden sodann die »einfache, aus dem Leben gegriffene Fabel, die gelungene Menschendarstellung, der eigenwillig-dichterische Stil, die interessante Problemstellung, der tiefe ethische und politische Gehalt, die starke emotionale Wirksamkeit«. Das Gutachten sieht die Geschichte »inhaltlich und literarisch« als so wertvoll an, dass die Publikation »trotz einiger Mängel« ein Gewinn für die neue deutsche Literatur sei.[18]

Ganz entscheidend bei der Begründung der Druckgenehmigung sind auch die Hinweise zur »Darstellung des Faschismus«. Lewerenz argumentiert geschickt. Da die Auseinandersetzung mit der Zeit des Faschismus noch längst nicht abgeschlossen sei, müssten vielfältige Themen und verschiedene Gestaltungsweisen zugelassen sein. Er stellt – dem damaligen politischen Verständnis folgend – heraus, dass der Darstellung »des antifaschistischen Kampfes der deutschen Arbeiterklasse« eine zentrale Bedeutung zukomme, aber natürlich »die vielen Einzelschicksale und Tragödien jener Zeit nicht übergangen« werden dürften. Und ein solches Einzelschicksal würde Brigitte Reimann gestalten. Im Zentrum stehe eine junge unpolitische Bäuerin. Den Inhalt der Geschichte fasst das Gutachten so zusammen:

> Die deutsche Bäuerin Kathrin Merten empört sich gegen die menschenunwürdige Behandlung des russischen Kriegsgefangenen

> Alexej Lunjew, liebt ihn und wird deswegen als »Russenhure« an den Pranger gestellt. Das Ungewöhnliche an dieser Fabel besteht darin, daß sich eine deutsche Frau in einen »Russen« verliebt zu einer Zeit, da der Faschismus die Sowjetmenschen als minderwertige Sklaven und verabscheuungswürdige Feinde hinstellt.[19]

Damit ist der Inhalt der Erzählung durchaus erfasst, zumal sich die Autorin auf den novellistischen Fall konzentriert und mit Zeit- und Ortsangaben sparsam umgeht. Mit dem Textanfang wird, wie in Novellen üblich, die Hauptfigur ins Zentrum gerückt. »Wenn sie über die Dorfstraße ging, schien es, als liefe sie unter dünnfädig-kaltem Herbstregen: den Kopf gesenkt, mit gewölbtem Rücken, fröstelnd und schmal. Sie war Ende der Zwanzig und verheiratet seit mehr als fünf Jahren; Fremde hätten sie für ein neunzehnjähriges Mädchen gehalten.«[20] Wenig später kommt der Ehemann auf Kurzurlaub von der Ostfront. Seine Erscheinung steht im Gegensatz zur zarten Kathrin. Und Heinrich Marten verfügt, dass ein russischer Kriegsgefangener auf dem Bauernhof helfen soll. Mit dem Ortsbauernführer ist man sich schnell einig. Der »brachte ihnen wenige Tage später den Kriegsgefangenen«. Woher dieser kommt, bleibt offen, seine äußere Erscheinung wird beschrieben: »Der Russe war groß und breitschultrig, er hatte ein einfaches, kräftiges Bauerngesicht mit vorspringenden Backenknochen und flachen dunklen Brauenbögen. Kathrin hatte hier und da Russen gesehen. Einer war darunter mit Schlitzaugen und gelbem Mongolengesicht, und sie fürchtete sich vor ihm.«[21] Das Kammerspiel nimmt seinen Anfang.

Es geht Brigitte Reimann nicht um einen großen gesellschaftlichen Zugriff und epische Breite. Die Zeit wird knapp mit »März des Jahres 1943« angegeben. Informationen zur Kriegslage finden sich nicht, es gibt auch keinen Hinweis darauf, dass einen Monat zuvor, Ende Januar 1943, die 6. Armee unter Generalfeldmarschall Paulus in Stalingrad kapituliert hat und über 91 000 Soldaten und Offiziere in sowjetische Kriegsgefangenschaft geraten sind. Eine bewusste Entscheidung der Autorin. Ihre Protagonistin Kathrin Merten empfindet indes, wie unmenschlich es ist, dass der Russe »im Heu lag, frierend und hungrig«.[22] Ehemann wie Schwägerin folgen der für das Dritte Reich kennzeichnenden Rassenideologie und dem Feindbild vom »bolschewistischen Untermenschen«. Von der Ostfront teilt Heinrich Merten mit:

> Sie hätten in einem Dorf Partisanen aufgestöbert, hätten das ganze Nest ausgeräuchert, die Einwohner an die Wand gestellt. – »Liquidieren« nannte man das in diesem Kriege.
> Kathrin ließ das Blatt sinken, sie mußte sich setzen, ihr Gesicht war weiß wie die Wand. Sie schloß die Augen: Da bellten Maschinengewehre, fetzten die Leiber von Frauen und Kindern ... [23]

Kathrin kann zunächst nicht weiterlesen, stürzt aus der Küche in ihr Zimmer, verschließt es und wirft sich verzweifelt auf das Bett. Doch dann wird ihr bewusst, dass sie weiterlesen muss, bis zum Ende: »Sie las: Eine Frau mit einem Kind auf dem Arm war auf die Soldaten zugelaufen, so eine Blasse, Blonde. Gott, sie hatte ihm ja leid getan, aber Befehl ist Befehl. Gott, sie hatte ihm ja leid getan ...«[24] Anders als in der Erzählung der »Kinder von Hellas«, in der der Erzähler immer wieder kommentierend eingreift, bleiben die Wertungen hier sparsam. Stattdessen kommt es an dieser Stelle zu dem, was ein Wendepunkt genannt wird. Kathrin kann einen Menschen, der in dieser Weise von der Tötung anderer Menschen berichtet, nicht mehr lieben. Sie ist dem Ehemann von nun an nichts mehr schuldig.

Das Verlagsgutachten stellt heraus, wie es »ohne Kommentar« gelingt, das »mittelalterliche, reaktionäre Wesen des Faschismus transparent zu machen«. Mag auch die Wandlung der Protagonstin zu unvermittelt erfolgen, so führt das neu gewonnene Selbstbewusstsein zu einer Annäherung zwischen Kathrin und dem russsischen Kriegsgefangenen bis hin zu jenem Punkt, da es eine Liebesbeziehung wird, die durch die Denunziation der Schwägerin in eine Katastrophe mündet. Gegen Ende der Erzählung wird denn auch der Akt der Denunziation als solcher explizit benannt. Nachdem Heinrich Merten seine Frau ein letztes Mal im Gefängnis besucht hat, kehrt er auf den Hof zurück und sieht einzig die Schwester als Schuldige:

> Frieda war Schuld an dem Gräßlichen, sie hatte die beiden angezeigt: »Du hast ja nicht schnell genug zu dem Lange rennen können. Warum hast du nicht erst mit Kathrin gesprochen? Du hast doch gewußt, was ihnen blüht, wenn sie erwischt werden.« Seine Stimme pfiff, er riß sich das Hemd am Hals auf. »Ganz genau hast du es gewußt – du Denunziantin.«[25]

An diesem Punkt fällt ein identischer Satz wie in jenem Roman, den Brigitte Reimann zu diesem Zeitpunkt beiseite gelegt, aber noch nicht aufgegeben hat. In der »Denunziantin« stammt dieser Vorwurf von Klaus. Aber – davon ist auszugehen – der Autorin ist inzwischen klar, was der Vorgang der Denunziation alles impliziert. Betrachtet man die Grundkonstellation dessen, was als Denunziation bezeichnet wird, dann ist sie – wie es zu Recht heißt – von »brutaler Schlichtheit: A denunziert B beim Machthaber C, der B exekutiert.« Insofern handelt es sich um eine »triadische Struktur, in der Bürger oder Untertanen zu Lasten eines Dritten mit der Staatsmacht kooperieren«. Im Spezialfall gelingt es auf diese Weise dem »Mindermächtigen«, in Verbindung »mit einer übermächtigen Sanktionsgewalt eigene Ziele und Schädigungsabsichten« zu realisieren.[26] Initiator des in Gang gebrachten Prozesses ist also A, wenngleich die Sanktionen von der Staatsgewalt erfolgen. Genau das geschieht in der Erzählung von Brigitte Reimann, wobei durch die Anzeige die gesellschaftliche Ordnung stabilisiert und staatlicherseits verfügte Normen und Gesetze gefestigt werden. Welcher Natur diese Gesetze in einer faschistische Diktatur sind und wie sie mit der erzählten Geschichte entlarvt werden, das stellt Walter Lewerenz im Gutachten explizit heraus:

> So erhellt diese Kulminationsszene Macht und Menschenfeindlichkeit der faschistischen Moral: die Macht, sichtbar am Verhalten der Öffentlichkeit, am passiven Mitleid einiger, an der Gleichgül-

> tigkeit oder Sensationsgier vieler und daran, daß Verrohte und Verhetzte Kathrin ungehindert bespeien und mit Steinen bewerfen können: die Menschenfeindlichkeit, dokumentiert am Schicksal Kathrins, die wegen eines ganz natürlichen menschlichen Empfindens, einer menschlichen Leidenschaft wegen verurteilt wird.[27]

Brigitte Reimann kennt das Gutachten, und sie ist durchaus einverstanden. Einmal mehr wird ihr klar, wo das Problem der Denunziation liegt. Sie hat Hans Falladas Roman »Jeder stirbt für sich allein« (1947) gründlich gelesen. Zwei Jahre später, im Juni 1958, wird sie im Tagebuch direkt darauf Bezug nehmen: »Am Ende steht jeder allein, stirbt jeder für sich allein; bitter, aber nicht zu ändern. Man muß sich an diesen Gedanken gewöhnen.«[28] Das ist freilich eine scharfe Kritik an der Situation, in die sie zu diesem Zeitpunkt durch das Ministerium für Staatssicherheit gebracht wird. In der »Frau am Pranger« ist Kathrin, wie Falladas Ehepaar Quangel, letztlich der gesellschaftlich sanktionierten Denunziation ausgeliefert. Doch es ist keineswegs nur die Schwägerin, die sich schuldig macht, auch der alte Anders hat Anteil, und später wirft ein Mädchen »wie irr Hände voll Dreck« auf Kathrin, die Frau am Pranger. Die gesellschaftlichen wie die persönlichen Beziehungen sind vergiftet.

Auch in Falladas Roman geht es um die Zerstörung der zwischenmenschlichen Verhältnisse in einer Diktatur, in der jeder jeden beobachtet, verdächtigt, bespitzelt, denunziert. Zu Beginn des Romans werden vom Erzähler verschiedene Parteien in einem Berliner Mietshaus charakterisiert, die sich wechselseitig misstrauen. Zunächst die Familie Persicke, die aus NSDAP-Mitgliedern besteht und die Nutznießer des Systems sind. Otto Quangel, eine der Hauptfiguren, geht der bereits seit zehn Jahren in dem Haus wohnenden Familie schon immer aus dem Weg. Der personale Erzähler gibt Einblick in Quangels Sicht und begründet seine Vorsicht so:

> Jetzt waren die Persickes große Leute geworden, der Alte hatte alle möglichen Ämter bei der Partei, und die beiden ältesten Söhne waren bei der SS; Geld schien bei denen keine Rolle zu spielen.

> Umso mehr Grund, sich bei ihnen vorzusehen, denn alle, die so standen, mussten sich bei der Partei in Beliebtheit halten, und das konnten sie nur, wenn sie was für die Partei taten. Etwas tun, das hieß aber, andere angeben, zum Beispiel melden: der und der hat einen ausländischen Sender abgehört. Quangel hätte darum am liebsten schon lange die Radios aus Ottos Kammer verpackt in den Keller gestellt. Man konnte nicht vorsichtig genug sein in diesen Zeiten, wo jeder der Spion des andern war, die Gestapo ihre Hand über alle hielt, das KZ in Sachsenhausen immer größer wurde und das Fallbeil in der Plötze alle Tage Arbeit hatte.[29]

Auf der anderen Seite weiß Sohn Baldur Persicke nicht, wie er Otto Quangel einschätzen soll:

> »Kuck dir mal ’nen Menschen an wie den über uns, den Quangel. Kein Wort kriegst du aus dem Manne heraus, und doch bin ich ganz sicher, der sieht und hört alles und wird auch seine Stelle haben, wo er’s hinmeldet. Wenn der mal meldet, die Persickes können die Schnauze nicht halten, die sind nicht zuverlässig, denen kann man nichts anvertrauen, dann sind wir geliefert. Du wenigstens bestimmt, Vater, und ich werde keinen Finger rühren, um dich wieder rauszuholen, aus dem KZ oder aus Moabit oder aus der Plötze oder wo du grade sitzt.«[30]

Dabei sind vom System der wechselseitigen Beobachtung und Kontrolle auch die Gestapo-Leute nicht ausgenommen, weil in einem System der staatlichen Kontrolle und Denunziation »jeder zum Spitzel des anderen« werden kann.[31]

Im Fall der ersten Publikation von Brigitte Reimann gibt es neben dem positiven Verlagsgutachten zwei Außengutachten. Eines stammt von Reimar Dänhardt, der herausstellt: »Der humanistische Gehalt des Buches, die sparsame und treffende Zeichnung der Personen und des Milieus und der eigenwillige Stil der jungen Autorin bestimmen den Wert des Buches. Die Drucklegung ist unbedingt zu befürworten.« In

Bezug auf den »pädagogischen und ideologischen Wert« betont er, dass der Wert des Buches aus »seiner humanistischen Aussage, seinem ethischen Gehalte, seiner Anklage gegen ein System der Barbarei und Brutalität« erwächst. Die Frage, für »welche Altersgruppe« das Werk bestimmt ist und wie es »auf den Leser« wirkt, beantwortet er so: »Das Werk ist kein eigentliches Jugendbuch, doch wird es von älteren Jugendlichen (vor allem von Mädchen) und im besonderen Maße von Frauen mit großer Anteilnahme gelesen werden.«[32]

Auch das umfangreiche zweite Außengutachten ist rundum zustimmend, es gibt keinerlei Einwände gegen das Buch, das »einen Beitrag zur Humanität, Verständigung und Menschenliebe über alle Grenzen äußerer Trennung hinweg« leiste.[33]

Die »Frau am Pranger« erscheint zur Leipziger Buchmesse Anfang März 1956 und wird ausgesprochen positiv aufgenommen. Wenig später liegt bereits die Honorarabrechnung für das erste Quartal vor. Innerhalb weniger Tage wurden 608 Exemplare verkauft, und Brigitte Reimann erhält ein Honorar von 2526,40 Mark. Schon kurze Zeit später meldet sich das Neue Leben per Eilbrief. Es besteht die begründete Hoffnung, dass noch 1956 eine zweite Auflage erforderlich wird. Das druckreife Exemplar müsse umgehend an die Herstellungsabteilung übergeben werden. Der Verlag fragt, ob es noch »irgendwelche Änderungswünsche« gibt. »Wir wären Ihnen allerdings sehr, sehr dankbar, wenn dies nicht der Fall ist«, heißt es weiter.[34] Brigitte Reimann antwortet sofort und verzichtet auf Änderungen, sie möchte der zweiten Auflage nicht im Weg stehen. Im April wird bereits alles in die Wege geleitet, die Nachauflage wird im vierten Quartal desselben Jahres erscheinen. Im zweiten Quartal hat der Verlag laut Honorarabrechnung 9254 Exemplare verkauft, im vierten Quartal nochmals 2334 – ausgesprochen positive Verkaufszahlen für eine Debütantin, die nicht ohne Folgen bleiben. Ihre Publizität steigt, und es melden sich der Kinderbuchverlag sowie die DEFA, die mit Brigitte Reimann zusammenarbeiten möchten.

Das Neue Leben bittet noch drei Jahre später, im August 1959, bei der dritten Nachauflage, »keine grundlegenen Änderungen« vorzunehmen. Freilich wird Brigitte Reimann sich – auch nach weiteren Gesprächen mit Georg Piltz – bewusst, dass ihre Erzählung »stellenweise geradezu unerträglich sentimental« ist. »Für die nächste Auflage, die Anfang des kommenden Jahres als Taschenbuch erscheint, habe ich es gründlich überarbeitet. Den Satzbau zurechtgerückt und alle schönen Stilblüten ausgerissen«, gesteht sie im November 1959.[35] Überall dort, wo sie poetische Bilder nutzt, die ins Sentimentale und Kitschige abgleiten, streicht sie und formuliert sachlich-nüchterner.

Allerdings gibt es in der vierten Auflage auch eine gegenläufige Bewegung, die der Entwicklung der Autorin eigentlich widerspricht: Sie fokussiert die politisch korrekte Botschaft stärker und flicht Hinweise auf die gesellschaftliche Verfasstheit der Sowjetunion in die Dialoge ein. Es gibt sogar ein neues Kapitel von 2 Seiten (Kapitel 13), in dem Alexej seine Kathrin überredet, ihn »Radio Moskau« hören zu lassen, etwas, was in Nazideutschland streng verboten ist:

> Eines Nachts nahm Kathrin den Gefangenen mit in die Küche. Er hatte sie so oft gebeten, einmal Radio hören zu dürfen, daß sie es ihm nicht länger abschlagen konnte. Sie sagte: »Es ist gefährlich, Alexej; wenn die Frieda dich nachts im Haus entdeckt … Eure Soldaten gehen vor; das wolltest du doch bloß wissen.«
>
> Das Küchenfenster stand offen, die blau-weiß gewürfelte Gardine wehte.
>
> Kathrin schloß das Fenster und ließ die schwarze Verdunkelung herunter. Als sie die Hängelampe über dem Küchentisch eingeschaltet hatte, sah Alexej, dass Kathrin vor Aufregung bebte.[36]

Für sogenannge »Rundfunkverbrecher« existieren seit Kriegsbeginn 1939 strenge Strafen, über die zur Abschreckung in den Zeitungen informiert wird. In der Zeitschrift »Rundfunkarchiv« erscheinen unter »Mitteilungen« zahlreiche Berichte über Verurteilte, die die sogenannten »Feindsender« abgehört hätten. »Rundfunkverbrecherin erhielt 8 Jahre Zuchthaus«, ist ein Beitrag überschrieben, in dem von der 38 Jahre alten Margarete R. aus Tilsit berichtet wird, die »sich der Strafbarkeit ihres Treibens voll im Klaren war«. Der Fall wird als »typisches Beispiel« dafür genannt, »wie sehr ausländische Sender geeignet sind, die innerliche Zermürbung ihres heimlichen Hörers herbeizuführen«. Erschwerend heißt es, dass die Angeklagte als Jugenderzieherin handle, die in der Grundschule 6- bis 7-jährige Kinder unterrichte. »Die Angeklagte wurde vom Sondergericht zu 8 Jahren Zuchthaus verurteilt; gleichzeitig wurde sie mit der Aberkennung der bürgerlichen Ehrenrechte auf die gleiche Zeitdauer als ehrlos gebrandmarkt.«[37]

In der 4. Auflage der »Frau am Pranger« geht das zusätzlich eingefügte Kurzkapitel so weiter:

> Sie sahen sich an, sie waren beide blaß geworden. Alexej zögerte einen Moment, dann drehte er weiter.
>
> Es rauschte und heulte wie Schneestürme im Apparat, und plötzlich war Stille, und von weit her kamen die ersten Takte eines Liedes, das Alexej manchmal vor sich hin summte.
>
> »Um Gottes willen, was machst du? Was hörst du da?« rief Kathrin.
>
> Eine Stimme, leise und weit weg wie von einem anderen Stern, sagte: »Goworit Moskwa ... Goworit Moskwa.« Alexej umklammerte mit beiden Händen das Radio und preßte das Ohr gegen den Lautsprecher.
>
> Kathrin stürzte auf ihn los. »Das kann uns den Kopf kosten.«
>
> Alexej drehte sich um, sein Gesicht trug einen Ausdruck glücklicher Erschütterung. Er umfaßte, hockend, Kathrins Hüften. »Die Heimat«, sagte er atemlos. »Sluschajesch? Die Genossen ...« Er redete überstürzt auf sie ein. Sie verstand nichts, er hatte auf einmal sein Deutsch vergessen und überschüttete sie mit einem Schwall von russischen Wörtern.[38]

Das Kapitel endet mit einem Kommentar des Erzählers, der den Bewusstwerdungsprozess der Protagonistin ebenso fixiert wie die Reaktion Alexejs:

Und Kathrin begriff, daß es außerhalb dieses Hofes etwas gab, das größer und stärker war als ihre Liebe, ein unzerreißbares Band, das Alexej mit seinem Land verknüpfte.

Sie ging leise zur Tür zurück, und sie sagte, mehr für sich als für den Russen:

»Ich gehe dann aufpassen –«

Alexej kauerte vor der Anrichte, er hatte den Kopf auf die Arme gelegt. Er weinte.[39]

Die eingefügte Episode verwundert ob der sentimentalen Ausrichtung wie der ideologischen Aufladung. Hinzu kommt ein Fehler, der die historischen Fakten betrifft, aber im Kontext der Erzählung nicht weiter auffällt. Alexej hört offensichtlich »Radio Moskau« und dies in russischer Sprache. Allerdings sendete »Radio Moskau«, das 1929 in Betrieb gegangen war, seit 1937 in acht Sprachen, aber gerade nicht in Russisch. Insofern irritiert, wenn Alexej beim Abhören »auf einmal sein Deutsch vergessen« hat, denn nur in dieser Sprache können die Nachrichten gesendet worden sein.

Unabhängig von derartigen Unstimmigkeiten belegen die Veränderungen zweierlei: Zum einen zeigt sich, wie Brigitte Reimann an eigenen Schwächen gezielt arbeitet und Hinweise aufnimmt. Zum anderen stehen die eingefügten Passagen, die die politische Dimension der Erzählung eher verstärken, quer zu ihren Erfahrungen seit 1956. Es muss offenbleiben, was die Autorin dazu gebracht hat, entsprechend einzugreifen.

23. »Wie die Dinge liegen, bist Du für einige Zeit bei Petersen am allerbesten aufgehoben« – Ratschläge eines geliebten Mannes

Mit dem Erfolg ihres Debüts kann Brigitte Reimann in jeder Hinsicht zufrieden sein. Was allerdings ihr seelisches Gleichgewicht nach wie vor aus dem Lot bringt, sind ihre Eheprobleme. Nach den literarisch produktiven wie glücklichen Tagen in Rheinsberg muss sie nach Burg zurück, was ihr schwerfällt. Nachts kommt Günter, der bei seinen Eltern wohnt, über das Fenster zu ihr ins Zimmer geklettert. Er küsst sie wach und ahnt sofort, dass seine Frau sich verliebt hat. Sie stellt ihm frei, die Scheidung einzureichen. Sie werde alle Schuld auf sich nehmen, er möge einzig Georg aus den Verhandlungen heraushalten. Doch so einfach geht das nicht, wird Brigitte Reimann klar, als sie sich kurz darauf über die Modalitäten einer möglichen Scheidung informiert. Seit November 1955 ist in der DDR eine neue Verordnung über »die Eheschließung und die Eheaufhebung«, wie es im Gesetz heißt, in Kraft. Danach kann eine Ehe nur geschieden werden, wenn ernstliche Gründe vorliegen und wenn das Gericht feststellt, dass die Ehe ihren Sinn für die Eheleute, die Kinder sowie die Gesellschaft verloren habe. Das Gericht hat damit dem sogenannten »Zerrüttungsprinzip« zu folgen. Entsprechend müssen vom jeweils klagenden Teil Gründe genannt werden, die als Indizien für die Zerrüttung gelten können. Allerdings – und das ist das Besondere – zielen die Verfügungen darauf, die Ehe zu erhalten, da sie grundsätzlich als eine »für das Leben geschlossene Gemeinschaft von Mann und Frau« definiert wird. So enthält der Gesetzestext den Verweis, dass die Arbeiter-und-Bauern-Macht in der DDR die »Entwicklung einer gesunden Ehe und Familie schützt und festigt«. Betont wird: »Ein leichtfertiges Verhalten zur Ehe widerspricht den moralischen Anschauungen der Werktätigen.«[1]

Was in dem neuen Gesetz verurteilt wird, das wirft Günter seiner Frau vor: leichtfertiges Verhalten. Dennoch besteht er darauf, sie nicht gehen zu lassen. Die junge Frau, die sich so sicher ist, Georg Piltz zu lieben, kommt dagegen nicht an: »Und dann habe ich einer unverzeihlichen Schwäche nachgegeben: ich habe noch einmal mit ihm geschlafen.«[2] Günter gesteht seiner Frau nun alle Freiheiten zu, sie könne nach Berlin fahren und sich auch austoben, nur schlafen solle sie nicht mit anderen. Brigitte Reimann ist sich unsicher über ihre Gefühle, sie hängt an ihrem Mann und will gleichzeitig zu Piltz. Im Tagebuch formuliert sie eine Frage, die sie auch in den nächsten Jahren immer wieder beschäftigen wird: »Kann man denn zwei Männer zugleich lieben? Ich glaube wohl, es soll ja Bespiele geben ...«[3]

Sie fährt zu Piltz nach Berlin, die beiden treffen sich im traditionsreichen Niquet-Keller in der Jägerstraße, den es dort schon seit 1839 gibt und der von Ludwig Niquet an der »gleichgültigsten« Ecke zur Oberwallstraße als Frühstückskeller gegründet worden sein soll. Als Spezialität gab es Wiener Würstchen und bayrisches Bier. Piltz, der so etwas wie ein Gourmet ist, lädt sie allerdings zu einem prächtigen Menü ein. Er weiß mit Geschichten über kulinarische Köstlichkeiten am Hofe Friedrichs III. zu glänzen, der bei Niquet verkehrt haben soll. Wenige Wochen später dann besucht er Brigitte Reimann in Burg, einen Tag nach seiner Ankunft, am 22. September 1955, fahren sie gemeinsam zur Wiedereröffnung des Magdeburger Doms, der mit der Amtseinführung von Bischof Johannes Jänicke begangen wird. Das Bauwerk war im Zweiten Weltkrieg nach Angriffen von alliierten Bomberverbänden stark beschädigt worden. Sie können zwar nicht an der Feier teilnehmen, aber Piltz hat in seinem Buch ausführlich die Baugeschichte beschrieben. Es ist also für ihn eine Art Heimspiel, wenn er nunmehr vor seiner erstaunten und begeisterten Zuhörerin sämtliche Facetten abruft, nicht ohne Erfolg. »Plötzlich ist mir aufgegangen, daß Gebäude eigentlich wie Musik sind – oder wie Dramen – nach ganz strengen Gesetzen gebaut«, schreibt Brigitte Reimann. »Man muß nur den Schlüssel finden, das Thema gewissermaßen, dann wird auf einmal alles klar und übersichtlich, und die Architektur, ihre Schönheit, ihre Klarheit, ihre Gesetze erschließen sich uns.«[4] Es ist nicht unbillig, anzunehmen, dass diese frühen Hinweise des Architekturkenners Piltz die damals 22-Jährige sensibel machten für die Bedeutung der Gestaltung von Stadträumen und acht Jahre später zur kritischen Reflexion von Entwicklungen im Städtebau der DDR, konkret in Hoyerswerda, führten. Für sie ist Architektur ein unmittelbarer Ausdruck von Kultur und Lebensweise: »Eine Stadt der Typenbauten kann zum Problem werden, denn die Umgebung, die Architektur, prägt das Lebensgefühl des Menschen in gleichem Maße wie Literatur, Malerei, Musik.«[5]

Im Tagebuch finden sich etliche Hinweise, wie Brigitte Reimann das Zusammensein empfindet: »Ich staune immer wieder über sein Wissen und fühle mich sehr klein ihm gegenüber, dabei spricht er gar niemals so von oben herab, und ich lerne gerne und eifrig bei ihm.«[6] Auch in den Folgejahren wird Brigitte Reimann immer wieder an weitaus ältere Männer geraten. Sie wird dabei zunehmend souveräner und kann den auf ihre Person ausgerichteten einseitigen männlichen Blick umwandeln in einen Austausch auf Augenhöhe. Aber selbst Mitte der 1950er Jahre fällt es schwer, eine einlinige Abhängigkeit zu konstruieren und vom Standpunkt der Gleichberechtigung die Asymmetrie der Beziehung zu kritisieren. Juergen Schulz, der in Brigitte Reimanns Neubrandenburger Zeit fast täglich mit ihr zusammen ist, wobei beide spielerisch beim Sie bleiben, schätzt Jahrzehnte später ein, dass »die Jahre mit Brigitte« ihn entscheidend geprägt haben. Ende der 1960er Jahre kehrt sich die Situation der 1950er Jahre also gewissermaßen um, nun ist es sie, die – zurückhaltend – den jungen Mann in Bereiche der Kunst, Literatur und Architektur einführt.

Im September 1955 allerdings sieht sie sich in der Ehe mit Günter in ihren Entfaltungsmöglichkeiten eingeschränkt und unter Druck gesetzt. Der 22. September ist da fast so etwas wie ein traumatischer Moment. Als Piltz nach dem Tag im Magdeburger Dom bei ihr übernachtet, steht plötzlich der schreiende Ehemann vor der verschlossenen Tür. Er ertappt die Liebenden in flagranti. Brigitte Reimann hat solche Episoden oft in Büchern gelesen und fühlt sich an Tucholsky und Boccaccio erinnert. Nur dass sie jetzt selbst davon betroffen ist und auf die Veranda flieht. Fast filmreif stellt sich Piltz dem Eindringling entgegen, der die Tür des Zimmers eintritt. Aber es kommt nicht zum Äußersten. Piltz bewahrt die Ruhe, und plötzlich sitzen sich die Männer gegenüber und sprechen sich aus.

Günter Domnik erklärt, er werde seine Frau nie freigeben. Piltz hält dagegen, er werde sich scheiden lassen und Brigitte Reimann heiraten. Für sie ist die Situation grässlich, wie sie sich erinnert: Hier der Mann, mit dem sie seit zwei Jahren verheiratet ist und dem sie vertraut, dort der Mann, den sie leidenschaftlich liebt. Und dennoch gesteht sie ein: »ich genoß die Situation, so pervers das klingen mag«. Es ist – nunmehr potenziert –, was schon in der Oberschulzeit einen gewissen Reiz auf sie ausgeübt hat, das Spiel mit dem Feuer. Zudem ist sie überrascht, Piltz hat noch nie von einer Scheidung gesprochen. Im Tagebuch fällt rückblickend ein Satz, der irritieren mag und durchaus das gewisse Kalkül – anders wird man das nicht sagen können – der ehrgeizigen Autorin kennzeichnet. »Könnte ich mir Besseres vorstellen als ein Leben an der Seite eines so geistvollen Menschen, der mir in jeder Hinsicht förderlich sein würde?« Es ist also keineswegs so, dass die Leidenschaft rationale Abwägungen hintertreiben würde. Zudem schmeichelt ihr, dass Piltz gegenüber Günter von ihrer Zukunft spricht und davon, dass sie in einigen Jahren eine bekannte Autorin sein werde, bereits jetzt sei sie das »erste große Talent, das ihm unter den jungen Autoren begegnet sei«.[7]

So vor die Wahl gestellt, entscheidet sie sich für Georg und gegen Günter. Sie muss sich allerdings den Vorwurf gefallen lassen, sie habe doch zwei Tage vorher noch mit ihm geschlafen und geschworen, dass sie ihn liebe. Obwohl sie sich vor Georg schämt, bleibt der gelassen. Am nächsten Tag entwirft er eine Zukunftsvision: Sie solle nach Berlin ziehen, er werde dafür sorgen, dass sie studieren kann, zumal er mit Professor Alfred Kantorowicz befreundet ist, der von 1947 bis 1949 Mitherausgeber der bekannten Zeitschrift »Ost und West« war und 1950 auf den Lehrstuhl für Neuere deutsche Literatur an die Humboldt-Universität berufen worden ist.

Diese Perspektiven reizen Brigitte Reimann, und sie möchte, wie sie sich eingesteht, »ihre Feigheit überwinden und ein neues Leben beginnen«. Dann aber kommen ihr wieder Skrupel, sie spottet einerseits über das »Spießerstädtchen« Burg und kann sich andererseits nicht trennen. Es ist ähnlich wie bei ihrem Verzicht auf das Studium in Weimar. Neue Herausforderungen, so faszinierend sie diese findet, machen ihr Angst. Sie befürchtet, mit den vielen Irritationen der Großstadt nicht zurechtzukommen. Und sie findet noch eine andere Begründung: Georg müsste seine Kinder verlassen, an denen er doch so hänge. »Kann man denn sein eigenes Glück auf dem Unglück und der Enttäuschung anderer Menschen aufbauen?«, fragt sie.[8] Piltz, in einem Gespräch im Jahr 2000, erinnert sich daran, dass es einige Monate, bis zum Frühjahr, gegeben habe, in denen er zu allem bereit gewesen sei. Aber er habe erkennen müssen, dass Brigitte Reimann sich damals nicht von ihrem Mann und Burg trennen konnte. Mit dem XX. Parteitag vom Februar 1956 und Chruschtschows Geheimrede über die Verbrechen Stalins habe dann ohnehin eine andere Zeitrechnung begonnen.

Noch im November 1955 amüsiert sich Georg Piltz über den »kleinen Panitz« – den Lektor, der Brigitte Reimann an den Verlag des Ministeriums des Innern binden will. »Dringend möchte ich Dich vor der Eselei warnen, den Verlag Neues Leben gegen den Verlag des MdI zu vertauschen«, schreibt er. »Die evtl. finanziellen Vorteile stehen in gar keinem Verhältnis zu der Einbuße an Ansehen, die gerade mit diesem Verlagswechsel verbunden wären. Wie die Dinge liegen, bist Du für einige Zeit bei Peterson am allerbesten aufgehoben.«[9]

Noch deutlicher wird er in einem langen Brief vom 2. Dezember, in dem ein wenig Wehmut anklingt, dass es mit einem Treffen nicht klappen wird. Zwischen den Zeilen ist zu spüren, dass allem Anschein nach auf ihrer Seite die Leidenschaft abgenommen hat, sie zumindest abgeklärter auf seine Avancen reagiert. Was der erfahrene Literatur- und Kulturmann im Weiteren formuliert, das trifft die aktuelle Situation von Brigitte Reimann bis ins Detail. Es ist in literaturkritischer Hinsicht ein wichtiges Zeugnis für eine gleichermaßen kenntnisreiche wie ehrliche Einschätzung des Standes der jungen Autorin, das zugleich zeigt, in welchem Maße dem Verfasser an der Autorin wie dem Menschen Brigitte Reimann liegt. Einen solchen Brief wird es in dieser Form in den nächsten Jahren nicht mehr geben, und keiner der nachfolgenden männlichen Protagonisten – außer Siegfried Pitschmann – wird auch nur annäherungsweise um ihrer selbst willen so ehrlich sein. »Es kommt stets darauf an, was man aus einem Stoffe macht, und die ›Wahlverwandtschaften‹ oder die ›Räuber‹ beweisen, daß es tatsächlich so ist«, schreibt er. Und weiter:

> Solange man noch am Anfang steht, sollte man in der Auswahl des Themas eine weise Ökonomie walten lassen. Ja man sollte – ich wiederhole meinen Rat – das Schreiben für lange Zeitabschnitte ganz lassen. Glücksfälle, wie die »Frau am Pranger«, kann man nicht erzwingen, und wer alles machen will, was ihm in den Sinn kommt, läuft Gefahr, sich zu verplempern. Solange ich noch Atem habe, werde ich Dich davor warnen, auf Deubel komm raus zu schreiben. Um etwas zu machen, muss man erst einmal etwas sein; die »Frau am Pranger« stellt das Höchste dar, was Du im Augenblick schaffen kannst; wenn Du nun weiter schreibst, ohne Deinen geistigen Fundus anzureichern, wird Deine Produktion notwendigerweise schlechter werden müssen.[10]

Man kann nicht davon ausgehen, dass Brigitte Reimann über diese treffende Markierung erfreut gewesen ist. Und man muss nicht so weit gehen und Piltz' Einschätzung als selbstlos bezeichnen. Was er auf jeden Fall nicht macht, er schmeichelt der Geliebten in keiner Weise. Ihm scheint wichtig, dass sie nicht nur als Autorin vorankommt. Der Hinweis, dass es nicht gelingt, in literarischen Dingen etwas zu erzwingen, trifft es. Piltz verweist zwar nicht auf die Märchen, aber schon dort geht es – wenngleich in anderer Weise – darum, mit den Wünschen zu haushalten. Wem das nicht gelingt, der muss am Ende mit Strafe rechnen, so zeigt es das Märchen »Von dem Fischer und seiner Frau«. Und auch Peter Munk in Wilhelm Hauffs Kunstmärchen muss erkennen, dass es so etwas wie eine »Wunschökonomie« gibt. Piltz aber geht noch weiter, für ihn sind Brigitte Reimanns Überlegungen, dem »Panitz'schen Blödsinn« zu folgen und sich an den Verlag des Ministeriums des Innern binden zu wollen, ein Ausdruck von Unsicherheit. Der Ratschlag, sich genau zu überlegen, an welchen Verlag man sich bindet, ist in jeder Hinsicht nachvollziehbar. Auf den Punkt genau beschreibt Piltz die Intentionen des Verlages, der mit Militärischem zu tun hat:

> Glaubst Du im Ernst, dass der Verlag des MdI an etwas anderem interessiert sei als an wehrfreudigen Traktätchen? Das Lektorat mag noch so willig sein, ein hohes Niveau zu halten, es wird dem Gesetz erliegen, wonach das Institut angetreten ist, und dieses Gesetz ist kein literarisches, sondern ein tagespolitisches, aus der Situation geboren und mit der Situation verschwindend.[11]

Piltz gesteht Lektor Panitz zu, den guten Willen zu haben, Literatur zu produzieren, meint aber, die »anonymen Mächte« seien stärker als ein Einzelner. Und diese »anonymen Mächte wollen nicht mehr, als daß die Fabel einer Erzählung auch dem dümmsten Rekruten verständlich sein solle«. Es gibt in der DDR der 1950er Jahre kaum eine Einschätzung, die so prägnant das »gesellschaftliche Interesse« beschreibt, mit dem der spätere Militärverlag angetreten ist. Piltz führt den Gedanken zu Ende: »Sollte das Lektorat wirklich den Einfall haben, Erzählungen zu veröffentlichen, die nicht eindeutig sind, bei denen man den positiven Helden nicht auf den ersten Blick als solchen erkennt, wird es von seinen Vorgesetzten eins auf den Deckel bekommen, daß ihm Hören und Sehen vergeht.«[12] Piltz' Einschätzung kommt nicht von ungefähr. Er sieht einerseits den Fleiß, mit dem Brigitte Reimann schreibt und wieder verwirft und um jeden Preis etwas zustande bringen will, und er weiß andererseits um die depressiven Phasen, in die die Geliebte gerät, wenn sie erkennen muss, dass das Ergebnis nicht genügt, im schlimmsten Fall gar Kitsch ist.

Brigitte Reimann vertraut ihm. Dennoch bemüht sie sich in der Folgezeit, vielfältige Kontakte zu Verlagen und zum Film, zu anderen

Autorinnen und Autoren herzustellen, um sich auszutauschen, auch weil ihr klar wird, dass die einseitige Fixierung auf Piltz nicht ausreicht.

Einige Zeit zuvor, am 25. April 1955, kam es bei einem Treffen der AJA zu dem Vorschlag, sie solle einen Antrag auf Aufnahme in den Deutschen Schriftstellerverband stellen, da steht die Veröffentlichung ihrer »Frau am Pranger« noch an, ist aber bereits absehbar. Zu diesem Zeitpunkt wird im Schriftstellerverband gerade eine umfangreiche Studie zu den AJAs im Deutschen Schriftstellerverband erstellt. Federführend wird sie von Johannes Schellenberger erarbeitet. Der Zweck der Untersuchung besteht darin, den Entwicklungsstand und die bisherigen Erfahrungen in der Nachwuchsarbeit zusammenzufassen. Zudem soll die Studie als eine Grundlage für die Haupt- und Nebenreferate auf dem kommenden Kongress dienen. Zur allgemeinen Charakteristik der AJAs wird in der Untersuchung festgestellt:

> Die Arbeitsgemeinschaften Junger Autoren stellen etwas qualitativ Neues in der Geschichte der deutschen Schriftsteller dar. Werktätige, die Talent zum Schreiben haben und Beweise ihrer Entwicklungsfähigkeit gegeben haben, bilden sich in den Arbeitsgemeinschaften zu Schriftstellern heran. Unter Anleitung von erfahrenen Autoren wird über grundsätzliche und spezielle Fragen des literarischen Schaffens gesprochen und anhand der praktischen Arbeit (in Verbindung von Theorie und Praxis) die Methode des Realismus erarbeitet. Die Arbeitsgemeinschaften genießen in einem bis dahin unbekannten Maße die Förderung der Regierung.[13]

Zu diesem Zeitpunkt, im Jahr 1955, bestehen 14 Arbeitsgemeinschaften, die sich auf Berlin, Cottbus, Dresden, Erfurt, Frankfurt/Oder, Halle, Karl-Marx-Stadt, Leipzig, Magdeburg, Potsdam, Rostock, Schwerin, Suhl und Aue verteilen. Die Mitgliederzahl differiert, sie liegt zwischen 3 und 24 Teilnehmern. Das Durchschnittsalter liegt bei 30 Jahren. Der Bericht schätzt ein, das sei zu hoch. »In der Tatsache zeigt sich, daß die Arbeitsgemeinschaften Junger Autoren zu einem Teil noch eine Aufgabe erfüllen, die durch fehlende Bildungsmöglichkeit (Bildung zum Schriftsteller hier im Besonderen) im bürgerlichen Klassenstaat hervorgerufen wurde«, heißt es in dem Bericht. Besonders betont wird die Rolle der weiblichen Teilnehmerinnen, immerhin sind ein Drittel der Mitglieder Frauen: »Sie gehören oft zu den Begabtesten der Arbeitsgemeinschaften. Manche stehen im Berufsleben, führen einen Haushalt; um so anerkennenswerter ist, daß sie die Zeit für ihre schriftstellerische Arbeit zu erübrigen wissen.«

Das Problem Berufstätigkeit und Haushalt betrifft in besonderem Maße auch Brigitte Reimann. Günter hat wenig Verständnis für ihre Aktivitäten in der AJA. In der Untersuchung wird die Arbeitsgemeinschaft in Magdeburg als positives Beispiel hervorgehoben: Sie »verbindet zum Beispiel mit der Tagung im März 1955 – der Lesung von Gedichten gewidmet – einen Wettbewerb, wobei die ganze Arbeitsgemeinschaft als Preisrichter fungiert«. Allerdings solle man das »Prinzip des Wettbewerbs« nicht überschätzen.

Interessant ist schließlich auch, dass der Bericht vorschlägt, dass die jungen Autorinnen und Autoren Selbsteinschätzungen geben und sich dabei an folgenden Fragen orientieren sollen:

> Was habe ich von der Arbeitsgemeinschaft erwartet und was konnte sie geben?
> Was habe ich wirklich gelernt, was fehlt mir eigentlich noch?
> Was habe ich in diesem Jahr veröffentlicht?
> Wo liegen die Schwächen meiner Arbeit?
> Was erwarte ich in Zukunft von der Arbeitsgemeinschaft?
> Haben mich die Freunde der Arbeitsgemeinschaft richtig behandelt?
> Habe ich mich den anderen gegenüber richtig verhalten und alle meine Kräfte eingesetzt, um ihnen zu helfen?[14]

Verantwortlich im Schriftstellerverband für die Arbeit mit den Arbeitsgemeinschaften ist die Nachwuchskommission, zu der Alfred Kurella, Walther Victor, Erwin Strittmatter und Peter Nell gehören. Zu Peter

Nell hat Brigitte Reimann ein vertrauensvolles Verhältnis, nicht nur weil sein Stück »Die Eysenharts« in der »Denunziantin« eine entscheidende Rolle spielt. Nell ist es auch, der ihr vorschlägt, den Antrag auf Aufnahme in den Schriftstellerverband zu stellen.

Im Mai 1955 sendet Brigitte Reimann den Antrag ab. Ihr ist klar, dass der Vorgang einige Zeit in Anspruch nehmen wird. Wenngleich noch nicht Mitglied, möchte sie unbedingt am IV. Schriftstellerkongress in Berlin Anfang Januar 1956 teilnehmen. Von Piltz hat sie zahlreiche Interna erfahren, so weiß sie, dass der Kongress eigentlich schon im März 1955 hätte stattfinden sollen, dann im Herbst 1955 und schließlich für Januar 1956 angesetzt worden ist, was im Rückblick für massive Kritik sorgt. Wolfgang Joho moniert, dass der Kongress »unzählige Male eingesetzt und verschoben« wurde, ohne dass die Mitglieder des Präsidiums wissen, »warum und wieso«.[15]

Eine Ursache dafür lag darin, dass das ZK der SED direkt auf die Vorbereitung Einfluss nahm, Absprachen mit den Verbandsfunktionären traf, wobei die gewählten Gremien des Verbandes übergangen wurden. Auf der anderen Seite war es die Verbandsspitze selbst, die die Konzeption für den Kongress dem Politbüro des ZK der SED und dem Kulturministerium vorlegte. Piltz hatte Brigitte Reimann erzählt, dass aus dem Büro von Eduard Claudius, damals 1. Sekretär des Verbandes, eine Vorlage an das Politbüro gegangen war. Besonders frustrierend empfand Piltz jene Briefe, die den Schriftstellerverband erreichten und in der Nachfolge des »Nachterstedter Briefes« (1955) standen, in dem die Arbeiter des Braunkohlewerkes einen Forderungskatalog für Schriftsteller aufgestellt hatten: »Wir möchten mehr Bücher über den gewaltigen Aufbau, der sich auf allen Gebieten der Deutschen Demokratischen Republik vollzieht, über das Schaffen und das Leben der Werktätigen. Schreiben Sie und gestalten Sie [...] den Enthusiasmus, unsere Leidenschaft und das große Verantwortungsbewußtsein, das die Arbeiter im Kampf um das Neue beseelt.«[16] Daran schlossen die neuen Briefe an, die sich eine direkte Einflussnahme auf das schriftstellerische Schaffen erhofften. So setzt das Reichsbahnausbesserungswerk Delitzsch auf den Wiedererkennungseffekt. »Wir würden uns sehr freuen, uns Eisenbahner in einem von Euch geschaffenen Roman wiederzuerkennen.« Die Kollegen des Kaliwerkes Merkers wünschen sich Geschichten über ihre Tätigkeit, denn es »gibt noch wenig Bücher über unsere Kaliindustrie. Wenn man nun einen historischen Roman, vielleicht an die bestehende Sage angeknüpft bis zur heutigen Entwicklung, bis zum Fünfjahrplan, schreiben könnte.« Die Vorschläge sind genauso ernst gemeint wie der Brief des VEB Walzwerk Hettstedt, der direkt auf den IV. Schriftstellerkongress verweist: »Abschließend sprechen wir die Erwartung aus, daß der 4. Deutsche Schriftstellerkongreß seine Beratungen auf die von uns vorstehend aufgezeigte Linie bezieht.«[17]

Georg Piltz hegt keinerlei Erwartungen an den Kongress. Kurz zuvor bittet er Brigitte Reimann brieflich um Entschuldigung, es sei ihm nicht gelungen, eine Einlasskarte für sie zu beschaffen – »wir haben nicht einmal eine Karte für unseren Stenografen bekommen, so daß dieser auf meine oder Justs Karte hineingelangen muß«. Gustav Just ist Stellvertretender Chefredakteur des »Sonntags«. Falls es wider Erwarten noch mit einer Karte klappen sollte, habe er kaum Zeit für sie. »Denn tagsüber werde ich mir nolens volens das Geschwafel anhören oder in der Redaktion arbeiten müssen, abends müssen wir die Stenogramme des Tages bearbeiten und die Auszüge satzfertig machen.« Der Kongress selbst, so die Einschätzung, würde ihn nur »von ernsthafter Arbeit« abhalten.[18]

Der Kongress ist dann aber in Teilen doch spannender als vermutet. Er beginnt am 9. Januar 1956 mit einer Festsitzung im Deutschen Theater. Im Mittelpunkt steht das Referat des Kulturministers Johannes R. Becher »Von der Größe unserer Literatur«. Am nächsten Tag geht es weiter mit dem Rechenschaftsbericht von Eduard Claudius, das Eröffnungsreferat verliest Stephan Hermlin im Auftrag der erkrankten Anna Seghers. Auf der Diskussionsliste stehen u.a. Themen wie die Probleme des sozialistischen Realismus, die Frage der Perspektive (Georg Lukács) oder das Verhältnis von Literatur und Ideologie (Ernst Bloch, Stefan Heym, Ralph Giordano), auch das Problem von Literaturverfilmungen (DEFA-Direktor Rodenberg) sowie das Verhältnis von

BRD- und DDR-Literatur (Hermlin) und nicht zuletzt die Lage der Literaturkritik (Günther Cwojdrak).

Piltz ist positiv überrascht von Johannes R. Bechers Rede. Er kann sogar daraus zitieren, weil der Mitarbeiter des »Sonntags« mitstenografiert hat und auf dieser Grundlage schon wenig später in zwei Heften der »Beiträge zur Gegenwartsliteratur« die Kongressmaterialien erscheinen. Becher äußert sich zum Vorwurf des »Inhaltismus«, also der Tatsache, dass vordergründig auf den Inhalt eines Buches abgehoben werde und die Form nicht interessiere. »Wir sind noch nicht so weit, daß das Neue unserer Weltanschauung uns so tief in Fleisch und Blut eingegangen wäre, um uns frei im Stoff bewegen zu können. Wir müssen uns diese Bewegungsfreiheit im Stoff erst erarbeiten, und es kann gar nicht ausbleiben, daß das Inhaltliche häufig als Rohstoff, künstlerisch unverarbeitet noch, in den Werken unserer Schriftsteller hervortritt«, bemerkt Becher in seiner Rede, um dann in »aller Bescheidenheit und Entschiedenheit« zu betonen, dass dieser Rohstoff im Gegensatz zu dem »sogenannt künstlerisch verarbeiteten Material, das die bürgerliche Literatur zu liefern hat«, letztlich »goldhaltig« sei. Einmal mehr wird von Becher auf den »neuen Gegenstand« angespielt, mit dem die Literatur in der DDR angesichts der veränderten gesellschaftlichen Verhältnisse konfrontiert sei. Piltz stimmt der Überlegung teilweise zu, Stoff und Thema seien wichtig, aber um »etwas zu machen, muß man erst einmal etwas sein«, also über Erfahrungen verfügen, so hatte er Brigitte Reimann geschrieben.

Auch aus Anna Seghers' Anmerkungen zum »Nachterstedter Brief« zitiert Piltz für Brigitte Reimann. »In unserer Literatur fehlen Fabeln mit echten Konflikten«, hatte sie moniert. »Man hat manchmal sogar den Eindruck, die Autoren vermieden es, echte Konflikte zu zeigen; denn sie stoßen doch andauernd auf solche in ihrer nächsten Umgebung. Und es ist gar nicht glaubhaft, daß sie sie nicht sehen, nicht miterleben.« Ferner: »Aber sie weichen aus verschiedenen Gründen von ihrer Gestaltung zurück. Das macht ihre Bücher arm. Die Menschen sind enttäuscht, ja aufgebracht, daß ihre Schriftsteller, von denen sie doch die Wahrheit erwarten, sich so stellen, als ob sie die harten Konflikte im Leben nicht sehen.«[19]

Schließlich berichtet Piltz von der Debatte zwischen Stefan Heym und Walter Ulbricht, auf die Brigitte Reimann Jahre später zurückkommen wird. Die Diskussion ist die interessanteste Auseinandersetzung auf dem IV. Deutschen Schriftstellerkongress, weil es hier zum ersten und gleichzeitig letzten ›öffentlichen‹ Disput zwischen einem Schriftsteller und einem Politiker kommt. Walter Ulbricht ist damals 1. Sekretär des ZK der SED und Stellvertretender Ministerpräsident. Stefan Heym setzt wie Wolfgang Schreyer und auch die noch junge Brigitte Reimann auf demokratische Strukturen und eine Öffentlichkeit, in der Kritik nicht nur möglich, sondern erwünscht ist. Genau diese Fragen spricht Stefan Heym nun an.

Heym hatte 1951/52 vor dem Hintergrund der McCarthy-Ära die USA verlassen und war in die DDR übersiedelt. Hier erlebte er den Arbeiteraufstand vom 17. Juni 1953 als Einschnitt. Seinem auf dem Herstellen von Öffentlichkeit verpflichteten Anspruch folgend, publiziert er eine Reihe von Essays, Kritiken und Kolumnen, die kritisch auf die gesellschaftliche Situation eingehen und darauf abzielen, die Bürger verantwortlich in die Arbeit an einer als sozialistisch verstandenen Entwicklung einzubeziehen.

Es ist nur folgerichtig, dass er an den Diskussionen auf dem Schriftstellerkongress lebhaft Anteil nimmt, zumal über die Selbstverantwortung des Schriftstellers verhandelt wird. Verständlicherweise fragt er in seinem Diskussionsbeitrag auch danach, wo »die großen Romane und Theaterstücke« blieben, die dem »Menschen wirklich helfen, sich in den komplizierten Verhältnissen unseres Lebens zurechtzufinden«. »Sind unsere Schriftsteller«, so Heym weiter, »in einer Schaffenskrise, und wenn ja, woher kommt sie und was kann man tun, die Krise zu überwinden?«[20] Im Kern geht es Heym um die Ursachen für die offensichtlich mangelhafte Qualität der Gegenwartsliteratur. Von der literarischen Praxis ausgehend, bezweifelt er, dass die »Schriftsteller als künstlerische Gestalter ›Erzieher der Massen‹« sein können. Damit stellt er ein anerkanntes Theorem infrage, was bei einem Teil der anwesenden Autoren Unverständnis hervorruft. Doch Heym geht in seiner Rede noch weiter. Eine Metapher aus der darstellenden Kunst aufgreifend, vergleicht er bestimmte Bücher mit »halbfertigen Steinklötzen«: »Jeder von uns kennt solche plumpen, schlecht bearbeiteten halbfertigen Steinklötze der Literatur, die dekoriert und in hohen Auflagen verbreitet wurden, nur weil das lebendige Modell und die Absicht ihres Autors so schön waren«, formulierte er pointiert.[21]

Die Reaktionen auf Heyms Rede erfolgen umgehend. Es antworten Autoren jener »dekorierten« Bücher, darunter Willi Bredel, der mit einseitigen ideologischen Argumenten zu kontern sucht und von der ästhetischen Kernfrage Heyms wegführt.[22] Es ist der inzwischen 70-jährige Leipziger Philosoph Ernst Bloch, der Heyms Fragen weiter zuspitzt. Bloch wendet sich gegen »ideologische Unterweisungen«, die der Literatur abträglich seien.[23]

Walter Ulbricht meldet sich schließlich am vierten und letzten Kongresstag mit einem Referat zu Wort und geht im zweiten Teil der Rede auf die Rolle der Schriftsteller ein. Sie müssten sich »noch enger mit den komplizierten Problemen und dem Leben unseres Volkes verbinden, mehr mit dem Volke selbst leben«. Früher, so Ulbrichts Argumentation, stand der Schriftsteller in Opposition zur bestehenden Macht, heute trage er zusammen mit der Arbeiterklasse, den Bauern und der Intelligenz Verantwortung für die Gestaltung der neuen gesellschaftlichen Ordnung.[24] Das ist Ulbrichts Ausgangspunkt, um Stefan Heym zu kontern. Den Inhalt der Kritik verdrehend, stellt er plakativ heraus, es sei Mut notwendig »im Kampf gegen die kleinbürgerlichen Gewohnheiten« wie im »Kampf gegen die Einflüsse der bürgerlichen Ideologie«. Mut sei erforderlich, wenn es darum gehe, die Ideen des »sozialistischen Aufbaus«, der »Völkerfreundschaft«, des »Willens zur Verteidigung des Vaterlandes« in literarischen Texten zu gestalten.[25] Doch dann tritt ein, was im Plan nicht vorgesehen ist und keiner erwartet hat. Stefan Heym erreicht beim Präsidium eine nochmalige Redezeit – und widerspricht Ulbricht: »Ich glaube, daß der Vorsitzende sich geirrt hat, wenn er sagte: ›In eigener Sache‹. Ich spreche nicht in meiner eigenen Sache, sondern in der Sache, die uns alle angeht.« Schließlich präzisiert Heym, was mit »Mut« wirklich gemeint ist. »Aber der Mut, von dem ich sprach, und die Verantwortung, von der ich gesprochen habe, das ist doch der Mut zur inneren Auseinandersetzung im Herzen des Schriftstellers.«[26] Damit ist das Problem der »inneren Zensur« angesprochen, über das sich später Brigitte Reimann und Wolfgang Schreyer mehrfach austauschen. In Hinblick auf Fragen der sogenannten Menschengestaltung in der Literatur betont er abschließend, dass es keinen Sinn ergebe, simple »positive Helden« zu entwerfen, die mit der Wirklichkeit nichts zu tun haben: »Die Menschen sind hervorgewachsen aus einem Furchtbaren, aus der Zeit des Nazismus. Das hängt ihnen noch an. Ich sagte, wir müssen die Menschen so sehen, wie sie sind – in meiner Rede habe ich das so ausgedrückt: Wir müssen den Menschen darstellen, ›wie er ist, und wie er sich entwickelt‹, und tun müssen wir das ›illusionslos, aber stets mit dem großen Ziel im Auge‹. Ich glaube, Herr Ulbricht, Sie werden mir recht geben, daß man es so tun muß.«[27]

Das sind in dieser Form starke Worte, die Heym diplomatisch abfedert, indem er darauf verweist, wie wichtig es sei, dass auf dem Kongress der »ganzen Welt« gezeigt werde, »daß man in der DDR aufstehen und in aller Öffentlichkeit mit Walter Ulbricht, mit dem Stellvertretenden Ministerpräsidenten, diskutieren kann, genauso, wie wir mit ihm privat diskutieren. Und man sollte das öfter demonstrieren. Das ist richtig.«[28] Nach diesem Statement, das ein Novum in der Geschichte des Schriftstellerverbandes darstellt, ergreift Walter Ulbricht erneut das Wort und setzt Heyms Überlegungen wiederum nichts als monolithe Thesen entgegen.[29]

Danach gefragt, warum es zu einem solchen Disput später nicht wieder gekommen ist, antwortet Stefan Heym 1997 sarkastisch: »Weil viele es nicht mehr gewagt haben, die haben sich immer in die Hose gemacht, wenn sie Ulbricht gesehen haben.«[30]

Was Brigitte Reimann beim Lesen der Kongressbeiträge später erneut in Rage bringt, das ist eine Aussage von Ludwig Renn, der mit dem Antikriegsroman »Krieg« (1928) bekannt geworden ist. Er bedauert auf dem IV. Schriftstellerkongress 1956 das Fehlen einer Kriegsliteratur in der DDR (im Unterschied zum Westen Deutschlands) und stellt sogleich heraus, wie die auszusehen hat: »Natürlich muß jede Kriegsliteratur, die bei uns erscheint, zukunftsweisend sein.«[31] Im Januar 1956 ist sie darüber frustriert, weil hier von einem anerkannten Autor eingefordert wird, was sie mit der »Frau am Pranger« eingelöst zu haben glaubt. Allerding ist der zugesicherte Abdruck im »Sonntag« da noch nicht zustande gekommen. Im Tagebuch hat sie noch vor dem Kongress ihrem Zorn freien Lauf gelassen: »Auch wieder diese verfluchte Feigheit der Redakteure! Georg ist dafür, die ganze Redaktion findet das Buch gut – aber nein, sie wagen nicht, es zu bringen, weil sie fürchten, sie könnten sich damit in die Nesseln setzen. Wilhelm Pieck hat eine Amnestie für die Kriegsverbrecher erbeten – da darf man halt nichts gegen diese Verbrecher bringen.«[32]

»Die Frau am Pranger« erscheint dann wie berichtet im März 1956, zu spät für den Kongress, dafür mit sichtbarem Erfolg. Der Hinweis auf »Kriegsverbrecher« ist indes etwas überzogen, es geht in dem Schreiben, das Wilhelm Pieck am 31. August 1955 an die sowjetische Führung schickt, nicht um die Entlassung von »Kriegsverbrechern«, sondern um die immer noch in sowjetischem Gewahrsam befindlichen deutschen Kriegsgefangenen. Die Tatsache, dass noch Tausende Gefangene in der Sowjetunion sind, ist mit ein Grund, warum das Thema nach wie vor aktuell ist und in Westdeutschland ein Roman wie Josef Martin Bauers »So weit die Füße tragen« zum Bestseller wird, umso mehr, da der Verlag behauptet, dass die Figur des Clemens Forell in Wirklichkeit existiert und es sich um eine wahre Geschichte handelt. Damals ahnt niemand, dass die Odyssee weitgehend erfunden war. Erst rund 60 Jahre später ist mit einigem Recht eingeschätzt worden, dass der Roman »falsche Nachkriegserinnerungen« in das kollektive Gedächtnis implantiert und geholfen hat, »das Entlastungsbedürfnis der Nachkriegsgesellschaft zu stillen«.[33]

Im Februar 1956 wird Brigitte Reimann eine weitere Erzählung schreiben, die zum Griechenland-Komplex gehört und einmal mehr das

Thema der Denunziation variiert. »Die Maske trägt Giorgiu« lautet der Titel des über 40 Seiten langen Textes. Intensiv hat sie diesmal über den Aufbau der Geschichte nachgedacht, denn in der AJA sind mehrfach mit Wolf D. Brennecke grundlegende Fragen des Schreibens besprochen worden. Vor allem über den Textanfang hat sie lange nachgedacht. Er nimmt sich nunmehr so aus:

> Der Junge duckte sich in die Toreinfahrt. Er lehnte den Kopf gegen die Mauer, die selbst jetzt zur Nachtstunde noch vollgesogen schien von der Hitze des Tages und seine brennende Stirn nicht kühlen konnte. Giorgiu wunderte sich, daß der Schmerz vom Magen hinaufsteigen konnte in den Kopf, es war, als fräße ihn der Hunger von innen auf.[34]

Bei Giorgiu handelt es sich um einen Jungen, der sich mit Taschendiebstählen über Wasser zu halten sucht. Bislang hat ihn die Polizei nicht erwischt. Die Handlung, die Brigitte Reimann von hier aus entwickelt, nimmt folgenden Gang: Giorgiu überfällt zuerst das Mädchen Despina, die aber fliehen kann, später einen betrunkenen Mann, der zur Oberschicht gehört. Die Polizei kommt ihm auf die Spur, der Junge wird verhaftet, man bringt ihn ins Gefängnis, und hier wird er von einem der Polizeischergen, Michailos, erpresst. Der Junge soll sich in eine kommunistische Gruppe einschleichen und Informationen liefern. Giorgiu lehnt zunächst ab, aber als ihm angedroht wird, dass er für Jahre im Gefängnis verschwindet, stimmt er zu – mit dem heimlichen Vorsatz, keine Informationen zu liefern. Durch Zufall gelangt er dann doch in eine der Gruppen, wo er Despina wiedertrifft, die Kommunistin ist. Er engagiert sich nun aus freien Stücken für die Sache, weil die Untergrundtätigkeit ihn überzeugt. Und er verliebt sich in das Mädchen. Dann wird er vom Polizisten Michailos erneut gefasst und gefoltert:

> Dicht vor Giorgius Gesicht zischte der Mann: »Ich habe die Faxen mit dir satt bis obenhin, verstehst du? Denkst du, ich habe nicht längst spitz gekriegt, daß du den Roten auf den Leim gekrochen

> bist? Jetzt sollst du dich bewähren – und du sagst glatt nein! Nicht bei mir, du Hurensohn.
>
> Und er schlug mit aller Kraft den Hinterkopf des Jungen gegen die Stuhllehne, dreimal, fünfmal, bis die Haut aufplatzte und Blut über die gelben Finger des Mannes quoll. Keuchend gab er den Jungen frei, der bewußtlos vornüberfiel.[35]

Als der Junge aus seiner Ohnmacht erwacht, bricht der gewalttätige Polizist ihm die Finger. Aber er bleibt standhaft. Giorgiu wird mit anderen Verurteilten vor die Stadt geschafft, wo die Uniformierten die Maschinengewehre in Stellung bringen. Kurz bevor das Massaker an den kommunistischen Widerstandskämpfern beginnt, ruft ihn die Stimme des Michailos, »und Giorgiu folgte ihr willenlos«. Danach fegen Feuerstöße aus den Maschinengewehren, »im Knattern der Schüsse ertranken Schreien und Stöhnen der Sterbenden. Es schossen Griechen, und es starben Griechen, und griechische Erde trank das rote Blut ihrer besten Söhne.«[36] Nach dem Massaker hat der Polizist leichtes Spiel mit Giorgiu, der die Untergrundorganisation verrät. Am nächsten Tag gegen Morgen umstellt die Polizei das Wohngebiet und nimmt zahlreiche Verhaftungen vor. Despina, die fliehen kann, erkennt, dass Giorgiu derjenige ist, der sie verraten hat. Sie stellt ihn zur Rede. Der Junge lässt sich bei Michailos melden und erwürgt ihn. Wie es weitergeht, das kommentiert der Erzähler so:

> Als Giorgiu die Pistole hob, dachte er noch, es sei dies die einzige anständige Tat in den vergangenen achtzehn Jahren, daß er freiwillig büßte für sein Verbrechen und nicht dem Gericht der Genossen entfloh, noch einmal Tage oder Jahre eines jämmerlichen Daseins sich erschwindelnd.

Bei Piltz findet die Erzählung keinen Zuspruch, er geht mit Brigitte Reimann die Schwachstellen durch. Dazu gehört die klischeehafte Handlung wie auch die ideologische Ausrichtung. Sie legt die Erzählung beiseite, auch weil es zur gleichen Zeit zu einem Ereignis kommt, das das gesamte sozialistische Lager erschüttert. Die Enthüllungen auf dem XX. Parteitag der KPdSU vom 14. bis 25. Februar 1956 wirken auf viele Intellektuelle wie ein Schock. Nikita Chruschtschow macht die Verbrechen von Stalin, den Großen Terror der 1930er Jahre sowie die Fehler während des Zweiten Welkrieges zum Gegenstand einer fünfstündigen Rede mit dem Titel »Über den Personenkult und seine Folgen«. Die Enthüllungen sind für Piltz ein Einschnitt, auch Brigitte Reimann erinnert sich nach dem Bekanntwerden an ihre Idealisierung des Generalissimo. Noch schlimmer: Anders als erhofft, reagiert die SED-Führung wenig konstruktiv. Fünf Wochen später, auf der 27. Tagung des ZK der SED am 30. März 1956, werden die Beschlüsse der 3. Parteikonferenz der SED bestätigt und eine Geheimhaltung der Chruschtschow-Rede verfügt.[37]

Die Unzufriedenheit mit der Politik unter den Autoren wächst. Auf der ersten Vorstandssitzung des Schriftstellerverbandes nach dem Kongress am 17./18. April 1956 stehen die Auswertung des XX. Parteitages der KPdSU und die 3. Parteikonferenz der SED im Mittelpunkt. Schon das Referat von Willi Bredel setzt sich in Ansätzen kritisch mit dem Stalin-Personenkult auseinander.[38] Auch Autoren wie Kuba, Brězan, Voelkner, Heym und Lorbeer treten auf und plädieren dafür, sich an die wirklichen Verhältnisse zu halten. Stefan Heym bringt das so auf den Punkt:

> Man sollte mit der Wahrheit und mit dem Aussprechen der Wahrheit nicht so lange warten, daß irgendein Kongreß das grüne Signal gibt.[39]

Im Herbst 1956 befindet sich der Schriftstellerverband in einer unübersehbaren Krisensituation. Die Kritik bleibt zaghaft und arbeitet sich an der Diskussion um den 1. Sekretär des Verbandes, Eduard Claudius, ab. Claudius, der nicht anwesend ist, wird von den Vorstandsmitgliedern ungenügende Aktivität in seiner Verbandsarbeit vorgeworfen. Entscheidungen würden nicht hinreichend mit den Verbandsmitgliedern besprochen. Bodo Uhse kritisiert, dass es »ideologische Diskussionen, ideologische Auseinandersetzungen im Verband nicht gegeben hat«, der Verband kein »anregendes Zentrum« sei, in dem die »ideologische Form gebildet wird«, und selbst auf dem Kongress Angst bestanden habe, Probleme offen zu benennen. Auch Jeanne Stern empfindet, dass man über das, was »brennend interessiert«, schweigt.[40] Es ist auf der Sitzung vor allem Wolfgang Joho, der weiter geht und von einer »systematisch und schädlich« betriebenen Kulturpolitik spricht. Eines ihrer Kennzeichen sei, dass sie »die Literatur gleichsetze mit Agitation im engsten politischen Sinne«. Das Resultat sind Werke, die einzig deshalb hochgelobt und prämiert würden, weil sie im Sinne der Kulturpolitik »die Wahrheit aus taktischen Gründen« verschweigen.[41] Der Schriftstellerverband ist für ihn deshalb in einer ausweglosen Situation, weil Leute über Dinge urteilen, »die davon keine Ahnung haben und die, wie auf den Politbürobesprechungen der Genosse Schirdewan selbstkritisch zugab, unsere Literatur auch gar nicht kennen«.[42] Desillusioniert und ernüchtert stellt er fest, in welchem Maße der DSV seine Eigenständigkeit verloren habe. »Der Schriftstellerverband ist nichts anderes als ein Befehlsempfänger des ZK, er hat keine eigene Meinung«, so sein abschließendes Urteil.[43]

Brigitte Reimann wird genau in dieser krisenhaften Situation Mitglied des Deutschen Schriftstellerverbandes. Mit dem 9. November 1956 erhält sie ihren Mitgliedsausweis, an den Sitzungen des Bezirksverbandes Magdeburg nimmt sie aber wegen ihrer DEFA-Aktivitäten, von denen noch zu sprechen ist, zunächst nicht teil. Wolfgang Schreyer, der Freund, redet ihr ins Gewissen: »Du mußt Deine Pflichten als Verbandsmitglied unbedingt ernst nehmen.«[44]

24. »Der Geist bei uns lebt illegal – Herrgott, ist das eine Welt!« – Hoffnung und dann ein Schock

Als absehbar ist, dass endlich eine ihrer Arbeiten publiziert wird, und zwar »Der Tod der schönen Helena«, legt Brigitte Reimann sich nicht nur über das bisher Erreichte Rechenschaft ab, sie rekapituliert auch ihre Ziele als Autorin. Sie sieht sich noch »als absolute Null, ein Nichts in der Literatur«, aber sie möchte unbedingt »Gutes schaffen« und »auf dem Weg über die Literatur den Menschen helfen«. Und es folgt am 24. Oktober 1955 eine genaue Beschreibung der Vorstellung, die sie mit der Gesellschaft verbindet:

> Der Wegweiser, den unsere Gesellschaft darstellt, ist eindeutig, ich meine, man könnte in dieser Richtung mit gutem Gewissen gehen, da ist nichts Verschwommenes, kein unklares Gefasel vom Paradies auf Erden, da ist vielmehr etwas Greifbares: seht, so und so müßt ihr handeln, da dieses glauben und jenes bekämpfen – dann kann's nicht fehlen. Wir müssen nur achtgeben, daß uns nicht Bürokraten die Idee verwässern, Fanatiker – die im Grunde Anarchisten sind – einen in Massenmorde hetzen (ich meine auch geistigen und seelischen Massenmord), wir müssen achtgeben, daß die Idee sauber bleibt und daß dem Menschen seine Grundrechte erhalten bleiben, Freiheit in jeder Hinsicht, [...] Freiheit im Geiste und im täglichen Leben, solange er nicht Krieg und Mord in irgendeiner Form propagiert. Das ist klar, da stimme ich überein mit unseren Gesetzen, die so manches Mal gar nicht nach meiner Mütze sind – vielleicht deshalb, weil Theorie und Praxis nicht immer übereinstimmen. Aber das wird sich schon geben, dafür zu sorgen

> ist nicht zuletzt Sache des Schriftstellers – »Humanität« heißt unsere große Parole. »Humanität« ist mein Programm, darin erschöpft es sich in seiner grandiosen Unerschöpflichkeit. [...] Dafür stehe ich ein, dafür zu leiden bin ich bereit.[1]

Die Überlegungen mögen ob des Idealismus, der sich darin ausdrückt, rückblickend verwundern, aber was Brigitte Reimann hier formuliert, das kann durchaus stellvertretend für einen größeren Teil der jungen Generation stehen und betrifft von daher keineswegs nur Autorinnen und Autoren. Der Optimismus ist authentisch, die Überzeugungen sind in jeder Hinsicht ehrlich gemeint. Mit dem Eintrag ist eine Art Programm fixiert. Es geht der 22-Jährigen um »Freiheit im Geiste«, es geht um »Grundrechte«, um das Verhältnis von Theorie und Praxis, also Ideal und Wirklichkeit, und es geht darum, dass nicht »Bürokraten«, Apparatschiks, die Idee zerstören. Ebenso klar ist, mit wem sich Brigitte Reimann über diese Maximen ausgetauscht hat und wer als eine Art Mentor nolens volens hinter dem Programm steht. Zu diesem Zeitpunkt ist es Georg Piltz. Dass es ein Mann ist, kann nicht verwundern. Frauen sind in der Literaturszene Mitte der 1950er noch eine Ausnahme. Anna Seghers ist die einzige, sie wird als Vorbild verehrt. Von Piltz will Brigitte Reimann lernen, ihm vertraut sie.

Über die Ereignisse in Ungarn ein Jahr später fällt wie auch insgesamt im Tagebuch der Schriftstellerin kein Wort. Auch keine Einlassungen zum Arbeiteraufstand in Polen, an dem im Juni 1956 immerhin 100 000 Demonstranten teilnehmen und bei dem 57 Menschen getötet werden. Allerdings wird später Władysław Gomułka erwähnt, der am 21. Oktober 1956 infolge der Juni-Ereignisse zum neuen Parteichef der Polnischen Vereinigten Arbeiterpartei gewählt wird. Brigitte Reimann beobachtet ihn, als er 1963 zu Gast auf dem VI. Parteitag der SED in der Werner-Seelenbinder-Halle ist: »Der eleganteste Mann im Präsidium: Gomułka, übrigens auch der diszipliniertestе, der nicht einmal während der Rede seinen Platz verließ«, schreibt sie. »Er als einziger klatschte nicht, als man die Schriftsteller angriff, er als einziger lächelte, als man uns Verzerrung und Dekadenz vorwarf. Immer diese Polen!«[2]

Im Frühjahr 1956 beginnt sich die Beziehung zu Piltz langsam abzukühlen. Das zeigt sich auch am Ton seiner Briefe, insgesamt reagiert er auf die politische Entwicklung zunehmend sarkastisch. Im April 1956 nimmt er unter dem Eindruck der nunmehr in Gang geratenen Entstalinisierung noch einmal Bezug auf seine Kritik an der Erzählung »Die Frau am Pranger«: »[...] den Alexej plagt innerlich das Komsomol-Gewissen, ob er es auch vereinbaren kann, mit einer verheirateten Frau zu schlafen, und die Kathrin ist, bei Lichte besehen, eine dumme Gans. Aber der Bauer und seine Schwester, die sind richtig, die stehen wie eine Eins.«[3] Man muss die scharfe Bewertung der Protagonistin nicht teilen, sie hängt mit der Figurenkonzeption zusammen. Aber eine gewisse Eindimensionalität ist in der Tat nicht von der Hand zu weisen. Kathrins Schöpferin ist nicht erfreut über die Kritik, weiß aber, dass Piltz nicht ganz Unrecht hat.

Dank der »Frau am Pranger« gibt es indes neue Entwicklungen. Die DEFA ist auf die Autorin aufmerksam geworden, und einem Dramaturgen gelingt es schnell, Kontakt herzustellen. Wenzel Renner, Jahrgang 1924, hat gerade bei der DEFA angefangen. Er schickt Mitte April ein Telegramm: »Wir würden gern mit Ihnen ein Vorhaben besprechen. Wir haben einen interessanten Stoff vorliegen, für den wir Sie als Autorin vorgesehen haben«, lautet die Nachricht.[4] Bei dem Stoff mit dem reißerischen Arbeitstitel »Ekrasit« handelt es sich um eine Agentengeschichte. Ekrasit wird als Sprengstoff für Sabotageakte eingesetzt. Die Geschichte, die erzählt werden soll, hat einen realen Hintergrund und betrifft die Aktivitäten der »Kampfgruppe gegen Unmenschlichkeit« (KgU), die 1948 in der Sowjetischen Besatzungszone gegründet worden war. Einer der Initiatoren, Günther Birkenfeld, gehörte zudem zu den Organisatoren des I. Deutschen Schriftstellerkongresses 1947.[5] Inzwischen wird die Gruppe für Anschläge in der DDR und für Spionage verantwortlich gemacht.

Nach einem ersten Treffen, bei dem sie einer Zusammenarbeit zugestimmt hat, kommen ihr Bedenken. Im Tagebuch notiert sie: »Mit der Defa bin ich klargeworden, d.h. solange der nette, schüchterne, enthusiastische Dramaturg Renner bei mir saß, war alles klar, und ich war bereit, den gewünschten Agentenfilm zu schreiben. Inzwischen sind mir aber doch lebhafte Bedenken gekommen, und ich möchte am liebsten absagen. Dabei könnte man sich mit einem Film finanziell sanieren«.[6] In einem Brief an Renner einen Tag später verweist sie darauf, dass man selbst bei wesentlichen Verbesserungen »uns diesen Film nicht abnehmen [wird], weil man die Agentengeschichten einfach satt hat bis obenhin«.[7] Anfang Mai ist sie dann für mehrere Tage in Berlin und hat eine Liebelei mit Walter Lewerenz, mit dem sie die ins Auge gefasste Nachauflage der »Frau am Pranger« bespricht. Und sie trifft Georg Piltz, aber das Gefühl ist endgültig verflogen, es »ist verschüttet oder ganz verschwunden, ich weiß nicht recht«. Sie schneidet mächtig auf, spricht ihm gegenüber von anderen Männern, sie streiten über Literatur, aber vermeiden das Gespräch über Privates: »Wir waren Freunde, wie wir es von Anfang hätten sein sollen, es fiel kaum ein Wort über die Vergangenheit. Das war schlimm und gut. Ich kann noch nicht recht darüber schreiben.«[8]

In einem Brief vom 19. Mai 1956 muss dann die DEFA das Angebot aufkündigen. Renner teilt frustriert mit, dass der Autor mit dem Vorhaben nicht einverstanden sei und sein Manuskript zurückziehe. Er schlägt Brigitte Reimann stattdessen vor, einen eigenen Stoff zu entwickeln. Die erbittet sich Bedenkzeit, erst einmal fährt sie mit dem »Frosch«, ihrem Günter, für 14 Tage in den Urlaub nach Ahrenshoop. Dort langweilt sie sich über die Maßen. »Der Frosch, der so erfrischend naiv oder dumm oder gesund ist, daß er nicht nachdenkt, hätte wirklich eine andere Frau verdient«, trägt sie ins Diarium ein. Ihre Stimmung ist auf dem Tiefpunkt. Aber gerade in solchen Momenten gelangt Brigitte Reimann zu kritischen Selbsteinschätzungen, die im Widerspruch zu ihrem nach außen vermittelten Selbstbewusstsein und der Lässigkeit stehen. »Am meisten quält es mich, daß nichts von all meinen Gedanken zu finden ist in meinen Büchern«, gesteht sie, »meine Menschen sind optimistisch und heroisch und unwahr wie übrigens fast alle Romangestalten, die ich kenne: Sie überzeugen für den Augenblick, da ich von ihrem Schicksal erfahre, später dann spüre ich die Hohlheit alles Geschriebenen.« Mit einer solchen Reflexion geht sie an den Kern der eigenen Person, und sie fragt sich, »ob denn andere Menschen auch so empfinden oder ob ich krank bin – ob nicht die Welt zum Tode verurteilt ist, sondern ich. Aber man kann ja mit niemandem darüber sprechen, alle lügen oder sind dumm, und am Ende faselt man mit ihnen Sinnloses über Bucherfolge und neue Anschaffungen und Geld und Politik und Liebe.«[9]

Die depressive Grundstimmung hält über den ganzen Sommer an, und das hat nicht zuletzt einen gewichtigen Grund: Brigitte Reimann ist wieder schwanger, ihr ist permanent schlecht. In der aktuellen Situation will sie kein Kind bekommen. Sie weiß, dass die Ehe mit Günter keine Perspektive hat, ist aber nach wie vor nicht in der Lage, einen Schlussstrich zu ziehen. Die Beziehung zu Piltz ist an ihr Ende gekommen, und trotz der neuen Verliebtheiten sieht sie keinen Mann, an den sie sich längerfristig binden will. Darüber hinaus will sie vorankommen mit dem Schreiben und finanziell unabhängig werden. So entschließt sie sich, in Westberlin einen Eingriff vornehmen zu lassen. Ohne sich danach zu schonen, macht sie sich umgehend an die Arbeit für die DEFA.

Renner hat ihr schon Ende Juli 1956 einen neuen Vertrag zugeschickt. Auf Basis einer Skizze, die nur fünf Seiten umfassen soll, erhält sie mit Datum vom 20. August 1956 einen Folgevertrag für ein Exposé von 20 Seiten. Als Titel für die Filmidee steht dort nun: »Auf totem Gleis«. Für das Exposé braucht sie nur drei Tage, und da es angenommen wird, erhält sie das vereinbarte Honorar von 2500 Mark sowie einen Erfolgszuschuss, der sich auf weitere 50 Prozent des Bruttobetrages beläuft – eine geradezu fürstliche Bezahlung, die in keinem Verhältnis zu den eher geringen Bucheinkünften steht. Inzwischen gibt es auch einen neuen Verehrer, für den Brigitte Reimann zunächst keinerlei Sympathie hegt, es ist Karl Heinz Berger, mit dem sie bereits beim Neuen Leben zusammengearbeitet hat und der aktuell Boris Djacenko betreut, den sie auf diese Weise persönlich kennenlernt. Djacenko arbeitet gerade am zweiten Teil des bereits 1954 erschienenen Romans »Herz und Asche«, der im Frühjahr 1958 für einen Skandal in der DDR sorgen wird.

Im September erhält Brigitte Reimann vorerst die Einladung zu einem Autorenlehrgang der DEFA, der vom 15. Oktober bis zum 30. November 1956 im Liselotte-Herrmann-Heim in Potsdam-Sacrow stattfindet. Sie sagt mit Freude zu und reist einen Tag vorher an. Die sechs Wochen sind für sie nicht nur wegen der vielen neuen Bekanntschaften und Kontakte eine ungemein spannende und lehrreiche Zeit. Die DEFA hat ein beachtliches Programm zusammengestellt, es geht darum, den Nachwuchs vor allem mit praktischen Fragen der Filmproduktion vertraut zu machen. Bekannte Regisseure geben Einblick in die Arbeit, darunter der Filmkomponist Joachim Werzlau sowie der Regisseur Gerhard Klein, der gerade seine »Berliner Romanze« abgedreht hat. Schauplatz ist die geteilte Stadt, in der die 16-jährige Uschi als Lehrmädchen beginnt. Im Westen lernt sie den flotten »Lord« kennen, der mit seinem Kofferradio eine für sie imponierende Gestalt ist. Letztlich entscheidet sie sich doch für Hans, der sie schüchtern liebt, aber hartnäckig bleibt. Als er nach einem Unfall seinen Job verliert, geht sie zurück in den Osten. Die Eltern nehmen sie verständnisvoll wieder auf und ermutigen sie, den Freund herüberzuholen. Eine Geschichte, so recht nach Brigitte Reimanns Geschmack, zumal die Hauptdarsteller Annekathrin Bürger und Ulrich Thein überzeugen und frischen Wind in den Film bringen. Auch Slatan Dudow, dessen »Kuhle Wampe« von 1932 ein legendärer Film der Weimarer Zeit und inzwischen Kult ist, kommt nach Sacrow. Das Drehbuch hatte er damals gemeinsam mit Bertolt Brecht und Ernst Ottwalt geschrieben, allein das sorgte für Aufmerksamkeit. Mit den Filmen »Unser täglich Brot« (1949) und »Frauenschicksale« (1952) gehört er zu den bekanntesten Regisseuren der frühen DEFA. Außerdem sehen die jungen Professionellen im Atelier in Potsdam-Babelsberg Filme, über die danach diskutiert wird. Darunter ist der erste deutsche Nachkriegsfilm, bei dem Wolfgang Staudte Regie führte und Hildegard Knef eine Hauptrolle spielte: »Die Mörder sind unter uns«. Auch »Ehe im Schatten« des Regisseurs Kurt Maetzig steht auf dem Programm. Ebendieser Film regt Brigitte Reimann an, eine Erzählung zu Ende zu bringen, die sie im Frühjahr begonnen hat und die ebenfalls in die Nazizeit führt. Aber die Figurenkonstellation ist andersherum. Im Maetzig-Film ist es der Schauspieler Hans Wieland, der seine jüdische Kollegin heiratet und eine Scheidung von ihr strikt ablehnt, bei Brigitte Reimann muss sich die Frau entscheiden. Der Schauspieler wird vor die Wahl gestellt, die Scheidung einzureichen oder zur Wehrmacht eingezogen zu werden. Er weiß, dass in dem Moment, da er an die Front muss, seine Frau schutzlos ist und ins KZ deportiert wird. Als Ausweg sieht er einzig den gemeinsamen Tod. Bei Brigitte Reimann ist die Geschichte gänzlich anders gebaut.

Ein Tagebucheintrag gibt darüber Auskunft, aber provoziert zugleich Zweifel an der Glaubwürdigkeit des Diariums als solches. »Im Grunde ist alles Lüge, was man sich so im Tagebuch bekennt – oder doch nur die halbe Wahrheit, und halbe Wahrheit ist eben auch Lüge«, heißt es da.[10] Man kann das Eingeständnis, das eine Art Selbstbezichtigung darstellt, relativeren und der innerlichen Zerrissenheit zuschreiben. Ebenso den Hinweis, die Tagebucheinträge nicht unkritisch zu lesen und immer eine gewisse Distanz zum Mitgeteilten herzustellen. Das gilt keineswegs nur für Brigitte Reimanns Einträge, sondern betrifft das Tagebuch als literarische Textsorte ganz grundsätzlich. Lion Feuchtwanger, der noch auf dem V. Schriftstellerkongress als einer der »Alten im Präsidium« sitzen wird, hat das Tagebuch als Form des Selbstbetrugs ausgesprochen kritisch gesehen:

> Ein Tagebuch? Nein. Mir sagt es wenig zu, täglich Bilanz zu machen, wie sehr ich einen Menschen mag oder wie intensiv ich gearbeitet habe. Wenn Sie Tag für Tag minutiös messen, wieviel Milligramm Seele Sie zu- oder abgenommen haben, geraten Sie dann nie in Versuchung, falsche Gewichte zu nehmen? Schminken Sie Ihren Handlungen niemals falsche Motive an? Ich glaube, Sie tun es. Ich jedenfalls würde es tun. Denn Tagebücher geben gemeinhin Wunschbilder. Sie sind wie Heeresberichte. Man redigiert die Ergebnisse so, wie man möchte, daß sie verliefen, nicht wie sie wirklich geschahen.[11]

Ohne allzu deutlich zu werden, spricht bei Brigitte Reimann das Tagebuch-Ich vom Gewissen. »Mich hat das, was man wahrscheinlich ›Gewissen‹ nennen könnte, doch mehr geplagt, als ich mir zugeben wollte, und ich war sehr deprimiert: Ich habe während der letzten Tage viel über mich nachgedacht, und es ist so schrecklich, daß ich es nicht einmal niederschreiben kann. Vielleicht werde ich all dies in eine meiner Gestalten legen, vielleicht in die der Martina vom Judenbuch, das ja eigentlich angeregt worden ist durch Rheinsberg [...] und ich muß mir diese Zeit vom Herzen schreiben.«[12] Offensichtlich geht es um die Beziehung zu Georg Piltz: Die Debütantin teilt mit, wie sie Glückwünsche für ihren Erstling empfängt, der ihr eigentlich gar nicht mehr gefällt, »es ist«, schreibt sie im Stile von Piltz, »doch ziemlich mies geschrieben und wirkt nur durch die Handlung (die mir übrigens eine Menge Kleinbürger sehr übelnehmen)«. Jetzt, an dieser Stelle, wird Georg auch genannt:

> Vor allem plagt mich ein neues Buch, »Ein Stern fällt in ein Menschenherz«. Ich sehe die Martina, ich bin es selbst, es soll ein Bekenntnisbuch werden [...]. Und Stefan Rad ist Georg, das weiß ich längst und bestreite es nicht mehr vor mir selbst. [...] Ich glaube, ich bin unglücklich, und vielleicht stürze ich mich deshalb in immer neue Abenteuer und finde bei keinem Ruhe [...]. Manchmal könnte ich schreien vor Schmerz, und ich weiß doch nicht einmal recht, was mich so martert. Oft ist in mir eine solche Angst vor etwas Unbekanntem, daß ich fürchte, ich werde eines Tages wieder Gift schlucken – aber diesmal soll mir der Günter nicht zu früh dazwischenkommen![13]

Das ins Auge gefasste Bekenntnisbuch wird nicht realisiert, dafür wird sie die genannte Erzählung zu Ende schreiben. »Ein Stern fällt aus der Nacht« heißt diese nun: »Im Sommer 1936 ist es gewesen, da hat das Mädchen Susann ihn in einem weltfernen Mark-Städtchen gefunden, wie Glückskinder die Blaue Blume finden, ohne nach ihr gesucht zu haben«, beginnt der Text sentimental. Erzählt wird von der Liebe zwischen der Studentin Susann Wendler und dem jungen Arzt Stefan Rad. Sie lernen sich in einem Rheinsberg nachempfundenen namenlosen Städtchen kennen, verbringen dort einige Tage, lernen sich lieben, und am »Tag vor ihrer Abreise« passiert es: Susann erkennt, dass Stefan einen »gelben, sechszackigen Davidstern« verborgen hat. Die beiden trennen sich. Eine Karte bleibt, »auf die er geschrieben hatte: er dürfe sie nicht wiedersehen, er dürfe, der Verfolgte, sein Schicksal nicht mit dem ihren verknüpfen«. Monate später laufen sie sich zufällig in der Berliner Friedrichstraße über den Weg, Stefan gebückt und heruntergekommen. Sie finden wieder zusammen, Susann steht zu ihm, wird später überfallen, man schneidet ihr das Haar kurz und nennt sie eine »Judenhure«. Der folgende Satz erinnert in der Diktion an die vierte Fassung der »Denunziantin« und auch an Uwe Johnson: »So also wurde das Mädchen Susann darüber belehrt, daß es keinen Mittelweg gibt, und diese Erkenntnis schien ihr später nicht zu teuer erkauft für den Preis ihres reichen Haares.«[14] Es ist eine Erzählung, die – wie »Die Frau am Pranger« – für die 1950er Jahre untypisch ist allein dadurch, dass im Zentrum ein in Nazideutschland verfolgter jüdischer Arzt steht. In diesem Fall endet die Erzählung – entgegen dem Schicksal von 6 Millionen jüdischen Bürgern – mit einer gewissen Hoffnung. »Zuletzt sind die beiden in einem Emigrantenhotel in Paris gesehen worden.« Hans und Elisabeth Wieland aus »Ehe im Schatten« bekommen diese Chance nicht.

In Sacrow geht es neben dem Weiterbildungsaspekt darum, zusammen mit den erfahrenen DEFA-Dramaturgen an den neu entstehenden Filmprojekten zu arbeiten. Für Brigitte Reimann bedeutet das, sich mit ihrem Treatment »Auf totem Gleis« zu beschäftigen. Doch das rückt zunehmend in den Hintergrund. Als einzige Frau steht sie im Mittelpunkt und macht permanent neue Bekanntschaften. Daraus ergibt sich schon bald eine Dreiecksbeziehung. Einmal mehr steht Brigitte Reimann zwischen zwei Männern, die sie Jerry und Joe nennt. Bei Ersterem handelt es sich um Herbert Nachbar, Jahrgang 1930, der gerade den Roman »Der Mond hat einen Hof« im Aufbau-Verlag veröffentlicht hat, der andere ist Max Walter Schulz, Jahrgang 1921, von dem 1962 der erfolgreiche Kriegs- und Wandlungsroman »Wir sind nicht Staub im Wind« erscheinen wird. Entscheiden kann und will Brigitte Reimann sich eigentlich nicht, auf Dauer ist keine der beiden Romanzen angelegt. Mitunter entsteht der Eindruck, dass sie alles daransetzt, um die von Georg Piltz geforderte Lebenserfahrung zu sammeln. Auch in diesem Fall wird sie aus den Erlebnissen einige Monate später einen beachtlichen »kleinen Roman« machen, »Joe und das Mädchen auf der Lotosblume« heißt der.

Anfang Dezember kehrt Brigitte Reimann nach Burg zurück, eine Verlängerung hat ihr die Heimleiterin verweigert aus Sorge um die sozialistische Moral. Der Abschied endet mit viel Alkohol. »Alle waren besoffen, Jerry war einer der Verrücktesten«, hält sie fest. Aber wenigstens schafft sie es, am letzten Tag ihr Treatment fertigzustellen. Wenig später kommt der Schock. Wie gefährlich die Situation von Intellektuellen in der DDR ist, wird ihr Anfang Dezember 1956 klar. Im Tagebuch heißt es:

> Am letzten Abend erfuhren wir durch das Radio, daß Dr. Harich verhaftet worden ist. Ich dachte, die ganze Literaten-Gruppe, zu der er gehörte, sei aufgeflogen. Ernst [Karl Heinz Berger] ist auch dabei, und Walter und Piltz. Wir waren verrückt vor Angst und Zorn. In der Nacht noch habe ich Ernst angerufen, obgleich Jerry mir abriet, weil er fürchtete, es könne ein anderer am Telefon sitzen, falls Ernst verhaftet ist. Er ist nicht verhaftet, noch nicht. Die Gruppe ist illegal. Der Geist bei uns lebt illegal – Herrgott, ist das eine Welt![15]

Was war passiert? Die SED-Führung reagierte repressiv auf die nunmehr offensichtlich werdende Zunahme einer kritischen Haltung unter Schriftstellern und Intellektuellen und mit einer Verschärfung der politischen Zensur.[16] Die Ungarn-Ereignisse vom Herbst 1956 bildeten den Ausgangspunkt für eine Kriminalisierung von parteiinternen Reformversuchen. Dass die Autoren im Herbst 1956 keineswegs gewillt waren, die Interpretation der Ungarn-Ereignisse durch das ZK anzunehmen, zeigte Johannes R. Becher, der sich auf der 29. ZK-Tagung am 1. November 1956 gegen Ulbricht wandte, der die vermeintliche »Konterrevolution« allein den Intellektuellen im Budapester Petőfi-Klub anlastete: »Wir wissen doch alle, daß auch in Großbetrieben einiges los war, auch in einigen kleinen Betrieben, nicht nur im Petőfi-Klub. Das Versagen der Partei bedeutet doch auch, daß ein tiefes Verschulden der Partei vorlag, deren Führung doch aus alten Bolschewiken und erfahrenen Politikern bestand.«[17] Mit dem Hinweis auf sein Gedicht »Haus des Gähnens« machte Becher zudem auf Erstarrungen im SED-Parteiapparat aufmerksam.

Zu dieser Zeit wurden Bechers Hinweise in der ansonsten eher humorlosen ZK-Atmosphäre noch ohne Widerspruch zur Kenntnis genommen und durch ironische Zurufe unterstützt. Auf der 30. ZK-Tagung vom 30. Januar bis zum 1. Februar 1957 hatte sich die Situation schon grundlegend gewandelt. Dem war vom 18. bis 20. Dezember 1956 eine Politbürositzung vorausgegangen, auf der Ernst Wollweber, der Minister für Staatssicherheit, unter Tagesordnungspunkt 3 einen »Zwischenbericht über die Tätigkeit des konterrevolutionären Zentrums Harich und andere« gab. Das Protokoll verzeichnet neben der Maßgabe, in der Presse auf »Veröffentlichungen des Gegners (Spiegel)« zu reagieren, eine Direktive für die »Genossen der Staatssicherheit«. Dazu gehörten die Beschlüsse, den Prozess gegen Harich beschleunigt vorzubereiten. Zudem schätzte das Politbüro nunmehr »die Tätigkeit der Gruppe Harich als Staatsverrat ein«.[18] Für den 10. Januar 1957 war ein weiterer Bericht vorgesehen, der erste Überlegungen von Wollweber zur Verbesserung der Arbeit der Staatssicherheit einschließen sollte. »Genosse Wollweber wird beauftragt, in dieser Sitzung zu berichten, welche Methoden der Staatssicherheit verbessert werden müssen, damit die Staatssicherheit rechtzeitig und in größerem Umfange von bestimmten Dingen informiert wird«, heißt es.[19]

Spätestens mit dieser 30. ZK-Tagung verschärfte sich der Kurs gegen reformerische Intellektuelle. Willi Bredel attackierte als Leitungsfunktionär des Schriftstellerverbandes den Kulturbund, der in seiner Struktur und Arbeitsweise Gefahr laufe, zum Schlupfwinkel für

»staatsfeindliche Machenschaften« zu werden.[20] Bereits am 26. März 1957 fand eine Sitzung des Politbüros des ZK statt, auf der unter Tagesordnungspunkt 8 eine Vorlage der Zentralen Parteikontrollkommission zur Kenntnis gegeben wurde. Sie trägt den sprechenden Titel »Bericht über die Entstehung und Entwicklung der konterrevolutionären Gruppe des Wolfgang Harich in der Parteiorganisation des Aufbau-Verlages«.[21] Die Vorschläge Harichs – u.a. Auflösung unrentabler Landwirtschaftlicher Produktionsgenossenschaften (LPG), Mittelstandsförderung, wirtschaftliche Dezentralisierung, Dezentralisierung des Staatsapparates – wurden allesamt als konterrevolutionär bewertet.[22] Mit Blick auf die Zeitschrift des Kulturbundes »Sonntag« heißt es, dass weitgehende Übereinstimmung der Redakteure Just und Zöger mit Harich bestünde. Besonders Gustav Justs Auffassungen in Bezug auf eine »breite Liberalisierung« und »gegen die Lehre von der Diktatur des Proletariats« wurden scharf abgelehnt. Walter Janka wiederum, der Leiter des Aufbau-Verlags, habe Vorschläge zu einer »Demokratisierung des öffentlichen Lebens« sowie zur Bildung eines vom Ministerium für Kultur unabhängigen Verlagsrates gemacht, die auf einer Präsidialratssitzung des Kulturbundes gebilligt worden seien, ohne jedoch die Partei zu informieren.[23]

Die Ermittlungen und Prozesse gegen die sogenannte »Gruppe um Wolfgang Harich« bildeten den Ausgangspunkt für eine Verschärfung von Straftatbeständen. Auf der Sitzung des Politbüros vom 16. Juli 1957, auf der auch der »Vorschlag über die Durchführung des Prozesses« gegen Walter Janka bestätigt wurde,[24] legte die Justizministerin Hilde Benjamin den Entwurf über die »Neuregelung für Straftaten« vor. In den Paragraphen 13 (Staatsverrat), 14 (Spionage), 15 (Sammlung von Nachrichten), 18 (Staatsgefährdende Propaganda und Hetze) wird bestraft, wer »gegen die Staats- und Gesellschaftsordnung der DDR hetzt«, wer »Schriften oder andere Gegenstände mit einem derartigen Inhalt herstellt oder mit dem Ziel der Hetze einführt oder verbreitet«.[25] Als besonders schwere Fälle, die in einer Zeit »erhöhter Gefährdung der DDR« mit »lebenslangem Zuchthaus oder Todesstrafe« geahndet werden können, werden Handlungen von mehreren Personen gewertet,

»die sich zur Begehung derartiger Verbrechen miteinander verbunden haben«.[26] Mit diesen Entscheidungen waren die Weichen dafür gestellt, in allen Bereichen des gesellschaftlichen Lebens kritische Stimmen nach Gutdünken zu kriminalisieren und oppositionelle Tendenzen auszuschalten.

Im gesamten hier skizzierten Zeitraum findet sich von Januar bis Ende September 1957 nur ein einziger knapper Eintrag in Brigitte Reimanns Tagebuch. Am 25. April 1957 berichtet sie über die Arbeit am Drehbuch »Groschen der Verzweiflung« mit Regisseur Horst Reinecke. Auf die rhetorische Frage, die sie sich selbst stellt, warum sie vier Monate lang ihr Tagebuch nicht angerührt habe, vermutet sie listig, es könne mit Sacrow zusammenhängen, das ihr »sehr an die Nieren gegangen« sei. Joe und Jerry hat sie seither nicht wiedergesehen. Nach dem Eintrag kommt es wieder zu einer Schreibpause.

Auch im Briefwechsel mit Wolfgang Schreyer findet sich kein Hinweis auf die Verurteilung einer »ganzen Literaten-Gruppe«. Erst zehn Jahre später – im Zusammenhang mit dem 11. Plenum des ZK der SED – moniert Schreyer, dass die »großen Aufbau-Autoren« sich damals nicht um Walter Janka gekümmert hätten.[27] Und weitere fünf Jahre später äußert er gegenüber Brigitte Reimann, dass er sich von Erich Loest habe »die Geschichte seiner Aburteilung berichten lassen«.[28] Deutlich wird in diesem Kontext: Brigitte Reimann – aber nicht nur sie – befindet sich in einer Art Schockstarre. Angesichts der Verurteilungen verzichtet sie genauso wie Wolfgang Schreyer auf jegliche Notiz, und in Briefen sind die Ereignisse ohnehin tabu. Brigitte Reimann will, so ist zu schlussfolgern, keine Spuren hinterlassen. Sie versucht stattdessen, wie sie im April notiert, zu arbeiten. Nur so recht gelingen will ihr das nicht. Mitte Juli 1957 kommt ein Brief von Heiner Müller, der gerade Redakteur der neu geschaffenen und vom Zentralrat der FDJ herausgegebenen Zeitschrift »Junge Kunst« geworden ist. Er fragt für das erste Heft einen Beitrag an, 20 Seiten könne der lang sein, die einzige Vorgabe ist: »möglichst keine Lyrik«.[29] Brigitte Reimann liefert nichts, was auch damit zusammenhängt, dass eine Gruppe gerade versucht, unter dem Titel »Junge Autoren« eine eigene unabhängige Zeitschrift auf die Beine zu stellen. Zu den Initiatoren gehören Manfred Bieler, Jens Gerlach und Heinz Kahlau. Als Cheflektor wollen sie Karl Heinz Berger gewinnen, der aber ablehnt. Das Vorhaben scheitert nicht zuletzt wegen der eingeleiteten Strafverfolgungen im Zusammenhang mit der sogenannten Harich-Gruppe. Brigitte Reimann hält zu den dreien dennoch weiter Kontakt.

Da das literarische Schreiben als eine Form der künstlerischen Tätigkeit in hohem Maße an Prozesse der existenziellen Selbstvergewisserung gebunden ist wie auch an die gesellschaftliche Legitimation, kann es nicht verwundern, dass Brigitte Reimann angesichts der Eingriffe des Staates in das hineingerät, was man eine Schreibkrise nennt. Sie kann und mag nicht schreiben, und sie weiß auch nicht, was und wie sie schreiben soll. Es hat den Anschein, dass sie sich erst gegen Ende des Sommers wieder fängt. Dafür sprechen zwei Briefe von Walter Püschel, Lektor im Verlag Neues Leben. Am 22. Juli 1957 schreibt er: »Du kannst zu mir kommen, wann immer Du willst, zu einem Lektor oder zu einem Freund. Ich werde für Dich da sein.« Und Mitte August gibt es anscheinend Entwarnung, denn da heißt es bei ihm, der gerade aus dem Urlaub gekommen ist: »Ich freue mich, daß Du wieder Mut zum Schreiben gefunden hast, und bin auf die ersten Proben Deiner neuen Arbeit recht gespannt.«[30]

25. »Ich bin kälter geworden und böse« – die Joe- und Jerry-Geschichten

Mitte Oktober 1957 beantwortet Georg Piltz einen Brief der früheren Geliebten, da haben beide länger nichts voneinander gehört. Er freue sich auf das Treffen, »alles andere lieber mündlich«, notiert er knapp. »Nur soviel, daß Deine Sorgen vollkommen unbegründet sind.«[1] Inzwischen sind beide vorsichtig mit allzu offenen Hinweisen auf die politische Situation. Auf der 32. Tagung des ZK der SED Anfang Juli 1957 – kurz vor dem Beginn des Prozesses gegen Walter Janka – hat es massive Angriffe gegen den Kulturbund, die Wochenzeitung »Sonntag«, die Zeitschrift »Neue deutsche Literatur« und den Deutschen Schriftstellerverband gegeben. Und im Oktober 1957 wird auf der 33. Tagung des ZK der SED die Zentrale Parteikontrollkommission beauftragt, die Schuldigen für die »Aufweichungserscheinungen« im Ministerium für Kultur herauszufinden.

Der Parteispitze liegt wenig später ein 88-seitiger Bericht des Ministeriums für Staatssicherheit mit dem Titel »Analyse der Feindtätigkeit innerhalb der wissenschaftlichen u. künstlerischen Intelligenz« vor.

In Auswertung u.a. der Verhöre Wolfgang Harichs kommt der Bericht zu dem Ergebnis, dass innerhalb der »Harich-Janka-Gruppe« die folgende Auffassung vertreten worden sei: die »Politik der Partei und des Staates stehe einer wirklich marxistischen Entwicklung der Wissenschaft im Wege und hemme sie«. Zudem werde in der Gruppe die Einschätzung vertreten, der »Marxismus und die sozialistische Grundordnung seien intelligenzfeindlich, was sich vor allem darin zeige, dass jede geistige Regung, die nicht im Einklang mit der sozialistischen Ideologie bzw. mit dem gegenwärtigen politischen Kurs stehe, unterdrückt wird und ihre Verkünder verfolgt würden«. Der Bericht fasst sodann den vermeintlichen Plan wie folgt zusammen:

> Die Forderung nach Äußerung der freien Meinung ist offensichtlich die Forderung nach Eröffnung der sogenannten Fehlerdiskussion, und die Fehlerdiskussion soll lediglich die ideologische Voraussetzung für das schaffen, was die konterrevolutionäre Gruppierung schon lange im Auge hat, nämlich 1. Sturz bzw. Änderung der bestehenden Partei- und Staatsführung; 2. Änderung des politisch-gesellschaftlichen Systems durch sogenannte Reorganisierung der Arbeiterpartei, Auflösung bzw. Umwandlung demokratischer Massenorganisationen und ihre Verselbständigung, Auflösung wichtiger staatlicher Organe und Liquidierung bedeutsamer sozialistischer Errungenschaften auf dem Gebiet der Industrie und Landwirtschaft.[2]

Brigitte Reimann weiß davon, und sie kennt einige der Forderungen. Sie macht sich Sorgen, dass gegen Piltz und die anderen aus dem Umfeld des »Sonntag« und des Aufbau-Verlags weiter ermittelt wird. In einem Prozess vom 23. bis 26. Juli 1957 waren nämlich Heinz Zöger und Gustav Just, die Chefs des »Sonntag«, zusammen mit dem Aufbau-Verlagsleiter Walter Janka und dem Rundfunkkommentator Richard Wolf als Mitglieder der sogenannten »Harich-Gruppe« zu mehrjährigen Gefängnisstrafen verurteilt worden. Gustav Just erinnerte sich 2007 im Gespräch mit mir so: »Im Aufbau-Verlag war eine sehr aktive Parteigruppe von Intellektuellen. Der XX. Parteitag der KPdSU 1956 hatte dort alles aufgerührt. Harich und ich konnten uns nicht damit abfinden, dass es ausreichte zu sagen, ›Stalin ist kein Klassiker mehr‹. Und Schluss. Das war ja Ulbrichts Aussage.« Genau darüber war dann auch im »Sonntag« diskutiert worden, den Zöger und Just zu einer Zeitung umbauen wollten, die den Austausch über unterschiedliche Positionen möglich machte – »als eine sachlich begründete und interessante Alternative zur Politik der Parteiführung Ulbricht«.[3]

Bezieht man diese politischen Kontexte und Entwicklungen ein, dann lässt sich ohne Übertreibung sagen, dass Brigitte Reimann Mitte der 1950er Jahre in mehrfacher Hinsicht eine absolute Ausnahmeerscheinung darstellt: Sie ist eine Frau von gerade einmal Anfang zwanzig, sie hat bereits ein erfolgreiches Buch veröffentlicht und ist ansatzweise in Überlegungen involviert, bei denen es um Veränderungen in der DDR geht. Hier, in diesem Jahr 1956, liegen denn auch die entscheidenden Weichenstellungen, die sie über Umwege bis hin zu ihrem wichtigen Roman »Franziska Linkerhand« führen. Bewusst ist sich Brigitte Reimann dessen gewiss nicht. Sie sitzt an der Fertigstellung einer ganz neuen und ganz anderen Geschichte, »Joe oder das Mädchen auf der Lotosblume«.

Der »kleine Roman«, wie sie ihn nennt, ist durch ihre Erlebnisse im Liselotte-Herrmann-Heim in Sacrow angeregt worden. Eigentlich sind es zwei Texte, die auf den dortigen Erfahrungen beruhen. Von einem ersten, einer kürzeren Geschichte, hat sie schon kurz nach dem Ende des Aufenthalts berichtet. »Aber ich habe eine Geschichte geschrieben, jene Geschichte, die ich Joe und Jerry versprochen habe: ›Ich werde diese Nacht allein sein‹«, schreibt sie ins Tagebuch und ergänzt die Umstände des Entstehens: »Ich habe buchstäblich Tag und Nacht daran gearbeitet. Als ich nach Gera zur Autorenlesung mußte, habe ich im Zug und in Wartesälen geschrieben, und ich war inmitten der vielen, lauten Menschen ganz allein mit mir und meinen Gestalten, die wahr sind und erdichtet zugleich.«[4]

Mit der Überlegung, was »wahr« ist und was »erdichtet«, sind Fragen der künstlerischen Wahrheit angesprochen. Es ist eine Problematik, die in der DDR und in der marxistischen Philosophie seit den 1950er Jahren immer wieder diskutiert wird. Mit Theoremen, die mitteilen, dass eine »künsterische Aussage« dann »wahr« ist, »wenn sie das Verhältnis des Menschen zur (natürlichen und gesellschaftlichen) Realität richtig wiedergibt«, wie es der Philosoph Georg Klaus formuliert, kann sie nur wenig anfangen.[5] Sie hält sich eher an Goethe, der in »Dichtung und Wahrheit« andeutet, welche Personen aus der Wirklichkeit er für die Figuren in seinem Erfolgsbuch »Die Leiden des jungen Werther«

(1774/1776) genutzt hat. Mit dem Beginn der 14 Seiten umfassenden Geschichte führt die Ich-Erzählerin mit der bildhaften Darstellung in die düster-verzaubernde Atmosphäre eines Künstlerheimes. »Der Herbst ist schon fahl, und in den Nächten weinen die Bäume braune Blätter. Der Morgenwind schaukelt ein silbernes Spinnennetz im bereiften Gebüsch, zwischen prallen Schneebeeren. Wenn man die Beeren auf dem gefrorenen Boden zertritt, platzen sie mit einem kleinen, fröhlichen Laut. Wir zertreten eine Handvoll Beeren und lachen über den kleinen fröhlichen Sterbelaut«, so lauten die ersten Sätze, die dann zu einer Dreiecksgeschichte um Maria, Hendrik und Joe führen. Es ist – ganz anders als in den bisherigen Texten von Brigitte Reimann – eine handlungsarme Geschichte, in der konsequent auf die Reflexionen der weiblichen Protagonistin gesetzt wird. »Ich lege Schallplatten auf, eine Rumba, einen Dixie. Oh, ihr sonnengebadeten, weißflockigen Baumwollfelder von Louisiana! Oh, meine schwarzen Brüder, deren Rücken glänzen von Schweiß und Mühsal! Oh, ihr wilden, traurigen Melodien meiner unbekannten Heimat! Ich tanze nur mit Schultern und Hüften.«[6] Übergangslos wird vom weiblichen Ich mitten hinein in eine Art Bewusstseinsstrom geführt, der den Dixie-Rhythmus aufgreift. Das ist eine neue, eine ganz andere Brigitte Reimann, die hier erzählt. Ein Jahr später wird Walter Püschel für seine Absage nur einen Satz anbringen, der keinerlei Kommentar enthält, weil er sich darauf verlässt, dass seine Autorin sofort versteht, was er meint: »Die Kurzgeschichte kann nicht gebracht werden, weil sie wegen ihres morbid-erotischen Sujets nicht in die Anthologie paßt.«[7]

Genauso geht es ihr mit dem »kleinen Roman«, der die gleichen Figuren in Szene setzt, allerdings in dem Sacrow nachempfundenen Heim eine größere Gruppe von Künstlern zusammenführt. Auch hier wird in einem für die Literatur in der DDR zu diesem Zeitpunkt gänzlich ungewohnten Bewusstseinsstrom in die tiefsten Verästelungen der weiblichen Psyche geführt. Es geht um die subjektive Sicht der Malerin Maria, die auf der Suche nach sich selbst ist und das mit der Frage nach den ihr angemessenen künstlerischen Ausdrucksmöglichkeiten verbindet.[8] Dabei wird der Bewusstseinsstrom unterbrochen durch die

Gespräche, die sie mit den männlichen Künstlerkollegen führt. Die Art und Weise, wie diese 22-jährige Frau sich inszeniert, ihre locker-coole Attitüde, die keineswegs oberflächlich daherkommt und in einem Gemisch aus Ernsthaftigkeit und Ironie gesellschaftliche Vorgaben für die Kunst infrage stellt, ist in dieser Form und zu diesem Zeitpunkt in der DDR schlichtweg einzigartig. Dabei kann nicht die Rede davon sein, dass sich die Protagonistin arrogant ins Zentrum stellt, es existiert durchgängig Wertschätzung für die Arbeiten von Joe und Hendrik, mit denen sie eine Liaison verbindet, wie auch für den Bildhauer Georg, der von ihr »Heiliger Georg« genannt wird. Ohne dass man von einer Art Schlüsseltext sprechen kann, werden hier Personen aus dem Kulturbereich zu literarischen Figuren gemacht – die Literaturkritikerin Annemarie Auer ist ebenso zu erkennen wie der Schriftsteller und Kulturfunktionär Alfred Kurella. In der Geschichte nimmt sich das so aus:

> Nach einem lieben Freunde, einem in Künstlerkreisen überaus geschätzten Kulturfunktionär, habe ich meinen Tiger ›Alfred‹ getauft – Alfred: großes Maul und im Kopf Hobelspäne. Leider habe ich den Tiger Alfred noch nicht darauf dressieren können, mahnend die Pfote zu heben und ein tiefschürfendes Referat zu halten. Vielleicht hätte ich doch besser einen Papagei –
>
> Manchmal, wenn Fremde kommen und Alfred bestaunen, weise ich mit nonchalanter Geste auf das Mottenloch und sage: »Voriges Jahr, als ich zur Großwildjagd am Sambesi war –« Keine Ahnung, ob es am Sambesi Tiger gibt, aber es klingt so hübsch: Sambesi ... [9]

Noch deutlicher, und auch dies in solch reflektierter Form eine Ausnahme in der DDR-Literatur, werden Stereotype analytisch benannt. Dabei geht es um einen jungen Dichter Klaus N., der der Ich-Erzählerin sein Erstlingswerk zu lesen gibt, eine Art Betriebsroman, von dem er stolz berichtet, dass er bereits drei Auflagen erreicht hat. Das Buch, so konstatiert die weibliche Ich-Erzählerin Maria, ist »sicherlich gutgemeint; nach zwanzig Seiten hab ich die Braven und die Schlechten durchschaut, als trügen sie Schilder um den Hals, und ich hab gewußt, daß der X entlarvt und der Y prämiert und der neue Hochofen trotz aller perfiden Anschläge eingeweiht werden wird – es konnte ja gar nichts schiefgehen, weil die negativen Helden gar so blöd und plump sich benahmen, und weil die positiven Helden nicht irrten und nicht litten, und weil überhaupt der Sozialismus des Klaus N. der Weisheit letzter Schluß ist …«[10] Genauso schlimm seien die wenigen Liebesszenen, die Klaus N. in seinem Buch »verbacken« hat. Sie sind »wie süßsaures Zitronat in faden Kuchen, sind ohne Schmelz und großporig wie sein Gesicht mit dem tief in der Stirn angesetzten sandfarbenen Haar und dem dünnlippigen Mund, der zu streng ist für seine fünfundzwanzig Jahre, zu hart – von der toten, bleiernen Härte der buchstabengläubigen Scheuklappen-Dogmatiker, der erstarrten Lehrer einer Idee, die doch jeder Erstarrung widerspricht«.[11] Maria versucht der erbetenen Einschätzung zu entkommen, und als gar kein Weg mehr daran vorbeiführt, zieht sie ein Buch aus dem Schrank in der Bibliothek. Es ist ein Buch, von dem sie erinnert, »daß ich es mit Ergriffenheit und stürmischer Begeisterung, unter Tränen und Lächeln gelesen hab, das mich von Haß in Liebe geworfen, vom Zweifeln zum Begreifen, einem widerwilligen, zornigen, doch unausweichlichen und aufwühlenden Begreifen geführt hat – Gladkows ›Zement‹ gab ich dem Schriftsteller N., und der fragte schulterzuckend: ›Warum? Das habe ich längst gelesen.‹« Wie lautet die Antwort der Ich-Erzählerin, gleichermaßen schlagfertig wie treffend? »›Desto schlimmer‹, sagte ich und legte sein eigenes Buch daneben, das mir kein Lächeln und keine Träne entlockt, das weder Haß noch Liebe erweckt hatte – nur dumpfen Widerwillen und die Enttäuschung der Suchenden, die sich um die reine Wahrheit betrogen fühlen.«[12]

Wenn die Protagonistin Fjodor Gladkows Roman »Zement« (1925) nicht nur kennt, sondern ihn fasziniert gelesen hat, ergriffen, begeistert, widerwillig und zornig, dann stehen dahinter zweifellos Erfahrungen der Autorin selbst. Das Werk des russischen Autors, das auf Autobiographisches zurückgreift, handelt vom Aufbau eines zerstörten Zementwerks nach dem Bürgerkrieg 1922. »Zement« liefert auf der einen Seite eine »sozialistische Heldengeschichte«, aber auf der anderen Seite finden sich mit Blick auf das Was der Geschichte Momente, die etwas gänzlich Neues ausdrücken. Und dies betrifft insbesondere den Handlungsstrang des Romans, in dem es um Aspekte der Emanzipation der weiblichen Hauptfigur Dascha geht. Das wird der Teil gewesen sein, in dem Brigitte Reimann sich »von Haß in Liebe geworfen« sah und umgekehrt. Der Emanzipation Daschas steht im Roman Glebs Festhalten an den überkommenen Rollenstereotypen gegenüber. Wie der Konflikt ausgeht und ob Gleb sich ändert oder Dascha sich anpasst, das bleibt im Roman offen, und allein dies ist Ausdruck des Neuen, des Modernen.

Im Nachwort berichtet Hans Mayer von seinem Leseerlebnis ein Vierteljahrhundert zuvor. Er war 1948 gerade mit dem befreundeten Stephan Hermlin von Frankfurt am Main in die SBZ gegangen, um dem Ruf an die Universität Leipzig auf eine Professur für Literaturwissenschaft zu folgen. »Damals, in der Mitte der zwanziger Jahre, kamen die großen Russenfilme zu uns nach Deutschland und gleichzeitig jene großen, kraftvollen, lebensbejahenden Schilderungen vom Werden einer neuen Gesellschaft«, schreibt er und bringt seine Erfahrungen mit dem Roman so auf den Punkt:

> Bei Gladkow erlebte man die ungeheure Problematik des Wiederaufbaus mit allen Triebkräften, aber auch mit allen zu überwindenden Schwierigkeiten. Hier war nichts beschönigt. Der Kampf um den Wiederaufbau und den gesellschaftlichen Neuaufbau war unvorstellbar hart: auch die Menschen, die ihn zu führen hatten, waren hart oder mußten es werden. Sie hatten eine Revolution hinter sich, Krieg und Bürgerkrieg, sie waren durch Zeiten der furchtbarsten Not gegangen.[13]

Hans Mayers Nachwort vermittelt einen Eindruck davon, warum die junge Generation in der DDR von diesem Roman so beeindruckt war. Er verschweigt nicht, worum es in »Zement« geht, aber er sucht eine Begründung für die »Härte« zu geben, die sich für Menschen ergeben, die in solche Zeitläufte hineingeworfen werden. Es findet sich bei Mayer zumindest die Andeutung, dass hinter den Verhältnissen der Versuch steht, auf dem Weg einer »hochbeschleunigten Industrialisierung und Kollektivierung«, wie Wolfgang Engler das sagt, Anschluss an die westeuropäische Produktions- und Lebensweise herzustellen. Für die Ziele, die durch die kommunistische Führung um Lenin und später Stalin vorgegeben werden, bedarf es in dem rückständigen Agrarland, das durch Krieg und Revolution weitgehend zerstört ist, »beliebig verfügbarer Menschen, die sich auf den Verschiebebahnhöfen des gesellschaftlichen Umbaus hin- und herrangieren ließen«. Von den Folgen erzählt »Zement« und auch davon, wie es zur sukzessiven Auflösung von bisherigen Gemeinschaften, familiären Verhältnissen oder Glaubensbindungen kommt, was das »Neue« verkörpern soll. Die Fragen nach dem Preis werden bei Gladkow nicht explizit gestellt. Das betrifft auch den Tod der Tochter der Hauptfiguren, Njurotschka, der Brigitte Reimann aufs Tiefste erschüttert. Signalisiert dieser Teil der Geschichte nicht, dass die Gesellschaft noch nicht weit genug ist oder sich gar eine Fehlentwicklung abzeichnet? Oder sind mit ihrem Tod die Emanzipationsbemühungen infrage gestellt? »›Cement‹ [sic] läßt diese Fragen unbeantwortet und aktiviert dadurch modernetypisch das Nachdenken des Lesers«, heißt es zutreffend bei dem Germanisten Matthias Aumüller.[14] Mit diesen Erschütterungen sieht sich auch Maria bei Brigitte Reimann konfrontiert, es sind Erschütterungen, die sich für Klaus N. überhaupt nicht stellen!

Solche Debatten werden aber sehr wohl im Niquet-Keller geführt, von Piltz, Berger, Püschel, und die 23-Jährige ist daran ebenfalls beteiligt. Wichtig ist für die Literatengruppe auch die Verständigung über den IV. Schrifstellerkongress vom Januar 1956, auf dem sich Stefan Heym mit Walter Ulbricht den bereits ausführlich dargestellten Schlagabtausch geliefert hat.

Wollte man eine Fabel für den »kleinen Roman« finden, dann verweigert sich der Text diesem Versuch. Insofern – und das muss erneut deutlich markiert werden – nimmt Brigitte Reimann hier ein Schreiben vorweg, das erst an die zehn Jahre später Christa Wolf mit der Erzählung »Juninachmittag« (1967) als das neue Schreibkonzept für sich entdeckt. Zu Recht ist in diesem Zusammenhang vom modernen Erzählen die Rede. Auch bei Wolf handelt es sich um eine Art Bewusstseinsstrom der weiblichen Ich-Erzählerin. Bereits zu Beginn wird mit dem Einstieg und der rhetorischen Frage die Erwartungshaltung des Lesers unterlaufen und ihr eine ›Vision‹ für die andere Art des Erzählens entgegengestellt. Ganz in diesem Sinne heißt es:

> Eine Geschichte? Etwas Festes, Greifbares, wie ein Topf mit zwei Henkeln, zum Anfassen und zum Daraus-Trinken? Eine Vision vielleicht, falls Sie verstehen, was ich meine. Obwohl der Garten nie wirklicher war als dieses Jahr.[15]

Schon mit dem Textanfang ist unübersehbar auf den Umbau von Christa Wolfs Poetik verwiesen, denn eine chronologisch ablaufende Geschichte wird nicht mehr geliefert. »Lesen und Schreiben« und »Nachdenken über Christa T.« (1968) markieren weitere Stufen des Aus- und Umbaus, die natürlich mit individuellen und gesellschaftlichen Veränderungen zu tun haben. Es nimmt Christa Wolf, die ab 1968 die sicher wichtigste Vertraute für Brigitte Reimann ist, nichts von ihrer Bedeutsamkeit, wenn man zu dem Ergebnis kommt, dass die um vier Jahre jüngere Brigitte Reimann fast zehn Jahre früher an diesem Punkt steht. Es mutet geradezu paradox an, dass es ausgerechnet Max Walter Schulz ist, das Vorbild für die Joe-Figur in Brigitte Reimanns »kleinem Roman«, der auf dem VI. Schriftstellerkongress 1969 einen kulturpolitischen Angriff gegen Christa Wolf vorträgt. »Hier drängt sich ein offenes Wort über Christa Wolfs ›Nachdenken über Christa T.‹ auf«, sagt er in seiner Eröffnungsrede mit dem Titel »Das Neue und das Bleibende in unserer Literatur«. »Wir kennen Christa Wolf als eine talentierte Mitstreiterin in unserer Sache«, heißt es männlich-gönnerisch. »Gerade deshalb dürfen wir unsere Enttäuschung über ihr neues Buch nicht verbergen. Wie auch immer parteilich die subjektiv ehrliche Absicht des Buches gemeint sein mag, so wie die Geschichte nun einmal erzählt ist, ist sie angetan, unsere Lebensbewußtheit zu bezweifeln, bewältigte Vergangenheit zu erschüttern, ein gebrochenes Verhältnis zum Hier und Heute und Morgen zu erzeugen. – Wem nützt das?«[16]

Es ist – anders kann man das nicht sagen – geradezu tragisch, dass Brigitte Reimanns neue Art zu schreiben 1957 nicht die Spur einer Chance hat. Sie ist damit zehn Jahre und mehr zu früh! Man muss es gleichwohl nicht so pointiert sehen wie Withold Bonner, der im Hinblick auf die 1960 und 1961 erschienenen Erzählungen »Das Geständnis« und »Ankunft im Alltag« von einem »anschließenden Rückschritt« spricht. Denn zweifellos hängt es von der jeweils erzählten Geschichte ab, in welche Form man sie einkleidet. Uwe Johnson wird das Jahrzehnte später auf die viel zitierte Formel bringen: »Die Geschichte sucht, sie macht sich ihre Form selber.«[17] In jedem Fall trifft aber zu, dass die junge Autorin erst mit dem Roman »Franziska Linkerhand« an ebendiesem bereits 1957 erreichten Punkt wieder anschließt. In einem Brief an den Architekten Hermann Henselmann vom 5. März 1965 schreibt sie: »Ich arbeite also wieder am ersten Kapitel des Romans, glaube auch endlich den Punkt gefunden zu haben, von dem aus ich die Geschichte erzählen kann, eine Geschichte ohne Fabel, immer schwebend zwischen Erinnerung, Erlebnis und Gespräch.«[18] Ist ihr bewusst, dass sie mit dieser Vision zu »Franziska Linkerhand« genau da weitermacht, wo sie 1957 aufgehört hat? Am 25. September 1957 jedenfalls zieht sie unter ihre bisherigen Bemühungen einen Strich, und das betrifft auch die durchaus erfolgreichen Publikationen »Kinder von Hellas« und »Die Frau am Pranger«, die habe sie »verstoßen wie mißratene Kinder«. Zwei weitere seien abgelehnt worden:

> Die »Denunziantin« war konterrevolutionär (d. h. ich bin ein halbes Jahr zu spät gekommen, nachdem das Schwein U[lbricht] bereits einen wiederum neuen, schärferen Kurs eingeschlagen hatte), und unterstützte angeblich – ich habe es mir schriftlich geben lassen – »die Tendenzen der Leute, die die kapitalistische Ordnung bei uns wiederaufrichten wollen«.[19]

Beim zweiten Text handelt es sich um »Joe und das Mädchen auf der Lotosblume«. Er wird der Autorin zurückgeschickt, »etikettiert mit Bemerkungen wie: dekadent, morbid, skurril«. Warum? Die Begründung, die ihr gegeben wird, formuliert Brigitte Reimann so: Man habe ihr vorgeworfen, »in einem als Liebesgeschichte getarnten Buch politische oder allgemein weltanschauliche Ungezogenheiten« zu begehen. »Es war ein verflucht harter Schlag, und es hat lange gedauert, ehe ich mich davon erholt habe«, kommentiert sie.[20]

Letztlich kamen beide Texte unter die Räder in ebendiesem nicht anders als stalinistisch zu bezeichnenden Kurs der SED-Parteiführung, der schon zu den Verhaftungen und Verurteilungen der sogenannten Harich-Gruppe geführt hatte. Einige derjenigen, die ins Visier der Ermittlung gerieten, flohen in den Westen, unter ihnen Alfred Kantorowicz, der nach einer Warnung im August 1957 nach Westberlin ging.[21]

Aber damit war der Höhepunkt noch nicht erreicht. Im Oktober 1957 wurde auf der 33. Tagung des ZK der SED die Zentrale Parteikontrollkommission damit beauftragt, wir haben es bereits gehört, die Schuldigen für die »Aufweichungserscheinungen« im Ministerium für Kultur herauszufinden. Der entsprechende Bericht lag dem Politbüro des ZK der SED bereits am 7. Januar 1958 vor. Es folgte die Abberufung Johannes R. Bechers als Minister.[22] Der Geschäftsführende Vorstand des Schriftstellerverbandes setzte im Sommer 1958 eine Brigade ein, die die Arbeit des Verbandes überprüfen sollte. Das Ergebnispapier lag mit Datum vom 19. September 1958 vor. Darin wird zunächst betont, dass »infolge der Ereignisse in Ungarn und Polen« zwar die »übergroße Mehrheit des Verbandes [...] fest zur Partei und zum Arbeiter-und-Bauern-Staat« stehe, aber einige Schriftsteller geschwankt »und zum Teil revisionistische Ansichten verbreitet« hätten. Nüchtern geht es weiter: »Die konterrevolutionäre Gruppe Harich, Just, Janka u.a. wurde verhaftet und abgeurteilt, ebenso Loest und Antkowiak.«[23] Inzwischen würden die Schrifsteller sich aber von den »Ideen und Handlungen der konterrevolutionären Gruppe« distanzieren. Allerdings weist der Bericht auf eine weitere Baustelle hin: Es gebe Erscheinungen, vor denen man die Augen nicht verschließen dürfe. Die dann notierten Störungen betreffen in besonderem Maße genau jenen Kreis, zu dem auch Brigitte Reimann gehört:

> Einige Schriftsteller sind von früher fortschrittlichen Positionen abgeglitten und haben künstlerisch stagniert. Boris Djacenko schrieb ein antisowjetisches Machwerk; Herbert Nachbar, ein talentierter Autor, ist in seinem Buch »Die gestohlene Insel« von den Positionen des Realismus abgegangen. Karl Mundstock und Armin Müller gaben zeitweilig sozialistische Positionen in der Literatur auf und zeigten in ihrem Schaffen starke Schwankungen.
>
> Junge Schriftsteller wie Kahlau, Kunert und andere verfaßten offen gegen die Partei gerichtete Gedichte. Dazu gehört auch das Buch »An der besonnten Mauer« des inzwischen republikflüchtig gewordenen Jokostra. Die Buchreihe »Tangenten« des Mitteldeutschen Verlages zeigt starke Tendenzen in Richtung auf Dekadenz.[24]

Von den Verlagen wie Aufbau, Neues Leben und Mitteldeutscher würden diese Bestrebungen gar gefördert, »manche Schrifsteller sogar beharrlich in dieser Richtung weitergetrieben«. Es fallen konkrete Namen von Lektoren, mit denen Brigitte Reimann eng zusammenarbeitet:

> Die Lektoren Püschel und Berger vom Verlag »Neues Leben« hatten aktiv Anteil am Entstehen von Djacenkos »Herz und Asche«, der gegenwärtige Cheflektor des Aufbau-Verlages, Caspar, an der ideologischen Verwirrung von Nachbar. In der ersten Auflage des Buches von Max Schröder waren infolge angeblichen Versehens durch den Verlag die Stellen über Kantorowicz stehen geblieben.[25]

Im zweiten Teil von Boris Djacenkos Roman »Herz und Asche« geht es darum, dass die Protagonistin nach der Befreiung aus einem Konzentrationslager von einem Sowjetsoldaten vergewaltigt wird. Das Thema

›Vergewaltigung‹ störte die Instanzen von Partei und Staat auf, weil es zu jenen zentralen Tabus der DDR gehörte, über die bis in die 1980er Jahre ein Erinnerungs- und Schweigeverbot gelegt wurde. Und so fiel auch dieses Buch der Zensur zum Opfer. Die bereits erteilte Druckgenehmigung wurde zurückgezogen und der Vorabdruck in der »Neuen Berliner Illustrierten« gestoppt. Der Vorstand des DDR-Schriftstellerverbandes schaltete sich in die Auseinandersetzung ein und lehnte den Roman als »unwahr und unkünstlerisch« ab.[26] Als zukünftiger 1. Sekretär des Schriftstellerverbandes, eine Funktion, die er ab Februar 1959 bekleidete, war Erwin Strittmatter maßgeblich in die Auseinandersetzung involviert. Er, zu diesem Zeitpunkt noch mit Djacenko befreundet, schickte diesem am 17. Februar 1958 einen Brief, in dem er die Zensur rechtfertigt und den Roman als misslungen bewertet:

> Seit mein großer Sohn ausriß und seit Brechts Tod hat mich nichts wieder so mitgenommen wie jetzt Dein Versagen. Bei unserem letzten Zusammensein hatte ich nach Deinem Reden den Eindruck, ich könnte vielleicht doch helfen. Wenn es sich ausschließlich um politische oder ideologische Fehler handeln würde, hätten wir streiten können; so aber können wir es für die nächste Zeit nicht tun. [...] Ein Drittel Kolportage, ein Drittel der Kolportage verwandter Schwulst, ein Drittel Philosophie, die in perfektes Objektivieren ausartet, was ›Höhe‹ vortäuschen soll. Nur wenige Szenen gefallen mir und liegen etwa auf der Höhe der guten Szenen des ersten Bandes. [...] Ich frage mich: Was hast du in den drei Jahren getan? Wie konntest Du so täuschen? Woher die Überheblichkeit? Woher die Haltung eines Vulkans – der zum Schluß einen Bimsstein gebiert. Aber Du kannst niemand verantwortlich machen. Die Gründe Deines Versagens liegen bei Dir selbst. Es hat Dich niemand gehindert, Kunst zu machen. Sei froh, daß das Buch aus (übrigens berechtigten ideologischen Gründen) gestoppt wurde, denn Du hättest Dich mit ihm künstlerisch blamiert. [...] Mach keine Dummheiten, denn auch in einem ›anderen Land‹ könnte das Buch künstlerisch nicht

bestehen. Ich bin niedergeschlagen, auch, wenn Du es nicht glauben solltest.[27]

Djacenko antwortete am 21. Februar 1958 äußerst knapp:

> Zu allem, was Du geschrieben hast, nur zwei Bemerkungen: 1. Vor etwa anderthalb Jahren hast Du über 300 Seiten der 450 Seiten des Buches gelesen. Abgesehen von einigen nicht sehr wesentlichen Bemerkungen und Einwänden (ich habe sie aufbewahrt) warst Du damals von dem Gelesenen mehr als nur angetan. Und heute ist es Schwulst, Kolportage, vorgetäuschte Höhenphilosophie. 2. Du rätst mir, ich soll keine Dummheiten machen und das zusammen mit einem »anderen Land«. Ich rate Dir mehr Überlegung, ehe Du solche wohlgemeinten Ratschläge erteilst.[28]

Die Freundschaft zwischen Strittmatter und Djacenko zerbrach. Genau zwanzig Jahre später machte Erwin Strittmatter selbst Vergewaltigungen nach dem Ende des Zweiten Weltkrieges durch sowjetische Soldaten zu einem Thema des dritten Teils seiner »Wundertäter«-Trilogie. Und auch er bekam es mit vergleichbaren Reaktionen der politischen Instanzen zu tun. Freilich gibt es einen Unterschied: Erwin Strittmatter konnte zu diesem Zeitpunkt mit der Unterstützung anderer Autorinnen und Autoren rechnen, und existenzielle Folgen – wie dies bei Djacenko der Fall war – hatte er nicht zu befürchten.

1958 wird Karl Heinz Berger, Brigitte Reimanns kurzzeitigem Freund und Lektor beim Verlag gekündigt, und er beginnt nach der Entlassung einen Einjahreslehrgang am neu gegründeten Literaturinstitut »Johannes R. Becher« in Leipzig.

Auch Brigitte Reimann gerät in den letzten Monaten des Jahres 1957 in eine für sie existenzielle Situation, aus der sie sich nur mit Mut und mit der Unterstützung von Freunden befreien kann.

26. »Die Zukunft wird lehren, ob dieses System gut und richtig ist« – die Magdeburger Ereignisse und das Ministerium für Staatssicherheit

Ein Blick auf das Jahr 1957 zeigt, in welch einem Zeitraffertempo Brigitte Reimann eine Entwicklung durchmacht und durchmachen muss. Dies belegt allein schon die Art und Weise der Reflexion im Tagebuch. In den neun Monaten des Schweigens und der Schreibblockade ist die Autorin freilich nicht untätig geblieben. Sie ist empört über die Vorgänge. Sie liest in der DDR auf dem Index stehende Literatur, etwa Arthur Koestlers »Sonnenfinsternis«, und ist Ende September 1957 mehrfach in Berlin, bevorzugt im Niquet-Keller, wo sie sich mit Gleichgesinnten trifft, sie trinken und diskutieren. Auch Erich Loest ist dabei, der zu diesem Zeitpunkt nicht ahnt, dass er anderthalb Monate später, am 14. November 1957, verhaftet wird, nicht zu Hause in Leipzig, sondern auf dem Geburtstag seines Vaters in Mittweida. Die Polizei kommt während des Abendessens, einer der drei Leute zeigt eine Marke vor und fordert ihn auf mitzukommen, es gebe da ein paar Fragen. Die Aufforderung richtet sich an Alfred Loest, den Vater; der bleibt ruhig und löffelt erst einmal weiter seine Suppe. Was dann geschieht, erinnert Erich Loest Jahrzehnte später so:

> Die drei standen, warteten. Später hat L.[oest] hundertmal ausgesponnen, daß er da eine allerletzte Chance gehabt hätte: Stumm wäre er geblieben, hätte zugesehen, wie die drei mit seinem Vater fortgegangen wären, hätte sich augenblicks davongemacht. Lange Frist wäre nicht geblieben, bis aufgedeckt worden wäre, daß sie den Falschen mitgenommen hatten. Aber er wollte ja nicht fliehen, wollte überdies seinem Vater Aufregung ersparen, und so

sagte er: »Ich heiße auch Loest, vielleicht meinen Sie mich?« »Ja, Sie.« »Und wohin soll ich mitkommen?« »Zur Polizei hier in Mittweida. Nur ein paar Fragen.« »Wird nicht lange dauern«, sagte er zu seinem Vater und zu Tante Lucie.[1]

Erich Loest wird erst nach siebeneinhalb Jahren, die er im Gefängnis des Ministeriums für Staatssicherheit in Halle und danach in einer Sonderhaftanstalt, dem Zuchthaus Bautzen II, untergebracht ist, nach Hause zurückkommen.

Das alles kann Brigitte Reimann Ende September 1957 in Berlin nicht ahnen, aber für den »Franziska Linkerhand«-Roman werden die Ereignisse dann wichtig. Zu der politischen Zuspitzung kommt eine private hinzu. Günter Domnik kann nicht vom Alkohol lassen. Beide wohnen wieder gemeinsam bei den Eltern und Geschwistern in der Neuendorfer Straße. Immer öfter verliert er die Kontrolle, wird aggressiv und droht seiner Frau mit Schlägen. Eines Tages bleibt es nicht bei den Drohungen, Günter schlägt zu. Das Haus läuft zusammen, Bruder Lutz will den Betrunkenen verprügeln. Eigentlich ist jetzt der Augenblick erreicht, wo es keine Alternative zur Trennung mehr gibt, eine durchweg ausweglose Situation. Aber noch immer kann Brigitte Reimann keine Entscheidung treffen, und die beiden versöhnen sich nach einer durchlittenen Nacht.

Es ist ein anderes Ereignis, das Brigitte Reimann bis in ihre Grundfesten erschüttert. Sie hat Sorge, dass ihr eine Verhaftung durch den Staatssicherheitsdienst (SSD) droht. Am 28. September notiert sie in ihrem Tagebuch:

Am Donnerstag bin ich unterbrochen worden: Der SSD war bei mir; ich hatte das eigentlich erwartet: ich hab kein sauberes Gewissen, kann den Mund nicht halten und sage in der Öffentlichkeit Dinge, die nicht für jedermanns Ohren bestimmt sind. Für Harich – sein Prozeß hat mich irrsinnig aufgeregt und erschüttert – hab ich plädiert; Janka habe ich verteidigt, wo ich nur konnte; als Kantorowicz in den Westen ging, hab ich ihm einen Brief geschrieben, der

> ein einziger Verstoß gegen Artikel 6 war, und seine Erklärung, die [er] über den SFB [Sender Freies Berlin; Anm. C.G.] abgegeben hatte, vervielfältigt und an meine Freunde verteilt. Kurz, ich hab einiges auf dem Kerbholz und rechnete, wie gesagt, insgeheim mit einem Besuch der Stasi.[2]

Und in der Tat hier ein Herr vor der Tür, der sich als Oberleutnant Kettner ausweist. Aber er will sie nicht verhaften, sondern im Gegenteil: als Mitarbeiterin gewinnen. Eigentlich spielen Intellektuelle, Künstler und Schriftsteller Mitte der 1950er Jahre für das Ministerium für Staatssicherheit (MfS) vorerst noch eine untergeordnete Rolle. Die Strukturen zu einer umfassenderen Beobachtung werden erst Ende der 1960er Jahre geschaffen und stehen in Verbindung mit der Niederschlagung des Prager Frühlings. Gleichwohl hat die Stasi bereits jetzt vereinzelt damit begonnen, in Kreisen der sogenannten »künstlerischen Intelligenz« inoffizielle Mitarbeiter anzuwerben, die zu Beginn als »Geheime Informatoren« (GI) bezeichnet werden. Vor allem Autoren, die als kritisch gelten, sieht das MfS als geeignet an. Gegenüber solchen Schriftstellern würden die Kollegen »negative Tendenzen« offener zur Sprache bringen.

Der Schriftstellerverband Magdeburg ist eine jener Einrichtungen, in denen das MfS in dieser Richtung bereits früh aktiv wird. Um die Jahreswende 1956/57 wird Otto Bernhard Wendler, der Vorsitzende des DSV-Bezirksverbandes Magdeburg, von einem MfS-Mitarbeiter aufgesucht und um Angaben über »staatsfeindliche Umtriebe« unter den Verbandsmitgliedern gebeten. Wendler erklärt, dass er von derartigen Aktivitäten keine Kenntnis habe. Zugleich lehnt er jegliche Zusammenarbeit kategorisch ab und bespricht den Fall anschließend mit seinen Vorstandskollegen Wolfgang Schreyer und Wolf Dieter Brennecke. Daraufhin versucht das MfS, den Offizier Rolf Merkel unauffällig in der Magdeburger AJA zu platzieren. Unfreiwillig offenbart sich dieser jedoch gegenüber dem Leiter der Arbeitsgemeinschaft. Merkel teilt Brennecke in diesem Zusammenhang zudem mit, dass im Bezirksverband bereits ein »Vertrauensmann« installiert worden sei, der »alle

Äußerungen der Mitglieder wörtlich an das MfS weitergibt«[3]. Das MfS sucht nach einem Ersatz für Merkel und nimmt Brigitte Reimann ins Visier. Sie selbst hat die Gründe, durch die sie wie die geeignete Kandidatin erscheint, im Tagebuch aufgezählt. Dem »Ermittlungsbericht«[4] und dem »Vorschlag zur Verpflichtung eines GI«[5] folgt der Hausbesuch von Oberleutnant Kettner.

Zu dem Gespräch notiert die Autorin, der »SSD will mich für eine bestimmte Aufgabe gewinnen. Nein, ich nenne diese Aufgabe nicht Spitzeldienst. Kettner hat mir erklärt, es sei nicht nur Anliegen des SSD, Feinde zu entlarven, sondern auch Aufklärung zu geben, die Ansichten der Menschen – in diesem Speziellen der Schriftsteller – zu erforschen und Fehler und Mißstände, die zu Unzufriedenheit führen, zu beseitigen.«[6] Die so Umworbene kann nicht widerstehen und unterschreibt mit Datum vom 26. September 1957 eine Verpflichtungserklärung, in der sie Wert darauf legt, zu betonen, dass sie die Unterschrift aus der »Erkenntnis und der inneren Überzeugung« tut, einer »guten Sache zu dienen«.[7] Sie unterschreibt mit dem Decknamen »Caterine«. Leutnant Kettner notiert in dem immerhin mehr als dreiseitigen »Schlußbericht zur Werbung«, in der Brigitte Reimann u.a. die mangelnde Meinungsfreiheit kritisiert, »daß die Zusammenarbeit mit der Schriftstellerin viele Komplikationen mit sich bringt, wobei wir sie in erster Linie für Aufklärungszwecke, zur Anwerbung anderer Schriftsteller benutzen werden«.[8] Unmittelbar nachdem Kettner gegangen ist, grübelt Brigitte Reimann darüber nach, warum sie sich darauf eingelassen hat. Künstlerische Abenteuerlust sei dabei, letztlich wohl aber vor allem ihr »rosarotes Ideal«. Dabei habe sie doch inzwischen allen ihren Idealen abgeschworen, »und nun kommt einer daher und redet mir ein, ich könnte durch meine bescheidene Hilfe dem Sozialismus (über dessen moralische Berechtigung ich mir nicht einmal recht klar bin!) einen Dienst erweisen. Und ich falle, verdammt noch mal! drauf rein und glaube stundenweise selbst, ich täte damit etwas Gutes und Nützliches.«[9] Letztlich erkennt Brigitte Reimann zu spät, dass die »Bereitschaft« in Wahrheit eine Verpflichtung ist und dass es nicht darum geht, Fehler und Missstände zu erkennen, sondern darum, ihre Schriftstellerkollegen zu bespitzeln und zu denunzieren. Sie weiß nicht, was sie tun soll. Wie der Stasi doch noch entkommen? Sie wählt zunächst den Weg des geringsten Widerstandes: schützt Krankheit vor, versäumt angesetzte Treffen und führt mit Leutnant Kettner endlose Diskussionen. Liest man dessen Berichte, so erscheint er zunehmend genervt. Er vermutet, dass sie sich in der Zusammenarbeit mit dem MfS »bewußt schwerfällig stellt«.[10] Bei einem Treffen am 19. November 1957 habe sie – so der Bericht vom 3. Dezember – erneut Bedenken hinsichtlich der Zusammenarbeit geäußert und mitgeteilt, dass sie sich »ihrem Ehemann gegenüber, zwar ungewollt, aber unter Einfluß von Alkohol dekonspiriert hat«. Aus dem genannten Grund sei sie der Meinung, die weitere Zusammenarbeit habe keinen Zweck.[11]

Brigitte Reimann kann zu diesem Zeitpunkt nicht wissen, dass sie mittlerweile wirklich ins Fadenkreuz der Stasi geraten ist. Wie neue Aktenfunde zeigen, gibt es ein Schreiben vom 22. November 1957, das von der Hauptabteilung V des Ministeriums für Staatssicherheit aus Berlin an die Bezirksverwaltung des MfS Magdeburg geschickt wurde. Es betrifft die »Schriftstellerin Brigitte Reimann«, und im Text heißt es: »In der Anlage übersenden wir einen Auszug über die Einschätzung des von der Schriftstellerin Brigitte Reimann angefertigen Filmdrehbuchs ›Groschen der Verzweiflung‹. Aufgrund der zum Ausdruck kommenden Aufweichungstendenzen liegt die Notwendigkeit der operativen Bearbeitung der Obengenannten vor. Da die R. in Magdeburg wohnhaft ist, übergeben wir das Material zwecks weiterer operativer Bearbeitung.« Das Gutachten, um das es noch gehen wird, umfasst sechs Seiten. Zehn Tage später geht ein von Oberst Jamin gezeichneter Brief an das MfS in Magdeburg. Hier nun wird ein Bericht über Brigitte Reimann angefordert. Die Begründung liest sich wie folgt: »Eine Überprüfung in der Abteilung XII ergab, daß die Obengenannte für Ihre Abteilung, Mitarbeiter Kettner, einliegt. Da die R. mit Personen aus Berlin in Verbindung steht, die von uns operativ bearbeitet werden, ersuchen wir um Übersendung eines Auskunftsberichtes über die Reimann.«[12]

Anfang Dezember dann kommt es zu einem Vorfall, der Brigitte Reimann in hohem Maße betrifft und der für ihre Zukunft Folgen hat.

Günter Domnik gerät in eine Schlägerei mit der Volkspolizei und wird festgenommen. Mitunter wurde vermutet, dass die Staatssicherheit den Vorfall provoziert hat, um Brigitte Reimann zu erpressen und sie dazu zu bringen, engagierter für sie zu arbeiten. Die Unterlagen des MfS belegen das nicht. Ganz im Gegenteil. Aus einem Aktenvermerk von Leutnant Kettner geht hervor, dass Brigitte Reimann ihn am 10. Dezember angerufen und um ein Treffen noch am gleichen Tag gebeten habe. »Nach dem Grund der Notwendigkeit befragt, gab der GI an«, so Kettner, »daß man von der VP aus ihren Mann am 8. 12. 1957 wegen Widerstand gegen die Staatsgewalt in Burg festgenommen hätte«. Kettner verspricht, sich zu kümmern. Dem Bericht ist zu entnehmen, dass er in der Tat die Kreisdienststelle in Burg sofort angerufen hat, wo man ihm allerdings lediglich die Verhaftung bestätigen kann.[13] Im weiteren Verlauf versucht Brigitte Reimann über die Stasi eine Besuchserlaubnis zu bekommen, worauf man von ihr als Gegenleistung bessere Arbeit verlangt. Daraufhin gibt es von ihr einen eher nichtssagenden Bericht über die ins Auge gefasste Gründung einer Literaturzeitschrift für junge Autoren im vergangenen Frühjahr – eine für die Stasi nutzlose Information, da nach der Verurteilung von Janka und Loest das Vorhaben längst ad acta gelegt worden ist. Zudem hatte sich das Projekt in dem Moment erübrigt, als die FDJ die Zeitschrift »Junge Kunst« ins Leben rief. Für Heiligabend erhält Brigitte Reimann dennoch eine Besuchserlaubnis. Ab dem Jahreswechsel dreht sich dann alles nur noch um den Versuch, die Verbindung zum MfS zu beenden. Am 31. Januar 1958 notiert Leutnant Kettner: »Mit dem GI mußte wieder einzig und allein politische Erziehungsarbeit geleistet werden.«[14] In der Zwischenzeit ist Günter Domnik zu sechs Monaten Gefängnis verurteilt worden. Am 4. Februar schreibt er seiner Frau einen Brief, er hat gerade mit dem Rechtsanwalt gesprochen und will Berufung gegen das Urteil einlegen – um es wenigstens versucht zu haben. Er schreibt:

> Im Allgemeinen habe ich mich mit meiner Strafe abfinden müssen. Du brauchst Dir keine Sorgen um mich zu machen. Du weißt, daß ich ein Naturbursche bin und der auch hinter Mauern zäh ist und

> nicht so leicht umfällt. In erste Linie denke jetzt bitte daran, wie Du Deine ganze Geschichte ins Klare bringst. Mach Dir meinetwegen keine Unannehmlichkeiten in Bezug auf Magdeburg.[15]

Brigitte Reimann sucht den Hinweis, ihre »Geschichte ins Klare« zu bringen, umzusetzen. Am 19. Februar teilt sie Leutnant Kettner erneut mit, dass sie »keine Lust und Interesse mehr zu weiterer Zusammenarbeit mit dem MfS« habe. Sie könne schlichtweg nichts über Kollegen berichten. In diesem Zusammenhang habe sie auch über den inhaftierten Ehemann gesprochen. Sie sei der Meinung, »daß er die Strafe absitzen soll und sie keine Hilfe für ihn beanspruchen tut. Er selbst würde es auch ablehnen, auf diese Art sich etwas zu erleichtern.« Kettner schließt den Bericht mit folgender Aussage, die deutlich macht, dass die Verpflichtete kein Blatt vor den Mund nimmt und mit der Stasi nichts weiter zu tun haben will: »In diesem Zusammenhang sagte der GI auch, daß in dem Gefängnis nach ihrer Meinung es noch schlimmer zugeht in der Behandlung der Gefangenen und auch der Besucher wie bei den Nazis und sie nach der Entlassung des Ehemannes auch darüber für sich selbst ein Buch schreiben will.«[16]

Letztlich trifft Brigitte Reimann die einzig richtige Enscheidung: Im Februar 1958 zieht sie den Freund Wolfgang Schreyer ins Vertrauen. Der rät ihr, sich mit einem Brief an die Leitung des Deutschen Schriftstellerverbandes Magdeburg zu wenden und sich auf diese Weise zu »dekonspirieren«, das heißt, sie soll die von ihr geforderte Spitzeltätigkeit offenbaren und damit für die Stasi verwendungslos werden. Und so schreibt sie Ende Mai diesen Brief. Es ist ein mutiger Schritt, denn zu diesem Zeitpunkt kann niemand abschätzen, welche Konsequenzen sich daraus ergeben. Sie beschreibt zunächst, auf welche Weise die Unterschrift zustande kam, und fährt fort:

> Ich willigte schließlich ein und schrieb eine Bereitschaftserklärung, in der ich mich zum Schweigen verpflichtete. In der Tat hatte ich damals das Gefühl, bei einer guten und nützlichen Sache zu helfen.

> Wenig später merkte ich jedoch, daß man mich getäuscht hatte: Es kam nicht auf eine reale Hilfe an, sondern auf eine organisierte Überwachung meiner Kollegen. Ich sollte über jeden einzelnen Schriftsteller berichten, über seine politischen Ansichten und privaten Neigungen, und Diskussionsbeiträge aus unseren Tagungen wiedergeben. Vor allem sollte ich darauf achten, ob einer der Kollegen (in diesem Zusammenhang nannte man Wolfgang Schreyer) zuweilen ironische Bemerkungen während einer Debatte machte – versteckte Sarkasmen seien eine besonders gefährliche Form der Zersetzungsarbeit unter der Intelligenz.[17]

Die Stasi lässt immer noch nicht locker, daher wendet sich Brigitte Reimann nach einem letzten Treffen am 23. Juni 1958 erneut an den Schriftstellerverband. »Ich betrachte mich jetzt als von meiner Schweigepflicht entbunden und stelle den Fall zur Diskussion.«[18] Wiederum ein mutiger Schritt, bei dem die Konsequenzen ungewiss sind. Was dann folgt, ist beispiellos in der DDR. Es beginnt, bestätigt Matthias Braun, lange Jahre wissenschaftlicher Mitarbeiter in der Forschungsabteilung des Stasi-Unterlagen-Archivs (BStU), »eine einmalige offizielle und damit gewissermaßen öffentliche Auseinandersetzung des staatlichen Schriftstellerverbandes mit einer Dienststelle des MfS«.[19] Es kommt zu zwei Aussprachen, über die die Akten des MfS Auskunft geben. Der Magdeburger Verband bereitet sich auf diese diffizilen Verhandlungen exzellent vor. Die intellektuelle Auseinandersetzung liegt in den Händen von Wolfgang Schreyer, der ein Papier mit dem Titel »Schriftsteller und Staatssicherheit« entwirft. Auch eine solche Denkschrift ist in dieser Form wohl einzigartig. Schreyer, mit dem ich seit Mitte der 1980er Jahre in Kontakt stand, bis er 2018 kurz vor seinem 90. Geburtstag starb, schickte mir besagte Schrift und meinte, der Text sei im Mai oder Juni 1958 entstanden.[20] Zudem gab er folgenden Hinweis: »Wie Sie hier sehen, folgt das 12-Punkte-Papier weitgehend den Denkmustern der Stasi, um diese dann in puncto Autoren-Kontrolle ad absurdum zu führen. Daß wir damit der Realität so nahe kamen, hat die Behörde besonders verstimmt.«[21] Das Papier ist von entscheidender Bedeutung nicht nur für Brigitte Reimann. Es wird hier daher erstmals in vollem Umfang zur Kenntnis gegeben.

> SCHRIFTSTELLERVERBAND UND STAATSSICHERHEIT
> Aus gegebener Veranlassung hat der Bezirksvorstand Magdeburg des DSV diesen Gegenstand erörtert; er schätzt die Sachlage so ein:
>
> 1. Die Staatssicherheit ist ein notwendiger Bestandteil des Staatsapparates der DDR. Vom Westen aus wühlen 56 Agentenorganisationen gegen die Republik. Jeder, der derartiges beobachtet, ist verpflichtet, dies den Sicherheitsorganen mitzuteilen.
> 2. Außer direkter Agententätigkeit (1) sind staatsfeindliche Bestrebungen möglich, die sich – wie im Falle HARICH – anfangs ohne Westkontakte entwickeln können und darauf abzielen, die führende Rolle der Sozialistischen Einheitspartei in unserem Staat zu untergraben. Dies geschieht durch Bildung staatsfeindlicher Gruppen in Organisationen, Institutionen usw.
> 3. Ein Fall (2) ist auch in einer der Bezirksorganisationen des DSV denkbar. Jedes DSV-Mitglied, ob parteigebunden oder parteilos, ist berechtigt und verpflichtet, die Staatssicherheit zu informieren, wenn es glaubt, solche staatsfeindlichen Tendenzen im Kollegenkreis entdeckt zu haben.
> 4. Von Schriftstellern, die durch ihre Werke bewiesen haben, daß sie auf dem Boden der DDR stehen, ist zu erwarten, daß sie willens und fähig sind, politische Irrtümer ihrer Kollegen von sich aus rechtzeitig zu erkennen und durch Aussprachen zu korrigieren, noch ehe sich aus einzelnen Irrtümern eine staatsfeindliche Haltung entwickelt.
> 5. Unabhängig von dieser Selbstkontrolle (4) ist es Sache der Staatssicherheit, die im Bezirksrahmen führenden Schriftsteller auf diese Wachsamkeitspflicht hinzuweisen und sich durch gelegentliche Anfragen über die Sicherheitslage zu informieren.

6. Es sollte dagegen nicht die Aufgabe der Staatssicherheit sein, in ideologische Diskussionen innerhalb des DSV mittelbar oder unmittelbar selbst einzugreifen. Dies zu tun, ist Sache des Vorstandes und der Parteigruppe.
7. Unzweckmäßig sind ferner Versuche der Staatssicherheit, einzelne Verbandsmitglieder für eine ständige regelmäßige Berichterstattung über solche Diskussionen (6) zu gewinnen. Derartige Bemühungen lassen sich erfahrungsgemäß nicht lange geheimhalten, sie werden dann nutzlos.
8. Die erkannte Berichterstattung (7), für die Staatssicherheit nutzlos, ist schädlich für die Arbeit im Schriftstellerverband, niemand diskutiert mehr freimütig, der weiß, daß Auszüge aus seinen Diskussionsbeiträgen registriert, gesammelt und ausgewertet werden. Zum Schaden der politischen Weiterbildung finden keine freien Aussprachen mehr statt, wie sie vom Vorstand gewünscht werden.
9. Dieser Zurückhaltung (8) liegt keinerlei Mißtrauen gegenüber der Staatssicherheit zugrunde; wohl aber gibt es Bedenken gegen die intellektuellen und charakterlichen Qualitäten der Berichterstattung. In ideologischen Diskussionen pflegt man zugespitzt zu argumentieren. In der Hand des Berichterstatters liegt es, welche Meinungsäußerungen er wiedergibt und welche er wegläßt. Er kann sich nicht wie ein Stenograf während der Debatte Notizen machen. Vielmehr versucht er nach der Tagung, den Diskussionsablauf aus dem Gedächtnis zu rekonstruieren. Dazwischen liegen Stunden oder gar Tage. Daher sind Irrtümer auch dann unvermeidlich, wenn der Berichterstatter vorhat, eine ungefärbte Darstellung zu liefern.
10. Eine Person, die mit regelmäßiger Berichterstattung beauftragt ist, wird ferner leicht der Versuchung erliegen, solche Berichte zu schreiben, die den Auftraggeber interessieren. Diese Gefahr besteht besonders bei willensschwachen Menschen, die es in jedem Beruf gibt. Was eine solche Person nicht wirklich gehört hat, ergänzt sie – meist unbewußt – aus der Phantasie. Hat sie das

Gefühl, daß in dem Personenkreis, den sie beobachten soll, staatsfeindliche Tendenzen vermutet werden, so wird sie bestrebt sein, diesen Verdacht durch gefärbte Berichte zu nähren – um sich als nützlich zu erweisen.

11. Kommen bei dem Berichterstattenden persönliche Motive hinzu, so fällt es ihm leicht, aus dem Diskussionszusammenhang – nunmehr bewußt – einzelne Sätze herauszulösen, die bei geschickter Montage und häufiger Wiederholung ein völlig negatives Bild ergeben können. Er ist dann imstande, von einzelnen Kollegen mit der Zeit eine Charakteristik zu geben, aus der die auswertenden Angestellten der Staatssicherheit auf staatsfeindliche Umtriebe schließen müssen.

12. An solchen Fehleinschätzungen liegt der Staatssicherheit naturgemäß nichts. Sie kann aber diese Fehlerquellen (8) (10) und (11) nur ausschalten, indem sie zwei, besser noch drei verschiedene, unabhängig voneinander in derselben Organisation arbeitende Berichterstatter beschäftigt. Bei einem kleinen Personenkreis wie den Mitgliedern des DSV/Magdeburg, die miteinander freundschaftlich verbunden sind, ist dann aber die Geheimhaltung nicht mehr gewährleistet: die Tatsache der Berichterstattung wird bekannt, mit allen negativen Auswirkungen, wie bereits (8) aufgeführt.

Ab dem 6. Punkt übt Wolfgang Schreyer – immer klug abwägend und dezent formulierend – eine radikale Kritik am MfS. Auch in der nachfolgenden Argumentation demontiert er das Vorgehen der Staatssicherheit. Der Vorstand des DSV-Bezirksverbandes Magdeburg wird daraufhin für den 3. September 1958 zu einer Aussprache beordert. Da es sich dabei um drei Autoren handelt, die keine SED-Mitglieder sind – Wolf Dieter Brennecke, Martin Selber und Wolfgang Schreyer –, werden Helmut Sakowski und Horst Blume hinzugeladen. Vor allem Schreyer, Selber und Brennecke verteidigen Brigitte Reimann gegenüber dem MfS-Major Kühne, Alex Ständel von der SED-Bezirksleitung, dem ZK-Mitarbeiter Willi Lewin und dem Vorsitzenden des DDR-

Schriftstellerverbandes Walther Victor. Und sie fordern ein Gespräch im Beisein der in Rede stehenden Schriftstellerin. Da nimmt der Leiter des MfS in Magdeburg, Oberst Knoppe, den Fall persönlich in die Hand. Präzise beschreibt Schreyer das in seinem Erinnerungsband:

> Er [Knoppe] lädt denselben Kreis zum 19. Dezember 1958 in den Club »Otto v. Guericke«, diesmal plus Kronzeugin. Zuvor hat er sie aus Burg abholen und zur Furchteinflößung in sein Amt bringen lassen. Dort erklärt ihr Major Kühne, wegen des Bruchs ihrer Schweigepflicht setze man sie fest! Entweder widerrufe sie ihre Behauptungen, oder der Staatsanwalt schreibe den Haftbefehl aus. Tatbestand: Staatsverleumdung. Ihr wird angst, doch sie weigert sich, kann ohne Gesichtsverlust nicht mehr zurück. Kühne läßt sie schikanieren. Im hauseigenen U-Haft-Trakt, Frauenabteilung, zeigt man ihr als künftige Zellengefährtin eine Person, die beklemmend wirkt. Frau Reimann wird erkennungsdienstlich behandelt und peinlich auf Hafttauglichkeit untersucht; man hält ihr vor, die Liebhaber zu wechseln. Die Frau am Pranger! Zeitweilig nackt, auch verbal erniedrigt, gibt sie zu Protokoll, ja, es sei falsch von ihr gewesen, sich an den DSV zu wenden; sie habe das MfS nicht in Mißkredit bringen wollen. Ihr hilft jetzt nur, daß man sie zum 19. Dezember braucht – unversehrt, auf freiem Fuß. Ein wenig glaubt sie sich durch ihre Mitgliedschaft im DSV geschützt. Das fünfstündige Verhör übersteht sie, so ihr Tagebuch, »kalt wie eine Hundeschnauze ... Erst hinterher, zu Hause, klappte ich zusammen.«[22]

Am 18. November 1958 beschließt das MfS, die Verbindung zum GI »Caterine« abzubrechen, und übergibt Brigitte Reimann der »Operativen Personenkontrolle«. Ab diesem Zeitpunkt wird die Autorin von der Staatssicherheit umfangreich überwacht.

27. »Daniel ist der Gesuchte und Gefundene« – ein Ende und ein Neuanfang

Endlich, im März 1958, kommt Brigitte Reimann wieder zum Arbeiten. Sie verfolgt ein neues Romanprojekt. Auf einer Arbeitstagung in Halberstadt lernt sie den Lyriker Günther Deicke kennen, dem sie Teile ihres Manuskripts zu lesen gibt. Deicke ist seit 1952 Redakteur bei der NDL, der »Neuen deutschen Literatur«, die sich damals im Untertitel »Monatsschrift für schöne Literatur und Kritik« nennt, neben »Sinn und Form« die wichtigste Literaturzeitschrift in der DDR. Das »Vorspiel zu einem Roman«, der den Arbeitstitel »Wie man nur tut« trägt, will er in seinem Heft unterbringen. Die Geschichte spielt im Mai 1945 während des Einmarsches der Roten Armee. Der Abdruck im Mai-Heft der NdL kommt jedoch aus Platzgründen, wie es heißt, nicht zustande. Eigentlich ist das Vorhaben im Verlag Neues Leben geplant, aber der kann sich nicht recht zu einem Vertrag durchringen und bietet nur einen Vorvertrag mit einem Vorschuss von 1000 Mark an, den sie kurz vor Weihnachten 1957 unterschreibt. Da sie kein gutes Gefühl hat, geht ein Auszug auch an den Aufbau-Verlag, der Interesse signalisiert hat. Im April 1958 erhält sie einen Brief von Joachim Schreck aus dem Aufbau-Lektorat, der die Durchsicht des »Vorspiels« bestätigt und sie zu einem Treffen einlädt, um über diesen Teil und das Exposé zu reden. Am 2. Mai trifft sie den Cheflektor Günter Caspar, der den erkrankten Max Schröder vertritt. Brigitte Reimann ist ein wenig stolz, mit dem Aufbau-Verlag im Gespräch zu sein. Es ist der wichtigste Verlag in der DDR, an ihn sind die »Großen« der Literatur gebunden: Anna Seghers, Thomas und Heinrich Mann, Bertolt Brecht, Johannes R. Becher, Friedrich Wolf, Martin Andersen Nexö, Arnold Zweig.[1] Günter Caspar schickt umgehend nach dem Gespräch am 6. Mai 1958 eine Zusammenfassung der Ergebnisse: »Sie senden uns also, sowie Sie so weit sind, die ersten 150 Seiten ihres Romans, die wir dann noch einmal lesen, eher wir uns über die Einzelheiten des Vertragsabschlusses unterhalten.« Und es gibt noch einen Zusatz, der die Autorin ungemein erfreut: »Und denken Sie bitte auch daran, daß Sie versprochen haben, mir zuzuschicken, was in Ihrem Schreibtisch schläft.«

Der Brief geht an »Frau Brigitte Reimann« im Friedrich-Wolf-Heim in Petzow, Post Werder/Havel, mit der Anschrift: Am Schwielowsee 87–93.[2] Hier arbeitet Brigitte Reimann seit einigen Wochen. Sie hat ein Stipendium für das Künstlerheim bekommen. Piltz hat öfter von dem wundervollen Ort berichtet und ihr empfohlen, sich um einen Aufenthalt dort zu bemühen. Und natürlich hat er nicht versäumt, auf Theodor Fontane hinzuweisen, in dessen »Wanderungen durch die Mark Brandenburg« es ein ganzes Petzow-Kapitel gibt. »Das Schloß, in seiner gegenwärtigen Gestalt, wurde nach einem Schinkelschen Plane ausgeführt«, schreibt der »Plauderer«. »Es zeigt eine Mischung von italienischem Kastell- und englischem Tudorstil, denen beiden die gotische Grundlage gemeinsam ist.« Mit dem Herrenhaus zu Petzow kann Fontane so viel nicht anfangen, weil es ein gescheiterter Versuch sei, »es mit der Gotik und ihren Dependenzien zu wagen«. Ganz anders der Park, der eine »Schöpfung Lennés« ist. »An einem Hügelabhang gelegen wie Sanssouci, hat er mit diesem den Terrassencharakter gemein. In großen Stufen geht es abwärts.«[3] Die dortige Villa, die direkt am Schwielowsee liegt, soll früher einmal der Filmschauspielerin Marika Rökk gehört haben. Nach 1945 zieht hier die Rote Armee ein, ab 1956 geht das Haus an den Schriftstellerverband der DDR und wird bis 1990 genutzt. Die Leitung in Petzow übernehmen Herta und Otto Ihlenfeld, die Eltern von Christa Wolf. Tinka Wolf erinnert, dass die Großeltern die ersten Jahre als eine glückliche Zeit empfunden haben. »Für meinen Opa war es ›die‹ Aufgabe. Er war ja Kaufmann, hat also die finanzielle Seite verstanden und gut hinbekommen. Aber er war auch jemand, der mit jedem ins Gespräch kommen konnte, ein Charmeur. Er hat mit Freuden die Gäste empfangen«, notiert sie. »Meine Oma leitete die hauswirtschaftliche Seite, hat alle Essen mit vorbereitet und auch selber gekocht. Wie viele helfende Kräfte sie hatte, weiß ich nicht, bestimmt zwei oder drei.«[4]

Brigitte Reimann bezeichnet Petzow später in einem Brief an Annemarie Auer als »VEB Elfenbeinturm«. Im März 1958 will sie hier Günther Deicke treffen. Und es kommt, wie es so oft schon gekommen ist und keineswegs ihrer Phantasie entspringt: Der Mann verliebt sich in sie und will sich gar scheiden lassen. Sie ist erschrocken. »Warum, zum Teufel! bin ich nur eine Frau geworden?«, fragt sie. »Ich bin verdammt, allein durch mein Geschlecht, niemals eine Freundschaft zu finden, weil kein Mann imstande ist, die Seele vom Körper zu trennen, weil nicht einer versteht, daß ich geliebt werden will um meines Geistes, meiner Begabung oder, um noch einmal das Wort zu gebrauchen, meiner Seele willen.«[5] Brigitte Reimann ist sich ihrer Ausstrahlung als Frau bewusst, sie spielt damit, und es sagt ihr einerseits zu, ja mitunter sucht sie diese Form der Bestätigung. Andererseits ist ihr früh klar, dass auf diese Weise die patriarchalischen Strukturen, die sie ablehnt und die im Sozialismus mit der Vision vom gleichberechtigten Nebeneinander eigentlich überholt sein sollten, reproduziert werden. Immer wieder fühlt sie sich an filmische Inszenierungen erinnert, in denen Frauen als passive Wesen dem erotischen männlichen Blick ausgesetzt sind. Sie will das nicht und kann sich dem doch nicht entziehen.[6]

Der Nächste, der sich – man kann es in diesem Fall nicht anders sagen – an die Schriftstellerin heranmacht, ist der erfolgreiche, rund zwanzig Jahre ältere Kinderbuchautor Willi Meinck. 1955 hat er den zu einem Klassiker gewordenen historischen Abenteuerroman »Die seltsamen Abenteuer des Marco Polo« veröffentlicht. Brigitte Reimann genießt die Avancen und ist auch kurzzeitig ein wenig verliebt. Sie lässt sich von Fox, so nennt sie ihn, mit seinem roten Wartburg spazieren fahren – bis er die Fahrerlaubnis verliert, weil er sich nach einem Lokalbesuch und ausgiebigen Trinkgelage ans Steuer setzt und in eine Polizeikontrolle gerät. Wieder so ein Abenteuer! Aber dann passiert es, Brigitte Reimann wird wirklich aufgestört. Denn da ist dieser Mann, der ganz anders ist als die anderen. »Es gibt einen Menschen hier, der mich vom ersten Tag beunruhigt hat, weil ich in seinen Augen unsere

Verwandtschaft gefunden habe und sein potentielles Irresein – einer dieser Menschen, die im Selbstmord enden oder im Wahnsinn, ich bin sicher. Und welch eine große Begabung! Siegfried Pitschmann.«[7]

Mit der Begegnung der beiden wird ein neues Kapitel im Leben von Brigitte Reimann und auch von Siegfried Pitschmann aufgeschlagen. Pitschmann ist schon länger in Petzow, und er hört die Männer raunen: »Brigitte Reimann soll kommen!« Reimann, so kann man inzwischen sagen, ist nicht nur unter den Jüngeren Gesprächsthema. Eine tolle Frau, sagt man, die bereits eine gewisse Berühmtheit erlangt hat, nicht nur wegen des vielstimmigen Echos auf ihre erste Erzählung. Pitschmann kennt »Die Frau am Pranger« aus den Fortsetzungen in der »Berliner Zeitung«, die Lektüre hat ihn beeindruckt. Dazu, auch das ist bekannt, hat sie schon Erfahrung mit dem Film gesammelt und soll an einem Drehbuch für die DEFA arbeiten. Das können nur wenige der Jüngeren vorweisen. »Und eines Tages erschien sie«, so wird Siegfried Pitschmann die Ankunft von Brigitte Reimann erinnern. »Ich kriegte mit, wie sie schon alle hinter ihr her scharwenzelten. Es kam mir vor wie ein Stall voller Gockelhähne, die sich spreizten und ihr Eindruck machen wollten und sie andererseits hofierten und ihr schmeichelten.« Zutreffend beschreibt er den Umstand, dass Brigitte Reimann diese »Anbetung und Anhimmelung von allen möglichen Seiten« genoss.[8]

Pitschmann gehört nicht zu diesem Kreis, anhimmeln, schmeicheln und balzen, das ist seine Sache nicht. Es kommt schließlich zu einer Begegnung, die Brigitte Reimann wohl irritiert und angezogen zugleich hat. Pitschmann sitzt in der Halle des Hauses, in der ein großes Radio steht. Es läuft die Übertragung eines Konzertes mit David Oistrach, die beiden bekannten Beethoven-Romanzen G-Dur op. 40 und F-Dur op. 50, gespielt auf einer Stradivari. Pitschmann, ein Musikkenner, hat den Ton laut gestellt und ist in die Musik versunken. Da plötzlich kommt Brigitte Reimann mit einem Tross von Verehrern herein, hört überhaupt nicht auf die Musik und sagt stattdessen aufgekratzt: »Gibt's denn hier nicht ein bißchen Jazz oder was anderes Flottes?« Sie dreht einfach am Radio herum. Siegfried Pitschmann ist empört, er steht auf und sagt in erregtem Ton strafend: »Das ist Oistrach, meine Dame – er spielt Beethoven!« Brigitte Reimann ist erschrocken, entschuldigt sich und verlässt mit ihrer Truppe den Raum.[9] Einige Tage später kommen die beiden dann in entspannterer Atmosphäre zusammen. Pitschmann bekennt, dass »Die Frau am Pranger« ihn beeindruckt hat: Denn das war »etwas Neues in der DDR-Literatur, nämlich: ein Sowjet-Gefangener und eine deutsche Bäuerin. Das war ja alles bis dahin tabu und also ziemlich Aufsehen erregend.«[10] Er liest ihr aus seinen »Internatsgeschichten« vor, einem 1953 von Bodo Uhse für die Zeitschrift »Aufbau« angeregten Reportage-Projekt. Damals spielte die Reportage-Literatur eine wichtige Rolle in der DDR. Zahlreiche Autoren wandten sich der Gattung zu. Pitschmann war durch mehrere Oberschulinternate gereist, wobei er sich an Egon Erwin Kisch, dem »rasenden Reporter«, orientierte. Uhse sagte der dabei entstandene Text zwar nicht als Reportage zu, er hielt ihn aber für ein »wunderbares Poem« und riet dem vielversprechenden Jungautor, das Material anders zu nutzen und vielleicht eine Erzählung daraus zu machen. So entstand eine Liebesgeschichte, die er bei dem von Anna Seghers initiierten Preisausschreiben einreichte, für das Brigitte Reimann zu spät dran war und bei dem er den 2. Preis erhielt. Eine veränderte Fassung wurde später unter dem Titel »Auszug des verlorenen Sohns« veröffentlicht.[11]

Brigitte Reimann sagt die Lesung ausgesprochen zu, sie ist geradezu beeindruckt. Sie vertraut Pitschmann an, dass die Stasi ihr nachstellt und ihr Aufenthalt in Petzow auch eine Art Flucht ist, der Versuch, die bedrängenden Umständen aus dem Kopf zu bekommen: die Verurteilung von Günter, die nicht realisierten Romanvorhaben, die ständigen Belästigungen durch die Stasi. Im Juni hofft sie, wie ein Eintrag im Tagebuch zeigt, dass die Episode endlich hinter ihr liegt, aber erst am 19. Dezember 1958 kann sie den Albtraum wirklich hinter sich lassen. Was sie freilich nicht weiß und auch später nie erfahren wird, sind die Gründe, warum ihr Filmprojekt mit der DEFA auf Eis gelegt wird: Auch hier hat die Stasi die Hände mit im Spiel. Der sechsseitige Bericht, den die Hauptabteilung V/1 des MfS in Berlin vorlegt, hat sich ausführlich damit auseinandergesetzt und fixiert in 14 Punkten die »gefährlichen

Tendenzen des Drehbuchs«. Diese Ausarbeitung belegt eine Kenntnis von Grundfragen der Filmsprache wie auch literarische Kenntnisse, es geht ins Detail. So wird betont, dass die »Kampfgruppe gegen Unmenschlichkeit« (KgU) keinen Schwerpunkt der »Feindtätigkeit« darstelle, daher sei der Versuch im »Vorspann-Insert«, einen Bezug auf »Dokumentarberichte« herzustellen, völlig ungerechtfertigt und »muß als Mißbrauch dieser Dokumentation für einen Kriminalreißer abgelehnt werden«. Auch wird moniert, dass bereits nach wenigen Einstellungen das Verbrechen – die Befestigung einer Sprengladung an einer Lokomotive – augenscheinlich ist. Der Täter, Werner Gerlach, werde als »im Grunde guter junger Mann« präsentiert und seine Freundin Mariann als eine »überaus sympathische, reizvolle Frau«. Auch ihr Exfreund, Gerd Schröder, sei ein Tag und Nacht studierender geradliniger Mann, der lediglich etwas langweilig wirke. Von daher, so die Einschätzung, werde hier eine uralte Geschichte in »abgeschmackter Form aufgewärmt«: »Der korrekte Gerd ist treu und tüchtig, der Spion und Diversant Werner jedoch wird von Mariann geliebt und ist am Schluß gar nicht schlecht (er montiert die Sprengladung wieder ab).« In ebendieser Konstellation liege dann allerdings die politische Gefährlichkeit begründet. Die an sich banale Handlung würde »erst durch die Vielzahl der Episoden, die Füllwerk ohne besonderen Spannungsgehalt sind, dafür jedoch den Zuschauer systematisch gegen die gesellschaftlichen Verhältnisse in der DDR aufbringen«. Doch damit nicht genug. In Punkt drei wird konstatiert, dass eine »geradezu verbrecherische Tendenz« des Drehbuchs in der »Zeichnung der Verhältnisse in der sozialistischen Industrie« liege, etwa wenn der Werkleiter als »kalt und rechthaberisch gezeichnet« wird. Geschickt eingefügt würde auch die Szene, die schildert, »daß Werner entlassen wird, obwohl er ein guter Arbeiter ist – ›aber an Versammlungen hat er nicht teilgenommen‹«. Letztlich werde durch eine solche Anlage »offener Haß gegen das System der sozialistischen Wirtschaft und seine Funktionäre erzeugt«. Im Weiteren ist von »raffinierter Gefühlssteuerung« die Rede und schließlich in Punkt 7 davon, dass die Autorin in den Einstellungen 143 bis 146 »jede fortschrittliche Tarnung außer acht [läßt] und Hetze und

Verleumdung [anhäuft], wie sie in einem westlichen Hetzfilm nicht offener gebracht werde könnten«. In den letzten Einstellungen des Films (es ist die Gerichtsverhandlung) würde nur der Verteidiger »Menschlichkeit und demokratische Gesetzlichkeit« repräsentieren, »während die wahren Repräsentanten dieser hohen Prinzipien unseres Staates, die Richter und der Staatsanwalt, völlig ignoriert werden«.[12]

Nimmt man dieses Papier des MfS vom 21. November 1957, dann muss fast erstaunen, dass Brigitte Reimann nicht weiter in den Sog von Ermittlungen hineingezogen wurde. Aber allem Anschein nach sind von der Hauptabteilung V/1 in Berlin keine weiteren Verfügungen an die Kreisdienststelle in Magdeburg ergangen, wo Brigitte Reimann zu diesem Zeitpunkt gerade als »Geheimer Informator« (GI) aufgebaut werden sollte.

Als sich Brigitte Reimann in Siegfried Pitschmann verliebt, ahnt sie nichts von diesem Dokument. Aber sie weiß recht schnell, dass sie und Daniel, wie sie Pitschmann nach seinem zweiten Vornamen nennt, auf einer Wellenlänge liegen, obwohl »Herkunft, Werdegang, emotional-geistiger Charakter, Neigung, Erfahrung«, wie Franz Fühmann meint, gänzlich unterschiedlich sind. Was sie in jedem Fall eint, das ist in dieser Zeit ihre Ernest-Hemingway-Verehrung. Nach Petzow bringt Brigitte Reimann denn auch ein Exemplar seines Debüts mit, den Roman »Fiesta«, den sie sich aus Westberlin besorgt hat. Hemingway gilt in Funktionärskreisen als »morbid« und »dekadent«. Dem steht die Sicht einer ganzen Autorengeneration entgegen, für die der amerikanische Erzähler eine Art Vorbild ist. Pitschmann erklärt das so:

> Hemingway war unser Abgott, unser großes Beispiel, unser Vorbild. Der erzählte etwas, das mit unseren eigenen Gefühlen übereinstimmte. Wir empfanden uns auch als »verlorene Generation«, die schon den Krieg und die Nazi-Zeit bewusst erlebt hatte [...]. Also irgendwie drückte Hemingway etwas aus, das auch unserem Lebensgefühl streckenweise entsprach, ganz abgesehen von seiner ungeheuren sprachlichen Meisterschaft.[13]

»Er liebt Hemingway«, notiert Brigitte Reimann beglückt im Tagebuch, »und diese Liebe hat schon eine Verbindung von ihm zu mir geschaffen.«[14] Ihre eigenen Geschichten sind – das hatten die Lektoren durchaus wahrgenommen – wehmütig, »voller Verlorenheit und fast Lebensüberdruss«. Es ist symbolisch zu nennen, dass gerade dieser Roman, »Fiesta«, am Anfang der Beziehung steht und dann einige Jahre später am Ende. »Wär schön gewesen«, das ist der letzte Satz von »Fiesta«.[15] Im Aufbau-Verlag, das darf nicht unterschlagen werden, erscheinen noch 1957 Ernest Hemingways »In einem andern Land« und »Über den Fluß und in die Wälder« in einer autorisierten Übersetzung von Annemarie Horschitz-Horst als »Ausgabe für die Deutsche Demokratische Republik mit Genehmigung des Rowohlt Verlages, Hamburg« und dem Zusatz: »Der Vertrieb in der Deutschen Bundesrepublik, in Österreich und in der Schweiz ist nicht gestattet.«[16] Auf der vorderen Umschlagklappe von »Über den Fluß und in die Wälder« ist ein Auszug aus einer Hemingway-Besprechung von Hans Fallada aus dem Jahr 1931 abgedruckt. Es hat fast den Anschein, als ob sich Brigitte Reimann an diesen Text erinnert, wenn sie später an den »Geschwistern« arbeitet. Bei Fallada heißt es:

> Zeichnen ist Weglassen, auch Erzählen ist Weglassen. Es ist ganz ungeheuerlich, wie er das macht. Er erzählt [...] Details über Details, Weglassen aller Gefühle, es gibt keinen Autor –: und aus all dem steigt Traurigkeit auf, die Verlorenheit im Leben, unsere Ziellosigkeit, Ausgeliefertsein an das Schicksal. Hemingway spricht nie davon, er spricht nie von Gefühlen, wenn er von Liebe spricht, so ist das keine hohe Göttertochter, sondern eine ganz irdische Sache, Geschwätz zu zweien, wie schön es ist, zusammen ins Bett zu gehen, den Regen vor den Fenstern zu hören, sich zu halten.
>
> Er zeichnet nur ein paar Striche, grade die Striche, die notwendig sind für die Kontur. Das andere überläßt er seinen Lesern, uns. Nun kommt es darauf an, wie wir zu den Dingen stehen.[17]

Der Abschluss der Rezension ist ein Plädoyer für Hemingway:

> Er gibt den Umriß, das andere haben wir zu geben. Wenn wir etwas zu geben haben, da liegt das Geheimnis. Er gibt die Vorbedingungen für die Gefühle, das andere müssen wir schon machen, wenn wir eben fühlen können. Er gibt den Anlaß zur Liebe, aber haben wir auch das Herz zu lieben? Daran liegt es.[18]

»Erzählen ist Weglassen«, das ist eine Maxime, die Pitschmann bereits verinnerlicht hat und die Brigitte Reimann in der dann beginnenden Zusammenarbeit mit Günter Caspar in einem längeren Prozess verinnerlichen wird. Falladas Besprechung entstand in seiner Zeit als Literaturkritiker für das Septemberheft 12 der Zeitschrift »Die Literatur«. Dabei geht er auch auf den Roman »Fiesta« (1926) ein, die erste Publikation Hemingways, die Ernst Rowohlt 1928 in Deutschland herausbringt, zwei Jahre nach dem Original.[19] Ein Jahr später erscheint eine Sammlung von Kurzgeschichten mit dem Titel »Männer« (»Men Without Women«). 1935 veröffentlicht Rowohlt den schon 1922 in den USA publizierten Novellenband »In unserer Zeit« (»In Our Time«). Im gleichen Jahr erscheint der gerade erst 1929 im Original herausgekommene Roman »In einem anderen Land« (»A Farewell to Arms«).[20] Mit dem Machtantritt der Nazis erhält Annemarie Horschitz-Horst Übersetzungsverbot. Zudem steht Hemingway mit seinem Antikriegsroman »In einem anderen Land« auf der Liste jener Autoren, die am 10. Mai 1933 öffentlich verbrannt werden.[21] Hans Fallada deutet in seiner Besprechung den Roman »Fiesta« ähnlich wie Brigitte Reimann und Siegfried Pitschmann. Er sieht, dass es im Roman um eine »durchschnittliche Rotte Amerikaner« geht, die Europa durchmisst, »ein bißchen verlottert vielleicht, nun gut«. Es ist eine Einschätzung, mit der die Oberflächenstruktur des Romans durchaus gekennzeichnet ist. Erich Franzen, der eine der frühen Kurzbesprechungen zu »Fiesta« verfasst hat, nennt den Stil Hemingways treffsicher »sachlich bis zur Verzweiflung«. Hemingway, heißt es, »›deutet‹ nie; er sucht immer durch die Schilderung direkt zu wirken«. Aber obwohl »alles Bedeutende verschwiegen wird – plötzlich ist es doch da, aufgebrochen durch Instinkte, deren Ursprung rätselhaft bleibt wie die Welt«.[22] Liest man diese beiden Besprechungen, dann ist ein Vergleich mit Brigitte Reimanns »Joe und das Mädchen auf der Lotosblume« durchaus möglich. Wichtig aber mit Blick auf Hemingway ist Falladas Interpretation, mit der er auf den Kern des Romans »Fiesta« zu sprechen kommt: »Auch eine Liebesgeschichte ist darin, sie lieben sich wohl, trotzdem er eigentlich seit einem Bauchschuß im Kriege kein Mann mehr ist.« Der Autor von »Kleiner Mann – was nun?« sieht, dass »aus der Sache nichts werden kann« – gemeint ist die Liebe zwischen Jake und Brett –, denn »wo nichts mehr geht, geht es nicht«.[23] Die meisten Kritiken übergehen diese für die ›Message‹ des Textes zentrale Konstellation.

Liest man Falladas Besprechung, die exemplarisch für die frühe Rezeption in Deutschland steht, dann ist einerseits nachvollziehbar, was die neue Autorengeneration in der DDR an Hemingway so begeisterte. Andererseits kann man ahnen, warum die Bücher nach den ersten Publikationen im Aufbau-Verlag auf den Index gerieten und zur Folie für eine Auseinandersetzung wurden, in die Brigitte Reimann und vor allem Siegfried Pitschmann schon wenige Monate später hineingerieten. Im Vorfeld der Kulturkonferenz, die am 23. und 24. Oktober 1957 stattfand, sowie auf dem 33. Plenum des ZK der SED, von dem schon die Rede war, hielt Kurt Hager, seit 1955 Sekretär für Wissenschaft, Volksbildung und Kultur, ein Grundsatzreferat vor Verlagsvertretern. In dem Vortrag forderte er Wachsamkeit gegenüber den von DDR-Verlagen publizierten Werken, die »den morbiden, parasitären, verfaulenden und pessimistischen Geist der kapitalistischen Gesellschaft« verbreiteten. Hager hielt es für einen Fehler, dass das »morbide Buch Hemingways ›Über den Fluß und in die Wälder‹, das eine Schilderung der Untergangsstimmungen eines amerikanischen Obersten und einer italienischen Gräfin enthält«, bei Aufbau erschienen war.[24] Dies umso mehr, da er Kenntnis von einer Statistik hatte, die die »Kommission zur Untersuchung der literaturverbreitenden Institutionen« vorgelegt hatte: Für Hemingways »Über den Fluß und in die Wälder« gab es bei einer Auflage von immerhin 20 000 Exemplaren Vorbestellungen in Höhe von 83 632 Exemplaren! Brigitte Reimann und Siegfried Pitschmann hatten dazugehört.

Der Austausch über die Romane von Hemingway jedenfalls befördert ihre Zweisamkeit. Am 1. Mai 1958, der landesweit mit Demonstrationen und Feiern begangen wird, kommt es zu einem Ereignis, dass die Liebenden noch enger zusammenbringt. Es gibt einen Streit zwischen einer Gruppe von Lehrern, die zu einem Weiterbildungslehrgang im Petzower Schloss sind, und den Schriftstellern. Der Vorwurf an die Schriftsteller lautet, sie seien ideologisch unsichere Kantonisten und überhaupt moralisch verworfen. Brigitte Reimann kontert mit der Frage, wie viele Lehrer in den Westen gegangen seien und wie viele Autoren. Der Streit eskaliert, und der angetrunkene Siegfried Pitschmann schreitet als Verteidiger mit einer Liebeserklärung ein: »Diese Frau liebe ich und die werde ich heiraten!«, brüllt er in die Runde.[25] Ein großes Hallo ist die Folge, und sie verloben sich. Bis zur Hochzeit dauert es allerdings noch einige Monate, denn beide sind bereits verheiratet. Siegfried Pitschmanns Ehe existiert nur noch auf dem Papier, beide gehen längst eigene Wege. Seine Frau ist Chefin einer Gerberei, selbstbewusst und emanzipiert, sie gehört zu den Ersten, die in Erfurt-Mühlhausen Auto fahren. Elfriede hat zwei Söhne, für die Pitschmann so etwas wie der große Bruder ist. Das Paar lebt bis 1957 zusammen. Er geht dann, noch bevor der »Bitterfelder Weg« ausgerufen wird, als Betonhilfsarbeiter nach Hoyerswerda in das Braunkohlekombinat Schwarze Pumpe. Nun müssen die Scheidungen auf den Weg gebracht werden, und das geht noch im selben Jahr über die Bühne, für Brigitte Reimann am 28. November 1958 und für Pitschmann rund drei Wochen später am 20. Dezember. Beide haben Glück mit dem Scheidungsrichter, der keine lange Schlichtungszeit ansetzt. Beim Abschied wird Brigitte Reimann einmal mehr klar, wie weit Günter und sie sich bereits voneinander entfernt haben, der Eintrag im Tagebuch ist deutlich. »Er, der junge Arbeiter, hat Spießer-Ansichten, die mich geradezu entsetzen. [...] Günter hätte mich auf die Dauer zugrunde gerichtet. [...] Woher habe ich damals noch die Kraft zu meinen Ausbruchs-Versuchen, den Mut zum Bücherschreiben genommen? Ich fühle mich jetzt wie jener Mann nach seinem Ritt über den Bodensee.«[26]

Die Redewendung hat es in sich, sie bezieht sich auf Gustav Schwabs Ballade, in der ein Mann an einem Wintertag mit seinem

Pferd möglichst schnell ans andere Ufer gelangen will. Eigentlich sucht er einen »sichern Kahn«, aber das Wetter ist so schlecht, und ohne dass es ihm bewusst wird, reitet er über den zugefrorenen See. Als er – ahnungslos – am anderen Ufer ankommt, fragt er eine junge Frau: »Willkommen am Fenster, Mägdelein, / An den See, an den See, wie weit mag's sein?« Voller Schrecken antwortet die junge Frau, dass er doch gerade über den See geritten und schon am anderen Ufer angekommen sei. »Sie rufet das Dorf herbei zu der Mär, / Es stellen die Knaben sich um ihn her.« Mütter und Greise sammeln sich um den Reiter und preisen sein Glück, denn es gibt viele Stellen, an denen das Eis dünn ist. Als dem Mann bewusst wird, welche Gefahr er überlebt hat, »seufzt er« und sinkt »vom Roß herab«, tot. Ganz so wie bei Schwab meint Brigitte Reimann es denn nicht, aber sie sieht im Nachhinein durchaus, dass sie, ohne es zu wissen, wohl doch einer großen Gefahr entgangen ist.

Anfang Februar 1959 sind die frisch Geschiedenen wieder in Petzow, sie wollen ihre Hochzeit vorbereiten und gleichzeitig schreiben. Brigitte Reimann macht in dieser Zeit »die wertvollste, bewegendste Bekanntschaft seit Jahren«. Bodo Uhse ist ein »faszinierender Mann, still, sehr kultiviert, voll schwermütiger Ironie«, schreibt sie ins Tagebuch. »Daniel, der vor Zeiten als Uhses Protegé galt, schwärmte mir oft von ihm. Jetzt begreife ich ihn! Uhse ist ein Außenseiter (sind wir es nicht auch schon?), und vielleicht beruht darauf die eigentümliche Anziehungskraft zwischen uns.« Daniel gibt Uhse ein Kapitel des neuen Romans seiner zukünftigen Ehefrau, und der lobt die erstaunliche Kraft der Darstellung. An das Thema würde er sich aber nicht herantrauen. Es geht erneut um die Schuld-Frage. Da das Vorhaben nicht unter dem ursprünglichen Titel zu Ende geführt wird, deutet nur eine Nebenbemerkung darauf, worum es hier geht. Uhse neigt – anders als Caspar – dazu, »daß ich die Schuld Hendriks nicht verwässern dürfe durch Zufall, Nur-Befehls-Ausführung etc.«.[27] In der Begründung des Aufbau-Lektorats zu dem Projekt »Zehn Jahre nach einem Tod« sind die Koordinaten des Romans so erfasst: »Thema der Autorin ist der Versuch, Menschen, die im Hitlerkrieg schuldig geworden sind (ein Soldat beim Überfall auf die UdSSR; ein BDM-Mädchen, das 5 Minuten vor 12 einen Deserteur denunziert), in unseren gesellschaftlichen Verhältnissen zur Einsicht und Sühne zu bringen. Vom Vorspiel 1945 springt die Handlung ins Jahr 1955; Ort der Handlung: eine Kleinstadt in Sachsen-Anhalt.«[28] Im Aufbau-Verlag äußert man Vorbehalte gegenüber dem Projekt, es geht um das Thema, die Konzeption, aber auch den Figurenaufbau sowie die Anlage des Konfliktes. Verlag und Autorin erzielen eine Einigung insofern, als sie den weiteren Fortgang des Manuskriptes abwarten wollen.

Am 10. Februar 1959 ist es dann so weit. Brigitte Reimann und Siegfried Pitschmann heiraten auf dem Standesamt in Werder. Die Feier findet im Schriftstellerheim statt, es sind eine Reihe Kollegen und Verlagsleute dabei. Die Hochzeitsgäste haben zusammengelegt und – ganz Schriftsteller – keinen Hausrat geschenkt, wie das sonst üblich ist, sondern eine gediegene und antiquarisch erworbene Sammlung der Werke Heinrich von Kleists. Der Cheflektor des Aufbau-Verlages, Günter Caspar, überreicht eine Gesamtausgabe von E. T. A. Hoffmann. Für das Mittagessen hat Frau Ihlenfeld ein von allen bewundertes Menü zusammengestellt. Nachmittags geht es nach Sanssouci, und abends beginnt im Heim das, was man eine große Zecherei nennt. Brigitte Reimann ist sich gewiss: »Daniel ist der Gesuchte und Gefundene.«

28. »D. ist ein schwerer Schlag versetzt worden« – Diskussionen um die »harte Schreibweise«

Das frischgebackene Ehepaar wohnt bei den Reimanns, die sich schnell an Daniel gewöhnen und ihn ins Herz geschlossen haben. Pitschmann überzeugt nicht zuletzt als Klavierspieler, Mutter Elisabeth meint, die Tochter habe ein »Schnäppchen« mit ihrem Neuen gemacht. Doch auf Dauer muss eine eigene Wohnung her. Nicht abschütteln lassen sich die finanziellen Sorgen, das Geld reicht nicht einmal für eine Fahrt zum Aufbau-Verlag. Würde Vater Reimann nicht immer wieder aushelfen, wäre die Situation schlichtweg trostlos. Mitte Mai schießt er das Geld für die Fahrt nach Berlin vor. Die Tochter arbeitet immer noch am Projekt »Zehn Jahre nach einem Tod« und trifft sich mit Cheflektor Günter Caspar und Lektor Joachim Schreck, um den Stand des Manuskriptes zu besprechen. Beide raten ihr von dem Vorhaben ab, sie können nach wie vor wenig damit anfangen. Einen Tag später, wieder in Burg, erleidet Brigitte Reimann einen Nervenzusammenbruch. Siegfried Pitschmann teilt dies Caspar noch am selben Tag mit: »Brigitte ist restlos am Ende, und sie hat allen Ernstes die Absicht, ihr Buch wegzuschmeißen, nachdem sie zwei Jahre umsonst daran gearbeitet hat.« Es geht Pitschmann in diesem für ihn ausgesprochen eruptiven Brief aber um weitaus mehr. Er wirft den Männern vor, dass sie »immer wieder die besten Absichten« zertrümmern und es nicht darum gehen könne, »ein Buch nach den Ideen des Lektorats zu verfertigen«. Scharf greift er »Herrn Schreck« an, dessen Vorstellungen vom Leben nicht von der Wirklichkeit gedeckt seien. »So, wie manche Leute die Helden in Büchern gern sehen möchten (und nicht nur in Büchern), sind sie leider nirgends anzutreffen, da hilft kein noch so bemühtes Überhöhen, Abstrahieren und Drei-Schritte-Vorauseilen.« Die dann folgende Aussage ist fast schon so etwas wie eine Generalabrechnung, die keineswegs nur den Aufbau-Verlag und die verzweifelte Situation von Brigitte Reimann betrifft, sondern insgesamt auf das Verhältnis von Verlag und Lektor auf der einen, Autorinnen und Autoren auf der anderen Seite abhebt:

> Wie dem auch sei, ich mußte Dir also die Geschichte mit Brigittes völligem Zusammenbruch und mit ihrer absoluten Verzweiflung, mit ihrem Zweifeln am Sinn unserer Literatur überhaupt, mitteilen, und ich hoffe sehr, daß Du wenigstens ein Quentchen Verständnis haben möchtest, auch was meinen eigenen ruppigen Ton anbetrifft. Leider sind nicht alle Autoren so beneidenswert gleichgültig und von Sensiblität frei wie Lektoren, und ich muß meine ganze Arschruhe zusammennehmen, um nicht ebenfalls in die Luft zu fliegen.[1]

Nimmt man Pitschmanns Brief für sich, entsteht der Eindruck eines ungebührlichen Drucks von Verlagsseite, womöglich gar eines Zensuraktes, der eine sensible Autorin in Verzweiflung stürzt. Allerdings stellt dies eine Vereinfachung dar, die mit den Verhältnissen nur bedingt etwas zu tun hat, wie überhaupt dem Eindruck widersprochen werden muss, die Verlage der DDR hätten sich als Zensurinstanz verstanden. Es ging in erster Linie darum, gute Bücher zu machen. Das galt auch für die Arbeit mit Brigitte Reimann.

Günter Caspar lässt die Vorwürfe von Siegfried Pitschmann, ebenfalls Aufbau-Autor, in dieser Weise denn auch nicht stehen und schreibt einen privat gehaltenen Brief. »Ich könnte Dir offiziell, im Verlagsauftrag nur schwerlich so antworten, wie ich es hier tue«, beginnt er. Er sucht nachfolgend in einem ausgesprochen sensiblen Ton einige seiner Meinung nach überzogene Momente geradezurücken. Das von Brigitte Reimann nach dem Gespräch im Verlag geäußerte »›Zweifeln am Sinn unserer Literatur‹« kann er nicht nachvollziehen. Ihm ist das ein »zu großes Wort«. »Unsere Literatur überhaupt – das ist ein vielstöckiges Hochhaus mit viel mehr Wohnungen, als zur Zeit schon bezogen sind.« Das ist ein treffendes Bild. Und auch die Vermutung, »daß Brigitte ihr

›Buch nach den Ideen eines Lektorats verfertigen‹ solle«, weist er zurück. Davon sei nie die Rede gewesen. Es sei die Rede gewesen nur von dem, »was uns nicht gelungen, schief, schlecht oder falsch zu sein scheint«.[2] Die konkreten Einwände von Caspar und Schreck sind nicht überprüfbar, das Manuskript des Romans »Zehn Jahre nach einem Tod« existiert nicht mehr, auch nicht in Teilen. Es ist durchaus anzunehmen, dass die Bedenken gegenüber dem Vorhaben nicht ganz unbegründet waren. Nach der Beschreibung des Inhalts kann ferner davon ausgegangen werden, dass Stoff wie Thema zur späteren Erzählung »Das Geständnis« führten.

Brigitte Reimann, die mitunter zu hysterischen Reaktionen neigt – ihre Geschwister haben das mehrfach erinnernd bestätigt –, lässt diesmal Verzweiflung und Ärger hinter sich und macht sich schnell wieder ans Schreiben. Anders als Pitschmann verfügt sie über eine ungeheure mentale Stärke, die es ihr möglich macht, mit Niederlagen konstruktiv umzugehen und sich neu zu motivieren. Im Tagebuch einen Monat später klingt das so: »Als ich aus B. zurückkam, hatte ich einen Nervenzusammenbruch. Ich wollte mein Buch aufgeben. Drei Tage später habe ich mich – aus Wut, Verzweiflung und Trotz – hingesetzt und innerhalb eines Monats eine 80 Seiten lange Erzählung geschrieben, die Daniel gut findet.«[3] Es ist die Erzählung »Das Geständnis«, von der sie selbst nicht so recht weiß, was sie von ihr halten soll. Dem Aufbau-Verlag und Cheflektor Caspar sagt sie zu.

Einige Monate später, Ende September 1959, geht ein Schreiben von Aufbau ein, in dem ein Vertragsangebot für die Erzählung »Das Geständnis« geschickt wird. Der Verlag ist kulant, eine Verrechnung des Vorschusses, den die Autorin für den Roman »Zehn Jahre nach einem Tod« schon erhalten hat, ist nicht vorgesehen. Bei Vertragsschluss sollen zwei Drittel der Pauschale, also 2300 Mark, gezahlt werden.[4] Wiederum einen Monat später antwortet Caspar auf die von Brigitte Reimann vorgebrachte Vermutung, er habe etwas dagegen, dass sie das »Geständnis« zu einem Roman ausbaut bzw. an »Zehn Jahre nach einem Tod« weiterschreibt. Er argumentiert, dass er keineswegs etwas dagegen habe, die »Vergangenheit wachzuhalten«, aber glaube, dass mit dem »Geständnis« das spezielle Thema erst einmal »ausgeschrieben« sei.[5] Damit hat er – betrachtet man die Erzählung, von der noch zu reden ist – durchaus recht.

Zu diesem Zeitpunkt liegt ein weiterer Schock hinter dem Künstlerpaar. Diesmal betrifft es Siegfried Pitschmann. Es gibt einen schlimmen Anwurf aus dem Schriftstellerverband, der sein Selbstverständnis in hohem Maß aufstört. Im Tagebuch notiert Brigitte Reimann:

> D. ist ein schwerer Schlag versetzt worden. Bei einer öffentlichen Diskussion über die »harte Schreibweise« (eine fixe Idee von Strittmatter) ist sein Buch als warnendes Beispiel zitiert und diffamiert worden. Wir haben Grund zu der Vermutung, daß wir Opfer einer Intrige geworden sind, deren eine Menge unter unseren sozialistischen Schriftstellern gesponnen werden. Wir können beide nicht weiterarbeiten. Proteste sind vermutlich zwecklos. Wir haben uns an C. um Hilfe gewandt.[6]

Was ist geschehen? Und was hat es mit der sogenannten »harten Schreibweise« auf sich, gegen die auch Erwin Strittmatter zu Felde zieht? In der Tat hat Strittmatter in seiner Antrittsrede als 1. Sekretär des Deutschen Schriftstellerverbandes im Februar 1959 vor dem Vorstand einige Markierungen gesetzt, die von Gewicht waren. Dabei wandte er sich zunächst gegen eine »objektivistische, dekadente Schreibanmaßung« und monierte, dass mit derartigen Ansätzen bislang keine hinreichende »ideologische Auseinandersetzung« geführt worden, indes der Grund gefunden sei, warum »ein Teil unserer jungen Kollegen literarischen ›Modetorheiten‹« verfalle. Strittmatter hielt es für ungerechtfertigt, dass Maxim Gorki, Michail Scholochow oder Alexej Tolstoi »als veraltet«, stattdessen Kafka, Proust, Musil, Hemingway »als ›modern‹« galten. Wenn diese Autoren nun »als ›die‹ großen Schriftsteller unserer Zeit verherrlicht« werden, »von deren formalem Können die sozialistische Literatur zu lernen hätte«, dann krieche man »den Gegnern des Sozialismus auf den Leim« – »unter dem Mantel des Experiments« habe sich der »Revisionismus in Theorie und Praxis der

Literatur« ausgebreitet, indem man dem »bürgerlichen Freiheitsbegriff vorübergehend verfallen« sei.[7]

Strittmatter wird sich in den folgenden Jahren – das muss betont werden – von dieser dogmatischen Literaturauffassung entfernen, ja von ihr distanzieren. Das hilft allerdings Siegfried Pitschmann und Brigitte Reimann im Juni 1959 nicht. Eigentlich hat die Debatte, in die sie hier hineingeraten, auf den ersten Blick nichts mit den Romanvorhaben zu tun, an denen sie beide arbeiten. Mit der »harten Schreibweise« sind eigentlich Bücher gemeint, die den Zweiten Weltkrieg behandeln. Weder Pitschmann noch die drei Jahre jüngere Brigitte Reimann hatten das in ihren Werken getan. In der »Frau am Pranger« gibt es zwar einen Hinweis auf Kathrins Mann, der einige Tage auf Urlaub von der Ostfront kommt, was dann aber verhandelt wird, zielt in eine Richtung, die in der westdeutschen Nachkriegsliteratur eine entscheidende Rolle spielt, ja, es ist die zentrale Gründungserzählung, die von der Autorengeneration um die Gruppe 47 entworfen wird. Hans Werner Richter, Alfred Andersch, Walter Kolbenhoff, Wolfdietrich Schnurre, Günter Eich, Wolfgang Weyrauch gehören dazu wie auch Heinz Friedrich und Walter Mannzen. Im Drama sowie in epischen Texten wird ein Narrativ entfaltet, das die junge Generation als tragisches Opfer von Gewaltherrschaft und Krieg sieht.[8] Zunächst in der Publizistik rekurrierten sie alle nach der Rückkehr aus Krieg und Gefangenschaft auf diesen »gemeinsamen Erlebniskern«[9]. Hans Werner Richter war es, der den Bogen der gemeinsamen Erfahrung »von der Inquisition bis zum Fronterlebnis, vom Konzentrationslager bis zum Galgen« spannte.[10] Zweifellos zielte die Verbreitung eines solchen Soldatischen Opfernarrativs auf eine Stabilisierung jener, die den Krieg erlebt hatten. Gleichzeitig erfolgte damit eine (literarische) Gruppenbildung insofern, als diese Autoren sich selbst bestätigten und zusammenfanden. Das Soldatische Opfernarrativ wurde so etwas wie ein Kollektivsymbol, das in der Lage war, die Erfahrungs- und Erinnerungsgemeinschaft des zum Opfer gewordenen (jungen) deutschen Soldaten zu gründen. Das führte zum Entwurf einer Generationsgestalt, die bevorzugt in Romanen und Erzählungen inszeniert wurde und den Landser zum Opfer eines diktatorischen Systems machte.[11] Dazu gehören Romane wie Theodor Plieviers »Stalingrad« (1945), Hans Werner Richters »Die Geschlagenen« (1949), Heinrich Bölls »Wo warst du, Adam?« (1951) und Alfred Anderschs »Die Kirschen der Freiheit« (1952).[12]

1959 steht dieses Soldatische Opfernarrativ fast ausschließlich mit Autoren in Verbindung, die im Westen Deutschlands publizieren. Es findet sich in vergleichbarer Weise aber auch in der frühen DDR-Literatur wieder und verweist insofern auf einen gemeinsamen Erfahrungskern in Ost und West. Allerdings – und das soll hier interessieren – erfahren diese Texte im Osten Deutschlands nun eine scharfe Abwehr.

Dabei hat es zunächst durchaus noch eine Motivation gegeben, den Krieg literarisch zu verarbeiten. Ludwig Renn, Autor des Antikriegsromans »Krieg« (1928), bedauert, wie bereits geschildert wurde, auf dem IV. Schriftstellerkongress 1956 noch das Fehlen einer Kriegsliteratur in der DDR – im Gegensatz zum Westen – und forderte eine solche ein. Er skizziert zugleich, wie diese aussehen solle. »Natürlich muß jede Kriegsliteratur, die bei uns erscheint, zukunftsweisend sein.«[13] Damit ist eine Orientierung für das Was und Wie der Darstellung gegeben. Abgehoben wird auf einen Erinnerungs- und Verarbeitungsprozess, der eine Wandlung der Figuren im Sinne des Ideals einer sozialistischen Gesellschaft einschließt.[14] Doch genau diese Vorgabe unterlaufen jene Texte von Autoren, die unter dem Schlagwort »harte Schreibweise« zusammengefasst werden. Dazu gehören die viel diskutierten Texte von Harry Thürk (»Die Stunde der toten Augen«, 1957), Egon Günther (»Dem Erdboden gleich«, 1957), Karl Mundstock (»Die Stunde des Dietrich Conradi«, 1958) und Hans Pfeiffer (»Die Höhle von Babie Doly«, 1957). Eine genauere Untersuchung der Texte würde zeigen, dass darin das bereits angesprochene Soldatische Opfernarrativ eine zentrale Rolle spielt. Harry Thürk – das Beispiel muss hier ausreichen – legt ganz in diesem Sinne einem seiner Protagonisten jene Argumente in den Mund, die für selbiges Opfernarrativ kennzeichnend sind:

> Sie haben uns genommen, wie wir von unseren Müttern kamen, und haben uns befohlen, was wir zu tun haben und was wir denken dürfen. [...] Sie haben uns in ganz Europa herumgehetzt, so lange bis uns ganz Europa verflucht hat. Sie haben uns getötet. Lange bevor wir hier in diesem Loch krepieren werden, haben sie uns getötet. [...] Das sind wir. Eine Generation, der sie das Rückgrat gebrochen haben. Wir haben es erst gemerkt, als wir uns aufrichten wollten. Wir können uns nicht allein aufrichten. Wir sind zerbrochen. Ich glaube, es ist nie zuvor eine Generation so zerbrochen gewesen wie wir.[15]

Das Opfernarrativ findet sich vergleichbar bei den anderen DDR-Autoren, die versuchten, detailliert, unmittelbar und über einen harten Realismus zu zeigen, was der Krieg für den Einzelnen bedeutete. Selbst dort, wo die Handlung überschauende und kommentierende Erzähler eingesetzt werden (Pfeiffer, Mundstock), geht es gerade darum, durch entsprechende Techniken wie den inneren Monolog einen Einblick in die Innenwelt der Protagonisten zu geben. Abgezielt wird darauf, inzwischen minorisierte, verdrängte Erfahrungen zu konfigurieren und in das kollektive Gedächtnis zu bringen, nämlich jene Schrecken, denen Soldaten in einem Vernichtungskrieg ausgesetzt sind. Dabei griffen diese Autoren – sie waren alle um die dreißig – auf Vorbilder wie Norman Mailer oder Ernest Hemingway zurück. In den Reaktionen auf die Texte in der DDR zeigte sich dann, dass die Gestaltung solcher Erfahrungen hier unerwünscht war. Ganz in diesem Sinn hieß es zu Harry Thürks Roman »Die Stunde der toten Augen«:

> Thürk ist dem Objektivismus verfallen. Das Wesen des Zweiten Weltkriegs ist mit der naturalistischen Schilderung selbst der grausamsten Details nicht zu erfassen.[16]

Mit der Debatte um die »harte Schreibweise« setzte sich in der DDR ein Wertungsraster durch, das Kriegsliteratur darauf verpflichtet, Aufklärung über die gesellschaftlichen Bedingungen von Kriegen zu liefern und die Ursachen im Basis-Überbau-Verhältnis aufzuspüren. Zudem wurde in der DDR die bereits zitierte Position von Georgi Dimitroff aus den 1930er Jahren verbindlich, wonach der Faschismus die »offene, terroristische Diktatur der reaktionärsten, chauvinistischsten, am meisten imperialistischen Elemente des Finanzkapitals« darstelle.[17] Eine solche Argumentation entlastete – darauf ist schon verwiesen worden – die vielen Mitläufer und machte frei für die Zukunft.

Dass es sich bei der Abwehr der »harten Schreibweise« um eine grundsätzliche Frage handelt, die auch die Gegenwartsliteratur betrifft, unterstreicht nun eine Vorstandssitzung des DSV, die zwei Monate nach der Bitterfelder Konferenz am 11. Juni 1959 im Gästehaus der DDR-Regierung stattfindet. Das Thema lautet: »Die Realität ist hart – was ist mit der harten Schreibweise?« Es geht hier erneut um die genannten Texte der Kriegsliteratur, aber auch – und das ist von besonderer Bedeutung – um Versuche, Gegenwartsstoffe zu gestalten. Brigitte Reimann verweist dabei insbesondere auf die Rolle, die der »kleine Holzkopf« Gerhard Holtz-Baumert auf der Veranstaltung spielt. Und in der Tat geht der Angriff gegen Siegfried Pitschmann von ihm aus, der gerade seinen ersten Erfolg als Autor des Kinderbuchs »Alfons Zitterbacke« feiert, das bis zum Ende der DDR zu den meistgelesenen Kinderbüchern gehören wird.[18] Im Juni 1959 ist er das, was man einen Hardliner nennt. In seinem einzig als Tonbandaufnahme überlieferten Diskussionsbeitrag greift er Pitschmanns Romanmanuskript »Erziehung eines Helden« frontal an und wirft ihm eine vermeintliche Nähe zu Hemingway vor.[19] In seinem Statement finden sich sämtliche jener Kampfmetaphern wieder, die bereits Erwin Strittmatter markiert hatte. Im Zentrum steht nun allerdings keineswegs ein Roman über den Krieg, im Gegenteil, es betrifft ein Romanprojekt, das exakt dem entspricht, was eigentlich auf der I. Bitterfelder Konferenz gefordert worden ist, nämlich die literarische Gestaltung von Arbeitsprozessen in den neuen Betrieben. Seine Arbeit stellt eigentlich einen Vorgriff auf spätere Entwicklungen dar.

Die Kritik auf der Vorstandssitzung trifft den 29-jährigen Siegfried Pitschmann entsprechend unvorbereitet und schwer. Er hat seinen

Roman – durchaus ironisch – »Erziehung eines Helden« (1959) genannt. Die Story ist vergleichbar mit jener, die Brigitte Reimann in ihrer Erzählung »Ankunft im Alltag« (1961) erfolgreich gestalten wird. Im Zentrum steht ein junger Mann, den es nach einer gescheiterten Beziehung in die Produktion der Schwarzen Pumpe zieht. Dieser Protagonist, von Hause aus Musiker, gerät hier in eine ihm gänzlich fremde Welt. Er stößt auf Produktionsarbeiter, die dem Ideal des »neuen Menschen«‹ entsprechen sollten. Doch muss er bald erkennen, dass in der materiellen Produktion wenig von den idealistischen Vorstellungen umgesetzt wird. Um diese irritierenden Erfahrungen seines Protagonisten zu gestalten, sucht der Autor nach einer spezifischen erzählerischen Vermittlung. Zwar gibt es auch hier auktorial erzählte Teile, aber sukzessive kommt es zu einem Wechsel ins personale Erzählen. Über den inneren Monolog wird die Innenwelt des »Helden« kontinuierlich ausgeleuchtet. Bereits zu Beginn des Textes ist dieser im Betrieb mit schwerer körperlicher Arbeit konfrontiert, was über einen solchen inneren Monolog erzählt wird:

> Er dachte: Ihr habt mir gleich die richtige Beschäftigung aufgebrummt. (Aber welche Aussicht, eines Tages als hochqualifizierter Karrenschieber über die Baustelle zu hetzen!) Ihr habt gedacht: da ist wieder mal so ein Neuer, so einer, der keine Ahnung hat, einer, dem wir die Hammelbeine schon langziehen werden, – das habt ihr euch doch so gedacht, nicht wahr. Aber bildet euch nicht ein, ich kneife, oder ich mache schlapp. Ich denke nicht daran, zu kneifen oder schlappzumachen.[20]

Wie später in Erik Neutschs »Spur der Steine« (1964) wird der Protagonist schnell mit spezifischen Methoden der Brigade bekannt gemacht, die nichts mit der Arbeitsmoral des viel beschworenen »neuen Menschen« zu tun haben. Einer der »alten Hasen« unter den Arbeitern führt die Hauptfigur in die gängigen Vereinbarungen des Schummelns ein:

> [Adam] sagte: »Dieser Schnösel kann bloß klugscheißen, stör dich nicht dran. Wirst noch 'ne Menge Leute kennenlernen, die bloß klugscheißen können. Außerdem will er Prozente schinden, weil er bei uns im Geschäft drinhängt.«
> »Geschäft«, sagte der Neuling. »Was für ein Geschäft?« Mach dich nicht lächerlich mit deiner Fragerei, dachte er.
> Adam sagte: »Unsere Norm natürlich. Je mehr Platten wir verlegen, desto höher steigen wir über die Norm – bis hundertsechzig oder hundertachtzig Prozent, wenn's gut geht.« Sein Kopf schwebte in einer bläulichgrauen Wolke von Zigarrenqualm. »Wirst schon dahinterkommen, wie der Hase bei uns läuft. Keine Angst.«[21]

Einmal mehr kommt es zum Wechsel von einer überschauenden zu einer figurenbezogenen Sicht. Schließlich setzt Pitschmann einen Erzähler ein, der mit dem Leser in einen Dialog zu treten sucht und ihn auf diese Weise auffordert, Ideal und Wirklichkeit zu vergleichen und die utopische Vision vom »neuen Menschen« kritisch zu hinterfragen.

> Später, nach Feierabend, treffen wir ihn im Bus wieder, er sitzt am Fenster, ziemlich erschöpft, müde, verschwitzt und schmutzig. Die betonte Gelassenheit, mit der er aus dem Fenster sieht, deutet auf das großartige Gefühl eines Mannes, der etwas geleistet hat und der genau weiß, daß er etwas geleistet hat, und es ist kein Snobismus (gewisse Chronisten gefährden sich peinlich durch Gönnerhaftigkeit), wenn wir ihm auf die Schulter tippen, froh, daß er seine ersten Abenteuer glücklich überstanden hat.[22]

Es ist zunächst die Darstellung der dem Ideal des »neuen Menschen« widersprechenden Verhaltensweisen, die im Vorstand des Deutschen Schriftstellerverbandes zur Störung führen. Holtz-Baumert, der nur Teile des Manuskriptes kennt, stellt Pitschmann dann auch in der »Berliner Zeitung« – zwar ohne Nennung des Namens – an den Pranger:

> Einer unserer Autoren arbeitet an einem Werk, das den Aufbau der »Schwarzen Pumpe« zum Inhalt hat. Die Menschen, die hier arbeiten, werden als ständig betrunken, geldgierig und ohne moralischen Halt geschildert. Aber mit solchen Arbeitern könnten wir nie den Sozialismus aufbauen.[23]

Doch damit nicht genug. Schließlich lädt der Vorstand des Deutschen Schriftstellerverbandes Pitschmann für den 3. Juli 1959 zu einer Aussprache nach Berlin. Brigitte Reimann fährt mit und erlebt, welche Vorwürfe er sich anhören muss. Auch hier führt Holtz-Baumert, der in dieser Zeit für die Literaturkritik mit zuständig ist, das Wort. Erwin Strittmatter als 1. Sekretär leitet das Tribunal. Im Ergebnis wird das Romanfragment als »nichtsozialistisch« abgeurteilt. Pitschmann reagiert empört, brüllt seine Wut heraus, dass man ihn mal gernhaben könne, und stützt türenknallend aus dem Raum. Die Sitzung ist damit beendet. Brigitte Reimann läuft erschrocken hinterher und sucht in zu beruhigen. Frustriert verlassen sie Berlin in Richtung Burg. Einige Tage später ist Pitschmann bei seiner Nenntante in Magdeburg, er spielt sich dort auf einem Harmonium in eine tiefe Traurigkeit hinein. Als er nach Hause zurückfährt, hat er alle Hoffnung verloren, er sieht sich als gescheitert an, als einen, der für seine junge Frau nichts anderes denn eine Last darstellt. Der Griff nach den Schlaftabletten, die er der alten Dame abgeschwatzt hat, erscheint folgerichtig. Den Rest des Medikamentes schluckt er nach der Ankunft in Burg. Ein Selbstmordversuch. Brigitte Reimann notiert:

> Daniel hatte versucht, sich zu vergiften. Er war am Sonntag in Magdeburg [...] gewesen; nachts um halb zwei kam er zurück, schwankend, lallend und mit halbgeschlossenen Augen. In seiner Tasche war eine leere Schachtel Kalypnon; er hatte auf dem Bahnhof eine doppelte tödliche Dosis Tabletten genommen.
>
> Vati fuhr sofort zum Arzt und ließ einen Krankenwagen kommen [...], und der Magen wurde ihm ausgepumpt. Gegen Morgen war er außer Lebensgefahr.[24]

Rückblickend empfindet Pitschmann die Diskussion als »ein entsetzliches Abschlachten, ein Strafgericht«. »Für mich«, so rekapituliert er, »war in dieser einen Stunde alles aus. Etwas in mir zerbrach.«[25] Die Intention des Buches beschreibt er rückblickend so:

> Das sollte eine große Erzählung über die Abenteuer eines jungen Mannes auf einer Großbaustelle werden, der überhaupt keine Ahnung von Bau und harter körperlicher Arbeit hat [...]. Und das Leben rüttelt ihn dort erst mal zurecht. Und das Ganze sollte heißen: »Erziehung eines Helden«, was natürlich ironisch gemeint war. Denn in der öffentlichen Kulturpolitikdiskussion wurde ja ständig gefragt: »Wo sind die Helden von heute?« Das wollte ich ironisch aufgreifen und unterlaufen, weil das Leben anders ist, als man uns theoretisch vorgab.[26]

Erwin Strittmatter versucht nach der Sitzung die zerstörerischen Folgen der Kritik abzufedern. So regt er in einem Schreiben an das Ministerium für Kultur an, Pitschmann die Rückzahlung des Vorschusses in Höhe von 1500 Mark zu erlassen. Dabei verweist er darauf, dass es bei dem Autor zu »Depressionen gekommen« sei und er »einen Selbstmordversuch gemacht« habe.[27] Dem wird umgehend entsprochen, ein Schreiben an Pitschmann vom 14. September 1959 enthält die Mitteilung, dass er »von der Erfüllung der Bedingungen auf unbestimmte Zeit entbunden« ist und den Betrag nicht zurückzuzahlen brauche.[28] Rund einen Monat später, am 12. Oktober 1959, teilt der Kulturfonds der Deutschen Demokratischen Republik »Herrn und Frau Pitschmann« mit, dass auf Vorschlag des DSV für die Gestaltung des Romans »Erziehung eines Helden« ein fünfmonatiges Stipendium in Höhe von 1000 Mark gewährt wird.[29] Fünf Tage später bedankt sich Pitschmann und bittet freundlich darum, »den Namen Brigitte Reimann-Pitschmann herauszustreichen«. Denn: »Meine Frau arbeitet nicht an meinem Roman mit.«[30]

Es ist also keineswegs so, dass das Romanvorhaben nach der internen Diskussion im Schriftstellerverband gesamtgesellschaftlich zensiert wird. Die Förderung für das Projekt läuft weiter, und die Notiz in der »Berliner Zeitung« hat keine Folgen, sie wird öffentlich kaum wahrgenommen. Warum Pitschmann das Romanvorhaben dann beiseitelegt, dafür gibt es keine hinreichende Begründung außer jener, dass es sich beim Schreiben um einen Prozess handelt, bei dem Einwirkungen von außen zu dem führen können, was man Schreibblockade nennt oder was subjektiv als »Abschlachten« empfunden wird. Zweifelsfrei hat Pitschmann die Sitzung im Schriftstellerverband aus der Bahn geworfen, den Schaffensprozess unterbrochen, ja sein Selbstverständnis als Autor untergraben. Vor diesem Hintergrund muss die Leistung von Brigitte Reimann einmal mehr bewundert werden, die als Autorin immer wieder, nach dem oftmals unbegründeten Verwerfen ihrer Fassungen durch Dritte, neuen Mut fand, sich aufzurichten und weiterzuschreiben.

Von den Autoren im Vorstand des Schriftstellerverbandes ist es besonders Erwin Strittmatter, der Pitschmann jetzt Mut zu machen versucht, sicher nicht zuletzt, weil er sich Vorwürfe macht. Unter der Verantwortung von Strittmatter beschäftigt sich die Stipendienkommission des Schriftstellerverbandes am 30. Juli 1959 mit der Vergabe von Finanzmitteln. Als Letztes wird – so ist dem Protokoll zu entnehmen – über die Förderung von Pitschmann diskutiert und entschieden. Von den Auseinandersetzungen ist nicht die Rede. Es heißt nüchtern: »Hier geht es um eine Arbeit in der Schwarzen Pumpe und die Überarbeitung eines Manuskriptes, das sich mit diesem Problem beschäftigt.« Weiter wird empfohlen, in Anbetracht der schlechten wirtschaftlichen Verhältnisse des Autors zunächst 1000 DM aus dem Sozialfonds zu gewähren und dann ein Entwicklungsstipendium von 2400 DM zu beantragen, das in sechs Raten à 400 DM ausgezahlt wird. Zudem kommt die Kommission zu dem Ergebnis, dass Pitschmann bei einem längeren Aufenthalt in der Schwarzen Pumpe Unterstützung erhalten solle. Der Schriftsteller »H. E. Siegrist soll dann die Patenschaft über P. übernehmen«, wird protokolliert.[31]

Die jungen Eheleute honorieren Strittmatters Einsatz, er unterstützt sie finanziell und sagt Hilfe bei dem ins Auge gefassten Vorhaben des Schriftstellerpaares zu, nach Hoyerswerda zu ziehen, um sich in der Schwarzen Pumpe literarisch neu aufzustellen. In Hoyerswerda war innerhalb kurzer Zeit ein Riesenprojekt der ostdeutschen Moderne ins Leben gerufen worden. Auf der Grundlage eines Ministerratsbeschlusses vom 23. Juni 1955 hatte noch im selben Jahr der Aufbau eines Braunkohleveredlungskombinates begonnen. Bereits am 1. April 1958 kam es zur Gründung des VEB Kombinat Schwarze Pumpe. Am 30. April 1959 wurde der erste Dampfkessel in Betrieb genommen. Insbesondere die Städte Hoyerswerda und Spremberg waren an die Entwicklung des Kombinates gebunden, das zwischen 5000 (1960) und 15000 (1980) Beschäftigte hatte und eine ganze Region radikal veränderte. Nicht zuletzt auch das Leben von Siegfried Pitschmann und Brigitte Reimann.

29. »Hoyerswerda ist überwältigend, das Kombinat von einer Großartigkeit, daß ich den ganzen Tag besoffen herumlief« – auf »Bitterfelder Wegen«

Nach Hoyerswerda kommt Brigitte Reimann über Siegfried Pitschmann. Den hatte es früh, vor der schicksalhaften Begegnung mit ihr, in die sozialistische Praxis gezogen, so der Begriff in der DDR. Im August 1957 hatte er sich entschieden, in das Kombinat Schwarze Pumpe zu gehen. Ihn reizte die Großbaustelle, und die Arbeitskräftelenkung teilte ihn einer Brigade von Betonbauern im VEB Industriebau Cottbus zu. Das war schwere körperliche Arbeit, die Kabelkanäle wurden mit der Hand geschachtet. »Und auch Betonplatten wurden nicht mit Hebezeugen weiterbewegt, sondern per Hand«, erinnerte er später. »Wir haben vier Zentner schwere Platten zu zweit mit Eisenstäben hochgehoben.«[1] Wichtig für ihn war in dieser Zeit eine feste Tagesstruktur. Allerdings bedeutete es auch, um vier Uhr früh aufzustehen und einen Rhythmus von kurzen und langen Wochen durchzustehen. Die Verdienstmöglichkeiten waren gut, und hierin lag der Antrieb für die meisten Arbeiter, nicht in der Überzeugung, zum »Aufbau des Sozialismus« beizutragen. Pitschmann bekam dann das, was Betonkrätze heißt, eine Hauterkrankung, die durch den permanenten Umgang mit Zement entsteht und die zuerst beim Bau der Pariser Metro beobachtet worden sein soll. Der Zement gelangte durch die Schutzhandschuhe auf die Haut und bedingte die allergische Reaktion. Das Ergebnis: Schwielen und Blasen. Als es nicht mehr ging, teilte man ihn den Baumaschinisten zu. Schließlich kam eine chronische Stirnhöhlenvereiterung dazu, er musste aufgeben und der Lausitz den Rücken kehren.

Nach der Rückkehr meldete er sich bei Günter Caspar vom Aufbau-Verlag, und der bestärkte ihn darin, die Erfahrungen literarisch zu verwenden. Alle Welt würde »nach Geschichten von den Baustellen« schreien. Und damit nimmt das Romanprojekt »Erziehung eines Helden« seinen Anfang.[2] Pitschmann beginnt daran zu schreiben, als er in Petzow ist, wo er Brigitte Reimann zum ersten Mal begegnet und die beiden sich verlieben. Nach der Hochzeit leben sie in Burg in dem kleinen Zimmer bei den Schwiegereltern. Das kann nicht ewig so weitergehen. Die »Tricks der Erinnerung« machen bei Pitschmann aus der Zeit in Hoyerswerda eine großartige Herausforderung. Dort in der Schwarzen Pumpe könne man wirklich sehen, wie es vorangeht und etwas Neues entsteht, etwas in dieser Dimension bisher nicht Dagewesenes, ein sozialistisches Großprojekt. Hoyerswerda stellt sich ihm nun als das Gegenteil von Burg dar. Und seine Schwärmereien fallen bei Brigitte Reimann auf fruchtbaren Boden, zumal auch sie ihre Stippvisite in der Wismut verklärt. Beide machen aus ihren Erlebnissen das, was Christa Wolf später als »kolorierte Medaillons« bezeichnet, die würden durch Vereinfachung das bisher Erfahrene einordnen und schöner machen.[3] Und in dieser Phase der »Kolorierung« findet am 24. April 1959 die 1. Bitterfelder Konferenz statt. Als eine Art Frontmann der ausgerufenen Bewegung gilt Werner Bräunig, weil auf ihn die Losung der Konferenz, »Greif zur Feder, Kumpel«, zurückgehen soll. Alfred Kurella hat den Slogan dann um die kulturpolitische Orientierung »Die sozialistische deutsche Nationalkultur braucht dich« ergänzt.

Es war keineswegs ein Zufall, dass der Mitteldeutsche Verlag in Halle zum Ausrichter der Autorentagung wurde. Zahlreiche junge Autorinnen und Autoren veröffentlichten hier, darunter Christa und Gerhard Wolf, Erik Neutsch, Sarah und Rainer Kirsch, Werner Bräunig. Die Tagung selbst war die Folge einer Entwicklung, die historische Wurzeln bereits in den Erfahrungen des 1928 gegründeten Bundes proletarisch-revolutionärer Schriftsteller hatte. Die Konferenz bildete eine Art Höhepunkt und Abschluss von Entwicklungen, die sich zuvor im volkskünstlerischen Bereich ergeben hatten. Zudem wurden Vorschläge eingebracht, wie die Werktätigen, die bislang nichts mit Kunst und Kultur zu tun hatten, an ebendiese »heranzuführen« seien. Dabei konnte an die bereits vor Bitterfeld existierenden literarischen Arbeitsgemeinschaften oder auch die Laien-, Arbeiter- und Studententheater angeknüpft werden. Auch Brigitte Reimann hatte hier seit ihrer Schulzeit und dann als Lehrerin grundlegende Erfahrungen gewonnen.[4]

Eine Rede, die als maßgebliche kulturpolitische Orientierung gedacht war, hielt Walter Ulbricht. Er knüpfte dabei an alte Forderungen an, die Differenz zwischen Hand- und Kopfarbeit aufzuheben. Zu diesem Zweck sollten Schriftsteller und Kulturschaffende bei »der Durchführung der sozialistischen Umgestaltung, insbesondere bei der sozialistischen Bewußtseinsbildung der Arbeiterklasse und der Bevölkerung der DDR mithelfen«.[5] Entsprechend lautete die Vorgabe, dass Autoren in den Betrieben »selbst an den Brennpunkten der Entwicklung des neuen Lebens« tätig sein sollen, um »das Neue erkennen, begreifen, aufspüren und schöpferisch darstellen« zu können.[6] An die Werktätigen erging die Aufforderung, sie sollen zu »schreibenden Arbeitern« werden, um die Fragen, die sie bewegen, mit »künstlerischen Mitteln darzustellen«.[7] Denn, so die Auffassung der SED, niemand könne die »Probleme der Gegenwart« besser gestalten »als der Schriftsteller oder Werktätige, der dieses neue Leben, die Neugestaltung dieses Lebens miterlebt«.[8]

Es sind diese Aussagen, die in den nächsten Monaten zur kulturpolitischen Orientierung wurden, mit der konkreten Praxis aber nur bedingt etwas zu tun hatten. Es gilt auch hier mit Blick auf die DDR zu unterscheiden zwischen den kulturpolitischen Ansprüchen, die von Partei und Staat gesetzt wurden, und dem, was in der Wirklichkeit passierte. Die Vorstellung, dass die »da unten« klaglos umgesetzt hätten, was die »da oben« vorgegeben haben, trifft schlichtweg nicht zu. So funktionierte das Leben in der kleinen DDR nicht. Im Gegenteil, in der gesellschaftlichen Praxis ging es nicht zuletzt um eine Emanzipation von den durch die SED vorgegebenen Rahmenideologemen. Ganz abgesehen davon, dass es ein bis in die Gegenwart existierender Fehlschluss ist, anzunehmen, die Programme der SED-Führung, wie sie auf Parteitagen, Plenartagungen oder Beschlüssen verlautbart und in den Medien popularisiert wurden, seien identisch mit der »wirklichen Wirklichkeit« (Anna Seghers). Wie problematisch es ist, in Bezug auf die DDR und die »ihr gleichartigen Gebilde« vom »Machtzusammenhang direkt auf die Akteure«, also die Bürger des Staatsgebildes, zu schließen, hat der Soziologe Wolfgang Engler mit einigem Recht herausgestellt: »Wer so verfährt«, schreibt er, »verfängt sich rettungslos in dem Vorurteil, die Menschen seien primär und unmittelbar durch das politische System und den Repressionsapparat geprägt und nicht vielmehr durch ihre Auseinandersetzung mit beiden.«[9] Die spezifische ostdeutsche Mentalität bildete sich gerade im Wechselspiel zwischen Individuum und staatlichen Instanzen heraus. Das trifft in hohem Maße gerade auch für Brigitte Reimann zu, aber nicht nur für sie. Dort, wo von der Schwierigkeit, »Ich zu sagen« (Christa Wolf), die Rede ist, bedeutet das immer auch, dass die je eigene Individualität sich unter gesellschaftlichen Rahmenbedingungen auszubilden hat, die vom Einzelnen gegebenenfalls Widerstand gegen ebendiese notwendig machen. Dass dies im Einzelfall – wie auch bei Brigitte Reimann – eine tragische Dimension haben kann, steht außer Frage. Für den Neuanfang in Hoyerswerda gibt es allerdings zunächst optimistische Signale, denn gerade auch die Schwarze Pumpe scheint zu bestätigen, dass es in der DDR vorwärtsgeht. Zudem: Die wöchentliche Arbeitszeit ist Ende der 1950er Jahre bei gleichem Lohn auf 45 Stunden reduziert worden, und 1959 kommt es zur Einführung der 10-klassigen Polytechnischen Oberschule. Die Literaturwissenschaftlerin Therese Hörnigk bringt die Entwicklungen, die damals optimistisch stimmen, so auf den Punkt:

> 1959 verfügten rund 97 Prozent aller Gemeinden in der DDR über öffentliche Bibliothekseinrichtungen, die insgesamt zwei Millionen Leser und Leserinnen mit einer Jahresausleihe von 4,2 Millionen Büchern registrieren konnten. Zugleich wurden in den Betrieben 4456 gewerkschaftlich geleitete allgemeinbildende Bibliotheken eingerichtet.
>
> Bücher und Stücke der aus dem Exil zurückgekehrten Autorinnen und Autoren wie Bertolt Brecht, Anna Seghers, Arnold Zweig, Stephan Hermlin, Stefan Heym, die sich vorrangig mit

dem Themenbereich des Widerstands gegen Krieg und Faschismus auseinandersetzten, dominierten das literarische Leben.[10]

In diesen Jahren kamen Teile der Bevölkerung, vor allem die Arbeiterschaft, in einem Maße mit Kultur im weitesten Sinne in Berührung, wie es zuvor nicht der Fall war.[11] Dabei war die Weimarer Klassik mit Goethe und Schiller ein entscheidender Bezugspunkt. »Kein Vertreter der Großen der Literatur und der Großen der schönen Künste wäre in der Lage gewesen, seine Werke ohne tiefe Kenntnis des zu gestaltenden Objekts zu schreiben«, betonte Walter Ulbricht in seiner Rede. Und weiter: »Goethes und Schillers Dramen zeigen in ihrem Inhalt die engen Beziehungen des Dichters zu seiner Gegenwart und zeugen von den tiefen historischen Kenntnissen über die beiden Größen unserer klassischen Literatur.«[12]

Der Verweis auf die Weimarer Klassik hing ursächlich mit der deutschen Geschichte zusammen, in der gerade in den Jahren zwischen 1933 und 1945 Weimar als ideeller Gegenpol zur »faschistischen Diktatur« gegolten hatte. Aber hinter Ulbrichts Einlassungen stand noch mehr. Es ging letztlich um die Frage, wie in einer modernen Industriegesellschaft, als die die DDR auch galt, die angestrebte Gleichheit der sich nicht mehr antagonistisch gegenüberstehenden Klassen und Schichten zu realisieren sei. Die SED-Führung setzte dabei auf die Künste, von denen sie sich Unterstützung bei der »sozialistischen Bewußtseinsbildung« versprach.

Man kann diese Vision als verfehlt einordnen, was allerdings bis in die 1960er Jahre nicht für Autorinnen und Autoren wie Brigitte Reimann und Siegfried Pitschmann zutrifft. Christa Wolf hat später im Gespräch mit Therese Hörnigk indes die Bedeutung der Bitterfelder Konferenz wie auch des Bitterfelder Weges für die je eigene Entwicklung hervorgehoben. »Wir hatten das Gefühl, die Realität bewege sich auf Dauer in die gleiche Richtung wie wir und wir könnten, zusammen mit den Leuten aus der Wirtschaft, aus der Wissenschaft dieser progressiven Richtung zum Durchbruch verhelfen«, betont sie. »Vergiß nicht, daß viele von uns, dem vielgeschmähten ›Bitterfelder Weg‹ folgend, in

Betrieben waren, Freundschaften […] schlossen, Einblick bekamen in ökonomische Prozesse und Widersprüche.«[13]

Es ging – wie der Kulturwissenschaftler Dietrich Mühlberg zutreffend sagt – um die Problematik, wie in einer »sozial differenzierten Gesellschaft das Gemeinwohl zu definieren und durchzusetzen« sei. Nach der Aufhebung des Privateigentums, also der Nivellierung der Besitzstände, waren die Unterschiede »vor allem in den Arbeitsfunktionen« geblieben, und natürlich existierten auch weitere »soziale Differenzierungen«: »zwischen den Geschlechtern, den Generationen, den Städten und den ländlichen Regionen«.[14] Damit sind Fragen angesprochen, die bis in die Gegenwart reichen und nicht gelöst sind. Von Ulrich Becks Überlegung, dass für Frauen und Kinder die »unteilbaren Prinzipien der Moderne wie Freiheit und Gleichheit jenseits der Beschränkung von Geburt« bis weit ins 20. Jahrhundert nicht realisiert wurden, war bereits die Rede.[15] Und auch davon, dass Brigitte Reimann die Problematik früh erkannt hat. Sie weiß, dass die Gleichstellung von Mann und Frau in der anvisierten sozialistischen Gesellschaft sich nicht im Selbstlauf realisiert, sondern des Engagements von Frauen bedarf. Die Vision vom »neuen Menschen«, wie sie erneut auf der Bitterfelder Tagung zum Thema gemacht wird, kann durchaus als Antwort auf die wahrgenommenen Probleme gesehen werden.[16]

Walter Ulbricht geht von Menschen aus, die an den »Maschinen [stehen], sie beherrschen die komplizierten Prozesse der Produktion, sie bilden sich ständig fachlich weiter, sie lesen, ihre Lektüre sind Fachbücher und in immer höherem Maße auch schöngeistige Literatur. Die Mitglieder der Brigaden erwerben sich nicht nur hohe Fachkenntnisse, sondern haben begonnen die Höhen der Kultur zu stürmen.«[17] Die maßgebliche Frage, die hinter Bitterfeld steht, ist jene, wie sich unter den veränderten gesellschaftlichen Verhältnissen zukünftig das Verhältnis zwischen denen, die in der Industrie schwere körperliche Arbeiten leisten, und den »geistig Tätigen« gestaltet. Mit anderen Worten, es geht um das Verhältnis zwischen Industriearbeitern auf der einen und der inzwischen entstandenen »sozialistischen Intelligenz« auf der anderen Seite. Auch deshalb erscheinen spätere Bewertungen nur bedingt den Kern des anvisierten Bündnisses zwischen Hand- und Kopfarbeitern zu treffen. So gilt der Bitterfelder Weg auf der einen Seite zunächst als ein konzeptioneller Neubeginn und kulturrevolutionärer Akt, der auf ein neues Verhältnis von Hand- und Kopfarbeit zielt. Auf der anderen Seite wird er später als ein Irrweg und eine dogmatische Orientierung auf die sozialistische Praxis verstanden.

Im »Kulturpolitischen Wörterbuch« dominiert eine eher distanzierte Sicht auf die »Bitterfelder Konferenzen«, der Terminus Bitterfelder Weg fällt nicht. Zutreffend wird einerseits darauf verwiesen, dass es darum ging, »die kulturelle Bewegung in der Arbeiterklasse selbst besonders in künstlerischer Hinsicht zu vertiefen«. Andererseits ist die Rede davon, dass die Kunstschaffenden auf die »künstlerische Gestaltung der Gegenwartsprozesse orientiert [wurden], hauptsächlich durch die Veränderung ihrer Lebensweise, ihre unmittelbare Beteiligung an Arbeit und Leben der Werktätigen in Betrieben und Genossenschaften«.[18] Im Weiteren ist dann von »Vereinseitigungen und Überspitzungen« die Rede, die sich auf politische Forderungen beziehen. Was konkret damit gemeint ist, bleibt offen.

Rüdiger Bernhardt wiederum hat auf ein grundsätzliches Problem aufmerksam gemacht, das die »Bitterfelder Bewegung« betrifft. Staatliche Organe, SED und Gewerkschaft wollten mit der Bewegung Schreibender Arbeiter, zu der das gesamte Volkskunstschaffen gehörte, die »Qualität der sozialistischen Kultur erhöhen«. Dem standen die sehr konkreten Interessen der einzelnen Teilnehmer entgegen. Aus der Sicht von »oben« und »unten« ergäben sich entsprechend unterschiedliche Bewertungsmöglichkeiten. Von »oben« betrachtet, erscheine die in Gang gebrachte Bewegung als »Teil der sozialistischen Kulturrevolution«, in der gesellschaftliche Vorgaben realisiert und planmäßige Abläufe organisiert wurden. Das allerdings hatte mit den »tatsächlichen Vorgängen« an der Basis wenig bzw. nichts zu tun. Betrachtet man die Bewegung von »unten«, mithin aus der Sicht jener, die in den Zirkeln aktiv waren, dann ging es eher um die »vergänglichen Ergebnisse wie Programme, Aufführungen, Lesungen – oft gemeinsam mit anderen Volkskunstgruppen verantwortet – und die bleibenden, gedruckten Ergebnisse (Anthologien, individuelle Buchveröffentlichungen, Dramatik u.a.)«.[19] Genau das werden auch Brigitte Reimann und Siegfried Pitschmann nach den ersten Erfahrungen markieren.

Die positiven Entwicklungstrends Ende der 1950er Jahre, die durch die Einstellung der Reparationszahlungen der DDR an die Sowjetunion zu einer zeitweisen Erhöhung des Nationaleinkommens führten, änderten nichts an der Tatsache, dass die Zahl derjenigen, die die DDR verließen, stieg. In den zehn Jahren zwischen 1950 und 1960 waren es über eine Million. Und es waren gut ausgebildete Fachkräfte sowie Ingenieure, Lehrer, Ärzte.

Das junge Ehepaar zieht indes in die entgegengesetzte Richtung. Pitschmann überredet seine Frau, das Kombinat anzusehen. Anfang September kommen sie an, und Brigitte Reimann ist begeistert. »Vorige Woche waren wir in Hoyerswerda«, schreibt sie ins Tagebuch, »wir fuhren auf gut Glück, um dem albernen und fruchtlosen Briefwechsel ein Ende zu machen. H. ist überwältigend, das Kombinat von einer Großartigkeit, daß ich den ganzen Tag wie besoffen herumlief. Beschreibungen will ich mir hier versagen – H. und das Kombinat werden noch oft genug – falls dies literarisch überhaupt zu bewältigen ist – in Erzählungen oder sogar einem Roman auftauchen.«[20]

Die Planung des Umzugs nimmt dann viel Zeit in Anspruch und zieht sich hin, weil keine entsprechende Wohnung zur Verfügung steht. Doch beide sind bereit, die Zelte abzubrechen. Dazu gehört die Aufkündigung der Vereinbarung mit der »Liberal-Demokratischen-Zeitung« (LDZ) in Halle, für die beide auch aus finanziellen Gründen Kritiken von Aufführungen des Maxim-Gorki-Theaters in Magdeburg schreiben. Über Heinz Isterheil, der in Gerhart Hauptmanns »Biberpelz« die Rolle des Amtsvorstehers von Wehrhahn spielte, heißt es bei dem Duo Reimann/Pitschmann etwa: »Wie dieser Baron und preußische Beamte auf die Szene stelzt, sporenklirrend, leicht degeneriert im Kasinoton schnarrend, wie er zum Bild von Majestät aufblickt, jeder Zoll ein Untertan Heinrich Mannscher Prägung, – das ist schlechthin gekonnt.«[21]

In dem Brief, den Siegfried Pitschmann an die Redaktion der LDZ schreibt, avisiert er den Umzug »nach dem Kombinat Schwarze Pumpe« für Ende September oder Oktober 1959. »Wir folgen damit dem allgemeinen Ruf ›Schriftsteller an die Basis‹ [...].«[22] Die kurzzeitige Überlegung, den Nachnamen des Ehemannes anzunehmen, wie es dieser Brief an die Redaktion nahelegt, verwirft Brigitte Reimann schon bald. Als sie dies Günter Caspar mitteilt, kommentiert der knapp: »Daß Du bei Reimann bleibst, war für mich selbstverständlich.«[23]

Die »Familie Siegfried Pitschmann« bekommt vom Stellvertretenden Kaderleiter des VEB Kombinat Schwarze Pumpe ein Schreiben, in dem mitgeteilt wird, dass der Termin für die endgültige Zuweisung der Wohnung noch nicht feststeht. Es sei aber eine »vorläufige Unterbringung in der Zwischenbelegung« möglich.[24] Pitschmann antwortet Anfang Oktober und lehnt eine solche Lösung ab. Stattdessen arbeiten beide mit hoher Intensität an Kurzgeschichten und einem Hörspiel. So bietet er dem »Neuen Deutschland« eine eigene Geschichte mit dem Arbeitstitel »Das Wiedersehen« an, bekommt aber einige Wochen später eine Absage.[25] Mehr Glück hat der Versuch von Brigitte Reimann, die Texte ihres Mannes bei der »Wochenpost« unterzubringen. Heinz Knobloch, der damals noch im Feuilleton arbeitet, sagt umgehend zu, und so erscheint der Text dort im Oktober, es folgen zwei weitere Erzählungen.[26]

Ende Oktober trudelt dann endlich die erlösende Nachricht ein: »daß Ihnen von unserer Wohnungskommission im Block 105 der sozialistischen Wohnstadt Hoyerswerda/Neustadt eine Zwei-Zimmer-Wohnung Ende November zugesprochen wurde«.[27] Vom Schriftstellerverband ist eine Summe von 500 Mark für den Umzug zugesichert, auch weitere anfallende Kosten würden übernommen. Der Umzug ist für den 2. Dezember geplant, die Spedition organisiert. Jetzt wird es ernst. Brigitte Reimann verlässt Burg, die kleine Stadt, in der sie sich über die Jahre eingerichtet hat und die ihr Sicherheit gibt, und sie fangen zusammen neu an. Das ist einer der Auslöser, warum sich Brigitte Reimann in einem für sie kennzeichnenden radikalen Akt entschließt, zum Faschingsbeginn am 11. November ihre Tagebücher aus den Jahren 1947 bis 1953, es sind an die zwanzig Stück, zu verbrennen. Ein wenig tut es ihr leid, es sind sämtliche Erlebnisse der Schulzeit, akribisch Tag für Tag aufgezeichnet. Ihr sind die Tagebücher, im Abstand betrachtet, nicht sachlich genug, sie hat zwar ausführlich über politische Ereignisse und ideologische Kämpfe berichtet, auch über die FDJ-Arbeit, die Zeit als Lehrerin und die Kulturgruppe, aber es ist alles »verquickt mit meinen ewigen Liebesgeschichten«.[28] Mit dem Verbrennen der Tagebücher will sie Ballast abwerfen, mit der Vergangenheit abschließen und frei sein für den Neuanfang mit ihrem Daniel in Hoyerswerda. Doch als sie schon auf gepackten Koffern sitzen, trifft ein Schreiben ein, der Block 105 kann nicht schlüsselfertig übergeben werden, da es noch zahlreiche Mängel gibt. Wieder heißt es warten, bis es einen Monat später endlich so weit ist. Am 6. Januar 1960 beziehen Brigitte Reimann und Siegfried Pitschmann ihre erste gemeinsame Wohnung in der Liselotte-Herrmann-Straße 20 in Hoyerswerda/Neustadt.

30. »Ich denke aber, daß es auf der Landkarte unserer Gegenwartskunst noch eine Menge weißer Flecken gibt« – Experimentierfeld Schwarze Pumpe

Die ersten Tage in der neuen Stadt sind für Brigitte Reimann ein absoluter Graus. Sie gerät in eine depressive Stimmung, hat Weinkrämpfe und unbeschreibliches Heimweh. Hoy, wie sie später liebevoll sagen wird, liegt im sorbischen Siedlungsgebiet und ist bis in die 1950er Jahre eine eher ruhige Kleinstadt gewesen, in der die Bewohner seit Generationen vom Einzelhandel und kleinen Handwerksbetrieben lebten. Das Stadtrecht hatte Hoyerswerda am 19. Dezember 1423 durch Heinrich von der Duba (dt. von der Eiche) verliehen bekommen. Entsprechend sind im Wappenzeichen der Stadt und dem ältesten überlieferten Siegel aus dem 16. Jahrhundert drei Eichenbäume abgebildet. Während des Dreißigjährigen Krieges wurde die Stadt immer wieder geplündert, 1642 durch die Schweden, die zudem die Stadt brandschatzten. Außer der Kirche, der Schule und einigen Häusern war alles zerstört. Einen Einschnitt bildete der Beginn der Amtszeit von Herzogin und Reichsfürstin von Teschen, Ursula Katharina von Altenbockum, einer früheren Mätresse von August dem Starken. Sie hatte dem Kurfürsten von Sachsen immerhin 250 000 Taler geliehen und erbte dafür am 20. Juli 1705 die Herrschaft über die Stadt, die 32 Jahre dauerte. In dieser Zeit war die Herzogin eine Förderin des Handwerks.[1] Zu Beginn des 20. Jahrhunderts kam es zu einem wirtschaftlichen Aufschwung, noch während des Ersten Weltkrieges wurde ein neues Wasserwerk in Neida in Betrieb genommen, 1918 begann die Brikettfabrik I in Werminghoff mit der Produktion, und im Oktober nahmen das Aluminiumwerk und das Kraftwerk Lauta die Produktion auf. Die Zahl der dort tätigen Arbeiter stieg auf über 12 000. Bei den Wahlen nach der »Machtübernahme« durch die Nationalsozialisten im März 1933 bekam die NSDAP 1693 und die SPD 1076 Stimmen, die KPD kam nur noch auf 125. Eine Zählung ergab mit Stichtag vom 1. Februar 1939, dass in Hoyerswerda 7402 Einwohner in 2319 Haushalten lebten.[2] Noch Anfang April 1945 wurde die Stadt von den Nazis zur Festung erklärt und ein Teil der Altstadt infolge der Kampfhandlungen zerstört. Auch die Stadtkirche wurde beschädigt und stand fortan ohne Turm da. Vom beliebten Lokal »Zum goldenen Löwen« am Markt blieb nur eine Ruine.

Mit alldem kommen die »Pitschmänner«, wie sie zunächst genannt werden, nicht in Berührung, sie wohnen in Neustadt. Schon am 31. August 1955 legte die Partei- und Staatsführung den Grundstein für diese neue Stadt, die am Rand der alten entstehen sollte. Jahrzehnte später wird Grit Lemke in ein Gesprächsbuch über »Kinder von Hoy« mit der Erinnerung einführen, dass die eigentliche Neustadt mit dem Bau von Wohnkomplex I begann – »auf der anderen Seite des träge fließenden Flüsschens namens Schwarze Elster, das Hoyerswerda begrenzt hatte. Und das fortan Alt- und Neustadt nicht verbinden, sondern auf ewig trennen würde.«[3]

Das Verhältnis der Alteingesessenen zu den »Horden der Neuankömmlinge« ist über die Jahre nicht konfliktfrei. Doch auch das wissen Brigitte Reimann und Siegfried Pitschmann zu diesem Zeitpunkt nicht. Sie haben vorerst genug damit zu tun, sich an das Leben hier zu gewöhnen, in dieser aus dem Heideboden gestampften Musterstadt, in der mit der »Pumpe«, wie es bald nur noch heißt, eine zentrale Lebensader der noch jungen Republik entsteht. Das Haus, in dem sie die langersehnte erste eigene Wohnung beziehen, wirkt auf Brigitte Reimann bedrohlich mit den vielen fremden Menschen und dem Lärm. Es gleicht einem Bienenstock, in dem es ständig summt. Sie vermisst die idyllische Ruhe des Burger Stadtrand-Häuschens der Eltern: »Diese ganze Stadt Hoyerswerda war mir unsympathisch in ihrer aufdringlichen Neuheit (obgleich ich recht gut weiß, was die schönen, komfortablen, sonnigen Wohnungen für unsere junge Stadt und für die Bewohner bedeuten, die zum größten Teil aus engen und beengenden Verhältnissen kommen); sie hat keine Tradition, keine Atmosphäre, sie ist nur modern«, trägt sie in das Tagebuch ein.[4] Noch ist überall Schutt, die Straßen sind morastig. Das Gefühl der Abwehr, das Brigitte Reimann in den ersten Tagen verspürt, ist durchaus verständlich, zumal bei einem Temperament, das zur Euphorie ebenso neigt wie zu tiefer Traurigkeit. Zumindest der Name der Straße, in die das junge Schriftstellerehepaar zieht, weckt Erinnerungen. Brigitte Reimann weiß, dass Liselotte Herrmann eine junge Frau war, die zum kommunistischen Widerstand gehörte und die von den Nationalsozialisten trotz internationaler Proteste als erste deutsche Mutter durch das Fallbeil 1938 ermordet wurde. In der Urteilsbegründung hatten die NS-Richter ihr Landesverrat und Vorbereitung zum Hochverrat zur Last gelegt und das Todesurteil ausgesprochen. Stephan Hermlin hat an Liselotte Herrmann in seinem Buch »Die erste Reihe« erinnert. Es war ein Band, in dem bereits 1951 der Opfer des Nationalsozialismus gedacht wurde. Neben Lilo Herrmann geht es auch um Olga Benario, Käthe Niederkirchner, Hanno Günther, Werner Seelenbinder, Arthur Becker und »Die weiße Rose«.

Brigitte Reimann kennt den im Verlag Neues Leben erschienenen Band. In der ersten Fassung ihrer »Denunziantin« wird der Vater ihrer Hauptfigur, ein Kommunist, von den Nationalsozialisten zum Tode verurteilt und nach schwerer Folter hingerichtet. Die Auseinandersetzung mit dem Dritten Reich hat sie seitdem nicht losgelassen, noch im Dezember 1959 schickt sie ein Hörspielmanuskript an den Rundfunk. Grundlage dafür ist ihr Romanvorhaben und die Erzählung »Das Geständnis«. In einem Brief von Anfang Januar 1960 an den Übersetzer ihrer »Frau am Pranger« ins Ukrainische, Jurij F. Michailuk, erzählt sie ausführlicher vom aktuellen Projekt. »Seit drei Jahren beschäftige ich mich nun mit dem Faschismus und seinen Ausstrahlungen bis in die Gegenwart, mit dem Problem der ›betrogenen Jugend‹.« Das Projekt fasst sie so zusammen: »Ich schreibe an einem Roman über einen jungen Mann, der in der Sowjetunion Geiseln erschossen hat, in einem Prozess als Kriegsverbrecher verurteilt und 1955 amnestiert wurde und der nun, in die DDR zurückgekehrt, mit seiner Schuld fertigzuwerden versucht.«[5] Das Hörspiel behandelt etwas abgewandelt das gleiche Thema.

Ellen-Maria Jäger vom Deutschen Demokratischen Rundfunk, der seit 1951 in der Nalepastraße 18–50 in Berlin-Oberschöneweide seinen Sitz hat, gefällt das Hörspiel ausgezeichnet, aber sie hat einen politisch motivierten Einwand. »Können wir in der augenblicklichen politischen Situation in Westdeutschland (alte Kriegsverbrecher in Amt und Würden) einen solchen – wenn auch ganz anders gearteten – Fall hier aufgreifen?«, fragt sie.[6] Letztlich hätte man den jungen Mann auch in Westdeutschland freisprechen müssen, da das Vergehen des Martin Deutsch unter die Jugendamnestie falle.

Brigitte Reimann versucht die Einwände zu entkräften, sie verweist darauf, dass sie die Geschichte von einem Herrn Kluth der Bezirks-Staatsanwaltschaft Magdeburg erfahren habe, die Fakten also in jedem Fall stimmten. Das überzeugt die Redaktion nicht, sie entscheidet sich gegen das Hörspiel. In einem letzten Brief schließt sie mit dem Vorhaben ab, nicht ohne noch einmal ihr wichtigstes Argument vorzubringen, das aus der positiven Einschätzung der DDR und der Distanz gegenüber den Verhältnissen in Westdeutschland herrührt: »In Westdeutschland würde ein Arbeiterjunge gewiß nicht vertrauensvoll zum Gericht gehen, und vor allem könnte und dürfte er nicht als mildernden Umstand für sich in Anspruch nehmen, daß er inzwischen durch bewußte Arbeit für einen neuen Staat, für den Sozialismus wiedergutzumachen versucht hat«, notiert sie. Umarbeiten aber mag Brigitte Reimann das Hörspiel nicht, dem Vorschlag, das Vergehen in der Zeit nach dem Ende des Nationalsozialismus anzusiedeln, kann sie nicht folgen, weil auf diese Weise eine »Kriminal-Story« entstände, die am »eigentlichen Anliegen vorbeiginge«.[7] Beiläufig erkundigt sie sich noch nach dem Hörspiel-Wettbewerb, bei dem die Entscheidung Mitte Dezember hätte fallen sollen. Gemeinsam mit Siegfried Pitschmann hatte sie ein noch in den Monaten vor dem Umzug entstandenes Hörspiel eingereicht. Im Tagebuch heißt es am 22. August 1959 über »Ein Mann steht vor der Tür«:

> Vor ein paar Tagen haben wir begonnen, zusammen ein Hörspiel zu schreiben, eigentlich eine ganz belanglose, undramatische Geschichte, die während einer Nacht in der Schwarzen Pumpe spielt. Es macht uns Freude, gemeinsam zu arbeiten, die Geschichte gefällt uns – aber wir sind sehr skeptisch geworden und planen einen Mißerfolg gleich ein.[8]

Anders als Pitschmann hat Brigitte Reimann nicht nur Erfahrungen mit der DEFA, sondern auch mit dem Drama. Daher rührt ihre Affinität zum Hörspiel, das für sie eine literarische Kunstform darstellt, die sie wegen der akustischen Möglichkeiten und der an das Radio gebundenen Produktionsbedingungen interessiert. Dass das Jahr 1924 als Beginn des Hörspiels gilt, weiß sie. Ihr Interesse Ende der 1950er Jahre liegt notwendigerweise auf dem sogenannten literarischen Worthörspiel, dem Originalhörspiel. Dabei nimmt sie internationale Entwicklungen wahr und weiß um die Aufregung, die Günter Eichs Zyklus »Träume« (1951) in Westdeutschland provoziert hat. Als Vertreter der Gruppe 47 gehörte Eich zu jenen Autoren, die auch in der DDR bekannt waren. Er hatte, kennzeichnend für die jüngere Autorengeneration und anders als im Osten, eine »Nullpunkt-Position« vertreten und einen formalen wie inhaltlichen Neuanfang nach 1945 behauptet. Programmatisch war dies in seinem immer wieder zitierten Gedicht »Meine Inventur« zum Ausdruck gekommen, das Georg Piltz ihr ans Herz gelegt hatte: »Dies ist meine Mütze, / dies ist mein Mantel, / hier mein Rasierzeug / im Beutel aus Leinen.« Und es ist darin auch die Rede vom Schreiben: »Die Bleistiftmine / lieb ich am meisten: / Tags schreibt sie mir Verse, / die nachts ich erdacht.«[9]

Eichs Hörspiel »Träume« fasziniert sie. Er vernetzt fünf Albträume miteinander, bei denen es durchweg um antiutopische Angstphantasien geht. Der Pessimismus, der ihrer Meinung nach frei von zynischen Anklängen ist, behagt ihr zwar nicht, »aber sein Stück ist wahrhaft modern; genial der Einsatz der Technik mit ihren nahezu unerschöpflichen Möglichkeiten«. Und es folgt eine hellsichtige Einschätzung, die die Chancen des Einsatzes von künstlerischen Mitteln betrifft. »Ich glaube, wir nützen diese Möglichkeiten noch zu wenig, in einem Jahrhundert, da die Wissenschaft den Weltraum durchforscht, bleibt die Kunst in archaischen Ausdrucksformen stecken«, schreibt sie an Sonja (Zofia) Marchlewska, die sie und Daniel im Februar 1959 in Petzow kennengelernt haben. »Wir pflegen den Volkstanz (der gerade bei uns nicht einmal eine echte, tiefverwurzelte Tradition hat) und ignorieren den herrlichen, aufrührerischen Jazz, wissen nichts von elektronischer Musik.«[10] Die zweite Ehefrau des expressionistischen Malers und Grafikers Heinrich Vogeler wird in der kurzen Zeit so etwas wie eine mütterliche Beraterin und macht Brigitte Reimann auch mit dem Werk Vogelers bekannt, was wenig später für den Schreibprozess der Erzählung »Ankunft im Alltag« wichtig ist. Brigitte Reimann nutzt den Brief an die »Sonja-Mama« wie eine Art Selbstgespräch, in dem sie über das Experimentieren mit der Form nachdenkt. »Versteh, liebste Sonja: ich rede nicht von sinnlosem Gestammel, chaotischem Getön und dem Experiment um des Experiments willen das Wort; ich denke aber, daß es auf der Landkarte unserer Gegenwartskunst noch eine Menge weißer Flecken gibt«, schreibt sie treffend.[11] Die Überlegungen zu den noch nicht hinreichend genutzten künstlerischen Ausdrucksformen führt zu Christa Wolf, die einige Jahre später ihren Essay »Lesen und Schreiben« mit den programmatischen Sätzen beginnen wird: »Das Bedürfnis, auf eine neue Art zu schreiben, folgt, wenn auch mit Abstand, einer neuen Art, in der Welt zu sein. In Zeitabständen, die sich zu verkürzen scheinen, hört, sieht, riecht, schmeckt ›man‹ anders als noch vor kurzem. Ein Wechsel der Weltempfindung ist vor sich gegangen, der sogar die unantastbare Erinnerung antastet.«[12]

Beide Autorinnen haben hier unabhängig voneinander das Gefühl, dass sich mit dem Schreiben etwas ändern muss, und beide bewegen sich in den Denkfiguren von Bertolt Brecht. Der hat in der Expressionismusdebatte des Exils ein offenes Realismus-Konzept vertreten und betont, dass es formalistisch sei, wenn man gegenüber den »immer neuen Anforderungen der sich immer ändernden sozialen Umwelt« an den »alten konventionellen Formen« festhalten würde. 1958 wurde ein Aufsatz von ihm publiziert, der 1938 entstanden war und den Titel

»Volkstümlichkeit und Realismus« trägt: »Neue Probleme tauchen auf und erfordern neue Mittel. Es verändert sich die Wirklichkeit«, notiert er, »um sie darzustellen, muß die Darstellungsart sich ändern.«[13] In der frühen DDR-Literatur dominierten mithin zunächst Wirklichkeitsdarstellungen, die typische Leitmotive, Plotstrukturen und Heldenfiguren einer für die Zukunft angenommenen sozialistischen Gesellschaft variieren. Brecht hat dagegen betont: »Unser sozialistischer Realismus muß zugleich ein kritischer Realismus sein.«[14] Das ist eine Überzeugung, die sich auch bei Brigitte Reimann und Christa Wolf schon Anfang der 1960er Jahre durchzusetzen beginnt und die dazu führt, dass die beiden Autorinnen sich zunehmend näherkommen, persönlich wie literarisch. Beide machen nunmehr Erfahrungen in Betrieben und übernehmen engagiert die Leitung von »Zirkeln Schreibender Arbeiter«, womit sie keineswegs eine Ausnahme sind: Heiner Müller arbeitet in Klettwitz, Reiner Tetzner in Bitterfeld, Edith Bergner in Deuben, Werner Steinberg in Dessau.[15]

Eigentlich sind sie recht zufrieden mit dem Ergebnis ihres Hörspiels »Ein Mann steht vor der Tür«. Erzählt wird die Geschichte der jungen Sonja, die von ihrem Freund Lutz motiviert wird, aus dem Elternhaus auszubrechen und ihren eigenen Weg zu suchen. Durch Lutz gewinnt sie zunehmend Selbstvertrauen und bewirbt sich um Arbeit in einem neuen Kombinat. Doch in dem Maße, in dem sich Sonja entwickelt, kommt es zu Konflikten mit Lutz. Als der unter Leistungsdruck selbstverliebt-leichtsinnig eine Baumaschine beschädigt und sich verantworten soll, verlässt er wütend den Betrieb und ebenso seine Freundin Sonja, er geht in den Westen. Nach negativen Erfahrungen kehrt er zurück und muss erkennen: »Mir ist die Zeit stehengeblieben, ein Jahr lang, und die anderen haben inzwischen die ganze Landschaft umgekrempelt. Verflucht, was war ich für ein Idiot!«[16] Das Hörspiel arbeitet mit Rückblenden und inneren Monologen, die durchgehend Sonjas Gedanken ausdrücken. Begonnen wird gewissermaßen mit dem Ende der Geschichte: ein Mann steht vor der Tür. Erst zum Schluss des Hörspiels werden die Zusammenhänge der einzelnen Handlungsstränge offenbar. Es handelt sich um eine Art des analytischen Erzählens. Im Wechsel zwischen Rückblenden, die über das vergangene Geschehen informieren, und dem inneren Monolog Sonjas erkennen die Hörer sukzessive, was geschehen ist. Im Zentrum steht dabei das Denken und Fühlen der weiblichen Hauptfigur. Sonja hat sich in dem einen Jahr nicht nur weiterqualifiziert, sie ist auch Mutter eines »Krümels« geworden, von dem Lutz nichts weiß. Sonjas Gedanken werden im Hörspiel über eine neutrale Akustik vermittelt, was nur konsequent ist. Im Gegensatz zu den Bürogeräuschen in der Kaderabteilung oder den Maschinengeräuschen im Kombinat muss in dem Fall, da die Innenwelt ausgeleuchtet wird, auf Akustik verzichtet werden. Anders als die DDR-Handlung erscheint der Erzählstrang in Westdeutschland etwas holzschnittartig, wenngleich Erfahrungen mitgeteilt werden, die durchaus denen entsprechen, die einige Zeit später Brigitte Reimanns Bruder Ludwig und die Schwägerin machen werden. In Sonjas Gedanken dringt die Stimme von Lutz ein, der im Brief von Lagern berichtet hat und von der unfreundlichen Aufnahme als Ostflüchtling:

> Lutz' Stimme: ... aber das ist nur ein Übergang, Sonja. Hauptsache, ich bin erst mal aus dem Lager raus. Der Kerl zahlt nicht nach Tarif. Die denken hier, sie können mit den Ostflüchtlingen umspringen, wie es ihnen paßt. Weißt Du, man kommt sich vor wie ein armer Verwandter. Hier werde ich nicht alt, darauf kannst Du Dich verlassen. Ich muß unbedingt wieder in die Industrie. Warum schreibst Du nicht?[17]

Später berichtet Lutz von alten Nazis, die im Westen das Sagen haben. Zweifellos wird dieser Teil von Brigitte Reimann eingebracht, denn er hängt mit jenen Schreibprojekten zusammen, an denen sie seit Jahren gearbeitet hat. Was die politische Grundaussage betrifft, hält Brigitte Reimann damit an ihrem bisherigen Kurs fest. Westdeutschland ist für sie keine Alternative. Allerdings nimmt die Planung für die nächsten Monate mit dem Zirkel Schreibender Arbeiter viel Zeit in Anspruch. Dennoch ist Brigitte Reimann hoch motiviert. Nach den letzten Rückschlägen hat der Aufbau-Verlag, anders als der Rundfunk, die schnell geschriebene Erzählung »Das Geständnis« angenommen. Mit Datum vom 17. November 1959 war bereits die Druckgenehmigung erteilt worden, und wenig später kündigte der Verlag das Erscheinen als Band 35 in der Edition »Die Reihe« an. Dem Lektor Joachim Schreck liegt die Bestätigung der beantragten Auflage von 7500 Exemplaren vor. Am 22. Januar 1960 erhält die Autorin den letzten Teil der Druckfahnen und sieht sie durch. Auf das Buchcover druckt der Verlag dann eine Aussage der Verfasserin, die von den Schwierigkeiten des Schreibens berichtet. Es klingt fast so, als wäre die Einlassung das Ergebnis der Auseinandersetzung mit dem Cheflektor Günter Caspar, der ihr immer wieder Mut zu machen suchte, indem er davon sprach, dass es sich bei der »Schriftstellerei« um eine »verdammt harte Arbeit« handelt. Auf der Einbandrückseite heißt es nun, dass sie seit ihrem ersten Buch eine Menge Erzählungen und Ideen »in der Schublade« begraben habe. »›Das Geständnis‹ ist eine Art Etüde zu dem Roman, an dem ich seit zwei Jahren arbeite«, schreibt sie. »Die Geschichte, freilich nur in groben Umrissen angedeutet, hat mir ein Staatsanwalt erzählt. Vielleicht wird auch jener Martin D. – dessen wirklichen Namen ich nicht einmal kenne – sie lesen. Er sitzt heute in einem Hörsaal, hoffe ich, und abends wird er mit seiner Karla ins Theater gehen.«[18]

Mit den Bemerkungen sind nicht nur Hinweise zum Inhalt gegeben, die Autorin betont, dass die Geschichte einen realen Hintergrund hat. Im Außengutachten von Hanna Baum, das nur knapp eineinhalb Seiten umfasst, wird der Inhalt ausführlich referiert: »Im Mai 1959 meldet sich der 29jährige Arbeiter Martin D. beim Staatsanwalt K., um gegen sich selbst eine Anzeige zu erstatten. Martin hatte als fünfzehnjähriger Hitlerjunge im Frühjahr 1945 einen Soldaten einer Wehrmachtsstreife ausgeliefert, die den Mann als Deserteur erschossen hatte. Damit hatte er sich eines Verbrechens gegen die Menschlichkeit schuldig gemacht. Bis vor wenigen Wochen hatte Martin die Erinnerung an diese Tat zu vergessen gesucht.«[19] Die Gutachterin geht dann auf die soziale Herkunft von Martin D. ein, dessen Vater schon 1934 an Tuberkulose verstorben ist und dessen Mutter acht Kinder zu versorgen hat. Da sie sich nicht um den Sohn kümmern kann, wird der Junge unter den Einfluss von »Schule und Hitlerjugend ein fanatischer Faschist«. Nach 1945 beginnt seine »Umerziehung durch die neuen, demokratischen Kräfte«. Der junge Mann engagiert sich im Betrieb und schließt die Ausbildung als Maschinenschlosser ab, macht seinen Meister. Auch ist er Leiter eines Literaturzirkels. 1958 lernt er das Mädchen Karla kennen, die als Näherin arbeitet. Er sucht die schüchterne junge Frau zu erziehen und wandelt sich dabei selbst. Als er zum Lehrerstudium delegiert werden soll, wird die »Last des Verbrechens« zu groß, und er vertraut sich seiner Freundin an, die ihn auffordert, sein Vergehen »sofort der Polizei zu melden«. Das Gutachten registriert, dass die Verfasserin den Lebenslauf des jungen Arbeiters »in verschiedenen Rückblendungen im Gespräch zwischen Martin und dem Staatsanwalt« entrollt. Letztendlich entscheidet die Staatsanwaltschaft zugunsten des Geständigen, der habe sich nicht nur loyal verhalten, sondern auch »beim Aufbau unserer neuen Ordnung mitgeholfen«. Hanna Baum bestätigt der Erzählung, dass in ihr der »Lebensweg eines jungen Mannes, wie er für viele um 1930 Geborene typisch ist, abgesehen von dem Verbrechen«, gut erzählt wird und die »Charakterisierung Martins« bis in kleine Einzelheiten lebenswahr sei. »Auch die Schilderung seines Verhaltens am 17. Juni 1953 wirkt überzeugend«, hebt die Gutachterin hervor.[20] Das Verlagsgutachten von Joachim Schreck geht neben der Skizzierung des Inhalts stärker auf die Machart der Erzählung ein, für die die Autorin einen »sehr geschickten, spannenden Aufbau gefunden« habe. Mit Blick auf die Geschichte selbst ist es in der Tat so, dass Brigitte Reimann souverän Momente der Spannungserzeugung nutzt und sich am »Geheimnis« orientiert. Es ist dies ein Verfahren, das den Lesern gezielt Informationen verweigert und Ungewissheit erzeugt. Letztlich erfährt man erst zum Ende hin, welchen Vergehens sich der junge Mann schuldig gemacht hat.

Sowohl das Verlags- als auch das Außengutachten legen den Schwerpunkt auf die männliche Gestalt. Was in beiden Gutachten keine Rolle spielt, das ist die zentrale Bedeutung der weiblichen Figur. Auch wenn das nicht sofort in den Blick gerät, ist Brigitte Reimann ausdrücklich daran gelegen, die Entwicklung der weiblichen Protagonistin einfühlsam zu gestalten. Wie oft bei ihren Frauenfiguren wird auch in diesem Fall erzählt, wie sich ein junges Mädchen aus einer existierenden Unmündigkeit befreit, an Selbstbewusstsein gewinnt und beginnt, einen eigenen Weg zu gehen. Die 18-jährige Karla bringt nicht nur im Betrieb einiges voran, sondern engagiert sich auch im Jugendclub. »Karla hat es viel schwerer gehabt als ich, weil sie mehr innere als äußere Widerstände überwinden mußte«, schätzt Martin D. zu Recht ein: »Sie hat mich in dem einen Jahr umgestülpt, ohne daß ich zu bestimmen wüßte, auf welche Weise. Aber sie hat mich umgestülpt, sonst säße ich nicht hier.«[21] Einmal mehr kommt der Impuls zur Änderung indes von einem älteren und erfahrenen Mann. Bei der Figur des etwa zehn Jahre älteren Martin D. handelt es sich zwar nicht um einen Intellektuellen, aber gleichwohl wirkt er als Motivator und Anreger. Es ist ein Muster, das sich bis zu »Franziska Linkerhand« in den Geschichten von Brigitte Reimann halten wird.

Was bei der Erzählung »Das Geständnis« auffällt, ist folgende Episode. Auf die Frage des Staatsanwaltes: »Was haben Sie am 17. Juni 1953 gemacht?«, antwortet Martin D. so:

> »Mitmarschiert«, sagte Martin, der aufgehört hatte, Wortfallen zu wittern. »Am 17. morgens hieß es plötzlich, es wird gestreikt. Gegen wen sollte gestreikt werden? Wer hatte den Streik organisiert? Woher kamen auf einmal die Transparente? So viele Fragen, und wir haben sie uns zu spät gestellt.
>
> Wir gingen auf die Straße. Wir marschierten die Hauptstraße runter und riefen Losungen. Wer hatte die Losungen ausgegeben? Wir wußten es nicht. Alles klappte, es klappte einfach zu gut.
>
> Lastwagen fuhren vorüber, auf denen Leute standen und schrien: »Nieder mit der Regierung!« Unser Zug löste sich allmählich auf. Viele gingen nach Hause, manche gingen in den Betrieb zurück. Irgendwas an der Geschichte stank. Wir hatten Forderungen, und wir wollten unsere Forderungen auch anmel-

den, aber nicht auf diese Art. Wir hatten nichts zu tun mit den Leuten, die »Nieder mit der Republik!« schrien.[22]

Auf den ersten Blick erscheint die Episode »staatstragend«, weil sie die bis zum Ende der DDR existierende Position zum 17. Juni 1953 bestätigt. Allerdings ist zu beachten, dass es in der DDR-Literatur eigentlich nur drei Versuche gibt, eine entsprechende Gesamtdarstellung zu liefern: Inge von Wangenheim in »Am Morgen ist der Tag ein Kind« (1957), Anna Seghers in »Das Vertrauen« (1968) und Stefan Heym in »Der Tag X«, der in den 1950er Jahren nicht erscheinen kann und der in einer veränderten Fassung mit dem Titel »Fünf Tage im Juni« (1974) nur in der Bundesrepublik herauskommt.[23] Insofern gehörte der 17. Juni 1953 zu jenen »Blindstellen der literarischen Produktion«, über die die »herrschenden Interessen das Schweigen« verhängt hatten.[24] Beim 17. Juni 1953 handelte es sich um eine Art Darstellungstabu, das weitgehend aus dem kulturellen Gedächtnis der DDR gestrichen wurde und selbst in literarischen Texten nur am Rande vorkam. Angesichts dessen ist Brigitte Reimanns Versuch, das historische Ereignis in den Horizont der Erinnerung zu bringen, hervorzuheben. Anders als in offiziellen Darstellungen bindet sie die Proteste einzig an die Arbeiterschaft, ohne etwa von eingeschleusten Agenten aus Westberlin zu spekulieren.[25]

Betrachtet man das Verlagsgutachten, dann zeigt sich zudem, dass sie in ihrer ersten Fassung eine anscheinend noch kritischere Sicht auf den 17. Juni 1953 erzählt haben muss. Joachim Schreck moniert im Gutachten die nicht hinreichende Gestaltung des Ereignisses. Bei der Arbeit mit der Autorin konnten »Unebenheiten« der ersten Fassung ausgeglichen werden, heißt es da, bei der es um die »Schwere der Schuld« und die »Einschätzung wichtiger geschichtlicher Knotenpunkte der Handlung (17. Juni)« gegangen sei.[26] Wie die Darstellung ausgesehen hat, ist nicht nachprüfbar, die Urfassung des Textes ist nicht erhalten geblieben.

31. »Schriftsteller sind, scheint mir, eine Art Beichtvater für die Menschen« – Ankommen in der harten Realität

Brigitte Reimann und Siegfried Pitschmann schließen Anfang 1960 einen »Freundschafts-Vertrag« mit der Zentralen Klubleitung sowie der Betriebsgewerkschaftsleitung (BGL) des Kombinats Schwarze Pumpe. In dem am 3. Februar unterzeichneten Vertrag sichert die Klubleitung beiden zu, dass sie an allen wichtigen Beratungen und Erfahrungsaustauschen mit den Brigaden teilnehmen können und die Möglichkeit bekommen, über den Betriebsfunk ihr literarisches Schaffen publik zu machen. Als »materielle Unterstützung« erhalten die »Vertragspartner« ab dem 1. März 1960 ein Entgelt von 200 Mark abzüglich 20 Prozent Steuern. Die Schriftsteller »Frau Brigitte Reimann und Herr Siegfried Daniel Pitschmann« verpflichten sich, gemeinsam mit der Zentralen Klubleitung Schriftstellerlesungen, literarische Veranstaltungen und Buchbesprechungen durchzuführen. Auch sollen sie das im Aufbau befindliche Arbeitertheater bei der Ausarbeitung von Szenen unterstützen. Schließlich geht es um die Aufgabe, »den Zirkel ›Schreibender Arbeiter‹ anzuleiten, ihnen zu helfen, Einblick in die Lyrik und Epik zu geben und damit bestimmte Voraussetzungen zu schaffen, den Zirkel ›Schreibender Arbeiter‹ zu erweitern bzw. ›Junge Talente‹ auf diesem Gebiet heranzubilden«.[1]

Das Schriftstellerehepaar merkt schon bald, wie vielfältig und zeitintensiv die Aufgaben sind, für die sie gegen eine geringe Bezahlung eine umfangreiche Verpflichtung eingegangen sind. Es ist das, was man Ausbeutung nennen kann, und widerspricht den sonstigen Rahmenbedingungen, die für die Bewegung Schreibender Arbeiter gelten. Doch beide sind idealistisch zu nennen, es geht ihnen um die Sache selbst und nicht um die finanzielle Entlohnung. Dabei sind die Betriebsverträge in ökonomischer Hinsicht durchaus eine Art »Versorgungseinrichtung für freischaffende Schriftsteller« und Maler, die ähnliche Zirkel betreuen. Das Honorar ist so bemessen, dass damit zumindest die Lebenshaltungskosten zu begleichen sind. Es ist indes nicht unüblich, dass manche Autoren mehrere Zirkel leiten.[2] Anders sieht es bei Heinrich Ernst Siegrist aus, der zu diesem Zeitpunkt die Zunft der Schriftsteller in der Schwarzen Pumpe vertritt, er hat für sich einen Betriebsvertrag als »Chronist« abgeschlossen und erhält ein monatliches Entgelt von 1000 Mark, eine für damalige Verhältnisse ungemein hohe Summe.

Ganz anders Reimann/Pitschmann, deren finanzielle Situation sich nach wie vor nicht verbessert hat. An die Möblierung der Zweizimmerwohnung ist bei diesen Einkünften nicht zu denken, sie richten sich provisorisch ein. Auch das Schreiben macht insofern Probleme, als es nicht möglich ist, nachts zu arbeiten. Die Wohnung ist zu hellhörig – wenn man in die Schreibmaschine tippt, hört es der ganze Wohnblock, wie Brigitte Reimann ihrer Schwester Dorothea berichtet. Von den freundlichen Beschwerden, die es gegeben hat, erzählt sie allerdings nicht. Dafür berichten die Eheleute, dass sie kurz nach der Ankunft in Hoyerswerda einen Zirkel Schreibender Arbeiter gegründet haben. In Cottbus hat schon fünf Jahre zuvor, 1955, eine Arbeitsgemeinschaft Junger Autoren existiert. Das ist ihnen bekannt. Was sie nicht wissen, ist, dass Franz Fühmann, der zum Vorstand des Schriftstellerverbandes gehört und mit dem Poem »Die Fahrt nach Stalingrad« (1953) und der Novelle »Kameraden« (1955) ausgesprochen erfolgreich ist, als Mentor fungierte. In dieser Funktion hat er die jungen Autoren monatlich von Januar bis April 1955 besucht und an den Veranstaltungen teilgenommen. »Die Arbeitsgemeinschaft«, notierte er im Bericht an den Vorstand des Verbandes, »wurschtelte dahin.« Die Aussagen zu einzelnen Mitgliedern fallen unterschiedlich aus. Zwei junge Frauen lobt Fühmann, und auch ein Cottbusser Oberschüler erfährt eine positive Wertung, »er hat zweifellos poetisches Talent, obwohl vielleicht erst nach Jahren etwas Druckreifes herauskommen wird«, schreibt er und gibt folgende Einschätzung: »Er hat ein besonderes Talent zur Ironie und Selbstironie. Man sollte ihn unbedingt weiterfördern und in eine Arbeitsgemeinschaft übernehmen.«[3] Bei dem Oberschüler handelt es sich um Joochen Laabs. Der erinnert sich noch heute deutlich an den Mentor. »Er kämpfte damals wohl gegen sein Übergewicht. Er schlug eine Zeitung auf, in der er Rettiche verpackt hatte, und er schälte und zerschnitt während der Tagung die Rettiche und war damit beschäftigt, sie zu verbrauchen«, notiert er 2023.[4] Joochen Laabs, der nach dem Abitur als Straßenbahnfahrer in Cottbus arbeitete und von 1956 bis 1961 in Dresden an der Hochschule für Verkehrswesen studierte, gab sein Debüt mit dem Gedichtband »Eine Straßenbahn für Nofretete« (1970). Zutreffend verweist er in anderem Kontext darauf, dass das »eigentliche Sammelbecken für am Schreiben Interessierte in dieser Phase der DDR« die Zirkel Schreibender Arbeiter waren. In diese Zirkel wurden diejenigen aus den Arbeitsgruppen Junger Autoren delegiert, die ernsthaftes Interesse unter Beweis gestellt hatten und »sich durch Talent auszeichneten«.[5] Die Zirkel selbst befanden sich zumeist in der Trägerschaft von größeren Betrieben, und es war klar, dass ein Kombinat wie Schwarze Pumpe der geeignete Rahmen war, dem die Mitglieder sich freiwillig anschlossen. »Die Tätigkeit in den Zirkeln brachte keine Vorteile, sieht man von dem verständlichen Wunsch vieler Mitglieder ab, sich einmal gedruckt zu sehen«, stellt der Germanist Rüdiger Bernhardt zu Recht heraus. »Die Arbeit kostete viel Freizeit und Entbehrungen. Sie forderte Lernbereitschaft, Gemeinschaftssinn, Disziplin und Kunstbedürfnis.«[6] Und so gehen Brigitte Reimann und Siegfried Pitschmann sofort daran, einen Kreis von Interessierten um sich zu scharen. Von zwanzig eingeladenen Personen erscheinen erst einmal nur vier. Was das mögliche künstlerische Potenzial betrifft, ist Brigitte Reimann zunächst skeptisch. »Nur der kleine Volker Braun, Abiturient und seit 4 Jahren in der Produktion, scheint begabt zu sein. Er erinnert mich an meinen Ulli-Bruder«, notiert sie im Tagebuch.[7]

Neben der Arbeit im Zirkel beginnt Brigitte Reimann sofort mit einem neuen Buch, das teilt sie Walter Lewerenz, ihrem Lektor beim Neuen Leben, Mitte Januar 1960 mit, da ist sie gerade einmal 14 Tage in Hoyerswerda. Es soll ein »Mädchenbuch« werden. Aus ihrer eigenen Jugend hat sie noch recht klare Vorstellungen, was »Mädchenbücher« sind. Wenngleich sie selbst viel lieber die Abenteuerbücher von Cooper und Steuben gelesen hat, kennt sie natürlich den absoluten Bestseller »Der Trotzkopf. Eine Pensionsgeschichte für erwachsene Mädchen« (1885) von Emmy von Rhoden, der bis weit in das 20. Jahrhundert prägend ist. Am Ende des Textes landet die weibliche Protagonistin »gezähmt« im Hafen der Ehe und nimmt ihre Rolle als Frau und Mutter an. Letztlich besteht das Ziel dieser Art Literatur darin, die für die bürgerliche Gesellschaft kennzeichnende Trennung von Privatem und Öffentlichem zu bestätigen und die damit verbundenen sozialen Rollenbilder von Mann und Frau zu vermitteln. Was in den klassischen Mädchenbüchern das zentrale Muster bildet, das ist das Gegenteil dessen, was Brigitte Reimann sich vorstellt. Eine Zähmung der weiblichen Größenphantasien kommt für sie überhaupt nicht infrage, es geht stattdessen darum, diese auszuleben.

Bislang hat sie allerdings noch keine rechte Idee, wie sich der Gang der Handlung entwickeln wird. Einen Monat später ist sie schon weitergekommen. Sie will der Schwester einen Durchschlag des Manuskripts mitbringen, wenn sie sich in Burg sehen, denn Dorothea gehört zu jener Adressatengruppe, die die Erzählung interessieren könnte: »Es ist die Geschichte von drei Oberschülern – einem Mädchen und zwei Jungs –, die ihr praktisches Jahr im Kombinat machen und dabei natürlich eine Menge Schwierigkeiten zu überwinden haben.« Selbstverständlich kommt dabei eine Brigade ins Spiel, ja, Brigitte Reimann hat vor, ihre Schweißerbrigade als eine »Art Modell« zu nehmen. Das hat den einfachen Grund: »Hier passieren wirklich viele spannende Sachen.«[8] Nur wie das Buch weitergehen soll, weiß sie noch nicht. Drei Wochen später schickt sie Walter Lewerenz die ersten dreißig Seiten und spricht nun von einem »Jugendbuch«. Insofern hat sich bereits eine Veränderung ergeben. Allerdings verzichtet sie darauf, ein Exposé zu liefern, viel wichtiger ist ihr der Hinweis, dass sie vorhat, das Buch »gemeinsam mit meiner sozialistischen Brigade – Rohrlegern und Schweißern – im Kombinat zu erarbeiten«.[9] Über die Brigade, in der sie nunmehr viel Zeit verbringt, informiert sie auch Erwin Strittmatter. Vor allem der Meister hat es ihr angetan, ein kluger und netter Mann, der nicht zuletzt wegen seiner Fähigkeiten und seines Humors anerkannt wird. Schon bald wird die Wertschätzung zu einer Liebelei, über die der sonst so gelassen-ruhige Siegfried Pitschmann sich ungemein erregt. Er selbst arbeitet in einem anderen Bereich der Schwarzen Pumpe, in einer Brigade der Brikettfabrik.

Die Arbeitsanforderungen in dieser Zeit sind immens. So hat der Freie Deutsche Gewerkschaftsbund (FDGB) Brigitte Reimann für die Dorf- und Arbeiterfestspiele, die ab Anfang Mai 1960 stattfinden, verplant. Zwei Lesungen sind zugesagt, und nun erhält sie die Aufforderung, sich noch an zwei weiteren Tagen zur Verfügung zu halten. Das lehnt sie wegen des »Transport-Problems« ab. Sie kann schlichtweg nicht »zig Stunden allein für die Hin- und Rückfahrt opfern«.[10]

In einen Brief an Walter Lewerenz berichtet Brigitte Reimann von den unterschiedlichen Bereichen, in denen sie und Siegfried Pitschmann tätig sind. »Gestern, während meiner Schicht (ich habe Ventile angeschliffen – und gar nicht mal ungeschickt) nahm ich die FDJler meiner Brigade zusammen und sprach mit ihnen über ihre, unsere Arbeit. Gruppensekretär ist ein Student, den irgendeine Disziplinarstrafe ins Kombinat verschlagen hat«, schreibt sie. Was Brigitte Reimann hier anspricht, das ist die sogenannte »Bewährung in der Produktion«, die insbesondere – wie in diesem Fall – bei Studenten Anwendung fand, die gegen die Studiennormen verstoßen hatten und durch Erfahrungen in der Produktion mit dem Arbeitsalltag jener konfrontiert werden sollten, die – so die Argumentation – ihr Studium bezahlten, nämlich der Werktätigen. Volker Braun, dessen Begabung von Brigitte Reimann sofort erkannt wurde, hatte sich um einen Studienplatz der Journalistik beworben, aber keinen erhalten. Daher ging er als Tiefbauarbeiter in die Schwarze Pumpe, um sich von hier aus nach der »Bewährung in der Produktion« zum Studium delegieren zu lassen – im Herbst 1960 begann er sein Philosophiestudium an der Universität Leipzig.[11] Die Zirkelleiter sicherten ihm ihre Unterstützung zu. Siegfried Pitschmann aktivierte alte Kontakte und schrieb Reiner Kunze, den Brigitte Reimann aus ihrer Zeit in der AJA in Magdeburg kannte. Pitschmann nennt zurückhaltend einige Fakten zum Lebenslauf und kommt dann auf den Punkt:

> Dieser Junge nun ist eine ganz eigenartige Mischung von Talent, eigenwilliger Begabung, Unreife, Unschuld und Verstiegenheit, aber eben, wie gesagt: ein Talent. Für ihn gibt es die eine große Gefahr, daß er von Unkundigen und Nicht-Einfühlsamen zerhämmert wird. Dies zeigte sich schon in der AJA, wo alle so kreuzbrav und provinzlerisch und immer unerhört klug diskutieren.«[12]

Pitschmann weiß, wovon er spricht, genau das war ihm mit seinem Roman-Projekt »Erziehung eines Helden« passiert, das Nicht-Einfühlsame »zerhämmert« hatten. Er verschweigt auch nicht, wo seiner Meinung nach bei dem jungen Talent noch Potenzial verschüttet liegt. »Freilich muß man dem guten Jungen gehörig den Kopf zurechtsetzen, sein Welt-Bild, das er sich (trotz engster Berührung mit der harten Realität) zusammengezimmert hat, ins Positive und Vernünftige und Un-Verstiegene rücken, – aber eben mit Fingerspitzengefühl. Da der Junge nun in Leipzig ist, haben wir sofort an Dich gedacht, (wir versprachen ihm auch, Dich um eine Art Patenschaft für ihn zu bitten) – und hiermit sei dies nun getan. Ist es Dir möglich, Dich ein bißchen um ihn zu kümmern? Wir würden Dir dies nicht zumuten, hielten wir ihn für einen unbeachtlich und durchschnittlich Schreibgewandten. Er heißt VOLKER BRAUN.«[13]

Der Brief erlaubt Rückschlüsse über die Art und Weise, wie das Team Reimann/Pitschmann die Förderung der jungen Autoren verstand: Sie setzten sich engagiert und sensibel für sie ein. Volker Braun hat erinnert, wie produktiv sich die Arbeit mit den beiden Zirkelleitern gestaltete. »Ich war ein Autor ohne Werk und wurde, gleichwohl in der Einöde, von Pitschmann und Reimann als Kollege behandelt, nie gönnerhaft oder ›von oben herab‹. Ich fühlte mich sehr wohl bei ihnen, sie waren offene und wache Leute.«[14]

In der Brigade, in der, so Brigitte Reimann, keine FDJ-Arbeit geleistet worden sei, sieht sie dringend Veränderungsbedarf. »Wir haben – und ich erzählte Dir schon davon – zwei Schwererziehbare, die häufig F-Schichten [Fehlschichten; Anm. C. G.] fahren, ihre Essenmarken verkaufen, schlecht arbeiten.«[15] Ihr Ansatz, hier motivierend einzugreifen, hängt weniger mit ideologisch-erzieherischen Momenten zusammen, als mit dem, was für die junge Autorin insgesamt seit ihrer Kindheit und Jugend kennzeichnend ist, nämlich Empathie. Sie erkennt, dass die beiden Jungen aus »üblen Verhältnissen« kommen und einer zudem ein Handicap hat, und zwar einen »schweren Augenfehler«. Bei der Brigade stößt das alles zunächst auf Gleichgültigkeit, ja eine gewisse Gefühllosigkeit. Das kann und will Brigitte Reimann nicht akzeptieren, und es gelingt ihr, das Bewusstsein zu erzeugen, dass hier geholfen werden muss. »Es zeigte sich, daß bisher niemand sich für die Jungen verantwortlich gefühlt hat, daß sie zu Laufburschen degradiert worden sind, Schuhe zum Reparieren bringen, die Drecksarbeiten für andere erledigen und dergleichen. Woher sollen sie da auch die Lust zur Arbeit nehmen?«, fragt sie mit Recht.[16] Es widerspricht ihrem Gerechtigkeitsgefühl und ihrer Mitmenschlichkeit, zwei junge Leute herabgesetzt und ausgegrenzt zu sehen. Sie kann und will das »mangelnde Bewußtsein der Verantwortung für den Menschen neben Dir« nicht akzeptieren. Freilich ist ihr auch klar geworden, dass sie die Erfahrungen für ihr neues Buch nutzen wird. Dies teilt sie Walter Lewerenz unumwunden mit. »Du verstehst, warum ich Dir diese Geschichte – besser: den Anfang dieser Geschichte – erzähle. Natürlich nehme ich sie, neben Dutzenden anderen, in das Buch auf. Gestern habe ich wieder soviel Interessantes erfahren, daß es beim Schreiben einer klugen Sparsamkeit bedarf, damit die Fabel nicht überwuchert wird.«

Sie ist zu diesem Zeitpunkt weit über die Auffassung hinaus, die sie in »Zwei schreiben eine Geschichte« der Figur des Arbeiters Werner in den Mund gelegt hatte: »Keinen Stoff? So was liegt doch auf der Straße, man muß sich bloß danach bücken«, entgegnet der seiner verzweifelten Frau Annelies, die nicht weiß, was für eine Geschichte sie als Autorin erzählen soll. Inzwischen ist sich Brigitte Reimann bewusst, dass es keine »Stoffbänke« gibt, deren man sich bedienen kann. Ganz genauso wird es Christa Wolf einige Jahre später formulieren. »Für einen bestimmten Autor gibt es in einem bestimmten Augenblick nur einen einzigen Stoff«, heißt es bei ihr. Und es gibt jenen Satz, den Brigitte Reimann in ebendieser Form damals gewiss unterschrieben hätte: »Literatur und Wirklichkeit stehen sich nicht gegenüber wie der Spiegel und das, was gespiegelt wird. Sie sind ineinander verschmolzen im Bewußtsein des Autors.«[17]

Dies bedeutet allerdings durchaus, dass Autorinnen und Autoren in besonderem Maße ihre Wirklichkeit beobachten und neugierig auf die Geschichten von anderen Menschen sind. Dass diese anderen wiederum das Bedürfnis haben, von sich und ihren Erfahrungen zu berichten, genau das erlebt Brigitte Reimann jetzt in Hoyerswerda. Sie erzählt Walter Lewerenz mit einem gewissen Stolz, dass sich jeder in der Brigade eine Tätigkeit suchte, »um eine halbe Stunde neben meinem Schraubstock herumstehen und erzählen zu können [...] von sich, von ihrer Familie, von gewissen Schwierigkeiten bei der Arbeit«. Und es folgt eine Überlegung, die für ihr Schreiben grundlegend wird. »Schriftsteller sind, scheint mir, eine Art Beichtvater für die Menschen; mitfühlendes Verständnis für verzwickte und zuweilen sogar schmutzige Verhältnisse wird vorausgesetzt«, notiert sie, um daraus eine konkrete Verpflichtung abzuleiten: »Ich wünschte, ich könnte wenigstens einen schwachen Abglanz dessen, was mir dort begegnet, in dem Buch wiedergeben.«[18]

Dafür bleibt in der aktuellen Situation nur wenig Zeit, immerhin, das erste Kapitel ist fertig. Dann aber gibt es ein Ereignis, das in der Liselotte-Herrmann-Straße für eine gewisse Euphorie sorgt: Am 19. April 1960 geht ein Telegramm aus Berlin ein, das an beide Bewohner gerichtet ist: »Herzlichen Glückwunsch zum 2. Preis in der Nationalen Runde des Internationalen Wettbewerbs. Für die Jury Dr. W. Rödel«.[19] Einige Tage später folgt die Einladung zur Auszeichnungsveranstaltung in das Funkhaus in Berlin-Oberschöneweide. Erst zehn Tage später steht folgender Eintrag im Tagebuch: »Großer Jubel: Wir haben das beste Hörspiel in der nationalen Runde des Intern. Hörspiel-Wettbewerbs ge-

23/24 Die schicksalhafte Begegnung mit dem Autor Siegfried Pitschmann in Petzow: »Es gibt einen Menschen hier, der mich vom ersten Tag beunruhigt hat, weil ich in seinen Augen unsere Verwandtschaft gefunden habe und sein potentielles Irresein [...]« (29. 3. 1958)

25 Schriftstellerheim »Friedrich Wolf« in Petzow; Foto: Brigitte Reimann

26 Auch ihren Arbeitsplatz unterm Dach hat sie mit der Kamera festgehalten

27 Das Paar heiratete am 10. Februar 1959 in Werder bei Potsdam, gefeiert wurde im Schriftstellerheim in Petzow, an dem Ort der ersten Begegnung

28 Gemeinsam gingen sie, dem Bitterfelder Weg folgend, nach Hoyerswerda: Brigitte Reimann hier mit Kollegen der Rohrlegerbrigade im Kombinat Schwarze Pumpe, 1961

29 Von den Erfahrungen im Kombinat inspiriert, erschien bereits im Sommer 1961 die Erzählung »Ankunft im Alltag«

30 »Ein Mann steht vor der Tür«, 1960 im Aufbau-Verlag veröffentlicht, wurde mit dem 2. Preis im Internationalen Hörspielwettbewerb ausgezeichnet

31 Brigitte Reimann und Siegfried Pitschmann im Arbeitsgespräch mit dem Dramaturgen Gerhard Rentzsch (Mitte) zum Hörspiel »Sieben Scheffel Salz«, 1960

32–35 Weihnachten in Burg: das Schriftstellerpaar mit den Eltern Reimann, unten rechts Schwester Dorli und Bruder Uli

36 Mitglieder des Zirkels Schreibender Arbeiter im Gespräch: Siegfried Pitschmann, Brigitte Reimann und, neben dem Schriftstellergast Herbert Jobst sitzend, Hans Kerschek (v. r. n. l.), 28. 4. 1961

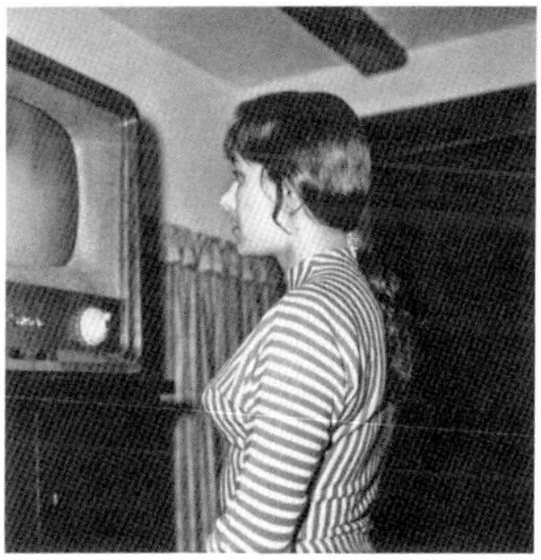

37–40 Im Schriftstellerheim Petzow, das mitunter als »Irrenhaus«, dann wieder als »VEB Elfenbeinturm« bezeichnet wurde

41/42 Diskussion im Kombinat zu »Ankunft im Alltag« mit Meister Erwin Hanke (oben) und Ehemann Pitschmann (unten), 1962

43 Mit den »Geschwistern« (1963) schrieb sie das Buch der Stunde über die deutsche Teilung und erzählte zugleich »die Geschichte von meinem Lutz-Bruder (wie sie rechtens hätte laufen müssen und in der Wirklichkeit eben nicht lief)« (5. 4. 1961) – er hatte im April 1960 mit seiner Familie die DDR verlassen

44 Schon bald beschäftigte sie der Roman über die junge Architektin, die »lieber dreißig wilde Jahre wählen [würde] statt siebzig brave und geruhsame«: »Heute habe ich das Buch ›Franziska‹ begonnen« (23. 11. 1963)

45/46 Teile aus dem »Franziska«-Manuskript präsentierte die Autorin im Rahmen der Veranstaltungsreihe »Sozialistische Schriftsteller lesen« im Westberliner Studentenheim Siegmunds Hof, 11. Dezember 1964

47/48 Umzug in die Gartenstraße 6, Neubrandenburg: Brigitte Reimann bewohnte ab November 1968 die untere Etage und konnte ihren Arbeitsplatz bei schönem Wetter auf die Terrasse verlegen

49 Mit Manfred Krug, der in ihrem Filmfeuilleton »›Sonntag, den …‹ – Briefe aus einer Stadt« mitwirkte (Gesang), weshalb der Streifen nach seiner Ausbürgerung gesperrt wurde, 1969

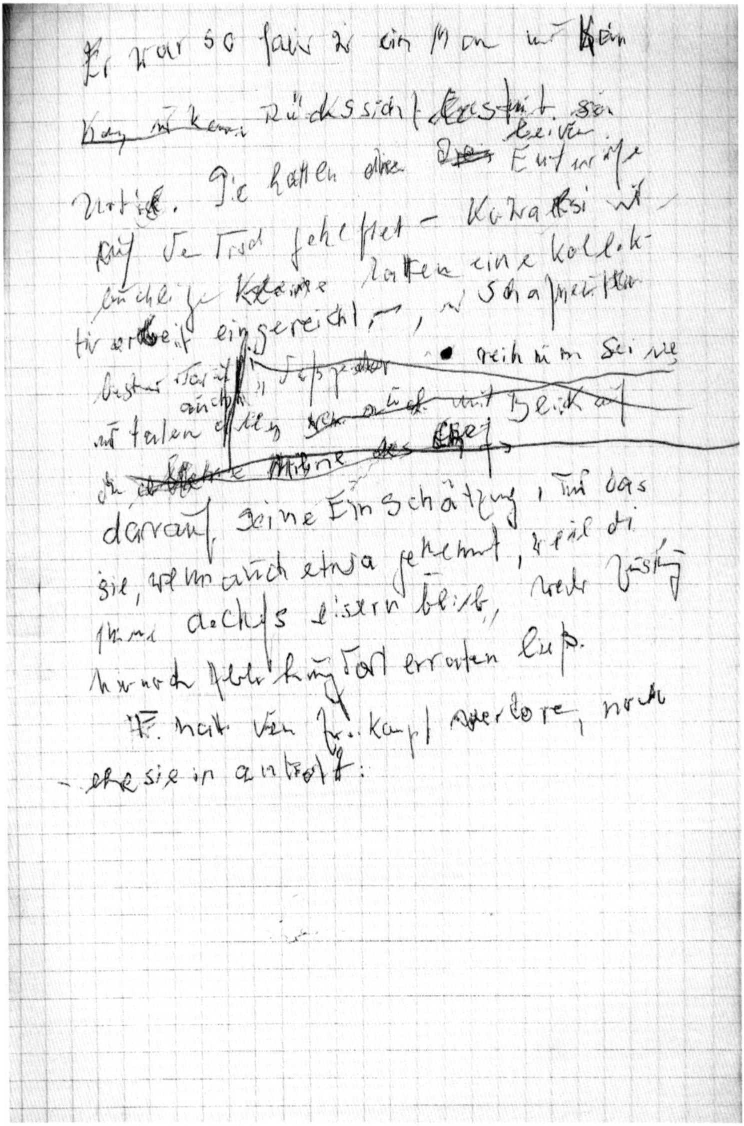

50 Die letzte Seite von »Franziska Linkerhand« – obwohl der Roman unvollendet blieb, gehört er zu den bedeutendsten Werken der Nachkriegsliteratur schrieben. Unsere erste Kollektivarbeit. Als das Telegramm mit den Glückwünschen kam, tobten wir herum wie Irre, lachten und weinten. Endlich ein Lohn, endlich ein Ausblick nach so langer Zeit der Zweifel und Entmutigungen und Entbehrungen.«[20]

Dass das Hörspiel so erfolgreich ist, liegt neben der modernen Machart mit den akustischen Impressionen an der Besetzung, in der bekannte Theater- und Filmschauspieler agieren. Neben Waltraud Kramm, Ruth Kommerell und Walter Richter-Reinick ist es vor allem Günther Haack, der das Hörspiel durch seine stimmliche Präsenz trägt. Haack war nicht nur wegen seiner zahlreichen Filmrollen ein früher DDR-Filmstar. Zu seinem Kultstatus trug auch der Umstand bei, dass er nach einem unter Alkoholeinfluss verursachten Verkehrsunfall 1958 zu zweieinhalb Jahren Gefängnis verurteilt wurde. Nach der Verbüßung seiner Strafe – er hatte sich freiwillig für den Bergbau unter Tage entschieden – setzte er seine erfolgreiche Karriere fort und kam 1965 als Beifahrer bei einem erneuten Verkehrsunfall mit nicht einmal 35 Jahren ums Leben. Er galt in der DDR als eine Art James Dean. In der Besprechung des Hörspiels im »Neuen Deutschland«, die nach der Sendung im Hörfunk erscheint, heißt es:

> Den Autoren, die seit einiger Zeit in »Schwarze Pumpe« leben und arbeiten, ist ein literarisch ansprechendes, in Fabelführung und Charakterzeichnung klug ausgewogenes Kammerspiel geglückt, das den Zuhörer von Anfang an in seinen Bann zieht.[21]

Unmittelbar nach Bekanntwerden des Preises gibt es in Verbindung mit der Gratulation von der Deutschen Akademie der Künste den Vorschlag, ein »Meisterschüler-Verhältnis« zwischen Bodo Uhse und dem Schriftstellerpaar zu begründen, wie es in den bildenden Künsten üblich ist. Die Idee stammt von Uhse selbst, der Pitschmann seit Langem verbunden und von Brigitte Reimann fasziniert ist. Ein Treffen kommt erst einmal nicht zustande, da Uhse erkrankt ist und sich auf Genesungsurlaub befindet. Im August tritt er dann von seiner Funktion als Ständiger Sekretär der Sektion Dichtkunst und Sprachpflege zurück, und weil private Probleme hinzukommen, fehlt ihm die Kraft, den ins Auge gefassten »Meisterschüler-Vorschlag« weiterzuverfolgen.

Nach dem Preis für »Ein Mann steht vor der Tür« setzt der Rundfunk auf weitere Zusammenarbeit und möchte das »Ehepaar Pitschmann« zusätzlich für die Abteilung Kinderhörspiel gewinnen. Auch der Deutsche Fernsehfunk meldet sich, um über gemeinsame Vorhaben zu sprechen.[22] Brigitte Reimann sagt aber erst einmal alles ab. Sie ist mit den Büchern für den Aufbau-Verlag sowie das Neue Leben vollkommen ausgelastet. Von der Volksbühne Berlin kommt die Frage, ob vielleicht »in den kommenden Monaten die Möglichkeit besteht, dem Projekt eines Theaterstückes näherzutreten«.[23] Auch international zieht der Erfolg Anfragen nach sich, der Rundfunk der Tschechoslowakischen Republik, Radio Prag, interessiert sich für das Hörspiel, ebenso möchte der ungarische Rundfunk das Stück senden. Schließlich meldet sich der Verlag des Ministeriums des Innern mit einem Glückwunsch und dem Hinweis, dass eine Nachauflage der Erzählung »Kinder von Hellas« im Themenplan von 1961 verankert sei. Die Popularität, die mit dem Preis verbunden ist, überrascht das Autorenpaar, allerdings können sie die vielfältigen Angebote erst einmal nicht nutzen und müssen die Anfragenden auf später vertrösten.

Die Prämierung hat eine merkantile Seite, die ihnen zugesprochene Auszeichnung in der nationalen Runde ist mit einer Preissumme von 4000 Mark verbunden. Endlich kann das Zimmer von Daniel mit Hellerau-Möbeln eingerichtet werden, und auch der Traum vom eigenen Auto rückt in greifbare Nähe.

Auf der einen Seite gibt es für das Schreibkollektiv Reimann/Pitschmann im April 1960 diese Bestätigung. Auf der anderen Seite kommt es zu einem familiären Einschnitt, der folgenreich auch für das literarische Schaffen von Brigitte Reimann ist: Ihr Bruder Lutz und die Schwägerin Margarete haben mit ihrem kleinen Sohn die DDR verlassen und sind in die Bundesrepublik übergesiedelt. Sie sind in der damaligen Diktion »republikflüchtig« geworden. Die junge Familie wird – wie die Unterlagen belegen – zunächst im Notaufnahmelager in Gießen untergebracht, das sich in südwestlicher Richtung vom Bahnhof

Gießen befindet. Für die Schwester ist es ein Schock, auch deshalb, weil sie sich dem Bruder Lutz, der nur eineinhalb Jahre jünger ist, eng verbunden fühlt. »Spüre zum erstenmal schmerzlich – und nicht nur mit dem Verstand – die Tragödie unserer zwei Deutschland. Die zerrissenen Familien, das Gegeneinander von Bruder und Schwester – welch ein literarisches Thema. Warum wird es von keinem gestaltet, warum schreibt niemand ein gültiges Buch? Furcht? Unvermögen?«, notiert sie am 29. April 1960 im Tagebuch und fixiert damit bereits die Grundidee für ein Buch, an das sie sich umgehend machen wird nach der Fertigstellung ihrer als Jugendbuch deklarierten Abiturienten-Erzählung, die nicht vorankommt. Denn es gibt weitere Vorkommnisse, die sie und Pitschmann verunsichern, ja in einen emotionalen Ausnahmezustand stürzen. Was ist geschehen?

Beide geraten mit Heinrich Ernst Siegrist in eine schlimme Konfrontation. Siegrist, der sich im Kombinat als schriftstellerischer Platzhirsch gebärdet, hat eine Art Roman-Reportage über die Schwarze Pumpe geschrieben. Das Buch »Stürmische Jahre« wird im Zirkel Schreibender Arbeiter diskutiert. Die Teilnehmer wollen Kriterien finden, was als literarisch gelungen oder auch als misslungen gelten kann. Letztlich wird das Buch wegen mangelnder Qualität stark kritisiert. Bei der darauffolgenden scharfen Auseinandersetzung nimmt Brigitte Reimann kein Blatt vor den Mund und weist Siegrist zahlreiche Mängel nach. Sie weiß zu diesem Zeitpunkt nicht, dass der Volksverlag Weimar bereits umfassend an dem Manuskript gearbeitet hatte und die Druckgenehmigung nur mit Mühe zustande gekommen war. »Ideologische Einwände gibt es nicht. Die künstlerischen Mängel zu beheben, ist der Autor nicht imstande«, heißt es in einer Bemerkung.[24] Die erste Auflage, die mit 10 000 Exemplaren ausgewiesen ist, erscheint, zu einer weiteren wird es nie kommen. Siegrist allerdings nutzt nunmehr seine Kontakte zur SED-Kreisleitung, der er selbst angehört, er intrigiert gegen die beiden Neuankömmlinge und diffamiert vor allem Brigitte Reimann. Zudem versucht er die Kritik an seinem Buch als »Bildung einer bürgerlichen Plattform gegen einen bewährten alten Genossen« hinzustellen.[25] In »Die Geschwister« (1963) wird sie diese Anschuldigung literarisieren, da taucht die Stasi bei der Protagonistin, der jungen Malerin Elisabeth, auf, weil sie in »ihrem Zirkel eine bürgerliche Plattform gebildet« hätte.[26] Siegrist führt nicht zuletzt sein 1954 erschienenes Büchlein ins Feld, »Für die Welt arbeiten: Ein Lebensbild von Karl Marx«, um seine politische wie literarische Bedeutung zu unterstreichen.[27]

Nach den Prozessen und Verurteilungen von Wolfgang Harich, Walter Janka und Erich Loest in den Jahren 1956/57 gilt die Bildung einer »bürgerlichen Plattform« als ein Vorwurf, der folgenschwere Konsequenzen nach sich ziehen kann. Beiden, Brigitte Reimann und Siegfried Pitschmann, ist klar, dass sie sich zur Wehr setzen müssen. Sie wenden sich direkt an den Schriftstellerverband und hier konkret an Erwin Strittmatter als 1. Sekretär. Strittmatter ist der Einzige, dem sie sich anvertrauen mögen. Die Konfrontation betrifft den Schriftstellerverband nicht zuletzt deshalb, weil Siegrist in der Funktion als Vorsitzender des Bezirksverbandes Cottbus agiert. Es ist diesmal Siegfried Pitschmann, der am 12. Juni 1960 den Brief an Strittmatter schreibt und dabei die Situation so schildert:

> Unter den augenblicklichen Umständen, die sich weiter zuspitzen, können wir kaum noch arbeiten, geschweige schreiben. Da uns die ganze Sache zu sehr belastet. Wir sind doch nicht ins Kombinat gegangen, um uns mit Schmutzereien herumzubalgen. Und alles rührte nur daher, daß wir es wagten, unseren Kollegen kritisch, aber kollegial bewegen zu wollen, sein Buch über Pumpe zu ändern. Dieser Mensch verbreitet zudem innerhalb des Kombinats derart üble Verleumdungen über Brigitte, daß selbst ein abgebrühter Zuhälter rot werden würde. Damit ist dies eine Sache geworden, die innerhalb des Verbandes geklärt werden muß, und zwar aufs schärfste; denn es geht wohl nicht an, daß ein Bezirksvorsitzender seine eigenen Kollegen so widerlich in Verruf bringen kann.[28]

Wenige Tage später gibt es in der Schwarzen Pumpe eine Aussprache, bei der Brigitte Reimann einem Nervenzusammenbruch nahe ist. Erneut versucht der Schriftstellerkollege, die politische Karte zu ziehen und das Autorenpaar in Misskredit zu bringen. Doch sie können seine Diffamierungen widerlegen. Er verliert zunehmend an Rückhalt, auch weil offenbar wird, dass er Leistungen für sich reklamiert, die ihm nicht gebühren. In einem Artikel für den »Sonntag« spricht er von seinen beiden Zirkeln Schreibender Arbeiter, obwohl es nur den einen gibt, der von Brigitte Reimann und Siegfried Pitschmann geleitet wird.[29] In ihrem Bericht für die Zeitschrift »Der Bau« haben die beiden nachweislich erläutert, dass ihr seit dem 10. Februar existierender Zirkel nicht darauf abzielt, Schriftsteller heranzubilden, sondern was die eigentliche Zielsetzung ist: »Vor allem geht es uns darum, Freunde im Zirkel zu sammeln, die Lust am Gestalten haben und bereit sind, über ihre Arbeit am eigenen Arbeitsplatz und über alle sie bewegenden Probleme zu schreiben, – sei es in Brigadechroniken, sei es in der Betriebszeitung oder für einen Kreis anteilnehmender Kollegen.« Das Schreiben, so die Auffassung, soll helfen, »den Wert und die Bedeutung der Arbeit im Betrieb bewußter zu machen«. Schließlich stellen die Zirkelleiter etwas heraus, was den – wenn man so will – kulturrevolutionären Ansatz im Besonderen betrifft und gleichzeitig zu dem aktuellen Konflikt geführt hat: »Zudem wird ein Arbeiter, der selbst schreibt, ein kritischer Leser sein – und was können wir uns Besseres wünschen als kritische und kenntnisreiche Leser?«[30]

Diese Überlegungen stellen eine Antwort auf vereinfachende Einordnungen der Zirkel Schreibender Arbeiter dar, und sie formulieren nebenbei den Widerspruch, in dem sich diese von Anfang an befanden. Für die Kulturfunktionäre und die Vertreter der Massenorganisationen war die Bewegung vordergründig ein Instrument zur Realisierung gesellschaftspolitischer Zielsetzungen, für die Zirkelteilnehmer ging es dagegen in erster Linie darum, in einer Gemeinschaft von literarisch Interessierten und Gleichgesinnten die eigenen Vorstellungen umzusetzen und neue Erfahrungen zu sammeln. Beide Vorstellungen schlossen einander weitgehend aus und konnten kaum in Übereinstimmung gebracht werden.[31]

Zu der Aussprache im Schriftstellerverband, in dem auch der Bericht über den Zirkel eine Rolle spielt, kommt es dann am 30. Juni 1960, einem Donnerstag. Dieser Tag bleibt dem Ehepaar Reimann/Pitschmann auch deshalb in Erinnerung, weil zu diesem Zeitpunkt Herbert Wehner für die SPD im Deutschen Bundestag in einer Grundsatzrede einen Kurswechsel einleitet.

Die SPD, die sich bis dahin zum Primat der Wiedervereinigung bekannt und gefordert hat, die existierenden Militärpakte durch ein kollektives Sicherheitssystem abzulösen, sieht als Bezugsrahmen für die zukünftige Außen- und Sicherheitspolitik nun die NATO. Damit wird der sogenannte Ollenhauer-Plan von 1957 fallen gelassen, in dem es darum ging, durch Bündnisfreiheit die Wiedervereinigung zu erreichen. Brigitte Reimann wird genau diese Frage sowie die Folgerungen beim Schreiben ihrer Erzählung »Die Geschwister« reflektieren. Bei der Auseinandersetzung im Schriftstellerverband spielen diese Aspekte vorerst keine Rolle. Erwin Strittmatter leitet die Aussprache und nimmt eindeutig Stellung für die jungen Leute. Dem Schriftstellerkollegen Siegrist wirft er vor, sich hinter seinem Parteiabzeichen zu verschanzen und Intrigen zu spinnen. Der übt daraufhin Selbstkritik, streut Asche auf sein Haupt und gelobt Besserung.

Als schließlich der Rundfunk mit Hauptabteilungsleiter Wolfgang Rödel, Chefregisseur Theodor Popp und Chefdramaturgen Gerhard Rentzsch samt Technik nach Hoyerswerda kommt, um das Hörspiel im Kombinat aufzuführen, bricht das Eis auch bei den Funktionären. Die Leistung des Autorenpaars wird nun endlich auch in diesen Kreisen anerkannt. Die Folgen beschreibt Brigitte Reimann so: »Kleine Premierenfeier im ›Glück auf‹. Partei total besoffen. [...] K. [Werkleiter Kühn; Anm. C. G.] fiel aus dem moralischen Rahmen. Ich war voll bis zum Eichstrich, hielt mich aber gut, bis wir zuhaus waren.«[32] Einige Monate später, Anfang Dezember 1960, werden Brigitte Reimann und Siegfried Pitschmann dann von Kühn mit der Ehrennadel der »Erbauer Schwarze Pumpe« ausgezeichnet. Damit gehören sie jetzt, so empfinden sie es, dazu, das Kombinat hat sie anerkannt.

Mit dem Ende der Auseinandersetzung bekommt Brigitte Reimann endlich wieder den Kopf frei und kann die Arbeit an ihrem Buch, dem sie zunächst den Titel »Die Abiturienten« gibt, voranbringen. Ihr großer Vorteil gegenüber ihrem Mann besteht darin, dass sie sehr schnell und leicht schreibt. Schon Ende März hatte sie 54 Seiten an den Verlag Neues Leben geschickt, und nach der Lektüre war der Verlagsleiter Peterson der Auffassung, dass daran nicht mehr viel geändert werden muss. Mit der »Wochenpost« hatte Brigitte Reimann vereinbart, für die erste Seite eine kurze Skizze zu schreiben, die schon etwas von der Erzählung andeuten soll. »Der Abiturient«, so der Titel des kurzen Textes, erschien am 14. Mai 1960. Der Anfang der Skizze stellte sich so dar:

> Ich traf ihn im Gasthaus »Schwarze Pumpe«: Ein großer, schwerfälliger Junge mit neugierigen Augen hinter der Brille; er wird in diesem Frühling sein Abitur machen. Er wird ein Jahr im Kombinat arbeiten und später eine Kunsthochschule besuchen, sagte er, und seine Stimme klang selbstbewußt trotz all seiner unbehilflichen Schüchternheit.
>
> Wir gingen zusammen die F 97 [Fernverkehrsstraße 97; Anm. C. G.] hinab, Sonne war und scharfer Wind, der Wolken von Sand über die Wege wirbelte. »Was für eine Landschaft …« sagte der Junge, und sein Gesicht war jetzt fast töricht vor Ergriffenheit – denn hier, an der berühmtgewordenen Straße, fand er seine künftigen Bilder und ihre Farben: den Wald von Hebezeugen und Stahlgerüsten; vielfach gegliedert und filigranhaft vor dem Himmel; die im gelben Heidesand hockenden Kühltürme; die hohen weißen Schornsteine; das feierliche Grün einer einsamen Kiefer (und vergiß nicht, Junge: wohin du auch siehst, war vor vier Jahren nur Wald und Öde); das Gesicht eines Zimmermannes, bräunlich und kühn unter der abenteuerlichen Hutkrempe …
>
> »Das«, sagte er überschwenglich, »ist die neue Romantik; das ist die Poesie der Technik! Vier Jahre in einer Schulbank geklemmt, und inzwischen wächst dieser Gigant.«[33]

Daraufhin gibt es zwei Leserzuschriften, in denen hart mit der Autorin ins Gericht gegangen wird. Die Skizze würde ein »entstelltes Bild des Oberschülers« zeigen. »Oberschüler – das ist nicht der Inbegriff für Träumerei, Weltabgeschiedenheit und Isolation von einfachen Arbeiten«, wenden zwei Jungen ein, die nach dem Abitur nunmehr bei der Nationalen Volksarmee sind. Warum befassen sich »alle Zeitungen nur mit Bürgerkindern und nur selten mit denen der Arbeiter und Bauern«, fragen sie vorwurfsvoll.[34] In einer weiteren Zuschrift, die aus Merseburg kommt, spricht der Verfasser von einem Beitrag, der »geradezu eine Beleidigung« für jeden Oberschüler sei, und fragt, was die Autorin sich dabei gedacht habe. Der Leserbrief schließt mit einem didaktischen Hinweis und einer weiteren Kritik an der Autorin. »In unseren Schulen werden die jungen Menschen im Geiste des Marxismus erzogen«, notiert er. »Davon scheinen gewisse Leute noch nichts gespürt zu haben. Andernfalls würden Anschauungen, wie die vorliegenden, der Vergangenheit angehören.«[35]

Die Abteilung Leserbriefe der »Wochenpost« schickt die zwei Wortmeldungen vor dem Abdruck in Kopie an Brigitte Reimann und teilt ihr mit, dass sie damit gern eine Diskussion beginnen würde. Zudem fragt man an, ob von der Autorin gelegentlich eine Meinung zu den erscheinenden Leserbriefen kommen könne.

In der Ausgabe vom 4. Juni 1960 steht dann neben dem Abdruck der beiden Zuschriften in der Tat folgende Aufforderung: »Und nun hoffen wir, daß uns viele Oberschüler und Arbeiter zu diesem Thema schreiben.« Der Impuls zur Diskussion bleibt folgenlos. Zumindest finden sich in der gedruckten »Wochenpost« keine weiteren Wortmeldungen. Brigitte Reimann selbst ist allerdings schockiert und auch ein wenig ratlos. Sie schickt der Zeitung eine Antwort, in der sie ihr Unverständnis ausdrückt. Wie kann es sein, fragt sie, dass die kurze Skizze als Beleg für das Bild »des Oberschülers« herhalten soll. Sie gibt zu bedenken, ob es in der Tat so einfach ist, sich ohne innere und äußere Schwierigkeiten in ein Kollektiv von Arbeitern einzufügen. Dahinter stehen die eigenen Erfahrungen wie auch die von Siegfried Pitschmann. Abschließend verweist sie darauf, dass es sich bei dem Text um nicht mehr als eine kleine Skizze handelt, die sich mit Problemen von jungen Leuten beschäftigt, die von der Oberschule direkt in einen Großbetrieb kommen. »Ich bin selbst vor nicht allzu langer Zeit Abiturientin gewesen und gehöre jetzt zu einer Brigade [...]; ich kenne Studenten und Abiturienten, die bei uns arbeiten oder gearbeitet haben, ich kenne ihre Schwierigkeiten und schreibe über sie«, konstatiert sie, um dann im Sinne einer Vorausdeutung auf die in Arbeit befindliche Geschichte zu verweisen: »Wenn das Buch im nächsten Jahr erscheint, werden wir, so hoffe ich, weiterdiskutieren.«[36]

Da sie zeitgleich in Co-Produktion mit Siegfried Pitschmann an einem zweiten Hörspiel arbeitet, »Sieben Scheffel Salz«, bleibt jedoch nur wenig Zeit, und die nötige Konzentration fehlt. Im Oktober kommen erste Mahnungen aus dem Neuen Leben. Zu diesem Zeitpunkt liegen immerhin 150 Seiten vor, die dem Verlag sehr zusagen, der ungemein an der Fertigstellung interessiert ist und einen Kompromiss vorschlägt: Die umworbene Autorin erhält eine Fristverlängerung bis zum 10. Dezember, soll allerdings bis dahin keine anderen literarischen Arbeiten beginnen. Walter Lewerenz, der Lektor, macht darauf aufmerksam, dass zur Abgabe des Rohmanuskriptes auch der Titel gehört. Die bisherigen Vorschläge hält er für nicht brauchbar: »Unromantisches Abenteuer«, »Die andere Romantik«, »Napoleon und die Abiturienten« und »Erziehung der Gefühle 1960«. Von Pitschmann sekundiert, schlägt sie im Gegenzug »Die Halbreifen« vor, ein Ausdruck, der von dem realen Meister Hanke stammt, der das Vorbild für die »Napoleon-Figur« im Buch liefert. Doch Walter Lewerenz ist nicht begeistert, für ihn klingt das zu sehr nach »Halbstarken« oder »Halbgewalkten«. Zudem hält er es nicht für sinnvoll, die Geschichte unter ein negatives Vorzeichen zu stellen. Stattdessen hat er eine neue Idee. »Vor dem Einschlafen habe ich mir derweil Gedanken über einen anderen Titel gemacht«, schreibt er. »Was hältst Du von ›Ankunft im Alltag‹? Nach der Meinung all meiner Kollegen ist das recht brauchbar, weil treffend, nicht unoriginell und wohl doch auch ein wenig werbewirksam.«[37] Walter Lewerenz trifft mit seinem Vorschlag genau den Punkt, denn in der Tat geht es in der Geschichte um die Ankunft von jungen Leuten in einer Wirklichkeit, die sie bisher nicht kennen. Dass daraus die Bezeichnung »Ankunftsliteratur« wird, mithin eine Formel für eine Reihe von Texten, die Anfang der 1960er Jahre erscheinen und zu denen Romane wie Karl-Heinz Jakobs' »Beschreibung eines Sommers« (1961) oder Christa Wolfs »Der geteilte Himmel« (1963) gehören, das können Walter Lewerenz und seine Autorin noch nicht ahnen.

Zu diesem Zeitpunkt ist Brigitte Reimann mit dem Buch noch lange nicht fertig. Sie kämpft mit einer schweren Grippe, ist nervlich ausgesprochen angespannt, ja depressiv, nichts interessiert sie, weder gute Musik noch Theater. Einmal mehr zweifelt sie an sich und ihren Fähigkeiten. »Ein abscheulicher Zustand«, notiert sie im Tagebuch. »Wenn nur diese teuflische Arbeit endlich abgeschlossen wäre! Ich verschlampe, ich komme kaum noch aus dem Haus, manchmal trinke ich etwas, nicht viel, aber das kommt noch, das kann gar nicht ausbleiben. Ach, Scheiße!«[38] Zum Glück gelingt die Premiere des Hörspiels. Die Ursendung von »Sieben Scheffel Salz« im Berliner Rundfunk erfolgt am 17. November, zur Hauptsendezeit um 19.50 Uhr, und die Erstsendung auf dem II. Programm von Radio DDR folgt am 4. Dezember, erneut zur Primetime um 20.10 Uhr.

Die Geschichte, um die es geht, wird in einer Besprechung in der Tageszeitung »Der Morgen«, dem Zentralorgan der Liberal-Demokratischen Partei Deutschlands (LDPD), die einen Tag vor der Ausstrahlung erscheint, so zusammengefasst:

> Sieben Scheffel Salz müsse man zusammen gegessen haben, ehe man sich richtig versteht, so hat es der Onkel von Antek immer gesagt, und diese Weisheit gibt er auch an seinen neuen Meister, an Wolfgang, weiter, der nach der Fachschule in seine alte Brigade im Kombinat zurückkehrt, aber nicht recht anerkannt wird. Hauptrivale ist Manfred, genannt »Kirsche«, der neidvoll auf den Gleichaltrigen und Gleichbefähigten blickt, weil Wolfgang die Chancen zur Qualifizierung genutzt hat und sie auch weiter zu nutzen gedenkt. Immer wieder kommt es zu Spannungen und Reibereien. Wolfgang ist schließlich drauf und dran zu kündigen

> oder wenigstens sich in einen anderen Teil des Kombinats versetzen zu lassen. Doch nach mancherlei Umwegen und einer handfesten Schlägerei hat sich die Brigade »zusammengebissen«, erkennt den jungen Meister an, und auch »Kirsche« wird zukünftig vielfältigere Interessen als nur für heißblütige Rothaarige und »kühle Blonde« haben.[39]

Die widerspruchsvolle Rolle der Figur »Kirsche« wird erneut von Günter Haack gespielt. Auch die weiteren Personen des Stückes sind prominent besetzt. Wenige Tage später gibt es ein Abspiel in der Schwarzen Pumpe – ein Erfolg, über den auch überregional berichtet wird. In der »Berliner Zeitung« ist davon die Rede, dass ein Meister aus dem Kombinat meinte, die beiden Autoren, die selbst hier arbeiteten, hätten »genau ins Schwarze getroffen«. Einstimmigkeit habe auch bei den anwesenden Kumpeln darüber geherrscht, »daß die dargestellten Konflikte der Wirklichkeit entsprechen und nicht nur für das Kombinat Gültigkeit haben«.[40] Mit dem erfolgreichen Abspiel fällt ein gewisser Druck von Brigitte Reimann.[41]

Zu Weihnachten fährt das Ehepaar zu den Eltern und Geschwistern nach Burg, Silvester feiern sie im »Klub der Intelligenz« in Hoyerswerda. Anfang Januar wird das Hörspiel in Cottbus abgespielt, Chefdramaturg Gerhard Rentzsch ist wieder mit dabei. Danach gibt es im Künstlerclub eine lange Diskussion, die bis Mitternacht geht, schließlich landet die Gruppe im Nachtlokal »Kammerbrettel«. Gemeinsam machen sie sich auf die Rückfahrt nach Hoyerswerda, Rentzsch weiter im Schlepptau, und als Pitschmann sich gegen Morgen ins Bett legt, sitzen die anderen zwei weiter zusammen und kommen sich nahe. Am nächsten Morgen fährt Rentzsch zurück nach Berlin, und Pitschmann gesteht seiner Frau, dass er halb wach die »knisternde Stimmung« genossen habe. Brigitte Reimann ist ob des Eingeständnisses irritiert, das ist für sie eine »sonderbare Reaktion eines Mannes«. Und sie bekommt etwas anderes nicht aus dem Kopf, denn es bahnt sich eine neue Beziehung an, von der sie ahnt, dass sie ihr bisheriges Leben ins Wanken bringen könnte. »Ich habe wahre Angst vor dem Sterben, zuweilen, wenn ich die scharfen körperlichen Schmerzen im Herzen spüre«, vertraut sie ihrem Tagebuch an. »Ich bin hübsch ruiniert für meine 27 Jahre. Ich arbeite wie ein Pferd. Ende nächster Woche muß mein Buch fertig sein.«[42] Brigitte Reimann wird es schaffen. Allerdings vergehen noch drei Wochen, in denen sie unter äußerster Anspannung arbeitet. Erschwerend kommt hinzu, dass Walter Lewerenz mit einer Angina im Bett liegt und das Lektorat stockt. Erst am 25. Januar 1961 ist er wieder einigermaßen hergestellt und ruft dringend nach dem Schluss der Erzählung.

Endlich, am 10. Februar, ist es so weit, das letzte Kapitel ist fertig. Es hat länger gedauert, weil Brigitte Reimann die alte Fassung verworfen hat und das Ende neu schreibt. Nun setzt sie einen Punkt und ist insgesamt zufrieden. »Freust Du Dich ein bißchen mit mir, daß ich es endlich geschafft habe?«, fragt sie ihren vertrauten Lektor.[43] Gleichzeitig überkommt sie ein Gefühl von Tristesse, wie immer, wenn ein Buch abgeschlossen ist. Am liebsten würde sie sich sofort in eine neue Arbeit stürzen. Doch erst einmal geht es um »Ankunft im Alltag«.

32. »Es ist die Geschichte von drei Oberschülern« – Ankunft in der Ost-Moderne

Brigitte Reimann war beim Schreiben der Geschichte von den drei Oberschülern immer wieder unterbrochen worden. Sie war unzufrieden, dass der Prozess, der zunächst zügig vorangegangen war, sie dann doch ein Jahr lang beschäftigt hatte. Umso schneller agierte der Verlag Neues Leben. Schon vier Wochen nachdem das Manuskript im Verlag eingegangen war, erhielt die Abteilung Literatur und Buchwesen des Ministeriums für Kultur den Antrag auf Erteilung der Druckgenehmigung. Am 13. März 1961 lagen die zwei Gutachten vor, das Verlagsgutachten von Walter Lewerenz und das Außengutachten von Eva Strittmatter.

Das nur eineinhalb Seiten umfassende Gutachten von Eva Strittmatter markiert schon mit dem Einstieg das positive Votum. »Die neue Arbeit von Brigitte Reimann stellt nicht nur für ihre eigne literarische Entwicklung einen höchst erfreulichen Fortschritt dar; sie ist auch als eine Leistung der jungen Schriftstellergeneration zu werten, die sich seit der Bitterfelder Konferenz um die Eroberung neuer Stoffgebiete bemüht«, heißt es. Damit ist bereits auf Verallgemeinerbares abgehoben und ein Bezug zu einer jungen Autorengeneration hergestellt, die Brigitte Reimann mit repräsentiert. Und auch nachfolgend wird im Gutachten auf das Neue in der literarischen Darstellung verwiesen. »Brigitte Reimann ist es gelungen, den ›Rohstoff‹ Wirklichkeit künstlerisch zu bewältigen, sie hat die Arbeit in einem Großbetrieb poetisch zu schildern verstanden, weil sie den entscheidenden Aspekt gefunden hat, der eine neue Poesie ermöglicht: die sozialistische Beziehung zur Arbeit, die in den sozialistischen Brigaden wächst.«[1] Es gibt im Gutachten nur einen Einwand, und der betrifft die Figur des Curt. Er und seine Mutter seien allzu starr negativ konstruiert, »um wirklich lebensecht zu wirken«. Letztlich prognostiziert Eva Strittmatter dem Buch großen Erfolg, an dem sie nicht unbeteiligt sein wird, denn sie leitet den Vorabdruck von »Ankunft im Alltag« in der »Neuen Berliner Illustrierten« ein. Für den Journal-Erstabdruck erhält die Autorin ein Honorarangebot von 7000 Mark, wovon ihr laut Vertrag 75 Prozent zustehen.

Das Verlagsgutachten von Walter Lewerenz ist ausgesprochen umfangreich. Auf fünf Seiten erfasst er die Fabel, geht auf die Figuren- und Konfliktkonstellation sowie Besonderheiten der formalen Gestaltung ein. Von Interesse ist, wie Lewerenz sein Gutachten einleitet. Auch er stellt heraus, dass die Autorin in ihrer »literarischen und ideologischen Entwicklung um vieles weiter gekommen« sei. Die gewachsene Qualität des neuen Buches sucht er – die Druckgenehmigungsbehörde im Auge – mit Blick auf ihren schriftstellerischen Beginn zu begründen, wenn er schreibt:

> Wir erinnern uns an ihre Anfänge: an die Talentprobe mit der Novelle »Die Frau am Pranger«, noch naiv in der Auffassung, noch sentimental in den Stilmitteln; an ihre durch Melodramatik verkünstelte Erzählung »Der Tod der schönen Helena«. Dann hat sie eine lange Zeit nichts mehr veröffentlicht. Sie war selbstkritisch geworden, sah ihre Anfängerschwächen, war aber noch nicht imstande, zu einer neuen befriedigenden Gestaltung zu kommen. Sie experimentierte, versuchte sich in dem sogenannten modernen Stil der westlichen Literatur, wurde unsicher in der Themenwahl und richtete ihren Blick auf Abwegigkeiten. Nach der Auseinandersetzung der Partei mit Formen der Dekadenz klärten sich ihre Anschauungen. Sie verlegte ihren Wohnsitz in die Nähe der Schwarzen Pumpe und arbeitete zeitweise in einer Reparaturbrigade des Kombinats mit. Sie gelangte nun zu einem neuen Verständnis unserer Gegenwart. Hörspiele legten Zeugnis davon ab. Und im besonderen Maße jetzt die vorliegende größere Erzählung.[2]

Die kritische Sicht auf die beiden ersten Bücher hätte Brigitte Reimann in dieser Form wohl unterschrieben. Darüber hinaus wird mit ideologischen Versatzstücken argumentiert, die den parteiamtlichen Diskurs bestätigen und mögliche Einwände gegen die Autorin vorwegnehmen und entkräften.[3] Das Gutachten von Walter Lewerenz ist in dieser Hinsicht geradezu typisch zu nennen für den Pragmatismus, ja das strategische Vorgehen der Verlage bei derlei Anträgen auf Druckerteilung und voller »Druckgenehmigungslyrik«. Und das bei einem literarischen Text, der eigentlich keinerlei Probleme im Verfahren erwarten ließ. Mit Eva Strittmatter wurde zudem eine Außengutachterin gewählt, die mit dem Ehepaar Reimann/Pitschmann freundschaftlich verbunden war. Ihr Ehemann Erwin Strittmatter kannte beide Autoren seit Langem. Sie war eigentlich das, was man befangen nennen würde.

Das einzige Problem, das sich bei dem Druckgenehmigungsverfahren letztlich stellte, lag denn auch in der verspäteten Abgabe des Außengutachtens, das auf den 19. April 1961 datiert ist, das von Walter Lewerenz lag bereits seit dem 28. Februar vor. Die Behörde schickte Eva Strittmatter am 17. April ein Telegramm nach Dollgow. Bereits vier Tage später, am 21. April 1961, wurde die Druckgenehmigung für eine Auflagenhöhe von 20 000 Exemplaren erteilt. Gut zwei Monate später, am 28. Juni 1961, erhält Brigitte Reimann die Nachricht, dass »Ankunft im Alltag« gedruckt vorliegt und ausgeliefert wird.

Das Ergebnis stimmt die Autorin zufrieden. Mit dem Textanfang, der unvermittelt einsetzt, und dem ersten Kapitel wird auf den Schauplatz orientiert und den Umstand, dass hier drei junge Leute ein praktisches Jahr in einem Betrieb absolvieren. Auch ist bereits erkennbar, dass die weibliche Protagonistin Recha im Zentrum steht. Die drei jungen Leute haben unterschiedliche Motive, sich für ein praktisches Jahr in einem Industriebetrieb zu entscheiden. Idealismus ist im Spiel, Abenteuerlust und Größenphantasien, aber auch der Versuch, sich von den Eltern abzunabeln und eigene Erfahrungen zu machen. Auf die neuen Herausforderungen und Konflikte reagieren die drei Abiturienten gänzlich unterschiedlich. Recha ist mitunter unentschieden, begeisterungsfähig und impulsiv, Nikolaus ruhig, ein wenig ungelenk, aber zielstrebig, und bei Curt dominieren Abwehr, Arroganz wie auch der Versuch, mit möglichst wenig Aufwand durchzukommen. Als sich die beiden Jungen in Recha verlieben, spitzen sich die Konflikte zu, und das Mädchen muss sich entscheiden.

Brigitte Reimann hat ihre Figuren jeweils mit einer entsprechenden Biographie ausgestattet. Rechas Vater hat sich »ein halbes Jahr nach Rechas Geburt von seiner jüdischen Frau scheiden lassen; es war ein gefährliches Wagnis, noch im Jahre 1941 mit einer *Nichtarierin* zu leben«. Ihre Mutter ist daraufhin in Ravensbrück ermordet worden. Die Tochter, der »kleine *Bastard*«, ist »in ein nationalsozialistisches Erziehungsheim gesteckt worden«.[4] Aus anderen sozialen Verhältnissen kommt Nikolaus, der Kunst studieren will. Sein Vater ist Buchdrucker, und seine Mutter besteht darauf, dass er nach dem Abitur zunächst in einen Betrieb geht, damit er nicht vergisst, woher er gekommen ist.[5] Curts Vater schließlich ist mit 18 Jahren in die KPD eingetreten, die Nazis haben ihn ins Zuchthaus gesperrt, gefoltert und zusammengeschlagen, »aber er hat keinen verpfiffen«. Später ist er Diplom-Ingenieur geworden und Leiter eines großen Textilwerkes. Betrachtet man die Herkunft der drei Protagonisten, so sind sie durchweg Kinder von Eltern, die in der Zeit des Nationalsozialismus wenn nicht im Widerstand, so doch in Distanz zum Machtapparat gestanden haben. Dennoch sind ihre charakterlichen Dispositionen gänzlich unterschiedlich. Curt wird von Beginn an gewissermaßen vorgeführt. Auf diese Weise wird Distanz zur Gedankenwelt des Protagonisten hergestellt wie auch zu jenen Positionen, die er äußert. Eva Strittmatter hat darauf in ihrem Gutachten freundlich hingewiesen. Als es darum geht, durch Neuerer-Vorschläge Geld für den Betrieb und damit die DDR einzusparen, kommt es im Wechsel von Dialog und innerem Monolog zu einer Art Offenbarungseid, der Curts Sichtweise offenlegt, die dann im Fortgang als sozialismusfremd bewertet wird:

> »Dicke Prämie fällig, wie?« sagte Curt und lachte, und er rieb Daumen und Zeigefinger aneinander.
>
> »'n paar Brausen möchten wohl rausspringen. Aber darum geht

> es nicht«, sagte Hamann kühl und wandte sich ab. Hinter seinem Rücken grinste Curt, er dachte: Sieh mal an, Napoleon mimt den Idealisten, und die Rolle steht ihm nicht mal schlecht. Darum geht es nicht ... Das kann er seinem Parteisekretär erzählen, aber nicht mir. Als ob es nicht auch ihm darum ginge, möglichst viel Geld zu verdienen, Prämien einzustecken, einen Wagen zu fahren, wenn's reicht ...
>
> Er starrte auf den breiten Rücken des Meisters, er dachte mit einer Regung von Haß: Wie sie mich anstinken, diese verdammten heuchlerischen Idealisten! Arbeit als Selbstzweck – was für ein Leben ... [6]

Walter Lewerenz hat in seinem Gutachten herausgestellt, was die Curt-Figur ausmacht. Danach handelt es sich bei ihm um einen intelligenten und redegewandten Jungen. Allerdings sei sein Verhältnis zur Gesellschaft eher rhetorischer Natur, in »Wirklichkeit hat er ein unbewußt parasitäres, egoistisches Verhältnis zur sozialistischen Wirklichkeit«.[7]

Mit Curt und den anderen Protagonisten wird ein für die DDR und ihre Literatur zentrales Thema verhandelt, es geht um Arbeit. Brigitte Reimann kannte jene Versuche der proletarisch-revolutionären Literatur der 1920er Jahre aus Deutschland und vor allem aus der Sowjetunion, auch hier sind es junge Leute, die ihre Überzeugung von der kommunistischen Vision ausdrücken. Sie stehen in Distanz zur bürgerlichen Gesellschaft und suchen die ältere Generation zu überzeugen. Dies gelingt insofern, als die Jugend als Trendsetter akzeptiert und sogar unterstützt wird. Beispielhaft ist das Modell angelegt in Gorkis Roman »Die Mutter« (1907), den Brigitte Reimann in der 11. Klasse kennengelernt hatte. Auch Nikolai Ostrowskis Roman »Wie der Stahl gehärtet wurde« (1932–1934) gehört dazu. Grundsätzlich zeigt sich, dass in jenen Büchern, in denen Arbeit das zentrale Motiv bildet, das Versprechen des neuen Staates von den Protagonisten angenommen wird. Sie stützen das Vorhaben, einen totalen Bruch mit der kapitalistischen Gesellschaftsformation zu vollziehen. Die Schaffung einer anderen Gesellschaft mit der schrittweisen Abschaffung von privatem

Eigentum, von Markt, Geld, Gewinn, Gewaltenteilung, Wettbewerbsstrukturen wird von den Figuren akzeptiert, weil dahinter das Gleichheitsgebot steht und die Schaffung eines gesellschaftlichen Eigentums an Produktionsmitteln.

Davon ausgehend lässt sich für die frühen 1950er Jahre in der DDR eine Art Modell entwerfen, an das Brigitte Reimann anschließt und das sie zugleich erneuert: Die Figuren und die gestalteten Räume führen in die sogenannte Aufbauzeit und sind von der Vision bestimmt, in der DDR eine sozialistische Alternative zu schaffen. Dieser Umstand bestimmt die Schauplätze, auf denen sich die Figuren bewegen: Der Aufbau eines Betriebes oder gar das Entstehen einer neuen Stadt steht pars pro toto für die DDR insgesamt und ist bewusst als eine Vorwegnahme von Zukünftigem angelegt. Hinzu kommt eine weitere Besonderheit: Im Zentrum der Darstellung stehen einmal mehr junge Leute, weil sie es sind, die das utopische Projekt des Aufbaus einer neuen Gesellschaft in die Tat umsetzen müssen. Die Ausrichtung auf Arbeit hängt sozialgeschichtlich mit einer Modernisierungsanforderung zusammen, die für die DDR-Gesellschaft von Beginn an gilt: Mit der im Vergleich zur Bundesrepublik veränderten Struktur der Bereiche von Politik, Wirtschaft, Wissenschaft und Kultur bedurfte man zur Abfederung des durch die Aufhebung des Privateigentums entstehenden radikalen Bruchs eigentlich der ehemaligen Funktionseliten. Da diese nur begrenzt zur Verfügung standen, wurde das existierende Vakuum durch jene gefüllt, die gerade erst erwachsen wurden. Die Aufstiegskanäle der ostdeutschen Gesellschaft öffneten sich damit in einem Maße für die junge Generation, wie es in der Bundesrepublik nicht der Fall war.[8] Brigitte Reimann wird davon in den »Geschwistern« erzählen. Über Joachim, den Freund der Ich-Erzählerin Elisabeth, wird diese stolz berichten:

> Er ist Werkleiter – mit seinen achtundzwanzig Jahren vielleicht der jüngste Werkleiter in der Republik. (Der Neue bei uns im Kombinat ist aber auch erst dreißig, und obgleich ich selbst keine besonders tüchtige Person bin, erfüllt es mich immer wieder mit

> Stolz zu sehen, wie die tüchtigen jungen Männer und Mädchen meiner Generation in der Wirtschaft und in der Kunst nach vorn drängen und ihre Stellungen zu behaupten wissen.)[9]

Ein erstes erfolgreiches literarisches Muster, das von den Chancen für die junge Generation erzählt, stellte Anfang der 1950er Jahre Eduard Claudius' Roman »Menschen an unserer Seite« (1951) dar, den Brigitte Reimann bereits in der Oberschule gelesen hat. Sie erinnert sich mehrfach, als sie in der Schwarzen Pumpe ankommt, an die reale Geschichte um den Aktivisten Hans Garbe. Garbe hatte 1949/50 zusammen mit einer Brigade bei laufendem Betrieb den letzten funktionstüchtigen Ringofen im VEB Siemens-Plania repariert. Auf diese Weise wurde ein Ausfall von vier Monaten verhindert, eine halbe Million Mark eingespart und er zum »Helden der Arbeit«. In »Menschen an unserer Seite« sind es neben dem Protagonisten Hans Aehre zuvor unterprivilegierte Arbeiter – junge Männer und Frauen, Kommunisten und Heimkehrer –, die eine Chance erhalten und Fähigkeiten entwickeln, die sie zu Leitbildern des »neuen Menschen« machen.[10] Auch und gerade in den nachfolgenden Betriebsromanen der frühen 1950er Jahre geht es um die Schwierigkeiten bei der Schaffung einer neuen materiell-technischen Basis. So macht Karl Mundstock, mit dem Brigitte Reimann im Februar 1962 bei einem Rundtischgespräch der Wochenzeitung »Sonntag« über »Probleme der heutigen Jugend« zusammentreffen wird, schon in seinem Roman »Helle Nächte« (1952) junge Leute zum Motor beim Aufbau eines Werkes wie der Stadt »Stalinstadt« (später: Eisenhüttenstadt). Nicht nur bei Mundstock bringen die Figuren das Selbstbewusstsein der Arbeiterklasse zum Ausdruck, die ihre gesamtgesellschaftliche Bedeutsamkeit vor allem aus der körperlichen Arbeit gewinnt. Dazu gehört auch eine Distanz zu jenen, die nicht in der Produktion arbeiten und als Intelligenzler gelten.

Distanz gegenüber Intellektuellen hat Brigitte Reimann durch ihren ersten Mann schon früh erfahren. In »Ankunft im Alltag« reagieren die Arbeiter mehrfach mit Abwehr, als sie hören, dass die jungen Leute studieren wollen. »Der Schlosser pfiff durch die Zähne, und seine

Stimme klang nun gar nicht mehr nett. ›Ach so ... Man ist was Besseres, wie? Man will mit Glacéhandschuhen angefaßt werden, wie?‹«, heißt es.

In Verbindung mit der Feier der körperlichen Arbeit wird das Ideal des »neuen Menschen« entworfen, für den die Arbeit erster Lebenszweck ist. Aber noch etwas anderes kommt hinzu: Der Preis für den Aufstieg der Jungen ist – so kann man zugespitzt sagen – ihre Jugend. Die Adoleszenz als Phase einer »zweiten psychischen Geburt« oder als »zweite Chance« der Individuierung gerät in dem Fall in Gefahr, da sie durch Arbeit ersetzt wird. Die für die Adoleszenz typischen jugendlichen Allmachts- und Größenphantasien werden gewissermaßen umgeleitet in das die Jugend faszinierende Großprojekt vom Aufbau einer neuen Gesellschaft. Für das Ausleben etwa von Sexualität bleibt in diesem Rahmen mitunter keine Zeit.

Die in der DDR ablaufende extensive Modernisierung im Bereich Wirtschaft mit der entsprechenden Politik löste durchaus traditionelle Bindungen und religiöse Konfessionen auf. Um alle Ressourcen auszuschöpfen, erhielten junge Männer, Frauen, Jugendliche, selbst Kinder neue Rechte und Pflichten. Die Aufholjagd im Bereich der Wirtschaft forderte die junge Generation in hohem Maße und gab ihr – sofern sie die politischen Vorgaben anerkannte – neue Handlungsmöglichkeiten. Ebendies machte den Reiz des Anfangs aus und erklärt jene Nostalgie, die schon wenig später bei den Beteiligten einsetzte. Die Modernisierung im materiellen Bereich hatte indes ihren Preis: Es kam zum gesellschaftlich motivierten Einfrieren der Lüste und Leidenschaften, der freien Aktionsvalenzen und Spontaneität in den begrenzenden Kreisen materieller und ideeller Arbeit. Genau das ist es, was nunmehr von einer jüngeren Generation, der die Curt-Figur in Brigitte Reimanns Erzählung angehört, infrage gestellt wird. Allerdings, und das ist das Problem von »Ankunft im Alltag«, wird der jugendliche Anspruch auf eine selbstbestimmte Lebensweise vom Erzähler wie letztlich auch den literarischen Figuren abgewehrt. Begründet wird die Notwendigkeit der Einordnung mit dem Hinweis, dass die Phase der euphorischen Anfangszeit vorbei sei. Immer wieder ist von den »Goldgräberzeiten« des Anfangs die Rede. Gemeint sind damit jene Jahre des Beginns, die mit den Zeiten des kalifornischen Goldrausches Mitte des 19. Jahrhunderts verglichen werden. Als Curt gefragt wird, warum er für ein Jahr ins Kombinat gekommen ist, reagiert er entsprechend:

> Das möchte ich auch wissen, dachte Curt, und: Na, was willst du denn hören? Willst du hören, daß ich begeistert bin, weil ich ein Jahr in einem Betrieb abreißen darf, statt in der Uni zu sitzen? Er sagte, vorsichtig und fast wahrheitsgetreu: »Unter anderem aus Abenteuerlust, glaube ich, mal was anderes sehen als Schulbänke und Paukergesichter, mal was Spannenderes erleben als Prüfungsaufsätze und Klassenfeste.« Bei uns in der Schule, fiel ihm ein, nannten sie die Pumpe das »Messerstecher-Kombinat«.
>
> »Du hast dich verspätet, mein Sohn«, sagte Heribert. »Die Goldgräberzeiten sind vorbei, ein für allemal.«[11]

Allerdings werden Curts Wertvorstellungen vom kommentierenden Erzähler wie von den anderen Figuren negiert. Selbstbestimmung und Autonomie, die er für sich einfordert, erscheinen als kleinbürgerlich. Als der jugendliche Anti-Held verzagt Einspruch gegen Eingriffe in die Privatsphäre erhebt, wird ihm staatsbewusst geantwortet.

> Preuß unterbrach ihn. »Wir haben einen Brigadevertrag«, sagte er, und sein braunes Vogelgesicht trug jetzt wieder den Ausdruck lebhafter Geduld, den Curt nicht ertragen konnte. »Wir haben unterschrieben, daß wir unser Privatleben sauberhalten wollen. Da steckt also gewissermaßen die juristische Berechtigung, verstehst du?«[12]

Nichtsdestotrotz, und das zeichnet Brigitte Reimanns Erzählung aus, schwingt durchaus eine offensichtliche Sympathie für Curts Bedürfnisse mit. Gerade Recha ist von seinem Drang nach Freiheit, und der ist deckungsgleich mit Brigitte Reimanns Anspruch, fasziniert. Die einander scheinbar widersprechenden Prinzipien – Selbstbestimmung auf der einen und Disziplin auf der anderen Seite – geraten somit in einen inneren Kampf, wobei in der Erzählung die Eingliederung oder eben das Ankommen siegt. Deutlich hervorzuheben ist, dass es sich bei dem gesellschaftlichen Engagement, das die Figuren auszeichnet, keineswegs um ideologische Einredungen oder gar Schönfärberei handelt, sondern um die literarische Gestaltung von ganz konkreten Erfahrungen, die Brigitte Reimann in der Schwarzen Pumpe macht. Es ist für die Arbeiter schlichtweg normal, eine zweite Schicht auch dann zu fahren, wenn diese ihre Freizeitpläne durchkreuzt oder »den Feierabend mit einem Mädchen« verhindert.[13] In dem Fall, da der Einzelne im Betrieb gebraucht wird, tritt wie selbstverständlich der private Anspruch zurück.

Genau diese Mentalität wird in diversen Kritiken und grundsätzlichen Beiträgen zur Erzählung hervorgehoben. Der Erfolg von »Ankunft im Alltag« und der Umstand, dass der Titel zum Synonym für eine ganze Literaturströmung, die sogenannten Ankunftsliteratur, wurde, verdeckt die Tatsache, dass die Erzählung bei Erscheinen keineswegs euphorisch gefeiert wurde. Ganz im Gegenteil, die Aufnahme schwankte zwischen Lob und Kritik. In der Tageszeitung »Der Morgen« heißt es zusammenfassend: »Brigitte Reimann hat mit diesem Buch ihren guten Ruf weiter ausgebaut.« Hervorgehoben wird, dass sie dort aufhört, »wo der Leser die weitere Entwicklung der drei jungen Menschen ahnt. Er darf allein weiterdenken. Dafür sei der Autorin gedankt.«[14] Der Rezensent der »Jungen Welt« bringt etwas auf den Punkt, was in allen Besprechungen hervorgehoben wird, nämlich die vorbildhafte Wirkung der Figur des Meisters Hamann, »Napoleon«, wie er von Curt genannt wird:

> Wie Brigitte Reimann hier mit wenigen Szenen und knappen Strichen einen einprägsamen und begeisternden Menschen schafft, hat wenig Seitenstücke in unserer Literatur.[15]

Ein deutliches Votum für »Ankunft im Alltag« gab auch Eva Strittmatter ab, die den einführenden Beitrag für den Abdruck der Erzählung in der »Neuen Berliner Illustrierten« lieferte. Brigitte Reimann habe eines der »interessantesten und fesselndsten Bücher unserer Zeit« geschrieben.

Das hänge nicht zuletzt damit zusammen, dass die Autorin sich nicht dazu habe verleiten lassen, einfach Wirklichkeit abzuschildern, es sei ihr vielmehr gelungen, ihre Erfahrungen in der Schwarzen Pumpe in Literatur zu überführen.[16]

Neben positiven Reaktionen wie diesen, die nicht zuletzt auch von Leserinnen und Lesern kommen, gibt es zwei Besprechungen, die in Richtung Verriss tendieren. Dazu gehört Günter Eberts Kritik im »Neuen Deutschland«, die er mit »Konstruiertes Dreieck« überschreibt. Ebert schießt sich auf die Curt-Figur ein. Er moniert weniger die gewisse Schwarz-Weiß-Zeichnung, sondern vermisst die Möglichkeit, »daß dieser junge Mensch aus seiner kleinbürgerlichen Enge befreit« werden kann. Es »ist unglaubwürdig, daß eine Recha, bei aller Verblendung, sich so lange und immer wieder von Curt einfangen läßt«, notiert er.[17] Zu dieser Einschätzung kann man nur kommen, wenn ausgeblendet wird, was Jugend ausmacht.

Widerspruch gab es auf den zweiten »Verriss« von Peter Thöns im »Sonntag«. Seiner Auffassung nach mangle es der Erzählung an einem »echten Konflikt«. Mit der Geschichte würde man »keinen jugendlichen Leser hinter dem Ofen hervorlocken«, die »wissen das interessanter, als es in dem Buch zu lesen ist«. Überhaupt sei es der Autorin nicht gelungen, »drei lebensechte Figuren zu schaffen. Man kann weder mit dem einen fühlen noch gegen den anderen sein«, schreibt er. Recha »schwankt dann so gut, daß man es ihr gar nicht mehr glauben will, als sie plötzlich damit aufhört«.[18] Es ist erstaunlich, dass der Rezensent, der von sich schreibt, dass er »nicht viel älter als die jungen Helden bei ihrer ›Ankunft im Alltag‹« sei, keinerlei Bezug zu dem hat, was Jugend ausmacht. Denn dazu gehört in hohem Maße das, was der Kritiker abwertend »Schwanken« nennt. Und genau davon erzählt Brigitte Reimann. Es handelt sich konkret um Erfahrungen, die in dieser Weise einzig in der DDR zu machen waren. Sie müssen auf einen westdeutschen Betrachter irritierend wirken, ja sie werden mit einiger Wahrscheinlichkeit als ideologisch zurechtgemacht gewertet. Dabei spielt bei den von Brigitte Reimann geschilderten Konflikten durchaus das eine Rolle, war für moderne Jugend kennzeichnend ist, es geht um eine Art Aufschub vor dem Schritt ins Erwachsenendasein. Dem Individualisierungszuwachs der Jugendphase entspricht die Thematisierung von Adoleszenz als Phase einer »emotionalen und kognitiven Krise«, als »emotionaler Aufruhr« oder als »Revolte gegen alle vorgegebene Wahrheit«.[19] Das gilt in dieser Weise auch für die DDR, zweifellos stellt die Arbeit in der Produktion eine ganz besondere Herausforderung dar. Die Kehrseite macht Brigitte Reimann in ihrer Erzählung überzeugend sichtbar: Die Identitätssuche von Recha, Curt und Nikolaus schließt zwar die Phase der Erprobung ein, aber für Grenzüberschreitungen, Regellosigkeit oder Tabubrüche ist im geregelten Arbeitsalltag des Kombinats kein Platz. Nicht zufällig heißt es wiederholt im Text, dass »die Goldgräberzeiten« vorbei seien. Curt, der diese Momente repräsentiert, ist genau deshalb für die weibliche Figur so anziehend, ja faszinierend. Nur wird er eben, und das ist kennzeichnend für Adoleszenz in der DDR um 1960, wiederholt zur Ordnung und Einordnung gerufen.

Diese Besonderheit wurde weder von den Befürwortern noch den Kritikern gesehen. Einen der wichtigsten Romane, der die emotionale Krise und die Suche nach der eigenen Identität während der Jugendphase ins Zentrum stellt, kannten die Kritiker von damals wohl nicht, nämlich J.D. Salingers »Der Fänger im Roggen« (1951), der 1962 in einer abgeschwächten Übersetzung von Heinrich Böll auf den deutschen Buchmarkt gekommen ist, allerdings wurde er in der Bundesrepublik und deutlich später in der DDR erst in den 60er Jahren mit Begeisterung rezipiert und zum Kultbuch. Er verleiht dem Lebensgefühl einer jungen Generation Ausdruck, die zunehmend gegen die etablierten gesellschaftlichen Instanzen revoltiert, überkommene Rollenbilder angreift und auf der Suche nach sich selbst ist. Brigitte Reimann ist eine begeisterte Leserin des Romans. Als er 1965 im Verlag Volk und Welt erscheint, schickt sie ihr Exemplar sofort der jüngeren Schwester Dorothea. Die antwortet umgehend und notiert: »Den Salinger ›Der Fänger im Roggen‹ hatte ich mir übrigens schon gekauft und mit viel Freude und Vergnügen gelesen. Ich habe nun Dein Buch (Exemplar) behalten und Uli meins geschenkt.«[20]

Indes meldete sich Anna Seghers zu Wort und stellte sich hinter Brigitte Reimann. Mit Blick auf Thöns, der meint, die Geschichte würde »keinen Jugendlichen hinter dem Ofen hervorlocken«, kontert sie, »daß der Kritiker sich unfreundlich irrt. Viele, viele junge Menschen, in dem Alter des noch nicht sehr alten Rezensenten, sogar jüngere als er, sogar ältere als er, lasen den Roman mit Spannung und Interessc.«[21] Eine Wohltat für die Autorin, zumal sie auf Kritiken emotional reagiert und sich mitunter geradezu zerstört fühlt.

Betrachtet man Brigitte Reimanns Erzählung, dann könnte gerade im Abstand von 60 Jahren der Eindruck entstehen, hier würde ein ideologischer Leitdiskurs der Ulbricht-Ära mit vorbildhaften Arbeitern und einem positiven Helden, dem Meister Hamann, gestützt. Die Leserzuschriften und die umfangreiche Diskussion, die bis zu Anleitungen für Buchgespräche in Bibliotheken reichen,[22] belegen hingegen etwas, was rückblickend nur schwer einleuchten mag: einen Idealismus, der allem Anschein nach die »arbeiterliche Gesellschaft« (Wolfgang Engler) in der DDR jener Jahre auszeichnete und dem Brigitte Reimann mit »Ankunft im Alltag« nahe gekommen war. Wolfgang Engler hat mit dem Begriff der »arbeiterlichen Gesellschaft« die vielfältigen Reaktionsweisen zu erfassen gesucht, die Arbeiter in der Produktion ausmachten. Unabhängig davon, wie diese Arbeiter und Angestellten sich zum DDR-Sozialismus stellten, lag das »soziale und kulturelle Zepter in ihren Händen«. Da sie sich ihres Arbeitsplatzes und ihrer gesellschaftlichen Stellung sicher sein konnten, »imponierten sie den Oberen allein durch ihre Masse, boten sie allen Versuchen, sie aus ihrer reservierten Haltung aufzuscheuchen, erfolgreich die Stirn.«[23]

Was Engler hier auf den Punkt bringt, das erfährt Brigitte Reimann ganz praktisch in der Schwarzen Pumpe, und sie erfasst es in »Ankunft im Alltag«, wenn man nur genau genug liest. Dass das für westliche Beobachter nur schwerlich eingängig war, ist nachvollziehbar. Uwe Johnson hat in seinem Essay »Berliner Stadtbahn«, den er 1961 noch vor dem Mauerbau schrieb, davon gesprochen, wie die beiden »Herrschaftsordnungen, unter denen entlang der Grenze gelebt wird«, das

Betragen der verwalteten Bürger verändert haben. Simpel erscheinende Verhältnisse wie der Arbeitsvertrag oder eine Freundschaft würden anders kalkuliert und erschienen entsprechend als »verschiedenes Verhalten«. Der Grund liege darin, dass sie auf andere Bezüge ausgerichtet seien. Wenn nun aber jemand die Grenze überschreite von Ost nach West oder eben umgekehrt, dann führe er mit sich »Gewohnheiten und Überlegungen, für die ihm diesseits plötzlich die Anlässe fehlen. Er wird an seinen Nachbarn bemerken, daß sie Dinge nicht beachten, über die er erschrickt. Er wird sie beobachten bei Streitigkeiten, die er geringschätzen oder in der Öffentlichkeit vermeiden würde. Wo sie locker sind, ist er bedenklich.« Und es folgt der markante Satz: »Echtes Ausland ist selten so fremd.«[24] In Brigitte Reimanns »Geschwistern« (1963) wird die Ich-Erzählerin Elisabeth fast identisch empfinden. Als sie bei einem Besuch im Westen die Leute beobachtet, fragt sie sich erschrocken, in welcher Sprache die reden:

> Sie sprachen Deutsch, und ich hörte die deutschen Vokabeln und kam mir dennoch vor wie eine unerkannte Reisende in einem fremden Land. Ich dachte: Als ich voriges Jahr in Prag war, fühlte ich mich wie zu Hause, und wo immer ich ging, die tschechischen Laute im Ohr, war ich keinen Augenblick lang Ausländerin.[25]

Johnson – wie auch Brigitte Reimann – liefert hier Hinweise auf unterschiedliche Mentalitäten in Ost und West. Was er notiert, befindet sich durchaus in der Nähe zu dem, was als solches verstanden werden kann. Bei Mentalität handelt es sich um »das Ensemble der Weisen und Inhalte des Denkens und Empfindens, das für ein bestimmtes Kollektiv in einer bestimmten Zeit prägend ist«. Und: »Mentalität«, so der Historiker Peter Dinzelbacher, »manifestiert sich in Handlungen.«[26] Wer also von Mentalität redet, macht diese an Gruppen fest, hebt Überindividuelles, Verallgemeinerbares heraus. Genau das praktiziert Johnson in seinem »Stadtbahn-Essay«, und Brigitte Reimann erzählt es in »Ankunft im Alltag«. Die Erzählung belegt den entscheidenden Einfluss, den sozial-kulturelle Faktoren auf die Ausprägung einer Mentalität in historischer, regionaler, gesellschaftlicher Hinsicht besitzen. Liest man die Geschichte genau, dann wird offenbar, dass zu der erzählten ostdeutschen Mentalität – auch mit den im Text erhalten gebliebenen Typisierungen – Denkweisen, Gefühlslagen, politische und moralische Auffassungen gehören, ebenso eine bestimmte Stellung zu Sexualität und Liebe, das Erleben von Individuum, Familie und Gesellschaft sowie die Bedeutung von Arbeit, das ästhetische Empfinden, Ängste und Erfahrungen. All das ist trotz aller Begrenzungen in Brigitte Reimanns »Ankunft im Alltag« archiviert und macht die Erzählung bis heute zu einem spannenden Zeitdokument.

33. »Eigentlich ist es die Geschichte meiner Familie« – Trennungen und eine »drahtumgürtete Republik«

Der Erfolg von »Ankunft im Alltag« macht die Mühe, den Druck, die Verzweiflung und Unsicherheit, die depressiven Stimmungen, nicht zuletzt die Frustration über die Lebenssituation vergessen, die Brigitte Reimann dazu zwingt, mit jeder Mark rechnen zu müssen. Noch im Februar 1960 hatte sie ihr Dasein regelrecht verflucht. »An allem ist die verdammte Arbeit schuld«, steht da im Tagebuch. »Ich bin unzufrieden mit mir, begreife, daß ich nie das schreiben werde, was ich möchte [...]; mein Mädchenbuch ist nur eine Fleiß- und Geldarbeit. Wir müssen doch mal aus dem Dreck raus, aus diesem niederdrückenden Zustand des Von-der-Hand-in-den-Mund-Lebens, und auf Daniel als Verdiener kann ich vorerst nicht rechnen (meine Baby-Träume, oh, Gott, nicht dran denken; ein Kind in unserem unsicheren Leben, das wäre unverantwortlich).«[1]

Sie ist hinsichtlich des Kinderwunsches hin und her gerissen. Auf der einen Seite ist sie mit der Vorstellung groß geworden, dass Kinder zum Frauenleben gehören. Franz-Josef Weurmeling, erster Familienminister der jungen Bundesrepublik und selbst Vater von fünf Kindern, war grundsätzlich nicht gegen das Prinzip von Gleichberechtigung, nur sollten daraus keine Forderungen nach einer Veränderung der Geschlechterordnung abgeleitet werden. In einer Bundestagsdebatte 1961 vermutete er, dass kaum eine Frau und Mutter eine »formale Gleichberechtigung« wirklich haben wolle. Der Gleichberechtigungsansatz der DDR, der verheirateten Frauen per Gesetz das Recht auf Berufstätigkeit zusicherte, war für ihn etwas, vor dem »wir uns und unsere Frauen bewahren wollen«, weil es dem Wesen und der Würde der Frau widerspreche. »Mutterberuf ist Hauptberuf«, dekretierte er, »hat höheren Wert als jeder Erwerbberuf. Und niemand kann zwei Hauptberufe gleichzeitig ausfüllen.«[2]

Von solchen Auffassungen ist man in der DDR weit entfernt, und Brigitte Reimann gehört zu jenen, die entschieden für das eintreten, was man unter Selbstbestimmung und Gleichberechtigung versteht. Aber beim Kinderwunsch ist es anders. Das Schreiben ist für sie eine Art Rauschmittel, sie braucht ihre Arbeit, »sie ist einfach ein Glück, eine Selbstbefriedigung, ein zugleich egoistisches und altruistisches Vergnügen«.[3] Und ein Kind, so ihre Überzeugung, passt nicht in diese Berufung. Es ist gerade jetzt nicht »der richtige Zeitpunkt«, meint sie. »Für manche Frauen ist allerdings nie der richtige Zeitpunkt gekommen«, hat Elisabeth Beck-Gernsheim einmal mit Blick auf die Bundesrepublik seit den 1970er Jahren geschrieben. »Es gab immer ein Teilchen im Puzzle, das gerade nicht stimmte. Waren sie zum Beispiel endlich im Beruf etabliert und konnten sich eine Baby-Pause leisten, ging vielleicht die Partnerschaft in die Brüche. Oder: Hatten sie endlich den richtigen Partner gefunden, ging möglicherweise der Job verloren und die finanzielle Basis wurde zu unsicher. Obwohl sie ›eigentlich‹ Kinder gewollt hatten, ergab es sich nicht. Je besser sie den Zeitpunkt planten, je mehr sie möglichst ›optimale‹ Voraussetzungen schaffen wollten – desto mehr wuchs die Wahrscheinlichkeit, dass sie das Kinderhaben am Ende verpassen würden.«[4] Von den anderen gesellschaftlichen Rahmenbedingungen abgesehen, trifft das für Brigitte Reimann zu und auch wieder nicht.

Als die Schwägerin Margarete ihr zweites Kind bekommt, hat sie eine riesige »Sehnsucht nach einem Baby«, und im April 1961 glaubt sie schwanger zu sein. Aber erneut stürzt es sie in Unbehagen. »Ich bin ganz verzweifelt, manchmal fange ich an zu weinen, ich will arbeiten und nicht Mutterglück spielen«, vertraut sie dem Tagebuch an. Einige Wochen später stellt sich heraus, dass es ein Fehlalarm war. Auch gut, meint sie nüchtern, obwohl sie ein »bißchen Wehmut« empfindet.[5] Dieses Pendeln zwischen Sehnsucht auf der einen und Abwehr auf der anderen Seite wird sie die nächsten Jahre begleiten, mal überwiegt das eine, mal das andere.

Noch etwas anderes stört sie an den eingespielten Rollen, die sie durchaus nicht gänzlich abwehrt. Sie schmeißt den Haushalt, sie schreibt, sie publiziert, und ihr Mann, dem sie – so glaubt sie nicht ganz unberechtigt – den Rücken freihält, der kommt mit seinen Schreibprojekten nicht voran und macht ihr obendrein Vorwürfe. »Ich habe ihm alle Arbeiten abgenommen, er hatte Zeit und Ruhe zum Schreiben. Ich will nicht annehmen, daß er gebummelt hat, – wahrscheinlich ist wieder einmal seine grämliche Pedanterie schuld, diese verdammte Sucht, jeden Satz fünfundzwanzigmal zu schreiben«, vermutet sie und konstatiert, er würde nicht erzählen, sondern basteln. »Aber Bücher sind dazu da, gelesen zu werden und zu den Menschen zu gehen; nicht der Anspruch des Schriftstellers auf Ewigkeitswerke ist wichtig«, bekennt sie unumwunden. Man brauche die Bücher jetzt und nicht erst in zehn Jahren.[6]

Weil Literatur in der Gegenwart »wirken« soll, ist sie auch ungemein zufrieden, dass sie es im Zirkel Schreibender Arbeiter im Kombinat geschafft haben, die Anthologie »Im Schritt unserer Zeit« fertigzustellen. Der Untertitel ist eigentlich eine Widmung: »Unserer Sozialistischen Einheitspartei Deutschlands zum 15. Jahrestag ihrer Gründung«, steht dort. Als Redaktionskollektiv sind Brigitte Reimann, Siegfried Pitschmann und Hans Kerschek verzeichnet. Um die Fertigstellung zu garantieren, hatte das Ehepaar auf den Urlaub verzichtet und war nicht ins Künstlerheim nach Petzow gefahren. Im Vorwort wird die noch junge Existenz des Zirkels angedeutet: »Nach einem halben Jahr hatte sich unser kleines Kollektiv in vielen Streitgesprächen um entstandene Arbeiten und in literaturtheoretischen und politischen Auseinandersetzungen soweit entwickelt, daß wir glaubten, uns eine erste größere Aufgabe stellen zu können.« Die Ergebnisse seien auf dem »natürlichen Boden im gesunden Klima einer erregenden Baustellenwirklichkeit« gewachsen. Der thematische Bogen, der in den Arbeiten gespannt wird, reicht von der Vergangenheit bis in die Gegenwart, »in den Alltag unserer so außergewöhnlichen, zu Teilnahme und Gestaltung herausfordernden Umwelt«.[7] Es sind vor allem Gedichte und kurze Geschichten, die Erfahrungen aus der Nazizeit und dem

Arbeitsalltag in der Schwarzen Pumpe mitteilen oder von Familienbegebenheiten berichten. Auch Hans Kerschek hat eine Geschichte mit dem Titel »Bewährung« beigesteuert, die in didaktischer Manier von einem Kommunisten erzählt, der am 17. Juni 1953 von Provokateuren erschossen wird.[8]

Die Reaktion auf die Anthologie erfolgt umgehend: Ende April 1961 geht ein Schreiben von Walter Ulbricht ein, 1. Sekretär des ZK der SED und seit dem Tod von Wilhelm Pieck auch Vorsitzender des Staatsrates. Er bedankt sich für die Übersendung des Bandes. Wie selbstverständlich wird die Autorin als »Genossin« angeredet und eine Parteimitgliedschaft vorausgesetzt, die es bei ihr nie gegeben hat.[9] Dass der erste Mann des Staates sich an einen Zirkel Schreibender Arbeiter wendet und dessen Ergebnisse wahrnimmt, das ist – unabhängig von der Abneigung, die Brigitte Reimann gegenüber Ulbricht empfindet – etwas, was sie als Bestätigung und als Anerkennung ihrer Arbeit versteht. Und es gibt weitere Signale, die die öffentliche Anerkennung betreffen. Im Mai 1961 erscheint in der »Neuen Berliner Illustrierten« ein groß aufgemachter Bericht, in dem Brigitte Reimann und Siegfried Pitschmann im Zentrum stehen und der mit zahlreichen Farbfotos ein Porträt der beiden liefert. »Als wir sie in ihrer hübschen Wohnung im neuen Hoyerswerda besuchten, war unsere erste Regung ein leiser Neid: So jung möchte man noch einmal sein, so jung in dieser Zeit, in unserer Republik und diese Möglichkeiten haben! [...] Die beiden müssen doch hier glücklich sein. Ja aber ... Sie sehen sich lächelnd an und erzählen vom Anfang.« Die nachfolgenden Gesprächseindrücke sind keineswegs liebedienerische Aussagen zur Schwarzen Pumpe, ganz im Gegenteil, beide berichten recht ungeschminkt auch über die Schwierigkeiten, mit denen sie es zu tun haben. Vor allem bei den Fotos ist die junge Autorin in Szene gesetzt: auf der Titelseite Brigitte Reimann in roter Latzhose![10]

Am 13. Juni 1961 geht ein Telegramm mit folgendem Wortlaut ein: »Der Bundesvorstand des FDGB [Freien Deutschen Gewerkschaftsbundes; Anm. C.G.] beschloß, Sie mit dem Literaturpreis des FDGB auszuzeichnen. Die Auszeichnung erfolgt Freitag, den 16. Juni 15.00 Uhr in Magdeburg, HO-Gaststätte Herrenkrug. Schriftliche Einladung folgt.«[11] Der irritierende Ort hing schlichtweg damit zusammen, dass die Verleihung anlässlich der jährlichen Arbeiterfestspiele stattfinden sollte, die 1961 für den 10. bis 18. Juni in Magdeburg organisiert wurden und den teilnehmenden Künstlern und Laienschaffenden die Möglichkeit gaben, sich vor einem größeren Publikum zu präsentieren.

Als das Telegramm mit der Nachricht vom Preis eintrifft, liegt Siegfried Pitschmann mit Nierenbluten im Krankenhaus, Brigitte Reimann springt beim Überbringen der Botschaft überglücklich durch das Krankenzimmer. Aber die Freude über den Erfolg hält nicht lange an, schon kurz danach geht sie wieder zur Tagesordnung über, sie schreibt. Sie ist ein »Arbeitstier« – wie es der Schriftstellereheman formuliert. Dabei sind gerade zu diesem Zeitpunkt die Anforderungen enorm, es stehen zahlreiche Termine ins Haus, und eingegangene Verpflichtungen sind zu erfüllen. Für den Rundfunk arbeiten beide an einem neuen Hörspiel mit dem Arbeitstitel »Haken im Fleisch«. Grundlage ist eine gemeinsam konzipierte Erzählung, die in einen Metall-Betrieb führt. Es geht um einen Unfall, ein Arbeiter wird von einem Kran angefahren und schwer verletzt. Schuldig ist allem Anschein nach die Kranführerin, und die ist die Frau des Verletzten. Der Mann wird ins Krankenhaus gebracht, und während dieser Zeit kommt es zur Verhaftung der Unfallverursacherin, es geht um fahrlässige Körperverletzung. Von dieser Situation aus wird die Geschichte entwickelt, wobei jeweils aus der Sicht der weiblichen und der männlichen Figuren erinnert wird. In der Rückschau lassen beide die Szenen ihrer Ehe an sich – und den Lesern – vorbeilaufen und fragen danach, wie es zur Zerrüttung der Ehe und dem Unfall kommen konnte.

Zeitgleich hat Brigitte Reimann den Entwurf für ein Hörspiel fertiggestellt, das den Arbeitstitel »Die Geschwister« trägt. Personen sind Elisabeth (24, Grafikerin), Ulrich (25), Dipl.-Ing. für Schiffsbau, deren Bruder; Joachim (28), Werkleiter, Elisabeths Freund. Als Schauplatz hat sie die Wohnung der Eltern von Elisabeth und Ulrich fixiert. Den Inhalt fasst Brigitte Reimann im ersten Abschnitt des Entwurfs so zusammen:

> Das Stück erzählt die Geschichte von zwei Geschwistern, [die aus] bürgerlichem Haus stammen, unter den gleichen Bedingungen studiert und sich dennoch politisch in völlig verschiedene Richtungen entwickelt haben. Die Geschwister lieben sich sehr. Sie haben in guten und schweren Jahren zusammengehalten, und erst im letzten Jahr – als E. auf einer Großbaustelle arbeitet und U. sich auf das Diplom vorbereitet – ist eine gewisse Entfremdung spürbar geworden. Ihr ältester Bruder ist vor zwei Jahren republikflüchtig geworden und arbeitet auf einer Werft in Hamburg.[12]

Im Fortgang der Handlung offenbart Ulrich der Schwester, dass er am nächsten Tag ebenfalls die Republik verlassen will. Das Mädchen will nicht noch den zweiten Bruder verlieren, sie ruft gemeinsame Erinnerungen wach, appelliert an sein Gewissen. Als sie erkennt, dass sie den Bruder nicht wird umstimmen können, holt sie den Freund zu Hilfe, worauf Ulrich sich hintergangen und ausgeliefert fühlt. Joachim aber stellt ihm frei, zu gehen oder zu bleiben. Dies wertet Ulrich wiederum als integre Haltung und als Stärke des Staates, über den er neu nachdenken wird, allerdings nicht in einem Flüchtlingslager, sondern auf der Rostocker Werft.

Der Entwurf für das Hörspiel vom Juni 1961 entspricht bis ins Detail der Erzählung, mit der sie bereits Anfang April angefangen hatte. Das Exposé geht dann doch nicht an den Rundfunk. Von der Hörspielabteilung bekommt sie am 29. Juni einen ausführlichen Brief. Auf vier Seiten stellt Gerhard Rentzsch dar, warum man mit dem neuerlich eingereichten Exposé von »Haken im Fleisch« nichts anfangen könne, die Geschichte sei zu episch und habe keinen hinreichenden Konflikt. Es bleibe nur eins, »schicken Sie ein neues Exposé«.[13] Das kommt für Brigitte Reimann nicht infrage, drei Wochen später antwortet sie ausgesprochen zurückhaltend. Sie gesteht ein, dass eine Hörspielproduktion kostspielig sei und sich lohnen müsse. Letztlich gelangt sie zu dem Schluss, dass »wir zum Hörspielschreiben nicht die rechten Leute« sind. Die beiden erfolgreichen Versuche sind für sie »Zufalls-Erfolge«, und sie bittet um Auflösung des mit dem Hörfunk geschlossenen Vertrages über jährlich zwei zu liefernde Stücke.[14] Das ist finanziell ein Rückschlag, das Honorar wäre eine sichere Existenzgrundlage gewesen. Gleichwohl teilt sie Günter Caspar vom Aufbau-Verlag noch am gleichen Tag fast ein wenig erlöst mit: »Mit Rundfunks haben wir uns gründlich verkracht, so daß wir in diesem Jahr kein Hörspiel mehr schreiben werden.«[15] Dafür, und das macht sie froh, kann sie endlich ohne schlechtes Gewissen an die Erzählung »Die Geschwister« gehen. Extra motiviert wird sie durch eine scheinbar profane Angelegenheit. Dem Schriftstellerpaar wird bestätigt, dass ihr Antrag auf Herstellung eines Hauptanschlusses an das Ortsnetz Hoyerswerda bestätigt wurde und ein solcher alsbald realisiert werde. Die Telefonnummer steht bereits fest, sie lautet: 2061. Um 1960 verfügten nur die wenigsten Haushalte über ein Telefon, noch zu Ende der DDR waren es lediglich 6 Prozent. Das Telefon gehörte mit dem Auto zu den begehrtesten Objekten. Auch einen Dringlichkeitsantrag für ein Auto stellen sie Anfang August 1961 beim Rat des Bezirkes, wobei sich Brigitte Reimann auf die Zusicherung beruft, die sie anlässlich der Auszeichnung mit dem FDGB-Literaturpreis erhalten hat.

Und anders als sonst üblich geht es mit der Umsetzung rasend schnell. Schon am 6. September findet sich folgender Eintrag im Tagebuch: »Wir haben endlich unseren Telefonanschluß. Das bedeutet eine Arbeitserleichterung. In vierzehn Tagen bekommen wir ein Auto. Wartburg ist z. Z. nicht lieferbar. Wir nehmen einen Skoda. Übrigens ist mir die Marke gleichgültig. So haben wir denn alles oder fast alles, was wir uns wünschen …«[16] Eine Woche später holt Siegfried Pitschmann den Škoda Octavia (Super) ab, eine zweitürige Limousine mit vier Sitzplätzen. Die stolzen Besitzer sind begeistert. Kein Wunder, denn der Octavia ist als Viertakter mit einem Vierganggetriebe ausgestattet und hat 48 PS, die Daten des Volkswagens sind mit 45 PS nicht besser.

An der Erzählung »Die Geschwister« arbeitet Brigitte Reimann im Herbst wieder mit Hochdruck. Nach dem sensationellen Fund in Hoyerswerda im Jahr 2022, als die handschriftliche Originalfassung der ersten fünf Kapitel entdeckt wurde, lässt sich – auch in Verbindung mit dem Tagebuch – der Entstehungsprozess genauer erfassen.[17] Im Mai bringt sie nur wenig zustande. Das hängt auch mit der Teilnahme am V. Schriftstellerkongress zusammen, der vom 25. bis 27. Mai 1961 in Berlin stattfindet. Eigentlich will sie auch an der Diskussion teilnehmen, aber dann verlässt sie der Mut. Umso anschaulicher sind ihre Einträge im Tagebuch: »Gestern um 10 Uhr war die glanzvolle Eröffnung. Die Heroen unserer Literatur marschierten unter Riesenbeifall ins Präsidium: die herrliche Anna Seghers, Strittmatter, Arnold Zweig, gebückt und fast blind (er hielt nachher eine sonderbare Ansprache mit vielen freundlichen Provokationen)«, schreibt sie.[18] Vom Hauptreferat, das Anna Seghers hält, ist sie in besonderer Weise angetan, und das nicht nur wegen der eindrucksvoll-rauen Stimme. Es ist der literarische Stil der Rede, der ihr zusagt: »Jede Zeile war unverrückbar Anna Seghers.«[19] Das Referat mit dem Titel »Die Tiefe und Breite in der Literatur« wird auch in späteren Darstellungen immer wieder als maßstabsetzend genannt, weil die »Frage der Funktion der Literatur eng mit der Frage nach der Wirkung, die die Literatur tatsächlich besitzt«, verbunden wird.[20] Wichtig sind Brigitte Reimann nicht zuletzt die Aussagen der bewunderten Kollegin zur Bewegung Schreibender Arbeiter. Die Menschen, die ansonsten in der »materiellen Produktion« tätig sind, würden sich Kultur und Kunst aneignen und sich beim Schreiben »ihrer Arbeits- und Lebensbedingungen bewußt werden«. Das Besondere sieht Seghers darin, dass hier Vorgänge künstlerisch dargestellt werden, »die nie zuvor bewußt und sichtbar gemacht worden sind und auch gar nicht sichtbar gemacht werden konnten [...], weil sie in der Wirklichkeit noch gar nicht vorhanden waren«.[21] Das empfindet Brigitte Reimann ganz genauso.

Erfreut und motiviert wird sie von dem Lob Erwin Strittmatters, der in seinem längeren Diskussionsbeitrag das Autorenteam Reimann/Pitschmann explizit hervorhebt:

> Ihre jüngsten Werke deuten darauf hin, daß sie zu größerer künstlerischer Harmonie gekommen sind, seit sie auf dem großen Bauplatz wohnen, den wir Schwarze Pumpe nennen.[22]

So macht sie sich dann wieder an die Arbeit.

Bis zum 6. August liegen vier Kapitel vor, mit denen die Autorin aber noch nicht zufrieden ist. Und dann, eine Woche später, hat sich alles verändert. Die Welt ist eine andere. Noch am 15. Juni hatte Walter Ulbricht auf einer Pressekonferenz versichert, dass niemand vorhabe, eine Mauer zu errichten. Am 13. August 1961 wird er sich selbst Lügen strafen.

Am 27. August 1961 – 14 Tage später – schreibt Wolfgang Schreyer an Brigitte Reimann und äußert sich zu dem erschreckenden Ereignis. »Unsere Schreibweise, der kritische Optimismus – zu dem uns sieben Jahre harter Wirklichkeit auf der Basis eines sonnigen Gemüts geführt haben – läßt sich fast überall besser praktizieren als in dieser drahtumgürteten Republik«, bekennt er, um dann zu notieren: »Ich bin für den Draht, weil es nicht mehr anders ging. Die Abwanderung hätte den seit 59 etwas abbröckelnden Lebensstandard weiter gedrückt und damit immer neue Abwanderung erzeugt: das ist das einzige echte Argument, aber schon das kannst Du nicht unverblümt aussprechen. Jammerschade, daß wir es wirtschaftlich nicht geschafft haben, oder u.a. mit unseren Büchern, die Leute hier zu halten und an einer neuen Lebensweise zu interessieren. Das wirklich Tragische ist ja nicht der Draht, also die Notwendigkeit, gegen die Stimmung weiter Kreise zu regieren, also gegen die Mehrheit, in ihrem Interesse, was durchaus demokratisch sein kann; sondern der Umstand, daß wir es 15 Jahre lang getan haben und damit vorläufig auch nicht aufhören können.«[23]

Dass der Mauerbau für Brigitte Reimann zunächst kein größeres Thema zu sein scheint, muss rückblickend verwundern. Notizen zum Mauerbau finden sich in den Tagebüchern vorab nicht. Allerdings nimmt sie die zunehmende Spannung wahr. So notiert sie am 5. August 1961:

> Gestern war ein schrecklicher Abend. Die Berlin-Krise verschärft sich, ein Gesetz gegen die Grenzgänger wurde erlassen, die Westmächte beraten, Strauß fordert Atomwaffen und Sondervoll-

> machten für ihre Anwendung. Mir war physisch übel, als ich die Kommentare hörte. Wir balancieren wieder (immer noch – seit Jahren) am Abgrund eines Krieges.[24]

Einen Tag vor dem Mauerbau heißt es dann: »selbst im Westen sieht man ein, daß ein dritter Weltkrieg Selbstmord bedeutete, und man ist zu Verhandlungen bereit – selbst über die Berlinfrage. Unsere Zeitungen freilich züchten mal wieder Hysterie – ›Kopfjäger‹ und ›Menschenhändler‹ sind up to date, und wollte man den Artikeln glauben, so stünde hinter jedem DDR-Bürger ein Abwerber.« Brigitte Reimanns Quintessenz lautet: »Zum Teufel, sollen die Leute doch gehen, denen es bei uns nicht paßt!«[25] Zum 13. August selbst findet sich im Tagebuch kein Eintrag. Stattdessen heißt es am 22. August sogar:

> Wir sind glücklich. Wir wären richtig glücklich, wenn uns nicht die politische Lage bedrückte, das größenwahnsinnige Säbelgerassel nach dem 13. August, das Geschrei gegen die »Skalpjäger«. Die Zeitungen befleißigen sich eines rüden und brutalen Tons wie seit langem nicht mehr.
> Es hagelt Zuchthausstrafen. Man kann mal wieder irre werden an unserer Politik.[26]

Im Brief an die Eltern bekennt die Tochter zu diesem Zeitpunkt: »Übrigens haben wir nicht geweint über diese neue Maßnahme, die eigentlich schon längst fällig gewesen wäre. Warum sollen wir nicht auch mal die Zähne zeigen?«[27] Einige Tage später finden sich angesichts der geschmacklosen Kommentare in der Presse allerdings distanzierende Signale.[28]

Etwas anders stellen sich der Mauerbau und seine Folgen in den »Familienrundschrieben« dar, die der Vater Willi Reimann auf der Grundlage der regelmäßig eingehenden Briefe der vier Kinder verfertigt. Am 14. August 1961 notiert er: »Die politischen Ereignisse des 13. August wirken sich bis auf die internsten Familienangelegenheiten aus!«[29] Die Rundschreiben verfasst er nicht zuletzt, um die Familienbande zu erhalten und zu festigen, gerade auch nachdem Ludwig mit seiner Familie die DDR verlassen hat. Aber auch in den Briefen der Geschwister, vor allem von Brigitte und Uli, spielt in den nächsten Jahren das Auseinanderleben der Deutschen in Ost und West durchgängig eine Rolle.

Obwohl der Bau der Berliner Mauer ein radikaler Einschnitt war und eine gänzliche Veränderung des Lebens nach sich zog, provozierte dieser Vorgang unter Intellektuellen 1961 keine Empörungswelle. Die Abriegelung der DDR und die Schaffung einer in gewisser Weise »geschlossenen Gesellschaft« stieß zu diesem Zeitpunkt noch auf keinen breiten Widerstand unter den Schriftstellern. Dass selbst ein der SED-Politik kritisch gegenüberstehender Autor wie Wolfgang Schreyer den Bau der Mauer nicht ablehnte, kann als repräsentativ für einen nicht geringen Teil der künstlerischen Intelligenz gelten. Die Bekenntnisse einer Reihe von Autoren, die sich öffentlich äußerten, signalisierten weitgehend eine Übereinstimmung mit der Entscheidung der SED-Führung.[30] Die Kommentare in den Tageszeitungen der DDR wurden ergänzt durch veröffentlichte Meinungen von Arbeitern, Wissenschaftlern, Künstlern und eben Schriftstellern. Bode Uhse und Ludwig Renn als Vertreter der älteren Generation begrüßten bereits am 14. August die Grenzziehung als Maßnahme gegen den »Kalten Krieg«.[31] Auch Bruno Apitz, der Autor des Buchenwald-Romans »Nackt unter Wölfen«, Stephan Hermlin und Erwin Strittmatter stimmten den Maßnahmen der DDR-Regierung zu. Sie gingen davon aus, dass auf diese Weise der »Gang der Entwicklung« in der DDR und Europa befördert würde.[32] Anna Seghers, die Vorsitzende des Schriftstellerverbandes, die zur Zeit des Mauerbaus nicht in der DDR war, begrüßte noch im November 1961 die Grenzziehung als »außerordentlich notwendig«. Gleichzeitig signalisierte sie, welche Erwartungen sie damit verband. Sie setzte nunmehr auf eine kulturpolitische Lockerung und hoffte, dass »die DDR eine ähnliche Entwicklung wie die SU nimmt«. Sie spielte auf das »Tauwetter« nach dem XX. Parteitag der KPdSU 1956 an. Die Auffassung von Anna Seghers war symptomatisch für eine Reihe von Intellektuellen in der DDR, die den 13. August 1961 deshalb begrüßten, weil sie davon ausgingen, dass nunmehr eine offene Diskussion über alle Probleme wie Perspektiven innerhalb der anvisierten sozialistischen Gesellschaft möglich würde. Sie sahen die Chance, die immer wieder beschworene »sozialistische Demokratie« wirklich in die Praxis umzusetzen. Denn: Seit 1956 waren kritische Stimmen von der SED immer wieder mit dem Verweis auf die offene Grenze und mögliche negative Folgen einer sogenannten »Fehlerdiskussion« verhindert worden. Durch den Bau der Mauer war diese Argumentationslinie außer Kraft gesetzt, und es bestand die Vorstellung, nunmehr die sozialismuseigenen Widersprüche und Konflikte offen zu diskutieren. Dass diese Hoffnungen enttäuscht wurden, musste auch Brigitte Reimann in den nächsten Jahren erkennen.

34. »Und nun also doch: Jon K.« – Psychogramm der Irrungen und Wirrungen einer Dreiecksbeziehung

Noch während Brigitte Reimann an »Ankunft im Alltag« arbeitet, kommt es zu einem ihr Leben auf den Kopf stellenden Ereignis, sie verliebt sich in Hans Kerschek, ein Mitglied im Zirkel Schreibender Arbeiter. Im Tagebuch macht sie am 1. Februar 1961 folgenden Eintrag:

> Und nun also doch: Jon K[...] (30) Philosophiestudent, vor dem Examen geflogen, zweimal aus der Partei entfernt, [...] noch immer nicht gescheiter oder ruhiger geworden [...]. Ein enfant terrible.

Die Beziehung hat sich länger angebahnt, aber erst jetzt gesteht sie es sich im Tagebuch ein. Jon K. sei »klug, scharfsinnig und von teuflischer Logik, die alles beweisen und gleichzeitig den schlüssigen Gegenbeweis zum eben Bewiesenen bringen kann«.[1] Und auch gegenüber den Eltern ist leichten Herzens von ihm die Rede. »Natürlich bin ich schrecklich verliebt in ihn (jetzt möchte ich Dein Gesicht sehen, meine moralische Mu ...)«, heißt es da.[2] Brigitte Reimann hat lediglich den Flirt kommen sehen, die übliche Spielerei. Aber schon bald wird mehr daraus, und sie gibt darüber in den nächsten Monaten und Jahren permanent Auskunft. Es entsteht eine Art Psychogramm einer Beziehung. Damit stellt sich zwangsläufig die Frage nach Brigitte Reimanns Verhältnis zu den Männern. Rückschlüsse lassen sich in diesem Fall aus einem Traum, ja einem Albtraum ziehen, den sie wohl nicht zufällig kurz nach der Ankunft in Hoyerswerda hat. Es geht um Georg Piltz, der als männliche Konstante immer wieder in ihren Erinnerungen auftaucht:

> Letzte Nacht träumte ich lebhaft von Georg Piltz: Wir waren bei Nellessens, ich fühlte mich entsetzlich unter diesen Bürgern; Georg kam, wir gingen zusammen fort, bereuten, daß wir uns jemals getrennt hatten. Er zeigte mir eine üble Kriminal-Schwarte: dies sei die einzige Sorte Literatur, die man noch genießen könne. Es ging ihm schlecht, er war miserabel angezogen, seine Schuhe plump und zerrissen. Ich mußte immer wieder auf seine Schuhe blicken; es griff mir ans Herz. Ich glaube, wir lieben uns sehr. Dann wurden wir eingekesselt von einer Unzahl fabrikneuer, chromblitzender Autos, die heulend auf uns zustürzten. Wir kamen nicht mehr von der Stelle, Uniformierte schossen auf uns. Georg zog eine Pistole, wir wollten freiwillig sterben, als wir nicht mehr aus noch ein wußten. Als er die Pistole an die Schläfe drückte, wachte ich auf, hatte plötzlich ziehende Sehnsucht nach Georg.
>
> Bin den ganzen Tag unruhig; ich möchte ihm schreiben, wissen, wie es ihm geht – aber vielleicht ist er gar nicht mehr in der Republik. Man hört nirgends mehr seinen Namen; er ist, seit er unter Protest die »Sonntag-Redaktion« verließ, einer der Verfemten und Totgeschwiegenen. [...] jetzt erst erkenne ich die Weisheit und Gültigkeit seiner Lehren [...]. – Ich habe jede Nacht grauenhafte Alpträume – Fundgrube für einen Psychoanalytiker.[3]

In einem Gespräch mit dem früheren Chefarzt der Neubrandenburger Klinik für Psychiatrie und Psychotherapie, Dr. Rainer Gold, den ich – wie von der Träumenden aufgeworfen – zu der Traumsequenz befragte, kam sogleich die Frage nach den »Nellessens«. Wer sind die Leute, mit denen Siegfried Pitschmann noch im März 1963 nach Leipzig fährt? Hermann Josef Nellessen leitete von 1967 bis 1979 als Chefdirigent die spätere Neubrandenburger Philharmonie. Danach ging er als Dozent an die Hochschule für Musik Hanns Eisler nach Berlin. Seine Frau Marieluise war eine anerkannte Chorleiterin. In der Familie, in der Mann und Frau auf Augenhöhe agierten und beide Partner künstlerisch hochproduktiv waren, gab es zwei Kinder. Was Brigitte Reimann hier als kleinbürgerlich empfindet, das ist mit hoher Wahrscheinlichkeit etwas anderes: Die Nellessens sind eine ganz normale Familie, und genau das ist es, was ihr aufstößt, umso mehr, da mit »Bürgerlichkeit« feste Strukturen, Regeln und ein gewisses Gleichmaß verbunden sind, die als das Gegenteil von Kreativität erscheinen können. Wem es darauf ankommt, gegen den »gesellschaftlichen Normalismus« (Jürgen Link)[4] anzugehen, der mag angesichts solcher Verhältnisse unbewusst ein Gefühl von Neid entwickeln. Aber im Traum geht es indes um Georg Piltz, der einen heruntergekommenen Eindruck macht, was sich vor allem an seinen Schuhen zeigt. Die Schuhe sind ein Bild für Sicherheit, Selbstbewusstsein und Stärke, und genau das ist es, was Brigitte Reimann bei Männern sucht. Sie hat bei aller Autarkie, die sie seit Kinderzeiten erworben hat und lebt, das Bedürfnis nach Leitfiguren. Georg Piltz hat diese Leitbildhaftigkeit als kluger Lektor und kritischer Zeitgenosse in jeder Hinsicht verkörpert, es war der 22-Jährigen möglich, zu ihm »aufzuschauen«. Diese Position ist im Traum verloren gegangen, und das entspricht der Realität, denn Georg Piltz hat seine gesicherte gesellschaftliche Stellung aufgegeben und sich zurückgezogen, weswegen er in den kritischen DDR-Diskursen keine Rolle mehr spielt. Der Rest des Traumes symbolisiert das, was man Kontrollverlust nennt, wobei die glitzernden Autos als ein Indiz für Macht interpretiert werden können. Dass Piltz keinen anderen Ausweg als einen Pistolenschuss sieht, deutet erneut auf den Verlust von Stärke. So weit eine Traumdeutungsvariante.

Vergleichbares galt zunächst für Siegfried Pitschmann, der sich ihr 1958 bei der ersten Begegnung in Petzow entzieht und ihr Paroli bietet. Wirklich nahe kamen sich beide erst nach folgender Begebenheit: »Gestern abend kam Siegfried zu mir. Ich hatte ihn gebeten, mir aus seinem Buch vorzulesen. Eine wunderbare Sprache, und die Menschen sind Psychopathen wie er. [...] Niemals habe ich so stark das Gefühl gehabt, dem Menschen begegnet zu sein, der mir ganz entspricht. [...] Es ist, als sei er ein Stück von mir, ein böserer, traurigerer Teil meiner kranken Seele«, hatte sie Ende März 1958 geschrieben.[5] Siegfried war auf der einen Seite eine Art »Denkmal«, zu dem sie in literarischer Hinsicht aufblicken konnte, auf der anderen Seite das Gegenteil des gleichnamigen »Hörnernen« aus dem Nibelungenlied, er gestand nämlich Schwäche ein und dass er sich an sie »verloren« habe. Zweifellos sagte Brigitte Reimann diese offensichtliche Abhängigkeit zu, die sich auch auf das Erotische bezog, es kam ihrem Dominanzstreben entgegen.[6] Allerdings trägt das »Denkmal Siegfried« in der gemeinsamen Zeit Risse davon. Siegfried-Daniel verliert sein Faszinosum auch deshalb, weil er mit seiner schriftstellerischen Arbeit nicht vorankommt, immer wieder an sich zweifelt und Abgabetermine permanent verschiebt. Damit wird die zupackende Frau zunehmend zur emotional »Pflegenden«. Andererseits braucht sie seine Zuwendung, sie vertraut ihm, seine Verlässlichkeit, ja seine »Tugend und Treue« geben ihr Sicherheit und Kraft.

Am 25. März 1961, zwei Monate nach dem Geständnis der Liebe zu Kerschek, notiert sie im Tagebuch:

> Liebe Brigitte R., Sie haben den besten Mann der Welt, und es ist unverständlich, warum Sie – wenn auch nur für ein paar Wochen – einem anderen in die Arme stolpern. Sie sind ein idiotisches Stück Weibchen. Ihre aufrichtige Brigitte R.[7]

Gleichzeitig wird sie sich darüber klar, dass Siegfried eines nicht hat, ihre »im Tiefsten eiskalte Leidenschaft«: Pitschmann ist »keine Spielernatur. Was er sagt, das gilt.«[8] Kerschek stellt das genaue Gegenteil von ihm dar, und insofern ähnelt er ihr. »Ich werde an dir kaputtgehen – und es wird mir sogar ein Vergnügen sein, an dir kaputtzugehen«, flüstert er. Derartige Bekenntnisse hört sie gern, fragt sich aber gleichzeitig, warum Männer solche »düsteren Sachen« sagen. »Sachen«, die noch dazu nicht stimmig sind. Denn jemand, der seine Arbeit liebt, wird nicht an Gefühlen zugrunde gehen, so ihre Position. »Wenn ich zwei, drei gute Bücher schreibe, ist mein Privatleben dagegen einen Pfifferling wert«, und es folgt die fulminante Aussage: »Nur das Werk wiegt. Die Frau, die ich im Spiegel sehe, und ihre Leidenschaften und Schlechtigkeiten haben kein Gewicht.«[9] Der Satz »Nur das Werk zählt« begleitet Brigitte Reimann bis zum Lebensende, und diese Auffassung ist der Motor, der sie in schlimmsten Krisen beim Schreiben hält.

Die Autorin Dorothea von Törne hat die zerstörerische Leidenschaft so erklärt: »Jon ist unberechenbar, und daß sie ihn nicht beherrschen kann wie sonst andere Männer, steigert ihre Leidenschaft zur Haßliebe. Sie ist voller gegensätzlicher Wallungen, vor allem ist sie aber hin und her gerissen zwischen Daniel und Jon.«[10] Diese Dreieckskonstellation wird nun über fast drei Jahre lebensbestimmend, wobei Brigitte Reimann ihren Jon K. früh durchschaut, seine Rollenspiele und auch das Bedienen der Klaviatur einer gewissen Hysterie, die er ebenso gut beherrscht wie sie selbst. Aber, und das ist das Entscheidende, sie akzeptiert Kerscheks Agieren, sie braucht ihn in gewisser Weise sogar für ihr Werk. Schon sehr früh erkennt sie im Vergleich der beiden Partner das Wesentliche:

> Daniel braucht mich in gewisser Beziehung nicht so sehr, weil er nicht so verkorkst ist. Daniel ist das, was ich unter einer integren Persönlichkeit verstehe. Jon ist die personifizierte Labilität, und wenn es für [ihn] einen festen Punkt gibt, so ist es die marxistische Philosophie. Alles andere [...] ändert sich ständig, – er ist verspielt, infantil bei aller Klugheit [...]; er ist der Mensch, der mir gefehlt hat, die Berührung mit ihm schlägt alle unguten Saiten in mir an, – und gerade dadurch (die gesunde heftige Opposition ...) wirkt er überaus günstig auf mich ein. Er ist mein Medium zur Selbstverständigung.[11]

Das »Medium zur Selbstverständigung«, das wird Hans Kerschek in den nächsten Jahren bleiben. Während Daniel ihr Stabilität gibt, deren sie immer wieder bedarf, liefert Jon ihr das Abenteuer. Letztlich entscheidet sie sich für das Abenteuer.

Bis es zur Lösung des dramatischen Konfliktes kommt, werden Monate vergehen. Zunächst absorbiert die Fertigstellung der »Geschwister« alle Kraft, und die Diskussionen zu »Ankunft im Alltag« laufen weiter. Herbert Warnke, der einflussreiche Vorsitzende des

Freien Deutschen Gewerkschaftsbunds (FDGB), beglückwünscht sie in einem privaten Brief zu der Erzählung. »Vielleicht wäre es wünschenswert gewesen, wenn Partei und Gewerkschaften im Buch noch etwas sichtbarer geworden wären«, fragt er anschließend zurückhaltend.[12] Mit dieser Einlassung ist ein Hinweis auf die kommende Rezeption gegeben. Wenig später wird die »Longlist« für den FDGB-Literaturpreis 1962 öffentlich. Die Konkurrenz ist groß, denn es sind erfolgreiche Romane vorgeschlagen wie Karl-Heinz Jakobs »Beschreibung eines Sommers«, Inge von Wangenheims »Professor Hudebraach«, Franz Fühmanns »Kabelkran und Blauer Peter« und Marianne Bruns' »Schuldig befunden«. Aber Brigitte Reimanns Erzählung steht ganz oben. Schon im Herbst beginnen in zahlreichen Betrieben die Literaturpreisdiskussionen. In der Schwarzen Pumpe finden Lesungen und Gespräche in 19 Brigaden statt, dazu gehören die Brigade »Geschwister Scholl« der Kfz-Werkstatt und »Bertolt Brecht« in der Brikettfabrik. Allein die Namen sind Verweise auf das etablierte kulturelle Gedächtnis. Auch direkt bei den Arbeitern wird gelesen, so im Trattendorfer Wohnlager II. In 15 Brigaden geht es um »Ankunft im Alltag«. Auch in der Brigade »10. Jahrestag«, zu der Brigitte Reimann gehört hat, findet unter Anwesenheit der Autorin eine anregende Diskussion statt, die von Erwin Hanke, dem Vorbild für die Figur des Meisters Hamann, geleitet wird. Er greift auch ein, als der Kollege Alfred Jung auf einen Schönheitsfehler aufmerksam macht, dass sie nämlich »den Erwin die ganze Nacht die Dichtung ausschlagen« lasse, was viel zu lange sei. Brigitte Reimann reagiert und stellt heraus, dass sie für den »Burschen eine besonders schwere Aufgabe aussuchen [mußte]«, und Hanke sekundiert. »Alfred, ich bin der Meinung, du siehst das Problem rein vom technischen Gesichtspunkt aus.« Literatur müsse nicht identisch mit dem sein, was in der Realität geschieht.[13] Die landesweit durchgeführten Literaturpreisdiskussionen verstärken einen Trend, der am 10. Juni 1962 Gewissheit wird. Brigitte Reimann erhält zusammen mit Franz Fühmann den FDGB-Literaturpreis. Am 17. Juni trägt sie nüchtern ins Tagebuch ein:

> Heute vor einer Woche habe ich im »Erfurter Hof« den FDGB-Literaturpreis bekommen. Großer Festakt, anschließend Diner, alles ein bißchen zu exclusiv für meine Vorstellung von Arbeiterfestspielen.[14]

Einen Monat später schreibt sie am letzten Kapitel und ist so erschöpft, dass sie sich abends übergeben muss. Am 22. Juli, so notiert sie es, setzt sie das Wort »Ende« unter »Die Geschwister«. Schon drei Wochen später schickt ihr der Lektor vom Aufbau-Verlag, Fritz Hofmann, das Manuskript mit den »Streichungs- und Änderungsvorschlägen«. Er glaubt, dass die Erzählung durch die »Aussonderung alles Überflüssigen, aller Wiederholungen, Klischees usw. straffer, konzentrierter geworden ist«, dennoch sollte »kein Substanzverlust« eingetreten sein. Selbstverständlich könne man in dem Fall, dass »bestimmte Korrekturen nicht behagen«, darüber sprechen.

Was konkret im Verlag verändert wurde und wie die Korrekturen aussahen, das ist nicht in allen Einzelheiten zu sagen. Einige Tage später schreibt Brigitte Reimann empört ins Tagebuch: »Das Manus[kript] mit den Änderungsvorschlägen ist zurückgekommen, die Stasi-Szene gestrichen, die Kunst-Diskussion gestrichen; alles, was an Gefühl oder gar – horribile dictu! – an Bett gemahnt, ist gestrichen, und jetzt kann man meine schöne Geschichte getrost in jedem katholischen Mädchenpensionat auslegen.«[15]

»Horribile dictu!«: furchtbar, das sagen zu müssen, schreibt die gute Lateinkennerin. Allerdings bleibt offen, was Brigitte Reimann mit dem Hinweis auf Gefühl und Bett meint. Möglicherweise bezieht sie sich auf die Schwester-Bruder-Beziehung oder die Diffamierung von Elisabeth durch den Maler Ohm Heiners, mit dem die Siegrist-Auseinandersetzung literarisiert wird. »Er nahm mich beiseite, er sagte: ›Sie ist eine intellektuelle Nutte. Sie geht jeden Abend mit einem anderen ins Bett. Sie ist ...‹«[16] Brigitte Reimann lässt sich nichts Substanzielles aus dem Text streichen, »jetzt wird nicht mehr lamentiert, jetzt wird geboxt«, lautet die Ansage, um unmittelbar danach einen folgenreichen Satz zu formulieren: »Gestern habe ich 3 Seiten erster Notizen zu meinem Franziska-Roman geschrieben, der bis jetzt ›Singend im Regen‹ heißt, ich weiß selbst nicht warum.«[17]

In einer erstaunlich kurzen Zeit wurde das Druckgenehmigungsverfahren für die »Geschwister« in Gang gebracht. Über die Endfassung müssen sich Verlag und Autorin schnell einig geworden sein. Das Gutachten von Lektor Hofmann lag schon am 12. September vor, nur knapp zwei Wochen nach Reimanns »Box-Ankündigung«, das Außengutachten nur einen Tag später, datiert auf den 13. September. Dieses stellte allerdings das dar, was man eine Vernichtung nennen kann. Auf acht Seiten suchte Evamaria Nahke nachzuweisen, dass die Erzählung nicht druckbar sei. Die Gutachterin argumentiert einerseits politisch-ideologisch und andererseits mit der vorgeblich nicht gegebenen literarischen Qualität.[18] Ein solches Außengutachten wäre in jeder Hinsicht das Ende des Druckgenehmigungsverfahrens gewesen. Doch – und das ist grundsätzlich für die Buchproduktion in der DDR zu bedenken – waren Verlage nicht an ein vorliegendes Gutachten gebunden, sie konnten umgehend ein neues in Auftrag geben. Genau das geschah auch hier, und schon am 2. Oktober hatte der Verlag ein 3-seitiges Schriftstück von Irene Kolbe in der Hand. Auch dieses Gutachten war keineswegs unkritisch, aber es überdeckte die neuralgischen Punkte, die im Ministerium für Kultur stutzig gemacht hätten. So bleibt die Episode mit der Staatssicherheit unerwähnt, stattdessen lässt das Gutachten sich ausführlich über Aspekte der bildenden Kunst aus, die die Autorin vereinfacht dargestellt habe. In der Zusammenfassung hebt die Gutachterin das Verdienst der Erzählung hervor, die Probleme der Gegenwart anschneide und zur Diskussion stelle, so dass der Nutzen größer sei als der Schaden durch eine vereinfachte Darstellung.

Das Anschreiben zur Druckgenehmigung von Joachim Schreck, das wiederum nur zwei Tage nach Kolbes Gutachten an die Behörde ging, ist wohlkalkuliert. Das Aufbau-Lektorat verweist explizit auf die eingereichten Gutachten, die einander auf den ersten Blick zu widersprechen scheinen, womit das Augenmerk wiederum auf ein vermeintliches Problem gelenkt wird, das eigentlich gar keines ist. Zudem stellt

Schreck explizit heraus, dass »bestimmte Hinweise aus dem Gutachten Kolbe inzwischen noch berücksichtigt« wurden. Das war zeitlich schlichtweg unmöglich, denn das Gutachten war ja erst am 2. Oktober eingegangen. Es konnte also gar keine Veränderungen gegeben haben. Wie wollte der Verlag das erklären? Der Aufbau-Verlag griff hierbei zu einem Trick, ja einer Täuschung: Das Außengutachten wurde lediglich als Abschrift eingereicht, auf der sich der Vermerk »gez. Irene Kolbe« fand, allerdings ohne Datum, handschriftlich signiert hatten stattdessen Cheflektor Günter Caspar und Lektor Fritz Hofmann. Abschließend wird im Verlagsanschreiben mit Gutachterin Kolbe dafür votiert, trotz der gewissen Einschränkungen das neue Buch der Reimann »schnellstens zur öffentlichen Diskussion« zu stellen. Und genauso geschah es dann, schon vier Tage später wurde die Druckgenehmigung erteilt. Eine ernstliche Prüfung kann angesichts dieses Zeitplans gar nicht stattgefunden haben. Die Behörde fühlte sich durch den strategischen Hinweis des Verlages auf Veränderungen im Manuskript offenkundig bestätigt. In einer handschriftlichen Notiz heißt es: »Schreiben des Verlages vom 4. 10. 62 zeigt teilweise Umarbeitung des Manuskriptes an.« Das Ministerium war zufrieden.

Was der Aufbau-Verlag hier praktizierte, lässt sich so zusammenfassen: Die wirklich »heißen Eisen«, also jene Stellen der Erzählung, die neuralgische Punkte der DDR-Wirklichkeit betrafen, wurden in den eingereichten Gutachten ausgeblendet. Genau das Gleiche geschah dann auch bei den zahlreichen Besprechungen der »Geschwister«. Die Episode, in der Brigitte Reimann die Magdeburger Stasi-Ereignisse von Mitte der 1950er Jahre literarisch verarbeitet, blieb schlichtweg unerwähnt: Denn die Protagonistin Elisabeth bekommt eines Tages überraschenden Besuch, bei der Person handelt es sich um einen Mitarbeiter des Ministeriums für Staatssicherheit:

> Vor dem unbekannten jungen Mann, der an einem Tag Ende Oktober klopfte, konnte ich die Tür nicht mehr verriegeln.
>
> Er war sehr groß, mit einem Gesicht wie der *nette Junge von nebenan*. Ich starrte auf seinen Ausweis. Ich gestehe, daß ich,

> kaum hatte ich das Wort Staatssicherheit gelesen, in meinem Gedächtnis fieberhaft nach dem Schatten eines Vergehens zu suchen begann – wahrscheinlich ist das die natürliche Reaktion auch des unbescholtenen deutschen Kleinbürgers, in dessen Unterbewußtsein noch von Großväterzeiten her etwas vom preußischen Respekt vor Polizei und Uniformen schlummert.
>
> Der junge Mann blickte sich neugierig, aber nicht mit einer dienstlichen Neugier, in meinem Atelier um. Ich versuchte zu lachen. »Was ist? Was habe ich ausgefressen?«
>
> Er sagte: »Denken Sie nach.«
>
> »Gut, ich hab politische Witze kolportiert, ›Anfragen an Radio Jerewan‹.« Er lächelte, er schien sie auch zu kennen. »Sie kommen jetzt in Mode«, sagte ich. »Manche sind frech, manche bloß albern, strafwürdig ist keiner.«[19]

Politische Witze, die zu allen Zeiten mit den Mitteln von Ironie und Satire arbeiten, zuspitzen und übertreiben, hatte Brigitte Reimann bekanntlich schon als 14-jähriges Mädchen aus der »Täglichen Rundschau« ausgeschnitten und gesammelt. In der DDR selbst gehörten politische Witze zur Alltagskultur, sie waren einerseits Protest und andererseits insofern geduldet, als sie eine Art Ventil und eine Chance der Frustbewältigung darstellten. Doch der satirischen Darstellung waren Grenzen gesetzt. Das musste der Schauspieler Peter Sodann erfahren, der in Leipzig das Studentenkabarett »Rat der Spötter« leitete. Das Programm wurde 1961 als konterrevolutionär eingestuft und Sodann zu einer hohen Haftstrafe verurteilt, die in zehn Monate Gefängnis und vier Jahre Bewährung umgewandelt wurde.[20] Insofern ist der Hinweis von Elisabeth auf den humorigen Status der Jerewan-Witze nachvollziehbar. Die »Anfrage an Radio Jerewan«-Witze waren nach einem bestimmten Muster gebaut. Es gab jeweils die typische Frage an den fiktiven Sender, der in der Hauptstadt der armenischen Sowjetrepublik Jerewan arbeitete: »Anfrage an den Sender Jerewan. Ist es richtig, dass ...«, und es erfolgte eine Antwort mit der Formel »Im Prinzip ja, aber ...«. Anfang der 1960er Jahre wäre folgender Witz denkbar gewesen: Stimmt es, dass der Kapitalismus am Abgrund steht? Im Prinzip ja, aber wir sind bereits einen Schritt weiter.[21]

Es zeigt sich, wie Brigitte Reimann bis in die Wortwahl auf ihre Stasi-Erfahrung von Magdeburg zurückgreift. Als der Geheimdienstmensch ihr eine Zigarette anbietet, beschreibt die Ich-Erzählerin die Situation so:

> [...] und als er mir das brennende Streichholz reichte, sah ich, wie meine Hand zitterte, und er sah es auch. Ich sagte ärgerlich: »Das mit der Zigarette ist ein alter Trick ... Übrigens hat es nichts zu bedeuten, ich bin bloß überarbeitet.«[22]

Im Tagebuch hatte die junge Frau am 28. September 1957 notiert: »Ich besaß wenigstens noch die Unverfrorenheit, im vergnügten Plauderton dem Herrn mitzuteilen, er solle sich nicht einbilden, ich zittere vor Aufregung; ich sei nur nervös und überarbeitet. Vielleicht hat er es sogar geglaubt.«[23] Die Stasi-Episode im Buch spitzt sich weiter zu, und der Mitarbeiter kommt auf den Vorwurf der Bildung einer »bürgerlichen Plattform« zu sprechen.

> »Wir lieben solche ...«, er suchte wieder nach dem Wort, »... solche Hinweise nicht. Nicht von dieser Art.«[24]

Mit der vorgenommenen Markierung auf »Hinweise«, mithin also auf die Existenz von Personen, die als »Hinweisgeber« fungieren, ist eine Leerstelle eröffnet. Ohne es explizit zu formulieren, rekurriert die Verfasserin hier auf das inzwischen etablierte Spitzel-System, in dem Geheime Informatoren, sogenannte GI, eine wichtige Rolle spielten. Freilich war zur Entstehungszeit der »Geschwister« nicht ansatzweise erkennbar, wie die Strukturen des Ministeriums für Staatssicherheit konkret aussahen.[25] Was in diesem Teil der Gesellschaft ablief, blieb im Dunkeln, und der Stasi-Mann im Text spricht nicht zufällig von der Stasi als »Schwarzer Hand«.

Brigitte Reimann und der Aufbau-Verlag unterliefen subversiv das für die Literatur existierende Tabugebot. Dass dieser Bruch in der Folgezeit nicht wahrgenommen wurde bzw. es nicht ins kollektive Gedächtnis geschafft hat, muss auch deshalb erstaunen, weil es in der DDR-Literatur bis in die 1970er Jahre keine andere literarische Darstellung gab, die sich mit der Stasi beschäftigte. Es trifft zu, was der Kulturwissenschaftler Matthias Braun lange nach dem Ende der DDR 2012 schreibt: »Die sprichwörtliche Ausnahme von der Regel bildeten einige Textpassagen in Brigitte Reimanns ›Geschwister‹, Volker Brauns ›Unvollendete Geschichte‹ (1975/1988) und Christoph Heins ›Der Tangospieler‹ (1989).«[26] Der einzige Autor, der noch vor Brigitte Reimann der Rolle des Ministeriums für Staatssicherheit literarisch nachging, war Uwe Johnson, dessen Romane allerdings in der DDR keine Chance auf Veröffentlichung hatten. Schon im dem postum erschienenen Romanerstling »Ingrid Babendererde« kommt die Stasi vor. Und in dem Roman »Mutmassungen über Jakob« (1959) spielt das MfS eine wichtige Rolle.[27] Von daher kann die treffende Inszenierung in den »Geschwistern« in der DDR als Novum gelten.

35. »Die ›Geschwister‹ sind das Beste, was ich bis jetzt geschrieben habe« – die Ost-Moderne und der Westen

Ein Vorabdruck aus den »Geschwistern« erschien im »Neuen Deutschland« in der Beilage »Die gebildete Nation« Ende Dezember 1962. Allerdings ist in der Anmoderation von »Republikflucht« nicht die Rede, die Konzentration liegt auf der »Auseinandersetzung junger Intellektueller mit ihrer Vergangenheit, ihrem Staat und sich selbst«.[1]

Noch vor der Abgabe des Manuskripts sucht Brigitte Reimann die Eltern in einem Brief auf die Erzählung vorzubereiten. Ihr ist klar, dass in diesem Fall das Zurückgreifen auf autobiographisches Material offenkundig ist und das Wiedererkennen von Familienangehörigen zu Zwist führen könnte. Was also macht Brigitte Reimann? Sie baut vor und versucht insbesondere die Mutter in die »Geheimnisse der Literatur« einzuweihen. Man müsse wissen, »daß a) Thomas Mann in den ›Buddenbrooks‹ seine ganze Familiengeschichte erzählt hat und samt Familie weltberühmt geworden ist, b) ein großer Unterschied zwischen Literatur und Wirklichkeit besteht, c) jeder Schriftsteller aus eigenen Erlebnissen schöpft, d) die ganze Familie Reimann so gut wegkommt, daß sie sich bloß die Pfötchen reiben kann, und e) der Herr Lutz mir in dieser Beziehung scheißegal ist, denn schließlich hat er die Feindseligkeiten eröffnet«.[2]

Die Tochter schiebt mit dialektal-witzigem Unterton nach, dass aus den realen Personen literarische Figuren geworden sind: »Die beiden Knaben, die mitspielen, haben nur einzelne Züge von Lutz und Uli – sie sind es aber nicht!!!!!!!«, schreibt sie und setzt zahlreiche Ausrufezeichen. »Ebenso ist die junge Dame, die wo die ganze Geschichte erzählt, nicht eure scheene Dochter, sondern eben eine junge Malerin, die über viele Dinge ganz anders denkt als ich, die Autorin. Capito? Na, ihr werdet die Geschichte ja lesen, wenn sie rauskommt, und das ist noch ein ganzes Weilchen hin.«[3]

Anders als die anderen Familienmitglieder möchte Mutter Elisabeth aber auch diesen Text der Tochter nicht lesen. Und die Geschwister sind nicht unbedingt erfreut, sich – wenngleich verfremdet – hier wiederzufinden. Es wird ein Geheimnis der Autorin bleiben, warum ein Bruder namens Ulrich, in der Familie Uli genannt, in der Erzählung vorkommen muss. Der reale Uli wie auch die Schwägerin Sigrid haben über Jahre gegenüber Freunden und Bekannten immer wieder betonen müssen, dass Uli nicht Uli ist und sie »nie die Absicht hatten, die DDR zu verlassen«.[4]

Das gilt auch für Brigitte Reimann selbst. In den Briefen, die sie mit Wolfgang Schreyer austauscht, wird zwar immer mal wieder darüber geklagt, dass Manuskripte lange in den Verlagen lägen und es danach zu keinem Vertragsabschluss komme, weil das Erzählte nicht in die Verlagspläne passe oder als zu brisant erscheine, aber über die Frage »Gehen oder Bleiben« sind sich beide einig: Gehen kommt für sie nicht in Frage. Wolfgang Schreyer betrachtet illusionslos die Chancen als Autor in der Bundesrepublik. »Im Westen würdest Du (nach sehr schwierigem Start) gewiß gedruckt, aber mit minimaler Auflage, von der Du so wenig leben könntest, daß Du bald vor einer verteufelt ähnlichen Alternative stündest: Serienschnulzen für Zeitschriften zu schreiben für 500–1000 DM pro Folge, für den Preis des Konformismus und eines verludernden Stils.« Und so setzt er auf Veränderungen im Osten: »Und hier haben wir doch die Hoffnung«, resümiert er, »daß sich die Situation mit den ökonomischen Erfolgen und der steigenden West-Immunität allmählich bessert, zumal auch wir selbst immer besser werden. Und würden wir konfliktlos dahinleben, wie sollten wir Konflikte unserer Helden gestalten können? Früher brauchten die Literaten zumindest eine unglückliche Liebe, was auch heute nicht schadet, aber, entsprechend der Themenausdehnung auf soziale Aspekte, durch gelegentlichen, tiefgehenden Ärger mit den Oberen ergänzt werden sollte.«[5]

Dass die »Geschwister« zu einem großen Erfolg in der DDR werden, überrascht und erfreut die Autorin gleichermaßen. Mit etwa 20 Besprechungen, hinzu kommen zahlreiche Leserbriefe und Leserdiskussionen, erreicht die Erzählung hohe Popularität. Betrachtet man die Rezensionen, muss einmal mehr erstaunen, dass die Erzählung in dieser Form an die ostdeutsche Öffentlichkeit gelangen konnte. Den Rezensenten blieb nichts anderes übrig, als auf den positiven Schluss zu verweisen, der anzeigt, dass Uli – obwohl es ihm freigestellt ist – die DDR nicht verlässt. Zudem findet sich wiederholt der Hinweis, dass sich die Autorin mit ihrer Figur Elisabeth eindeutig zum Staat bekennt. »Brigitte Reimann hat streng parteilich, mutig und klug das Thema Republikflucht aufgegriffen und behandelt. Sie zeigt, welche Fehler in der Behandlung von Menschen mitunter gemacht werden und wohin das führte«, heißt es in einer Besprechung, die andeutungsweise auf existierende gesellschaftliche Widersprüche verweist.[6] In der »Neuen Zeit« gab Brigitte Reimann ausführlich Auskunft über die Entstehung der Geschichte: »Mein Bruder ist heute in Hamburg. Ein Jahr nach seiner ›Republikflucht‹ – wir hatten uns in Briefen zerstritten und immer weiter voneinander entfernt –«, schreibt sie, »sah ich ein Foto von ihm, das Bild eines fremdgewordenen Mannes; ich dachte: Was hättest du tun müssen, ihn zu halten?« Nach dem Mauerbau hätten manche gesagt, sie könne das Buch nun wegschmeißen, es sei nicht mehr aktuell. Aber es gehe gar nicht so sehr um die Frage, ob einer noch die Möglichkeit hat, »sich in die S-Bahn zu setzen und in fünf Minuten von einer Welt in die andere zu fahren [...]; die Schwierigkeiten sind geblieben, die Sorgen junger Ingenieure in ihren Betrieben und unsere Skepsis gegenüber ungenauen Gefühlen, zweifelhaften Autoritäten und starren Anschauungen, und damit müssen wir uns auseinandersetzen wie vorher.« Schließlich hofft sie, dass das Buch verstanden wird als »ein Versuch, unser Verhältnis zu Deutschland zu klären, und daß es den einen oder anderen ermutigt«.[7] Einmal mehr macht Brigitte Reimann auf die »sozialismuseigenen Widersprüche« aufmerksam und drückt ihre Hoffnung aus, dass man sich diesen zuwenden werde.

Dass es auch in dieser Erzählung wiederum um den Akt einer

– wenn man so will – Denunziation geht, spielt weder in ihrer Darstellung noch in den Rezensionen eine Rolle. Einmal mehr ist die erzählte Geschichte »klüger« als die Autorin. Zweifellos muss es aufstören, wenn eine Gesellschaft Menschen vor die Gewissensfrage stellt, den eigenen Bruder bei der Polizei wegen geplanter »Republikflucht« anzuzeigen. Diese zentrale Frage scheint durch die Art und Weise des Erzählens mit zahlreichen Rückblenden und dem damit verbundenen Wechsel der Zeitebenen in den Hintergrund zu treten. Der Fokus ist darauf schon mit dem Textanfang und der Erinnerung der Ich-Erzählerin gesetzt:

> Als ich zur Tür ging, drehte sich alles in mir.
>
> Er sagte: »Das vergesse ich dir nicht.« Er stand sehr gerade und ohne Bewegung mitten im Zimmer, er sagte mit einer kalten, trockenen Stimme: »Das werde ich dir nicht verzeihen.«[8]

Im Gang der Handlung, in der die Familiengeschichte erinnert wird, verliert die Problematik scheinbar an Bedeutung, um dann aber in fulminanter Weise mit einem Satz auf den Punkt gebracht zu werden, der in der Erzählung dreimal fällt: »Was seid ihr bloß für Menschen?« Zunächst äußert ihn Elisabeth, die von der emotionslosen Art des Geliebten irritiert ist, der es als »normal« empfindet, den die »Republikflucht« planenden Bruder anzuzeigen. Es ist kein Zufall, dass ebendieser Satz zudem ans Ende der Geschichte führt und nunmehr gleich doppelt vom Bruder geäußert wird, zuletzt hier:

> Mein Bruder musterte mich stumm und mit einem Ausdruck von grübelnder Neugierde, und nach einer Weile sagte er, fragend und in einem Ton, der mich mit zitternder Hoffnung erfüllte: »Was seid ihr bloß für Menschen?«[9]

Damit endet die Erzählung. Auf den ersten Blick wird man diese Äußerung positiv deuten können als Wertschätzung des Bruders für die Toleranz von Schwester und Parteimitglied Joachim. Und genau das machen die Rezensenten. Aber ebenso kann der Satz als vernichtendes

Urteil über eine Gesellschaft gelesen werden, die den Einzelnen vor derartige Konflikte stellt. Gewissermaßen hinter dem Rücken der Autorin setzt sich damit eine zweite und an den Kern der Widersprüche führende Lesart durch. Auch wenn nicht explizit von Brigitte Reimann formuliert, so bietet sie doch im Sinne von Uwe Johnson eine »Version der Wirklichkeit« an, und sie fordert die Leser dazu auf, diese »zu vergleichen mit jener, die Sie unterhalten und pflegen. Vielleicht paßt der andere, der unterschiedliche Blick in die Ihre hinein.«[10]

In den »Versionen der Wirklichkeit«, die mit den Besprechungen zur Verfügung gestellt werden, fehlt auch ein auf die Generationenunterschiede verweisender Aspekt. Elisabeth richtet sich ganz klar und unmissverständlich an ihre Altersgenossen:

> Wir wollen nicht Vertrauensseligkeit. Wir fordern Vertrauen. Die Männer und Mädchen meiner Generation haben neue Maschinen konstruiert und Wälder gerodet und Kraftwerke gebaut, sie haben Sumpfland entwässert und an den Grenzen auf Posten gestanden, und sie haben Bilder gemalt und Bücher geschrieben. Wir haben ein Recht auf Vertrauen. Wir haben ein Recht, Fragen zu stellen, wenn uns eine Ursache dunkel, ein Satz anfechtbar, eine Autorität zweifelhaft erscheint.[11]

Mit dieser Episode ist etwas für die DDR-Literatur Grundsätzliches formuliert, das Erstaunen macht: Mit »Ankunft im Alltag« hatte Brigitte Reimann 1961 eine Art Modell entworfen, das zum Terminus für das wurde, was dann »Ankunftsliteratur« heißt. Schon wenig später artikuliert sich in den »Geschwistern« eine Stimme, die auf etwas Neues orientiert. Mit Elisabeth und Uli, die einige Jahre älter sind als Recha, Curt und Nikolaus, geht es keineswegs mehr um die »Ankunft«, sondern darum, selbstbewusst das eigene Ich auszudrücken. Das Neue, das andere in der Geschichte besteht nunmehr darin, dass die Figuren den eingetretenen »gesellschaftlichen Normalismus« (Jürgen Link) aufstören. Was sind das für Geschichten?

Junge Leute von Mitte bis Ende zwanzig kommen aus einem sicheren Lebensumkreis, zumeist nach einem erfolgreichen Studium, in die Praxis. Sie bringen sich engagiert und kompetent ein und geraten – und das ist neu – mit Vertretern der vorherigen Generation aneinander. Während die Älteren ihnen feste Plätze zuweisen wollen, drängen die jungen Leute auf Bewegung, Freiraum und Erprobung. Die ideologischen Unterweisungen durch die Alten (Funktionäre, Leiter, Überzeugte) stoßen ebenso auf Widerstand wie die Forderung, die gesicherten Verhältnisse dankbar anzunehmen. Damit werden sie zu Gegenspielern der etablierten Generation.

Dieses Narrativ, diese Geschichte, ist den »Geschwistern« eingeschrieben. Ohm Heiners hat das »Porträt eines Aktivisten« gemalt, der, »ungefüge Fäuste auf den Knien geballt, aus engen Augen von der Wand herabstierte« – »wie der »Mandrill«, sagen einige Arbeiter erschrocken. Mit dem »Mandrill« ist keineswegs auf eine Primatenart verwiesen, sondern viel subtiler auf die Figur des Mandrak, genannt Mandrill, in Bruno Apitz' Bestseller »Nackt unter Wölfen« (1958), eines brutalen Folterers. Der Roman, in dem es um die Rettung eines 3-jährigen jüdischen Kindes im Konzentrationslager Buchenwald geht, war bereits fünf Jahre nach seinem Erscheinen in achtzehn Sprachen übersetzt und bis zum Ende der DDR in der 9. Klasse Gegenstand des Deutschunterrichts.[12] 1963, fast zeitgleich mit dem Erscheinen der »Geschwister«, kam die Verfilmung unter Regie von Frank Beyer in die Kinos. Wie das Verhältnis zwischen der jüngeren und der älteren Generation beschaffen ist, verhandelt Brigitte Reimann an der nachfolgenden Auseinandersetzung zwischen Elisabeth und Ohm Heiners:

> Am nächsten Morgen, in der Kaffeestube, fragte mich Ohm Heiners, wie mir sein Bild gefalle, und er fragte in einem Ton, der mir verriet, was er zu hören wünschte.
>
> Ich zögerte, ich fürchtete ihn zu verletzen. Ich empfand für ihn die Achtung, mit der wir Jungen einem alten Genossen begegnen, ich dachte: Aber er ist dreißig Jahre älter als ich, er ist empfindlich. Ich brauchte jetzt nur zu nicken, er würde sich zufriedengeben, ich hätte meine Ruhe.

> Endlich sagte ich, und ich verwünschte meine Feigheit, mit der ich mich hinter den anderen verkroch: »Meine Brigade war nicht begeistert.«[13]

Brigitte Reimann rückt jene Fragen ins Zentrum, die Volker Braun in seinem Lyrikband »Provokation für mich« mit dem Gedicht »Kommt uns nicht mit Fertigem« unübersehbar in den Raum gestellt hatte:

> Kommt uns nicht mit Fertigem! / Wir brauchen Halbfabrikate / Weg mit dem faden Braten – her mit dem Wald und dem Messer! / Hier herrscht das Experiment und keine steife Routine. / Hier schreit eure Wünsche aus: Empfang beim Leben.[14]

Das viel zitierte Gedicht wurde 1962 bei der Premiere in der Berliner Akademie der Künste (Ost) zur Provokation und motivierte ein vielstimmiges Pro und Contra.

Brigitte Reimanns »Die Geschwister« wurde zusammen mit Christa Wolfs »Der geteilte Himmel« auch im Feuilleton der Bundesrepublik wahrgenommen. Das bedeutete eine Veränderung insofern, als bis dahin DDR-Literatur nicht nur als ästhetisch minderwertig galt, sondern die Einfuhr in die BRD durch Paragraph 93 des Strafgesetzbuches erschwert war.[15] Das literaturgeschichtliche wie politische Verdikt wurde in der Bundesrepublik durch die entschiedene Verurteilung des die literarischen Texte bestimmenden Gesellschaftsmodells verstärkt. Die Ablehnung der »arbeiterlichen Gesellschaft« (Wolfgang Engler) DDR hatte zur Folge, dass Bücher, die Geschichten aus ebendieser so verfassten Gesellschaft erzählten, zunächst nur dann die Chance auf eine positive Bewertung hatten, wenn eine hinreichend kritische Darstellung erfolgte. Da dies bis in die 1960er Jahre hinein nur in Ausnahmen der Fall war, galten Autoren aus der DDR als »Dichter im Dienst«. Es sei infolge der Alleinherrschaft der »bolschewistischen Lehre« zu einem Niedergang des literarischen Schaffens gekommen, in der »freies, deutsches und christliches Literaturschaffen [...] unmöglich« sei, so etwa Wilhelm Kahle in der 4. Auflage seiner »Geschichte der deutschen Dichtung« (1964).[16] Über die junge Autorengeneration heißt es, sie sei unbedeutend und durch »die SED verdorben, die sie auf Propaganda und Hetze abrichtet«.[17]

Eine derartige Position wirkt rückblickend ebenso martialisch und moralisierend wie vergleichbare Wertungen in der DDR über Autorinnen und Autoren aus Westdeutschland.[18]

Vor diesem Hintergrund war Sabine Brandts Besprechung zunächst eine Ausnahme, wenngleich sich ihre Bewertung von Brigitte Reimann und Christa Wolf in den vorgezeichneten Bahnen bewegte. Bei der Behandlung des »Problems der Republikflucht« würden beide Autorinnen eine vergleichbare Fabel anbieten: »Ein junger DDR-Bürger, vom Leben im SED-Staat enttäuscht, trägt sich mit Fluchtabsichten; die staatsbewußte Partnerin – bei Christa Wolf die Braut, bei Brigitte Reimann die Schwester des Helden – setzt alles daran, die Seele des Verirrten zu retten und die Flucht zu verhindern.« Beide Geschichten seien »aus der Perspektive der Heldinnen erzählt« und bestünden aus »Folgen subjektiver Erinnerungsbilder. Diese Gestaltungsweise nötigte die Autorinnen zu Übergriffen auf das Arsenal westlicher Stilmittel wie Zeitsprung, Blendentechnik, innerer Monolog«. Kritische Stimmen in West wie in Ost hätten geglaubt, daraus – »teils erfreut, teils besorgt« – eine »Annäherung an die moderne Literatur des Westens ableiten zu können«. Dem widerspricht Sabine Brandt entschieden, da beide Erzählungen »spezifische Gewächse der DDR« seien. Die beiden weiblichen Figuren würden »keine individuellen Empfindungen, sondern das kollektive Bewußseins eines Clans, nämlich der sowjetzonalen Funktionärselite«, reflektieren. Als auffallendes Credo stellt die Rezensentin heraus, dass es in den beiden Erzählungen »keine kommunistischen Zukunftsversprechen gibt. Die Mißlichkeiten und Abscheulichkeiten der sowjetzonalen Gegenwart erscheinen nicht als Geburtswehen einer besseren Gesellschaftsordnung, sondern als Prüfungen, die der rote Gott seiner auserwählten Gemeinde auferlegt; die beiden Heldinnen geben sich den Drangsalen des Zonenlebens hin wie Flagellanten der Geißel.«[19]

Sabine Brandt gehörte ab Beginn der 1960er Jahre zu jenen Vertretern der Literaturkritik, die wie Marcel Reich-Ranicki als Kenner der DDR-Literatur galten. Insofern waren ihre Positionen durchaus repräsentativ. Die Auseinandersetzung mit den Texten von Brigitte Reimann und Christa Wolf wird unter dem fragenden Titel »Zwei deutsche Literaturen?« anlässlich der Buchmesse 1965 weitergeführt, nunmehr ergänzt um Erwin Strittmatters »Ole Bienkopp« (1963) und Erik Neutschs »Spur der Steine« (1964). »Allen vier Büchern ist das Bekenntnis zum Zonenstaat gemeinsam, einem Gebilde, das als ringsherum abgeschlossen verstanden wird, nicht nur nach Westen, sondern auch nach Osten«, schreibt Sabine Brandt. Strittmatter war es, der in seinem Roman das Dorf zum Schauplatz macht und hier einen sozialistischen Spurmacher und Selbsthelfer eigensinnig seinen Anspruch auf gesellschaftliche Entwicklung gegen die Partei umzusetzen versuchen lässt. Bei ihm geht es um einen Helden, der vorausdenkt, vorausgeht, voraushandelt und der durch sein Vorbild in der Lage ist, die Gemeinschaft der anderen nachzuziehen. Bienkopp, das sagt schon der Name, drängt auf Bewegung und auf kreative Freiräume. Die ideologischen Vorgaben durch Funktionäre stoßen auf seinen Widerstand. Das wird von Sabine Brandt wahrgenommen, Strittmatter und auch Neutsch würden »mit dem Bürokratismus, dem Dogmatismus, der bornierten Engstirnigkeit der SED-Funktionäre bemerkenswert scharf ins Gericht gehen«. Dies sei bei den »beiden Damen« nicht ganz so eindeutig. »Ihre Konflikte spielen sich weniger zwischen Menschen und Ämtern, sondern mehr in den Seelen der Helden ab«, heißt es. »Beide Erzählungen sind von einem psychotischen Dunstschleier umwoben, der, so scheint es, geradewegs aus dem Seghers-Roman auf die Werke der Nachfolgerinnen übergequollen ist.«[20] Die Literaturwissenschaftlerin Maria Reinhardt hat in einer Studie aus dem Jahr 2018 den letztlich denunziatorischen Umgang mit Brigitte Reimann und Christa Wolf durch die Rezensentin betont.[21]

In der Tat stellt für Brigitte Reimann und noch mehr für Christa Wolf die Autorin des »Siebten Kreuzes« und des Romans »Die Entscheidung« (1959) eine wichtige Bezugsgröße dar. Und zweifellos sind die Parallelen zwischen den Erzählungen der beiden Autorinnen offensichtlich. Christa Wolf erzählt im »Geteilten Himmel« über die Liebe zweier junger Menschen, die an der deutschen Teilung scheitert, über ihre Träume, Ideale und ihre Suche nach Glück und Selbstverwirklichung. Die Form der Erzählung ist an den inneren Genesungsprozess der weiblichen Protagonistin gebunden: Die Lehrer-Studentin Rita Seidel erwacht nach einem Unfall im Krankenhaus. Während der Rekonvaleszenz erinnert sie sich an vergangene Ereignisse und versucht sich Klarheit über ihre Gefühle zu verschaffen. Ihr Freund, der promovierte Chemiker Manfred Herrfurth, ist nach Westberlin geflohen, weil er in der DDR für seine beruflichen Pläne keine Perspektive sah. Rita folgt Manfred nicht – obwohl sie ihn nach wie vor liebt. Die Gegenwartsebene umfasst zwei Monate von Ende August bis Anfang November 1961. Die Erinnerung an die Liebesgeschichte zwischen Rita und Manfred reicht zurück bis in den Sommer 1959 und endet mit Ritas Besuch in Westberlin kurz vor dem Mauerbau für beide schmerzvoll. Das Verfahren der erinnernden Reflexion erfolgt über den inneren Monolog und die erlebte Rede, es gibt zeitliche Überblendungen, Rückblenden und Vorausdeutungen. Genau das sind Momente modernen Erzählens und einer für die damalige DDR-Literatur noch nicht häufigen Form der »Subjektivierung« des Erzählens.[22] Der überschauende Erzähler beginnt mit dem Erzählen auf der Gegenwartsebene im Präsens. Mit dem zweiten Kapitel kommt es kurzzeitig zu einem Wechsel des Erzählers, nämlich von der dritten in die erste Person, und in einer Rückwendung wird an den Beginn der Geschichte zurückgeführt: »Als er damals vor zwei Jahren in unser Dorf kam, fiel er mir sofort auf. Manfred Herrfurth.«[23]

Dieser Anfang ähnelt dem von Brigitte Reimann und zeigt, wie wichtig für beide inzwischen, zu Beginn der 1960er Jahre, das Moment der Erinnerung ist. Entsprechend beginnt »Der geteilte Himmel« mit dem Ende, und auch Brigitte Reimann setzt kurz vor dem Schluss ein. Beide Erzählungen lassen in dieser Hinsicht einen Vergleich zu Uwe Johnsons »Mutmassungen über Jakob« (1959) zu, der sich mit seinem

Eingangssatz in die deutsche Literatur eingeschrieben hat: »Aber Jakob ist immer quer über die Gleise gegangen.«[24]

Sabine Brandt hat, wenngleich ins Pejorative gewendet, in der Besprechung von 1963 durchaus die veränderte Erzählweise der beiden Autorinnen wahrgenommen, und 1965 gelangte sie zu folgendem Resümee:

> Hier haben wir den Ansatz eines »DDR-Nationalbewußtseins«. Bücher wie diese vier spiegeln das Bewußtsein einer neuen »Elite« wider, die in Ulbrichts Staat aufgewachsen ist, die diesem Staat ihre Karriere verdankt und die deshalb über alle Bedenken hinweg die Interessen dieses Staates zu ihrer Sache macht.[25]

Außer Frage steht, und Sabine Brandt nimmt das durchaus wahr, dass sich in der DDR-Literatur nach dem Mauerbau um 1962/63 Wandlungen abzeichnen. Und die genannten vier Texte von Brigitte Reimann, Christa Wolf, Erwin Strittmatter und Erik Neutsch stehen dafür, auch Hermann Kants »Die Aula« (1965) gehört dazu. Diese Erzählungen und Romane haben ihren Ausgangspunkt in der Beziehung zu einem Betrieb und in der Reportage. Die Geschichten, die von den beiden weiblichen Autorinnen und den beiden männlichen Autoren hier erzählt werden, brachten etwas Neues in die DDR-Literatur insofern, als es veränderte Figurenkonstellationen und Schauplätze gibt und in Verbindung damit neue Erzählweisen. Es findet sich in allen vier Texten ein zunehmend »reflektorisches Wirklichkeitsverhältnis«, das in dem Bemühen, einzugreifen bzw. »mitzugestalten«, auf eine »Selbstbeobachtung« von DDR-Gesellschaft hinauslief.[26] Es ging um einen analytischen Zugriff auf Wirklichkeit, der darauf abzielte, »verkrustetes Verhalten« zum Gegenstand der Kommunikation zu machen.[27] Während die Romane und Erzählungen in den 1950er Jahren darauf ausgerichtet waren, mit den veränderten Produktionsverhältnissen etwas »weltgeschichtlich Neues« zum Gegenstand der Darstellung zu machen (»neuer Gegenstand«), kam es nunmehr darauf an, jene Ereignisse, Vorgänge, Handlungen ins Zentrum zu rücken, die sich in den

Jahren der Existenz der DDR ereignet hatten. Genau das betont Brigitte Reimann im »Sonntag«-Gespräch mit Klaus Steinhaußen. »Die Rückblenden haben sich aufgezwungen, weil ich einen möglichst großen Zeitraum erfassen wollte«, begründet sie die gewählte Erzählweise.[28] Bei ihr wie bei den anderen drei Autoren spielten daher zunehmend Verfahren eine Rolle, die auf das »Nachdenken«, die »Suche« und auf das Erinnern zusteuerten. Knapp zwei Jahre später wird Brigitte Reimann an Hermann Henselmann jene Sätze schreiben, von denen schon die Rede war: Sie glaube, für das große Romanprojekt »Franziska Linkerhand« eine Form gefunden zu haben. Es ist »eine Geschichte ohne Fabel, immer schwebend zwischen Erinnerung, Erlebnis und Gespräch«.[29] Was Brigitte Reimann hier im März 1965 fast beiläufig mitteilt, das ist nicht hoch genug zu bewerten, denn es nimmt ein Erzählen vorweg, dass Christa Wolf dann in »Juninachmittag« praktizieren wird. Wiederum einige Jahre später wird die Idee von Brigitte Reimann in Christa Wolfs großem Essay »Lesen und Schreiben« eine Rolle spielen. Die Idee dazu sei ihr gekommen, als Brigitte Reimann geschrieben habe, ihr Buch »›habe keine Fabel‹«. Und Christa Wolf, bestärkend, antwortete: »Na und? Hat es in Gottes Namen keine Fabel, aber spricht vielleicht ein Mensch ehrlich über Erfahrungen, die ihm möglich oder nötig oder wichtig waren: Was kann man mehr erhoffen?«[30] Gerhard Wolf hat davon gesprochen, dass mit »Juninachmittag« und »Nachdenken über Christa T.« das »richtige Schreiben« von Christa Wolf beginnt. »Und in ›Lesen und Schreiben‹, da schildert sie den Übergang zu ihrer neuen Art zu schreiben«, notiert er.[31]

Brigitte Reimann hat bereits 1965 diesen Ausgangspunkt des Erzählens für sich gefunden, ein Erzählen ohne Fabel, zu einem Zeitpunkt, da Sabine Brandt den behaupteten Einsatz der Autoren für den »Ulbricht-Staat« ablehnt und vor diesem Hintergrund auch die erzählten Geschichten von Brigitte Reimann und Christa Wolf nicht annehmen kann. Und so wird auch die konstatierte »Annäherung an die moderne Literatur des Westens« kritisch gesehen. Einmal mehr wird hier – und das ist das eigentliche Problem beim Blick auf die DDR-Literatur – die westliche Moderne dominant gesetzt und zum Maßstab für die in einem vollkommen anderen gesellschaftlichen Rahmen sich bewegende Literatur in der DDR gemacht.

Zutreffend ist in der Gegenwart darauf verwiesen worden, dass auf solche Weise nur eine negative Auslese, eine Art »Negativselektion«, zustande kommen kann, weil einzig die Zunahme von Autonomie, also die Abkopplung von gesellschaftlichen Verbindlichkeiten, eine positive Wertung erlangt, das Bemühen um gesellschaftliche Einbindung stattdessen eine negative. Dass derartige Sichtweisen nach 1989/90 dominiert haben und zu einem Ausschluss zahlreicher Autorinnen und Autoren aus dem kulturellen Gedächtnis führten, sei hier angemerkt.[32] Aber die DDR-Literatur hatte – und das gilt für Brigitte Reimann wie auch für Christa Wolf – gerade in ihren Anfangsjahren den Anspruch, ganz gezielt »sozialaktivistische Aufgaben« (Uwe Johnson) zu übernehmen, also das Bewusstsein der Leserschaft zu bilden, Ideale zu vermitteln und zu erziehen. Literatur suchte identitätsstiftend, kollektivbildend und gesellschaftslegitimierend zu wirken. Und sie konnte sich dabei in marxistischem Sinne auf reale Veränderungen an der sogenannten materiellen Basis berufen, nämlich die Aufhebung des Privateigentums an Produktionsmitteln. In der marxistischen Theorie ist entsprechend von einem neuartigen Verhältnis von Produktivkräften und Produktionsverhältnissen die Rede. Es ist daher auch mit Blick auf die Gegenwart zu fragen, ob es nicht sinnvoller ist, die entstehende Literatur an ihren eigenen Maßstäben zu messen, und das meint gerade auch das Verständnis der Autorinnen und Autoren selbst, denen es gerade darum ging, mit ihren Büchern »teil[zu]haben an der Veränderung der Welt«.[33] Das Anliegen war gebunden an die Anerkennung der »gesellschaftlichen Funktion« von Literatur und drückte sich in dem Bestreben aus, durch die Darstellung von Widersprüchen in die Gesellschaft »einzugreifen«. Dem stand – und daran rieb sich Brigitte Reimann seit ihren Anfängen – eine (Kultur-)Politik entgegen, für die jede Entscheidung für oder gegen einen Text zunächst eine Entscheidung über die mögliche Wirkung war.

36. »Entdeckung einer schlichten Wahrheit« – Hoffnungen und Engagement

Brigitte Reimann ist inzwischen zu einer Person des öffentlichen Interesses geworden. Es gibt vermehrt Anfragen. Einerseits sind ihr diese Kampagnen unangenehm, andererseits sieht sie darin eine Bestätigung der eigenen Arbeit. Ihre »Gedanken zur Volkswahl«, die am 21. September 1961 stattfindet, schreibt sie nach einer entsprechenden Einladung auf. Propagandistisch ist die knappe Einlassung nicht, vielmehr gibt sie einen Eindruck von ihrer Arbeit als Schriftstellerin und den Arbeitsbedingungen. »Heute lebe ich auf einer der größten Baustellen unserer Republik«, schreibt sie für die »Neue Berliner Illustrierte«. »Über ihre Menschen versuche ich zu schreiben. Über die Arbeitstaten dieser Menschen – Heldentaten, über ihre Sorgen, ihre Konflikte, über ihre Wünsche versuche ich zu schreiben.«[1]

Im Herbst 1962 reagiert sie auf eine Anfrage aus dem sogenannten Großen Haus am Werderschen Markt, der Machtzentrale der DDR. Hier arbeiten das SED-Politbüro und der ZK-Apparat. Von Walter Ulbricht wird an sie die Überlegung herangetragen, ob sie nicht von den Problemen ihrer Arbeit in Hoyerswerda-Neustadt und der Schwarzen Pumpe berichten könne. Freimütig schilderte sie daraufhin in einem Brief an das ZK der SED, welche Probleme sie sieht.

Ihre Wortmeldung wurde von Walter Ulbricht umgehend aufgegriffen – bei einer Beratung auf der Bezirksdelegiertenkonferenz der SED in Leipzig am 9. Dezember 1962 zitierte er mehrfach daraus. »Ich möchte den Dank an diese parteilose Schriftstellerin dafür aussprechen, daß sie so offen diese Probleme behandelt und darüber gesprochen hat, wie sich die Menschen verändern, wie sich die Arbeit des Schriftstellers verändert und wie im Kampf um die Lösung der großen

Produktionsaufgaben die Veränderung der materiellen und kulturellen Lebensbedingungen und des Denkens der Menschen erfolgt«, hob er hervor. Brigitte Reimann habe damit einen wichtigen Beitrag zur Vorbereitung des VI. Parteitages geleistet.[2] Das Lob von Walter Ulbricht, das er bei einer Beratung mit Kulturschaffenden wiederholte, war ihr unheimlich. »Der Brief ist nicht kritisch und klug genug, sonst hätte er U.s Unwillen hervorgerufen. Wie immer, er wird im ND abgedruckt, und ich kann nichts dagegen unternehmen«, konstatiert sie selbstkritisch im Tagebuch.[3]

In der Tat wurden ihre Äußerungen unter der Überschrift »Entdeckung einer schlichten Wahrheit« im »Neuen Deutschland« vom 8. Dezember 1962 abgedruckt. Brigitte Reimann nimmt darin kein Blatt vor den Mund, sehr deutlich beschreibt sie die Distanz, die es zunächst in der Schwarzen Pumpe gegeben hat, gleichwohl rühmt sie die »Geduld und Freundlichkeit« der Brigadekollegen und die Möglichkeit, einen »wirklichen Überblick« über Teile des Kombinats zu bekommen. Um dann kritisch zu werden: Allmählich habe sie bemerkt, »daß viele nicht über ihre Lohntüte hinausblickten, daß es Streit wegen der Prämien gab, daß Solidaritätsmarken ganz gedankenlos geklebt wurden«. Schließlich fragte sie, wie es möglich sei, »daß Menschen, die im Betrieb Aktivisten und Neuerer sind, zu Haus die Filzlatschen anziehen und sich begnügen?« Im Weiteren geht Brigitte Reimann auf die eigenen Erfahrungen im Kombinat ein, lobt die junge Leitungsebene und kritisierte die Borniertheit von FDJ-Funktionären. Der Abschluss des Beitrages ist dann, durchaus bewusst, versöhnlich gehalten: »Ich werde immer wieder gefragt, warum ich schreibe, und ich sage immer noch, wie vor zehn Jahren, als ich die ersten Zeilen kritzelte: Weil es mir Freude macht«, notierte sie, um dann eine persönliche Veränderung zu markieren. »Ich glaube aber, es ist nicht mehr die selbstische [sic] Freude wie früher, Bücher helfen verändern – das ist eine der schlichten Wahrheiten, die ich hier entdeckt oder wiederentdeckt habe.«[4] Es konnte nicht verwundern, dass Brigitte Reimanns Einlassungen ein geteiltes Echo hervorriefen und nicht bei allen Künstlern ihre »schlichten Wahrheiten« gut ankamen. Auf der anderen Seite hielten Teile der Funktionärsschicht die vorgebrachten Kritiken für anmaßend. Einem aber sagten die Überlegungen zu, und das war Walter Ulbricht.

Was Brigitte Reimann an kritischen Momenten vorbrachte, passte in seine Vorhaben, die mit dem Neuen Ökonomischen System (NÖS) zusammenhingen, um die es noch konkret gehen wird. Das zeigt sich nicht zuletzt in einem Schreiben von Alexander Abusch, den Brigitte Reimann auf dem V. Schriftstellerkongress im Mai 1961 persönlich kennengelernt hatte. Abusch, der aus der sogenannten Westemigration kam und in Mexiko Chefredakteur der Monatszeitschrift »Freies Deutschland« gewesen war, hatte im Dezember 1958 das Ministerium für Kultur vom zuvor entmachteten Johannes R. Becher übernommen. 1961 war er gerade zum Stellvertretenden Vorsitzenden des Ministerrates aufgestiegen. Schon auf dem Kongress hatte Brigitte Reimann ihm gegenüber von »ärgerlichen Schwierigkeiten« im Kombinat berichtet. Nunmehr ging es um Hoyerswerda. Dabei reagierte Abusch auf ein Schreiben von Johannes Dieckmann, dem Präsidenten der Volkskammer und Stellvertreter des Staatsrates, in dem dieser »auf den unhaltbaren Zustand der kulturellen Einrichtungen in Hoyerswerda« hinweist, die »im krassen Widerspruch zu den Bedürfnissen der Bevölkerung« ständen. Auslöser waren Proteste von Brigitte Reimann gewesen. Abusch antwortete mit einem offiziellen Brief vom 14. Dezember 1962. Er teilte mit, dass er die Situation habe überprüfen lassen und »Vorschläge zur Veränderung« vorlägen, darunter der »Umbau des Maxim-Gorki-Hauses in ein Kino« sowie die zeitweilige Stationierung eines Aluminium-Baus aus dem Bereich des VEB Zentral-Zirkus, »um die Möglichkeit für Filmvorführungen und kulturelle Veranstaltungen zu geben«.[5]

Dieser Vorgang ist in mehrfacher Hinsicht von Interesse: Zum einen wird deutlich, dass im geschilderten Zeitraum einzelne Institutionen im Partei- und Staatsapparat durchaus bemüht waren, auf Kritik zu reagieren und Veränderungen einzuleiten. Zum anderen ist offensichtlich, in welchem Maße Brigitte Reimann den Eindruck gewinnen musste, dass ihr Einsatz nicht nur ernst genommen wurde, sondern auch Wirkungen zeitigte. Das relativierte die durchaus existierende Sorge, von der Politik vereinnahmt zu werden.

Für ihre Rede im Präsidium des Nationalrates am 4. Februar 1963 erfährt sie durchweg fast schon euphorisch zu nennende Zustimmung. Was hat Brigitte Reimann dort gesagt? Im Tagebuch notiert sie, dass sie weder Manuskript noch Notizen hatte, also frei sprach. Das allerdings ist wenig glaubhaft, Brigitte Reimann war bei aller Spontanität kein Mensch, der sich unvorbereitet vor ein Gremium begeben hätte, in dem »Professoren, ehemalige Offiziere, Politiker« sitzen. Da stapelt sie wohl ein wenig tief, zumal sie zu Beginn des Beitrags mitteilt, dass sie »nur ein paar Notizen« habe. Die Rede ist wohlüberlegt und gut strukturiert, selbstverständlich ist die junge Autorin gründlich vorbereitet. Zutreffend sind hingegen die weiteren Einträge im Tagebuch: »Ich sprach über unsere Schriftsteller und ihre Enttäuschung, weil sie auf dem Parteitag so arg behandelt worden sind – und natürlich über die ›Jungen‹ (aber wo beginnt hier die Legende?). Dann erzählte ich von unserer Stadt, von ihrer Tristesse, von dem Leben der jungen Leute, die kein Kino haben, keinen Tanzsaal, und von den Arbeitern, die 12 Stunden am Tag unterwegs sind und nach dem Sinn des Lebens fragen: worin denn ihr Leben bestünde außer im Arbeiten und Schlafen?«[6] Über all das spricht Brigitte Reimann, beginnt allerdings mit einer Stimmungsbeschreibung vom VI. Parteitag der SED, bei dem sie als Gast dabei gewesen ist. Die Veranstaltung habe einen »ungeheuren Eindruck« auf sie als Parteilose gemacht. Die Visionen, die dort entworfen wurden, seien gewaltig gewesen, »die Vision einer geeinten kommunistischen Welt, in der Wüsten bewässert werden und Sonnen über dem Nordpol hängen und Pläne für die ganze Menschheit gemacht werden«.

Die Aussage spiegelt recht anschaulich die damals existierenden Vorstellungen einer kommunistischen Zukunft wider, die allerdings einen Mangel hat: Vision und Wirklichkeit fallen auseinander. Auch darüber spricht Brigitte Reimann in charmanter Art und Weise. Sie bricht »eine Lanze für unsere Schriftsteller«, weil die auf dem Parteitag »nicht gerecht« behandelt worden seien. Man habe dort einige negative

Beispiele ausgewählt, wie Günter Kunerts »Fetzers Flucht« und einige Gedichte, »aus denen Resignation und Verzweiflung« sprechen, aber das sei doch nicht die ganze Literatur. Durchaus geschickt Konzessionen an die Kritiken machend, denen sie selbst folgen kann, geht sie dann aber zum wohlüberlegten »Angriff« über, sie kritisiert die Enge und nicht hinreichende Offenheit von Diskussionen, die ungerechtfertigten Angriffe gegen Künstler, sie kritisiert, in welcher Weise die »Aktuelle Kamera«, die Nachrichtensendung des DDR-Fernsehens, vom Parteitag berichtet habe: »Ich hatte den Eindruck, da war das Schlechte herausgesucht zusammengelegt.« Und dann spricht sie über Hoyerswerda-Neustadt und die fehlenden Möglichkeiten. Eigentlich formuliert sie vor dem Forum des Nationalrates eine Anklage, die es in sich hat, weil sie dem sozialistischen Anspruch widerspricht: »Jetzt höre ich immer häufiger, wenn sie [die Leute; Anm. C.G.] sich unterhalten, daß sie sagen: Was hat man eigentlich vom Leben? Ist das ein Leben, arbeiten gehen – schlafen gehen – arbeiten gehen – schlafen gehen? Man hat nichts!«[7]

Letztlich bleibt die mit kritischem Impetus gehaltene Rede folgenlos. Nach Brigitte Reimanns Beitrag steht Johannes Dieckmann auf und pflichtet ihr bei. Zugleich teilt er mit, was Abusch zugesichert habe, sein Schreiben händigt er der Autorin aus, mit der handschriftlichen Bemerkung »Abschrift für Frau Brigitte Reimann z. gefl. Kenntnis mit frdl. Gruß. Dr. Dieckmann«.[8]

In den abgedruckten kurzen Ausschnitten ihrer Rede im »Neuen Deutschland« liegt die Konzentration auf Brigitte Reimanns rhetorischer Frage, ob man in Hoyerswerda küssen könne, die so allerdings im Redetext gar nicht vorkam. Einen Monat später reagierte der Rat des Bezirkes Cottbus und »erlaubte« sich, wie es in einem Schreiben vom 6. März heißt, zu den »aufgeworfenen Fragen hinsichtlich der Entwicklung der Neustadt Hoyerswerda Stellung zu nehmen«. Er verweist darauf, dass die »entsprechenden Betreuungs- und Versorgungseinrichtungen« und das »Stadtzentrum mit Kino, Kaufhaus, Theater, Verwaltungsgebäude usw.« ebenso wie ein Krankenhaus geplant gewesen, jedoch Disproportionen durch das Fehlen von Baukapazitäten entstanden seien. Das Bemühen, um Verständnis zu werben und Fehler einzugestehen, musste erstaunen und Brigitte Reimann in ihren Aktivitäten bestärken. Die Redaktion der »Lausitzer Rundschau« startete im Mai 1963 sogar eine Umfrage mit dem Reimann-Titel »Kann man in Hoyerswerda küssen?«.[9] Die Leserzuschriften wurden über einen gewissen Zeitraum publiziert, und in der Ausgabe vom 17. August 1963 antwortete Brigitte Reimann mit »Bemerkungen zu einer neuen Stadt«. Die hier losgetretene Debatte ist noch in anderer Hinsicht von entscheidender Bedeutung, sie bildete das Ausgangsmotiv des dann in Angriff genommenen großen Romans »Franziska Linkerhand«.

Die Rede vor dem Präsidium des Nationalrates hatte indirekte Folgen, indem Brigitte Reimann eine Reihe von Persönlichkeiten kennenlernte, die für die nächsten Jahre von Einfluss waren. Dazu gehörte vor allem der Architekt Hermann Henselmann, der mit Johannes Dieckmann gut bekannt war, seit sie gemeinsam in der Gesellschaft für Deutsch-Sowjetische Freundschaft und 1949 in der Provisorischen Volkskammer zusammengearbeitet hatten. Dieckmann informierte den Weggefährten über die frische Rede der Schriftstellerin.

Für eine Autorin wie Brigitte Reimann sind derlei Bekanntschaften ein interessanter Blick in die Machtzentrale, der zugleich ein Mitwissen produziert, das Abwehr erzeugt. Letztlich ist sie genervt von der Aufmerksamkeit, die sie nunmehr erfährt. Sie wird permanent bedrängt, Artikel zu schreiben, Lesungen abzuhalten, Aussprachen zu leiten. »Was für ein Beruf! Ich gehöre nicht mehr mir selbst, manchmal komme ich mir so ausgeliefert vor, als hätte ich ahnungslos den Kopf über ein Mahlwerk gebeugt, das nun meine Haare erfaßt hat und mich unaufhaltsam reinzerrt. Meine naive Sorte von Glücklichsein wie früher empfinde ich nicht mehr«, reflektiert sie am 3. Februar 1963 im Tagebuch. Noch vor einigen Jahren wäre sie stolz gewesen, wenn sie der erste Mann des Staates als Beispiel zitiert hätte. Genau das war nämlich passiert. Walter Ulbricht hatte im Schlusswort auf dem VI. Parteitag der SED, der vom 15. bis 21. Januar 1963 stattfand, ausdrücklich auf sie verwiesen. »Es gibt übrigens viele Schriftsteller und Künstler, die durchaus auf dem richtigen Weg sind. So schilderte mir die Schriftstellerin Brigitte Reimann in einem Brief einige Erlebnisse«, teilte der 1. Sekretär des ZK der SED mit. »Als ich ihren Brief las, war ich zunächst einmal ärgerlich, weil einige Genossen im Bezirk Cottbus Schriftsteller nicht gerade gut behandelt hatten. Aber Brigitte Reimann hat sich durchgesetzt und auch diese Parteifunktionäre umgemodelt.« Das sei gut und richtig, und auch anderswo komme es darauf an, das »Unverständnis und den Widerstand von Parteifunktionären« zu überwinden.[10]

Dass sich Brigitte Reimann damit gerade unter Funktionären nicht nur Freunde machte, ist klar. Günter Görlich, der von 1961 bis 1964 die einflussreiche Funktion des Sekretärs des Schriftstellerverbandes bekleidete und 1963 einen ersten größeren Erfolg mit seinem Roman »Das Liebste und das Sterben« hatte, fertigte nach einem Gespräch mit der Leiterin der Bezirksbibliothek Cottbus eine Aktennotiz an. Die Leiterin hatte sich beschwert, Brigitte Reimann sei arrogant. Aber im Gespräch habe sich dann herausgestellt, so Görlich, dass es eigentlich um den Brief an das Zentralkomitee ging, der im »Neuen Deutschland« veröffentlicht worden war und der im Bezirk Cottbus »ziemlich heftigen Protest auslöste«. Die Aktennotiz ist insgesamt von Sympathie getragen, Görlich widerspricht der Leiterin, schlägt aber intern vor, sich um Brigitte Reimann zu kümmern, sie brauche Hilfe, zumal »die Atmosphäre dort auf kulturellem Gebiet sehr eng und provinzial ist«.[11]

An der Enge und Provinzialität wird sich in den nächsten Jahren nichts ändern, ganz im Gegenteil, und sie werden ein Grund sein, warum Brigitte Reimann schon ab Mitte der 1960er Jahre mit dem Gedanken spielt, die Lausitz zu verlassen.

Aber vorerst geht die Tour de Force für Brigitte Reimann weiter: So erhält sie eine Einladung für die Beratung des Politbüros des ZK der SED mit Schriftstellern und Künstlern am 25. und 26. März 1963 in Berlin. Ihr ist ein Platz in Reihe 3 vor dem Präsidium zugedacht, zusammen mit Strittmatter, Marchwitza und Noll, zwischen dem Komponisten Ernst Hermann Meyer und Maxim Vallentin, dem Intendanten des Berliner Maxim-Gorki-Theaters. Entscheidend für sie aber wird die Begegnung mit einer von ihr verehrten Schriftstellerin. »Und dann der große Augenblick, auf den ich fünfzehn Jahre lang gewartet habe«, schreibt sie ins Tagebuch. »Anna Seghers sprach mich an. Sie zog mich an den Haaren und fragte mit ihrer tiefen rauhen Mainzer Stimme: ›Wer bist du, Mädchen mit dem Pferdeschwanz? Du bist mir doch schon öfter aufgefallen.‹ Ich stammelte meinen Namen. Sie sagte: ›Ich habe schon mal über dich geschrieben.‹« Sie meint ihre »Verteidigung« von Brigitte Reimanns Buch »Ankunft im Alltag«. Die Jüngere schwärmt von der »genialen, wunderschönen Schlampigkeit« der anderen, die sich so ungezwungen benahm, »wie ich es noch bei keinem Menschen gesehen habe«.[12] Einen begonnen Brief an Seghers hatte sie nie abgeschickt, sie war über eine Seite nicht hinausgekommen, hatte von der prägenden Erfahrung mit dem »Siebten Kreuz« berichtet, dem ersten »antifaschistischen Buch«, das sie gelesen habe und dessen letzter Satz ihr im Gedächtnis geblieben sei. »Seitdem habe ich alle Ihre Romane und Novellen gelesen, und wieder gelesen, den ›Ausflug der toten Mädchen‹ wenigstens dutzendmal, vielleicht wegen Netty«, heißt es im Entwuf.[13]

Anna Seghers' Novelle spielte auch zukünftig eine Rolle. Zum einen fand die beginnende Freundschaft zu Christa Wolf in dieser Geschichte einen gemeinsamen Fixpunkt. Für Christa Wolf, aber auch für Brigitte Reimann gehörte »Der Ausflug der toten Mädchen« zu den subjektivsten Texten von Seghers, weil sie hier »unverblümt und unverstellt ›ich‹« sagt.[14] Zum anderen war die Novelle für die nunmehr einsetzende neue Stufe der Entwicklung ihres Schreibkonzepts von grundlegender Bedeutung. Brigitte Reimann wird gegenüber Hermann Henselmann bei der Arbeit am ersten Kapitel der »Franziska Linkerhand« mitteilen, wovon bereits die Rede war, dass sie glaubt, »endlich den Punkt gefunden zu haben, von dem aus ich die Geschichte erzählen kann, eine Geschichte ohne Fabel, immer schwebend zwischen Erinnerung, Erlebnis und Gespräch«.[15] Was Brigitte Reimann hier als Ansatz für ihr großes Romanprojekt benennt, das ist durchaus vergleichbar mit der Erzählung von Anna Seghers, die 1943 entstand und 1946 erstmals publiziert wurde. Die Novelle setzt wie später »Franziska Linderhand« unvermittelt auf der Gegenwartsebene ein:

»Nein, von viel weiter her. Aus Europa.« Der Mann sah mich lächelnd an, als ob ich erwidert hätte: »Vom Mond.« Er war der Wirt der Pulqueria am Ausgang des Dorfes. Er trat vom Tisch zurück und fing an, reglos an die Hauswand gelehnt, mich zu betrachten, als suche er Spuren meiner phantastischen Herkunft. Mir kam es plötzlich genauso phantastisch wie ihm vor, daß ich aus Europa nach Mexiko verschlagen war.[16]

Die Ich-Erzählerin erfasst sodann detailliert den noch weitgehend unbekannten Raum, der sich radikal von ihrer Heimat unterscheidet. Erinnert werden die zurückliegende Krankheit wie der bisherige Weg ins Exil. Schließlich betritt die Ich-Erzählerin ein Rancho, das auf den ersten Blick unbewohnt erscheint. Doch dann vermeint sie ein Knarren zu hören, das durch ein »gleichmäßiges Auf und Ab von einer Schaukel oder von einem Wippbrett« erzeugt wird. Damit ist die Neugier der Ich-Erzählerin geweckt, »sodaß ich durch das Tor lief auf die Schaukel zu. Im selben Augenblick rief jemand ›Netty!‹«[17] Mit der Koseform Netty beginnt das Ich mit der Erinnerungsarbeit. »Mit diesem Namen hatte mich seit der Schulzeit niemand mehr gerufen«, heißt es. Den Kern der dann einsetzenden Erinnerung bildet eine harmonische Klassenfahrt auf dem Rhein, die konterkariert wird durch den mit dem NS-Staat einsetzenden Zivilisationsbruch. Erst zum Abschluss der Erinnerung wird die Rückkehr auf die Gegenwartsebene angekündigt: »Man klapperte schon mit den Tellern zum Abendessen.«

Das Lob für Brigitte Reimann nahm kein Ende. Auf der Delegiertenkonferenz des DDR-Schriftstellerverbandes, die vom 23. bis 25. Mai in Berlin stattfand, war es Kurt Hager, der als Mitglied des Politbüros und Leiter der Ideologischen Kommission des ZK der SED die »Geschwister« hervorhob und bestätigte, dass die Erzählung ein »sozialistisches Lebensgefühl« vermittle, »weil sie unseren Weg nicht als eine glatte Straße kennzeichnet, weil sie die Wandlung der Menschen nicht als einfachen, konfliktlosen Vorgang darstellt, sondern weil sie zeigt, in welch harten Auseinandersetzungen die Menschen ihre Stellung zu der neuen Gesellschaft beziehen und weil sie zeigt, wie darum gerungen werden muß, jeden für den Sozialismus zu gewinnen«.[18] Im Gegenzug griff er Peter Huchel, den Chefredakteur von »Sinn und Form«, massiv an. Man könne, so Hager, »ohne ideologische Klarheit, ohne konsequente sozialistische Parteilichkeit« kein »wirkliches Kunstwerk« schaffen.[19] Daher kritisierte er die »Distanziertheit Peter Huchels und anderer sowie die falschen Vorstellungen vom sozialistischen Weg und die Verzerrung des sozialistischen Menschenbildes«.[20] Hier waltete nach wie vor eine vereinfachte Auffassung vom künstlerischen Schaffensprozess, die Ideologie und Weltanschauung auf der einen und Ästhetik auf der anderen Seite zusammenbindet.

Auch deshalb sind Brigitte Reimann die Hymnen, die von der Parteiführung auf sie gesungen werden, zunehmend peinlich. Aber dieser Umstand änderte nichts daran, dass sie ihr Engagement weiter fortsetzt, weil sie Chancen auf Veränderung sieht. Und damit liegt sie eigentlich ganz richtig. Walter Ulbrichts Neues Ökonomisches System, zu dessen Vorzeigeautorin sie gemacht wurde, ist der Versuch einer Modernisierung der DDR.

37. »Mir bereitet es physisches Unbehagen, wenn ich durch die Stadt gehe« – Architekten, das »Mädchen Franziska« und eine Jugendkommission

Die zahlreichen Aktivitäten, in die Brigitte Reimann involviert ist, haben auf den ersten Blick nichts mit ihrer eigentlichen Arbeit zu tun, dem Schreiben. Doch sie sammelt Erfahrungen, und nebenher ist sie dabei, für die DEFA ein Rohdrehbuch für einen Film zu entwerfen, der spannend zu werden verspricht und finanziell attraktiv zu sein scheint. Es winkt ein Honorar von 12 000 DM. Es geht um die Verfilmung von »Ankunft im Alltag«. Das Treatment hat sie bereits im November 1962 abgeliefert. Allerdings ist Konrad Wolf, der als Regisseur gewonnen worden ist, zunächst unzufrieden. Der Stoff behagt ihm nicht. Das sieht einen Monat später anders aus. Wolf habe seine »Skepsis, die er dem Stoff gegenüber vorher gehabt hat, grundlegend verworfen«, erinnert der befreundete Dramaturg Günter Mehnert. Im März 1963 liefert Brigitte Reimann das Rohdrehbuch ab, es sind immerhin 206 Seiten mit 91 Szenen.[1] Drei Monate später dann aber die Enttäuschung: Wilhelm Paech, der Stellvertretende Chefdramaturg, teilt mit, dass die DEFA derzeit »keine Möglichkeit« sehe, »den Stoff in Produktion zu geben«. Man habe das Manuskript an den Deutschen Fernsehfunk weitergereicht, und falls der sich für eine sofortige Produktion entscheide, werde man die Rechte abtreten.[2] Das Filmvorhaben kommt letztlich nicht zustande, was Brigitte Reimann einerseits ausgesprochen bedauert. Andererseits ist sie da gedanklich schon bei ihrem neuen Romanprojekt.

Es kommt ihr gelegen, dass sich ein zunehmend enger Kontakt zu Hermann Henselmann ergibt. Der hatte ihr nach der Lektüre der »Geschwister« im Mai 1963 einen begeisterten Brief geschrieben, den sie schon wenig später beantwortete. Sie bekennt gegenüber dem Architekten: »Mir bereitet es physisches Unbehagen, wenn ich durch die Stadt gehe – mit ihrer tristen Magistrale, mit Trockenplätzen zwischen den Häusern, wo Unterhosen und Windeln flattern, mit einer pedantischen und zudem unpraktischen Straßenführung, die die Erfindung des Autos ignoriert, mit Typenhäusern, Typenläden, in denen man eben nur seinen Bedarf an Brot und Kohl deckt, mit Typenlokalen, die nach Durchgangsverkehr und Igelit riechen.«[3] Mit dieser Einschätzung sind Grundfragen aufgeworfen, mit denen sich ihre Figur Franziska Linkerhand zukünftig herumschlägt. Die Autorin ist froh, Ermutigung von Henselmann zu bekommen. Sie rechnet damit, dass das Buch in zwei oder drei Jahren erscheinen kann. Es werden allerdings rund zehn Jahre ins Land gehen, unsägliche – nicht nur gesundheitliche – Hindernisse das Vorhaben verlängern und Brigitte Reimann fast verzweifeln lassen.

Verzweiflung ergreift die nunmehr 30-Jährige auch, wenn sie sich ihrer Dreiecksgeschichte bewusst wird und genötigt sieht, sich dem Konflikt zu stellen. Wiederholt versucht sie, die Beziehung zu Hans Kerschek zu beenden, vergeblich. Nach heftigen Szenen, die von beiden Seiten mit dramatischem Geschick inszeniert werden, mit reichlich Tränen und Ohrfeigen, mit Anklagen und Gegenanklagen, folgt die Versöhnung. Brigitte Reimann hat die Sorge, sie könnte Jon K. sexuell hörig sein oder umgekehrt. »Sexuelle Hörigkeit ist mir stets als etwas Verächtliches und zugleich Süß-Gefährliches erschienen – jetzt weiß ich nur noch von der Süße«, gesteht sie. »Ich möchte schreien, ihn zerfleischen und gleichzeitig weinen vor Glück, ich möchte Fleisch von seinem Fleisch sein. Seine Schultern sind mit Bißwunden bedeckt, und hinterher küsse ich die blutigen Male, und er liegt neben mir und betrachtet mich mit den Fingerspitzen. Es ist eine Qual, über die Straße zu gehen, ohne daß man stehenbleiben, sich küssen darf, die Hüfte des anderen berühren.«[4] Der Eintrag deutet eine gewisse sexuelle Abhängigkeit von Kerschek an. Zugleich spielen emotionale Momente eine Rolle. Und offensichtlich ist Jon K. der dominierende Teil. Anders ist es kaum zu erklären, dass er die Partnerin im Sommer 1963 zu einer Operation bewegt, die schmerzhaft, aufstörend und folgenreich ist. Siegfried Pitschmann hat das Geschehen rückblickend so eingeordnet. »Später hat Kerschek ihr eingeredet, dass ihre Brust zu groß sei. Für ihn hat sie sich unters Messer gelegt und sich die Brust verkleinern lassen.« Und es folgt eine Wertung, die trotz möglicher Vorbehalte gegenüber dem Konkurrenten authentisch zu sein scheint und das Problem der Beziehung andeutet. »Er hat gut davon gelebt, dass er Brigitte runtergemacht hat.«[5]

Trotz der offensichtlichen Abhängigkeit verliert Brigitte Reimann ihre Autarkie nie, Kerschek kann sich ihrer zu keinem Zeitpunkt sicher sein, wie sich einige Monate später zeigt. Zudem hängt sie weiter an Siegfried, ihrem Daniel.

Vor der Operation Ende Juli übernachtet sie im Haus der Henselmanns. Der Architektenfreund ist es auch, der sie in die Charité bringt, wo sie ein Einzelzimmer bezieht. Als sie allein daliegt, kommt sie sich einsam und verlassen vor. Sie ruft voller Verzweiflung Siegfried Pitschmann an, der in einem Berliner Hotel eingecheckt hat und sofort herbeieilt, sie zu trösten. »Trotz der leidenschaftlichen Liebe für Jon – das Gefühl von Geborgenheit habe ich nur bei Daniel«, steht in ihrem Tagebuch.[6] Auch Kerschek kommt, und sie verbringen den Abend vor der Operation einmal mehr wie Verliebte. Erst eine Woche später gibt es wieder einen Eintrag im Diarium. »Komme allmählich wieder zu mir. Scheußliche Woche, blutig und schmutzig und heiß, voll Fieber und Schmerzen. Mein Daniel war bei mir, einmal als er mich angerufen und am Telefon hatte weinen hören, fuhr er gleich von H[oyerswerda] ab. Er ist unvergleichlich«, schreibt sie. Auch Henselmann kümmert sich rührend um sie und ruft jeden Tag an.

Am 12. August 1963, nach fast zwei Wochen, wird Brigitte Reimann aus dem Krankenhaus entlassen, der Eingriff ist, zumal Anfang der 1960er Jahre, nicht unkompliziert gewesen. »Die letzten Tage waren häßlich, aus einer Nahtstelle sickerte unaufhörlich schwärzliches Blut. Meine Brust sieht wüst aus, wie von Säbelhieben zerhackt, der Arzt sagt aber, die Narben würden mit der Zeit fast ganz verschwinden«, so ein

Eintrag Mitte August 1963.[7] Hat diese Operation einen Anteil an der späteren Erkankung oder zumindest an deren Verlauf? Die Autorin Dorothea von Törne notiert: »Fünf Jahre später werden Ärzte ihre beginnende Krebserkrankung der Brust nicht rechtzeitig erkennen, werden ziehende Schmerzen auf einen angeblich im Gewebe vergessenen Fadenrest dieser Operation zurückführen.«[8]

Zu Hause in Hoyerswerda muss Brigitte Reimann erst mühsam wieder in den Alltag finden, es plagen sie erneut Existenzängste und die Sorge, nicht mehr schreiben zu können. Aber etwas hilft ihr aus dem Tief heraus: Sie stürzt sich in die Arbeit. Umgehend reagiert sie auf eine Anfrage der »Wochenpost«, die sie für ein Tagebuchprojekt gewinnen will. Ihre Antwort fällt allerdings negativ aus. »Es gibt, schätze ich, zwei Dutzend Schriftsteller, die Tagebuch führen, und da ich zu ihnen gehöre, kann ich ihnen sagen, daß sich diese intimste Form schriftlicher Äußerung kaum für den Nachdruck in einer Zeitung eignet«, entgegnet sie. Aufzeichnungen, die mit einem »Silberblick« auf zukünftige Leser verfasst würden, kämen ihr vor »wie eine auf ›mein wahres Gesicht‹ zurechtgemachte Maske«.[9]

Was Brigitte Reimann hier äußert, trifft auf die eigene Tagebucharbeit zu und macht grundsätzlich den Reiz derartiger Texte aus. Anders als Biographien oder Autobiographien wird das Tagebuch nicht mit dem Anspruch auf Veröffentlichung verfasst, und es bedarf zunächst auch keiner schriftstellerischen Erfahrung. Jeder kann Tagebuch schreiben, und niemand soll es lesen, das Diarium ist für den Eigengebrauch bestimmt. Es dient der Selbsterfahrung, der Selbsterkenntnis, der Selbstfindung. Dabei gibt es keine verbindlichen Normen oder Regeln, denen zu folgen wäre. Es geht vielmehr darum, in regelmäßigen Abständen und zumeist in chronologischer Reihenfolge Erfahrungen sowie Erlebnisse mit sich und seiner Umwelt festzuhalten. Die Offenheit der Form ermöglicht, dass neben kurzen Notizen widersprüchliche Stimmungen, Empfindungen und Urteile ebenso festgehalten werden wie Skizzen, Porträts, essayistische Reflexionen, Beobachtungen, Momentaufnahmen von kulturellen oder politischen Ereignissen. Alles das trifft auf die Einträge von Brigitte Reimann zu, und mit keiner einzigen Notiz schielt sie auf Veröffentlichung. Fragmentarisierung, Entgrenzung und assoziative Denkbewegung sind auch bei ihr maßgebliche Stilprinzipien. Eben dadurch schafft sie sich vielfältige Möglichkeiten. Sie weiß, dass neben Briefen besonders das Tagebuch seit dem 18. Jahrhundert und vor allem in der Romantik als eine Ausdrucksmöglichkeit von Frauen genutzt wurde. In einer Zeit, da die Räume für weibliche Emanzipation begrenzt waren, bot es ihnen die Möglichkeit, sich in der Ich-Form mit der eigenen Person auseinanderzusetzen, in eine dialogische Selbstreflexion zu begeben und sich damit überhaupt erst zum »Subjekt« zu machen, spezifisch weibliche Erfahrungen, Gefühle, Empfindungen, Beobachtungen auszudrücken.[10] Dennoch ist es das Tagebuch eines Mannes, das zu ihrer Lieblingslektüre gehört, wie sie in dem Brief an die »Wochenpost« bekennt, es ist das Tagebuch Stendhals, des Verfassers von »Rot und Schwarz« (1830).

Länger, weil auf das Franziska-Projekt zusteuernd, braucht sie mit der Reaktion auf die im Mai 1963 in der »Lausitzer Rundschau« ausgelöste Debatte. Auf den 17. August 1963 sind ihre »Bemerkungen zu einer neuen Stadt« datiert. Die Redaktion ist erfreut: »Sicher erinnern sich unsere Leser noch daran, daß vor einiger Zeit eine Bemerkung der Schriftstellerin Brigitte Reimann in einer Tagung des Präsidiums des Nationalrates von der Redaktion zum Ausgangspunkt genommen wurde, junge Einwohner der neuen Stadt zu fragen, ob man in Hoyerswerda küssen könne«, steht in der Anmoderation, um auf Brigitte Reimanns Erwiderung vorzubereiten. Die greift in ihrer Replik – das weiß die Leserschaft nicht – auf ihren ersten Brief an Hermann Henselmann zurück und auf die Erfahrungen, die sie seit Anfang Juli 1963 durch die Begegnung mit dem Architekten gemacht hat. Henselmann hatte sie und Daniel nach Berlin eingeladen, um ihr am Alexanderplatz den Kuppelbau der späteren Kongresshalle zu zeigen sowie den Entwurf von Walter Womackas Wandfries für das Haus des Lehrers. Zunächst verschiebt sich die Reise. Bodo Uhse, ihr Förderer, stirbt am 2. Juli im Alter von nur 59 Jahren, was beide ungemein bedrückt. Am 10. Juli machen sie sich dann auf den Weg, sie fahren nach Berlin, und Henselmann führt sie über Baustellen und erläutert seine Pläne. Auch im

Atelier des Malers Walter Womacka empfängt man sie, sein Gemälde »Junges Paar am Strand« ist seit dem Erfolg auf der Fünften Deutschen Kunstausstellung 1962 in Dresden zu einem der beliebtesten Bilder avanciert und wird später als Kunstdruck mehr als 3 Millionen Mal reproduziert. Brigitte Reimann ist von der Person Henselmanns begeistert. Sie nutzt in ihrer Erwiderung an die »Lausitzer Rundschau« die neuen Erkenntnisse.

Eingangs formuliert sie das Grundproblem, das sie die nächsten Jahre mit dem »Franziska«-Roman beschäftigen wird. Sie geht von der Überlegung aus, dass eine Stadt natürlich gewachsen ist, mithin einen eigenen Duft und eine eigene Farbe besitzt und die Architektur einen »unverwechselbaren Zauber« hat. In Hoyerswerda-Neustadt sei das anders. »Wir leben in einer Stadt aus dem Baukasten: eine schnurgerade Magistrale, schnurgerade Nebenstraßen, standardisierte Häuser, standardisierte Lokale [...], standardisierte Kaufhallen«, schreibt sie. Eine solche Stadt der Typenbauten könne zum Problem werden. Sie vermutet gar, dass psychische Neurosen hier häufiger auftreten als anderswo. Dafür gebe es zwar keine Belege, aber da Hoyerswerda noch jung sei, sollte man »rechtzeitig warnen, beraten und korrigierend eingreifen«. Denn: »Das Leben besteht nicht nur aus den acht Stunden Arbeitszeit«, heißt es pointiert. Da aber die kulturellen Bedürfnisse wachsen, werde sich auch das »ästhetische Empfinden« weiterentwickeln. Die Beziehung zu einer Stadt, die »weder Großzügigkeit noch Intimität« besitze, müsse Schaden nehmen, die »Freude am privaten Wohnkomfort« reiche auf Dauer nicht aus. Brigitte Reimann sieht als dringliches Erfordernis ein Jugendklubhaus, sie wünscht sich ein Lese-Café und regt an, regelmäßig Ausstellungen von Werken der bildenden Kunst zu veranstalten, damit der Geschmack nicht bei »Ölschinken« mit den Motiven von »röhrenden Hirschen« stehenbleibt.[11]

Der emphatische Beitrag zeitigt Wirkung, vor allem auch dort, wo sie es sich erhofft hat. Rudolf Hamburger, der Abteilungsleiter in der VEB Hochbauprojektierung Cottbus, antwortet mit einem eigenen Beitrag, in dem er zunächst hervorhebt, dass die Autorin die richtigen Fragen stelle. Im zweiten Schritt bricht er dann eine Lanze für die neu entstehende Stadt. »Hoyerswerda ist nicht natürlich gewachsen, es wird aus einem reizlosen Sandboden gestampft – auf einmal – und es fehlen ihm vorläufig Charme, die Romantik, die Patina. Der beste Architekt kann sie nicht schaffen«, argumentiert er. Brigitte Reimanns Kritik an den »standardisierten Häusern« mag er in dieser Form nicht stehenlassen und verweist auf die traditionellen Bauernhäuser der Region, bei denen es sich letztlich auch um einen gleichen Typus mit jeweils nur geringen Abweichungen handle. Aus Architektensicht nachvollziehbar, notiert er: »Der Typ an sich kann nichts Schlechtes sein, er führt im Sinne unserer sozialistischen Ästhetik zu hoher Formvollendung.«[12] Rudolf Hamburger verschweigt nicht die Probleme: Die ersten Versuche einer Montagebauweise seien nicht überzeugend, es gebe nicht genügend Bauarbeiter. Raum für individuelle Gestaltung würde indes das Interieur in den Plattenbauten bieten. Letztlich lädt er sie zu einem Gespräch über die weiteren Entwicklungspläne ein. Das Angebot erneuert er in einem offiziellen Schreiben vom 12. Oktober 1963.[13]

Spätestens mit diesem Brief ist das »Problemfeld Architektur« für die »Franziska«-Figur eröffnet. Zu diesem Zeitpunkt ist Brigitte Reimann von Hermann Henselmann nicht nur fasziniert, sie folgt seiner Auffassung gegen die andere Praxis des Bauens, die sogenannte Typenprojektierung, wie sie in Hoyerswerda umgesetzt wird. Letztlich stehen sich hier unterschiedliche Konzepte der Ost-Moderne gegenüber, die beide ihre Grundlage in dem Bewusstsein haben, dass es darauf ankommt, die »Klassenwohnungen« der Vergangenheit durch eine neue Gleichberechtigung im Wohnen zu ersetzen.

Hamburger argumentiert nicht mit Friedrich Engels' Schrift »Zur Wohnungsfrage«, aber als Architekt und Marxist kennt er sie. Engels stellte 1872 die Frage, woher die Wohnungsnot komme, und sieht sie als »notwendiges Erzeugnis der bürgerlichen Gesellschaftsform«. Er argumentiert in gewisser Weise modernisierungstheoretisch, wenn er als Ursache markiert, dass die Arbeiter in den »großen Städten zusammengedrängt werden, und zwar rascher, als unter den bestehenden Verhältnissen Wohnungen für sie entstehen«. Infolgedessen würden sich für die »infamsten Schweineställe« Mieter finden. Dem Hausbesitzer käme, »in seiner Eigenschaft als Kapitalist, nicht nur das Recht, sondern, vermöge der Konkurrenz, auch gewissermaßen die Pflicht« zu, aus seinem »Hauseigentum rücksichtslos die höchsten Mietpreise herauszuschlagen«. In einer derart strukturierten Gesellschaft, so die Schlussfolgerung, »ist die Wohnungsnot kein Zufall, sie ist eine notwendige Institution, sie kann mitsamt ihren Rückwirkungen auf die Gesundheit usw. nur beseitigt werden, wenn die ganze Gesellschaftsordnung, der sie entspringt, von Grund aus umgewälzt wird«.[14] Genau das beschreibt den Anspruch und das Neue in der DDR und speziell in Hoyerswerda-Neustadt, jenem Ort, der das Vorbild für Brigitte Reimanns »Franziska«-Roman abgibt. Es geht dabei um Grundfragen der Ost-Moderne: Die Entwicklung der Städte in der DDR vollzog sich in einer real-sozialistischen Gesellschaft, was die Außerkraftsetzung des Profit-Systems bedeutete, wie Friedrich Engels sie gefordert hat. Es existierte kein Privateigentum, dafür eine zentralstaatliche Planung. Entsprechend waren Staat und Stadtverwaltungen die Auftraggeber und Finanziers. Christine Hannemann als Architektur- und Wohnsoziologin hat davon gesprochen, dass es zwar kein »konsistentes Konzept einer ›sozialistischen Stadt‹« gegeben habe, aber in der DDR sehr wohl Merkmale der sozialistischen Stadtentwicklung, die sich aus einer Differenz zur »›kapitalistischen Stadt‹« herleiteten. »Die Nutzungsstruktur der Stadt sollte sich nicht aus den Verwertungsinteressen privater Grundeigentümer und wirtschaftlicher Großunternehmen sowie anderer Akteure ergeben, sondern aus übergeordneten Gesellschaftszielen, Anforderungen und Bedürfnissen«, schreibt sie.[15] Diese Prämissen hat Brigitte Reimann verinnerlicht, ja, sie sind der Rahmen, in dem sich ihr »Franziska«-Roman bewegt, es geht um das, was »sozialistisches Wohnen« ausmacht. Aber genau hier liegt auch das Problem, vor dem sich die Konflikte im Roman entfalten werden. Nachdem die ursprünglichen »Zugangsprivilegien zu Landschaft und umbautem Raum« aufgehoben sind, stellt sich die Frage, wo und wie künftig gewohnt wird. Auf der einen Seite stehen jene Architekten, die »sich als Künstler verstehen« und die »visionäre Bilder« des Neuen liefern wollen, auf der anderen Seite die Pragmatiker, die nüchtern die Rahmenbedingungen im Kopf haben und, an Bauhaustraditionen geschult, nach pragmatischen Lösungen suchen. Es ist der Konflikt zwischen »›sozialistischen Romantikern‹« und »›kalten Winkelarchitekten‹«, wie Simone Hain diese die DDR-Moderne kennzeichnende Auseinandersetzung anschaulich beschreibt. Dahinter stand ein Grundproblem der Ost-Moderne: Es musste »haushälterisch mit Ressourcen« umgegangen werden, und zugleich bestand die Notwendigkeit, »die Veränderungen der sozialen Welt und der Lebensformen ästhetisch [zu] vermitteln«.[16]

Hermann Henselmann ist einer, der gut vernetzt und wortmächtig die »künstlerisch-visionäre Seite« vertritt, während er die Gegenseite als »Architektur für Unbegabte« und als »Schwarzbrotbäckerei« abwertet.[17] Brigitte Reimann steht zunächst, von ihm beeinflusst, auf der Seite der »sozialistischen Romantiker«, dem »Typenbauer« Hamburger steht sie distanziert gegenüber, was Folgen für den Roman hat. Aber im Prozess ihrer Auseinandersetzung mit dem »Franziska«-Mädchen kommt es bei ihr zu Veränderungen.

Brigitte Reimann antwortet umgehend auf die Replik des Stadtarchitekten Rudolf Hamburger und spricht im Brief von ihrem neuen Romanprojekt, bei dem es um »psychologische und soziale Fragen« gehen soll, die »eine Stadt aus dem Baukasten aufwirft«.[18] Am 12. November 1963 kommt es zu einem ersten Treffen der beiden, das die Konzeption des »Franziska«-Romans maßgeblich mitformt. Der Eintrag im Tagebuch belegt, wie wichtig der Austausch für die Autorin ist: »Hamburger, der Chefarchitekt, war bei mir. Er war liebenswürdig, bereit zu erzählen, mir bei meinem Buch zu helfen, er ist von edlerer Gesinnung als diese Funktionäre, die mich hassen.« Es ist die Rede davon, dass ihre Franziska keine »Schlacht unterwegs«-Heldin werden wird.[19] In einem Brief an Annemarie Auer wird sie konkreter und meint, dass sie ihr Buch »umprojektiert« hat: »Da kommt ein Mädchen, jung, begabt, voller leidenschaftlicher Pläne, in die Baukastenstadt und träumt von Palästen aus Glas und Stahl – und dann muß sie Bauelemente zählen, schnell bauen, billig bauen, sich mit tausend Leuten herumschlagen (o, keine heldenhaften Schlachten, sondern die kleinen, zermürbenden Streitereien), und das Bachirewtum muß man sich abschminken, und Heldentaten bestehen darin, daß man um ein paar Zentimeter Fensterbreite kämpft, und alles ist so entsetzlich alltäglich, und wo bleiben die großen Entwürfe der Jugend?« So beschreibt sie das Profil der »Franziska«-Figur und benennt damit ungemein präzise das Buchprojekt.[20]

Direkt bezieht sich Brigitte Reimann hier mehrfach auf den Roman der sowjetischen Autorin Galina Nikolajewa, »Schlacht unterwegs« (1957), in dem mit dem »Bachirewtum« ein spezieller Aufbaupathos beschworen wird. Der Roman, dessen Handlung in die Jahre 1953/54 führt und im Einleitungskapitel das Begräbnis Stalins schildert, erzählt im Fortgang von den Auseinandersetzungen um den Personenkult und vom Bemühen um einen neuen Leitungsstil. »Schlacht unterwegs« war im Referat von Walter Ulbricht auf dem VI. Parteitag als ein Roman genannt worden, der eine »interessante und belebende Diskussion hervorgerufen« habe. Dabei ging es Ulbricht nicht um die Probleme der »Rekonstruktion des Traktorenwerkes, sondern die künstlerische Gestaltung der Menschen im Kampf um das Neue«.[21]

Brigitte Reimann kennt den Roman, und im Gespräch mit Hamburger wird sie sich darüber klar, dass Franziska gerade nicht als »Schlacht unterwegs«-Heldin zu konzipieren ist. Von den biographischen Stationen Rudolf Hamburgers kennt sie zu diesem Zeitpunkt nur jene, von denen er selbst berichtet hat. Vielleicht hat er ihr erzählt, dass er 1925 bis 1927 an der Technischen Hochschule Berlin bei Hans Poelzig, einem der wichtigen Architekten der Weimarer Zeit, Meisterschüler war. Mit Sicherheit berichtet hat er von seinen Jahren in Shanghai, wo er zwischen 1930 und 1933 das Victoria Nurses Home gebaut hat. Dass er damit zu einem Wegbereiter der modernen Architektur in China gehört, verschweigt er wohl aus Bescheidenheit. Dass er zusammen mit dem Freund Richard Paulick in Dresden studiert hat, lässt er genauso unerwähnt wie den Umstand, dass er ihm 1933 in Nazideutschland zur Flucht nach Shanghai verholfen hat. In der literarischen Figur des Landauer im »Franziska«-Roman tauchen Teile seiner Biographie dann auf, und zwar so:

> Er war Ende der zwanziger Jahre nach China gegangen, einige Monate nach dem Massaker in Shanghai, und hatte Schulen für die Kinder von Kaufleuten im deutschen Settlement gebaut; auf der Heimfahrt, in einem Schlafwagenabteil der Transsibirischen Eisenbahn, reichte ihm ein stummer englischer Brückenbau-Ingenieur eine Zeitung: er las von der völkischen Erhebung in Deutschland, er stieg in Nowosibirsk aus (es fror Stein und Bein, fünfzig Grad minus, der Ob erstarrt, Schnee bis zu holzgeschnitzten Fenstersimsen) und fuhr zurück nach Shanghai. Jahre später fand er einen seiner Brüder in New York wieder; die anderen, Brüder, Schwestern und Eltern, blieben verschollen, ihre Spur verlor sich in Auschwitz und Bergen-Belsen.[22]

Obwohl der 60-jährige Hamburger bereits 1963/64, kurz nach der Bekanntschaft mit Brigitte Reimann, in den vorgezogenen Ruhestand geht, treffen sich die beiden in der Folgezeit häufig und tauschen sich über Fragen der modernen Stadt und Architektur aus. So ist es auch zu erklären, dass Franziska zu erzählen weiß, dass Landauer »letzten Herbst« Peking und Shanghai wiedergesehen habe. »Er fühlte sich als Heimkehrender, er kam aber als Tourist in ein verändertes Land«, berichtet sie.[23] Hamburger nutzte seine Freiheit als Rentner und reiste mit einer Reisegruppe vier Wochen durch die Volksrepublik China.

Keine Kenntnis hat Brigitte Reimann wahrscheinlich davon, dass Hamburger mit Ursula Kuczynski, der späteren Autorin Ruth Werner, verheiratet war, die wiederum mit Richard Sorge in China für den sowjetischen Geheimdienst zusammenarbeitete. Sorge versuchte im Juni 1941 Stalin vor dem bevorstehenden Angriff Hitlerdeutschlands auf die Sowjetunion zu warnen. Auch dass Hamburger selbst während des Zweiten Weltkrieges für den sowjetischen Geheimdienst gearbeitet hat, wird er Brigitte Reimann ebenso wenig offengelegt haben wie den Umstand, dass er 1943 in Moskau unter falschen Anschuldigungen verhaftet und bis 1952 in einen Gulag verbracht worden war. Erst 1955 konnte er mit Hilfe seines Freundes Richard Paulick, dem inzwischen einflussreichen DDR-Architekten, in die DDR ausreisen. Hätte Brigitte Reimann eine Ahnung vom wirklichen Schicksal des Rudolf Hamburger gehabt, die Konturen der Figur Landauer wären mit Sicherheit noch markanter geworden. Aber erst mit Ruth Werners Autobiographie »Sonjas Rapport«, die 1977 in einer Auflage von 38000 Exemplaren erschien, wurden die Koordinaten seiner Biographie einsehbar.

Indem sich Brigitte Reimann in die Architekturtheorien vertieft, lenkt sie sich von den eigenen Problemen ab. Denn immer deutlicher zeichnet sich das Ende der Ehe mit Siegfried Pitschmann ab, obwohl sie noch so gern an der Beziehung festhalten möchte. Ihr Mann ist kaum noch in der Lage, die Dreieckskonstellation auszuhalten. Als Bruder und Schwester zusammenzuleben, wie sie es vorgeschlagen hat, zusammen zu arbeiten, zu kochen oder wegzufahren, ist ihm schier unmöglich. Ende August 1963 sprechen sie über eine Scheidung. Brigitte Reimann ist sich darüber im Klaren, dass die Zeit des Spielens vorbei ist. Sie versucht den Kopf freizubekommen und fährt zu ihrem alten Freund Wolfgang Schreyer nach Ahrenshoop. Auf ihre Briefe antwortet Pitschmann für ihn untypisch zurückhaltend.[24] Nach der Rückkehr ist die Situation nach wie vor offen, sie leben in der gemeinsamen Wohnung, aber die meisten Nächte ist sie bei Hans Kerschek. Auch daher kommt ihr die Einladung gerade recht, als gewähltes Vorstandsmitglied des Deutschen Schriftstellerverbandes zur Woche des Deutschen Buches nach Moskau zu fliegen.

Zuvor erreicht sie ein Telegramm. »ANKOMME MORGEN 4.10. ZU EINER DRINGENDEN BESPRECHUNG GEGEN 9.30 UHR = KURT TURBA VORSITZENDER DER JUGENDKOMMISSION BEIM POLITBÜRO DER SED HEINZ NAHKE FORUM CHEFREDAKTEUR.[25]

Brigitte Reimann ist aufgeregt, gleichzeitig möchte sie keine neuen Aufgaben übernehmen. Nichts soll sie daran hindern, über »Franziska« nachzudenken. Worum es bei dem Treffen mit Turba hätte gehen sollen, darüber schweigt das Tagebuch. Turba muss absagen. Gut so, erst einmal ist Moskau an der Reihe, für eine ganze Woche. Pitschmann bringt sie zum Flughafen, und Christa Wolf wird zu einer »guten Reisegefährtin, freundlich und gelassen und erfahren und sehr viel erwachsener als ich«.

Brigitte Reimann hat bislang wenig von der Welt gesehen, auch nicht vom sogenannten sozialistischen Ausland. Sie liebt Prag, aber Moskau ist eine gänzlich andere Erfahrung. Als gute Beobachterin nimmt sie »den Zug von Müdigkeit« und eine gewisse Abgespanntheit in den Gesichtern der Städter wahr. Sie erfährt etwas von der Wohnungsnot und dem »Mangel an Industriewaren«. Das mit der Wohnungsknappheit kann sie nachvollziehen, hat sie doch lange genug als verheiratete Frau in einem Zimmer bei den Eltern gewohnt. Sie hört auch etwas über die sogenannten »Chruschtschowkas«, die als eine Errungenschaft gefeiert werden. Nikita Chruschtschow war in den 1950er Jahren bemüht, die riesigen Kommunalwohnungen, die »Kommunalkas«, aufzulösen und jeder Familie eine kleine eigne Wohnung zur Verfügung zu stellen. Bis dahin waren bis zu 20 Familien in einer gigantischen Wohneinheit untergebracht, in der vor 1917 reiche Anwälte, Industrielle, Kaufleute, Ärzte oder Richter residiert hatten, die nach der Oktoberrevolution ins Ausland geflohen waren. In den Gemeinschaftstoiletten der Kommunalkas hingen mitunter 20 mit Namen versehene Toilettenbrillen an der Wand, während in der Gemeinschaftsküche mehrere Herde standen. In den kleinen Chruschtschowkas gab es hingegen eine winzige, nur 5,5 bis 6 Quadratmeter große Küche, die aber stand einer Familie allein zur Verfügung.

Brigitte Reimann erhält einen ersten Crashkurs in Sachen sowjetischer Lebensverhältnisse. Ein Facharbeiter verdient etwa 120 Rubel, umgerechnet rund 600 Mark. Für ihre in der Sowjetunion erschienenen Bücher bekommt sie 850 Rubel in bar ausgezahlt, eine beachtliche Summe, von der sie 50 Rubel für ein fürstliches Gelage beiseitelegt. Im GUM, dem bekanntesten Warenhaus Moskaus, das Ende des 19. Jahrhunderts erbaut worden ist und sich ganz in der Nähe des Roten Platzes befindet, kauft sie reichlich ein, darunter die bekannten russischen

Matrioschkas, jene bunt bemalten Puppen, deren Geheimnis darin besteht, dass sich in ihnen eine größere Anzahl immer kleinerer befinden. Und natürlich gibt es Bekanntschaften, so erobert »Giorgij, der schöne Georgier, schwarz und schlank«, ihr Herz.[26] Die Moskauer Lomonossow-Universität empfindet sie als »beklemmend prunkvoll«, aber vom neuen Pionierpalast ist sie begeistert. »Ich habe in keiner westlichen Architekturzeitschrift ein schöneres, helleres Haus gefunden«, notiert sie, und es bietet immerhin Platz für 7000 Kinder.[27]

Aber das Entscheidende an der Moskaureise ist etwas ganz anderes, es ist die wachsende Zuneigung und Freundschaft, die sich zu Christa Wolf entwickelt. Noch drei Jahre zuvor wurde die Reisebegleiterin als die »beste Feindin« bezeichnet, weil Brigitte Reimann annahm, dass »die Wolf« in der Jury verhindert hätte, dass sie für »Das Geständnis« 1960 den Preis »Zur Förderung des Gegenwartsschaffens« bekommt. Zugesprochen wurde er Irmtraud Morgner für ihre Erzählung »Das Signal steht auf Fahrt« (1959). Schnell erkennt Brigitte Reimann jetzt, woran sie bei Christa ist: »Christa ist so ein Mensch, dem man alles sagen kann, und man weiß es bewahrt. Sie lacht über mich, aber ganz freundlich: ich sei schizophren und überhaupt eine schreckliche Person«, und es folgt eine Aussage, die sich über Frauen bei Brigitte Reimann nur selten findet: »Ich glaube, wir verstehen uns jetzt gut (sie ist eine von den ›Guten‹ nach meiner Kindereinteilung), ich mag sie sehr leiden.«[28]

Als sie aus Moskau zurückkommt, gibt es eine Überraschung. Kurt Turba, der vor der Reise verhindert war, erwartet sie auf dem Flughafen und fragt sie an Ort und Stelle, ob sie Lust habe, in der Jugendkommission des Politbüros mitzuarbeiten. Ihre Antwort fällt positiv aus, und das hat Gründe: »Inzwischen weiß ich von bösen Widerständen [im Politbüro; Anm. C.G.] gegen das Jugendkommunique. [...] Aber die Arbeit interessiert mich, es werden Geschichten zu finden sein.«[29] Wie wollte sie sich engagieren und warum?

Brigitte Reimann nimmt sensibel wahr, dass sich die politische Situation nach dem Mauerbau verändert hat und auch innerhalb der SED keine Einigkeit über den neuen Kurs besteht. Sie sieht in breiten

Bevölkerungsschichten einen Aufbruchswillen und das Bestreben nach Veränderung. Teile der SED-Führung um Walter Ulbricht setzten auf ein Neues Ökonomisches System (NÖS) der Planung und Leitung, sie wollen angesichts der problematischen wirtschaftlichen Situation Reformen umsetzen und eine schrittweise Modernisierung in Gang bringen. Dazu soll den volkseigenen Betrieben mehr Eigenverantwortung übertragen werden. Zu diesem Zweck hatte Ulbricht auf dem VI. Parteitag der SED im Januar 1963 eine Neuorientierung der Wirtschaftspolitik angekündigt. Im Bericht an den Parteitag verweist er auf das Programm der SED und dass es darauf ankomme, die Produktion und Arbeitsproduktivität auf der Basis des »höchsten Standes von Wissenschaft und Technik weiter rasch zu steigern, um das Leben der Werktätigen angenehm und schön zu gestalten« und um »ihre wachsenden Bedürfnisse besser zu befriedigen«.[30] Auf dem Parteitag wird auch das sogenannte »Leistungsprinzip« stark gemacht. »Jeder nach seinen Fähigkeiten – jedem nach seiner Leistung«, lautet es.

Ganz in diesem Sinne erfolgte eine Neuorientierung der Wirtschaftspolitik, die nach dem »Grundsatz des höchsten ökonomischen Nutzeffekts« und der »materiellen Interessiertheit« ausgestaltet sein sollte und sich auch daran zeigte, dass Wirtschaftsspezialisten wie Fritz Behrens und Wolfgang Berger ins Politbüro der SED einrückten.[31] In dieses Konzept passte der Bitterfelder Weg, der sich auf den ersten Blick als eine kulturrevolutionäre Freisetzung von Kultur und Kunst ausnahm, in seinem Kern aber ging es nicht zuletzt um eine politisch-ideologische Absicherung des Wirtschaftsprogramms. Angestrebt war, die Arbeiterklasse zu höheren Leistungen im Wettbewerb zu mobilisieren.

Wo es um eine Erhöhung der Eigenverantwortung gehen soll, bedarf es einer zurückhaltenden Reform des politischen Systems sowie der Freisetzung kreativer Potenziale gerade der jüngeren Generation, mithin einer gewissen Liberalisierung. Und in der Tat: In diesem ausgesprochen kurzen Zeitfenster Anfang der 1960er Jahre drängten ausgewählte Vertreter der SED-Führung gemeinsam mit Intellektuellen und weiten Teilen der Bevölkerung auf Reformen. Im Dezember 1963 gab es ein Frauenkommuniqué, und ein Rechtspflegeerlass wurde verabschiedet, der auf Vorbeugung und Resozialisation setzte. Die Installierung der Arbeiter-und-Bauern-Inspektion im Mai 1963, die sich mit der »Bekämpfung und Ausmerzung von Bürokratismus, Schönfärberei, Berichtsfälschungen, Vergeudung von gesellschaftlichem Eigentum und Amtsmißbrauch« auseinandersetzen sollte, gehört ebenfalls in diese Phase, nicht weniger die Installierung der Jugendkommission beim Politbüro des ZK der SED, für die Kurt Turba Brigitte Reimann gerade gewonnen hat.[32]

38. »Lohnt sich der Tausch? Was gebe ich auf, was bekomme ich dafür?« – zwischen verzweifelter Ratlosigkeit und Engagement

Brigitte Reimanns Engagement in der Jugendkomission und ihre persönliche Situation gehen nun parallel in die nächste Phase, wobei sich das Beziehungsdreieck mit Daniel und Jon weitaus komplizierter ausnimmt als die recht eindeutig zu beantwortete Frage zur Jugendkommission. Das in Rede stehende Jugendkommuniqué wurde am 21. September 1963 im »Neuen Deutschland« unter dem Titel »Der Jugend Vertrauen und Verantwortung« veröffentlicht. Es beschränkt sich keineswegs auf die jungen Leute, es geht allgemein um Fragen des geistigen Klimas in der DDR und eine neue Offenheit. »Wir brauchen [...] den selbständigen und selbstbewußten Staatsbürger mit einem gefestigten Charakter, mit einem durch eigenes Denken und in der Auseinandersetzung [...] errungenen sozialistischen Weltbild«, wird hier gefordert.[1]

Die Mitarbeit in der Kommission katapultiert Brigitte Reimann mitten hinein in den aktuellen politischen Prozess, der sich für sie fast wie ein Abenteuerroman ausnimmt. Von Turba erfährt sie, »wie schwer es Ulbricht gehabt hat, mit seinen Ideen durchzukommen – wenn das möglich wäre, so sagt man, hätte man ihn, U., aus der Partei ausgeschlossen«.[2] In der Tat gibt es im Parteiapparat starke Widerstände gegen die Reformversuche. Das Jugendkommuniqué ist im Politbüro der SED nicht nur umstritten, Teile sind strikt dagegen. Brigitte Reimann weiß aus eigener Erfahrung in »Hoy«, wie manche Funktionäre denken. Zudem liegt ihr seit der ersten, an einem Dienstag von 10 bis 14 Uhr abgehaltenen Sitzung vom 29. Oktober 1963 eine »vertrauliche Information an die Mitglieder der Jugendkommission beim Politbüro«

vor, die mit viel Gegenwind auf dem 4. Plenum von den Reformern durchgesetzt wurde. Was sie da liest, das ist eine andere Sprache, und das ist, worauf sie seit Jahren ihre Hoffnungen setzt. Das Jugendkommuniqué, so heißt es in dem internen Dokument, würde eine »offenherzige Erörterung unserer Entwicklungsprobleme« bedeuten, angestrebt wird eine »neue Melodie«: Endlich würde man die »Dinge beim richtigen Namen« nennen. Überall dort, wo man diese »neue Melodie« anstimme, »singen alt und jung begeistert mit«, ist zu lesen. Der erste Veränderungsschritt müsse darin bestehen, »ein echtes Vertrauensverhältnis zur Jugend herzustellen«. Ein jedes Parteimitglied und ein jeder Staatsfunktionär habe die »Pflicht, sich durch vorbildliche Arbeit sowie durch geduldige, offenherzige und prinzipielle Gespräche mit Jugendlichen deren volles Vertrauen zu erwerben«.

Brigitte Reimann sieht, dass das Papier ernst gemeint ist. Kritisch wird hervorgehoben, dass dem Aufbau eines wirklichen Vertrauensverhältnisses »mancherorts falsche ideologische Auffassungen und schematisch-bürokratische Arbeitsweisen« entgegenständen. Das ist genau das, was sie im Kombinat und im Wohnungsbau immer wieder erlebt: Funktionären, die der Auffassung sind, die »Jugendlichen würden nur Blödsinn machen«, müsse man mit Nachdruck entgegnen: »Ihr müßt schleunigst Eure Köpfe entaschen! Mit dieser ideologischen Asche im Kopf könnt ihr die Probleme beim umfassenden Aufbau des Sozialismus nicht bewältigen.«[3]

Sooft Brigitte Reimann kann, ist sie bei den Sitzungen dabei, nur selten fehlt sie, stets entschuldigt, so am 7. April 1964. Sie hat einen vereiterten Kiefer und kann nicht nach Berlin fahren. Das ärgert sie, denn auf der Tagesordnung stehen »Probleme der Arbeiterjugend im Betrieb«, etwas, was ihr nach wie vor wichtig ist, wegen »Ankunft im Alltag«, aber vor allem wegen des »Franziska«-Projektes. Anfang Mai spricht die Kommission in Vorbereitung des 1. Frauenkongresses, der vom 25. bis 27. Juni 1964 in Berlin stattfinden wird, über »Probleme der weiblichen Jugend«. Dabei geht die Kommission von einer Einschätzung aus, die Brigitte Reimann teilt. »Bis jetzt sind Mädchen und junge Frauen zu wenig in leitenden Funktionen als auch in technischen Berufen eingesetzt. Die Ausbildung der jungen Mädchen muß daher von vornherein so geschehen, daß sie später sowohl in leitenden Funktionen als auch in technischen Berufen arbeiten können«, heißt es in der Anlage.[4] Das sind Überlegungen, die Brigitte Reimann teilt, ihre »Franziska«-Figur arbeitet nicht zufällig in einem technischen Beruf. Gefragt wird in dem Papier danach, wie junge Mädchen ausgebildet werden müssen, damit sie später verantwortliche Positionen wahrnehmen können. Die Problemdiskussion bezieht sich auf die »Polytechnische Ausbildung, die Berufslenkung und Ausbildung«, aber auch auf »Probleme junger Ehen«[5] – genau die richtigen Fragen, denkt Brigitte Reimann, die gescheiterte Ehe mit Günter Domnik vor Augen.

Brigitte Reimann ist die einzige Schriftstellerin in der Kommission und engagiert sich vor allem bei Fragen zur Kultur. Es frustriert sie besonders, dass sie bei der Diskussion am 7. April 1965 nicht dabei sein kann, denn es geht hier um den tschechoslowakischen Fernsehfilm »Trauriger Reiz«, den der DDR-Fernsehfunk am 31. März ausgestrahlt hat. »Eine junge Laborantin beginnt, in einem Forschungsinstitut zu arbeiten. Der Leiter empfängt sie unpersönlich, gibt sich noch nicht einmal Mühe, ihren Namen richtig auszusprechen, führt sie nicht richtig in ihren Aufgabenbereich ein, sondern hält ihr einen moralisierenden Vortrag über Pünktlichkeit, weil sie in dem großen Institut ihren Arbeitsraum nicht gleich gefunden hatte«, so wird die Fabel im Arbeitspapier für die Jugendkommission zusammengefasst. Im weiteren Verlauf stelle sich heraus, dass es nicht um »traurige Reize« junger Mädchen geht, sondern um »die traurige Leitung dieses Instituts«.[6] Bei einer zweitätigen Sitzung der Jugendkommission Ende März in Demmin steht die Aufführung des DEFA-Spielfilms »Denk bloß nicht, ich heule« auf dem Programm. Der Film von Frank Vogel, in dem der junge Peter Reusse die Hauptrolle des jugendlichen Außenseiters spielt, wendet sich gegen Heuchelei und bornierte Funktionäre, macht also jene Erscheinungen zum Thema, gegen die die Jugendkommission angeht. Dass der Film noch im gleichen Jahr in die Mühlen des 11. Plenums des ZK der SED geraten und verboten wird, empört sie umso mehr.

Rund zwei Jahre zuvor, am 23. November 1963, hatte sie einen einzigen Satz ins Tagebuch geschrieben und damit den offiziellen Startpunkt gesetzt: »Heute habe ich das Buch ›Franziska‹ begonnen.«[7] Einige Tage später wirft sie die ersten Seiten wieder weg. Der Anfang ist für Brigitte Reimann wie für viele andere Autoren eine Herausforderung allein deshalb, weil damit eine Art Melodie vorgegeben wird. Bei ihr hängt es aber auch mit den Männern zusammen, die Situation wird immer bedrängender. Weihnachten 1963 ist sie für vier Tage bei der Familie in Burg, es herrscht eine ausgelassene Atmosphäre. Aber dann kommt Silvester: Daniel sitzt allein zu Hause, sie feiert mit Kerschek in einer lustigen Runde – sie hat ein schlechtes Gewissen. Alles verschlimmert sich, als Pitschmann am 2. Januar 1964 vorerst für zwei Monate ins Petzower Schriftstellerheim aufbricht. Jetzt, wo er nicht mehr da ist, mag sie nicht mehr schreiben. Zehn Tage später lässt sie sich nach Petzow fahren, sie kommt nicht ohne ihren Daniel aus. Und der hat schon gewartet und geahnt, dass sie kommt. Die ganze Situation gleiche einer Katastrophe, meint er. Und Brigitte Reimann weiß, dass er recht hat. Wieder bei Jon, gibt es Streit, was sie vom Schreiben abhält. Im Tagebuch hält sie wichtige Sätze fest:

> Den ganzen Tag war ich verzweifelt: er züchtet, bewußt oder unbewußt, das niederdrückende Gefühl in mir, ich sei ein oberflächlicher Denker; er meint, man dürfe nicht schreiben, wenn man nicht ein Problem zuende gedacht und eine Lösung gefunden habe. Aber wie kann denn einer *die Lösung* finden? Einer allein? Warum soll ich nicht meine Meinung sagen, ohne Anspruch auf letzte Gültigkeit zu erheben? Lieber schweigen? Er zieht es vor, gar nichts zu sagen, ehe er es riskiert, etwas Falsches zu sagen. Es ist ja wahr, ich bin wirklich zu schnell, zu spontan mit meinen Ansichten, zu freudig in meinen Entdeckungen, ich habe keinen ordnenden Verstand ...[8]

Hans Kerschek tut ihr offenkundig nicht gut, und doch fühlt sie sich unbändig zu ihm hingezogen. Später wird sie wie ein »zweiflerischer Pferdehändler« fragen: »Lohnt sich der Tausch? Was gebe ich auf, was bekomme ich dafür?« Da ist Jon wieder mal missgelaunt und wortkarg, und Pitschmann äußert sich ihr gegenüber begeistert, nachdem er in »Franziskas Pubertätsgeschichte« gelesen hat, rühmt ihre Sprache.[9] Dann wieder gibt es Tage, da hat sie Kopfschmerzen, es geht ihr miserabel, sie mag nicht aufstehen, stellt die Klingel ab. Die Gespräche mit Bekannten ermüden sie. »Blödes Geschwätz über Kafka, den sie nicht gelesen, Cremer, von dem sie keine Plastik gesehen, und Havemann (der neue Popanz der Partei), von dem sie nichts gehört haben«, notiert sie, und es fällt das vernichtende Urteil: »Der Umgang mit Unbegabten treibt mich zur Verzweiflung, ich leide physisch und habe Mordgedanken. Sie sind so tödlich provinziell.«[10] Das ist Anfang März 1964. Ab jetzt wird Robert Havemann immer wieder ein Bezugspunkt für Brigitte Reimann. Sie nimmt den entscheidenden Einschnitt beim Umgang mit dem bis dahin anerkannten Wissenschaftler wahr. Der hatte im Wintersemester 1963/64 eine Vorlesungsreihe zu »Naturwissenschaftlichen Aspekten philosophischer Probleme« an der Humboldt-Universität zu Berlin gehalten. Daraufhin wird er am 12. März 1964 aus der SED ausgeschlossen, und das Staatssekretariat für Hoch- und Fachschulwesen entzieht ihm die Lehrbefugnis.[11]

Frustriert ist Brigitte Reimann auch von der Vorbereitung der Zweiten Bitterfelder Konferenz, die am 24. und 25. April 1964 im Elektrochemischen Kombinat Bitterfeld stattfindet, sie weigert sich, zur Diskussion beizutragen. Schon Monate zuvor hat sie in einem Brief an Alfred Kurella zurückhaltend über ihren Abschied vom Bitterfelder Weg nachgedacht und darauf verwiesen, dass sie immerhin »drei Jahre Basis« hinter sich habe. »Ich glaube, das Kombinat ist nur eine Etappe«, schreibt sie. »Freilich, ich spazier noch immer munter durch die ›schwarze Röhre‹, und sie färbt meine Ansichten. Ich will nicht bestreiten, daß es eine wichtige und nützliche Etappe war«, notiert sie, »aber jetzt muß etwas anderes kommen, ich weiß nur noch nicht was. Übrigens beobachte ich dieselben Symptome bei meinen Freunden, die hier leben: sie werden krank an der Stadt, sie sind reizbar, launisch, unzufrieden, der Philosoph wird immer schweigsamer, der Maler kann keine blauen Schlosseranzüge mehr sehen«.[12]

Brigitte Reimann gehört zu den wenigen, die aus eigener Erfahrung das Ende der Bewegung auf den Punkt bringen. Der Abschluss dieser Etappe bedeutet in der Praxis keineswegs das Ende der literarischen Zirkel. Allerdings haben sich die mitunter nur auf dem Papier existierenden Zirkel von den Betrieben abgekoppelt und »eigene Interessen« ausgebildet, jenseits aller bürokratischer Vorgaben und Vorstellungen. Die Mitglieder sind nunmehr »Schreib- und Literaturinteressierte aus allen Schichten«.[13] Diese Ausdifferenzierung kommt allerdings in den Hauptreferaten von Walter Ulbricht, Kurt Hager und dem Kulturminister Hans Bentzien nicht zur Sprache. Von den jüngeren Autoren reden nur Erik Neutsch, Dieter Noll und Christa Wolf. Christa Wolf berichtet von einem Kollegen, der eine Reportage schreiben sollte, die dann aber nicht gedruckt wurde, weil der porträtierte Brigadier nicht den Vorstellungen der Zeitungsleute entsprach. Kritisch setzt sie sich auch mit der Literaturkritik auseinander. Ihrer Meinung nach sind der »Geschmack und die Urteilssicherheit und die Erschütterungsfähigkeit der Leser viel weiter fortgeschritten als die Literaturkritik«. Die würde weiterhin an einer »schematischen Literaturbesprechung« festhalten. Letztlich existiere nach wie vor eine Tendenz »zu großer Vorsicht«, die aus einer Zeit stamme, »in der selbständiges Denken und Verantwortungsbewußtsein noch nicht so selbstverständlich waren wie heute«. Dagegen wendet sie sich, und sie notiert mit Blick auf die Literaturkritik wie das Schreiben selbst: »Ich bin der Meinung, daß man zum Beispiel als Trapezkünstler unbedingt mit Seil, Schutzgürtel und Netz arbeiten muß. Aber wenn man schreibt – auf welchem Gebiet auch immer –, kann man nicht mit Netz arbeiten; da muß man schon ein kleines Risiko eingehen, das aber mit Verantwortung verbunden sein soll.«[14]

Die Anmerkung war mit Bedacht gewählt. Im Schriftstellerverband gab es schon länger Versuche, grundsätzliche Fragen der Literaturkritik in neuer Weise anzugehen. Brigitte Reimann hatte selbst erlebt, wie die Kritik bei den »Geschwistern« über sensible Stellen regelrecht einen »Filter« legte. Mit Annemarie Auer hatte sie sich über das Problem ausgetauscht und sich im Vorstand des Verbandes dafür engagiert. Mit Erfolg – im August 1964 wurde beschlossen, ein Aktiv Literaturkritik im Verband zu installieren und dieses auch mit entsprechenden Planstellen abzusichern. Leiterin sollte Eva Strittmatter werden, die sich dazu auch bereit erklärte. Die erste Arbeitstagung fand am 18. Januar 1965 statt. Bewusst setzte man auf ein ausgewogenes Verhältnis von Literaturkritikern und -wissenschaftlern. Anwesend waren neben Eva Strittmatter außerdem Eduard Zak, Dieter Schlenstedt, Annemarie Auer, Werner Ilberg, Marianne Schmidt und Joachim Scholz. Im Ergebnis der ersten Zusammenkunft entstand eine Art Arbeitsprogramm, das die zukünftigen Aufgaben festzuhalten suchte. Dabei zeigte sich, dass die Teilnehmer der Veranstaltung die Probleme der Literaturkritik in der DDR erkannt hatten und darauf drängten, Behinderungen zu beseitigen.[15]

Wichtiger noch als die materiellen Grenzen waren Hinweise darauf, dass die Schreibauffassungen der Autoren, ihre Poetologien, zunehmend in Widerspruch mit einer »normativen Ästhetik« gerieten – etwas, was im Widerspruch zur Geschichte der Dichtung stehe, in der die »wichtigsten ästhetischen Äußerungen« stets von den »Kunstpraktikern« gekommen seien. Es müssten Autoren für »ästhetische Auseinandersetzungen« gewonnen werden. Noch wichtiger aber sei es, dass die Kritik mehr als bisher »Strukturfragen eines Kunstwerks« untersuche.

Wenngleich nicht explizit formuliert, wird hier eine Abkehr der Kritik von ihrer Konzentration auf den Inhalt eines Textes und seinen vermeintlichen politisch-ideologischen Gehalt gefordert. Mit Blick auf die Gegenwartsliteratur stellte das Aktiv eine für die damalige Situation nicht hoch genug zu bewertende Tendenz heraus, die auf eine »›Subjektivierung‹ des Kunstwerks« hinauslief. Entsprechend hieß es:

> Die Kunst bezieht sich immer mehr darauf, eine eigene Erkenntnisform der Wirklichkeit zu sein. Dies zieht einiges nach sich. Z. B. erfolgt daraus auch notwendigerweise eine »Subjektivierung« der Kritik, im Sinne eines Abgehens von normativen Maßstäben.[16]

Dieser fast beiläufig formulierte Satz bedeutet den Versuch, zurückhaltend für eine moderne Kunstauffassung zu plädieren und die künstlerische Aneignungsweise davon zu befreien, einem simplen Widerspiegelungsmechanismus zu folgen.

Die Fragen der Reportage, die Christa Wolf auf der Bitterfelder Konferenz angesprochen hatte, betrafen Brigitte Reimann einige Monate sehr direkt, denn sie besuchte mit einer Delegation des Zentralrats der FDJ die Sowjetunion. Hauptstationen der Reise sind Zelinograd, Nowosibirsk, Bratsk und Irkutsk, alles Städte und Regionen in Sibirien. Und sie soll über ihren Aufenthalt im Land des »Großen Bruders« berichten, ja eine Reportage schreiben. Die Veröffentlichung ist in sieben Teilen für die Zeitschrift »Forum« vorgesehen, dessen Chefredakteur Heinz Nahke sie gut aus der Jugendkommission kennt. Doch es bleibt nicht bei den Abdrucken, es wird ein Buch daraus, für das der Verlag Neues Leben bereits am 7. Januar 1965 den Druckgenehmigungsantrag einreicht und vier Tage später bestätigt bekommt. »Keine Beanstandungen«, steht in den Unterlagen. Wichtig für die Reportage sind die Fotos von Thomas Billhardt, mit dem sich Brigitte Reimann ausgezeichnet versteht und den sie sofort Billi nennt. Mit ihm und der Dolmetscherin Nadja sucht sie, unterwegs in einem geborgten Jeep, jenseits des offiziell streng geplanten Reiseprogramms mit Menschen in Kontakt zu kommen und eigene Entdeckungen zu machen. Sie sehen, wie auch in der Sowjetunion »Typenprojekte« von zentralen Projektierungsbüros vorgegeben werden, ganz so wie in Hoyerswerda. Die so entstandene Reportage, die als »Tagebuch« eine Sonderform darstellt, beginnt effektvoll:

> Gestern abend rief Kurt an: Pack deinen Koffer, Dienstag fliegen wir nach Sibirien. Eine Delegation vom Zentralrat, du wirst schreiben. Keine Ausreden, keine Bedenkzeit. [...] Und damit du es gleich weißt: Du mußt arbeiten bis zum Umfallen ...
>
> Dieser Mensch ist wahnsinnig. In Gottes Namen – ja, sagte ich.[17]

Sie bezieht sich auf Egon Erwin Kisch, der in seinem letzten in Deutschland erschienenen Reportageband »China geheim« (1933) davon gesprochen hat, dass die Russen auf Nowosibirsk stolz sind, »auf ihr rapides Wachstum«. Vom Bratsker Meer ist die Rede und von der Entfernung Berlin – Moskau, also den 2000 Kilometern, für die man mit dem Flugzeug nur zwei Stunden braucht. Auch auf Dostojewski und Tolstoi wird von ihr angespielt und schließlich mitgeteilt, was das Conversations-Lexikon von 1864 zu Sibirien zu sagen weiß. Aber bevor es richtig losgeht, richtet sich der Fokus auf den eigenen Wohnort, auf Hoyerswerda, das sozialistische Modellprojekt, und das aktuelle Buchvorhaben, den »Franziska«-Roman. Das ist der Blickwinkel, der die Autorin bei ihren Entdeckungen in Sibirien bestimmen wird. »Hoffentlich finde ich drüben ein bißchen Zeit, mich in den neuen Städten umzutun«, heißt es. »Seit ich den Roman angefangen habe, verbringe ich, statt zu schreiben, die meiste Zeit damit, die Wege zu laufen, die uferlosen Diskussionen zu führen, die meiner Franziska bevorstehen. Das arme Mädchen ...« Ein neuerliches Bekenntnis zu Primärerfahrungen, die sich zu dem verdichten können, was man Lebenserfahrung nennt.[18]

Auf der Sibirienreise fragt Brigitte Reimann nach der Stellung des Individuums in der proklamierten kommunistischen Gesllschaft.[19] Dass die Ergebnisse überwiegend positiv ausfallen, das zeigt sich gleich zu Beginn. Da ist sie froh, einen Vortrag von Sergej Pawlow nicht geschwänzt zu haben, weil er »genaue Informationen immer mit Geschichten und Schicksalen« verbinde.[20]

Letztlich liegt ihr besonderes Interesse auch und gerade auf der Frage, wie man in der Sowjetunion baut und lebt, und sie vergleicht die Resultate mit den eigenen Erfahrungen, vor allem in Hoyerswerda. Dass ihr Blickwinkel ausgesprochen eingeschränkt ist, das interessiert sie zu diesem Zeitpunkt genauso wenig wie der Hinweis von Christa Wolf, dass ihre »Bilderbuchvorstellungen« von Moskau und der Sowjetunion nicht zutreffen.[21] Frustriert ist sie, als sie sehen muss, dass »Vielfalt und Formenreichtum, die der Bau mit Platten und Blöcken gestattet«, nicht einmal andeutungsweise zu erkennen sind, nur »häßliche starre Kästen vom Fließband, ohne Phantasie und Kühnheit« herauskommen. Andererseits sieht sie in den aus dem Boden gestampften neuen Städten Sibiriens eine »kluge Korrektur« von Fehlern, die man bei den Stalinschen Protzbauten in Moskau gemacht habe. Daran könnte sich die DDR orientieren, denkt sie wiederum mit Blick auf ihr »Franziska«-Mädchen:

> Das ist die Stadt, von der mein Romanmädchen geträumt hat; die Straßen, weiträumig, modern und heiter, sind gesäumt von Läden und Cafés im Boutiquestil, die Häuser zwischen hohen Kiefern scheinbar launisch verstreut, aber so planvoll geordnet, daß es überall freie Durchblicke gibt, kein Block einen grünen Platz abriegelt … und Stille, lebendige Stille. Hier kann man arbeiten.[22]

Eine besondere Rolle spielen natürlich, das ist für ein Reportage-Tagebuch verständlich, die Begegnungen mit Menschen und die Porträts, die von ihnen entworfen werden. Es ist vor allem Alexej Martschuk, der Oberingenieur von Bratsk, der für sie so etwas wie den »neuen Menschen« darstellt, nicht wegen seiner Unterordnung in gesellschaftliche Verfügungen, sondern weil er erkennbar selbstbewusst seine Vorstellungen vom Leben umsetzt und dabei das ist, was man authentisch nennen kann.

Brigitte Reimanns »Sibirien-Tagebuch« stellt für die DDR im Jahr 1965 etwas Besonderes insofern dar, als es durch seine konsequent subjektive Darstellung überzeugt. Als mit Blick auf einen entsprechenden Einwand von Hans, also Kerschek, von »purem Subjektivismus« die Rede ist, entgegnet sie in Gedanken: »Meinetwegen, dann bin ich eben subjektivistisch, ich mag Leute, die gern und ausgelassen lachen (›aus Herzensgrund‹ sagen die alten Autoren).«[23] Damit liegt Brigitte Reimann quer zu dem, was noch 1969 in einer Anthologie als Maßstab gesetzt wird. Der Herausgeber Helmut Hauptmann versammelt Reportagen, die vom Anfang der 1950er Jahre bis zum Ende der 1960er Jahre reichen. Allerdings markiert Hauptmann den spezifischen Ansatz der Ostreportage, die sich von einem »westdeutschen Schriftsteller«, wie er sagt, absetzt. Er bezieht sich auf Dieter Lattmann, der in seinem Reisetagebuch »Mit einem deutschen Pass. Tagebuch einer Weltreise« von 1964 für den Autor »Subjektivität bis zum äußersten« in dem Fall einfordert, dass nicht nur ein Sachbericht geliefert werden soll, sondern es darum geht, »Ausschnitte der Welt von heute mit ihren politischen und menschlichen Konflikten« zu schildern.[24]

Was Lattmann fordert, das praktiziert Brigitte Reimann erfolgreich, und genau darum kann man »Das grüne Licht der Steppen« auch heute noch als einen Bericht aus einer vergangenen Zeit mit Gewinn lesen und Sympathie mit jenen Menschen empfinden, die sie in Sibirien getroffen hat.

39. »Wär schön gewesen« – Endzeit einer Ehe

Schon am letzten Tag in Moskau weiß Brigitte Reimann, dass die Auszeit, die sie sich mit der Sibirienreise nehmen konnte, vorbei ist. Doch der Stress mit dem siebenteiligen Beitrag für das »Forum« überdeckt erst einmal alles. Sie sitzt und schreibt, und Ende Juli kommt Heinz Nahke nach Hoyerswerda, um die erste Folge in Empfang zu nehmen. Anders als dann das Buch beginnt die Serie mit dem Porträt von Alexej Martschuk. Auch die Zusammenstellung der Fotos wird variiert, was auch auf spätere Buchausgaben zutrifft. Während sich in der ersten Auflage im Verlag Neues Leben kein einziges Foto findet, das Brigitte Reimann zeigt, rückt die Erzählerin später in den Fokus.[1]

Wollte Helmut Hauptmann 1969 die Subjektivität für die Reportage noch ausschließen – für ihn stellte sie eine »Bankrotterklärung der absteigenden Gesellschaft in einer Zeit dar, deren Meisterung politische und wissenschaftliche Kenntnisse voraussetzt«[2] –, wird das Moment der Subjektivität in der DDR nun zum entscheidenden Kennzeichen der Reportage. Jan Koplowitz, der mit »die taktstraße« (1968) einen Reportageband herausbringt, bricht in seinem Diskussionsbeitrag auf dem VI. Schriftstellerkongress 1969 eine Lanze für das subjektive Moment. »Ich möchte vom Reporter und der Reportage«, betont er, »daß die Gegenwart durch den Filter der eigenen Persönlichkeit gesehen wird. Seine Geschichte, seine Erfahrungen, sein gezahltes Lehrgeld, seine Erfolgserlebnisse dürfen sich in der Reportage widerspiegeln. Das führt automatisch zu Episoden, zu Erinnerungen, zu Vergleichen, zu Anekdoten.«[3] Brigitte Reimann lernt Koplowitz um 1959 in Petzow kennen. Sie hält aus politischen Gründen Abstand zu ihm. Aber mit seinen Bezeichnungen »explodierende Reportage« und »Reportagemosaik« bringt er jene neuere Entwicklung auf den Punkt, die in Brigitte Reimanns »Das grüne Licht der Steppen« schon angelegt ist. Diese Reportagen zielen auf das, was in der DDR-Literatur immer wichtiger wird, sie zielen auf eine kollektive Selbstverständigung.[4]

Die Selbstverständigung über die Ehe Reimann/Pitschmann ist Ende Juni abgeschlossen, die Scheidung unabwendbar. Beide sind sich einig, auch wenn Günter Caspar immer noch rät, diesen Schritt nicht zu gehen. Seit seinem Arbeitsaufenthalt in Petzow Anfang Januar 1964 ist Siegfried Pitschmann nur noch sporadisch in Hoyerswerda und nicht mehr in die gemeinsame Wohnung zurückgekehrt. Das frühere Vorzeigeehepaar ist fassungslos, dass ihnen das passierte, obwohl sie geglaubt haben, »niemand könne uns auseinander bringen«, erinnert Pitschmann Jahrzehnte später die damalige Situation. Und er schiebt traurig einen weiteren Satz hinterher: »Aber sie brauchte immer wieder Bestätigung durch einen neuen Mann, um neue Kraft zu bekommen.«[5]

In dieser Situation erneuert sich die Freundschaft zu Dieter Noll, den Pitschmann 1952 bei einem Schriftstellerseminar in Bad Saarow kennengelernt hat. Noll gehört Anfang der 1960er zu den jungen Erfolgsautoren. Sein Antikriegsroman »Die Abenteuer des Werner Holt« (1960/63) ist ein Bestseller und Brigitte Reimann nach der Lektüre gerührt und ergriffen, mehr als von den »vollendeten Kunstwerken« eines Thomas Mann. Gerade ist die DEFA dabei, den ersten Teil des Romans zu verfilmen.

Noll hat aus der Ferne wahrgenommen, was mit dem früheren Vorzeigeehepaar vor sich geht. Er besucht Pitschmann in einer seiner Ausweichstätten, einem Ferienobjekt des Kombinats Schwarze Pumpe, und versucht ihn aufzurichten. Noll ist finanziell in einer komfortablen Situation, er hat gerade den Nationalpreis erhalten und bietet dem Freund seinen Wohnwagen an, der in einem Garten an einem See in der Nähe von Königs Wusterhausen bei Berlin steht. Es ist ein ausgedientes Gefährt von Artisten auf zwei Rädern. »Zu Ostern zog ich endgültig in den kleinen Wohnkarren«, erinnert Siegfried Pitschmann. »Das Leben dort drin war recht kümmerlich, ich konnte mich nur gekrümmt darin aufhalten. Abends wurde die ganze Fläche zu einem Bett umgebaut. Daneben gab es nur eine kleine angeschraubte Platte für die Schreibmaschine. So winzig war der Wagen. Ich grub mir einen alten Zinktopf in die Erde ein, das war mein Kühlschrank. In einem Gasthof aß ich.«[6]

Seine Noch-Ehefrau ist schockiert und versucht ihm über ihre Verbindungen eine kleine Wohnung zu besorgen, was nicht gelingt. Anfang August treffen sie sich in der Berliner Wohnung von Thomas Billhardt, wo Brigitte Reimann an den »Forum«-Beiträgen schreibt. Im Tagebuch heißt es:

> Wir hatten ein paar Stunden für uns, konnten alles besprechen, Scheidung, Auto, Sibirien [...] ... nur einmal, als wir vorm Plattenspieler auf der Erde hockten, küßte er mich auf die Schulter und sagte: »Wär schön gewesen ...« (Das ist unsere Formel aus »Fiesta«, und sie trifft ziemlich genau unseren Gefühlszustand.) Es war scheußlich traurig, und wir hatten uns lieb, und alles ging durcheinander.[7]

Der erste Scheidungstermin findet im Oktober vor jener Richterin statt, die bereits die Ehe von Hans Kerschek geschieden hat, bei der Brigitte Reimann als Zeugin auftreten musste. Beim zweiten Termin wird das Schriftstellerehepaar geschieden. Wenige Wochen später, am 27. November 1964, dem Geburtstag von Jon K., heiraten Brigitte Reimann und Hans Kerschek.

Nur einige Monate nach der Heirat gibt es einen neuen Höhepunkt in Brigitte Reimanns schriftstellerischer Karriere. Alfred Kurella schickt als Sekretär der Sektion Dichtkunst und Sprachpflege der Deutschen Akademie der Künste zu Berlin ein auf den 1. März 1965 datiertes Schreiben, in dem er »noch inoffiziell und deshalb vertraulich« mitteilt, dass die Entscheidung gefallen sei, »Sie für Ihre Erzählung ›Die Geschwister‹ mit dem Heinrich-Mann-Preis auszuzeichnen«.[8] Der verstorbene Bodo Uhse hatte schon 1963 versucht, das Buch im Gremium der Akademie durchzusetzen. Zwei Jahre später ist es so weit. Am 30. März 1965 gibt es in der »Aktuellen Kamera« einen Bericht über die Preisverleihung, und im Zentrum steht Brigitte Reimann. Von Freunden aus allen Ecken der Republik gehen Glückwünsche ein. Willi Lewin, Sekretär des Schrifstellerverbandes, schreibt sofort und konstatiert, in welchem Maße die Erzählung den großen Aufschwung der Gegenwartsliteratur mitbewirkt habe: »Du weißt selbst, wie vielen Menschen Du mit Deiner Geschichte von Elisabeth und ihren Brüdern Ulrich und Konrad geholfen hast, mit klaren Augen die Gegenwart zu betrachten und ihre eigene Vergangenheit zu übersehen.«[9]

Als die gefeierte Autorin den Preis, nach dem sie so lange gestrebt hat, endlich bekommt, ist sie zwar stolz, zugleich aber auch ernüchtert. Er gibt ihr keineswegs, wie erhofft, mehr Sicherheit, sie ist aufgeregt und fürchtet, bei der Preisübergabe die Nerven zu verlieren. Am liebsten würde sie der Verleihung fernbleiben. Kerschek ist genervt, aber in Berlin klappt alles. Und es kommt zu einer Begegnung, die Brigitte Reimann emotional stark berührt. Sie lernt Günter de Bruyn kennen. Im Tagebuch gibt es erst im Abstand von einigen Wochen – und das ist bezeichnend für die Aufstörung, die die Begegnung auslöst – einen Eintrag, der die tiefe Sympathie ausdrückt und die Anziehung, die offensichtlich beide aufeinander ausüben. Die Vermutung von Dorothea von Törne ist nicht unbillig: »Vielleicht ist dies die zarteste, schüchternste und anrührendste Beziehung zu einem Mann, die Brigitte Reimann jemals erlebt hat.«[10] Daran ändert auch die Persiflage nichts, die de Bruyn auf »Die Geschwister« geschrieben hat, noch vor der Bekanntschaft. Später wird er der Persiflierten ein Exemplar des Bandes »Maskeraden« schicken, in dem sich der Text über »Elisabeth und die Liebe« findet, den er hier ins Süßlich-Kitschige treibt. Seine Widmung lautet: »Mit herzlichen Grüßen und der Bitte um gnädigste Vergebung«.[11]

Der neue Ehemann erfährt von dieser Verliebtheit nichts, auch das lässt Rückschlüsse zu. Von den weiteren Eroberungen, die sie Mitte Mai macht, berichtet sie dann allerdings umgehend. Hans Kerschek bringt sie zum Internationalen Schriftstellertreffen nach Weimar, fährt anschließend aber wieder ab. Bei der Begrüßung verweist Ludwig Renn darauf, dass sich die »Manifestation« als eine »Fortsetzung des weltbekannt gewordenen Treffens von Paris im Jahre 1935 und von Madrid im Jahre 1937« verstehe, bei denen »die bekanntesten Schriftsteller der Welt ihren Willen, gegen den Faschismus zu kämpfen«, erklärten.[12] Zu dem Kongress sind immerhin Schriftsteller aus 52 Ländern angereist. Wie schon zu Goethes und Schillers Zeiten war Weimar auch damals ein Ort der Beschaulichkeit, ein gepflegtes Vorzeigestädtchen mit etwa 60 000 Einwohnern. Dabei beherbergte Weimar nationale Kulturgüter von Rang und war Sitz der Nationalen Forschungs- und Gedenkstätten der klassischen deutschen Literatur. Thomas Mann hatte hier 1949 zum 200. Geburtstag von Goethe eine Ansprache gehalten, und man hatte ihn zum Ehrenbürger der Stadt ernannt.

Brigitte Reimann kennt Weimar, nach dem Abitur hatte sie hier ein Studium am Deutschen Theater-Institut ins Auge gefasst. Nun kehrte sie – als inzwischen bekannte Autorin und mit dem Heinrich-Mann-Preis in der Tasche – in die Stadt am Ettersberg zurück und taucht für einige Tage ein in ein geradezu internationales Flair. Die Kongressreden selbst empfindet sie als ermüdend, aber die »Manifestation« für den Frieden beeindruckend. Ein ganzer Saal voller Schriftsteller. Besonders der spanische Autor Marcos Ana fasziniert sie. Sein Schicksal berührt sie. Sie muss an ihre Erzählungen »Waffen für Tanasis«, »Der Tod der schönen Helena« und »Kinder von Hellas« denken – ihre Texte über die diktatorischen Verhältnisse in Griechenland. Nun hat die Autorin mit Marcos Ana einen Mann vor sich, der 23 Jahre im Gefängnis saß. Als 18-Jähriger war er festgenommen worden, weil er in der legendären Achten Division gegen Franco gekämpft hatte, zeitweise als Politkommissar. Über sein Schicksal war die Heinrich-Mann-Preisträgerin informiert. Ana war zum Tode verurteilt, dann aber begnadigt und 1946 nach Burgos ins Gefängnis gebracht worden. Es setzte ein nahezu klassischer Lernprozess ein: Der junge Mann lernte in Gefangenschaft Miguel Hernández kennen, einen der bedeutendsten spanischen Dichter des 20. Jahrhunderts. Unter seinem Einfluss begann er Gedichte zu schreiben, die aus dem Gefängnis geschmuggelt wurden und unter den Gegnern der Franco-Diktatur eine große Leserschaft fanden. Erst mit 41 Jahren kam Marcos Ana 1962 auf freien Fuß, er ging ins französische Exil, wo er zu den Gründern des Centro de Información y Solidaridad con España gehörte, um politische Gefangene in Spanien zu unterstützen.[13] Auf dem Kongress in Weimar überreicht er Anna Seghers eine Zeichnung, die er aus dem Gefängnis geschmuggelt hatte.

Daneben ist es vor allem Tibor Déry, der Brigitte Reimanns Aufmerksamkeit auf sich zieht, weil er durch seine Rede Kuba (Kurt Barthel) provoziert, der während dieses Teils der Veranstaltung neben ihr sitzt. Déry tut nichts anderes, als von der Aufgabe des Schriftstellers zu sprechen, der verpflichtet sei, unter allen Umständen die Wahrheit zu sagen. Trotz seiner Gefängnisstrafe nach dem Ungarn-Aufstand 1956 sei er Sozialist geblieben, bekennt er. »Aber lassen Sie mich auch hinzufügen, daß ich mich nur mit einem Sozialismus begnügen kann, der auf Gerechtigkeit fußt und in dem die Wahrheit gesprochen und gesagt wird, wo immer es sei auf der Welt.«[14] Für Kuba gilt Déry als das Gesicht der vermeintlichen »ungarischen Konterrevolution«. Brigitte Reimann ist über Kubas aggressive Abwehr empört. Inzwischen ist er für sie zum Inbegriff des Dogmatikers geworden.

Die Reaktionen auf Marcos Ana, Déry und Kuba markieren deutlich, woran Brigitte Reimann inzwischen glaubt und was sie vehement ablehnt. Nach wie vor ist sie überzeugt von der Notwendigkeit, gegen Diktaturen vorzugehen und internationale Bewegungen zu unterstützen, die antikapitalistisch ausgerichtet sind. Hier hält sie an ihren Überzeugungen fest und sieht die DDR als ein Land, das auf der »richtigen Seite« steht. Andererseits trifft ihre scharfe Ablehnung jene Autoren und Kulturpolitiker, die für sie als Dogmatiker das freie Wort unterdrücken und den Austausch kontroverser Meinungen zu verhindern suchen. Schließlich sieht sie sich – wie viele andere Autoren ihrer Generation – dem Gründungsmythos der DDR verpflichtet, dem Antifaschismus. Ein Satz von Yuri Suhl bleibt ihr darum besonders im Gedächtnis. Der verweist auf dem Treffen darauf, dass der Weg von der Bücherverbrennung bis zur Verbrennung der Leichen angefüllt war »mit Millionen und Abermillionen Toten aus aller Welt«.[15]

Am letzten Tag sitzt Brigitte Reimann mit Stefan Heym zusammen, der auf diesem internationalen Forum kein Rederecht bekommen hat, auch sind seine Lesungen abgesagt worden, er ist von »einer Mauer des Schweigens umgeben, eine Situation, die mich irsinnig machen würde«. Und es folgt ein Eintrag im Tagebuch, der bereits auf die nächsten Monate des Jahres 1965 verweist: »Diese Taktik des Totschweigens wird erfolgreich auch an anderen erprobt; über den Prozeß, den Havemann angestrengt hat, verlautet noch immer kein Wort.« Neben dieser offensichtlichen Anspannung, die Politisches betrifft, ist Weimar in anderer Hinsicht für Brigitte Reimann wiederum eine Bestätigung. Sie hat immerhin drei Liebelein. Eine davon mit Horst Eckert, dem Sekretär des Schrifstellerverbandes, der sie im Dezember 1964 zu einer Lesung nach Siegmunds Hof in Westberlin begleitet. Sie verabredet sich dort mit einem früheren Schulfreund, und gemeinsam flanieren sie über den Ku'damm, der sie gleichermaßen fasziniert und abstößt. »Man sieht die Häuserwände nicht mehr, sie sind von oben bis unten mit grellen Lichtreklamen bedeckt, eine Orgie von buntem Licht, eine Bar neben der anderen, Nachtklubs, Striptease, Paris und New Orleans und Drugstores, und auf der Fahrbahn ein unübersehbarer Strom von Autos, dollen Schiffen, rollenden Diwans, Heckflossen wie Tragflächen – ich war völlig zerrüttet. Wie kann man da bloß leben, sich über den Damm wagen, als Mensch existieren zwischen Lichtschreien und flachschnäuzigen gefräßigen Stahltieren? Ich zitterte vor Aufregung, war den Tränen nahe – nun ja, Provinz«, trägt sie später ins Tagebuch ein.[16] Aber das Wichtigste: Sie trifft ihren Bruder Lutz, der mit Sohn Oliver aus Hamburg angeflogen kommt und in Tempelhof landet. Die Lesung hingegen wird zu einer frustrierenden Westerfahrung, sie liest aus dem entstehenden »Franziska«-Roman, und einen Tag später gibt es hämische Kommentare in der Presse. Eine weitere Einladung zu einer Lesung nach München lehnt sie ab.

Der zweite Verehrer ist der Filmjournalist Bruno Pioch und Nummer drei der österreichische Autor Franz Kain, den Annemarie Auer ihr vorgestellt hat. Als sie Kerschek später von den drei Begegnungen berichtet, bleibt der zunächst gelassen, wird aber einige Zeit später, im Sommerurlaub in Ahrenshoop, eruptiv seiner Eifersucht freien Lauf lassen. Brigitte Reimann fragt sich selbstkritisch, was sie zu diesen

Männergeschichten treibt, die für sie nur eine Art Spiel sind. Sie gesteht sich ein, dass sie manchmal gern im Rausch leben würde, mit Reisen in andere Länder: Frankreich, Italien, Amerika, und mit ständig neuen Bekanntschaften. Gleichzeitig ist ihr klar, dass das lediglich ein Wunschtraum ist, ja eine Wunschbiographie. Denn wie verträgt sich das mit der ihr eigenen »strengen Selbstisolierung von allem«? Eine treffende Selbstanalyse, denn offensichtlich braucht sie nach den anstrengenden Schreibphasen, dem Hoffen und Verwerfen von einer geschriebenen Seite oder gar einem ganzen Kapitel, nach den Blockaden, ja dem Kampf mit sich selbst, den sie sich Tag für Tag diszipliniert zu führen bemüht, ohne dass für die nächste Zeit ein messbares Ergebnis in Aussicht steht, schlichtweg einen Erfolg, der eine Art Glücksgefühl auszulösen imstande ist. Ebendas geben ihr in solch einer Situation die drei Männer in Weimar, die sich gewissermaßen um sie reißen. Und vielleicht ist es auch so, wie sie es Annemarie Auer in ihrem »Freundschaftsangebot« schreibt: dass aus der Zeit einer »verpaßten Jugend auch das krankhafte Nachhol-Bedürfnis [stammt], das sich zuweilen noch meldet«.[17]

Nach Weimar ist das Paar Reimann/Kerschek für 14 Tage in Ahrenshoop, es herrscht Harmonie, sie sind verliebt wie am Anfang, und am letzten Tag des Urlaubs, da hat Brigitte Reimann wieder richtig Lust auf die Arbeit. In den nächsten drei Wochen kommt sie gut voran, und Anfang Juli sind zwei Kapitel fertig. Zu diesem Zeitpunkt steht ihr Entschluss fest, sie wird mit dem »Franziska«-Mädchen zu ihrem alten Lektor Walter Lewerenz zurückgehen, also zum Verlag Neues Leben. Ihm vertraut sie ganz besonders, sie hat ihm bereits erste Teile des Romans zu lesen gegeben. Lewerenz antwortet umgehend aus Hohen Neuendorf, wo er Urlaub an der Havel macht. Er versichert ihr, dass er gern »auch unprivat [...], also geschäftlich mit dem Roman zu tun hätte. Denn: ein ›Geschäft‹ wird das Buch aller Wahrscheinlichkeit nach; der Roman wird mit großem Interesse gelesen werden – ich hab's auch getan und bedaure, daß ich noch nicht mehr lesen konnte.« Lewerenz macht ihr Mut, stärkt ihr Selbstbewusstsein. »Zunächst also möchte ich, daß Du unbedingt weiterschreibst. Du hast bisweilen Sorge, die

Geschichte könnte zu abwegig, zu privat, zu wenig gesellschaftlich bezogen aufgefaßt werden? Mir scheint die Geschichte der Franziska sehr wichtig zu sein: Sie *muß* erzählt werden; nur Du *kannst* sie erzählen.«[18] Die Hervorherbungen bringt Lewerenz bewusst an. Genau das braucht die Autorin, sie braucht jemanden, den sie kennt und dem sie vertraut. Sie braucht jemanden, der wiederum in ihre Schreibfähigkeiten Vertrauen setzt und mit dessen Vorschlägen sie etwas anfangen kann. Zudem erkennt Lewerenz sensibel, was in dem Manuskript steckt. Dass er hinter dem Projekt steht, ist für Brigitte Reimann ungemein wichtig, denn sie ist über den Punkt hinaus, da sie permanente Einwendungen und Kritiken wegstecken könnte.

40. »Das ist harter Kurs, wie er im Buche steht« – das 11. Plenum oder wie Hoffnungen zu Ende gehen

Der Herbst des Jahres 1965 steht für Brigitte Reimann nicht nur unter einem ungünstigen Stern, er ist das, was man tragisch nennen muss, persönlich wie gesellschaftlich.

Zunächst stirbt am 2. September Johannes Bobrowski im Alter von nur 48 Jahren an einer Blinddarmentzündung. Noch Ende März 1965 hatte sie mit ihm gemeinsam den Heinrich-Mann-Preis überreicht bekommen, sie für »Die Geschwister«, er für »Levins Mühle« (1964). Den Anfang des Romans mit den »34 Sätzen über meinen Großvater« bewundert sie. »Es ist vielleicht falsch, wenn ich jetzt erzähle, wie mein Großvater die Mühle weggeschwemmt hat, aber vielleicht ist es auch nicht falsch. [...] Ob etwas unanständig ist oder anständig, das kommt darauf an, wo man sich befindet – aber wo befinde ich mich? –, und mit dem Erzählen muß man einfach anfangen.«[1] Genau das macht ihr Mut für ihre »Franziska«. Sie wird sich Jahre später, wenn sie mit Günter de Bruyn eines Nachts stundenlang über den Wall in Neubrandenburg spaziert, an Bobrowskis Gedicht »Kalmus« erinnern. Von der Heilpflanze geht ein einzigartiger Duft aus, der den Verfasser des Gedichts schmerzlich an seine Kindheit erinnert. Vielleicht ist es das, was Brigitte Reimann im Juni 1969 empfindet, da hat ihre schreckliche Krankheit sie schon im Griff.

Und dann das: Sie kann es nicht fassen, als sie Mitte Oktober die Nachricht erhält, dass Erwin Hanke, der immer Heitere, Witzige, Ruhige, ihr Lieblingsbrigadier, bei einem Autounfall tödlich verunglückt ist. Er ist bei einer seiner »listigen« Materialbeschaffungsfahrten ums Leben gekommen. Die Trauer wirkt sich aufs Schreiben aus, sie kommt mit dem neuen Kapitel nicht voran, fünfmal hat sie es bereits geschrieben und wieder verworfen.

Auf der anderen Seite geht es um die »große Politik«: Am 3. Dezember 1965 erschießt sich Erich Apel nach einer heftigen Auseinandersetzung mit Walter Ulbricht und Günter Mittag über den Kurs des Neuen Ökonomischen Systems, den er maßgeblich mitverantwortet hat. Brigitte Reimann ahnt nichts Gutes, zumal sie erkennt, dass seit Mitte des Jahres in der Tagespresse Berichte lanciert werden, die den Eindruck vermitteln sollen, als würden sich – unter dem Deckmantel der zunehmenden Eigenverantwortung – vermeintlich revisionistische Positionen in der künstlerischen Intelligenz breitmachen und in der Jugend kritische Haltungen gegenüber dem DDR-Sozialismus, gepaart mit sogenanntem Rowdytum, Skeptizismus und der Verherrlichung westeuropäischer Beatmusik, zunehmen. Honecker beruft vorsorglich am 11. Oktober 1965 eine außerordentliche Sitzung des Sekretariats des ZK der SED ein.[2]

Etwa zur gleichen Zeit stößt die Veröffentlichung des Vorabdrucks von Werner Bräunigs Wismut-Roman »Rummelplatz« im Oktoberheft der Zeitschrift »Neue deutsche Literatur« auf Kritik. Kurz zuvor hatte Klaus Höpcke im ND bereits Wolf Biermanns Gedichtband »Die Drahtharfe« scharf angegriffen. Brigitte Reimann ist darüber schockiert, auch weil sie mit Höpcke bisher gut auskommt und diese Art der Polemik von ihm nicht erwartet hat. Der Band ist 1965 nur im Westberliner Verlag Klaus Wagenbach erschienen und enthält Texte aus den Jahren 1960 bis 1965. Höpcke wirft dem Autor vor, »gehässige Strophen gegen unseren antifaschistischen Schutzwall und unsere Grenzsoldaten erklingen zu lassen« und damit das »Vermächtnis seines Vaters« zu verraten, »der als Antifaschist im Konzentrationslager ermordet wurde«.[3] Brigitte Reimann lehnt ein solches denunziatorisches Vorgehen ab, niemand kann die von ihm vorgebrachten Behauptungen überprüfen, weil Biermanns Gedichte in der DDR nicht veröffentlicht sind und Höpcke nicht aus ihnen zitiert. Über einen Artikel in der »Jungen Welt« ist sie nahezu sprachlos. Das sei »›Stürmer‹-Ton«, notiert sie und bezieht sich bewusst auf das Naziblatt – nichts als »rüde Rempeleien, wüste Denunziationen; die Redakteure sind Dreckschleudern geworden, die Biermann alle möglichen Vergehen unterjubeln, von Pornographie bis zur Staatshetze«.[4] Die Berichterstattung kann nicht anders denn als Drohung verstanden werden: »Wir haben uns hoffentlich so deutlich ausgedrückt, daß diesmal nicht einmal der Wolf Biermann umhinkommt, zu begreifen, was wir meinen«, heißt es zusammenfassend.[5]

Empört ist Brigitte Reimann auch über das, was im weiteren Verlauf mit Werner Bräunig und seinem Manuskript »Rummelplatz« geschieht. Seit er 1958 am Literaturinstitut Johannes R. Becher in Leipzig studiert und nach dem Abschluss dort als Oberassistent gelehrt hatte, galt er als eine der Hoffnungen der jungen DDR-Literatur. Sein Romanvorhaben, das auf zwei Bände angelegt war und an dem er seit 1959 arbeitete, sollte die Jahre von der Gründung der DDR 1949 bis Ende der 1950er Jahre umfassen und dabei mit einem Erzählstrang auch in die Bundesrepublik führen. Den Vorabdruck im Mai-Heft 1964 der »Neuen deutschen Literatur« liest Brigitte Reimann, allein schon weil sie sich von der Überschrift angsprochen fühlt. »Die heute dreißig sind« ist dieser das Heft aufmachende Ausschnitt von gut 20 Seiten überschrieben.[6] Vorangestellt ist dem Abdruck eine 2-seitige Einführung durch den Autor, der auf erste Entwürfe aus dem Jahr 1959 verweist und zur Geschichte folgenden Kommentar gibt:

> Die heute Dreißigjährigen erlebten den Faschismus als Kinder, Nachkriegsereignisse und die Spaltung Deutschlands als Jugendliche, unseren Aufbau erlebten sie als junge Männer und junge Frauen. Sie waren 1945 elf, zwölf und dreizehn Jahre alt. Es ist meine Generation, und aus Erlebnis und Beobachtung weiß ich, daß sie sich von den nur um fünf Jahren Älteren genauso merklich unterscheidet wie von den nur um fünf Jahre Jüngeren.[7]

Brigitte Reimann konnte damals nicht ahnen, dass den Angriffen gegen Bräunig (und andere Künstler) eine sorgfältige Planung vorausgegangen war. Mit dem 11. Plenum wurde die Demontage dann parteipolitisch sanktioniert und damit ein Verdikt ausgesprochen, hinter das in der Folgezeit niemand mehr zurückkonnte.

Letztlich war es so, dass den konservativen Kräften um Erich Honecker der Reformkurs Ulbrichts zu weit ging, weil sie eine Erosion des Machtmonopols der SED befürchteten. Hinzu kam der Umstand, dass die von Ulbricht avisierten Wirtschaftsreformen nicht wie erhofft griffen. Aus diesem Grund war das 11. Plenum 1965 eigentlich als Tagung zu Wirtschaftsfragen geplant. Faktisch wurde es zur Abrechnung mit der Kultur. Das sieht auch Brigitte Reimann so. Das Signal, das an die künstlerische Intelligenz geht, ist unmissverständlich: Die erhoffte Auseinandersetzung um die Konflikte im Sozialismus, etwa die Notwendigkeit, den Widerspruch zwischen Ideal und Wirklichkeit zu benennen, Dogmatismus, Personenkult und historisch offensichtliche Fehlentwicklungen in künstlerischen Darstellungen zu thematisieren, ist unerwünscht. Die politische Kampagne gegen Kunst und Literatur demonstrierte öffentlichkeitswirksam, dass die Reformphase zu Ende war. Dass die Entwicklung in diese Richtung lief, das ahnt Brigitte Reimann, noch bevor das Plenum zusammenkommt. Sarkastisch notiert sie im Tagebuch: »Das ist harter Kurs, wie er im Buch steht. Jetzt sind wir ganz unten. Der Volkszorn wird auf uns gelenkt.«[8]

Die Jungen, von denen Walter Ulbricht gemeint hatte, dass sie nachrücken sollten, jene Dreißigjähren, die bei Bräunig und auch bei Brigitte Reimann im Zentrum stehen, hatten verloren, obwohl sie genau das gemacht hatten, was man ihnen zugebilligt hatte: Fragen zu stellen und neue Wege zu gehen. »Wir wollen nicht Vertrauensseligkeit. Wir fordern Vertrauen«, lässt Brigitte Reimann ihre Elisabeth in den »Geschwistern« sagen. Aber Elisabeth und die anderen »Männer und Mädchen« ihrer Generation hatten die Schlacht um die Modernisierung verloren, und sie wussten es. »The Game is over«, wieder einmal, so wie zuvor 1953, 1956, nun also 1965. Dabei stammen die Träger der erhofften Erneuerung jeweils aus unterschiedlichen Bereichen: 1953 handelt es sich um eine innerparteiliche Opposition von integren und gebildeten Führungskräften aus dem Machtzirkel der SED. Dafür stehen Rudolf Herrnstadt und Wilhelm Zaisser, 1903 bzw. 1893 geboren. Beide kamen aus dem Widerstand gegen Hitler und dem Exil. Letztlich ging es ihnen um den Sturz Walter Ulbrichts und um Veränderungen in der jungen DDR. Anders nahmen sich die jungen Intellektuellen aus, die 1956 eine Reformierung der DDR anstrebten. Sie waren rund 20 Jahre jünger als ihre Vorgänger und kamen aus dem Verlagsumfeld, vor allem von Aufbau und Neuem Leben, der Zeitung des Kulturbundes »Sonntag« und den Universitäten. Die Lektoren, die dazugehörten und mit denen Brigitte Reimann eng verbunden war, darunter Georg Piltz, Karl Heinz Berger, Walter Püschel und Walter Lewerenz, zählten damals noch keine 30 Jahre.

Brigitte Reimann ist nicht nur eine der wenigen Frauen, die sich im Umkreis der Reformer bewegen, sie ist fast die einzige. 1965 geht es um keine wirkliche Opposition, die jungen Leute »ihrer Generation« haben kein Reformprogramm, sie fühlen sich im Bunde mit den »führenden Genossen«, die ihnen die Spielräume eröffnet haben. Umso schlimmer ist der Schock, als das Experiment abgebrochen wird. Wolfgang Engler hat die Folgen so beschrieben: »Sie blieben ihrer alten Überzeugung in gewisser Weise treu, aber das Zutrauen in ihre gemeinsame Kraft war dahin. Sie kämpften noch immer gegen die Karrieristen, fast noch erbitterter sogar, weil diese das Rennen gemacht hatten; aber sie selbst verstanden sich nicht länger als Neuerer, als Pioniere.« Weiter schreibt er: »Lose verbundene Einzelkämpfer, die sie nunmehr waren, deuteten sie ihr Los und ihre Rolle in moralischen statt wie früher in politischen Kategorien.«[9] Viel später stellt Herta Müller plausibel heraus: »Je eigentlicher, je zuverlässiger Widerstand war, um so mehr war er nichts anderes als eine moralische Geste. Er begann im eigenen Schädel, im Alleinsein mit seinem eigenen Bild. Er kam aus dem Festhalten an moralischen Vorstellungen von sich selbst. Aus dem Bedürfnis, trotz aller lebenslästigen Konsequenzen anständig zu bleiben.«[10] Anstand, Wahrheit und Wahrheitssuche jenseits der »einfachen Wahrheiten« (Uwe Johnson), Wahrhaftigkeit, Zivilcourage, das sind Parameter, die für Brigitte Reimann zählen. Die Hoffnungen sind auch nach 1965 nicht gänzlich aufgebraucht, aber wieder einmal befristet. Sie zieht sich zurück, und sie konzentriert sich jetzt umso mehr auf das Schreiben und ihr »Franziska«-Projekt.

41. »Alles schmeckt nach Abschied« – das 11. Plenum, die Folgen und ein Abschied

Nach dem 11. Plenum hat Brigitte Reimann zunächst so etwas wie eine Schreibkrise. Das geht auch Christa Wolf so, die sich erst einmal aus der Schusslinie nimmt. Dagobert Müller, Chef der Nervenklinik in der Berliner Charité, holt sie für 14 Tage ins Krankenhaus. »Christa kam zurück«, erinnert Gerhard Wolf. »Es hat gedauert, bis sie wieder schreiben konnte. Und da haben wir gesagt, sie muss etwas darüber schreiben, wie jemand selbst seinen Weg findet. Wir waren ja mit Christa Tabbert sehr befreundet, die war auch Studentin bei Hans Mayer gewesen. Sie hat etwas über Fontane bei Hans Mayer geschrieben. Christa Tabbert ist aber einen ganz anderen Weg gegangen. Sie hat einen Tierarzt geheiratet, bekam drei Töchter. Das machte Christa zur Grundlage für ihren Text.« Letztlich sei »Nachdenken über Christa T.« die »Abrechnung« mit dem 11. Plenum gewesen. »Es geht nicht zuletzt darum, dass damals ganz andere Lebensläufe existierten als jene, die öffentlich dargestellt wurden. Und wir kannten diese Biographien.«[1]

Gerhard Wolf unterstützt seine Frau dabei. Brigitte Reimanns Ehemann kann ihr nur wenig zur Seite stehen, was dazu führt, dass sie sich aus Krisen selbst herausholen muss. Die ersten Wochen im neuen Jahr bringen ohnehin das, was zu erwarten war, Auswertungsveranstaltungen zum erschütternden 11. Plenum, die auf allen Ebenen durchgeführt werden, nicht zuletzt in den Bezirksorganisationen des Schriftstellerverbandes und in seinem Vorstand, dem Brigitte Reimann nach wie vor angehört. Zur Sitzung des Vorstandes, der am 12./13. Januar 1966 in Dresden tagt, kann sie erst einen Tag später anreisen. Das ist ihr sogar ganz lieb. Für die Sitzung haben leitende Funktionäre der Kulturabteilung des ZK der SED zusammen mit dem Ministerium für Kultur sowie

Hans Koch und Gerhard Henniger als Vertreter des Schriftstellerverbandes eine zehnseitige Gedankenskizze vorbereitet. Es werden die Entwicklungen in der DDR-Literatur der vergangenen Jahre eingeschätzt, wobei einmal mehr betont wird, dass sich die sozialistische Literatur in einem »ausschließenden Gegensatz zu den Grundpositionen der spätbürgerlichen Literatur, wie sie sich klassisch bei Joyce, Kafka oder Beckett darstellen, entwickelt, in einem ausschließenden Gegensatz zu den spätbürgerlichen Ideologien, die diesen Werken zugrunde liegen«. Eingestanden wird, trotz der insgesamt positiven Bewertung der Literaturentwicklung, dass sich »ein Teil gewisser Literatur der DDR in scharfer Divergenz zu dieser Hauptrichtung unseres literarischen Schaffens entwickelte«. Eigentliche Zielscheibe der Kritik sind Heiner Müller, Stefan Heym, Manfred Bieler und vor allem Wolf Biermann. Die Bedeutung des 11. Plenums sei hervorzuheben, weil es die Fehlentwicklungen endlich »zum Gegenstand der Auseinandersetzung und des geistigen Kampfes« gemacht habe.[2]

Am ersten Tag kann sie noch nicht in Dresden dabei sein, dafür aber bei der Veranstaltung der Künstlerverbände mit der Bezirksleitung der SED in Cottbus. Hier meldet sich Brigitte Reimann dann in Abstimmung mit ihrem Malerfreund Dieter Dreßler zu Wort. »Ich habe über die ›Langeweile von Minsk‹ gesprochen, über Meinungsfreiheit, über das organisierte Denunziantentum, über Bräunig und die Unterdrückung unserer Proteste – eben alles, was sich so in den letzten Wochen angestaut hatte. Na, du lieber Himmel! Ich bin mit beiden Füßen ins Fettnäpfchen gestiegen«, heißt es in ihrem Tagebuch.[3] Anders als die meisten Schriftstellerkollegen hat sie Stefan Heyms »Die Langeweile von Minsk« ebenso gelesen wie den Beitrag von Robert Havemann, als sie bei Wolfgang Schreyer in Magdeburg zu Besuch war. Der Freund hat sie früh auf die Sendungen von Erich Fried bei der BBC London aufmerksam gemacht. Fried, der schon im Exil ab 1941 für den deutschen Dienst der BBC gearbeitet hat, war seit 1952 als politischer Kommentator mit seinen wöchentlichen »Persönlichen Betrachtungen« im Einsatz. Jeweils montags sprach er etwa 8 Minuten zu den »Hörern der Deutschen Demokratischen Republik« über politische, philosophische und kulturelle Fragen. Insofern ist sie gut informiert. Angesichts der Diskussionsbeiträge in Dresden kann sie nur noch amüsiert reagieren. An Wolfgang Schreyer lautet ihr ironischer Kommentar dazu:

> Welch ein Glück für unser Volk, für alle Völker der Welt, daß es die DDR gibt![4]

In der Vorstandssitzung wird die »Entschließung des DSV« zum 11. Plenum einstimmig angenommen, die »prinzipiell geübte Kritik an einigen Erscheinungen in der Literatur und an der Arbeit des Deutschen Schriftstellerverbandes« akzeptiert, weil sie Ausdruck der »hohen Wertschätzung der menschenbildenden Rolle der Literatur und Kunst in unserer Gesellschaft« sei. Die Mitglieder hätten Stellung zu »einer Reihe schädlicher Tendenzen in unserer Literatur und in der politischen Arbeit von Schriftstellern« genommen. Namentlich werden auch hier Stefan Heym, Manfred Bieler und Wolf Biermann genannt, deren »destruktive Bestrebungen« der Vorstand entschieden zurückweise, weil es sich um den Versuch handle, »künstlerisch und politisch eine Linie auszuarbeiten und durchzusetzen, die der Politik und Kulturpolitik von Partei und Staat entgegengesetzt« ist.[5]

Allem Anschein nach hat auch Brigitte Reimann dem Beschluss zugestimmt. Beinahe schon zynisch fasst sie wieder gegenüber Wolfgang Schreyer den »Bericht von unserer Kampftagung« so zusammen:

> Falls Du noch eine Unklarheit in der einen oder anderen Frage hattest, so ist dieselbe, denke ich, jetzt beseitigt. Vorwärts zu neuen Erfolgen! »Alles wird gut, weil du so sexy bist«, wie der Dichter sagt.[6]

Wolfgang Schreyer reagiert am 8. Februar und berichtet von vergleichbaren Veranstaltungen im Magdeburger Schriftstellerverband. Plastisch schildert er, dass Stefan Heyms »Die Langeweile von Minsk« als »antisowjetisch« bewertet wurde.[7]

Was Brigitte Reimann frustriert, ist die Erkenntnis, wie nach dem

11. Plenum der Versuch, neue Maximen der Kunstkritik zu etablieren und eine offene Diskussion in der Literaturkritik zu befördern, zurückgefahren wird. Enttäuscht ist sie, dass gerade die befreundete Annemarie Auer diese Entwicklung mit einem im September 1966 eingereichten Papier für eine Arbeitsbesprechung im Schriftstellerverband befördert. Um eine »Subjektivierung der Kritik« geht es jetzt nicht mehr. Wie zu längst überwunden geglaubten Zeiten war stattdessen von einer »ideologischen Frontziehung« die Rede, die sich »kämpferisch in jeder einzelnen Kritik« verwirklichen solle.[8] Das musste Brigitte Reimann auch deshalb treffen, weil sie in der Diskussion um Werner Bräunigs »Rummelplatz« genau jenen Argumenten wiederbegegnet, die der ansonsten geschätzte Lektor Günter Caspar ihr gegenüber mit guter Absicht ins Feld geführt hatte.

In einem ausführlichen Brief vom 11. März 1960 hatte er Stärken und Schwächen seiner Autorin benannt: »Deine Stärke ist, sehr leicht zu schreiben. Bei einem größeren Vorhaben wird die Stärke zur Schwäche. Du schreibst zu leicht. Daher rührt m. E. Deine Neigung zur Routine als auch zur Länge und Langatmigkeit«, argumentiert er durchaus nicht unzutreffend. Allerdings erscheinen die weiteren Überlegungen problematisch und vielfach kontraproduktiv. Der Cheflektor konstatiert einen »Hang zur Weitschweifigkeit, zu unnützen Details, zum Dialog und zum Dialogisieren«. Er konzediert durchaus, dass »niemand an einen strengen Erzählstil gebunden« sei und der Erzähler sich »durchaus nicht immer einschalten muß«. Es werde mitunter aber – wie bei der Wiederaufnahme des Projekts »Jo und das Mädchen auf der Lotusblume« – zu einem Problem, »denn der Leser sieht alles Geschehen nicht nur mit den Figuren, sondern durch die Figuren«. Über diese Frage hatten sie sich bereits ausgetauscht, und Brigitte Reimann war uneinsichtig geblieben. Den Vorwurf formuliert Caspar daher noch einmal pointierter: »Du schaffst keinen Abstand zu Deinen Figuren. Statt daß Du Dich von ihnen distanzierst und sie gewissermaßen in ihre Schranken verweist, identifizierst Du Dich mit ihnen. Sicher tust Du es nicht bewußt, aber objektiv ist es so.« Durch das »kritiklose Beschreiben« seien ganze Partien »platt und naturalistisch«.[9]

Ähnlich war bereits Siegfried Pitschmanns Romanmanuskript »Erziehung eines Helden« mit der sogenannten »harten Schreibweise« in Verbindung gebracht worden. Was hier von Caspar ins Feld geführt wird, das sind eigentlich längst überholte Positionen von Georg Lukács. Der hatte die vermeintlich »beschreibende Methode« vehement abgelehnt, weil der Autor hier »auf das Niveau seiner Gestalten« sinke,[10] davon war bereits die Rede. Genau das wirft Caspar nun Brigitte Reimann vor, und er liegt damit in jeder Hinsicht falsch, weil er eine Form des Erzählens ausschließt, nämlich das Erzählen aus der Sicht einer Figur. Zudem spielt er die Bedeutung des Dialogs herunter, der für ihr Erzählen wichtig ist. Georg Piltz war es, der sie rund zehn Jahre zuvor in Rheinsberg gegenteilig auf die Wichtigkeit der Wechselrede zwischen den Figuren und in diesem Zusammenhang auf Theodor Fontane aufmerksam gemacht hatte. Am gewichtigsten Autor des bürgerlichen Realismus könne man ersehen, in welcher Weise der Dialog die Möglichkeit schafft, die Subjektivität einzelner Anschauungen zu vermitteln. Der Erzähler tritt in dem Moment, da ein Gespräch eröffnet wird, zurück, und die Figur erhält die Möglichkeit, ihre Sicht auf die Welt im Gespräch zu äußern. Die jeweiligen Gesprächspartner können an das Gesagte anschließen, sich darauf beziehen, die Positionen bestätigen, relativieren oder widersprechen.

Brigitte Reimann war keine Autorin, die bei der Suche nach der Darstellungsweise für eine Geschichte theoretisch vorging. »Ich gestehe, daß ich selten analytische Betrachtungen anstelle, ebensowenig wie ich beim Schreiben an den Leser denke«, hatte sie einmal bekannt.[11] Ihr geht es ähnlich wie Uwe Johnson, der für die in den »Mutmassungen über Jakob« erzählte Geschichte eine »Form, eine Lösung« gesucht hatte, dann aber hätten die »Verhältnisse der Geschichte [...] einfach die Darstellung bestimmt«.[12] Genau darum geht es ihr mit dem entstehenden »Franziska«-Roman, und genau darum wird sie einige Monate später so erschrocken sein, als Annemarie Auer bemängelt, dass die Geschichte keine Fabel habe. Die Verunsicherung reicht so weit, dass sie in einem Brief an Christa Wolf im Januar 1969, da lebt sie schon in Neubrandenburg, darauf zurückkommt: »ich bin schrecklich unsicher, und ein Urteil wie das von der Annemarie A., die sagte, das Buch habe keine Fabel, kann mich wochenlang arbeitsunfähig machen«. Und sie schließt die Frage an: »aber warum, um Himmelswillen, muß ein Buch eine Fabel haben?«.[13]

Ab 1966 fühlt sich Brigitte Reimann immer unwohler in Hoyerswerda, und das hat mit den zunehmend enger werdenden Spielräumen und den wiederholten Auseinandersetzungen mit Funktionären der verschiedenen Ebenen zu tun. Dieter Dressler, der in diesen Jahren zu einem engen Freund wird, hat rückblickend an ebenjene Auseinandersetzungen erinnert: »Brigitte war ungemein erbost, wenn immer wieder Autoren und Künstler als ›feindlich‹ klassifiziert wurden, ohne jeweils Belege zu nennen. Sie fragte dann geschickt: ›Genosse, Sie kritisieren gerade Stefan Heym, aber welchen Text meinen Sie und auf welche Textstelle beziehen Sie sich?‹ Der Angesprochene musste in den meisten Fällen klein beigeben, weil er keine Ahnung hatte und nur das wiederholte, was in einem Zeitungsartikel oder einer Parteiinformation stand.«[14]

Im März 1966 ist Brigitte Reimann mit anderen Künstlern anwesend, als es um die Abnahme eines Wandbildes von Dressler in Cottbus geht, das er im Auftrag der Stadt für die dortige 16. Polytechnische Oberschule gestaltet hat. Bei der Diskussion kommt der Einwand, es sei nicht hinreichend »schön« und entsprechend dem »sozialistischen Menschenbild« gestaltet. Die Künstler halten zusammen und können sich in der Abstimmung durchzusetzen. Aber in der Folgezeit bekommt Dressler Schwierigkeiten, und hinter verschlossenen Türen wird daran gearbeitet, ihm keine öffentlichen Aufträge mehr zu übertragen. Einige Monate später äußert sie sich schockiert: »Schrieb ich schon, daß sich die Staatssicherheit über uns – Dieter und mich – informiert hat? Sie haben Kollegen befragt. Wir gelten als das Haupt einer ›Untergrundbewegung‹ bei den Künstlern. Das ist so absurd, man sollte darüber lachen, mein Gott, aber ich finde es schrecklich, schrecklich. Weil wir fragen.«[15]

Was Brigitte Reimann hier nur vermuten kann, ist Gewissheit: Seit 1961 gibt es erste, eher simple Hinweise von Geheimen Informatoren über das Privatleben des Schriftstellerehepaares Reimann/Pitschmann. Im März 1963 liefert der GI »Peter Steinhaus« einen Bericht zu einem Lyrikabend in der Kultur- und Kongresshalle Hoyerswerda. Gelesen hat dort u.a. Volker Braun. »An diesem Abend haben sich erheblich die Fronten geklärt. Braun seine Gedichte [sic] trugen nihilistischen Charakter, wenn nicht sogar feindlichen Charakter«, schreibt er, um dann später zu konstatieren, dass das »Schriftstellerpaar Reimann-Pitschmann« offen die Meinung vertrete, »Braun ist ein großer Lyriker von Format«. Sie lasse nichts »unversucht, aufgrund ihres Namens erreicht sie auch viel, um diese erwähnten Kräfte zu fördern und populär zu machen«.[16]

Betrachtet man die weiteren Berichte, dann zeigt sich, dass die Autorin bis zu ihrem Umzug nach Neubrandenburg im Fokus der Staatssicherheit stand. Am 11. Juni 1964 weist GI »Peter Steinhaus« darauf hin, dass sich Brigitte Reimann mit dem »Ausweis der Jugendkommission Tür und Tor zu öffnen versteht«. Zudem habe sie auf einer Tagung des Schriftstellerverbandes verlangt, »man solle doch endlich mit der geistigen Bevormundung aufhören, man solle dem Schriftsteller und Bürger mehr ›geistige Freiheit‹ geben«.[17] Auch über die Lesung im Westberliner Siegmunds Hof ist das MfS über den GI »Walter Schulze« informiert. »Sie muss dort einige Zeit ohne Kontrolle gewesen sein, denn sie traf mit einem Freund ihres Bruders [geschwärzt], der dann mit ihr in seinem Wagen den Bruder [geschwärzt] der K. gemeinsam vom Flugplatz Tempelhof abholte. Aus ihren Worten muss ich auch entnehmen, dass sie dann in die Wohnung dieses Freundes gefahren sind.« Am nächsten Tag zu Hause habe sie ihren Mann getroffen und sich über die Behandlung der Rentner empört:

> Du kannst Dir gar nicht vorstellen, wie im Bahnhof Friedrichstraße die aus Westdeutschland in der großen Glashalle empfangen werden und wie beschissen unsere Rentner behandelt werden. In einem ehemaligen Toilettenvorraum müssen die warten, keinen Stuhl und nichts haben sie dort.«[18]

In den Berichten geht es keineswegs nur um private Kontakte und vermeintlich despektierliche politische Aussagen, sondern auch um Literarisches. Zu Brigitte Reimanns Veröffentlichung im »Sonntag« unter dem Titel »Meine Straße« findet sich wiederum ein Bericht des GI »Peter Steinhaus«. Es handelt sich dabei um einen von dem Stellvertretenden Chefredakteur Werner Müller-Claud angefragten kleinen Prosabeitrag zum »Tag der Republik« am 7. Oktober.[19] Ähnliche Schreiben waren an verschiedene Autoren gegangen. Brigitte Reimann schickte ihren Text, in dem sie von »ihrer Straße«, der Liselotte-Herrmann-Straße in Hoyerswerda, erzählt: »Sie ist nicht groß, sie ist nicht schön, sie tröstet uns nicht wie eine Straße, auf deren Trottoir sich die Leute drängen, und sie trägt, obgleich eine der ältesten Straßen der Stadt, keine Spuren von Geschichte, etwa eine Gedenktafel oder eine barocke Türbekrönung oder Kugelnarben aus dem Krieg.«[20] Den GI »beunruhigt« der kleine Beitrag, weil als »erstes das Bild der unzuverlässigen Planung und Entwicklung eines sozialistischen Staates« gegeben wird. Die Straße werde als eine »antiurbane Siedlung ausgegeben, ohne anziehendes Zentrum usw. – ohne Perspektive«. Wenn man bedenke, was dahinterstecke, »dann ist es ein vernichtendes Urteil über eine sozialistische Planung eines sozialistischen Staates. Es wird bei ihr nur über das Häßliche gesprochen.«[21] Der GI »Peter Steinhaus« ist der aktivste Informant, aber im Umfeld von Brigitte Reimann sind noch weitere Inoffizielle Mitarbeiter platziert.

Sie ahnt, dass sie möglicherweise im Fokus der Staatssicherheit steht, aber letztlich weiß sie, dass die Informanten nur im Dunkeln operieren können. Anders als 1956 geht sie selbstbewusst davon aus, dass das MfS keine Mittel gegen sie in der Hand hat. Und Brigitte Reimann weiß sehr wohl zwischen der DDR als Staat mit seinen Institutionen, Gesetzen, Verfügungen und dem, was man als Gesellschaft bezeichnen kann, also den Beziehungen zwischen Menschen, dem Leben in der Familie, im Freundeskreis, im Betrieb, zu unterscheiden. Denn im »sozialen Nahbereich« (Thomas Lindenberger[22]), im kleinen Raum, dort, wo Überschaubarkeit gegeben war, besaß der Einzelne durchaus Macht- und Regelungskompetenzen. Genau das erlebt Brigitte Reimann, und das macht ihr Mut. Die Besonderheit der »Diktatur des Proletariats« bzw. der »staatssozialistischen Diktatur« bestand wohl nicht zuletzt darin, dass die Grenze »tatsächlich strikt auf den lebensweltlichen Bereich bezogen blieb. Arbeitskollektiv, Familie und Verwandtschaft, Dorf und Wohngebiet [...]. Die Grenze nach oben, bereits zur Kreis- oder Betriebsebene, war weitgehend undurchlässig; von dort kamen aber auch die Gefahren für diesen Raum des bedingt Eigenmächtigen.«[23]

Diese Gefahren »von oben« sind es, die Brigitte dazu bringen, den Abschied von Hoyerswerda zu forcieren. Aus zwei, drei Jahren, die ursprünglich angedacht waren, sind ohnehin schon sechs geworden. In einem Brief an Wolfgang Schreyer vom 9. August 1966 artikuliert sie ihren Frust: »Mein Buch macht mir keinen Spaß mehr; ich habe es – vor zwei Jahren – unter anderen Voraussetzungen begonnen, und jetzt bedrückt mich mehr und mehr das Bewußtsein, beim Schreiben immer nur bis an eine bestimmte Grenze gehen zu können, auch was die Seelen-Anatomie angeht«, bekennt sie. »Ich gebe nur die Hälfte von dem, was ich geben könnte, wenn ich unbefangen, sogar rücksichtslos schriebe, und meine Leute kommen mir nur wie Konturen derer vor, die sie sein sollten.«[24] Die »Atmosphäre hier« sei mit schuld an dieser Unlust. Im gleichen Brief fragt sie, ob der Freund »Näheres über den ›Spur‹-Film« wisse, »den das Kaninchenschicksal ereilt hat«. Ihre Befürchtung ist, »daß der Volkszorn organisiert gewesen sei und unsere Menschen nichts anderes als bestellte Claque«.[25]

In der Tat war die Verfilmung von Erik Neutschs Roman »Spur der Steine« (1964), mit Manfred Krug in der Hauptrolle, zum Problem geworden. Bei der Premiere im Berliner Kino International hatte es protestierende Zwischenrufe gegeben, die allem Anschein nach organisiert waren. Das zeigte sich vor allem in Episoden, bei denen vorgeblich Arbeiterklasse und Partei in ein negatives Licht gerückt würden. Dazu gehörte eine Filmsequenz, bei der der erfolgreiche Brigadier Balla auf einer Tagung über die positiven Erfahrungen seiner Leute mit dem Dreischichtensystem und der neuen Technik berichten soll. Der ausgezeichnete Fachmann allerdings hat keinerlei Erfahrung mit der von ihm geforderten Textsorte eines Erfolgsberichts. Entsprechend unsicher ist er bei seinem Vortrag, in dem er dann – wie es ihm eingeredet worden und bei derartigen Reden üblich ist – auf einen Klassiker des Marxismus-Leninismus Bezug nimmt, nämlich Lenin höchstpersönlich. Balla scheitert in dem Bemühen, einen Zusammenhang zwischen der konkreten Arbeitspraxis und der Ideologie zu konstruieren, was, durch den Widerspruch zwischen Inhalt und Form, sein Publikum zum Lachen bringt. Daraufhin legt Balla sein Manuskript beiseite und redet Tacheles:

> Also kurz und gut: Wir haben jedenfalls in Schkona tatsächlich mit Hilfe der modernen Technik schneller und billiger gebaut (Beifall). Was ist aber nun das Neue? Das Neue für uns war, dass wir, obwohl wir viel schneller und viel billiger gebaut haben, viel weniger Geld bekommen haben. Warum? Weil sich die Arbeitsproduktivität, ne, also die Arbeitsproduktivität, nicht nach dem Produkt errechnet, sondern danach, ob die Plansumme auch tatsächlich bis zum letzten Pfennig verbaut ist. Warum das so ist, versteht bei uns kein Mensch. Das wollte ich hier mal Sie fragen, Genossen.[26]

Auf Ballas offene Fragen haben die Genossen im Film keine Antwort, und nicht nur in dieser Hinsicht kommt der Rede des Brigadiers symbolische Bedeutung zu. Der »sozialistische Selbsthelfer« Balla wechselt nach dem zunächst stockenden Verlesen vorgestanzter parteipolitischer Plattitüden das Stilregister und benennt, nunmehr im wahrsten Sinne des Wortes frei sprechend, das eigentliche Problem: die Organisation von Arbeit. Balla markiert auf seine Weise den Widerspruch zwischen der politischen Ermächtigung von »Oben« (Der Plan) und der Eigenentwicklung im System Wirtschaft, in diesem Fall in einem Betrieb. Damit macht Balla auf eines jener Modernisierungsprobleme der DDR aufmerksam, auf die das Neue Ökonomische System eine Antwort suchte. Doch dieser Reformversuch war mit dem 11. Plenum beendet, und so wanderte der Film ab Juli 1966 für 23 Jahre in die Tresore.

»Spur der Steine« war nicht der einzige Film, den dieses Schicksal ereilte. Im Umfeld des Plenums wurden insgesamt 12 neue DEFA-Filme verboten, und die gesamte Jahresproduktion 1965/66, die sich in verschiedenen Stufen der Fertigstellung befand, wurde gestoppt.[27] Das Verbot bedeutete – und das war das Entscheidende – einen Abbruch der Kommunikation über die Widersprüche, die in der DDR-Gesellschaft existierten. Diesen Weg, einen Austausch über die Konflikte in Gang zu bringen, gab es nicht mehr. »Das hat der Gesellschaft geschadet, und vielleicht wäre die DDR einen anderen Weg gegangen«, hat der Filmhistoriker Ralf Schenk vermutet. Und noch in einer anderen Hinsicht sei die abgebrochene Entwicklung destruktiv gewesen. Mit den Filmen »hatte die DEFA sich ästhetisch der Welt geöffnet. Der eigentliche neue deutsche Film jener Jahre, der wurde bei der DEFA gemacht«, urteilt er.[28]

Brigitte Reimann jedenfalls will Hoyerswerda jetzt in Richtung Neubrandenburg verlassen, entsprechende Pläne haben bereits Gestalt angenommen. »Wahrscheinlich werden wir Ende des Jahres umziehen, und unsere zwei Freunde, junge Maler, kommen mit«, so in einem Brief an Schreyer.[29] Bei einem der Malerfreunde handelt es sich um Dieter Dressler. Der schreibt 35 Jahre später bestätigend und mit etwas Wehmut, dass die »SED u. Stasi mir diesen Zug nach Neubrandenburg unterbunden« haben.[30] Daraufhin fällt er den Entschluss: 1986 verlässt Dressler mit seiner Familie die DDR. Anders Brigitte Reimann, sie will man mit allen zur Verfügung stehenden Mitteln unbedingt in die Bezirksstadt holen. Auch der Schriftstellerverband steht dahinter. Elisabeth Elten-Krause, damals Verbandssekretärin und diejenige, die später den Grundstein für die Brigitte-Reimann-Sammlung legen wird, lädt sie im Juni 1966 zu einer Tagung ein.[31] Der Direktor der Bezirksbibliothek zieht nach mit dem Verweis, dass im letzten Jahr in Neubrandenburg »der modernste Kulturhausbau unserer Republik seiner Bestimmung übergeben worden ist«, in dem sich wiederum die »modernste allgemeine öffentliche Bibliothek« befinde. Am 8. Juni 1966 liest Brigitte Reimann vor den Mitgliedern des Schriftstellerverbandes des Bezirkes Neubrandenburg, und das Echo ist überwältigend. Joachim Wohlgemuth, Autor des DDR-Bestsellers »Egon und das achte Weltwunder« (1962), hat im Gespräch Ende der 1980er Jahre betont, wie begeistert alle von dem Auszug aus »Franziska Linkerhand« waren und von der Autorin selbst.

Auch Horst Lubos, Leiter der Abteilung Kultur und Mitglied des Rates des Bezirkes, wirbt um die schillernde Persönlichkeit. Im November kann er mitteilen, dass Ende Feburar eine Zweizimmerwohnung bereitgestellt werde und etwa zwei Monate später eine Einzimmerwohnung in einem der neu erbauten Hochhäuser.[32] Denn für Brigitte Reimann und Hans Kerschek steht fest, dass sie an ihrer bisherigen Lebensweise, die in Hoyerswerda so viel böses Blut erzeugt hat, festhalten wollen. Sie brauchen – obwohl verheiratet – getrennte Lebensbereiche. In Neubrandenburg hat niemand etwas dagegen, der 1. Sekretär der Kreisleitung der SED, Gerhard Müller, steht hinter der Entscheidung. Dennoch gehen fast zwei Jahre ins Land, bis es endlich so weit ist.

In dieser Zeit legt sich Brigitte Reimann in Hoyerswerda weiter mit Funktionären in verschiedenen Bereichen an. Gemeinsam mit engagierten Hoyerswerdaer Bürgern, darunter dem Ehepaar Martin und Helene Schmidt, schickt sie derweil, im Juli 1968, eine Beschwerde an den Vorsitzenden des Staatsrates, also den Genossen Walter Ulbricht. Das 8-seitige Schreiben ist von 33 Mitgliedern des »Freundeskreises des Deutschen Kulturbundes Hoyerswerda-Neustadt« unterzeichnet. Im Kern geht es darum, dass die bereits begonnene Projektierung des Theaters und Kulturzentrums »um mindestens 10 Monate« zurückgestellt werden soll. Der Stadtarchitekt Siegfried Wagner hatte das Projekt zunächst durchsetzen können. Die Gruppe sieht in dem aktuellen Vorgehen des Bezirkes »eine grobe Mißachtung der Festlegungen des Ministeriums für Kultur, des Kreises und der Stadt Hoyerswerda und einen groben Verstoß gegen den Artikel 18 unserer neuen Verfassung und gegen den Beschluß des Staatsrates der DDR vom 30. 11. 1967« und begründet dies in sechs Punkten ausführlich – und mit den öffentlichen Bekundungen von SED und Regierung argumentierend. So heißt es: »Wenn das Theater und Kulturzentrum nicht bald gebaut wird, bedeutet das, daß die ca. 50000 Einwohner von Hoyerswerda über Jahre hinaus den direkten unmittelbaren Umgang mit der Kultur nicht haben können.«[33] Der Staatsrat reagiert, und auch der mit Brigitte Reimann gut bekannte Otto Gotsche unterstützt die Eingabe. Ende Juli erhält Martin Schmidt von der Inititativgruppe ein Schreiben, in dem die Fertigstellung des Baus für 1973 garantiert wird.[34] Die Grundsteinlegung zieht sich dann aber bis 1977 hin. Unabhängig davon setzt der Freundeskreis ein unübersehbares Signal, dass es möglich und notwendig ist, sich gegen unhaltbare Zustände und gegen die Staatsführung zur Wehr zu setzen.

Auch Brigitte Reimann ist froh, und sie geht mit Energie an den Umzug nach Neubrandenburg. Aber dann gibt es zwei aufrüttelnde Ereignisse. Am 20. August 1968 marschieren die Truppen des Warschauer Vertrages in die Tschechoslowakei ein. Einen Tag später heißt es im Tagebuch: »Truppen der SU und von 5 Pakt-Staaten haben die ČSSR besetzt. Ein Schock. Den ganzen Vormittag klingelte das Telefon [...]. Habe den ganzen Tag am Radio gesessen und die Nachrichten gehört. [...] Und welche Hoffnungen haben wir auf das ›Modell‹ ČSSR gesetzt!«[35] Dass der Prager Frühling mit dem Einmarsch der Truppen im August 1968 beendet wird, ist eine entscheidende Zäsur. Ulrich Plenzdorf, dessen Edgar Wibeau aus den »Neuen Leiden des jungen W.« (1972) zur literarischen Schlüsselfigur für ostdeutsche junge Leute nicht nur der 1970er Jahre wurde, hat nach 1989 von einem »doppelten 68« gesprochen. Während das »westliche« auf ihn keinen so großen Einfluss gehabt habe, sei der Einmarsch in die ČSSR »ein schlimmer Einschnitt« gewesen. »Das ist in Mark und Bein gegangen«, so Plenzdorf, »und es ist nicht vergessen worden. Zumindest ist alles, was ich danach geschrieben habe, auch als Aggression dagegen entstanden. Das hat natürlich Widerstand hervorgerufen.«[36] Auch Brigitte Reimann und Wolfgang Schreyer sind geschockt. Beide verweigern die Unterschrift unter eine »Erklärung des Verbandes«, die Zustimmung zu der Entscheidung des Warschauer Vertrages signalisieren soll.

Der Schock von »1968« wird durch einen weiteren, geradezu existenziellen noch verstärkt. Anfang August 1968 muss sich Brigitte Reimann einer Operation unterziehen, es wird ein, davon war bereits die Rede, »verkapselter Fadenrest« entfernt. Sie ist zunächst erleichtert. Allerdings finden die Ärzte weitere Knoten im Gewebe, die untersucht werden müssen. Noch bevor es einen Eintrag im Tagebuch gibt, schreibt sie Wolfgang Schreyer und erklärt die lange Schreibpause in einem Brief vom 10. September 1968. Erst habe es »tausend Schwierigkeiten« mit dem Umzug nach Neubrandenburg gegeben, aber vor allem seien »Privatsorgen« der Grund. Und dann folgt jener Satz, nach dem nichts mehr so sein wird wie vorher: »Heute habe ich das Urteil erfahren, auf das ich seit Monaten wartete, in gewisser Weise auch vorbereitet war. Ich habe Krebs.«

Während es in den Jahren zuvor Wolfgang Schreyer gewesen ist, der auffordert: »Brigitte, schreib mal wieder«, ist es nun Brigitte Reimann, die ihn bittet: »Wenn Du kannst, schreib mir mal; freilich werde ich vorerst nicht antworten können, weil der rechte Arm eine Weile außer Dienst sein wird.« Und dann: »Übrigens: sag niemandem, was mit mir los ist; ich weiß nicht, warum, aber ich empfinde Krankheit immer wie einen Makel.« Brigitte Reimann will nach außen so gern selbstbewusst und stark wirken. Der Brief schließt so: »Drück mir die Daumen, Wolfgang. Ich habe Angst. Ich möchte so gern ein Held sein, aber dazu reicht's noch nicht.«[37]

42. »Überhaupt sind die Leute mächtig stolz auf ihre Stadt« – Neubeginn und Abschied in Neubrandenburg

Noch vor dem Umzug nach Neubrandenburg wird Brigitte Reimann operiert. Hermann Henselmann hat seine Kontakte genutzt und kurzfristig einen Termin in der Robert-Rössle-Klinik in Berlin-Buch vereinbaren können. Prof. Dr. Hans Gummel, einer der anerkanntesten Spezialisten, übernimmt die Behandlung. Alles läuft nach Plan, und Prof. Gummel versichert, es gebe keine verdächtigen Zellen mehr. Das macht Hoffnung. Zugleich fühlt sie sich als »halbierte Frau«.[1]

Was sie nicht weiß: Am gleichen Tag, an dem sie die Nachricht erhält, die sie auf Gesundung hoffen lässt – es ist der 2. Oktober 1968 –, unterschreibt ihr Mann Hans Kerschek eine ihm vordiktierte Verpflichtungserklärung des MfS: »Im Kampf um die Einhaltung des Friedens verpflichte ich mich auf freiwilliger Grundlage mit dem MfS zusammenzuarbeiten. Ich werde über die Zusammenarbeit gegenüber anderen Personen Stillschweigen bewahren. Die Zusammenarbeit läuft unter dem Decknamen ›Ewald‹«, heißt es in der handschriftlichen Erklärung.[2]

Helmut Sakowski, der Freund aus Magdeburger AJA-Zeiten, reagiert nach dem Krankheitsbefund sofort, macht ihr Mut und versichert, dass sie in Neubrandenburg mit offenen Armen empfangen werde. Und auch von Christa Wolf kommt Post, gleich zwei Briefe, einer ist vom November, noch vor dem Umzug. Erneut zusammengeführt hat die beiden Frauen, die seit der gemeinsamen Moskaureise freundschaftlich verbunden sind, Gerhard Wolf, der bei einer Lesung in Hoyerswerda war. Die damalige Situation erinnert er im Gespräch so:

> Das war damals ein toller Kreis, wo man sehr offen reden konnte. Das lief unter dem Deckel des Kulturbundes. Und da habe ich Brigitte getroffen, das war nach der ersten Operation. Ich fand, wie sie mit ihrer Krebserkrankung umgegangen ist und das hinter sich gebracht hat, sehr bravourös. Und ich habe Christa davon erzählt, und da ist dann der Briefwechsel zwischen ihnen entstanden.[3]

Die daraufhin entstehende enge Beziehung zwischen den so unterschiedlichen Autorinnen ist eine intensive Zeit, in der sie sich keineswegs nur Briefe schreiben oder telefonieren. Christa Wolf besucht Brigitte Reimann so oft wie möglich, und auch auf Schriftstellerveranstaltungen treffen sie sich. Die Freundschaft hat ihre Grundlage und ihren Reiz nicht zuletzt auch in den Unterschieden. Christa Wolf war das, was man mit Uwe Johnson »überlegsam« nennen kann, Brigitte Reimann dagegen verfügte über große Spontanität, was »Teil ihres Talents war und was auch ihre ersten Bücher zeigen«, so Christa Wolf.[4] Das Miteinander ist durch das gekennzeichnet, was Freundschaften allgemein ausmacht, Vertrauen und Uneigennützigkeit sowie Offenheit und Hilfsbereitschaft. In einem der ersten Briefe kommt Christa Wolf auf zwei gemeinsame Lieblingserzählungen zu sprechen. Sie berichtet davon, dass Ehemann Gerd der Tochter Tinka immer vorliest, »zum Beispiel ›Der alte Mann und das Meer‹ oder ›Ausflug der toten Mädchen‹, da liegen sie beide in seinem Zimmer auf dem Sofa, und wenn sie rauskommen, haben sie beide verheulte Augen: Das sind aber auch Gründe.«[5] Den Umzug nach Neubrandenburg begrüßt die Freundin.

Am 19. November 1968 kann er endlich vonstattengehen. Es ist eine nette Wohnung in einem Haus mit Garten am Friedrich-Engels-Ring, eine schöne Gegend. Zwar befindet sich die Wohnung in der Gartenstraße 6 in keinem guten Zustand – es hat einen Wasserrohrbruch im Badezimmer gegeben, und die Elektroöfen schaffen es nicht, die Zimmer hinreichend zu beheizen –, aber man hat Abhilfe versprochen. Trotz der nötigen Instandsetzungsarbeiten fühlt sich Brigitte Reimann sofort wohl. Vom Häuschen aus braucht sie nur wenige Minuten, um über den Wall ins Zentrum zu gelangen, bevorzugt durch das Neue Tor. »Überhaupt sind die Leute mächtig stolz auf ihre Stadt, auf die Wallanlagen (die unter Denkmalschutz stehen, gleichrangig dem Dresdener Zwinger, und sorgsam restauriert werden, jedes Stück der Mauer, und die Tore und die putzigen kleinen Wiekhäuser in der Mauer), auf die künftige Oststadt, auf ihren ganzen Bezirk, der einmal alle anderen Bezirke überflügeln wird, jungfräuliches Land sozusagen. Ein Königreich«, stellt Brigitte Reimann beglückt fest.[6] In der Tat hat die Bezirksstadt Neubrandenburg Ende der 1960er Jahre in allen Regionen der DDR einen guten Ruf, die Versorgung ist weitaus besser als anderswo, die Wohnungssituation nicht so angespannt, das Haus der Kultur und Bildung, diese 56 Meter hohe turmartige Konstruktion mit 16 Etagen, ist DDR-weit als bauliche Attraktion bekannt und die Gegend um den Tollensesee einfach phantastisch.

Auch historisch hatte die Stadt einiges zu bieten. Im Januar 1248 wurde von Markgraf Johann von Brandenburg der Stiftungsbrief ausgestellt. Mitte des 16. Jahrhunderts erhielten zahlreiche Gewerke ihre Zunftprivilegien, Kaufleute, Schneider, Wollweber, Goldschmiede, Krämer und Weißgerber. Im Dreißigjährigen Krieg besetzten Wallensteins Truppen die Stadt, die zunächst unzerstört blieb. Erst 1631 drang der kaiserliche General Tilly mit seinen Truppen ein, es gab Zerstörungen, und zahlreiche Bürger und große Teile der schwedischen Besatzer wurden getötet. Wichtig für Stadt und Region war der Bau des Schauspielhauses im Jahr 1787. Beachtliche kulturgeschichtliche Bedeutung erlangte Neubrandenburg dann zu Beginn des 19. Jahrhunderts. Unter dem damals regierenden Herzog Karl II. von Mecklenburg-Strelitz, der sich an den gesellschaftlichen Idealen Rousseaus orientierte, wurde das kleine Herzogtum zum liberalsten Ort Deutschlands. Wegen der Weimarer Zensur ließ Friedrich Schiller hier den ersten Band des »Musenalmanachs« drucken. Zwischen 1803 und 1805 erlebten drei Persönlichkeiten in Neubrandenburg ihre geistige Erweckung. Der frühere Landvermesser Friedrich Fröbel bekam hier die erste Anregung für sein pädagogisches Schaffen, das 1840 zur Gründung des ersten deutschen Kindergartens führte. Der exmatrikulierte Greifswalder Student Friedrich Ludwig Jahn entwickelte als Hauslehrer seine Idee der deutschen

Turnbewegung und wurde zum Turnvater der Nation.[7] Und schließlich fand der bis dahin unbedeutende Maler Caspar David Friedrich in der Gegend um den Tollensesee jene Motive, mit denen er 1805 den damals wichtigsten Kunstpreis gewann, die von Goethe initiierte Auszeichnung der Weimarer Kunstfreunde. Für den Start dieser für die deutsche Kulturgeschichte wichtigen Persönlichkeiten war der Theologe und Schriftsteller Franz Christian Boll der Inspirator, dem Caspar David Friedrich in seinem Gemälde »Der Wanderer über dem Nebelmeer« ein Denkmal setzte. Eine wichtige Rolle spielte zu dieser Zeit auch die Brückner-Familie, in der Regionalliteratur die »Buddenbrooks« von Neubrandenburg genannt, die vor allem literarisch begabte junge Frauen förderte. So nahm die Karriere von zwei der erfolgreichsten deutschen Autorinnen des 19. Jahrhunderts ihren Ausgang, Ida Hahn-Hahn und Luise Mühlbach.[8]

Historisch gesehen befindet sich Brigitte Reimann in guter Gesellschaft. Eine Zäsur gab es 1945. »In den Morgenstunden des 29. April wird die Stadt durch Truppen der Roten Armee, die aus südöstlicher Richtung kommen, eingenommen. Dabei werden über 80 Prozent der Innenstadt zerstört oder stark beschädigt, darunter die Marienkirche, das Palais, das Rathaus und das Gymnasium«, schreibt die Leiterin des Stadtarchivs Eleonore Wolf.[9] Die Zerstörung hatte Folgen für den Wiederaufbau, die Stadtplanung und die städtebauliche Erweiterung, ja die zukünftige Stadtarchitektur.[10]

Was für Brigitte Reimann nach den Erfahrungen in Hoyerswerda und Cottbus wichtig ist: Der Bezirksverband der Schriftsteller – das war bekannt – gilt als eine gut funktionierende Gruppe, vielleicht auch deshalb, weil die Bereiche klar abgesteckt sind. Unangefochten an der Spitze steht Helmut Sakowski. Mit dem fünfteiligen Fernsehfilm »Wege übers Land«, der vom Deutschen Fernsehfunk im September 1968 ausgestrahlt wurde, hatte er das erreicht, was man in der DDR einen »Straßenfeger« nannte, mithin TV-Einschaltquoten von ca. 80 Prozent. Der Film um die Bäuerin Gertrud Habersaat entwickelt seine Handlung von der Zeit des Nationalsozialismus über den Zweiten Weltkrieg, über Flucht und Vertreibung bis in die frühe

DDR des Jahres 1953. Mit Ursula Karusseit und Manfred Krug spielten zwei Stars die Hauptrollen, und auch die anderen Filmfiguren waren mit der ersten Riege der DDR-Schauspieler besetzt. Für den Film erhält das gesamte Team einen Nationalpreis, für Helmut Sakowski ist es bereits der zweite. Brigitte Reimann sieht gleichwohl, dass er trotz seiner Erfolge nicht so recht glücklich ist und wie sie selbst Schreibkrisen hat. Der Literaturkritiker Günter Ebert, der einmal einen Verriss über »Ankunft im Alltag« geschrieben hat, agiert auf einem anderen Feld. Er gehört zur Gilde der Literaturkritiker und ist als Spezialist für Kinder- und Jugendliteratur sowie Krimis anerkannt. Wieder eine gänzlich andere Persönlichkeit stellt Margarete Neumann dar, an die 15 Jahre älter als Brigitte Reimann. Sie ist eine couragierte und witzige Frau, die in zahlreichen Berufen Erfahrung gesammelt und ihre Kinder durchgebracht hat, als Fürsorgerin, Bäuerin, Hilfsarbeiterin in einem Ölheizwerk und als Schichtarbeiterin im Petrolchemischen Kombinat Schwedt. Sie weiß aus eigener Erfahrung, was Bitterfelder Weg heißt, und ist die erste Frau – nach Erwin Strittmatters »Tinko« (1954) –, die das Thema in der Tradition der realistischen Landliteratur gestaltet. Brigitte Reimann erkennt mit guter Beobachtungsgabe, dass Neumann Talent hat und ihr der »gebührende Erfolg« bisher versagt geblieben ist, sie »haust da draußen im Wald und marschiert jeden Tag zehn Kilometer, um in der Stadt einzukaufen oder zum Bus zu gehen (sie macht jetzt einen Lehrgang und wird – so stundenhalber – Mähdrescherfahrer)«.[11] Das ist reichlich übertrieben, von dem idyllisch gelegenen Haus direkt am Tollensesee sind es eher 4 Kilometer.

Zu dem Schriftstellerkreis, auf den Brigitte Reimann nun trifft, gehört ferner Joachim Wohlgemuth, dessen Roman »Verlobung in Hullerbusch« (1969) kurz vor dem Erscheinen steht. Was den Neubrandenburger Verband auszeichnet, so hatte Brigitte Reimann es gehört, soll ein gutes Verhältnis zu den Funktionären auf Bezirksebene sein. Die »Weisdiner Gespräche« galten als Modell für einen offenen Dialog zwischen Schriftstellern und Staatsfunktionären, von denen selbst im »Neuen Deutschland« berichtet worden ist. Brigitte Reimann ist von daher optimistisch gestimmt, Neubrandenburg scheint genau das zu sein, was sie braucht.

In Großstädten hielt sie es nie lange aus, Kleinstädte wie Burg waren zu beengt, und in Hoyerswerda hatte der Umgang mit der »Häuserfabrik« auf Dauer zu viel Kraft gekostet. Zudem war Neubrandenburg eine aufstrebende Bezirksstadt, deren Architekturprojekte für das »Franziska«-Mädchen von Interesse sein konnten, ja in gewisser Weise einen Vergleich mit den Erfahrungen in Hoyerswerda-Neustadt ermöglichten. Die verantwortliche Stadtarchitektin von Neubrandenburg, Iris Dullin, hatte Brigitte Reimann schon bei der ersten Begegnung 1964 an ihre »Franziska«-Figur erinnert. Damals baute sie das Haus der Kultur und Bildung in Neubrandenburg. Eine Episode, in der es um die junge Architektin ging, war es dann auch, die ab 1966 zunehmend Distanz gegenüber Hermann Henselmann erzeugte. Bei einer Sitzung am Institut für Gesellschaftswissenschaften beim ZK der SED in Berlin ließ er coram publico eine Bemerkung fallen, mit der er verfälschend zu verstehen gab, »daß eigentlich er der geistige Vater ihres vielberedeten und gelobten Kulturhauses in N.« sei.[12] Das entspricht nachweislich nicht den Tatsachen, sämtliche Unterlagen stammen von der jungen Architektin, aber es ändert in diesem Fall nichts an ihrer Sympathie für Henselmann.

Mit Iris Dullin trifft sie sich seit Mitte der 1960er Jahre mehrfach. Und die Grundsätze, die für die Architektin neben der Frage nach den Kosten pro Wohneinheit oder den Zahlen zur Auslastung der täglichen Leistung der Montagebrigaden auf den Taktstraßen entscheidend sind, das sind Überlegungen, die auch sie anstellt. »Wie sieht der tägliche Schulweg aus? Ist er gefahrlos? Ist der Weg von der Wohnungstür zum Schuleingang leicht zu finden, also logisch und mit einprägsamen Elementen gestaltet? Was sehen die alten Menschen, wenn sie aus ihrem Wohnungsfenster schauen? Ist der Aufenthalt in ihrem Wohnhof ruhig und erholsam? Hat das Wohngebiet ein eigenes Gesicht, das es erkennbar macht und von anderen neuen Wohngebieten unterscheidet?« All diese Aspekte sind für Iris Dullin wichtig, und Brigitte Reimann sieht das genauso.[13] Eigentlich könnte für das »Franziska«-Projekt auch die neue Wohnungsbauserie wichtig werden, die als WBS 70 in einem Neubrandenburger Plattenwerk ab 1970 entwickelt wird und in der DDR Furore macht. Dabei ist eine Platte etwa 3 Meter hoch und 6 Meter breit. Genauso mussten die Maße beschaffen sein, damit entsprechend montiert werden konnte. Die Vorteile lagen auf der Hand, wie es Jahrzehnte später und unter anderen gesellschaftlichen Bedingungen das Bundesministerium für Raumordnung, Bauwesen und Städtebau 1997 bestätigt: Mit WBS 70 waren differenzierte Gebäudeformen machbar, es konnten »abwechslungsreiche, funktionell gut gestaltete und ökonomisch günstig zu bauende Wohngebiete« entstehen, in denen es viele Grundrissvarianten bei unterschiedlichen Gebäudetiefen gab, »variable städtebauliche Lösungen« durch einen »hohen Grad an Kombinierbarkeit« der Einzelteile waren möglich sowie eine »Anpassung an unterschiedliche Standorte und Produktionsbedingungen«.[14]

In Neubrandenburg bedeutete das ab Anfang der 1970er Jahre, dass auf den eingerichteten Taktstraßen in 38 Tagen ein Haus mit 40 Wohnungen errichtet und schlüsselfertig übergeben werden konnte. Die Gewerke gingen dabei fließend ineinander über, zuerst das Setzen und Verschweißen der Platten, dann das Einsetzen der Badzellen, schließlich kamen die Elektriker, Fußbodenleger und Maler.[15] Moderne Architektur »Made in GDR«, freilich mit jenen Problemen, auf die Brigitte Reimann bereits in Hoyerswerda gestoßen ist. Vom Bauprojekt in der Neubrandenburger Oststadt hat sie Kenntnis, aber diese sich anbahnenden Entwicklungen spielen für den »Franziska«-Roman keine Rolle mehr. Überhaupt kommt sie wieder nicht so recht voran. Über die Ursachen äußert sie sich in einem Brief an Wolfgang Schreyer:

> Es hat ja seine Gründe (die natürlich keiner unserer Literaturwissenschaftler untersucht), daß die Autoren, die überhaupt noch versuchen, Gegenwartsbücher zu schreiben, drei, vier, fünf Jahre über ihrer Arbeit sitzen, und daß in den Büchern, die demnächst erscheinen, mehr geredet, empfunden, gemutmaßt wird als gehandelt – jedenfalls nach den Ausschnitten zu urteilen, die ich

> kenne (Wolf, de Bruyn). Christa schreibt über eine Tote: was hätte aus ihr werden können? Meine Dame lebt, und sie (oder ich) will nicht, daß sie's nach dem schlichten Rezept von Bentzien tut: »etwas durchsetzen«, ein Kino bauen, Schrittmacher werden, Punktum.[16]

Hans Bentzien war infolge des 11. Plenums als Kulturminister abgesetzt worden und nunmehr Leiter des Verlages Neues Leben. In dieser Eigenschaft hat er mit Brigitte Reimanns Romanprojekt zu tun und ihr zugesichert, dass das Buch mit einer Startauflage von mindestens 20 000 Exemplaren erscheinen werde. Gleichwohl ist er mit dem Ansatz des Manuskripts nicht wirklich zufrieden, denn nach wie vor setzt er auf Figuren, die als »Schrittmacher« in der Gesellschaft agieren. Das allerdings widerspricht Brigitte Reimanns Konzept, das weniger auf Aktivität der Figur setzt als auf Reflexion.

Mit dem Umzug nach Neubrandenburg sind die Prioritäten ohnehin erst einmal andere. Hinzu kommt, dass Brigitte Reimann sich in den ersten Wochen in Neubrandenburg einsam fühlt, ihr fehlt Kerschek, selbst zum Jahreswechsel 1969 telefonieren sie nur. Jon ruft beim 1. Sekretär Müller an, der in der gleichen Straße wohnt wie Brigitte Reimann, weil das Telefon bei ihr noch nicht eingerichtet ist. Es gibt Probleme mit Jons Wohnung, die Zusicherung wurde nicht eingehalten, und noch ist keine Lösung in Sicht. Doch Brigitte Reimann kommt immer weiter an in Neubrandenburg. Durch Margarete Neumann lernt sie das Neubrandenburger Nachtleben kennen, für eine Stadt mit 50 000 Einwohnern ist das Angebot zwar überschaubar, aber durch die hier ansässigen Künstler, Theaterleute, Musiker, Rundfunkredakteure gibt es eine prickelnde Atmosphäre. Sie beginnt einige Flirts und Liebeleien – in der Intensität mal schwächer, mal stärker, ihren Mann sieht sie ohnehin nur alle 14 Tage am Wochenende, und sie merkt zusehends, dass die Gemeinsamkeiten weniger werden, sie teilen kaum mehr Erlebnisse miteinander.

Dafür läuft das Schriftstellerleben in Neubrandenburg gut an. Am 5. Mai gibt es im Theatersaal des Hauses der Kultur und Bildung eine große Veranstaltung des Schriftstellerverbandes des Bezirkes Neubandenburg. Ursula Karusseit, Manfred Krug, Willi Narloch, Klaus Manchen und Gunter Schoß, allesamt landesweit bekannte und beliebte Schauspieler, lesen aus Texten u.a. von Brigitte Reimann – vor ausverkauftem Saal, und es gibt großen Applaus. Die Autorin ist äußerst zufrieden.

Einige Wochen später findet vom 28. bis 30. Mai in Berlin der VI. Schriftstellerkongress statt. Brigitte Reimann nimmt die Frontenbildung wahr: auf der einen Seite jene, die im Fokus der Kritik stehen und die eine »ästhetische Emanzipation« repräsentieren, die im Kern auch eine politische ist – sie selbst gehört dazu neben Christa Wolf, Reiner Kunze, Günter Kunert, Eduard Claudius, Kurt Bartsch, Günter de Bruyn, Sarah und Rainer Kirsch –, auf der anderen Seite jene, die eher klassenkämpferische Reden halten. Dennoch oder gerade deshalb wird sie, obwohl zunächst gar nicht vorgeschlagen, ins Präsidium gewählt.[17] Dass »Nachdenken über Christa T.« auf dem Kongress angegriffen wird, nimmt sie persönlich, denn der »Franziska«-Roman hat durchaus eine Struktur, die dem Text der Freundin vergleichbar ist. Bereits zu Beginn macht Christa Wolf das nachdenkende Erinnern zum Thema:

> Nachdenken, ihr nach-denken. Dem *Versuch, man selbst zu sein.* So steht es in ihren Tagebüchern, die uns geblieben sind, auf den losen Blättern der Manuskripte, die man aufgefunden hat, zwischen den Zeilen der Briefe, die ich kenne. Die mich gelehrt haben, dass ich meine Erinnerung an sie, Christa T., vergessen muß. Die Farbe der Erinnerung trügt.[18]

Von der Ich-Erzählerin kommt der Hinweis, dass die Erinnerung brüchig, unvollkommen, trügerisch ist. Gezeigt wird nachfolgend gleichwohl der Versuch, die sehr verschiedenen Erinnerungsfragmente in ein sinnvolles Ganzes zu bringen. Mit der Verlagerung des Akzents auf den gegenwärtigen Prozess von Erinnerung weist »Christa T.« einen hohen Grad an Selbstreflexivität auf – genau das, was auch die »Franziska«-Figur auszeichnet. Es geht nicht nur darum, das Vergangene zu vergegenwärtigen, vielmehr erfolgt eine Auseinandersetzung mit dem gegenwärtigen Sein, mit der »Schwierigkeit, ich zu sagen«, der »Angst vor den ungenauen, unzutreffenden Wörtern« oder der Kritik an der »neuen Welt der Phantasielosen. Der Tatsachenmenschen. Der Hopp-Hopp-Menschen.«[19] Christa Wolf setzt genau wie Brigitte Reimann darauf, erzählerisches Ich und Autorsubjekt eng aneinanderzurücken. Und ein solcher Text wird von Max Walter Schulz verrissen, das kann Brigitte Reimann nicht fassen.

Umso aufstörender ist, dass sie gerade mit diesem Mann wieder eine Nacht verbringt. Max Walter Schulz befindet sich – so ihre Wahrnehmung – nach seiner schlimmen Kongressrede in einer psychischen Ausnahmesituation, sicher weiß er, was er angerichtet hat. Es ist dreizehn Jahre her, dass Brigitte Reimann mit Joe, wie sie ihn damals nannte, in Sacrow eine Affäre hatte. Nun nimmt sie ihn einerseits als Karrieristen wahr, andererseits scheint er sensibel, hat ehrliche Gefühle für sie und wirkt fast schutzlos. Und so passiert es, obwohl sie weiß, dass es eine solche »Dämonen-Nacht« nie wieder geben wird.

Die Kongresserfahrung hat ihren Anteil daran, dass es am Wochenende nach der Rückkehr zum Streit mit Kerschek kommt, es ist nicht das erste Mal. Das »Franziska«-Mädchen leidet darunter, sie kann und mag nicht schreiben. Zudem hat sie versäumt, einen kurzen Bericht über den Stand des Manuskriptes an die Stipendienkommission zu geben, was ein üblicher Vorgang ist, zumal sie bereits seit 1967 Unterstützung für das Vorhaben erhält, jeweils rund 3600 Mark, auszuzahlen in Zuschüssen von 6 mal 600 Mark.[20] Mit Schreiben vom 10. Juni 1969 wendet sich Brigitte Reimann an die Verantwortliche im Schriftstellerverband in Berlin und bittet um Nachsicht, dass der Zwischenbericht etwas verspätet kommt. Der Brief selbst gibt Einblick in die damalige Situation, weil sehr offen die Lage geschildert wird. »Um es kurz zu wiederholen, was ich Ihnen auf dem Kongreß sagte: In den ersten Monaten d. J. habe ich sehr wenig geschafft; das lag zum Teil an den Nachwirkungen der Krankheit im vorigen Jahr, zum Teil an den mannigfachen Schwierigkeiten, die so eine Übersiedlung in einen anderen Bezirk mit sich bringt«, heißt es. Aktuell würde der Rat des Bezirkes das Romanvorhaben unterstützen. Im Auftrag des Rates und mit Billigung des Verlages habe Günter Ebert die »Funktion eines Mentors oder Lektors übernommen«. Er habe bereits vor zwei Monaten ein positives Gutachten verfasst, nachdem ihm 400 Seiten des Manuskriptes vorlagen. Der zweite Teil von etwa 150 Seiten, so die Vorstellung, sollte gegen Jahresende fertig sein.[21]

So schlecht stellt sich der Stand des »Franziska«-Buches also nicht dar. Bis zum Oktober liegen die ersten 10 Kapitel vor. Günter Ebert befürwortet im Namen des Verbandes im Bezirk Neubrandenburg auch die weiteren Anträge, das betrifft die Jahre 1970 bis 1972. Für den Antrag 1970, den Dr. Schäfers als Sekretär des Verbandes zeichnet, beruft er sich in der Begründung für die Stipendienkommission auf das umfangreiche Gutachten von Günter Ebert: »Es ist ein Entwicklungsroman, aber von ganz besonderer Qualität: Es steht keine Weltenwanderung zur Debatte; die Abenteuer dieser Heldin sind immer ziemlich fest eingeschlossen in einem exakt bestimmbaren sozialen Kreis, der zu durchbrechen oder zu erweitern oder zu verändern ist«, wird da im Antrag zitiert. Das Ganze sei zudem »sehr transparent erzählt und assoziativ, ohne daß dem Leser die Orientierung genommen wird«. Inzwischen habe das vorliegende Manuskript »heute einen Umfang von 550 Seiten«.[22] Als Datum ist der 17. Dezember 1969 angegeben. Das deckt sich mit den Aussagen der Autorin und belegt, dass in den Monaten seit Juni 1969 weitere 150 Seiten dazugekommen sind. Das ist eine enorme, ja fast schon übermenschliche Leistung, wenn man bedenkt, welche Schicksalsschläge Brigitte Reimann ab Sommer 1969 hinzunehmen hatte.

Im August kommt es zu einer weiteren Katastrophe im Leben von Brigitte Reimann, anders kann man das, was passiert, nicht bezeichnen: Die Ehe mit Hans Kerschek befindet sich in einer so grundsätzlichen Krise, dass die Frage im Raum steht, ob sie noch zu retten ist. Das weiß sie schon länger. Am Telefon haben sie sich immer weniger zu sagen. Wenn Jon in Neubrandenburg ist, bringt er sich Arbeit aus dem Kombinat mit. Oftmals streiten sie und schaffen es nicht mehr, sich zu versöhnen, bevor er wieder aufbricht. Bei einem Besuch bei Christa und

Gerhard Wolf in Kleinmachnow wird ihr einmal mehr bewusst, wie groß die Unterschiede im Verhältnis der Ehepartner sind. Sie sieht, in welcher Harmonie die Freundin mit ihrem Partner und den beiden Töchtern lebt. Und natürlich ahnt sie, woran das liegt: Das andere Paar bewegt sich auf Augenhöhe, und es gibt keinerlei Neid- und Konkurrenzgefühle. In einer solchen Aufgehobenheit kann man mit schlimmsten Angriffen zurechtkommen, wie sie Christa Wolf etwa nach dem 11. Plenum und nun gerade mit »Nachdenken über Christa T.« erlebt hat.

Mitte August kommt es zum Exzess. Jon ist wie vom Erdboden verschluckt, Brigitte Reimann denkt, ihm sei etwas zugestoßen und bricht zusammen, ein Arzt muss geholt werden. Es wird schließlich über die SED-Bezirksleitung eine Fahndung ausgelöst. Am nächsten Tag meldet sich der Gesuchte und teilt mit, er habe sich mal für einige Tage zurückgezogen. Nicht erst jetzt fragt sie sich, ob eine andere Frau im Spiel ist. Eine Woche später wird die Vermutung zur Gewissheit. Hans Kerschek kommt nach Neubrandenburg, und Brigitte Reimann notiert im Tagebuch: »Meine Ahnungen, meine Angst ... Die Wirklichkeit war schlimmer. Alles ist zusammengebrochen: Die ungeklärten, unausgesprochenen Widersprüche, die sich in einem Jahr angehäuft haben – alles mit einem Mal.«[23] Nervlich am Ende und aufgelöst, verlässt sie die Wohnung und irrt orientierungslos in der Stadt umher. Ein Streifenwagen der Polizei liest die verzweifelte Frau auf und bringt sie zu einem Arzt, doch sie verweigert die Kooperation, will nach Hause. Als sie nachts wieder in ihrer Wohnung ankommt, ist Kerschek schon abgefahren, ohne sich um ihren Verbleib zu kümmern. Eine in jeder Hinsicht kaum auszuhaltende Situation. Sie fährt ihm am nächsten Tag hinterher, aber die Stunden und die Nacht in Kerscheks Wohnung sind von zerstörerischer Kraft, ein Gespräch ist unmöglich. Am nächsten Tag geht es zurück nach Neubrandenburg. Kerschek fährt mit, nun ist er es, der Angst hat, dass sie sich etwas antut. In der Wohnung angekommen, greift sie zu einem Messer und würde ihn am liebsten töten. Der Gedanke währt nur einen Sekundenbruchteil. Alles kippt. Es bleibt Verzweiflung, Verzweiflung, Verzweiflung. – Tage später hat Brigitte

Reimann sich mit ärztlicher Hilfe wieder unter Kontrolle, aber Hoffnung hat sie kaum. »Jetzt lebe ich nur unter Medikamenten«, schreibt sie, »warte auf seine Anrufe, seine Stimme, die mich nicht tröstet. Am Rande der Existenz. Was soll ich tun?«[24]

Die einzige Lösung, die ihr sinnvoll erscheint: Schreiben! In dieser Extremsituation setzt sich Brigitte Reimann an die Fortsetzung eines schon begonnenen Filmprojektes für das DDR-Fernsehen. Der Titel lautet »Sonntag, den ...«. Es ist eine Art Filmfeuilleton und fast schon so etwas wie eine Liebeserklärung an Neubrandenburg. Regie führen soll Bernd Scharioth, damals knapp 30 Jahre alt, mit dem sie sich ausgezeichnet versteht. Als Sprecherin agiert Jessy Rameik, eine bekannte Chansonsängerin und Schauspielerin, Anfang 1969 in der Hauptrolle von Frank Vogels »Das siebente Jahr« erfolgreich. Für den Gesang hat Scharioth Manfred Krug gewonnen, der neben seinen Filmrollen als Jazzinterpret auftritt.

Im überlieferten Manuskript führt die Eingangssequenz in Neubrandenburgs belebteste Straße, die Turmstraße, die noch menschenleer ist, an einem Sonntag eben. »Langsame Kamerafahrt die Straße hinab, auf den Karl-Marx-Platz zu, an dem sich links eine große Baustelle mit Kränen und Raupen befindet, rechts der mit Betonstrukturen verkleidete Turm des Hauses für Kultur und Bildung, und geradeaus das backsteinerne alte Treptower Tor, dessen Giebel sich scharf gegen den Morgenhimmel abzeichnet«, so der Vorschlag von Brigitte Reimann. Dann werden die »Fenster geöffnet, Haustüren klappen, Leute treten auf die Straße hinaus, manche blicken prüfend zum Himmel«. Es sollen einfache Alltagsbilder ohne Pathos sein, unterlegt mit Musik, deren Rhythmus sich in dem Maße steigert, wie sich die Straße belebt.[25]

Bei dem Manuskript, das sich erhalten hat, handelt es sich – wie beim Filmen üblich – keineswegs um ein Endergebnis. Produziert wird am Ende etwas anderes, weitaus Poetischeres. Gemeinsam mit Helmut Sakowski krempeln sie an einem langen Abend die Konzeption vollständig um. Er bringt sie auf die Idee, dass die »›Klammer‹ für den Film der Brief einer Frau sein soll, an ihren Geliebten, der weit weg ist, vielleicht nie zurückkommt (das lassen wir offen, diese Rahmengeschichte darf sich nicht verselbständigen)«. Unschwer ist zu erkennen, was das Team Scharioth/Reimann/Sakowski praktiziert: aus dem »ganzen Jammer macht man ein paar Seiten anständigen Textes«.[26] In der Tat.

Wo ist der Film heute, und wie stellt er sich dar? Dass die Produktion erfolgreich war, steht außer Frage. Und auch, dass er gesendet wurde, und zwar zweimal: Die Erstausstrahlung lief am 20. März 1970 im Zweiten Programm des DDR-Fernsehens als Farbsendung, allerdings nicht, wie mitunter vermutet, um 20.00 Uhr, sondern um 20.35 Uhr. Eine Wiederholung gab es am 15. November 1970 im Ersten Programm. Wie der Film angekommen ist, darüber gibt bislang unbekanntes Archivmaterial Auskunft, die dokumentierte Einschätzung einer Programmbeobachterin des DDR-Fernsehens. Sie kommt unter der Überschrift »Auf Entdeckungsreise durch die DDR« zu folgendem Ergebnis:

> Die Schöpfer dieses Beitrags haben es verstanden, den von Brigitte Reimann gespannten Bogen von wehmütiger Trennungsstimmung bis zur Bejahung der Lebensfreude, des modernen Weges in einer alten, neuerblühten Stadt zu halten und zu übersetzen mit beschaulichen, guten und oft einfallsreichen Beobachtungen und Einstellungen. Das ganze gut unterstützt und untermalt mit Musik. Ich betrachte den Beitrag als sehr glücklich eingesetzt am Vorabend der Wahl. Läge ein Qualitätscheck vor, würde ich ihm alle »Ja-Punkte« geben.[27]

Was aus dem Film in der Folgezeit wurde, das geht ebenfalls aus den aufgefundenen Unterlagen hervor. Vermutlich nach der Ausreise von Manfred Krug im Juni 1977 wurde auf einem Dokumentationsblatt eine handschriftliche Notiz mit dem Hinweis »Gesang M. Krug« und dem Vermerk »gesperrt« festgehalten. Der Wechsel des populären Schauspielers und Sängers in den Westen infolge der Biermann-Ausbürgerung 1976 schlug hohe Wellen. Sodann findet sich in der Kassationskartei, also dem Verzeichnis jener Filme, die vernichtet werden können, mit Datum vom 29. März 1984 ein Schreiben aus dem Film-

Archiv an einen Mitarbeiter, in dem darauf aufmerksam gemacht wird, dass man bei Sichtung des restlichen Filmmaterials auf Sendungen gestoßen sei, »die wir auf keiner Kassationsliste finden können, aber von Ihnen mit einem ›K‹ versehen wurden«. Es wird darum gebeten, die Kassation, also die Vernichtung, zu bestätigen. Dies hat der Kollege Köpernick vermutlich getan, und so wird der Film »›Sonntag den …‹«, dessen Titel handschriftlich in »Entdeckungsreise durch die DDR – Briefe aus einer Stadt« korrigiert wurde, mit 20 anderen Filmen unwiederbringlich gelöscht.[28]

Die Dreharbeiten, die Brigitte Reimann noch einmal alles abverlangen, sind zum 7. Oktober 1969, dem »Tag der Republik«, abgeschlossen. Und genau an diesem Tag erscheint in der Neubrandenburger Lokalpresse ein Beitrag, der schon jetzt auf den Film einstimmt. Nach einigen einleitenden Bemerkungen zu der Autorin, die seit einem Jahr in der Stadt lebt, druckt die Tageszeitung »Freie Erde« einen Textausschnitt ab. Erst in der Mitte wird klar, dass hier ein weibliches Ich eine Person anspricht und Erinnerungen ans Licht holt. »Laß uns noch einmal den Weg gehen wie am ersten Tag. Der Bahnhof, wo abends die Jungen stehen, für die Wartesäle und Schienen und der Schrei der Lokomotiven noch nicht Abschied bedeuten, sondern Ankunft und Erwartung«, liest man da und kann ahnen, dass hier von einer Trennung erzählt wird. Aber zunächst geht es vom Bahnhof über die Stargarder Straße zum Zentrum, vorbei am Fritz-Reuter-Denkmal, dem ehemaligen Kloster, in dem jetzt anstelle der Mönche die Mathematiker sitzen. Und wenig später, wiederum erinnernd: »Du warst es, der die Tafel für den gefallenen Cornett entdeckte … oder Kapitän, meinetwegen.«[29]

Für die »FF Dabei«, die Fernsehzeitung in der DDR, schreibt Brigitte Reimann einen auf die Ausstrahlung des Films orientierten Brief, »Betrachtungen und Gedanken über die Stadt, in der sie jetzt lebt, arbeitet, sich zu Hause fühlt und die sie zu diesem Film angeregt hat«. Der Brief, der eine maßgebliche Figur aus »Franziska Linkerhand« übernimmt, beginnt so: »Neubrandenburg, den … Lieber Ben, dieser Nachmittag gehört Ihnen. Es schneit, und die verdammten Krähen sind wieder da, schreiende schwarze Wolken über der Marienkirche und den Bäumen am Wall. Nein, kommen Sie lieber erst im Frühjahr oder im Sommer.« Im zweiten Absatz wendet sich die Briefschreiberin dem Vergangenen zu, wechselt also die Zeitebene: »Erinnern Sie sich, wie ich Ihnen vor einem Jahr, als ich eben hierhergezogen war, meine neue Straße beschrieb und den Arbeitsplatz am Fenster und den Blick nach draußen.« Und der schöne Brief endet, wie er begonnen hat: »Nochmals. Ben: kommen Sie im Sommer. Gruß an Ihren charmanten Professor H. und an den Reiter und das ganze Putten-Geschwader zwischen TU und Nymphenbad. Herzlich Ihre Brigitte Reimann.«[30] Die Anspielung auf Hermann Henselmann und Dresden wird gezielt eingesetzt. Abgesetzt und im Abdruck in der Zeitschrift gewissermaßen konterkariert wird dieser Text durch einen anderen, der mit »Erinnerst du dich?« überschrieben ist und aus dem Film selbst stammt. Es ist jener Brief einer Frau an ihren Geliebten, der »weit weg ist, vielleicht nie zurückkommt«. Ungemein berührend heißt es: »Wieder ein Sonntag ohne dich, mein Lieber. Es wird Herbst, bald nisten wieder Krähen in den Bäumen am Wall ... ja, den Wall mag ich immer noch so gern wie damals, als wir unsere neue Heimat wählten.«[31] –

Es ist Zurückhaltung geboten, wenn es darum geht, Ereignisse als traumatisch einzuordnen. Aber man wird zweifellos sagen können, dass die Krebsdiagnose, die Brigitte Reimann erhielt und der dann Monate später folgende offensichtliche Verrat des geliebten Mannes hinreichende Gründe sind, um davon zu sprechen. Traumatisierte Menschen haben bekannlich große Schwierigkeiten, über das Erlebte zu sprechen. Bei Brigitte Reimann ist das anders, sie verfügt in mentaler Hinsicht über eine Stärke, die es ihr ermöglicht, das Erfahrene zu Literatur zu machen.[32]

43. »Ich würde lieber dreißig wilde Jahre wählen statt siebzig brave und geruhsame« – Schreiben, Schreiben, Schreiben

Brigitte Reimann teilt ihrer Franziska Erfahrungen zu, die ihre eigenen sind. Franziska ist wenige Jahre jünger, geboren 1937, was eine Erinnerung zeigt, die ins Jahr 1940 führt. Vater Linkerhand meint über Brigitte Reimanns Protagonistin, dass seine Tochter den Onkel Boleslav nicht erinnern könne, denn der »ist schon 40 gefallen. Du warst keine drei Jahre.« Er spielt mithin auf das an, was man »frühkindliche Amnesie« nennt, also den Umstand, dass uns »Erinnerungen aus der Zeit vor dem dritten oder vierten Lebensjahr nicht zugänglich sind«.[1] Doch Franziska kann den Onkel genau beschreiben wie von einem Foto. Was die Autorin ihrer Figur hier zudiktiert, darüber verfügt sie selbst: eine herausragende Beobachtungsgabe und das, was man ein »gusseisernes Gedächtnis« nennt. Im Oktober 1969 weiß sie, dass der Schluss des Romans anders sein muss, als sie es erhofft hat, »weil ich Franziska bin«, notiert sie in Klammern im Diarium. Da hat sie schon so starke Rückenschmerzen, dass sie sich kaum noch bewegen kann, »irgendeine Verletzung an der Wirbelsäule«, tut sie es leichthin ab.[2]

Dennoch schreibt sie nach kurzer Pause weiter, ergänzt hier, korrigiert dort und erinnert Erlebtes, Gehörtes und Gelesenes. Grundsätzlich teilt sie ihrem Figurenensemble eine große Zahl von Schicksalen zu, die von Nationalsozialismus, Krieg, Desertion, Zivilisationsbruch, Gefangenschaft bis in die frühe DDR mit dem neuralgischen Datum 17. Juni 1953 reichen oder die wie im 13. Kapitel das »Jahr 56« betreffen. Worum geht es aber eigentlich in dem großartigen »Franziska Linkerhand«-Roman? Annemarie Auer hat in dem einzigen in Archiven vorliegenden Gutachten für das Druckgenehmigungsverfahren beschrieben, um was für eine Geschichte es sich handelt. Da sei ein »junges Mädchen bürgerlicher Abkunft«, das sich von ihrem Milieu trennt und Architektin wird. Sie studiert bei einem »hochprominenten Architekten, der, seiner Wesensart gemäß, besonders die individuell-schöpferische Komponente der Baukunst vertritt«. Schließlich wählt Franziska Linkerhand eine neue Anstellung und geht in eines der »neuen Industriezentren«, wo »selbstverständlich die industrielle Bauweise« überwiegt. Franziskas Grundfrage, die mit dem eigenen Schaffens- und Glücksanspruch verbunden ist, bestehe in dem Problem, wie es möglich werden kann, die »Typenbauweise« so umzusetzen, dass sie Parametern wie »schön, menschenfreundlich, funktionsgerecht« entspricht. Diese Überlegungen würden »mit großer Direktheit« zu »Grundfragen unserer Ökonomie und Gesellschaftsauffassung« führen, die von der Gutachterin wiederum wie folgt benannt werden:

> was ist »Bedarf«, was »Bedürfnis«? Was haben wir schon getan, um die wirklichen Bedürfnisse unserer Stadtbevölkerungen zu kennen, zu erforschen, zu berücksichtigen? Wie kommt die hohe Quote von Gewaltdelikten, die hohen Suizidziffern (die typischen Selbstmorde am Sonntag) in den neuen Industriezentren zustande – was kann die Baukunst tun, um schon in der Anlage der Städte und Wohnzentren ein freundliches und bekömmliches Miteinander vorzubereiten und zu ermöglichen? Wenn industriell und billig gebaut werden *muß*, haben die Herstellungskosten oder die Nutzungskosten den Vorrang?

Bereits im Gutachten sind also Aspekte wie Gewaltdelikte und hohe Suizidziffern angesprochen, von denen im Roman zu erzählen Brigitte Reimann wichtig ist. Annemarie Auer kommt in dem 14-seitigen Schriftstück zu dem Schluss, dass die Autorin die genannten Fragen mit »großer Sachkenntnis« aufwirft und sie von den »gesellschaftlich-ökonomischen Prämissen« geradezu auf »ethisch-philosophische Fragestellungen« führt. »Man kann die Konzeption des Romans nicht anders als großartig nennen«, heißt es.[3]

Mit Blick auf die Erzählweise macht das Gutachten nur Andeutungen. Nicht mitgeteilt wird, dass die Ich-Erzählerin Franziska im Wechsel mit einem überschauenden Erzähler, ihrem Geliebten »Ben«, von Kindheit und Jugend im bürgerlichen Elternhaus, sodann dem Architekturstudium und dem Leben in Neustadt berichtet. Dabei wechselt der auktoriale Erzähler in dem Fall, da er gruppenbezogene Erinnerungen mitteilt oder die Leser direkt anredet, ins »wir«, spricht also mit einer »communal voice«. Franziskas Weggang nach Neustadt, der in das Jahr 1962 führt, ist eigentlich eine Flucht in zweifacher Weise: zum einen vor dem verehrten Lehrer, Professor Reger, der ihre Selbständigkeit einengt, und zum anderen verlässt sie den Ort ihrer gescheiterten Ehe. Eigentlich will Franziska nur ein Jahr in Neustadt bleiben, aber es werden mehrere, in denen sie sich für eine menschengerechte Stadtgestaltung einsetzt und gegen Fehlplanung und Bürokratie angeht.[4] Dabei schreibt Brigitte Reimann ihrem Roman die eigene Lebensgeschichte mit ein. Die Figur des Wolfgang (Ben) Trojanowicz oder jedenfalls das Bild, das sie sich von ihm macht, ist Franziskas große Liebe. Gerade bei dieser Figur drängt die Wirklichkeit zusehends in den Roman, denn Brigitte Reimann fragt sich nach der gescheiterten Ehe mit Kerschek, ob sie ihn – wie Franziska Ben – »für die Dauer unseres jeweiligen Zusammenseins – verändert [habe], weil er versuchte, der Mann zu sein, den ich sah«.[5] Letztlich wird das Erzählen zu einem einzigen großen Abschiedsbrief von Franziska an ebendiesen Ben, mit dem der Roman auch einsetzt: »Ach Ben, Ben, wo bist du vor einem Jahr gewesen, wo vor drei Jahren? Welche Straßen bist du gegangen, in welchen Flüssen hast du gebadet, mit welchen Frauen geschlafen?«[6]

Durchweg geht es in den Reden an Ben, den Gesprächen mit Trojanowicz, mit Kollegen, Freunden, Bekannten um jene »ethisch-philosophischen Fragestellungen«, von denen Annemarie Auer im Gutachten gesprochen hat. Franziska ist, wie ihre Schöpferin, neugierig auf Menschen und verfügt über die Fähigkeit zuzuhören. Die so eingesammelten Lebensgeschichten werden aus ihrem Blickwinkel miterzählt. Beredet werden die »Mühen der Ebene« (Bertolt Brecht) und wie Alltag gelingen kann. Es geht um Anstand und Ehrlichkeit und das stetige Bemühen, sich gegen Unaufrichtigkeit und Anpassungsdruck zur Wehr zu setzen, sich also die Flügel nicht stutzen zu lassen, wie es in der »Geschichte von Tamerlan und dem persischen Architekten, dem die Liebe Flügel gab«, erzählt wird.[7] Zur Diskussion stehen dabei durchweg Auffassungen von moderner Architektur und dem Bauen.

Im Prozess des Erzählens gewinnt mit dem Bauingenieur Schafheutlin eine Figur zunehmend Konturen, die zu Beginn auf entschiedene Ablehnung stößt. »Schafheutlin war ihr sofort und entschieden unsympathisch, ein untersetzter, kurzhalsiger, kraushaariger Mann Mitte dreißig, dessen von Natur gutmütig und freundlich gebildetes Gesicht versteinert war durch einen Ausdruck von kalter Strenge und Argwohn«, teilt der Erzähler mit. »Dieser Mann, der als Bauingenieur tüchtig und gewissenhaft gewesen war, hatte seine neue Autorität wie einen zu engen Handschuh angezogen, er spielte die Rolle eines Vorgesetzten und spielte sie schlecht.«[8] Wenig später geht es bei einer Auseinandersetzung mit Schafheutlin um das industrielle Bauen. Er kritisiert ihre schnelle Abwertung von Neustadt und wendet mürrisch ein, dass sie erst einmal »unsere Probleme in ihrer Gesamtheit« erfassen müsse, um begreifen zu können, »warum wir auf unsere Leistungen stolz sind, auf die erste Stadt, die ausschließlich mit vorgefertigten Elementen und mit Hilfe der modernsten Technik gebaut wird. Für sachliche Kritik sind wir aufgeschlossen, aber wir haben keine Zeit, uns um das elegante und unfruchtbare Geschwätz über Miseretheorien zu kümmern.« Bei Professor Reger werde sie kaum die »richtige Einstellung zum industrialisierten und typisierten Wohnungsbau gewonnen haben«. Franziska schweigt zunächst, und dann bricht es aus ihr heraus, »daß Reger in seinem kleinen Finger mehr Verstand und Phantasie hat als alle diese Buchhalter der Baukunst«.[9] Der Erzähler liefert umgehend den Hinweis, dass sie sich »mit ausgebreiteten Armen vor ihren Lehrer« warf. Reger wäre durchaus nicht »gegen die Idee der Serienproduktion«, aber er habe eben ein »Gefühl für Qualität«. Durch den Wechsel in den Dialog wird die nüchtern-trockene Antwort

Schafheutlins durch den Erzähler vermittelt: »Er redet, und wir arbeiten, das ist der Unterschied.«[10]

Brigitte Reimann erzählt hier mit Blick auf die Ost-Moderne, was erst Jahre später analytisch hinterfragt und begründet wurde. Insofern sind die Darstellungen, die sich auf Architektur und das Bauen beziehen, so etwas wie ein erneuter literarischer Vorgriff. Es gibt keinen anderen Roman in der DDR-Literatur, der mit derartigen Überlegungen zur Architektur so früh zu den grundlegenden Fragen führt, die den Sozialismus als Ganzes berühren – auch nicht Stefan Heyms Roman »Architekten« (1966), der erst 2000 erschien, oder Alfred Wellms »Morisco« (1988).

Die Problematik, um die es geht, fand Brigitte Reimann in einem Buch angedeutet, das den Titel »Unsere Welt von morgen« trägt und in dem sich ein umfangreiches Kapitel findet, das »Das Haus, in dem du wohnst« heißt. Es setzt ein mit dem Verweis auf den Berliner Zeichner Heinrich Zille, von dem der Spruch stammte, dass man mit einer Wohnung »Menschen ebensogut ermorden [kann] wie mit einer Axt«. Hier werden auch konkrete Zahlen genannt, die Folgendes belegen sollen: »Warum unser Wohnraum überaltert und knapp ist!« Nur ein Zehntel des Wohnraumes waren 1958 Nachkriegsbauten. »Fast 20 % waren 100 und mehr Jahre alt. Auf dem Gebiet der heutigen DDR fehlten bereits 1933 fast 300 000 Wohnungen, 1938 sogar 400 000. Der Krieg zerstörte auf diesem Gebiet über 800 000 Wohneinheiten.«[11] Das hat Folgen, und von denen wird im Roman erzählt. Mit der Altstadtsanierung beschäftigt, unterschreibt Franziska »Todesurteile, ungerührt von einer Romantik ohne Kanalisation«, notiert der Erzähler und liefert die Begründung nach: »Franziska betrachtete ohne Bedauern ihre steinernen Delinquenten: da sie keine Erinnerung mit den Gassen verknüpfte, konnte sie sich ganz der Genugtuung des Architekten hingeben, der den Plunder aus vergangenen Jahrhunderten in die Luft jagt, den Touristenzauber, die Wohnhöhlen, die ihr Alter nicht adelt.«[12]

Die Gründe für eine solche Sicht sind wohl erst Jahre später einsichtig geworden. Treffend hat die Wohnsoziologin Christine Hannemann darauf verwiesen, dass Stadterweiterungen in der DDR im Wesentlichen »nur in Gestalt industriell gebauter Wohngebiete realisiert wurden«, und sie hat das sich daraus ergebene Problem benannt: »Systemideologie und Baupolitik waren lange Zeit von dem Glauben geprägt, die historische Bausubstanz sei in eine sozialistische Stadtgestaltung nicht integrierbar«, schreibt sie. »Auch wurden die Rationalisierungseffekte des industriellen Bauens überbewertet. Dies führte zu einer Orientierung auf ›Neubau‹ und zur Verwahrlosung der ›alten Stadt‹.«[13] Franziska fühlt sich unter diesen Rahmenbedingungen betrogen, als habe ihr Lehrer, Professor Reger, »ein Versprechen nicht eingelöst«. Er hat ihr die »Zukunft gezeigt«, es war wie ein Traum. Nun findet sie sich »in einer Gegenwart, die sie bestürzte. *Ich bin*. Wer? Die Realitäten, sagte Schafheutlin mit erhobener Stimme.« Und es kommt eine Antwort von Franziska, die nicht ironisch gemeint ist: »Sie tun das Mögliche, ich weiß«, sagt sie, das ist bereits im letzten Drittel des Romans.[14]

Zu diesem Zeitpunkt hat Brigitte Reimann noch einige Kapitel vor sich, die sie sich unter Tag für Tag schwerer werdenden Bedingungen abkämpfen muss. Zum Glück findet sie in Neubrandenburg Freunde, der wichtigste ist sicher Juergen Schulz. Brigitte Reimann hält im Tagebuch fest, dass der junge Mann, der beim Sender Neubrandenburg gerade als Sprecher begonnen hat, ihr im Juni 1969 durch den Rundfunkjournalisten Lothar Tautz vorgestellt wurde. Das Studio Neubrandenburg war nur rund 200 Meter von ihrer Wohnung entfernt, direkt am Friedrich-Engels-Ring. Ein wenig anders erinnert er die erste Begegnung mit der bekannten Autorin. Er sei zu einer Landwirtschaftstagung des Bezirkes geschickt worden, um am nächsten Tag im Frühprogramm darüber zu berichten. Es sei allerdings eine langweilige Veranstaltung gewesen mit vorgestanzten Reden, und er habe nicht gewusst, was er daraus für die »normalen Hörer« produzieren sollte. In einer Raucherpause habe er am Fenster gestanden und sei missmutig seine dürftigen Notizen durchgegangen. Da habe ihn eine junge Frau mit tiefer Stimme angesprochen. »Junger Mann, haben Sie mal Feuer?« Brigitte Reimann rauchte seit ihrer Jugend, bevorzugt Filterlose der Marke Karo, die nicht nur am wenigsten kosteten, sondern in dem Ruf standen, das stärkste Aroma zu haben. Es sind mitunter bis zu drei Schachteln am Tag gewesen. »Ist das nicht gräßlich hier«, habe sie gefragt. »Wollen wir nicht abhauen?« Und genau das hätten sie getan. Sie seien in das einzige Eiscafé der Stadt weitergezogen.[15]

Es entsteht eine enge Beziehung zwischen Brigitte Reimann und dem um zehn Jahre jüngeren Schulz. »Manchmal sitze ich mit Jürgen nachts auf der Terrasse, es ist ganz still, im Nachbarhaus brennt kein Licht mehr, wir hören Musik, Jazz oder, diesen melancholischen Beat, und die Bäume stehen wie eine schwarze Mauer und spielen Wald, und ich fühle mich einsam, dabei aufgehoben und beschützt.« So lautet ein Eintrag, den man im Diarium lesen kann.[16] Was das Erotische betrifft, so ist das Verhältnis fast platonisch oder, wie es später im Tagebuch heißt, »geschwisterlich«.[17] Neben Irmgard Weinhofen, der Freundin aus Jugendzeiten, und Christa Wolf ist Juergen Schulz wohl der Partner, der Brigitte Reimann in den letzten Jahren am nächsten steht. Sie haben über die Monate auch eine gemeinsame Kasse, 400 Mark aus dem Stipendium für das »Franziska«-Buch und noch mal 500 Mark durch sein Anfängergehalt. Er wird von Brigitte Reimann mit »Herr Juergen« angesprochen, und sie ist »Lady B.«. Dabei kehrt sich im Verhältnis der beiden das alte Muster im Laufe der Zeit gewissermaßen um: Während Brigitte Reimann als junge Autorin zu erfahrenen und gebildeten Männern aufgeschaut und gezielt von ihrem Wissen zu profitieren gesucht hat, ist sie nun die Gebende: Schulz lernt durch sie interessante Leute kennen, Schriftsteller, Filmemacher, Maler. Und sie ist es, die ihm die Welt der Literatur und Kunst eröffnet. »Heute weiß ich, dass sie mich wie am seidenen Faden geformt hat«, erinnert er im Gespräch. »Aus dem Bewunderer und Bestauner [...] wurde ich immer mehr zum Partner, das endete darin, dass wir Stunden gesessen haben, sie hatte irgendwas geschrieben und hat mir das als Erstem vorgelesen und wollte von mir die Meinung hören, was ich davon halte. Und mit zunehmender Reife habe ich mich auch getraut zu kritisieren.«[18] Vierzig Jahre später wird Juergen Schulz einen Brief vom 16. Januar 1970 wiederlesen, den er erhielt, als er sich gerade zum Fernstudium in Leipzig befand, es ist ein Brief ohne Pathos, der für sich spricht und unkommentiert eine Ahnung von der Situation gibt, in der sich Brigitte Reimann befindet. Und von ihren Gefühlen:

> Lieber Jürgen, mein lieber Jürgen, danke für Ihren Brief, ich freue mich auf das nächste Wochenende. Wäre schön, wenn Sie wirklich kämen. Ich vermisse Sie. Manchmal unterhalte ich mich nachts mit Ihnen. Oder ich male mir aus, wie wir den nächsten Sommer verbringen werden. Vergessen Sie nicht, im Juni nach Leningrad. Nur wenn es bloß für ein paar Tage ist. [...] Ich möchte mit Ihnen reisen, das muss lustig sein, aber ein paar ernsthafte Stunden reden wir auch miteinander, irgendwann in den weißen Nächten. [...] Aber Sie brauchen keinen Schreck zu kriegen, Jürgen, Muttergefühle habe ich nicht für Sie. Zum Teufel, nein. Ich lasse mich auch nicht in die Rolle der alten Dame drängen. Aber irgendwas zwischen Schwester, Freundin, Spielkamerad und Geliebter scheint es zu sein. Aber auf Definitionen kommt es bei uns ohnehin nicht an. Seit ich vom Alltag isoliert bin, merke ich es erst richtig, wie mich die Geschichte mit Herrn K. mitgenommen hat. Jede Nacht träume ich von Hans und wache unter Tränen auf. Die kleine künstliche Mauer, die ich in all den Monaten aufgerichtet habe, ist wieder eingestürzt. Wahrscheinlich bin ich nicht der Typ für Ruhe und Besinnung. Wissen Sie, was mir neulich einfiel? Wenn Herr K. jemals wieder nach Neubrandenburg käme, könnten Sie nicht mehr zu mir kommen. Das ist ein Argument gegen Herrn K. – Morgen schreibe ich wieder, weil Sie so gern Post bekommen, ich übrigens auch. Ich rufe Sie vielleicht morgen auch noch mal an. Und für heute erst einmal einen Gute-Nacht-Kuß.
>
> Ihre Lady B.[19]

Die Scheidung von Hans Kerschek bringt – und das ist für Brigitte Reimann eine weitere psychische Belastung – zahlreiche Probleme, die sie so nicht erwartet hat. Sie sieht sich gezwungen, einen Neubrandenburger Anwalt einzuschalten, der nicht nur das Scheidungsverfahren übernimmt, sondern dem Ehemann mitteilt, dass er bevollmächtigt ist,

»dafür Sorge zu tragen, daß Ihre Gattin noch vor Beendigung des Scheidungsverfahren in den Besitz ihres Eigentums gelangt«. Es geht um die Herausgabe des Škoda, den Brigitte Reimann und Siegfried Pitschmann sich angeschafft hatten.[20] Für das Scheidungsverfahren selbst beantragt der Rechtsanwalt, »auf das persönliche Erscheinen der Klägerin zu verzichten, da sie ernstlich erkrankt ist und die weite Fahrt sowie die mit der Verhandlung verbundene psychische Belastung für sie unzumutbar sind«.[21] Dem Antrag wird stattgegeben, und am 28. Mai 1970 wird die dritte Ehe von Brigitte Reimann geschieden. Zu diesem Zeitpunkt hat sie furchtbare Monate hinter sich. Anfang Januar war sie in das Krankenhaus nach Mahlow, unweit von Berlin, gegangen. Christa Wolf hatte den Aufenthalt, der eigentlich eine Kur sein sollte, vermittelt. Dort stellte man beim Röntgen eine »Geschwulst im Bauch« fest, wozu sie der Freundin Irmgard Weinhofen nach Amsterdam schreibt. »Schlimmstenfalls also wieder Krebs«, notiert sie gefasst.[22] Sie soll in die Robert-Rössle-Klinik nach Berlin-Buch, damit man sich ein genaueres Bild machen kann.

Nach sechs Wochen kann sie endlich nach Hause zurückkehren, am 16. April aber muss Juergen der Amsterdamer Freundin mitteilen, dass »die Brigitte« Ende März, kurz vor Ostern, »wahnsinnige Schmerzen im Rücken« bekommen hat und in das Neubrandenburger Krankenhaus eingeliefert werden musste. Nun sei sie zur Untersuchung zurück in Berlin-Buch. Man vermute, dass sich eine Bandscheibe verschoben habe. Sie bekomme nun Bäder und Massagen. Ihre Laune sei etwas besser, denn sie hat wieder Lust zum Schreiben.[23] Eine Woche später schreibt Brigitte Reimann der Freundin selbst, sie ist optimistisch, hat viel Zeit zum Nachdenken gehabt und weiß »wie es mit dem Buch weitergeht«. Was sie etwas bedrückt, ist der Umstand, dass sie Bestrahlung bekommt. »Manchmal habe ich noch so leise Angst, daß irgendwas Böses im Gange ist, denn diese Tiefenbestrahlungen werden ja im allgemeinen bei Krebs im Frühstadium angewandt«, schreibt sie der Freundin. Sie geht seit fast einem halben Jahr in Krankenhäusern ein und aus, und die Hoffnung auf Besserung ist groß. »Du kannst Dir gar nicht vorstellen, wie ich mich darauf freue, wieder laufen zu können, in ein Café zu gehen, Menschen zu sehen«, schreibt sie an ihr Irmchen. Und es folgt ein Satz, der neben dem Schreiben-Müssen für Brigitte Reimanns Lebensprinzip steht: »Oh Gott, ich bin so hungrig aufs Leben!«[24]

Aber die Behandlung dauert weiter an, und Juergen äußert seine Bedenken. »Liebes Irmchen, ich will Ihnen es so sagen, wie ich es empfinde, natürlich weiß ich es nicht genau, aber es steht um die Brigitte ganz, ganz schlimm. [...] Sie bekommt die Kobalt-Kanone. Jedes kleine Kind bei uns in der Schule weiß, daß damit in der Hauptsache Krebs behandelt wird. Brigitte glaubt, daß es nur eine ›normale‹ Behandlung ist. Nun, man wird ihr ja auch nicht alles auf die Nase binden.«[25]

Am Ende sind es etwa 20 Bestrahlungen, die sie erhält, dann endlich kann sie am 7. Juni zurück nach Neubrandenburg. Und sie macht genau das, was ihre Devise ist: Schreiben und Leben! Leben bedeutet für sie Ausgelassenheit, Freude, Tanzen und Barbesuche. Und natürlich lernt sie einige jüngere Männer kennen, die ihr guttun, weil diese auf sie eingehen und sie sich aufgehoben fühlt. Schreiben heißt, sie kann sich in dieser Phase wieder an »Franziska« machen, nicht zuletzt um »schreibend Wirklichkeit zu bewältigen«, wohl wissend um die »Fragwürdigkeit des Versuchs«. Das lässt sie den Erzähler zu Beginn von Kapitel 12 sagen. In diesem Teil des Romans finden sich nunmehr auch Hinweise auf die erzählte Zeit.

Zeitangaben sind bis dahin im Roman bewusst vage gehalten, es heißt »später« und »damals«. »Mir ist kalt, Ben. Die warmen Nächte im Juni und Juli vor einem Jahr oder vor zehn Jahren, darauf kommt es nicht an, wir waren glücklich, waren wir glücklich?«, fragt Franziska und notiert damit sehr gegenwärtige Gedanken der Autorin.[26] Eine Antwort gibt es nicht, die Frage bleibt offen. Aber in ebendiesem Kapitel findet sich dann doch ein versteckter Hinweis auf das Jahr. Trojanowicz liest – ähnlich wie Fabian in Erich Kästners gleichnamigem Roman – die Headlines der Tageszeitung: »Kämpfe im Gaza-Streifen. Melina Mercouri am Broadway. Studenten-Demonstrationen gegen Schah-Besuch.« Spätestens beim Verweis auf die Studentendemos wird klar, es ist Anfang Juni 1967.[27]

Es ist anzunehmen, dass Brigitte Reimann im Juni 1970 an diesem Kapitel gearbeitet hat. Die Vermutung wird bestätigt durch einen Streit mit dem Exmann am Telefon, über den es einen Eintrag im Tagebuch gibt. Es entwickelt sich ein Disput über die »Schuldfrage«, und die Rede ist von einem Prinzgemahl, der »über seine Verhältnisse« lebt. Genau das steht wörtlich in dem »Franziska«-Roman, in unmittelbarer Nähe zum Hinweis auf die Erzählzeit.[28]

Im September 1970 lernt Brigitte Reimann den Kreishygienearzt Dr. Rudolf Burgartz kennen, sie nennt ihn Rudi oder auch den Dicken. Ein Mecklenburger. Schon nach zwei Wochen fahren sie zu seinen Eltern nach Plau. Auf dem Motorrad durchstreifen sie die Wälder, sie lernt Pilze zu unterscheiden und begeistert sich für die mecklenburgische Landschaft. Sie traut dem Glück dieser Tage nicht, vielleicht ist das alles nur eine Rückerinnerung an die Kindheit und der »ewig wiederholte Versuch, den mich die Sehnsucht nach Geborgenheit unternehmen läßt«. Auf jeden Fall fühlt sie sich »zum erstenmal nach langer Zeit geborgen, aufgehoben, beschützt an der breiten Brust meines Geliebten«, schreibt sie ins Tagebuch.[29] Und auch in den nächsten Wochen und Monaten ist von den »starken und verläßlichen Armen« die Rede und von der Ruhe und Ausgeglichenheit, die der neue Partner ausstrahlt. Zwischendurch kommen die Zweifel, ob das Glück auch von Dauer ist, sie möchte ihm davonlaufen, »ehe ich mich allzu tief verstrickt habe«.

Anfang November muss sie wegen einer Wirbelkompression wieder zu Professor Gummel nach Berlin-Buch. Und auch die nächsten Termine in der Robert-Rössle-Klinik sind vereinbart. Davon unabhängig wollen Brigitte Reimann und Rudolf Burgartz im Februar heiraten. »Will ich wirklich?«, fragt sie sich. Der nächste Eintrag im Tagebuch gibt Anlass zur Hoffnung: »Jetzt fühle ich mich zum erstenmal in Sicherheit, und das ist schön und gefährlich. Ich lasse mich gehen. Irgendetwas muß geschehen, damit ich wieder aktiv werde und nicht mehr so schlaftrunken bin vor Glück und Geborgenheit.«[30] Es ist Montag, der 14. Dezember 1970, und es ist der letzte Eintrag, weitere Aufzeichnungen existieren nicht, obwohl die Freunde, Juergen Schulz, Irmgard Weinhofen und Christa Wolf, versichern, es habe sie gegeben. Das Tagebuch bricht ab.

Eine Woche zuvor hat die Diensteinheit XX/7 des Ministeriums für Staatssicherheit in Neubrandenburg eine Operative Vorlaufakte (OVA) für Brigitte Reimann angelegt. Sie trägt den Decknamen »Denker«, als Tatbestand ist der Paragraph 106 des Strafgesetzbuches genannt: »Staatsfeindliche Hetze«. Als Grund für die OVA wird angegeben, dass »R. als freischaffende Schriftstellerin« in Hoyerswerda und Neubrandenburg laufend durch negative Diskussionen aufgefallen sei und die »Bearbeitung« mit dem Ziel erfolge, »ihre feindliche Handlung [sic] innerhalb des Schriftstellerverbandes Neubrandenburg nachzuweisen«.[31] Der Akte ist ein 9-seitiger »Sachstandsbericht« beigegeben, in dem das »bisher erarbeitete Material« ausgewertet wird. Darin sind Brigitte Reimanns bisherige schriftstellerische Stationen verzeichnet. Es sind die Gründe benannt, warum sie bereits in Hoyerswerda von Geheimen Informanten beobachtet wurde. Der 4-seitige Maßnahmenplan markiert in 12 Punkten die Schwerpunkte der »Aufklärung«, zu der eine Telefon- und Postüberwachung sowie die Überprüfung des Reiseverkehrs gehören. Die Inoffiziellen Mitarbeiter »Neupeter« und »Hugo« erhalten den Auftrag, »den persönlichen Kontakt zu R. weiter zu festigen«.[32] Bei den genannten IMs handelt es sich um Günter Ebert und Franz Freitag, die zum Neubrandenburger Schriftstellerverband gehören.[33] Freitag arbeitete über viele Jahre im Kulturbereich und beschäftigte sich als Autor mit regionalen Publikationen. Im weiteren Verlauf spielte Günter Ebert für den »Franziska«-Roman eine entscheidende Rolle, da er in Abstimmung zwischen Verlag und Autorin als Mentor eingesetzt war und zu ihrem Bekanntenkreis in Neubrandenburg zählte. Brigitte Reimann steht Ebert zunächst distanziert gegenüber, weil sie mit seinen von ihr als affirmativ empfundenen staatstragenden Positionen nichts anfangen kann. Aber dann entsteht ein Vertrauensverhältnis, weil er sie auch bei Tätigkeiten wie Einkaufen unterstützt. »Bei ihm hat solche Hilfeleistung etwas mit Herz zu tun, und deshalb geniere ich mich auch nicht bei ihm«, hält sie fest.[34] Dass dahinter ein Aufklärungsauftrag steht, ahnt sie nicht. Erste Berichte von Günter Ebert hat es bereits im Mai 1969 gegeben. Hier wird auch notiert, dass zum Bekanntenkreis der »Maler Wolfram Schubert sowie der Lyriker Werner Lindemann« gehören.[35] IM »Hugo« fertigt mit Datum vom 27. Mai 1971 gar eine Skizze der Wohnung an.[36] In der Folgezeit liefern die beiden Inoffiziellen Mitarbeiter jeweils auch Informationen zum Gesundheitszustand der Autorin. Die Kulturhistorikerin Christiane Baumann ist der Rolle von Günter Ebert in Verbindung mit dem eingeleiteten »Operativen Vorgang« bis 1989 nachgegangen.[37]

Christa Wolf versorgt die Freundin mit aufmunternd-stärkenden Worten, und nach einem Besuch hat auch der »Herr Rudi« Wolfs Sympathien gewonnen. Er sei »genau das Richtige«, da »prallen alle Deine Extravaganzen ab und können nicht selbstzerstörerisch werden«. Das ist Mitte Januar 1971. Dann der Schock für Christa Wolf, sie erfährt in einem Gespräch mit der behandelnden Ärztin Anfang Februar, welchen Befund es gibt. In ihrem Tagebuch notiert sie, dass die in Gang gebrachte Hormonkur laut Ärztin nur »ein Aufschub« sei. »Sie sagte, freilich, ein Aufschub, aber man könne doch damit vielen Menschen das Leben noch recht lange erträglich gestalten.« Und weiter: »Ich sei aber doch recht deprimiert, sage ich. Sie: Ja, es sei schlimm. Sehr schlimm. Sie sei ja auch ein bißchen erschrocken gewesen.«[38]

Brigitte Reimann erfährt davon in dieser Deutlichkeit nichts. Sie erhält jeden Abend eine Morphiumspritze gegen die Schmerzen. Vermutlich ahnt sie, was das bedeutet, aber sie klammert sich an die Hoffnung, es hänge mit der Hormonbehandlung zusammen. Der nächste Besuch bei der Freundin bestätigt den Befund, der niederschmetternd ist und den Christa Wolf wiederum einzig dem Tagebuch anvertraut: Der Krebs hat gestreut. –

Die nächsten Monate kommt Brigitte Reimann nicht zur Ruhe. Nachdem sie kurz zu Hause ist, sind die Schmerzen so stark, dass sie nicht einmal mehr die Asche von der Zigarette abstreifen kann. Die Morphiumspritzen, die ihr der Ehemann verabreicht, wirken nicht länger. Sie muss im Krankenwagen nach Berlin gebracht werden. Als sie ankommen, hat sie sich während der Fahrt trotz der zusätzlichen Polster »die Lippen völlig blutig gebissen, um nicht bei jeder Erschütterung zu schreien«. Die Briefe von Juergen Schulz an Irmgard Weinhofen geben ein erschreckendes Bild der Situation. Es ist »furchtbar, einfach furchtbar, wenn man sieht, wie diese herrliche Frau leiden muß«, schreibt er betroffen. »Ihr ganzes Dasein ist meiner Meinung nach nur noch Qual und Schmerzen.«[39] Bei den nachfolgenden Operationen, es werden neben einer Totaloperation auch beide Nebennieren und eine Rippe entfernt, gibt es bei der Narkose Komplikationen, und sie stirbt fast auf dem Operationstisch. Es braucht Wochen, ehe sie sich erholt. –

Anfang Mai 1971 wird Brigitte Reimann aus dem Krankenhaus entlassen, und am 14. des Monats heiraten sie und Rudolf Burgartz. Sofort macht sie sich an die Arbeit, auch im Juni und Juli geht es weiter, das Buch soll unbedingt bis zum Jahresende fertig werden. Walter Lewerenz gratuliert zur Hochzeit: »Mögest Du einen richtig lieben und netten Mann an Deiner Seite haben, der Dich schreiben läßt, was und wann Du willst, der an Deinen Sorgen teilnimmt und dabei trotzdem ruhig bleibt. Vor allem aber sieh zu, daß Dich die Scheißkrankheiten nicht unterkriegen.«[40]

Im September ist es ihr endlich möglich, wieder eine Schreibmaschine zu nutzen. Zwischendurch gibt es Abstürze, Depressionen, Schmerzen, Apathie, Hochspannung. Mitte Oktober berichtet Brigitte Reimann ihrer Freundin in Amsterdam von einer Ehekrise, »ausgelöst durch meine Unfähigkeit zu arbeiten, die mich verrückt macht. Ich explodiere wegen irgendwelcher Nichtigkeiten, es gibt Streit [...] ... ein richtiger Teufelskreis.«[41] Aber sie schreibt weiter, weiter, weiter – – –

Doch dann gibt es im Brief an Irmgard Weinhofen die endgültige Nachricht: Brigitte Reimann hat definitiv erfahren, dass sie unheilbar krank ist, ohne die Operationen hätte sie keine Chance gehabt, aktuell scheint das Fortschreiten des Krebses aufgehalten zu sein, aber »bei günstigem Verlauf habe ich noch etwa fünf Jahre Lebenserwartung. Das ist sehr wenig oder sehr viel, kommt drauf an, wie man es sieht – ich finde es jetzt noch viel.« Auf jeden Fall will und muss sie das »Franziska«-Buch zu Ende bringen, umso mehr als die politische Situation

Hoffnung macht: Anfang Mai 1971 ist Walter Ulbricht entmachtet worden und hat seinen Rücktritt erklärt. Brigitte Reimann, die stets ein ambivalentes Verhältnis zu dem Staatsratsvorsitzenden hatte, weiß nicht, was sie von seinem Nachfolger Erich Honecker halten soll. IM »Hugo« informiert über ein Gespräch, an dem Helmut Sakowski, Margarete Neumann, Günter Ebert und er selbst teilgenommen haben. Es sei darum gegangen, dass »Erich Honecker als 1. Sekretär des ZK eingesetzt worden war«. Brigitte Reimann habe sich »über die Leistungen Walter Ulbrichts positiv« geäußert und gemeint, dass es für »Honecker schwer wird, solch eine große Persönlichkeit wie Walter Ulbricht zu ersetzen«. Vom »Persönlichkeitsbild Erich Honeckers« könne sie sich noch kein Bild machen.[42] Das ist Ende Mai 1971.

Drei Wochen später auf dem entscheidenden VIII. Parteitag der SED, der vom 15. bis 19. Juni 1971 stattfand, war Erich Honecker bereits der Berichterstatter. Er äußerte sich auch zu Schriftstellern und Künstlern und zum »neuen Gegenstand«. Die Rede war von einem »offenen, sachlichen, schöpferischen Meinungsstreit darüber, wie der neue Gegenstand immer besser gemeistert werden« könne.[43] Meinungsstreit setze »eine enge Verbindung der Künstler mit dem Leben und ihr bewußtes, tiefes Verständnis für die Entwicklungsprozesse unserer Gesellschaft« voraus. »Dann werden die Schriftsteller und Künstler«, so Erich Honecker, »ohne Zweifel nicht nur die richtigen, unserer Gesellschaft nützlichen Themen in den Mittelpunkt des Schaffens stellen, sondern auch die ganze Breite und Vielfalt der neuen Lebensäußerungen erfassen und ausschöpfen.«[44]

Offen blieb, was konkret die »nützlichen Themen« sein sollten. Bereits einige Monate später kam es zu jener Aussage, die auch Brigitte Reimann hoffnungsvoll stimmte und in der Folgezeit von Autorinnen und Autoren als Indiz für ein neues Selbstverständnis des Partei- und Staatsapparates gewertet wurde. Auf der 4. Tagung des ZK der SED vom 16./17. Dezember 1971 notierte Erich Honecker: »Wenn man von der festen Position des Sozialismus ausgeht, kann es meines Erachtens auf dem Gebiet von Kunst und Literatur keine Tabus geben.«[45] Diese längst überfällige Aussage setzt bei Brigitte Reimann neue Energien frei. Sie geht an ihr 13. Kapitel, das sie einige Monate in Anspruch nimmt. Im März 1972 kann sie Christa Wolf mitteilen, dass sie »endlich die Geschichte vom Prozeß des Herrn Trojanowicz« geschafft hat.[46] Es ist dieses Kapitel, das die bislang positive Einschätzung in den Augen des IM »Neupeter« verändert. »Jetzt habe ich das 13. Kapitel ihres Romans ›Franziska Linkerhand‹ begutachtet und ihr sagen müssen, dass der dort geschilderte Romanteil ein offener Angriff gegen unseren Staat darstellt. Sie hat in diesem Teil einen Fall aus Leipzig verschlüsselt wiedergegeben, wo der Schriftsteller Loest inhaftiert wurde, weil er eine Listensammlung für die Frau eines Konterrevolutionärs veranstaltet hat«, heißt es am 25. Mai 1972 im Treffbericht. Brigitte Reimann wolle aber »dies nicht einsehen«.

In der Tat lässt sie sich von der Einschätzung nicht beirren, sie hält an der vorliegenden Form fest und wird von Freunden bestärkt. Werner und Gitta Lindemann gehören dazu. Der Kinderbuchautor hilft ihr auch sonst, »hat ihr Suppe gebracht und war einfach da, wenn sie etwas brauchte«, erinnerte Gitta Lindemann, die damals im Rundfunkstudio Neubrandenburg arbeitete.[47] Später finden auch die beiden Frauen zueinander. Es ist die Rede vom »Juergen und der schönen Lindemann«, die jeden Tag kommen und froh sind, »dieses Arzt-Gelichter hier nicht mehr anzutreffen, das uns für intellektuell oder einfach spinnert hält«, heißt es im Brief an Christa Wolf.[48] Als Gitta Lindemann Brigitte Reimann näher kennenlernte, da war sie schon sehr krank. »Sie saß in ihrer wunderschönen kleinen Wohnung und liebte den Blick in den Garten, und sie war so lebendig, interessiert, klug und sie war schön«, erinnert sich Gitta Lindemann. »Ich habe sie bewundert. Obwohl sie nur wenige Jahre älter war, hatte sie soviel intensiver gelebt und erzählte davon mit lächelnder Leichtigkeit. Und als sie noch dachte, Leben sei möglich, machte sie für uns Pläne. Wen wir besuchen würden, wen ich kennenlernen muß, davon hat sie hoffnungsvoll erzählt. Und ich habe daran geglaubt.« Nur einmal habe sie Brigitte Reimann verzweifelt gesehen. »Sie hatte mich angerufen und bat mich vorbeizukommen. Es muß Frühling gewesen sein, denn ich sehe noch heute ein Blütenmeer vor mir und den blauen Himmel. Nein, sie weinte nicht, aber ihr Gesicht war weiß und ihre Augen schwarz vor Angst. Sie sagte es ganz sachlich, sie wisse nun, dass sie nicht mehr lange zu leben habe. Da sei nichts mehr zu machen. Sie sah in den Garten, lange, und sagte sehr ruhig: alles ist wie immer, die Blüten, der Himmel und nichts ist so, wie es war. Es ist einfach alles vorbei. Sie war Ende dreißig.«

Selbst unter diesen Bedingungen macht Brigitte Reimann sich erneut Mut, vergleicht sich mit Nikolai Ostrowski und jenem Helden, den sie Anfang der 1950er Jahre in der Schule kennengelernt hat, Pawel Kortschagin. Der ist gelähmt und blind und hat dennoch weiter an seinem Buch geschrieben – und es geschafft. »Da war ihr Buch, das wollte sie unbedingt fertig schreiben«, so Gitta Lindemann. »Ich habe ihren Kampf erlebt. In jeder schmerzfreien Minute schrieb sie. Das waren wenige Momente, sie suchte wegen der Schmerzen geeignete Schreibmöglichkeiten ... Ihre Stärke, ihr Wille blieben in meiner Erinnerung bis heute. Und sie klagte nicht. Sie war aber so zart. [...] Mit-Leiden, keine Chance. Aber zuhören, das war möglich. Wenn sie von ihrer Vergangenheit sprach. Von Männern erzählte, die sie beeindruckt haben. Mit einer feinen Ironie. Und einer eleganten Eitelkeit. Die Begegnungen haben mich so tief beeindruckt, daß sie mich lebenslänglich begleiten. Es war ein großes Glück, daß ich sie kennenlernen durfte.«[49]

Mitte Juli 1972 muss Brigitte Reimann erneut nach Berlin-Buch, im November ist sie zu Hause, froh und aufgeregt, weil sie das Buch »wieder zu fassen« kriegt. Danach wieder Berlin-Buch. –

Sie schafft es, ihre Franziska zurück nach Neustadt zu schicken, und in dem unvollendeten Kapitel 15 benennt Franziska auf den letzten zwei Seiten des Manuskriptes voller Hoffnung ihre utopische Vision:

> Es muß, es muß sie geben, die kluge Synthese zwischen Heute und Morgen, zwischen tristem Blockbau und heiter lebendiger Straße, zwischen dem Notwendigen und dem Schönen, und ich bin ihr auf der Spur, hochmütig und ach, wie oft, zaghaft, und eines Tages werde ich sie finden.[50]

Brigitte Reimann stirbt am 20. Februar 1973 in Ostberlin.

44. Epilog – »diese Spur, die man zurücklassen möchte«

Viel zu jung, mit gerade einmal 39 Jahren, erlag Brigitte Reimann den Folgen ihrer Krebserkrankung. »Warum soll ich denn nicht mein Leben genießen? In zehn oder zwanzig Jahren ist alles vorbei – wenn ich nicht sogar schon vorher sterbe«, hatte die 22-Jährige einst geschrieben, als würde sie ihr Schicksal kennen.[1] Und so war sie eine Getriebene, gierig nach Leben, nach Liebe und Leidenschaft. Und sie war eine junge Frau, die schreiben musste, schreiben um den Preis des Lebens!

In einem der späten Briefe an die enge Freundin Irmgard Weinhofen spricht Brigitte Reimann davon, dass sie nur ihr Buch im Kopf habe. Auf das Geld kommt es ihr nicht an, es geht um Selbstvertrauen und um »diese Spur, die man zurücklassen möchte«.[2] Und ja, sie hat diese Spur hinterlassen.

Auch ihr Roman »Franziska Linkerhand«, um den sie bis zum Schluss gekämpft hat, konnte postum erscheinen. Bereits am 23. August 1973 stellte der Verlag Neues Leben den Antrag auf Erteilung einer Druckgenehmigung, die nach zehn Wochen erteilt wurde. Die Geheimen Informanten hatten dem Buch nichts anhaben können. Annemarie Auer, die befreundete Autorin, mit der Brigitte Reimann oft nicht einer Meinung war, hielt in ihrem Gutachten trotz mancher »Schwächen« eine »unverwässerte, vollständige, unveränderte Herausgabe des hinterlassenen Textes für vertretbar«.[3] Walter Lewerenz, der langjährige Lektor und Freund, ist dem weitgehend gefolgt. Im Nachsatz verweist er darauf, dass das Manuskript, von »wenigen vorsichtigen Kürzungen abgesehen, unverändert zum Druck gegeben« worden sei.[4] Aufs Ganze gesehen, kann man dem zustimmen, wenngleich sehr wohl Streichungen vorgenommen wurden. Im Gespräch hat er darauf verwiesen, dass sich Brigitte Reimann in ihr »Franziska«-Buch »nicht mehr reinreden ließ, sie war über die Jahre zu einer selbstbewussten Autorin geworden, und es war bei ihr auch gar nicht nötig«. Er habe sie bestärkt und gedrängt drauflosszuschreiben, »ohne Konzessionen und ohne Gedanken an ein mögliches Ausufern der Geschichte«.[5]

»Ich hatte Hochachtung vor ihrem Talent und ihren Fähigkeiten«, notierte der Lektor. Ein Problem sei neben dem politischen Einschnitt 1965 die lange Zeit der Entstehung gewesen, die sich durch die Krankheit verlängert habe. Die von ihm vorgenommenen Streichungen hängen, vom üblichen Lektoratsprozess abgesehen, dann aber doch mit Tabuisierungen in der DDR zusammen, und sie betreffen nicht zuletzt das Kapitel 13, um das Brigitte Reimann so intensiv gerungen hat. Allerdings – auch das zeichnet den Roman aus – hatte die Autorin gezielt mit sprachlichen Verfremdungen gearbeitet und darauf verzichtet, politisch aufgeladene Begriffe zu verwenden. Die Bezeichnung des Staates DDR kommt im gesamten Text kein einziges Mal vor, stattdessen ist die Rede von einem »Koordinatensystem von Lebenswegen, die das Land, die Zone, Ostdeutschland, die Republik überkritzelten«.[6] Namen von ostdeutschen Politikern wie Walter Ulbricht, die für die erzählte Zeit stehen könnten, finden sich nicht. Der Name des ersten Präsidenten, Wilhelm Pieck, fällt einzig im Zusammenhang mit der nach ihm benannten Straße in Ostberlin. Die Bezeichnung der SED wird einmal genannt, als die Rede davon ist, dass man einige Wochen nach dem Bau der Mauer morgens »mit Kreide oder Ölfarbe aufs Pflaster gemalte Parolen *Nieder mit der SED*« sieht.[7] Im Kontext mit dem Ungarn-Aufstand 1956 heißt es etwa, mit der Kenntnis des Lesepublikums rechnend, »das Jahr 56«.[8] Der Begriff »Aufstand«, der eine politische Implikatur bedeutet hätte, fällt indes nicht. Einen Hinweis auf den XX. Parteitag der KPdSU 1956 in der Sowjetunion gibt es nicht, auch die in der DDR übliche Umschreibung »Personenkult« existiert nicht, stattdessen kann man von »jener Chruschtschow-Rede« lesen, die in die Archive verbannt worden sei.[9] Es sind dies keineswegs Umschreibungen, die möglichen Irritationen vorbeugen sollen. Brigitte Reimann rechnet einerseits mit Lesern, die in der Lage sind, die gesetzten Leerstellen zu füllen. Andererseits motiviert sie zu einem genauen Lesen und Nachdenken. Hinsichtlich der Auslassungen war im Verlag ein Abwägen notwendig. »Für uns war es wichtig, dass nicht durch eine mögliche außerliterarische Brisanz der Roman als Ganzes wegrutscht«, so Walter Lewerenz.[10] Die im Aufbau-Verlag 1998 besorgte ungekürzte Neuausgabe schließlich präsentierte eine Fassung von »Franziska Linkerhand«, in der auf der Grundlage des überlieferten Urmanuskriptes die vom Verlag Neues Leben vorgenommenen Änderungen und Streichungen rückgängig gemacht wurden.[11]

Das Buch durchzusetzen war 1973 das »Selbstverständlichste von der Welt«, so Walter Lewerenz. »In Eiszeiten wie 1956 mutig zu sein, das ist schwer, 1972 war eine Tauwetterzeit, da war die Veröffentlichung eher leicht.«[12] Das Problem bestand aus den bekannten tragischen Gründen darin, dies ohne die Autorin tun zu müssen. Das betraf in besonderer Weise das unvollendete Romanende. Der frühere Cheflektor machte schon damals auf Briefe von Christa Wolf aufmerksam, in denen sich Verweise auf die zuletzt von der Autorin angedachte veränderte Konzeption des Schlusses fänden. Die Briefe werden im Christa-Wolf-Archiv aufbewahrt und sind inzwischen publiziert. »Ich finde es ergreifend, wie sie [Brigitte Reimann; Anm. C. G.], durch persönliche Erfahrung gezwungen, die Konstruktion der Maschine sozusagen im Fluge ändert«, schreibt Christa Wolf am 13. September 1974 an Walter Lewerenz.[13] Diese Zeilen notiert Christa Wolf, nachdem sie einige Wochen zuvor die Druckfahnen erhalten hat. Es trifft den Kern: ein Umbau der Konstruktion beim Fliegen. Fünf Tage bevor die todkranke Freundin in Berlin-Buch starb, beschreibt sie der Freundin den Schluss so: »Im letzten Kapitel werde die Heldin von dem Mann weggehen, mit dem sie, die Autorin, die Heldin im vorletzten Kapitel endlich ins Bett gebracht habe. Sie geht, obwohl sie ihn liebt, weil er ihr nicht genüge, weil es Wichtigeres gebe als Liebe, weil er schlapp ist und nicht hochkommt und sie produktiv sein wolle. Er würde sie hemmen.«[14] Das ist Brigitte Reimann pur!

Sicher, man merke dem Roman auch das »Unfertige, Fragmentarische, an manchen Stellen nicht Überarbeitete« an, hier hätte aber

»Vervollkommnen, Überarbeiten und Glätten« dem Buch und seiner Autorin nicht gedient. Ganz im Gegenteil: »Seine größte Stärke ist das, was Brigittes Stärke als Person auch war«, schreibt Christa Wolf: »Unmittelbarkeit, Echtheit, Engagement, Aufrichtigkeit. Und die unverstellte Sinnenhaftigkeit und Sinnlichkeit.«[15] Damit sind Autorin wie Roman auch eine Art Maßstab menschlichen Handelns, bis heute. Ja, möglicherweise weist das Unfertige und Fragmentarische des großartigen »Franziska«-Romans geradezu symbolhaft über sich hinaus auf das verschwundene Land, auf seine Anfänge, seine Visionen, seine Restriktionen und vor allem auf seine Menschen, die die Geschichten – wie auch immer – mit und in sich tragen. »Dass die DDR tot ist, das ist Legende. Alle diese Leute, die DDR waren, leben noch«, hat Ulrich Plenzdorf einmal gesagt.[16]

Was bleibt, ist ein Staunen über Brigitte Reimanns eigenwillige Stärke. Wie aktuell wirkt aus heutiger Sicht dieses unangepasste Leben einer Schriftstellerin, die vielen als Femme fatale galt, aber vor allem eine moderne, selbstbestimmte Frau war, deren Literatur sich für jede neue Generation als erstaunlich relevant erweist. Das Wunder dieses Lebens besteht darin, wie sie immer wieder neu Mut schöpfte, arbeitete, liebte – alles in der ihr ganz eigenen Intensität. Während ihre Ehen scheiterten, hielt sie an ihrer schriftstellerischen Arbeit fest, sie engagierte sich politisch und blieb sich stets treu, gemäß der Selbstverpflichtung: »nur nicht schweigen, nur nicht schweigend Falsches mit ansehen, und dadurch es billigen«.[17]

Anhang

Anmerkungen

Verwendete Abkürzungen

AdK	Akademie der Künste, Berlin
Arch-DSV	Archiv des Schriftstellerverbandes der DDR in der AdK (Signatur vom Anfang der 1990er Jahre für die Erschließung des Bestandes, inzwischen im SV aufgegangen)
BArch	Bundesarchiv, Berlin-Lichterfelde
BRA	Brigitte-Reimann-Archiv im Literaturzentrum Neubrandenburg e. V.
BStU	Bundesarchiv Stasi-Unterlagen-Archiv
MLHA	Mecklenburgisches Landeshauptarchiv Schwerin
SAdK	Stiftung Archiv der Akademie der Künste
SAPMO	Stiftung Archiv der Parteien und Massenorganisationen der DDR im BArch
SV	Archiv des Schriftstellerverbandes in der AdK

1. Kapitel

1 Peter Weiss: Die Ästhetik des Widerstands. Roman. Zweiter Band. Berlin: Henschelverlag 1983, S. 317.

2 Ebd., S. 320.

3 Ebd., S. 319.

4 Ebd.

5 Aleida und Jan Assmann: Kanon und Zensur. In: Dies. (Hrsg): Kanon und Zensur. Beiträge zur Archäologie der literarischen Kommunikation II. München: Wilhelm Fink Verlag 1987, S. 7–27, hier: S. 11.

6 Walter Lewerenz: Nachsatz. In: Franziska Linkerhand. Berlin: Verlag Neues Leben 1974, S. 584.

7 Brigitte Reimann in ihren Briefen und Tagebüchern. Eine Auswahl. Hrsg. von Elisabeth Elten-Krause und Walter Lewerenz: Berlin: Verlag Neues Leben

1983, S. 315; Christel Berger: Gedenken. Brigitte Reimann. 21. 7. 1933–20. 2. 1973. In: Sonntag, 8/1983, S. 8.

8 Ebd.

9 Ulrich Greiner: Mangel an Feingefühl. In: Die Zeit, 1. 6. 1990. Fast zeitgleich Frank Schirrmacher: Dem Druck des härteren, strengeren Lebens standhalten. In: FAZ, 2. 6. 1990. Zu dem kritischen Beitrag von Ulrich Greiner wurde in derselben Nummer der »Zeit« ein »Pro-Beitrag« von Volker Hage abgedruckt: Kunstvolle Prosa.

10 Carsten Gansel: Grenz-Erfahrung – Gedächtnis – Erzählen. Uwe Johnsons »Ingrid Babendererde« – Ein Buch, das der Zeit voraus war. In: Carsten Gansel (Hrsg.): Wenigstens in Kenntnis leben. Notate zum Werk Uwe Johnsons. Neubrandenburg: federchen Verlag 1991, S. 5–38, hier: S. 5.

11 Ebd.

12 Siehe u. a. die Rezensionen in: Frankfurter Rundschau (4. 7. 1998); BZ (14. 10. 1997); Stuttgarter Zeitung (14. 8. 1998).

13 Renate Rauch: Keine Lobsingungen. In: Berliner Zeitung, 14. 10. 1997.

14 Mark Siemons: Blues des Ostens. In: FAZ, 30. 5. 1998.

15 Cornelia Geißler: Begrabene Ideale. In: Stuttgarter Zeitung, 14. 8. 1998.

16 Jochen Hieber. In: Literarisches Quartett vom 24. 4. 1998 (https://www.kritikatur.de/Das_Literarische_Quartett_vom_24._April_1998, letzter Zugriff, 5. 11. 2022).

17 Margret Steckel: Brigitte Reimann. Candida des DDR-Sozialismus. In: Bücher, Livres – un supplément du tageblatt (Luxemburg), 24. 4. 1998.

18 Roland Mischke: Blues von Hoyerswerda. Brigitte Reimann war die privatistischste Autorin der DDR – das verraten endgültig ihre Tagebücher. In: General-Anzeiger, 11./12. 7. 1998.

19 Ulf Heise: Sie empfand keine Lust, mit der Macht zu flirten. In: Dresdner Neueste Nachrichten, 25. 5. 1998.

20 Marcel Reich-Ranicki: Christa Wolfs unruhige Elegie. »Nachdenken über Christa T.« – ein höchst bemerkenswerter DDR-Roman. In: Die Zeit, 23. 5. 1969.

21 Jürgen Kocka: Die Geschichte der DDR als Forschungsproblem. Einleitung. In: Ders. (Hrsg.): Historische DDR-Forschung. Aufsätze und Studien. Berlin: Akademie Verlag 1993, S. 12.

22 Siehe Carsten Gansel: Abkehr vom Stereotyp: Polenbilder in der deutschen Gegenwartsliteratur. Plädoyer für einen narratologischen Ansatz. In: Seminar 45/3 (2009), Journals – University of Toronto Press, S. 253–275.

23 Francis Fukuyama: Das Ende der Geschichte. Aus dem Amerikanischen von Helmut Dierlamm, Ute Mihr und Karlheinz Dürr. München: Kindler 1992.

24 Zitat nach Uwe Johnson; Siehe Carsten Gansel und Jürgen Grambow (Hrsg.): ... Biographie ist unwiderruflich ... Zu Uwe Johnson. Frankfurt/M. u. a.: Peter Lang 1992.

25 Uwe Johnson: Vorschläge zur Prüfung eines Romans (1975). In: Rainer Gerlach und Matthias Richter (Hrsg.): Uwe Johnson. Frankfurt/M.: Suhrkamp 1984, S. 30–36, hier: S. 35.

2. Kapitel

1 Ein Foto der Anzeige befindet sich im Literaturzentrum Neubrandenburg. Siehe auch: Brigitte Reimann. Eine Biographie in Bildern. Hrsg. von Margrid Bircken und Heide Hampel. Berlin: Aufbau-Verlag 2004, S. 20.

2 Erika Becker: Reimann, Brigitte. In: Andreas Röpcke (Hrsg.): Biographisches Lexikon für Mecklenburg. Band 7. Rostock: Schmidt-Römhild 2013, S. 256–263, hier: S. 256.

3 Brockhaus' Konversations-Lexikon. In 16 Bänden. 3. Band. 14., vollständig neu bearbeitete Auflage. F. A. Brockhaus in Leipzig, Berlin und Wien 1894, S. 754.

4 https://www.vongoetze.net/egf/abfrage.pl?aktion=person_zeigen&person_id=64055&sprache=da (letzter Zugriff: 14. 12. 2022); siehe auch: https://www.deutsche-biographie.de/pnd118744070.html (letzter Zugriff: 14. 12. 2022).

5 Siehe Dennerts Konversations-Lexikon. Ein Volks-Universal-Lexikon sowie ein Nachschlage- und Belehrungsbuch für alle Fälle und Lagen des täglichen Lebens. 2. Band. 3., neu bearbeitete und wesentlich erweiterte Auflage. Berlin: Peter. J. Oestergaard 1910, S. 1552.

6 http://www15.ovgu.de/mbl/Biografien/1043.htm (letzter Zugriff: 5. 10. 2022).

7 Zur Biographie von Hermann Giesau siehe den Katalog der Hallenser Professoren: https://www.catalogus-professorum-halensis.de/giesauhermann.html (letzter Zugriff: 10. 2. 2022).

8 Hermann Giesau: Der Dom zu Magdeburg. Mit 84 Abbildungen. Deutsche Bauten. 1. Band. 2., veränderte Auflage. Burg b. M.: Verlag August Hopfer 1936.

9 Robert Oertel: Michelangelo. Die Sixtinische Decke. Burg b. M.: Verlag August Hopfer 1940, Werbung im Innenband.

10 Spuren der frühen Kindheitserfahrungen finden nicht nur in den »Franziska«-Roman Eingang.

11 Ludwig Reimann: »Brigitte interessierte sich sehr für die kultur- und geschichtsprägenden Kräfte des Christentums«. Ein Brief. In: Helene und Martin Schmidt (Hrsg.): »Was ich auf dem Herzen habe«. Begegnungen mit Brigitte Reimann. Zeitzeugen berichten. Görlitz: o. Verlag 2008, S. 37–41. Ludwig

und Margarete Reimann haben dies im Gespräch nochmals bestätigt (Hamburg, 12. 9. 2005), ebenso Ulrich Reimann und seine Frau Dr. Sigrid Reimann (22. 3. 2023).

12 Ebd., S. 38.

13 Dorothea von Törne: Brigitte Reimann. Einfach wirklich leben. Eine Biographie. Berlin: Aufbau Taschenbuch Verlag 2001, S. 12.

14 Carsten Gansel im Gespräch mit Ludwig Reimann (Hamburg, 12. 9. 2005).

15 Erika Raudszus: Meine Erinnerungen an die Kindheit. In: Helene und Martin Schmidt (Hrsg.): »Was ich auf dem Herzen habe«, a. a. O., S. 147–150, hier: S. 148.

16 Johann Peter Eckermann: Sonntag, den 7. Oktober 1827. In: Ders.: Gespräche mit Goethe in den letzten Jahren seines Lebens. Berlin und Weimar: Aufbau-Verlag 1982, S. 562.

17 Otfried Preußler: Wir sind Deutsche aus Böhmen. Gespräch mit Martin Blümcke (gesendet vom SDR unter dem Titel »Als in Böhmen Tschechen und Deutsche miteinander lebten«, 25. 12. 1993). In: Sudetenland. Europäische Kulturzeitschrift. Vierteljahresschrift für Literatur und Kunst, Heft 2/1994, S. 147–161, hier: S. 150.

18 Ludwig Reimann: »Brigitte interessierte sich sehr für die kultur- und geschichtsprägenden Kräfte des Christentums«, a. a. O., S. 39.

19 Harald Welzer: Das kommunikative Gedächtnis. Eine Theorie der Erinnerung. München: C. H. Beck 2002. S. 165.

20 In Görlitz wurde 2019 eine Tafel enthüllt, die wichtige Schriftsteller verzeichnet, die einen Bezug zum Land Brandenburg haben: Theodor Fontane, Ernst von Wildenbruch, Brigitte Reimann, Erwin Strittmatter und Günter de Bruyn.

21 Siehe Johann Daniel Ferdinand Neigebaur: Die Preußischen Gymnasien und höheren Bürgerschulen. Eine Zusammenstellung der Verordnungen, welche den höheren Unterricht in diesen Anstalten umfassen. Berlin, Posen, Bromberg: Verlag von Ernst Siegfried Mittler 1835, S. 314–316. Zu den Schulprogrammschriften siehe die von Carsten Gansel und Birka Siwczyk herausgegebene Reihe »Gotthold Ephraim Lessing im kulturellen Gedächtnis – Materialien zur Rezeptionsgeschichte«. Göttingen: Vandenhoeck & Ruprecht 2009 ff.

22 Die Gedenktafel wurde im Oktober 2021, ein Jahr nach der Einweihung der Evangelischen Grundschule, wieder an dem Gebäude angebracht.

23 Teile der Weiherede wurden abgedruckt in: Tageblatt für die Jerichowschen und benachbarten Kreise und Burgsche Zeitung, 36. Jg., Nr. 257.

24 Otto Tüselmann: Ernst von Wildenbruch in Burg. In: Jahresbericht des König-

lichen Victoria-Gymnasiums zu Burg. Burg b. M.: Verlag August Hopfer 1910, S. 3–8.

25 Ernst Wildenbruch: Curriculum vitae. In: Otto Tüselmann: Ernst von Wildenbruch in Burg, a. a. O., S. 4.

26 Ebd.

27 Aus deutschen Lesebüchern. Epische, lyrische und dramatische Dichtungen erläutert für die Oberklassen der höheren Schulen und für das deutsche Haus. Bearb. v. Georg Frick. 4., durchgesehene und erweiterte Aufl. Leipzig, Berlin: Theodor Hofmann 1904.

28 Dr. Sigrid und Ulrich Reimann: »Brigitte weckte unsere Liebe zur Literatur«. In: Helene und Martin Schmidt (Hrsg.): »Was ich auf dem Herzen habe«, a. a. O., S. 15–35, hier: S. 15.

29 Siehe Harald Welzer: Das kommunikative Gedächtnis. Eine Theorie der Erinnerung. München: C. H. Beck 2002.

30 Franz Fühmann: Literatur und Kritik. Referat auf dem VII. Schriftstellerkongress der DDR 1973. In: Ders.: Essays, Gespräche, Aufsätze 1964–1981. Rostock: Hinstorff Verlag 1983, S. 67–81, hier: S. 76.

31 Brigitte Reimann: Mein Bildungsgang (unveröffentlicht, geschrieben in der Klasse 12a). Dr. Tack schickte mir (datiert vom 23. 8. 2001 und zusammen mit anderen Dokumenten) eine Kopie des Textes. In: Archiv Gansel.

3. Kapitel

1 Uwe Johnson: Eine Reise wegwohin. Und andere kurze Prosa. Ausgewählt und mit einem Nachwort von Jürgen Grambow. Berlin und Weimar: Aufbau-Verlag 1989.

2 Uwe Johnson: Begleitumstände. Frankfurter Vorlesungen. Frankfurt/M.: Suhrkamp 1980, S. 25.

3 Uwe Johnson: Einführung in die »Jahrestage«. In: Johnsons Jahrestage. Hrsg. von Michael Bengel. Frankfurt/M.: Suhrkamp 1985, S. 25.

4 Ebd.

5 Selbstanzeige. Schriftsteller im Gespräch. Hrsg. von Werner Koch. Frankfurt/M.: Fischer TB 1971, S. 47–56. Das Gespräch zwischen Reinhard Baumgart und Uwe Johnson wird zitiert nach: Uwe Johnson. Mutmassungen über Jakob. Hrsg. von Bernd Neumann. Stuttgart: Philipp Reclam jun.1989, S. 86–97, hier: S. 88.

6 Uwe Johnson: Begleitumstände. Frankfurter Vorlesungen, a. a. O., S. 26. Siehe auch Katja Leuchtenberger: Uwe Johnson: Leben, Werk, Wirkung. Frankfurt/M.: Suhrkamp 2010, S. 9.

7 Brigitte Reimann an Willi Lewin, 11. 8. 1961. In: BRA, Sign. 865.

8 Gesetz zur Wiederherstellung des Berufsbeamtentums. Vom 7. April 1933. Reichsgesetzblatt. Teil I. 1933, Nr. 34, S. 175.

9 Heinz Ragnitz: Die Grafschaft Bentheim in der Geschichte. Gesetze und Erlasse für die Schule, https://www.grafschafter-geschichte.de/schulpolitik (letzter Zugriff 10. 9. 2022).

10 Brigitte Reimann: Ich bedaure nichts. Tagebücher 1955–1963. Berlin: Aufbau-Verlag 1997, S. 284.

11 »An diesem Punkt bin ich sehr verwundbar«. Carsten Gansel und Walter Kaufmann im Gespräch. In: Norman Ächtler und Monika Rox-Helmer (Hrsg.): Kindertransport 1938/39 – Gegenwartsliteratur und historische Zeugenschaft. In: Der Deutschunterricht, Heft 6/2019, S. 73–78, hier: S. 73, 74.

12 Ebd., S. 74.

13 Ebd., S. 78.

14 Kurt-Ingo Flessau: Schule der Diktatur. Lehrpläne und Schulbücher des Nationalsozialismus. Frankfurt/M.: Fischer Taschenbuch 1984.

15 Zitiert nach: Jürgen Reulecke: Befreiung von »bankrotten Vätern«: Jungmännerbünde in einer »vaterlosen Gesellschaft« im ersten Drittel des 20. Jahrhunderts. In: Carsten Gansel und Pawel Zimniak (Hrsg.): Zwischenzeit, Grenzüberschreitung, Aufstörung. Bilder von Adoleszenz in der deutschsprachigen Literatur. Heidelberg: Universitätsverlag Winter 2011, S. 75–94, hier: S. 83.

16 Helmut Fend: Sozialgeschichte des Aufwachsens. Bedingungen des Aufwachsens und Jugendgestalten im zwanzigsten Jahrhundert. Frankfurt/M.: Suhrkamp 1996 (1988), S. 194–196.

17 Die Fibel der Mark Brandenburg. 2. Auflage. Breslau: Verlag Ferdinand Hirt 1939, S. 42.

18 Ebd., S. 65.

19 Helmut Stapel: Sütterlin. Geschichte einer deutschen Schrift, die keine mehr ist. In: Geo, 24. 8. 2022, https://www.geo.de/wissen/weltgeschichte/suetterlin-die-verbotene-schrift-und-ihre-geschichte-32633438.html (letzter Zugriff: 10. 11. 2022).

20 Georg Jäger: Der Schulbuchverlag. In: Ders. (Hrsg.): Geschichte des deutschen Buchhandels im 19. und 20. Jahrhundert. Das Kaiserreich 1871–1918. Teil 2. Frankfurt/M.: Buchhändler-Vereinigung 2003, S. 62.

21 Siehe Carsten Gansel: »Unsere Dichter sind Dolmetscher der Volksseele« – G. E. Lessing im Lesebuch der höheren Schulen zwischen 1800 und 1914. In:

Hermann Korte und Ilonka Zimmer (Hrsg.): Das Lesebuch 1800–1945. Ein Medium zwischen literarischer Kultur und pädagogischem Diskurs. Frankfurt/M.: Peter Lang 2006, S. 89–102.

22 Georg Jäger: Der Schulbuchverlag. In: Ders. (Hrsg.): Geschichte des deutschen Buchhandels im 19. und 20. Jahrhundert, a. a. O., S. 66.

23 Deutsches Lesebuch für Volksschulen 3. und 4. Schuljahr. Mit 38 Holzschnitten und einer farbigen Tafel. Breslau: Verlag Ferdinand Hirt 1937.

24 Zur Auseinandersetzung mit dem deutschen Gesinnungslehrbuch insbesondere nach 1945 siehe Heinrich Kaulen: Nationale Stereotype im Lesebuch. Robert Minders kritischer Rückblick auf das deutsche Gesinnungslesebuch. In: Hermann Korte und Ilonka Zimmer (Hrsg.): Das Lesebuch 1800–1945, a. a. O., S. 291–302.

25 https://www.dhm.de/lemo/kapitel/ns-regime/alltagsleben/schule-im-dritten-reich.html (letzter Zugriff: 5. 12. 2022).

26 Bericht des Städtischen Luisen-Lyzeums zu Burg. Bez. Magdeburg, über das Schuljahr 1932. Erstattet durch den Leiter der Anstalt, Studiendirektor Voigt; die Jahresberichte wurden mir von der Bibliothek für Bildungsgeschichtliche Forschung des DIPF | Leibniz-Institut für Bildungsforschung und Bildungsinformation Berlin zur Verfügung gestellt.

27 Bericht des Städtischen Luisen-Lyzeums zu Burg. Bez. Magdeburg, über das Schuljahr 1933. Erstattet durch den Leiter der Anstalt, Studiendirektor Voigt.

28 Siehe Werner Heise: Die Nazis konnten ihm seine »Schandtat« nicht vergessen. In: General-Anzeiger, 10. 4. 1986, S. 7.

4. Kapitel

1 Siehe Manfred Pankratz und Hans Bursian: Zeitungen in Sachsen-Anhalt. Ein Nachweis. Schriften zum Bibliotheks- und Büchereiwesen in Sachsen-Anhalt, Band 91. Halle: Universitäts- und Landesbibliothek Sachsen-Anhalt 2008.

2 Siehe Christian Packheiser: Heimaturlaub. Soldaten zwischen Front, Familie und NS-Regime. Göttingen: Wallstein Verlag 2020.

3 Brigitte Reimann an Willi Reimann, 14. 5. 1943. In: BRA, Sign. 3, Brief 1.

4 Ebd.

5 Brigitte Reimann an Willi Reimann, 15. 5. 1943 (Archiv Ulrich und Dr. Sigrid Reimann).

6 Brigitte Reimann an Willi Reimann, 17. 5. 1943. In: BRA, Sign. 3, Brief 2.

7 Siehe Wolfgang Benz: Verweigerung im Alltag und Widerstand im Krieg. In-

formationen zur politischen Bildung. Heft 243. Bundeszentrale für politische Bildung. 2005.

8 Brigitte Reimann an Willi Reimann, 17. 5. 1943. In: BRA, Sign. 3, Brief 2.

9 Siehe Carsten Gansel: Nach 70 Jahren aus der Kriegsgefangenschaft zurück – Heinrich Gerlachs Roman »Durchbruch bei Stalingrad« und seine abenteuerliche Geschichte. In: Heinrich Gerlach: Durchbruch bei Stalingrad. Hrsg., mit einem Nachwort und dokumentarischem Material versehen von Carsten Gansel. Berlin: Galiani 2016, S. 519–693.

10 Brigitte Reimann an Willi Reimann, 24. 7. 1943. In: BRA, Sign. 3, Brief 3.

11 Carsten Gansel und Erich Loest: »Hemingway ist eine Stilfrage, Fallada eine Inhaltsfrage«. Gespräch. In: Norman Ächtler (Hrsg.): Carsten Gansel: Literatur im Dialog. Gespräche mit Autorinnen und Autoren 1989–2014. Berlin: Verbrecher Verlag 2015, S. 278–310, hier: S. 280, 281.

12 Ebd., S. 281.

13 Brigitte Reimann an Willi Reimann, 9. 8. 1943. In: BRA, Sign. 3, Brief 6.

14 Kuni Tremel-Eggert: Sonnige Heimat. Erzählungen. München: Verlag Franz Eher 1938 (1935), S. 7.

15 Christian Adam: Lesen unter Hitler. Autoren, Bestseller, Leser im Dritten Reich. Berlin: Galiani 2010, S. 271. Bei Karl Aloys Schenzingers »Anilin« (1937) handelt es sich um einen Tatsachenroman über den deutschen Chemiker Friedlieb Ferdinand Runge, der das Anilin entdeckte. Das Buch wurde bis 1951 ca. 1,6 Millionen Mal verkauft.

16 Ebd., S. 273.

17 Hans Tolten: Die Herden Gottes. Menschen und Tiere in Urwald und Kamp. Potsdam: Rütten & Loening 1942, S. 9.

18 Ebd., S. 12.

19 Der Hinweis findet sich auf dem Einband als werbende Aussage.

20 Luisenschule. Städtische Oberschule für Mädchen. Burg bei Magdeburg. Adolf-Hitler-Straße. Jahresbericht über das Schuljahr 1939/40, S. 4.

21 Ebd., S. 5, 6.

22 Siehe Hans Sarkowicz und Alf Mentzer: Literatur in Nazi-Deutschland. Ein biografisches Lexikon. Erweiterte Neuausgabe. Hamburg, Wien: Europa Verlag 2002.

23 Den Interpretationshinweis danke ich meiner Kollegin Cora Dietl (Universität Gießen).

24 Wir Mädel singen. Liederbuch des Bundes Deutscher Mädel. Hrsg. von der Reichsjugendführung. 2., erweiterte Ausgabe. Wolfenbüttel und Berlin: Georg Kallmeyer Verlag 1939.

25 Winfried Mogge: Baumann, Hans. Handbuch zum literarischen Katholizismus im deutschsprachigen Raum des 20. Jahrhunderts. Hrsg. von Thomas Pittrof (erscheint im November 2023), S. 2. Ich danke Winfried Mogge für das Manuskript des Beitrages zu Hans Baumann.

26 Viele der Texte sind in »Morgen marschieren wir. Liederbuch der deutschen Soldaten« (1939) versammelt, das Hans Baumann herausgegeben hat. Siehe Carsten Gansel: Der Autor Hans Baumann vor und nach 1945. Zu Aspekten seiner Poetologie, dem Erzählen von Geschichte(n) und Chancen der Archivarbeit. In: Das Bücherschloss. Mitteilungen aus der Internationalen Jugendbibliothek. München: 2016/17, S. 40–57.

27 Siehe Wilhelm Haefs: Lyrik in den 1930er und 1940er Jahren. In: Hansers Sozialgeschichte der deutschen Literatur. Band 9. Hrsg. von Wilhelm Haefs. München: Carl Hanser Verlag 2009, S. 395.

28 Victor Klemperer: LTI. Notizbuch eines Philologen. Stuttgart: Philipp Reclam 2007, S. 334, 335.

29 Gudrun Pausewang: Gedanken zu Hans Baumann. In: Walter Koschmal und Lisa Unger-Fischer (Hrsg.): Hans Baumann. Jahresgabe 2016. Regensburg Europäisch. Regensburg 2016, S. 32, 33.

30 Brigitte Reimann: Mein Bildungsgang, a. a. O.

31 Barbara Stambolis: Männer des Jahrgangs 1943 im Rückblick auf Schulzeit und Studium – Horizonterweiterungen und Grenzüberschreitungen. In: Carsten Gansel und Pawel Zimniak (Hrsg.): Zwischenzeit, Grenzüberschreitung, Aufstörung a. a. O., S. 95–112, hier: S. 101. Barbara Stambolis empirische Studie, die eine Befragung einschließt, bezieht sich auf den Geburtsjahrgang 1943. Die Aussagen zu den »~~Indianer~~- und Abenteuerbüchern« treffen ebenso auf die Jahrgänge der ab 1930 Geborenen zu.

32 Ebd.

33 Brigitte Reimann: Mein Bildungsweg, a. a. O., S. 1.

34 Ebd.

35 Ebd., S. 2.

36 Der Mitteldeutsche. Burger Tageblatt. Sonderausgabe. Donnerstag, den 19. April 1945. In: Markus Kurze: 1945. Zusammenbruch und Neuanfang. Schicksale aus Burg und Umgebung. Burg: 2021, S. 56.

37 Ebd.

38 Ebd., S. 59, 60, 63, 80.

39 Siehe ebd., S. 82–92.

40 Brigitte Reimann: Mein Bildungsgang, a. a. O., S. 2.

41 Gerhard Wolf: Nachwort. In: Christa Wolf: Nachruf auf Lebende. Die Flucht. Berlin: Suhrkamp 2014, S. 105.

42 Brigitte Reimann und Christa Wolf: Sei gegrüßt und lebe. 1963–1973. Eine Freundschaft in Briefen und Tagebüchern. Mit einem Vorwort von Gerhard Wolf. Hrsg. von Angela Drescher. Erw. Neuausgabe. Berlin: Aufbau Verlag 2016, S. 149.

43 Gerhard Wolf: Nachwort, a. a. O.

44 Christa Wolf: Erfahrungsmuster. Diskussion zu »Kindheitsmuster«. In: Dies.: Die Dimension des Autors. Essays und Aufsätze, Reden und Gespräche 1959–1985. Band 2. Berlin und Weimar: Aufbau-Verlag 1986, S. 350–387, hier: S. 368.

45 Ebd.

46 Brigitte Reimann: Mein Bildungsgang, a. a. O., S. 2.

47 Gudrun Quenzel und Klaus Hurrelmann: Lebensphase Jugend. Eine Einführung in die sozialwissenschaftliche Jugendforschung. 13. Auflage. Weinheim, Basel: Beltz Juventa 2016, S. 58.

48 Christa Wolf: Dankrede für den Geschwister-Scholl-Preis der Stadt München. In: Christa Wolf. Ein Arbeitsbuch. Studien – Dokumente – Bibliographie. Hrsg. von Angela Drescher. Berlin und Weimar: Aufbau-Verlag 1989, S. 448–453, hier: S. 449.

5. Kapitel

1 Das Flugblatt findet sich im Museum Berlin-Karlshorst: https://nat.museum-digital.de/home (letzter Zugriff: 5. 12. 2022).

2 Botschaft des Genossen J. W. Stalin an das deutsche Volk. Flugschrift der sowjetischen Besatzungsmacht (»Nachrichtenblatt für die deutsche Bevölkerung«, Nr. 19, 10. Mai 1945).

3 Das Buch wurde »in einer ungekürzten Neuausgabe« wieder aufgelegt: Josef Martin Bauer: Die Kraniche der Nogaia. Ukrainisches Tagebuch. München, Berlin: Herbig 1977.

4 Zu Lanz siehe Hermann Frank Meyer: Blutiges Edelweiß. Die 1. Gebirgs-Division im Zweiten Weltkrieg. Berlin: Ch. Links 2008.

5 Josef Martin Bauer: Unterm Edelweiß in der Ukraine. Eine Gebirgs-Division im Kampf gegen Sowjet-Rußland. Hrsg. im Auftrage eines Generalkommandos von Oberstltn. Dr. Egid Gehring. München: Verlag Franz Eher 1943. S. 11.

6 Ebd., S. 75.

7 Paul Wandel: Zur Demokratisierung der Schule. Rede auf dem Pädagogischen

Kongreß in Berlin am 15. 8. 1946. In: Ders.: Reden zur Kulturpolitik. Berlin: Volk und Wissen 1955, S. 19–46, hier: S. 19.

8 Ebd., S. 28.

9 Ebd.

10 Siehe Siegfried Prokop: Intellektuelle in den Wirren der Nachkriegszeit. Teil I. Die soziale Schicht der Intelligenz der SBZ/DDR von 1945–1955. Berlin: Kai Homilius Verlag 2010, S. 55.

11 Carsten Gansel und Gerhard Wolf: »Wir haben ja laufend über unsere Arbeit gesprochen«. Ein Gespräch über »Herzenssachen« und wie jemand seinen Weg findet. In: Carsten Gansel, Katrin Lehnen und Vadim Oswalt (Hrsg.): Schreiben, Text, Autorschaft II. Zur Narration und Störung von Lebens- und Schreibprozessen. Göttingen: Vandenhoeck & Ruprecht 2021, S. 353–388, hier: S. 353.

12 Siehe Luisa Latterner: Schulische politische Bildung in der Sowjetischen Besatzungszone. Eine historische Diskursanalyse der Zeitschrift »die neue schule« 1945–1949. In: Trierer Quellen- und Studienhefte zur historisch-politischen Bildung. Oktober 2019, Nr. 2. Universität Trier 2019 (https://ubt.opus.hbz-nrw.de/opus45-ubtr/frontdoor/deliver/index/docId/1294/file/TriQS_2_2019.pdf, letzter Zugriff: 10. 1. 2023). Siehe auch: Dokumente zur Geschichte des Schulwesens in der Deutschen Demokratischen Republik. Teil 1. 1945–1955. Berlin: Volk und Wissen 1970, S. 15.

13 Kulturpolitisches Wörterbuch. Berlin: Dietz Verlag 1970, S. 479.

14 Ernst Cloer: Bildungspolitik und Bildungssystem in der SBZ und der DDR. Ausgewählte Aspekte der Entwicklung 1945–1989. In: Hans-Georg Herrlitz, Wulf Hopf und Hartmut Titze: Deutsche Schulgeschichte von 1800 bis zur Gegenwart. 3. Auflage. Weinheim, München: Beltz Juventa 2001, S. 173–202, hier: S. 175.

15 Hans Klockmann an Carsten Gansel, 2. 10. 2000, mit Materialien zur Geschwister-Scholl-Oberschule Burg. Siehe einige Jahre später die kurze Notiz in: Ders.: Keine Angst vor dem Sowjetoffizier. Leser Hans Klockmann würdig seinen Direktor. In: Tagesspiegel, 15. 3. 2005.

16 Kinder- und Hausmärchen, 2. Auflage 1819, Vorwort.

17 Deutsche Volksmärchen. Laienspiel von Brigitte Reimann. Klasse 7a. In: BRA, Sign. 427.

18 Erich Kästner: Von der deutschen Vergeßlichkeit. In: Ders.: Splitter und Balken. Werke, Band 6. Publizistik. Hrsg. von Hans Sarkowicz und Franz Josef Görtz in Zusammenarbeit mit Anja Johann. München, Wien: Carl Hanser Verlag 1998, S. 612–614, hier: S. 613.

6. Kapitel

1 Brigitte Reimann: Ich bedaure nichts, a. a. O., S. 123.
2 Brigitte Reimann: Eintrag vom 14. 2. 1947. In: BRA, Sign. 3.
3 Umfragen des Office of Military Government for Germany, zitiert nach: Jeffrey Herf: Zweierlei Erinnerung. Die NS-Vergangenheit im geteilten Deutschland. Berlin: Propyläen-Verlag 1998, S. 243, 244.
4 Brigitte Reimann: Eintrag vom 14. 2. 1947, a. a. O.
5 Siehe Katja Iken, Caroline Schiemann und Benjamin Braden: »Die Moral geht zum Teufel«. Zeitzeugen des Hungerwinters 1946/47. In: Spiegel Online, 20. 2. 2017 (https://www.spiegel.de/geschichte/hungerwinter-1946-47-in-deutschland-das-ueberleben-nach-dem-krieg-a-1133476.html, letzter Zugriff: 13. 1. 2023).
6 Brigitte Reimann: Eintrag vom 14. 2. 1947, a. a. O.
7 Brigitte Reimann: Aber wir schaffen es, verlaß Dich drauf! Briefe an eine Freundin im Westen. Hrsg. von Ingrid Krüger. Berlin: Aufbau Taschenbuch Verlag 1999, S. 9, 10.
8 Brigitte Reimann: Schulheft. In: BRA, Sign. 462.
9 Einer der Reihenbeiträge von Alfred Kurella erschien unter dem Titel »Ich lebe in Moskau. Erlebnisse und Beobachtungen eines Deutschen«. In: Tägliche Rundschau, 20. 7. 1947. Im gleichen Jahr wurden sie gesammelt als Buch im Verlag Volk und Welt veröffentlicht.
10 Johannes R. Becher: Der Aufstand im Menschen. Berlin und Weimar: Aufbau-Verlag 1983, S. 17, 18. Siehe auch Ursula Heukenkamp: Ein Erbe für die Friedenswissenschaft. Das Konzept der kulturellen Erneuerung in der SBZ (1945–1949). In: Dies. (Hrsg.): Unerwünschte Erfahrung. Kriegsliteratur und Zensur in der DDR. Berlin und Weimar: Aufbau-Verlag 1990, S. 9–71.
11 Brigitte Reimann: Aber wir schaffen es, verlaß Dich drauf!, a. a. O., S. 10.
12 Ludwig Reimann: »Brigitte interessierte sich sehr für die kultur- und geschichtsprägenden Kräfte des Christentums«, a. a. O., S. 40, 41.
13 Erläuterungsblatt zum Unterrichtsfilm F 154 – Auf dem Hühnerhof, o. J.
14 Die in Deutschland geschützten Pflanzen nach der Naturschutzverordnung vom 18. März 1936. Von Professor Dr. Walther Schoenichen. Direktor der Reichsstelle für Naturschutz. Mit 100 Abbildungen nach Zeichnungen von Kunstmaler Erich Schröder, Berlin. Berlin-Lichterfelde: Hugo Bermühler Verlag o. J., S. 19, 20.
15 Brigitte Reimann: Maikäfers Bekehrung. In: BRA, Sign. 426.

16 Siehe Carsten Gansel: Moderne Kinder- und Jugendliteratur. 9. Auflage. Berlin: Cornelsen-Scriptor 2020, S. 25, 26, 27.

17 Christian Felix Weiße: Der Seiltänzer. In: Kinder- und Jugendliteratur der Aufklärung. Eine Textsammlung. Hrsg. von Hans-Heino Ewers. Stuttgart: Philipp Reclam 1991, S. 214.

18 Brigitte Reimann: Mein Bildungsgang, a. a. O., S. 2.

19 Zu Aspekten von weiblicher Adoleszenz siehe Vera King: Körper und Geschlecht in der Adoleszenz. In: Psychotherapie, 7. Jg., Heft 1/2002, S. 92–100.

7. Kapitel

1 Brigitte Reimann: Aber wir schaffen es, verlaß Dich drauf!, a. a. O., S. 13.

2 Ebd.

3 Das »Mitteilungsbuch der Oberschule Burg b. M. 1945–1951« konnte 2000 eingesehen werden und liegt in Kopie vor. In: Archiv Gansel.

4 Schulchronik Geschwister-Scholl-Oberschule für das Schuljahr 1947/48 (Kopie). In: Archiv Gansel.

5 Brigitte Reimann: Aber wir schaffen es, verlaß Dich drauf!, a. a. O., S. 8, 9.

6 Gesetz des Kontrollrats betreffend Liquidierung und Verbot der militärischen Ausbildung, in Kraft getreten am 1. 10. 1945. In: Verordnungsblatt der Stadt Berlin 1945, Nr. 9 vom 10. 10. 1945, S. 102, 103.

7 Befehl Nr. 4 vom 13. 5. 1946: Einziehung von Literatur und Werken nationalsozialistischen und militaristischen Charakters. In: Amtsblatt des Kontrollrates in Deutschland, Nr. 7 vom 31. 5. 1946, Berlin 1946, S. 151, 152.

8 Brigitte Reimann: Aber wir schaffen es, verlaß Dich drauf!, a. a. O., S. 14.

9 Sitzung der Aufnahmekommission des SDA vom 30. 11. 1945. In: SAdK, SV, Sign. 316/1.

10 Ricarda Huch: Neujahrsbetrachtung. In: Tägliche Rundschau, 1. 1. 1946.

11 Vorstandssitzung vom 27. 11. 1946. In: SAdK, SV, Sign. 316/1, Blatt 144. Bereits auf der Vorstandssitzung vom 15. 11. 1946 ist vom »Fall Blunck« die Rede (siehe Protokoll, ebd., Blatt 138).

12 Ebd.

13 Zum Ersten Deutschen Schriftstellerkongress, seiner Vorbereitung und Durchführung siehe Carsten Gansel: Parlament des Geistes. Literatur zwischen Hoffnung und Repression 1945–1961. Berlin: BasisDruck Verlag 1996, S. 41–92.

14 Protokoll der Mitgliederversammlung am 29. 5. 1947. In: SAdK, SV, Sign. 316/2.

15 Brigitte Reimann: Aber wir schaffen es, verlaß Dich drauf!, a. a. O., S. 12

16 Siehe Leserbriefe in: »Junge Welt«, 13. 2. 2017.

17 Schulchronik der Geschwister-Scholl-Oberschule, a. a. O.

18 Mitteilungsbuch der Oberschule Burg b. M. 1946–1951, a. a. O.

19 Johannes Tuchel: Zwischen Diffamierung und Anerkennung. Zum Umgang mit dem 20. Juli 1944 in der frühen Bundesrepublik. In: Aus Politik und Zeitgeschichte, 64. Jg., Nr. 27/2014, S. 18–24, hier: S. 18.

20 Zu Rudolf Pechel siehe Heidrun Ehrke-Rotermund: Rudolf Pechel und Wilmont Haacke – zwei Intellektuelle im ›Dritten Reich‹ oder: Vom ›guten Bekannten‹ zur Unperson. In: Euphorion. Zeitschrift für Literaturgeschichte. Hrsg. von Wolfgang Adam. Bd. 108, H. 4, 2014, S. 417–448.

21 Rudolf Pechel: Geschwister Scholl. In: Ders.: Deutscher Widerstand. Erlenbach-Zürich: Eugen Rentsch Verlag 1947, S. 96–104, hier: S. 96.

22 Ebd., S. 100.

8. Kapitel

1 Siehe Carsten Gansel: Widerstandsheld, Vaterlandsverräter, wacher Demokrat und Zeitzeuge? – Heinrich Gerlach, seine Odyssee durch die sowjetischen Gefangenenlager und sein Schicksal in der sich neu formierenden Bundesrepublik. In: Ders. (Hrsg.): Heinrich Gerlach: Odyssee in Rot. Berlin: Galiani 2017, S. 691–915.

2 Das Russische Staatliche Militärarchiv war 1918 als »Archiv der Roten Armee« gegründet worden. Von 1933 bis 1958 wurde es als »Zentrales Archiv« bzw. »Zentrales Staatarchiv der Roten Armee« geführt und firmierte danach als »Zentrales Staatsarchiv der Roten Armee«. Nach dem Zerfall der Sowjetunion wurde es 1992 in Russisches Staatliches Militärarchiv (RGVA) umbenannt.

3 Die Bezeichnung NKWD (Volkskommissariat für Innere Angelegenheiten) wurde 1934 bis 1946 genutzt. Danach erfolge eine Umbenennung in Ministerium für Innere Angelegenheiten (MWD).

4 Siehe Nicola Tille: Lange Zeit ein geheimer Ort: Das Russische Staatliche Militärarchiv. In: Archivar, Heft 2/2012, S. 281–285. Siehe auch Sebastian Pannwitz: Die Geschichte des Sonderarchivs Moskau. In: Deutsches Historisches Institut. Bulletin 2. Moskau 2008, S. 11–20.

5 Im russischen Original ist von »agenturno-operativnaja rabota« die Rede. Es ist eine Sammelbezeichnung für Agenten, Informanten, Residenten. Siehe Carsten Gansel: Nach 70 Jahren aus der Kriegsgefangenschaft zurück – Heinrich Gerlachs Roman »Durchbruch bei Stalingrad« und seine abenteuerliche Geschichte, a. a. O., S. 649.

9. Kapitel

1 Mitteilungsbuch der Oberschule Burg b. M. 1946–1951, a. a. O.
2 Ebd.
3 Ebd.
4 Hans Klockmann an Carsten Gansel, 2. 10. 2000, a. a. O.
5 Mitteilungsbuch der Oberschule Burg b. M. 1946–1951, a. a. O.
6 Brigitte Reimann: Mein Bildungsgang, a. a. O.
7 Siehe Werner Anders: Epidemiologische Studien über die Poliomyelitis 1947–1948 in Groß-Berlin. In: Albrecht Tietze u. a. (Hrsg.): Die Poliomyelitis. Band 1, 1. Teil, Aktuelle Fragen der Inneren Medizin. Berlin: Walter de Gruyter 1949, S. 12–40, hier: S. 17 f.
8 Ebd., S. 33.
9 Ebd., S. 32.
10 Brigitte Reimann an die Eltern, Dezember 1947. In: BRA, Sign. 3.
11 Brigitte Reimann: Aber wir schaffen es, verlaß Dich drauf!, a. a. O., S. 17, 18.
12 Ebd., S. 18.
13 Ebd., S. 18, 19.
14 Manfred Görtemaker: Geschichte der Bundesrepublik Deutschland. Von der Gründung bis zur Gegenwart. München: C. H. Beck 1999, S. 40, 41, 42.
15 Mitteilungsbuch der Oberschule Burg b. M. 1946–1951, a. a. O.
16 Brigitte Reimann an die Eltern, ohne Datum. In: BRA, Sign. 3.
17 Ein anderes Mittel, das bevorzugt bei Kinderlähmung in homoöpathischen Anwendungen verabreicht wird, ist Phosphorus.
18 Brigitte Reimann an die Eltern, ohne Datum. In: BRA, Sign. 3.
19 Brigitte Reimann: Notiz. In: BRA, Sign. 3.
20 Brigitte Reimann an die Eltern, 12. 2. 1948. In: BRA, Sign. 3.

10. Kapitel

1 Brigitte Reimann: Mein Bildungsgang, a. a. O, S. 2.
2 Ebd.
3 Vera King: Adoleszenz/Jugend und Geschlecht. In: Enzyklopädie Erziehungswissenschaft Online (EEO), Fachgebiet Geschlechterforschung. Hrsg. v. H. Faulstich-Wieland: Weinheim und München: Beltz Juventa (www.erzwissonline.de: DOI 10.3262/EE=17090023, letzter Zugriff: 10. 1. 2023).
4 Brigitte Reimann: Mein Bildungsgang, a. a. O., S. 2.
5 Mitteilungsbuch der Oberschule Burg b. M. 1946–1951, a. a. O.

6 Ebd.

7 Brigitte Reimann: Mein Bildungsgang, a.a.O., S.4.

8 Karl Marx und Friedrich Engels: Manifest der Kommunistischen Partei. Berlin: Dietz Verlag 1968, S.41.

9 Ebd., S.83.

10 Brigitte Reimann: Mein Bildungsgang, a.a.O., S.4.

11 Karl Marx und Friedrich Engels: Manifest der Kommunistischen Partei, a.a.O., S.66.

12 Ebd., S.68.

13 Stephan Hermlin: Abendlicht. Leipzig: Philipp Reclam 1981, S.22, 23.

14 Brigitte Reimann: Ich bedaure nichts, a.a.O., S.267.

15 Mitteilungsbuch der Oberschule Burg b.M. 1946–1951, a.a.O.

16 Dr. H.W. Reinherz: Die Entwicklung des Brandenburgisch-Preußischen Staates bis 1786. Arbeitshefte für den Geschichtsunterricht in der Oberschule. Berlin, Leipzig: Volk und Wissen 1948, S.39–48.

17 Richtlinien für den Geschichtsunterricht in deutschen Schulen. Lunjowo: 31. Juli 1945. In: BA Berlin – SAPMO, NY/4065, Blatt 1–43, hier: Blatt 1. Das Dokument befindet sich im Nachlass von Wilhelm Pieck. Ein zweites Deckblatt, auf dem sich die handschriftliche Ergänzung »Mittelschullehrer W. Adam« findet, ist auf den 24. Juli 1945 datiert.

18 Ebd., Blatt 6.

19 Ebd., Blatt 6, 7.

20 Siehe Gerald Diesener: Ernst Hadermanns Konzept für den Geschichtsunterricht und seine Wirkung. In: Dieter Kirchhöfer und Christa Uhlig (Hrsg.): Ernst Hadermann. Bildungsdenken zwischen Tradition und Neubeginn. Konzepte zur Umgestaltung des Bildungswesens im Nachkriegsdeutschland. Frankfurt/M.: Peter Lang 2008, S.75–86, hier: S.78 ff.

21 Brigitte Reimann: Ankunft im Alltag. 9. Auflage. Berlin: Verlag Neues Leben 1989, S.144.

22 Brigitte Reimann: Sehnsucht. In: BRA, Sign. 424.

23 Mitteilungsbuch der Oberschule Burg b.M. 1946–1951, a.a.O.

24 Anton Ackermann: Marxistische Kulturpolitik. Rede auf dem ersten Kulturtag der SED am 7. Mai 1948. Berlin: Dietz Verlag 1948, S.21 ff.

25 Ebd., S.27.

26 Mitteilungsbuch der Oberschule Burg b.M. 1946–1951, a.a.O.

27 Jan Assmann und Aleida Assmann: Schrift und Gedächtnis. In: Dies. und Christof Hardmeier (Hrsg.): Schrift und Gedächtnis. Beiträge zur Archäologie

der literarischen Kommunikation. München: Wilhelm Fink 1984, S. 265–284, hier: S. 267; siehe auch Birgit Neumann: Erinnerung – Identität – Narration. Gattungstypologie und Funktionen kanadischer »Fictions of Memory». Berlin, New York: Walter de Gruyter 2005, S. 72.

28 Siehe ebd.

29 Jan Assmann: Das kulturelle Gedächtnis. Schrift, Erinnerung und politische Identität in frühen Hochkulturen. München: C. H. Beck 1992, S. 50 ff.

30 Jan Assmann: Kollektives Gedächtnis und kulturelle Identität. In: Ders. und Tonio Hölscher (Hrsg.): Kultur und Gedächtnis. Frankfurt/M: Suhrkamp 1988, S. 9–19, hier: S. 15.

31 Arnhelm Neusüss: Über die Schwierigkeiten beim Schreiben der Wahrheit. Gespräch mit Uwe Johnson. In: konkret 8 (1962), Heft 1, S. 18 f. Das Gespräch wird zitiert nach dem Wiederabdruck in: Uwe Johnson. Mutmassungen über Jakob. Hrsg. von Bernd Neumann. Stuttgart: Philipp Reclam jun.1989, S. 76–86, hier: S. 81.

32 Uwe Johnson: Versuch, eine Mentalität zu erklären. Über eine Art DDR-Bürger in der Bundesrepublik Deutschland. In: Ders.: Berliner Sachen. Aufsätze. Frankfurt/M.: Suhrkamp 1975, S. 52–63, hier: S. 53.

33 Rolf Schörken: Die Niederlage als Generationserfahrung. Jugendliche nach dem Zusammenbruch der NS-Herrschaft. Weinheim, München: Beltz Juventa 2004, S. 117.

11. Kapitel

1 Brigitte Reimann: Aber wir schaffen es, verlaß Dich drauf!, a. a. O., S. 26.

2 Brigitte Reimann: Die Probe. Laienspiel in drei Aufzügen. BRA, Sign. 407, S. 1, 2.

3 Ebd., S. 2, 3.

4 Rudolf Neubert: Die Geschlechterfrage. Ein Buch für junge Menschen. Rudolstadt: Greifenverlag 1956, S. 24.

5 Ebd., S. 29.

6 Ulrich Beck: Risikogesellschaft. Auf dem Weg in eine andere Moderne. Frankfurt/M.: Suhrkamp 1986, S. 93.

7 Ebd.

8 Brigitte Reimann: Die Probe, a. a. O., S. 11, 12.

9 Brigitte Reimann: Die Denunziantin. BRA, Sign. 861., S. 61, 62 (es handelt sich hier um die Urfassung, aus der auch nachfolgend zitiert wird).

12. Kapitel

1 Lehrpläne für die Grund- und Oberschulen in der Sowjetischen Besatzungszone. Deutsch. 2. Auflage. 1. September 1947. Deutsche Verwaltung für Volksbildung in der Sowjetischen Besatzungszone Deutschlands. Berlin: 1947, S. 46.

2 Mitteilungsbuch der Oberschule Burg b. M. 1946–1951, a. a. O.

3 Brigitte Reimann: Mein Bildungsgang, a. a. O., S. 4.

4 Ebd.

5 Lehrpläne für die Grund- und Oberschulen in der Sowjetischen Besatzungszone, a. a. O.

6 Jörg Schönert: Zur Kategorie der Modernisierung in kultur- und literaturgeschichtlichen Rekonstruktionen. In: Differenzierung und Integration. Sprache und Literatur deutschsprachiger Länder im Prozeß der Modernisierung. Mitteilungs-Bulletin Nr. 2. Berlin: 1993, S. 30–53, hier: S. 42.

7 Ute von Bloh und Friedrich Vollhardt: Literaturwissenschaft und Kulturwissenschaft. Prolegomena. In: Germanistik als Kulturwissenschaft. In: Mitteilungen des Deutschen Germanistenverbandes. Heft 4/1999, S. 479–485, hier: S. 482.

8 Diese Interpretation findet sich bereits bei Franz Mehring: Schiller. Ein Lebensbild für deutsche Arbeiter. Leipzig: Leipziger Buchdruck 1923. Siehe die Edition in der DDR in: Ders.: Gesammelte Schriften. Hrsg. von Thomas Höhle, Hans Koch und Josef Schleifstein. Band 10. Berlin: Dietz Verlag 1961.

9 Mitteilungsbuch der Oberschule Burg b. M. 1946–1951, a. a. O.

10 Ebd.

11 Ebd.

12 Friedrich Schiller: Die Räuber. Erster Akt. Zweite Szene. In: Schillers Werke in fünf Bänden. Zweiter Band. Berlin und Weimar: Aufbau-Verlag 1974, S. 5–155, hier: S. 25, 26 (Bibliothek deutscher Klassiker).

13 Mitteilungsbuch der Oberschule Burg b. M. 1945–1951, a. a. O.

14 Nationalhymne der Deutschen Demokratischen Republik. In: Leben, Singen, Kämpfen. Liederbuch der FDJ. Berlin: Verlag Neues Leben 1949, S. 1, 2.

15 Ebd., S. 11, 12, 13.

16 Brigitte Reimann: Aber wir schaffen es, verlaß Dich drauf!, a. a. O., S. 27.

17 Siehe Brigitte Reimann: Gedichte. In: BRA, Sign. 424.

18 Rudolf Neubert: Die Geschlechterfrage, a. a. O., S. 5, 6.

19 Ebd., S. 7.

20 Ebd., S. 12.

21 Brigitte Reimann: Gedichte, a. a. O.

22 Ebd., so auch die folgenden Gedichte.

23 Rudolf Lehmann: Der Deutsche Unterricht. Eine Methodik für höhere Lehranstalten. 3., neu bearbeitete Auflage. Berlin: Weidmannsche Buchhandlung 1909, S. 287.

24 Siehe Wilfried Barner: Lessing um 1900 – Aspekte einer Klassikerkonstellation. In: Wolfgang Albrecht und Richard E. Schade (Hrsg.): Mit Lessing zur Moderne. Soziokulturelle Wirkungen des Aufklärers um 1900. Kamenz: Schriftenreihe des Lessing-Museums 2004, S. 19–24. Siehe auch Carsten Gansel: »Das Herz geht einem auf, wenn wir von Lessing hören oder ihn lesen« – Gotthold Ephraim Lessing im ›Kulturraum Schule‹. In: Ebd., S. 205–224.

25 Paul Goldscheider: Lesestücke und Schriftwerke im Deutschen Unterricht. München: C. H. Beck'sche Verlagsbuchhandlung Oskar Beck 1906, S. 82, 84.

26 Siehe u. a. Rudolf Lehmann: Der Deutsche Unterricht, a. a. O.

27 Oberlehrer Dr. Marseille: Die Urbilder der Frauengestalten in Lessings Meisterdramen. In: Jahres-Bericht über das Königliche Pädagogium zu Putbus. Ostern 1904. Progr.-No. 162. Putbus: Druck von R. Decker 1904, S. 13. In: Carsten Gansel und Birka Siwczyk (Hrsg.): Gotthold Epharaim Lessings »Emilia Galotti« im Kulturraum Schule (1830–1914). Göttingen: Vandenhoeck & Ruprecht 2015, S. 293–318.

28 Georg Frick: Vorwort zur dritten Auflage. In: Otto Frick: Wegweiser durch die klassischen Schuldramen für die Oberklassen der höheren Schulen. Erste Abteilung. Lessing – Goethe. Hrsg. von Dr. Georg Frick. 3., durchgesehene und erweiterte Auflage. Gera, Leipzig: 1898, S. 35, 36.

29 Brigitte Reimann: Die Denunziantin, a. a. O., S. 56.

30 Brigitte Reimann: Aber wir schaffen es, verlaß Dich drauf!, a. a. O., S. 31.

31 Bodo Uhse: Die Aufgaben des Schriftstellers in der Gegenwart. Hauptreferat auf dem II. Schriftstellerkongress 1950. In: Carsten Gansel (Hrsg.): Erinnerung als Aufgabe? Dokumentation des II. und III. Schriftstellerkongresses in der DDR 1950 und 1952. Göttingen: Vandenhoeck & Ruprecht 2008, S. 119–130, hier: S. 129.

32 Brigitte Reimann: Seitensprung. In: BRA, Sign. 424.

33 Brigitte Reimann: Mein Bildungsgang, a. a. O., S. 3.

34 Brigitte Reimann: Die ewige Frage. In: BRA, Sign. 424.

35 Brigitte Reimann: Joe und das Mädchen auf der Lotosblume. In: Dies.: Das Mädchen auf der Lotosblume. Zwei unvollendete Romane. Berlin: Aufbau-Verlag 2003, S. 90.

36 Dr. Tschersig: Gedanken zur Wandzeitung. Geschwister-Scholl-Oberschule zu Burg (Kopie). In: Archiv Gansel.

37 Ebd.

38 Brigitte Reimann: Die Denunziantin, a. a. O., S. 22.

39 Brigitte Reimann: Der Ruf vom anderen Ufer. Agitationsspiel. In: BRA, Sign. 435, S. 1.

40 Ebd., S. 2.

41 Siehe Lothar Dralle: Von der Sowjetunion lernen ... Zur Geschichte der Gesellschaft für Deutsch-Sowjetische Freundschaft. Berlin 1993. Siehe auch die Unterlagen im Bundesarchiv: http://www.argus.bstu.bundesarchiv.de/dy32/index.htm?kid=7c3c36d9-2540-49bc-8593-1888074f94ef (letzter Zugriff: 15. 12. 2022).

42 Brigitte Reimann: Der Ruf vom anderen Ufer, a. a. O., S. 1.

43 Brigitte Reimann: Aber wir schaffen es, verlaß Dich drauf!, a. a. O., S. 71.

44 Ebd.

45 Brigitte Reimann: Mein Bildungsgang, a. a. O., S. 3.

13. Kapitel

1 Siehe u. a.: Klassik. Erläuterungen zur deutschen Literatur. Hrsg. vom Kollektiv für Literaturgeschichte unter Leitung von Kurt Böttcher. Berlin: Volk und Wissen, 1964.

2 Klassenbuch der Klasse 12a, Geschwister-Scholl-Oberschule, Burg, für das Schuljahr 1950/51 (Kopie), In: Archiv Gansel.

3 Ebd. Die letzte Stunde zum »Faust« mit der Zukunftsvision findet am Mittwoch, dem 6. 12. 1950, statt.

4 Johann Wolfgang Goethe: Faust. In: Goethes Werke in 12 Bänden. 4. Band. Berlin und Weimar: Aufbau-Verlag 1974, S. 508, 509 (Bibliothek deutscher Klassiker).

5 Johann Peter Eckermann: Gespräche mit Goethe in den letzten Jahren seines Lebens, a. a. O., S. 435.

6 Uwe Johnson: Jahrestage. Aus dem Leben von Gesine Cresspahl. Band 4. Frankfurt/M.: Suhrkamp 1983, S. 1697, 1707.

7 Gottfried Keller: Kleider machen Leute. In: Kellers Werke in 5 Bänden. 2. Band. Berlin und Weimar: Aufbau-Verlag 1973, S. 11.

8 Brigitte Reimann: Aber wir schaffen es, verlaß Dich drauf!, a. a. O., S. 67, 68.

9 Brigitte Reimann: Laienspielidee. Wir warnen ... In: BRA, Sign. 425, S. 1.

10 Ebd., S. 2, 3.

11 Ebd., S. 3.

12 Ebd.

13 Siehe Norman Ächtler und Carsten Gansel: Ikonographie des Terrors? Vom Erinnern *über* Bilder zum Erinnern *der* Bilder im künstlerischen Umgang mit dem Terrorismus der 1970er Jahre. In: Dies. (Hrsg.): Ikonographie des Terrors? Formen ästhetischer Erinnerung an den Terrorismus in der Bundesrepublik 1978–2008. Heidelberg: Universitätsverlag Winter 2010, S. 9–20.

14 Brigitte Reimann: Laienspielidee, a. a. O.

15 Brigitte Reimann: Aber wir schaffen es, verlaß Dich drauf!, a. a. O., S. 84, 85.

16 Klassenbuch der Klasse 12a, a. a. O.

17 Mitteilungsbuch der Oberschule Burg b. M. 1946–1951, a. a. O.

18 Siehe Ingeborg Münz-Koenen: Literaturverhältnisse und literarische Öffentlichkeit 1945 bis 1949. In: Dies. (Ltg.): Literarisches Leben in der DDR 1945–1960. Berlin: Akademie-Verlag 1979, S. 23–100, hier: S. 30.

19 Brigitte Reimann: Aber wir schaffen es, verlaß Dich drauf!, a. a. O., S. 53.

20 Paul Reimann: Notwendige Klarstellungen. In: Über realistische Kunstauffassung. Berlin: Dietz Verlag 1949, S. 5–12, hier: S. 8, 9.

21 Andrej Shdanow: Referat über die Zeitschriften »Swesda« und »Leningrad« (1946). In: Ders.: Über Kunst und Wissenschaft. Berlin: Dietz Verlag 1951, S. 13–45, hier: S. 18.

22 Paul Reimann: Über realistische Kunstauffassung, a. a. O., S. 18, 19.

23 Paul Reimann: Die realistische Ästhetik in Deutschland. In: Ebd., S. 21–49, hier: S. 25.

24 Brigitte Reimann: Die Denunziantin, a. a. O., S. 152. Siehe auch die 2022 erschienene Edition: Brigitte Reimann: Die Denunziantin. Hrsg. und mit einem Anhang zur Editionsgeschichte von Kristina Stella. Bielefeld: Aisthesis 2022, S. 165.

25 Klassenbuch der Klasse 12a, a. a. O.

26 Otto Grotewohl: Diskussionsbeitrag. In: Carsten Gansel (Hrsg.) unter Mitarbeit von Tanja Walenski: Erinnerung als Aufgabe?, a. a. O., S. 87–266, hier: S. 93.

27 Ebd., S. 94.

28 Ebd.

29 Ebd., S. 96.

30 Ebd., S. 97.

31 Johannes R. Becher: Eröffnungsrede auf dem II. Deutschen Schriftstellerkongress. In: Ebd., S. 90.

32 Referat von Kuba (Kurt Barthel): Über die jungen Schriftsteller. In: Ebd., S. 131–137, hier: S. 135.

33 Rudolf Leonhard: Diskussion. In: Ebd., S. 149–156, hier: S. 152.

34 Anna Seghers: Diskussionsbeitrag. In: Ebd., S. 160–168, hier: S. 161.

35 Ebd.

36 Jan Koplowitz: Diskussionsbeitrag. In: Ebd., S. 180.

37 Wolf D. Brennecke: Diskussionsbeitrag. In: Ebd., S. 219.

38 Konstantin Fedin: Diskussionsbeitrag. In: Ebd., S. 191.

39 Siehe Stephan Pabst: Eine Rezeptionsgeschichte des Vergessens. Sergei Tretjakows Poetik der Operationalität in Deutschland. In: Carsten Gansel (Hrsg.): Deutschland. Russland. Topographien einer Beziehungsgeschichte. Berlin: Verbrecher Verlag 2020, S. 93–144.

40 Brigitte Reimann: Aber wir schaffen es, verlaß Dich drauf!, a. a. O., S. 102.

41 Otto Tüselmann: Ernst von Wildenbruch in Burg, a. a. O., S. 7, 8.

42 Ebd.

43 Zum Gedenken an Heinrich Mann. Material zur Veranstaltung von Schulgedenkfeiern. Hrsg. im Auftrag des Ministeriums für Volksbildung der DDR. Berlin: Volk und Wissen 1950.

44 Brigitte Reimann: Heinrich Manns Roman »Der Untertan« als gesellschaftskritische Auseinandersetzung mit dem deutschen Vorkriegsimperialismus. Abituraufsatz, 10. 5. 1951, S. 2 (Kopie). In: Archiv Gansel.

45 Ebd., S. 3.

46 Statut des Verbandes der Sowjetschriftsteller. In: Sozialistische Realismuskonzeptionen. Dokumente zum 1. Allunionskongreß der Sowjetschriftsteller. Hrsg. von Hans-Jürgen Schmitt und Godehard Schramm: Frankfurt/M.: Suhrkamp1974, S. 389–395, hier: S. 390.

47 Andrej Zdanow: Die Sowjetliteratur, die ideenreichste und fortschrittlichste Literatur der Welt. In: Ebd., S. 47.

48 Wladimir I. Lenin: Der Imperialismus als höchstes Stadium des Kapitalismus. In: Wladimir I. Lenin. Ausgewählte Werke in 3 Bänden. Band 1. Berlin: Dietz Verlag 1970, S. 763–873, hier: S. 837–855.

49 Brigitte Reimann: Heinrich Manns Roman »Der Untertan« als gesellschaftskritische Auseinandersetzung mit dem deutschen Vorkriegsimperialismus, a. a. O., S. 4.

50 Ebd.

51 Ebd., S. 8.

52 Ebd., S. 13.

53 Ebd., S. 15.

54 Ebd.

55 Willi Bredel: Ernst Thälmann. Ein Beitrag zu einem politischen Lebensbild. Berlin: Dietz Verlag 1948, S. 5.

56 Ebd., S. 164.

57 Brigitte Reimann: Heinrich Manns Roman »Der Untertan« als gesellschaftskritische Auseinandersetzung mit dem deutschen Vorkriegsimperialismus, a.a.O., S.20.

58 Abschusszeugnis Elisabeth Gertrud Brigitte Reimann. In: BRA, Sign. 395.

14. Kapitel

1 Brigitte Reimann: Aber wir schaffen es, verlaß Dich drauf!, a.a.O., S.57.

2 Siehe Alexander S. Blank und Julius Mader: Rote Kapelle gegen Hitler. Berlin: Verlag der Nation 1979.

3 Brigitte Reimann: Aber wir schaffen es, verlaß Dich drauf!, a.a.O., S.115.

4 Reinhard Schau: Das Weimarer Belvedere. Eine Bildungsstätte zwischen Goethezeit und Gegenwart. Köln, Weimar, Wien: Böhlau Verlag 2006, S.107–139, hier: S.109.

5 Siehe ebd., S.116.

6 Siehe Carsten Gansel: Antifaschistisches Exil, Bund Deutscher Offiziere (BDO) und der Rundfunksender »Freies Deutschland«. In: Carsten Gansel, Sascha Feuchert und Hans Sarkowicz (Hrsg.): Radio im Exil. Berlin, Boston: Walter de Gruyter (in Vorbereitung).

7 Brigitte Reimann: Katja. Eine Liebesgeschichte aus unseren Tagen. In: Volksstimme (Magdeburg), 18.8.1953 (1. Fortsetzung).

8 Das Deutsche Stanislawski-Buch. Lehrbuch der Schauspielkunst nach dem Stanislawski-System von Ottofritz Gaillard. Mit einem Geleitwort von Maxim Vallentin und einem Anhang über das Laienspiel von Otto Lang. Berlin: Aufbau-Verlag 1946, S.7.

9 Bode Uhse: Diskussionsbeitrag auf dem II. Schriftstellerkongress 1950. In: Carsten Gansel (Hrsg.) unter Mitarbeit von Tanja Walenski: Erinnerung als Aufgabe?, a.a.O., S.126.

10 Ebd., S.124.

11 Ebd.

12 Vor allem das »Neue Deutschland« als Organ der SED bildete in der Folgezeit das Forum für die »Formalismuskampagne«; siehe Kurt Liebknecht: Im Kampf um eine deutsche Architektur. In: Neues Deutschland, 13.2.1951; Ernst Hermann Meyer: Realismus – die Lebensfrage der deutschen Musik. In: Neues Deutschland, 5.4.1951; Kurt Stern: Über den Realismus in der Filmkunst. In: Neues Deutschland, 26.6.1951.

13 N. Orlow: Wege und Irrwege der modernen Kunst. In: Tägliche Rundschau, 20./21.1.1951.

14 Werner Mittenzwei: Das Leben des Bertolt Brecht oder Der Umgang mit den Welträtseln. 2 Bände. Berlin und Weimar: Aufbau-Verlag 1986.

15 Siehe Carsten Gansel: Parlament des Geistes. Literatur zwischen Hoffnung und Repression (1945–1961). Berlin: BasisDruck Verlag 1996, S. 105–108.

16 Siehe Joachim Lucchesi (Hrsg.): Das Verhör in der Oper. Die Debatte um die Aufführung »Das Verhör des Lukullus« von Bertolt Brecht und Paul Dessau. BasisDruck Verlag: Berlin 1993.

17 Bertolt Brecht: Zur Unterdrückung der Oper »Lukullus«. In: Ders.: Werke. Band 23, Schriften 3. Große kommentierte Berliner und Frankfurter Ausgabe. Hrsg. von Werner Hecht, Jan Knopf, Werner Mittenzwei und Klaus-Detlef Müller. Berlin und Weimar, Frankfurt/M.: Aufbau-Verlag und Suhrkamp 1993, S. 138.

18 Hans Lauter: Der Kampf gegen den Formalismus in Kunst und Literatur, für eine fortschrittliche deutsche Kultur. Referat und Diskussion. Berlin: Dietz Verlag 1951.

19 Siehe Jochen Staadt (Hrsg.): »Die Eroberung der Kultur beginnt«. Die Staatliche Kommission für Kunstangelegenheiten der DDR (1951–1953) und die Kulturpolitik der SED. Frankfurt/M.: Peter Lang 2011.

20 Carsten Gansel: Erinnerungen an das Formalismusplenum in der DDR 1951. Gespräch mit Hans Lauter. In: Ders. (Hrsg.): Rhetorik der Erinnerung. Literatur und Gedächtnis in den ›geschlossenen Gesellschaften‹ des Real-Sozialismus. Göttingen: Vandenhoeck & Ruprecht 2009, S. 433–446, hier: S. 439.

21 Brigitte Reimann: Aber wir schaffen es, verlaß Dich drauf!, a. a. O., S. 123.

22 Siehe Andreas Maercker (Hrsg.): Posttraumatische Belastungsstörungen. 4., vollständig überarbeitete und aktualisierte Auflage. Berlin, Heidelberg: Springer 2013.

23 Brigitte Reimann: Aber wir schaffen es, a. a. O., S. 109, 110.

24 Andreas Maercker: Symptomatik, Klassifikation und Epidemiologie. In: Ders. (Hrsg.): Posttraumatische Belastungsstörung, a. a. O., S. 14, 18.

25 Andreas Maercker: Symptomatik, Klassifikation und Epidemiologie, a. a. O., S. 19.

26 Brigitte Reimann: Aber wir schaffen es, verlaß Dich drauf!, a. a. O., S. 124, 125.

27 Ebd., S. 125.

28 Ebd., S. 128.

29 Dr. Sigrid und Ulrich Reimann: »Brigitte weckte unsere Liebe zur Literatur«, a. a. O., S. 17.

30 Andreas Maercker: Symptomatik, Klassifikation und Epidemiologie, a. a. O., S. 14, 18.

15. Kapitel

1 Brigitte Reimann: Aber wir schaffen es, verlaß Dich drauf!, a.a.O., S.131.

2 Brigitte Reimann: Wenn die Stunde ist, zu sprechen ... In: Brigitte Reimann: Das Mädchen auf der Lotosblume, a.a.O., S.172, 173.

3 Ernst Hermann Meyer: Musik im Zeitgeschehen. Berlin: Verlag Bruno Henschel und Sohn 1952, S.162.

4 Brigitte Reimann: Joe und das Mädchen auf der Lotosblume, a.a.O., S.108.

5 Brigitte Reimann: Ich bedaure nichts, a.a.O., S.181.

6 Dieter Noll: Gestatten: Die Dame Perlon ... In: Ders.: Die Dame Perlon und andere Reportagen. Berlin: Aufbau-Verlag, S.5–86, hier: S.5.

7 Brigitte Reimann: Aber wir schaffen es, verlaß Dich drauf!, a.a.O., S.134.

8 Otto Lang: Dramatisches Laienspiel und Berufskunst. In: Das Deutsche Stanislawski-Buch, a.a.O., S.199–208, hier: S.199, 200.

9 Zentralrat der Freien Deutschen Jugend. Abteilung Junge Pioniere und Schulen (Hrsg.): Unter den friedlichen Fahnen woll'n wir uns mühen (Pionierliederbuch). Berlin: Verlag Neues Leben 1950, S.5.

10 Hans Klockmann an Brigitte Reimann, 21.11.1951 (die erhaltenen Briefe hat mir Hans Klockmann in Kopie überlassen). In: Archiv Gansel.

11 Ebd.

12 Hans Klockmann an Carsten Gansel, 2.10.2000.

13 Nikolai Ostrowski: Wie der Stahl gehärte wurde. Berlin: Verlag Neues Leben 1947. In der Sowjetunion erlebte der Roman weit über 200 Auflagen und wurde dreimal verfilmt.

14 Hans Klockmann an Brigitte Reimann, a.a.O.

15 Klassenbuch der 12a., a.a.O.

16 Brigitte Reimann: Josef Wissarionowitsch Stalin – Der Bannerträger des Friedens und des Fortschritts in der Welt. In: BRA, Sign. 431, S.1.

17 Klassenbuch der Klasse 12a, a.a.O.

18 Brigitte Reimann: Josef Wissarionowitsch Stalin, a.a.O., S.7.

19 Ebd.

20 Die Geheimrede Chruschtschows wurde erst mit dem Ende der DDR veröffentlicht: Die Geheimrede Chruschtschows. Über den Personenkult und seine Folgen. Berlin: Dietz Verlag 1990.

21 Siehe Carsten Gansel: Parlament des Geistes, a.a.O., S.211–215.

22 Jakob Kaiser: Zur jüngsten Grotewohl-Erklärung. In: Bulletin des Presse- und Informationsamtes der Bundesregierung, 3.11.1951, Nr.4, S.23.

23 Konrad Adenauer: Der Bundekanzler vor der Westpresse. In: Ebd., 11. 12. 1951, Nr. 19, S. 134.

24 Robert Lehr: Hochschule, Staat und Politik. In: Ebd., 3. 7. 1952, Nr. 82, S. 836.

25 Konrad Adenauer: Erinnerungen. 1945–1953. Stuttgart: Deutsche Verlagsanstalt 1965, S. 241.

26 Franz Thedieck: Politik mit Geige, Feder und Fußball. In: Bulletin des Presse- und Informationsamtes der Bundesregierung, 9. 11. 1954, S. 1905.

27 Jana Simon: Sei dennoch unverzagt. Gespräche mit meinen Großeltern Christa und Gerhard Wolf. Berlin: Ullstein Verlag 2013, S. 94, 95.

28 Brigitte Reimann: 1:0 für DDR. Agitationsspiel. In: BRA, Sign. 430.

29 Friedrich Wolf: Kunst ist Waffe (1928). In: Ders.: Kunst ist Waffe. Leipzig: Reclam 1969, S. 5–25, hier: S. 19.

30 Ebd.

31 Mitte der 1950er Jahre laufen Verfahren gegen Mitglieder der Gesellschaft für Deutsch-Sowjetische Freundschaft (DSF), Siehe Andreas Hilger: Deutsche Kriegsgefangene und die Erfahrung des Stalinismus. In: Jürgen Zarusky (Hrsg.): Stalin und die Deutschen. Neue Beiträge der Forschung. München: R. Oldenbourg Verlag 2006, S. 111–130.

32 Siehe Protokoll des III. Deutschen Schriftstellerkongresses 1952. In: Carsten Gansel (Hrsg.): Erinnerung als Aufgabe?, a. a. O., S. 267–655.

33 Die nationale Mission des deutschen Schriftstellers. In: Neues Deutschland, 22. 5. 1952, S. 1.

34 Stalin-Friedenspreisträgerin Anna Seghers bei der Eröffnungsansprache. In: Neues Deutschland, 24. 5. 1952.

35 Präsident Pieck an den III. Schriftstellerkongreß. In: Neues Deutschland, 25. 5. 1952.

36 Willi Bredel: Unsere Literatur und Literaturkritik. In: Neues Deutschland, 25. 5. 1952, siehe auch Carsten Gansel und Tanja Walenski: Zum Presseecho auf die Schriftstellerkongresse. In: Carsten Gansel (Hrsg.): Erinnerung als Aufgabe?, a. a. O., S. 77.

37 Annas Seghers: Diskussionsbeitrag auf dem III. Schriftstellerkongreß (Nachmittagssitzung). In: Ebd. S. 409.

38 Ebd.

39 Tribüne der Jungen. In: Ost und West. Beiträge zu kulturellen und politischen Fragen der Zeit. 1947–1949. Hrsg. von Alfred Kantorowicz. Heft 11/1949. Nachdruck der Jahrgänge in Königstein/Taunus: Athenäum Verlag 1979, S. 81.

40 Siehe Norman Ächtler: Generation in Kesseln. Das Soldatische Opfernarrativ im westdeutschen Kriegsroman 1945–1960. Göttingen: Wallstein 2013.

41 Wolfgang Borchert: Draußen vor der Tür (1946). In: Ders.: Das Gesamtwerk. Hamburg: Rowohlt Verlag 2007, S. 115–192, hier: S. 184.

42 Tribüne der Jungen, a. a. O., S. 83.

43 Ebd., S. 84.

44 Walter Ulbricht: Der Kampf um ein realistisches Kunstschaffen. Referat auf der II. Parteikonferenz der SED, 9. bis 12. Juli 1952. Berlin: Dietz Verlag 1952, S. 112.

45 Ebd.

46 Brigitte Reimann an Anna Seghers, 22. 7. 1952. In: NdL, Heft 6/1988, S. 5, 6.

47 Stephan Hermlin an Siegfried Pitschmann, 29. 5. 1953. In: BRA, Sign. 864 (Schriftverkehr 1953–1960).

48 Anna Seghers an Brigitte Reimann, 6. 8. 1952. In: NdL, Heft 6/1988, S. 6, 7.

49 Annas Seghers: Diskussionsbeitrag auf dem III. Schriftstellerkongreß, a. a. O., S. 408.

50 Geschichte des Altertums. Hrsg. von Prof. A. W. Mischulin. Berlin, Leipzig: Volk und Wissen 1948, S. 3.

51 Ebd., S. 164.

52 Ebd., S. 165, 166.

53 Brigitte Reimann: Claudia Serva. Erzählung aus der Zeit der Sklavenaufstände in Rom – um 80 v. u. Z. In: BRA, Sign. 408, S. 1.

54 Ebd., S. 3.

55 Ebd., S. 7.

56 Ebd., S. 8.

57 Ebd., S. 10.

58 Brigitte Reimann an Anna Seghers, 9. 8. 1952. In: NdL, Heft 6/1988, S. 8.

16. Kapitel

1 Siehe die Fassungen der »Denunziantin«, die seit 2000 im Brigitte-Reimann-Archiv (Sign. 420, 506, 861) einsehbar sind.

2 Siehe Carsten Gansel: »es sei EINFACH NICHT GUT SO«. Uwe Johnsons »Ingrid Babendererde. Reifeprüfung 1953«. In: Text + Kritik: Uwe Johnson. 65/66. Neufassung. Hrsg. von Heinz Ludwig Arnold. München: edition text + kritik 2001, S. 50–68.

3 Brigitte Reimann: Rechenschaftsbericht über das Jahr 1953. In: Briefwechsel mit Wolf D. Brennecke. In: BRA, Sign. 28.

4 Bei der »Erzählenden Prosa« notiert der Eintrag zu Peter Nell »Menschen in der großen Stadt. Ein Skizzenbuch« (1948), »Weg nach vorn. Erzählung« (1951), »Ich sah die Sonnenseite von Berlin« (1953) und den Roman »Der Junge aus dem Hinterhaus« (1955). Unter »Dramatik« findet sich ein Eintrag zu »Die Eysenhardts«. In: Schriftsteller der Deutschen Demokratischen Republik. Bearbeitet von Joachim Ret u.a. Leipzig: VEB Verlag für Buch- und Bibliothekswesen 1961, S.114–115. Den Hinweis verdanke ich Prof. Dr. Rüdiger Bernhardt.

5 »Hemingway ist Stilfrage, Fallada eine Inhaltsfrage«. Erich Loest im Gespräch mit Carsten Gansel. In: Carsten Gansel und Joachim Jacob (Hrsg.): Geschichte, die noch qualmt. Erich Loest und sein Werk. Steidl Verlag: Göttingen 2011, S.282–310, hier: S.295.

6 Exposé Laienspiel, S.1. In: BRA, Sign. 861.

7 Ebd., S.2.

8 Brigitte Reimann: Die Denunziantin. In: BRA, Sign. 861.

9 Uwe Johnson: Jahrestage. Aus dem Leben von Gesine Cresspahl. Band 1., a.a.O., S.232.

10 Therese Hörnigk: Schriftsteller der Gegenwart: Christa Wolf. Berlin: Volk und Wissen 1989, S.12.

11 Brigitte Reimann: Aber wir schaffen es, verlaß Dich drauf!, a.a.O., S.91, 92.

12 Siehe Withold Bonner: »Der Vogel mit dem bunteren Gefieder«. Redevielfalt als Maskerade in der Prosa Brigitte Reimanns. Tampere: University Press 2001, S.127.

13 Brigitte Reimann: Die Denunziantin, a.a.O.

14 Brigitte Reimann: Die Denunziantin. Urfassung, S.4. In: BRA, Sign. 861.

15 Ebd.

16 Hans Klockmann an Carsten Gansel, a.a.O.

17 Brigitte Reimann: Die Denunziantin. Urfassung, a.a.O., S.7, 8.

18 Ebd., S.9.

19 Ebd., S.10.

20 Ebd., S.11.

21 Ebd., S.12.

22 Ebd., S.33.

23 Ebd.

24 Brigitte Reimann: Aber wir schaffen es, verlaß Dich drauf!, a.a.O., S.156, 157.

25 Dazu gehörte der zum 25-jährigen Jubiläum der UFA mit großem Aufwand produzierte frühe Farbfilm »Münchhausen«, der 1943 in die Kinos kam. Hans

Albers spielte den Lügenbaron. Das Drehbuch hatte Erich Kästner unter Pseudonym verfasst.

26 Die Dreharbeiten zu dem Film liefen von Mai bis November 1943 in Hamburg und mussten infolge der Bombenangriffe in Berlin und Prag fortgesetzt werden. Von der Zensur der Nazis verboten, kam der Film erst nach der Freigabe durch die Alliierten in die Kinos.

27 Auguste Lazar: Beckmesser im Verlag Neues Leben. In: NdL, Heft 1/1954, S. 166–169, hier: S. 167.

28 Walter Püschel: Schreiben an die Redaktion der NdL. In: Ebd., S. 168–169.

17. Kapitel

1 Wolf D. Brennecke. Erinnerung. In: BRA, Sign. 28.

2 Wolfgang Schreyer: Der zweite Mann. Rückblick auf Leben und Schreiben. Berlin: Das Neue Berlin 2000, S. 149.

3 Zu Franz Hammer siehe Gesine von Prittwitz: Abkehr von der Trümmergeneration. Franz Hammers Arbeitskreis junger Autoren Thüringens 1947–1950. In: Klaus R. Scherpe und Lutz Winkler (Hrsg.): Frühe DDR-Literatur. Traditionen, Institutionen, Tendenzen. Hamburg: Argument Verlag 1988, S. 101 bis 119.

4 Arbeitsrichtlinien für den DSV. In: Schriftsteller, Nr. 2/1950, Punkt 8.

5 Brigitte Reimann an Wolf D. Brennecke, 7. 3. 1953. In: BRA, Sign. 28.

6 Brigitte Reimann: Aber wir schaffen es, verlaß Dich drauf!, a. a. O., S. 152.

7 Werner Bräunig: Rummelplatz. Hrsg. von Angela Drescher. Berlin: Aufbau-Verlag 2007, S. 11, 14.

8 Brigitte Reimann: Alles schmeckt nach Abschied. Tagebücher 1964–1970. Hrsg. von Angela Drescher. Berlin: Aufbau-Verlag 1998, S. 167. Zu den Leserbriefen siehe: Das Erz des Lebens und der Literatur. Wismut-Kollegen schreiben an Werner Bräunig zum »Rummelplatz«. In: Neues Deutschland, 7. 12. 1965, S. 4, sowie: Das Erz des Lebens und der Literatur. Ein Brief der Wismutkumpel. In: Sonntag, 51/1965, S. 6.

9 Withold Bonner: Nachwort. In: Brigitte Reimann: Das Mädchen auf der Lotusblume, a. a. O., S. 211–236, hier: S. 213.

10 Otto Bernhard Wendler an Brigitte Reimann, undatiert. In: Archiv des Aufbau-Verlages in der Staatsbibliothek zu Berlin, Sign. SBB Dep. 38, M 0103a 0041.

11 Kristina Stella: Nachwort und Editionsgeschichte. In: Brigitte Reimann: Die Denunziantin, a. a. O., S. 239 ff.

12 Kulturpolitisches Wörterbuch. 2., erw. Auflage: Berlin: Dietz Verlag 1976, S. 575.

13 Brigitte Reimann: Aber wir schaffen es, verlaß Dich drauf!, a.a.O., S. 163, 164.

14 Mitteldeutscher Verlag an Brigitte Reimann, 4. 6. 1953. In: BRA, Sign. 864.

15 Heinz Heitzer: DDR. Geschichtlicher Überblick. Berlin: Dietz Verlag 1987, S. 110 f.

16 Siehe Bernd Eisenfeld, Ilko-Sascha Kowalczuk und Ehrhart Neubert: Die verdrängte Revolution. Der Platz des 17. Juni 1953 in der deutschen Geschichte. Bremen: Edition Temmen 2004.

17 Siehe Matthias Braun: Der 17. Juni in der Prosa-Literatur der DDR. In: Carsten Gansel (Hrsg.): Gedächtnis und Literatur in den ›geschlossenen Gesellschaften‹ des Real-Sozialismus zwischen 1945 und 1989. Göttingen: Vandenhoeck & Ruprecht 2007, S. 107–120.

18 Erklärung des Deutschen Schriftstellerverbandes zum 17. Juni. In: Arch-DSV, Sign. 004, Blatt 27, 28 (Kopie in Archiv Gansel).

19 Resolution vom 23. Juni 1953. Abschrift (15. 7. 1953). In: Ebd., Blatt 128 f.

20 Bericht über die außerordentliche Sitzung des Bezirksverbandes Berlin vom 22. Juni 1953. In: Ebd., Blatt 45.

21 Ebd.

22 Günter Kunert: Unter Euch war ich. In: Arch-DSV, Sign. 004 (Kopie in Archiv Gansel).

23 Karl Grünberg: Was sagen die SED-Genossen. In: Ebd., Blatt 134 (Kopie in Archiv Gansel).

18. Kapitel

1 Uwe Johnson: Begleitumstände, a.a.O., S. 95. Siehe auch ders.: Ingrid Babendererde, a.a.O., S. 213.

2 Siehe Dokumente zur Geschichte des Schulwesens der Deutschen Demokratischen Republik. Teil 1: 1945–1955. Ausgewählt von Gottfried Uhlig. Berlin: Volk und Wissen 1970, S. 208.

3 Uwe Johnson: Ingrid Babendererde, a.a.O., S. 161.

4 Ebd., Kapitel 37–40.

5 Ebd., S. 171 ff.

6 Ebd., Kap. 15–23.

7 Ebd., S. 144.

8 Ebd., S. 143 f.

9 In der »Landeszeitung« (Schwerin) vom 13. 4. 1951 wurde die FDJ-Mitglied-

schaft unter den Schülern der Goetheschulen I und II mit 79,7 Prozent angegeben.

10 Nach einer internen Einschätzung gehörten Ende 1952 von 440 Schülern der Goetheschule II in Schwerin 352 der FDJ an, wovon sich lediglich 60 im Jugendverband engagierten. Zugleich zählten von den 440 Schülern etwa 300 zur Jungen Gemeinde. Siehe Georg Herbstritt: »... den neuen Menschen schaffen«. Schule und Erziehung in Mecklenburg-Vorpommern und die Konflikte um die Schweriner Goetheschule von 1945 bis 1954. Hrsg. von dem Landesbeauftragten für Mecklenburg-Vorpommern für die Unterlagen des Staatssicherheitsdienstes der ehemaligen Deutschen Demokratischen Republik. Schwerin 1996, S. 41.

11 Uwe Johnson: Ingrid Babendererde, a.a.O., S. 106.

12 Ebd., S. 166.

13 Ebd., S. 155.

14 Frédéric Hartweg (Hrsg.): SED und Kirche. Eine Dokumentation ihrer Beziehungen. Band 1: 1946–1967. Bearbeitet von Joachim Heise. Neukirchen-Vluyn: Neukirchener Verlag des Erziehungsvereins 1995, S. 67 f.

15 Ebd.

16 Uwe Johnson: Ingrid Babendererde, a.a.O., S. 53.

17 Die Tätigkeit der Jungen Gemeinde an den Oberschulen der DDR. Analyse der Abteilung Leitende Organe der Partei und Massenorganisationen des ZK der SED vom 16. 12. 1952. In: Frédéric Hartweg (Hrsg.): SED und Kirche, a.a.O., S. 82.

18 Siehe auch Christian Stappenbeck: Tarnorganisation für Kriegshetze und Spionage. Der geheime Plan zur Liquidierung der Jungen Gemeinde. In: Utopie konkret, Heft 1/1990, S. 66 f.

19 Beiträge zur Jungen Gemeinde finden sich u.a. in den Ausgaben der »Jungen Welt« vom 20. 3. 1953 (Duldet nicht die Agenten Adenauers! Weitere Tatsachen über die republikfeindliche Tätigkeit der Jungen Gemeinde, S. 1); 31. 3. 1953 (Hauptvorstand der CDU gegen Mißbrauch junger Christen durch die Junge Gemeinde, S. 1); 2. 4. 1953 (Jugendliche erklären: »Ich trete aus der ›Jungen Gemeinde‹ aus«, S. 1); 22. 4. 1953 (Jugendliche der Hansa-Oberschule Stralsund treten aus der »Jungen Gemeinde« aus, S. 2); 23. 4. 1953 (Die Jugend fordert: Schluß mit dem verbrecherischen Treiben der »Jungen Gemeinde!«, S. 3).

20 Uwe Johnson: Ingrid Babendererde, a.a.O., S. 54, 141.

21 Schreiben der Bezirksdirektionen der Volkspolizei (BDVP) Schwerin vom 27. 3. 1953. In: MLHA, BdVP Schwerin 13/91, B. 5. Siehe Georg Herbstritt: »... den neuen Menschen schaffen«, a.a.O., S. 44.

22 Uwe Johnson: Ingrid Babendererde, a. a. O., S, 141, 174, 182.

23 Schreiben der BdVP Schwerin vom 27. 3. 1953. In: MLHA, BdVP Schwerin 13/91, B. 5. Siehe auch Georg Herbstritt: »... den neuen Menschen schaffen«, a. a. O., S. 39–48, sowie Christian Stappenbeck: Freie Deutsche Jugend und Junge Gemeinde 1952/53. In: Helga Gotschlich (Hrsg.): »Links und links und Schritt gehalten ...« Die FDJ: Konzepte – Abläufe – Grenzen. Berlin: Metropol Verlag 1994, S. 141–156.

24 Die Fassung vom Sommer 1956 schrieb Johnson unter Mithilfe von Elisabeth Schmidt in Ahrenshoop, sie stammte aus Schwerin und wird von den Vorgängen an den Goetheschulen berichtet haben.

25 Dokumente im Universitätsarchiv Rostock (Akte 16: Studentenrat) belegen umfangreiche Aktivitäten der Hochschulleitung im Zusammenhang mit der Jungen Gemeinde.

26 Brigitte Reimann an Peter Nell, 21. 4. 1955. In: BRA, Sign. 938.

27 Withold Bonner: »Der Vogel mit dem bunteren Gefieder«, a. a. O., S. 136.

28 Carsten Gansel und Erich Loest: »Hemingway ist eine Stilfrage, Fallada eine Inhaltsfrage«, a. a. O., hier: S. 290.

29 Brigitte Reimann: Wenn die Stunde ist, zu sprechen, a. a. O., S. 191.

30 Ebd.

31 Ebd., S. 192, 193.

32 Uwe Johnson: Ingrid Babendererde, a. a. O., S. 168.

33 Ebd., S. 163.

34 Ebd., S. 168.

35 Ebd., S. 246.

36 Walter Püschel an Brigitte Reimann, 20. 2. 1957. In: BRA, Sign. 864.

37 Uwe Johnson: Begleitumstände, a. a. O., S. 89.

38 Zur Odyssee durch die Verlage siehe Carsten Gansel: »es sei EINFACH NICHT GUT SO«, a. a. O., S. 50–68.

39 Uwe Johnson: Begleitumstände, a. a. O., S. 93 ff.

40 Siehe Uwe Johnson: »Entwöhnung von einem Arbeitsplatz«. Klausuren und frühe Prosatexte. Mit einem philologisch-biographischen Essay hrsg. von Bernd Neumann. Frankfurt/M.: Suhrkamp 1992, S. 71–75.

41 SAPMO-BArch, J IV 2/2/21.

42 Uwe Johnson: Begleitumstände, a. a. O., S. 92.

43 SAPMO-BArch, J IV 2/2 A 573. Schließlich war der Prozess gegen die sogenannte Gruppe um Wolfgang Harich der Anlass für einen Entwurf zur »Neuregelung von Straftaten« (siehe Carsten Gansel: Parlament des Geistes, a. a. O., S. 192 ff.).

44 Uwe Johnson: Begleitumstände, a.a.O., S.91 f. Johnson zitiert hier aus dem Brief von Georg Piltz.

45 Diese Aussage deckt sich mit einem Brief von Georg Piltz an Bernd Neumann, siehe Bernd Neumann: Uwe Johnson. Hamburg: Europäische Verlagsanstalt. Hamburg 1994, S.231.

46 Brigitte Reimann: Alles schmeckt nach Abschied, a.a.O., S.22.

47 Brigitte Reimann: Ich bedaure nichts, a.a.O., S.52.

48 Herta Müller: Das Ticken der Norm. In: Die Zeit, 21.1.1994.

19. Kapitel

1 Karin Kaminsky, Mitteldeutscher Verlag, an Brigitte Reimann, 18.8.1953. In: BRA, Sign. 862.

2 Ebd.

3 Erich Loest: Der Zorn des Schafes. Künzelsau, Leipzig: Linden-Verlag 1990, S.36.

4 Börsenblatt (Leipzig), 13.12.1952, S.914.

5 Wolf D. Brennecke: Über Brigitte Reimann, S.1–11, hier: S.2. (Es handelt sich um Erinnerungen, die Brennecke 1977 notiert und dem Literaturzentrum Neubrandenburg zur Verfügung gestellt hat (Kopie in Archiv Gansel).

6 Ebd., S.2, 3. (Brennecke zitiert hier aus einem Brief von Brigitte Reimann).

7 Karl Marx: Ökonomisch-philosophische Manuskripte. In: Marx-Engels-Werke, Ergänzungsband. 1. Teil. Berlin: Dietz Verlag 1968, S.465–588, hier: S.535.

8 Wladimir I. Lenin: Über die Aufgaben der proletarischen Frauenbewegung. In: Lenin. Werke. Band 30. Berlin: Dietz Verlag 1964, S.27.

9 Eduard Claudius: Menschen an unserer Seite. Halle: Mitteldeutscher Verlag 1951 (1974), S.210, 224.

10 Brigitte Reimann: Ich bedaure nichts, a.a.O., S.139.

11 Brigitte Reimann: Katja. Eine Liebesgeschichte aus unseren Tagen. In: Volksstimme, 19.8.1953 (2. Fortsetzung).

12 Ebd.

13 Ebd., 22.8.1953 (letzte der 6 Fortsetzungen, die zwischen 17. und 22.8.1953 erschienen).

14 Ebd., 17.8.1954 (1. Fortsetzung).

15 Diese Andeutung findet sich bei Withold Bonner: »Der Vogel mit dem bunteren Gefieder«, a.a.O., S.166.

16 Christa Wolf: Zeitschichten. In: Dies.: Dimension des Autors. Band 1. Berlin und Weimar: Aufbau-Verlag, S.355.

17 Brigitte Reimann: Aber wir schaffen es, verlaß Dich drauf!, a.a.O., S.163, 164.

18 Brigitte Reimann: Der Kundschafter des John Brown. Jugenderzählung. In: BRA, Sign. 410, S.1.

19 Brigitte Reimann: Der ~~Neger~~heiland. In: BRA, Sign. 429.

20 Brigitte Reimann an Wolf D. Brennecke, 25.10.1953. In: BRA, Sign. 28.

21 Brigitte Reimann an Wolf D. Brennecke, 13.11.1953. In: Ebd.

22 Ebd.

23 Brigitte Reimann an Wolf D. Brennecke, 12.1.1954. In: Ebd.

24 Brigitte Reimann an Wolf D. Brennecke, 28.1.1954. In: Ebd.

25 Nach Fehlgeburt: Jede 6. Frau entwickelt eine posttraumatische Belastungsstörung. Forscher fordern bessere Betreuung. In: https://www.rtl.de/cms/neue-studie-posttraumatische-belastungsstoerung-bei-jeder-6-frau-mit-fehlgeburt-4469399.html; siehe auch: Warum wird mir dieses Kind genommen? In: Die Zeit, 24.1.2019 (https://www.zeit.de/entdecken/2019-01/fehlgeburten-abort-fruehabort-schwangerschaft-erfahrungen-umgang/komplettansicht) (jeweils letzter Zugriff: 1.3.2023).

26 Brigitte Reimann an Wolf D. Brennecke, 28.1.1954, a.a.O.

27 Brigitte Reimann an Wolf D. Brennecke, 23.2.1954. In: Ebd.

28 Volksstimme, 12. April 195, zitiert nach Kristina Stella: Brigitte Reimann. Kommentierte Bibliografie und Werkverzeichnis. Band 1. Teil A: Primärdokumente. Bielefeld: Aisthesis Verlag 2014, S.860.

29 Siehe Stefan Simons: Von der Waffen-SS in die Fremdenlegion. In: Spiegel, 14.7.2014.

30 Brigitte Reimann: Der Legionär, a.a.O., S.1.

31 Ebd., S.2.

32 Ebd., S.5.

33 Ebd., S.6.

34 Ebd.

35 Ebd., S.7.

36 Siehe Carsten Gansel: Vom Anderswerden – Johannes R. Becher zwischen Neuromantik, expressionistischer Dichterrevolte und Dichter-Funktionär. In: Ders. (Hrsg.): Metamorphosen eines Dichters: Johannes R. Becher. Expressionist, Bohemien, Funktionär. 1910–1945: Texte, Briefe, Dokumente. Berlin und Weimar: Aufbau-Verlag 1992, S.13–58.

37 Leszek Kołakowski: Die Hauptströmungen des Marxismus. München: Piper Verlag 1977, S.479. Siehe Helga Grebing: Arbeiterbewegung und Gewalt. In: Gewerkschaftliche Monatshefte. Heft 2/1978, S.65–77, hier: S.73.

38 Rosa Luxemburg: Die Russische Revolution. Eine kritische Würdigung. Aus dem Nachlass von Rosa Luxemburg, hrsg. und eingeleitet von Paul Levi. Berlin: Verlag Gesellschaft und Erziehung 1922, S. 109.

39 In der DDR wurde erst 1970 mit der Edition von Rosa Luxemburgs »Gesammelten Werken« (Dietz Verlag) begonnen, darunter das Manuskript »Zur russischen Revolution«, das allerdings eine abwehrende Einordnung erfuhr. Die von Ottokar Luban bereits für Ende der 1960er Jahre konstatierte »Versachlichung« in der Forschung setzte konsequent erst ab Beginn der 1980er Jahre ein. Siehe ders.: Rosa Luxemburgs Kritik an Lenins ultrazentralistischem Parteikonzept und an der bolschewistischen Revolutionspolitik. In: Mitteilungsblatt des Instituts für soziale Bewegungen, H. 36/2006, S. 115–125. Auf die Schrift von Rosa Luxemburg wird Brigitte Reimann im Zusammenhang mit der Kritik an Robert Havemann aufmerksam.

20. Kapitel

1 Brigitte Reimann an Wolf D. Brennecke, 7. 4. 1954. In: BRA, Sign. 28.

2 Johannes R. Becher: Auf andere Art so große Hoffnung. Tagebuch 1950. Berlin: Aufbau-Verlag 1951, S. 87.

3 Brigitte Reimann: Lebenslauf, 7. 4. 1954. In: BRA, Sign. 169.

4 Dr. Sigrid und Ulrich Reimann: »Brigitte weckte unsere Liebe zur Literatur«, a. a. O., S. 18, 19.

5 Brigitte Reimann an Wolf D. Brennecke, 21. 6. 1954. In: BRA, Sign. 28.

6 Brigitte Reimann an Wolf D. Brennecke, 12. 12. 1954. In: Ebd.

7 Dr. Sigrid und Ulrich Reimann: »Brigitte weckte unsere Liebe zur Literatur«, a. a. O., S. 19.

8 Wolf D. Brennecke: Auskünfte über Brigitte Reimann. In: BRA, Sign. 28, S. 8.

9 Anton Ackermann: Die Kultur und der Zweijahrplan. Vortrag auf der Arbeitstagung sozialistischer Schriftsteller und Künstler. 2./3. 9. 1948. In: SAPMO-BArch, IV 2/101/96.

10 Walter Ulbricht: Das Programm der antifaschistisch-demokratischen Ordnung. Rede auf der ersten Funktionärskonferenz der KPD Groß-Berlin, 25. Juni 1945. In: Ders.: Die Entwicklung des deutschen volksdemokratischen Staates. 1945–1958. 2. Auflage. Berlin 1959, S. 21.

11 Olaf Groehler: Der Umgang mit dem Holocaust in der DDR. In: Rolf Steininger (Hrsg.): Der Umgang mit dem Holocaust. Europa – USA – Israel. Wien, Köln, Weimar: Böhlau Verlag 1994, S. 233–245, hier: S. 245.

12 Brigitte Reimann an Wolf D. Brennecke, 24. 2. 1955. In: BRA, Sign. 28.

13 Brigitte Reimann: Zwei schreiben eine Geschichte. Eine Skizze von Brigitte Reimann-Domnik. In: Volksstimme. Unterhaltung für das Wochenende, Nr. 14, 16. 4. 1955.

14 Ebd.

15 Ebd.

16 Anton Ackermann: Die Kultur und der Zweijahrplan, a. a. O., S. 27.

17 Brigitte Reimann: Zwei schreiben eine Geschichte, a. a. O.

18 Ebd.

19 Gottfried Willems: Anschaulichkeit. Zu Theorie und Geschichte der Wort-Bild-Beziehungen und des literarischen Darstellungsstils. Tübingen: Max Niemeyer Verlag 1989, S. 431.

20 Rüdiger Safranski und Walter Fähnders: Proletarisch-revolutionäre Literatur. In: Bernhard Weyergraf (Hrsg.): Literatur der Weimarer Republik 1918–1933. München, Wien: Carl Hanser Verlag 1995, S. 174–231 und 690–692.

21 Siehe Carsten Gansel: Sozialistische Realismuskonzepte und Arbeit als neuer literarischer Gegenstand. Aspekte eines Problemfeldes. In: Caroline Roeder und Christine Lötscher (Hrsg.): Das ganze Leben – Repräsentationen von Arbeit in Texten über Kindheit und Jugend. Heidelberg: J. B. Metzler, S. 267 bis 285.

22 Brigitte Reimann: Franziska Linkerhand. Roman. Ungekürzte Neuausgabe. Bearbeitung und Nachbemerkung Angela Drescher. Nachwort von Withold Bonner. Berlin: Aufbau-Verlag 1998, S. 67.

23 Christa Wolf: Subjektive Authentizität. Gespräch mit Hans Kaufmann (1973). In: Dies.: Die Dimension des Autors, a. a. O., S. 317–349, hier: S. 327.

21. Kapitel

1 Brigitte Reimann an Wolf D. Brennecke, 10. 5. 1955. In: BRA, Sign. 28.

2 Wolfgang Schreyer: Der zweite Mann, a. a. O., S. 75.

3 Ebd., S. 131.

4 Ebd., S. 132.

5 Brigitte Reimann an Wolfgang Schreyer, 3. 5. 1955. In: Brigitte Reimann und Wolfgang Schreyer: Ich möchte so gern ein Held sein. Der Briefwechsel. Hrsg. von Carsten Gansel und Kristina Stella. Berlin: Okapi Verlag 2018, S. 9.

6 Ebd.

7 Siehe Ralph Klein: Das SS-Polizei-Gebirgsjäger-Regiment 18 und seine Bataillone. In: Carsten Gansel und Matthias Braun (Hrsg.): Es geht um Erwin Stritt-

matter oder Vom Streit um die Erinnerung. Göttingen: Vandenhoeck & Ruprecht 2012, S. 325–336.

8 Siegfried Kogelfranz: »Genosse, wir wollten euch erledigen«. Die Davongekommenen von Jalta (II). Griechenland. In: Der Spiegel, Heft 4/1985.

9 Verlag Ministerium des Innern an Brigitte Reimann, 16. 10. 1955. In: BRA, Sign. 864.

10 Brigitte Reimann: Ich bedaure nichts, a. a. O., S. 19.

11 Ebd.

12 Brigitte Reimann: Der Tod der schönen Helena. Berlin: Verlag Ministerium des Innern 1955, S. 56 (Reihe »Zur Abwehr bereit«, Heft 12).

13 Andreas Stergiou: Die Beziehungen zwischen Griechenland und der DDR und das Verhältnis der SED zur KKE. Diss. Mannheim 2001.

14 Brigitte Reimann: Der Tod der schönen Helena, a. a. O., S. 3.

15 Ebd., S. 4.

16 Siegfried Kogelfranz: »Genosse, wir wollten euch erledigen«, a. a. O.

17 Siehe ebd.

18 Brigitte Reimann: Der Tod der schönen Helena, a. a. O., S. 5.

19 Ebd., S. 11.

20 Ebd., S. 41.

21 Ebd., S. 55.

22 Brigitte Reimann: Ich bedaure nichts, a. a. O., S. 25.

23 Walter Lewerenz an Brigitte Reimann, 15. 11. 1955. In: BRA, Sign. 864.

24 Verlagsleiter Major Kinder an Brigitte Reimann, 13. 2. 1956. In: Ebd.

25 Jürgen Gruner an Brigitte Reimann, 1. 3. 1956. In: Ebd.

26 Siehe Herbert Pilz und Helmut Vogel: Das Hotel Astoria – 70 Jahre alt! In: Leipziger Kulinarien, 3/1986, S. 31–36.

27 Umberto Eco: Nachschrift zum »Namen der Rose«. München: Deutscher Taschenbuchverlag 1987, S. 33.

28 Brigitte Reimann: Kinder von Hellas. Mit Illustrationen von Kurt Zimmermann. Berlin: Verlag des Ministeriums für Nationale Verteidigung 1956; zitiert nach der Ausgabe des Verlags Neues Leben (Berlin 1989, S. 5).

29 Ebd., S. 7.

30 Ebd., S. 8.

31 Ebd., S. 10.

32 Ebd., S. 29.

33 Ebd., S. 30.

34 Ebd., S. 34.

35 Ebd., S. 37.

36 Georg Lukács: Erzählen oder beschreiben? Zur Diskussion über den Naturalismus und Formalismus (1936). In: Ders.: Werke, Bd. 4: Probleme des Realismus I. Essays über Realismus. Neuwied, Berlin: Luchterhand Verlag 1971, S. 197–242.
37 Ebd., S. 223, 206.
38 Ebd., S. 219.
39 Ebd., S. 229.
40 Ebd., S. 226.
41 Brigitte Reimann: Die Kinder von Hellas, a. a. O., S. 91.
42 Hans Fallada: Kleiner Mann – was nun? Ungekürzte Neuausgabe mit einem Nachwort von Carsten Gansel. Berlin: Aufbau Verlag 2016, S. 171.
43 Ebd., S. 172. Siehe Carsten Gansel: Von Robinson Crusoe, Charlie Chaplin und den Nazis. Das wiederentdeckte Originalmanuskript von Hans Falladas »Kleiner Mann – was nun?«. In: Ebd., S. 485–550.
44 Brigitte Reimann: Kinder von Hellas. Berlin: Verlag des Ministeriums für Nationale Verteidigung 1956, S. 121 (Berlin: Verlag Neues Leben 1989, S. 91).
45 Ebd., S. 126 (S. 96).
46 Ebd.
47 Ebd., S. 116 (S. 88). Die Argumentation entspricht wortgetreu jener in der »Tod der schönen Helena« (a. a. O., S. 33).
48 Siehe Withold Bonner: »Der Vogel mit dem bunteren Gefieder«, a. a. O., S. 121.
49 Karl Marx: Zur Kritik der Hegelschen Rechtsphilosophie. Einleitung. In: Karl Marx und Friedrich Engels. Werke. Band 1. Berlin: Dietz Verlag 1976, S. 378.
50 Werner Mittenzwei: Das Bild des Revolutionärs in der sozialistischen Literatur. In: Ders. (Hrsg.): Revolution und Literatur. Zum Verhältnis von Erbe, Revolution und Literatur. Leipzig: Reclam 1971, S. 11–42, hier: S. 11.
51 Ebd., S. 15.
52 Brigitte Reimann: Kinder von Hellas, a. a. O., S. 176 (S. 134).

22. Kapitel

1 Georg Piltz an Brigitte Reimann, 16. 8. 1955. In: BRA, Sign. 28.
2 Ebd.
3 Brigitte Reimann: Aber wir schaffen es, verlaß Dich drauf!, a. a. O., S. 167.
4 Kurt Tucholsky: Rheinsberg. Ein Bilderbuch für Verliebte. Berlin-Charlottenburg: Axel Juncker Verlag 1912, S. 13.
5 Brigitte Reimann: Ich bedaure nichts, a. a. O., S. 6.
6 Georg Piltz: Magdeburg. Stadt am Strom. Dresden: Sachsenverlag 1955, S. 77.
7 Brigitte Reimann: Ich bedaure nichts, a. a. O., S. 7.

8 Kurt Tucholsky: Rheinsberg, a.a.O., S. 24.

9 Brigitte Reimann: Ich bedaure nichts, a.a.O., S. 8.

10 Siehe Carsten Gansel: Parlament des Geistes, a.a.O., S. 189 ff.; siehe auch Matthias Braun: »Dieser blutige November schlug viele Knospen ab«. Zu Geschichte und Programm des »Donnerstagskreises« im Herbst 1956. In: Macht – Ohnmacht – Gegenmacht. Grundfragen zur politischen Gegnerschaft in der DDR. Hrsg. von Ehrhart Neubert und Bernd Eisenfeld. Bremen: Edition Temmen 2001, S. 293–304.

11 Dorothea von Törne: Brigitte Reimann. Einfach wirklich leben, a.a.O., S. 48.

12 Brigitte Reimann: Ich bedaure nichts, a.a.O., S. 9.

13 Walter Püschel an Brigitte Reimann, 1. 7. 1955. In: BRA, Sign. 864.

14 Brigitte Reimann: Die Frau am Pranger. Berlin: Verlag Neues Leben 1956 (Schutzumschlag).

15 Druckgenehmigung für Brigitte Reimann: Die Frau am Pranger. In: BArch, DR-1, 5061a.

16 Richtlinien für die Begutachtung, 25. 7. 1960. In: BArch, DR-1, 1287, S. 4, 5, 7 (Kopie in Archiv Gansel).

17 Ebd.

18 Verlagsgutachten zu »Die Frau am Pranger«. In: BArch, DR 1/5061.

19 Ebd.

20 Brigitte Reimann: Die Frau am Pranger. Berlin: Verlag Neues Leben 1956, S. 7.

21 Ebd., S. 12.

22 Ebd., S. 14.

23 Ebd., S. 38.

24 Ebd., S. 34, 35.

25 Ebd., S. 144.

26 Rainer Paris: Ein Grundmuster von brutaler Schlichtheit. In: FAZ, 31. 3. 2008. – Rezension zu Michael Schröter (Hrsg.): Der willkommene Verrat. Beiträge zur Denunziationsforschung. Weilerswist: Velbrück 2007.

27 Verlagsgutachten zu »Die Frau am Pranger«, a.a.O.

28 Brigitte Reimann: Ich bedaure nichts, a.a.O., S. 104.

29 Hans Fallada: Jeder stirbt für sich allein. Berlin: Aufbau Verlag 2011, S. 17.

30 Ebd., S. 19, 20.

31 Siehe die Darstellung bei Gustav Frank und Stefan Scherer: Jeder stirbt für sich allein (1947). In: Dies. (Hrsg.): Hans-Fallada-Handbuch. Berlin, Boston: Walter de Gruyter 2019, S. 473–490, hier: S. 482.

32 Reimar Dänhardt: Brigitte Reimann-Domnik. Die Frau am Pranger. Gutachten. 9. 8. 1955. In: BArch, DR 1/5061a, Blatt 335–336.

33 H. Knolle: Brigitte Reimann. Die Frau am Pranger. Gutachten. 6. 6. 1955. In: Ebd., 337–341.
34 Verlag Neues Leben an Brigitte Reimann, 15. 3. 1956. In: BRA, Sign. 864.
35 Brigitte Reimann an Sonja Marchlewski, 27. 11. 1959. In: Ebd.
36 Brigitte Reimann: Die Frau am Pranger. 4., überarb. Auflage. Berlin: Verlag Neues Leben 1962, S. 107.
37 Mitteilungen. In: Rundfunkarchiv, Heft 12. Dez. 1942, S. 524–527, hier: S. 527.
38 Brigitte Reimann: Die Frau am Pranger, a. a. O., S. 108.
39 Ebd.

23. Kapitel

1 Anita Grandke: Die Entwicklung des Familienrechts in der DDR. Dissertation. Humboldt-Universität zu Berlin 2008 (https://edoc.hu-berlin.de/handle/18452/10164?show=full (letzter Zugriff: 10. 2. 2023).
2 Brigitte Reimann: Ich bedaure nichts, a. a. O., S. 10.
3 Ebd., S. 11.
4 Ebd., S. 13, 14.
5 Brigitte Reimann: Bemerkungen zu einer neuen Stadt. In: Lausitzer Rundschau, 17. 8. 1963.
6 Brigitte Reimann: Ich bedaure nichts, a. a. O., S. 12.
7 Ebd., S. 14, 15.
8 Ebd., S. 15.
9 Georg Piltz an Brigitte Reimann, 12. 11. 1955. In: Archiv Gansel.
10 Georg Piltz an Brigitte Reimann, 2. 12. 1955. In: Archiv Gansel.
11 Ebd.
12 Ebd.
13 SAPMO-BArch, DR 1, 1359, Blatt 1–44, hier: Blatt 5.
14 Ebd., Blatt 7, 17, 21.
15 Wolfgang Joho auf der Vorstandssitzung 25./26. 10. 1956, zitiert nach dem Protokoll. In: Arch-DSV, Sign. 1143 (Kopie in Archiv Gansel).
16 Der Nachterstedter Brief. In: Tribüne, 27. 1. 1955. Siehe auch die durch Stefan Heym ausgelöste Diskussion. In: Berliner Zeitung, 13. 3. 1955.
17 Siehe die Briefe von: VEB Sächsisches Kunstseidenwerk »Siegfried Rädel« Pirna (10. 2. 1955), Büromaschinenwerk Rheinmetall Sömmerda (14. 2. 1955), RAW Delitzsch (28. 2. 1955), Persil-Werk Genthin (3. 3. 1955), Kalikombinat »Ernst Thälmann« Merkers (22. 3. 1955). In: Arch-DSV, Sign. 071 (Kopie Archiv Gansel).

18 Georg Piltz an Brigitte Reimann, 6. 1. 1956. In: Archiv Gansel.

19 Anna Seghers: Die große Veränderung und unsere Literatur (Rede auf dem IV. Deutschen Schriftstellerkongreß). In: Dies.: Aufsätze, Ansprachen, Essays 1954–1979. Berlin und Weimar: Aufbau-Verlag 1980, S. 92.

20 Stefan Heym: Redebeitrag. In: IV. Deutscher Schriftstellerkongreß. Protokoll. 2. Teil. In: Ebd., Heft 2/1956, S. 7–18, hier: S. 9.

21 Ebd., S. 13.

22 Willi Bredel: Redebeitrag. In: Ebd., S. 28–40.

23 Ebd., S. 89.

24 Walter Ulbricht: Redebeitrag. In: Ebd., S. 156–164, hier: S. 158, 161.

25 Ebd., S. 161.

26 Stefan Heym: Redebeitrag. In: Ebd., S. 164–167.

27 Ebd., S. 166.

28 Ebd., S. 167.

29 Siehe Ulrike Rosenstädt, Frank Wilhelm und Carsten Gansel: Der Deutsche Schriftstellerverband in der Mitte der fünfziger Jahre – ein Befehlsempfänger der SED? In: Deutschland Archiv, 11/1992, S. 1144–1153.

30 Carsten Gansel: »Meine Bücher sollen sie lesen und nachdenken darüber« – Gespräch mit Stefan Heym. In: Norman Ächtler (Hrsg.): Carsten Gansel: Literatur im Dialog. Gespräche mit Autorinnen und Autoren, a. a. O. S. 127–140, hier: S. 128.

31 Ludwig Renn: Diskussionsbeitrag. In: IV. Deutscher Schriftstellerkongreß, 2. Teil, a. a. O., S. 110.

32 Brigitte Reimann: Ich bedaure nichts, a. a. O., S. 23.

33 Siehe S. Fischer: Der Schnee von gestern. In: Süddeutsche Zeitung, 23. 3. 2010. Als 2001 die Anonymität des hinter der Geschichte stehenden Cornelius Rost (1919–1983) aufgehoben wurde, stellte sich heraus, dass dieser bereits am 28. 10. 1947 aus sowjetischer Kriegsgefangenschaft zurückgekehrt war, als er eigentlich noch in einem sibirischen Bergwerk in einem Arbeitsbataillon hätte sein sollen.

34 Brigitte Reimann: Die Maske trägt Giorgiu. In: BRA, Sign. 419.

35 Ebd., S. 33.

36 Ebd., S. 34.

37 Siehe das Protokoll der Tagung in: Carsten Gansel (Hrsg.): Der gespaltene Dichter. Johannes R. Becher. Gedichte, Briefe, Dokumente. 1945–1958. Berlin: Aufbau Taschenbuch Verlag 1991, S. 139–151.

38 Vorstandssitzung vom 17./18. April 1956. Protokoll. In: ARch-DSV, Sign. 1143, S. 10 (Kopie in Archiv Gansel).

39 Ebd., S. 42.

40 Vorstandssitzung vom 25./26. Oktober 1956. Protokoll. In: ARch-DSV, Sign. 1143, S. 52, 73 (Kopie in Archiv Gansel).

41 Ebd., S. 69.

42 Ebd., S. 70.

43 Ebd., S. 69.

44 Wolfgang Schreyer an Brigitte Reimann. In: Brigitte Reimann und Wolfgang Schreyer: Ich möchte so gern ein Held sein, a. a. O., S. 15.

24. Kapitel

1 Brigitte Reimann: Ich bedaure nichts, a. a. O., S. 21, 22.

2 Ebd., S. 281.

3 Georg Piltz an Brigitte Reimann, 27. 4. 1956. In: Archiv Gansel.

4 Wenzel Renner an Brigitte Reimann, April 1956 (Tag unleserlich). In: BRA, Sign. 864.

5 Zu Günther Birkenfeld siehe Carsten Gansel: Parlament des Geistes, a. a. O., S. 48–55, 80, 81.

6 Brigitte Reimann: Ich bedaure nichts, a. a. O., S. 43.

7 Brigitte Reimann an Wenzel Renner, 8. 5. 1956. In: Ebd., S. 370.

8 Ebd., S. 45.

9 Ebd., S. 45, 46.

10 Ebd., S. 40.

11 P. A. O.: Mein Privatleben ist viel zu uninteressant. In: Berliner Tageblatt, 6. 3. 1931. Siehe Nele Holdack: Der Tagebuchschreiber Lion Feuchtwanger – In der Kürze liegt die Wahrheit. In: Carsten Gansel und Peter Braun (Hrsg.): Dokumentarisches Erzählen – Erzählen mit Dokumenten in Literatur, Journalismus und Film. Berlin: Okapi Verlag 2020, S. 49–64, hier: S. 49, 50.

12 Brigitte Reimann: Ich bedaure nichts, a. a. O., S. 40.

13 Ebd., S. 41.

14 Brigitte Reimann: Ein Stern fällt aus der Nacht. In: BRA, Sign. 377.

15 Brigitte Reimann: Ich bedaure nichts, a. a. O., S. 68, 69.

16 Hier setzte der noch im Politbüro beschlossene Versuch ein, Robert Havemann zu disziplinieren. Auf der Sitzung vom 25. 10. 1956 wurde festgelegt: »Genosse Neumann wird beauftragt, am Freitagnachmittag mit Professor Havemann über sein Auftreten auf der Parteiversammlung des chemischen Instituts zu sprechen« (Protokoll, 25. 10. 1996. In: SAPMO-BArch, JIV 2/2/507).

17 Diskussionsrede auf der 28. Tagung des ZK der SED, 1. 11. 1956. In: Ders. (Hrsg.): Der gespaltene Dichter, a. a. O., S. 169.

18 Protokoll der Sitzung des Politbüros vom 18./19./20. 12. 1956. In: SAPMO-BArch, Sign. J IV 2/2–519.

19 Ebd.

20 Siehe Protokoll der 30. Tagung des ZK der SED vom 30. 1. bis 1. 2. 1957. In: SAPMO-BArch, IV 2/1/87.

21 Protokoll der Sitzung des Politbüros vom 26. 3. 1957. In: SAPMO-BArch, J IV 2/2 A.

22 Siehe auch Wolfgang Harichs Darstellung: Keine Schwierigkeiten mit der Wahrheit: Zur nationalkommunistischen Opposition 1956 in der DDR. Berlin: Dietz Verlag 2013.

23 Siehe ebd. Zum Prozess gegen Janka siehe auch Ingke Brodersen (Hrsg.): Der Prozeß gegen Walter Janka und andere. Eine Dokumentation. Reinbek bei Hamburg: Rowohlt 1990.

24 Den Bericht zum »Prozeß gegen Janka« hatte Erich Honecker zu geben. Die Materialien dazu fehlen in der ansonsten vollständigen Mappe. In: SAPMO-BArch, J IV 2/2 A 573.

25 Siehe Sitzung des Politbüros des ZK vom 16. 7. 1957. In: SAPMO-BArch, J IV 2/2 A 573.

26 Ebd.

27 Wolfgang Schreyer an Brigitte Reimann, 22. 11. 1965. In: Brigitte Reimann und Wolfgang Schreyer: Ich möchte so gern ein Held sein, a. a. O., S. 94.

28 Wolfgang Schreyer an Brigitte Reimann, 21. 6. 1970. In: Ebd., S. 218.

29 Heiner Müller an Brigitte Reimann, 11. 7. 1957. In: BRA, Sign. 864.

30 Walter Püschel an Brigitte Reimann, 22. 7. 1957 und 18. 8. 1957. In: Ebd.

25. Kapitel

1 Georg Piltz an Brigitte Reimann, ohne Datum [Mitte Oktober 1957]. In: Archiv Gansel.

2 Analyse der Feindtätigkeit innerhalb der wissenschaftlichen u. künstlerischen Intelligenz. In: BStU, Allg. Schrift Nr. 0/00 (158) VVS 76/58, S. 13. f.

3 Carsten Gansel und Gustav Just: Hoffnungen auf einen Sozialismus mit menschlichem Antlitz. Ein Gespräch. In: Carsten Gansel (Hrsg.): Rhetorik der Erinnerung, a. a. O., S. 425–432, hier: S. 429.

4 Brigitte Reimann: Ich bedaure nichts, a. a. O., S. 68.

5 Künstlerische Wahrheit. In: Kulturpolitisches Wörterbuch, a. a. O., S. 753.

6 Brigitte Reimann: Ich werde diese Nacht allein sein. In: BRA, Sign. 421.

7 Walter Püschel an Brigitte Reimann, 20. 12. 1957. In: BRA, Sign. 864.

8 Siehe Withold Bonner: Nachwort. In: Brigitte Reimann: Das Mädchen auf der Lotosblume, a. a. O., S. 211–228. Bonner spricht zutreffend auch von einer »Modernität der Sprache« (ebd., S. 222).

9 Brigitte Reimann: Joe und das Mädchen auf der Lotosblume, a. a. O., S. 31, 32.

10 Ebd., S. 128.

11 Ebd., S. 129.

12 Ebd.

13 Hans Mayer: Nachwort. In: Fjodor Gladkow: Zement. Berlin: Verlag Kultur und Fortschritt 1949, S. 305–307, hier: S. 306.

14 Matthias Aumüller: Moderne contra Modernismus. Das widersprüchliche Vorbild der frühsowjetischen Literatur für die DDR-Literatur am Beispiel von Fëdor Gladkovs Aufbauroman »Cement«. In: Carsten Gansel (Hrsg.): Deutschland. Russland. Topographien einer literarischen Beziehungsgeschichte, a. a. O., S. 145–162, hier: S. 154.

15 Christa Wolf: Juninachmittag. In: Dies.: Gesammelte Erzählungen. Berlin und Weimar: Aufbau-Verlag 1989, S. 46.

16 Max Walter Schulz: Das Neue und das Bleibende in unserer Literatur. In: VI. Deutscher Schriftstellerkongreß. Protokoll. Berlin und Weimar: Aufbau-Verlag 1969, S. 23–58, hier: S. 55.

17 Uwe Johnson: Begleitumstände, a. a. O., S. 140.

18 Brigitte Reimann an Hermann Henselmann, 5. 3. 1965. In: Brigitte Reimann und Hermann Henselmann: Mit Respekt und Vergnügen. Briefwechsel. Berlin: Aufbau Taschenbuch 2001, 46, 47.

19 Brigitte Reimann: Ich bedaure nichts, a. a. O., S. 71, 72.

20 Brigitte Reimann: Ich bedaure nichts, a. a. O., S. 72.

21 Alfred Kantorowicz: Warum ich mit dem Ulbricht-Regime gebrochen habe. In: Der Tagesspiegel, 23. 8. 1957.

22 Siehe Carsten Gansel: Johannes R. Becher zwischen Dichten und Funktionieren. In: Ders. (Hrsg.): Der gespaltene Dichter, a. a. O., S. 11–30.

23 Bericht der Genossen in der Brigade zur Überprüfung der Arbeit des Deutschen Schriftstellerverbandes an die dem ZK angehörenden Mitglieder (19. 9. 1958). Der Bericht als Dokument ist in vollem Umfang abgedruckt in: Carsten Gansel: Parlament des Geistes, a. a. O., S. 371–384, hier: S. 374.

24 Ebd.

25 Ebd.

26 Siehe Birgit Dahlke: »Frau komm!« Vergewaltigung 1945 – zur Geschichte

eines Diskurses. In: Birgit Dahlke, Martina Langermann und Thomas Taterka (Hrsg.): LiteraturGesellschaft DDR. Kanonkämpfe und ihre Geschichte(n). Stuttgart, Weimar: J.B. Metzler 2000, S.275–311, hier: S.284. Siehe auch das Protokoll der Vorstandssitzung vom 26. 2. 1958. In: Arch-DSV, Sign. 231.

27 Erwin Strittmatter an Boris Djacenko, 17. 2. 1958 (Archiv Werner Liersch).

28 Boris Djacenko an Erwin Strittmatter, 21. 2. 1958 (Archiv Werner Liersch).

26. Kapitel

1 Erich Loest: Durch die Erde ein Riß. Ein Lebenslauf. Leipzig: Linden-Verlag 1990, S.315, 316. Die Erstauflage erschien 1981 bei Hoffmann und Campe (Hamburg).

2 Brigitte Reimann: Ich bedaure nichts, a.a.O., S.72.

3 Archiv BStU, Inventarisierungsnummer MfS, BV Magdeburg, AOP 196/61, Band 1, Blatt 16. Erste Unterlagen des MfS zu Brigitte Reimann lagen mir laut Übergabeprotokoll der BStU seit dem 7. 4. 2000 vor. Auf einzelne Aspekte des Vorgangs wird im Nachwort des edierten Briefwechsels zwischen Brigitte Reimann und Wolfgang Schreyer eingegangen.

4 Archiv BStU, Inventarisierungsnummer MfS, BV Magdeburg, AIM 77/59, Band 1, Blatt 24.

5 Archiv BStU, Inventarisierungsnummer MfS, BV Magdeburg, AOP 196/61, Band 1, Blatt 7–9.

6 Brigitte Reimann: Ich bedaure nichts, a.a.O., S.73.

7 Archiv BStU, Inventarisierungsnummer MfS, BV Magdeburg, AIM 77/59, Band 1, Blatt 22, 23.

8 Ebd., Blatt 21.

9 Brigitte Reimann: Ich bedaure nichts, a.a.O., S.74.

10 Archiv BStU, Inventarisierungsnummer MfS, BV Magdeburg, AIM 77/59, Band 1, Blatt 14.

11 Ebd., Blatt 21.

12 Archiv BStU, Inventarisierungsnummer MfS, BV Magdeburg, AIM 77/59, Band 1, Blatt 31, 30.

13 Ebd., Blatt 26.

14 Archiv BStU, Inventarisierungsnummer MfS, BV Magdeburg, AIM 77/59, Band 1, Blatt 39.

15 Günter Domnik an Brigitte Reimann, 4. 2. 1958. In: Archiv Gansel.

16 Archiv BStU, Inventarisierungsnummer MfS, BV Magdeburg, AIM 77/59, Band 1, Blatt 43.

17 Brigitte Reimann an den Bezirksverband des DSV, 20. 5. 1958. Archiv BStU, Inventarisierungsnummer MfS, BV Magdeburg, AOP 196/61, Blatt 22 f. Den Brief von Brigitte Reimann hat mir Wolfgang Schreyer 1999 zur Verfügung gestellt.

18 Brigitte Reimann an den Bezirksverband des DSV, 23. 6. 1958. In: Ebd., Blatt 29.

19 Matthias Braun: Brigitte Reimann im Spiegel der Stasi-Akten. In: Deutschland-Archiv, 4/2005, S. 625–634, hier: S. 628.

20 Wolfgang Schreyer an Carsten Gansel, 19. 11. 1999. In: Archiv Gansel.

21 Ebd.

22 Wolfgang Schreyer: Der Zweite Mann, a. a. O., S. 155, 156. Das Verhör fand am 31. 10. 1958 statt. Das Vernehmungsprotokoll umfasst 5 Seiten (Archiv BStU, Inventarisierungsnummer MfS, BV Magdeburg, AOP 196/61, Band 1, Seite 130–134).

27. Kapitel

1 Zum frühen Aufbau-Verlag siehe die Dissertation von Carsten Wurm: Der frühe Aufbau-Verlag 1945–1961. Konzepte und Kontroversen. Wiesbaden: Harrassowitz Verlag 1996.

2 Günter Caspar an Brigitte Reimann, 6. 5. 1958. In: BRA, Sign. 864.

3 Theodor Fontane: Wanderungen durch die Mark Brandenburg. Dritter Teil. Havelland. Hrsg. von Gotthard Erler und Rudolf Mingau. Berlin und Weimar: Aufbau-Verlag 1994, S. 414–420, hier: S. 415, 416, 417.

4 Katrin Wolf an Carsten Gansel, 23. 3. 2023. In: Archiv Gansel.

5 Brigitte Reimann: Ich bedaure nichts, a. a. O., S. 88.

6 Siehe Mary Devereaux: Oppressive Texts, Resisting Readers, and the Gendered Spectator: The »New« Aesthetics. In: Peggy Z. Brand und Carolyn Korsmeyer (Hrsg.): Feminism and Tradition in Aesthetics. Pennsylvania: Penn State University Press 1995.

7 Brigitte Reimann: Ich bedaure nichts, a. a. O., S. 89.

8 Siegfried Pitschmann: Verlustanzeige. Erinnerungen. Aufgezeichnet und bearbeitet von Marie-Elisabeth Lüdde. Weimar: Wartburg Verlag 2004, S. 56.

9 Ebd., S. 57.

10 Ebd., S. 58.

11 Siegfried Pitschmann: Auszug des verlorenen Sohns. Erzählungen. Leipzig: Reclam 1982, S. 40–54. Siehe auch ders.: Verlustanzeige, a. a. O., S. 58, 59.

12 Archiv BStU, Inventarisierungsnummer MfS, BV Magdeburg, AIM 77/59, Band 1, Blatt 32–37.

13 Ebd., S. 61, 62.

14 Brigitte Reimann: Ich bedaure nichts, a. a. O., S. 95.

15 Siehe auch: »Wär schön gewesen!«. Der Briefwechsel zwischen Brigitte Reimann und Siegfried Pitschmann. Hrsg. von Kristina Stella. Bielefeld: Aisthesis 2013.

16 Ernest Hemingway: In einem andern Land. Berlin und Weimar: Aufbau-Verlag 1957, S. 4.

17 Hans Fallada: Ernest Hemingway oder Woran liegt es? In: Die Literatur, 33 Jg. (1930/31), H. 12 (September 1931), S. 672–674.

18 Ebd., S. 674.

19 Im Original hieß der Roman »The Sun Also Rises«. Siehe ausführlich Carsten Gansel: Kommentar. Zu Hans Fallada: Ernest Hemingway oder Woran liegt es? In: Hans Fallada. Wenn mich ein Buch wirklich reizt. Literaturkritische Schriften im Kontext. Hrsg. von Sabine Koburger und Michael Töteberg. Fallada-Jahrbuch 9. Anklam, Berlin: Steffen Verlag 2023, S. 340–353, sowie ders.: Kommentar. Zu Hans Fallada: Ernest Hemingway. Gespräch zwischen Ihr und Ihm. In: Ebd., S. 138–147.

20 Zur Rezeption von Hemingway in Deutschland siehe Tim Mehigan: Ernest Hemingway und die Deutschen. Eine Sonne, die nicht aufgeht. In: Dennoch leben sie. Verfemte Bücher, verfolgte Autorinnen und Autoren. Zu den Auswirkungen nationalsozialistischer Literaturpolitik. Hrsg. von Rainer Wild in Zusammenarbeit mit Sabina Becker, Matthias Luserke-Jacui und Reiner Marx. München: edition text + kritik 2003, S. 135–144. Siehe auch Jobst C. Knigge: Hemingway und die Deutschen. Hamburg: Verlag Dr. Kovač 2009, S. 100, 101.

21 Siehe Nina Monecke: Zehn Bücher, die die Nazis 1933 verbrannten – und die ihr lesen solltet. In: Die Zeit, 10. 5. 2019.

22 Erich Franzen: Ernest Hemingway: »Fiesta«. In: Literarische Welt, Jg. 4 (1928), H. 47, 23. 11. 1928, S. 6.

23 Hans Fallada: Ernest Hemingway oder Woran liegt es?, a. a. O.

24 Stenografische Niederschrift des Referats des Genossen Professor K. Hager: »Das Verlagswesen und die sozialistische Kulturpolitik«, 3. 10. 1957. In: BA DR-1073. Zitiert nach Simone Barck, Martina Langermann, Siegfried Lokatis: »Jedes Buch ein Abenteuer«. Zensur-System und literarische Öffentlichkeiten in der DDR bis Ende der sechziger Jahre. Berlin: Akademie Verlag 1997, S. 75.

25 Siegfried Pitschmann: Verlustanzeige, a. a. O., S. 65.

26 Brigitte Reimann: Ich bedaure nichts, a. a. O., S. 109.

27 Ebd., S. 113, 114.

28 Aufbau-Verlagsarchiv, Sign. 1238.

28. Kapitel

1 Siegfried Pitschmann an Günter Caspar, 13. 5. 1959. In: Aufbau-Verlagsarchiv, Sign. 1235.

2 Günter Caspar an Siegfried Pitschmann, 2. 6. 1959. In: Ebd.

3 Brigitte Reimann: Ich bedaure nichts, a. a. O., S. 116.

4 Aufbau-Verlag an Brigitte Reimann, 25. 9. 1959. In: BRA, Sign. 864.

5 Günter Caspar an Brigitte Reimann, 23. 10. 1959. In: Ebd.

6 Brigitte Reimann: Ich bedaure nichts, a. a. O., S. 116, 117.

7 Erwin Strittmatter: Manuskript, undatiert und ohne Titel. In: AdK, Berlin. Schriftstellerverband der DDR, Nr. 238, S. 10 f.

8 Zum Soldatischen Opfernarrativ siehe Norman Ächtler: Generation in Kesseln, a. a. O.

9 Alfred Andersch: Gruppe 47. Fazit eines Experiments neuer Schriftsteller, Sendemanuskript Abendstudio/Radio Frankfurt (1949). In: Ders.: Gesammelte Werke, Band 8: Essayistische Schriften 1. Zürich: Diogenes 2004, S. 227–252.

10 Hans Werner Richter: Warum schweigt die junge Generation. In: Der Ruf, Heft 2 vom 1. 9. 1946.

11 Siehe Carsten Gansel: »Krieg im Rückblick des Realisten« – Hans Werner Richters »Die Geschlagenen«. In: Carsten Gansel und Werner Nell (Hrsg.): »Es sind alles Geschichten aus meinem Leben.« Hans Werner Richter als Erzähler und Zeitzeuge, Netzwerker und Autor. Berlin: Erich Schmidt 2011, S. 10–26.

12 Zum Soldatischen Opfernarrativ siehe Norman Ächtler: Generation in Kesseln, a. a. O.

13 Ludwig Renn. Diskussionsbeitrag. IV. Deutscher Schriftstellerkongreß, a. a. O.

14 Siehe Carsten Gansel: »Ihr habt keine Ahnung, Kinder« – Erich Loest im Kontext der Literatur in der DDR. In: Carsten Gansel und Joachim Jacob (Hrsg.): Geschichte, die noch qualmt. Erich Loest und sein Werk. Göttingen: Steidl 2010, S. 16–35.

15 Harry Thürk: Die Stunde der toten Augen. Berlin: Das Neue Berlin 1971, S. 400.

16 Franz Hammer: Detailschilderung oder Wahrheit? Harry Thürk, Die Stunde der toten Augen. In: Neues Deutschland (Beilage »Kunst und Kultur«), 30. 3. 1958, S. 2.

17 Georgi Dimitroff: Die Offensive des Faschismus und die Aufgaben der Kommunistischen Internationale im Kampf für die Einheit der Arbeiterklasse gegen den Faschismus. Bericht auf dem VII. Weltkongreß der Kommunisti-

schen Internationale. In: Ders.: Ausgewählte Schriften in 3 Bänden. Band 2. Berlin: Dietz Verlag 1958, S. 523–625, hier: S. 525.

18 Gerhard Holtz-Baumert nannte sich zu diesem Zeitpunkt noch Gerhard Baumert.

19 »Die Realität ist hart – was ist mit der harten Schreibweise«. Vorstandssitzung des Deutschen Schriftstellerverbandes vom 11. 6. 1959. In: SV (Tonbandarchiv alt, ohne Sign.) (Kopie im Archiv Gansel).

20 Siegfried Pitschmann: Erziehung eines Helden. In: Literaturzentrum Neubrandenburg, Nachlass Siegfried Pitschmann, Sign. 2; hrsg. und mit einem Nachwort versehen von Kristina Stella. Bielefeld: Aisthesis 2015, S. 36. Zitiert nach: »Etüde in Beton für die linke Hand« oder Neuling im Netz. Ein Auszug aus dem Romanfragment »Erziehung eines Helden« (1959). In: Kai Agthe (Hrsg.): Schreiben und Erzählen. Siegfried Pitschmann. Weimar: Wartburg Verlag 2012, S. 130.

21 Ebd., S. 131.

22 Ebd., S. 145.

23 ski: »Die harte Schreibweise«. In: Berliner Zeitung, 26. 6. 1959.

24 Brigitte Reimann: Ich bedaure nichts, a. a. O., S. 118.

25 Pitschmann, Siegfried: Verlustanzeige, a. a. O., S. 78.

26 Ebd., S. 54 f.

27 AdK, SV, Nr. 373/1, Blatt 96–105.

28 Ministerium für Kultur an Siegfried Pitschmann, 14. 9. 1959. In: BRA, Sign. 864.

29 Kulturfonds der Deutschen Demokratischen Republik an Siegfried Pitschmann, 12. 10. 1959. In: Ebd.

30 Siegfried Pitschmann an Doris Graf, Sekretariat des Kulturfonds der. DDR, 17. 10. 1959. In: Ebd.

31 Protokoll der Sitzung der Stipendienkommission am 30. 7. 1959 vom 24. 9. 1959. In: AdK, SV, Sign. 104.

29. Kapitel

1 Siegfried Pitschmann: Verlustanzeige, a. a. O., S. 50.

2 Ebd., S. 53, 54.

3 Christa Wolf: Lesen und Schreiben. In: Dies.: Die Dimension des Autors, a. a. O., S. 22.

4 Rüdiger Bernhardt: Die I. Bitterfelder Konferenz 1959 und ihre ersten Ergebnisse. In: Ders.: Vom Schreiben auf dem Bitterfelder Weg. Die Bewegung

schreibender Arbeiter – Betrachtungen und Erfahrungen. Essen: Neue Impulse Verlag 2016, S. 45–52, hier: S. 48.

5 Walter Ulbricht: Fragen der Entwicklung und der sozialistischen Literatur und Kultur. In: Neues Deutschland, 15. 5. 1959, Nr. 132, S. 4 f., hier: S. 4.

6 Ebd.

7 Ebd.

8 Ebd.

9 Wolfgang Engler: Die Ostdeutschen als Avantgarde. Berlin: Aufbau-Verlag 2002, S. 39.

10 Siehe Therese Hörnigk: Literatur auf dem »Bitterfelder Weg«. In: Aufbau. Arbeit. Sehnsucht. Bildende Kunst, Literatur und Musik auf dem »Bitterfelder Weg«. Halle/Saale: Mitteldeutscher Verlag 2022, S. 75–97, hier: S. 76, 77.

11 Siehe ebd.

12 Walter Ulbricht: Schlußwort. Fragen der Entwicklung der sozialistischen Literatur. In: »Greif zur Feder Kumpel«. Protokoll der Autorenkonferenz des Mitteldeutschen Verlages Halle (Saale) am 24. 4. 1959 im Kulturpalast des Elektrochemischen Kombinats Bitterfeld, 1959, S. 94.

13 Therese Hörnigk: Schriftsteller der Gegenwart, a. a. O., S. 35.

14 Dietrich Mühlberg: Ein genuin sozialistisches Experiment. In: Kulturation. Online Journal für Kultur, Wissenschaft und Politik, Nr. 24, 2021 (Rezension zu Simone Barck und Stefanie Wahl (Hrsg.): Bitterfelder Nachlese. Ein Kulturpalast, seine Konferenzen und Wirkungen, Berlin: Dietz Verlag 2007).

15 Ulrich Beck: Risikogesellschaft. Auf dem Weg in eine andere Moderne. Frankfurt/M.: Suhrkamp 1986, S. 93, 94.

16 Siehe Ursula Münchow: Arbeiterbewegung und Literatur 1860–1914. Berlin und Weimar: Aufbau-Verlag 1981.

17 Walter Ulbricht: Schlußwort, a. a. O., S. 139.

18 Bitterfelder Konferenzen. In: Kulturpolitisches Wörterbuch, a. a. O., S. 110–112, hier: S. 111.

19 Rüdiger Bernhardt: Schreibende Arbeiter der DDR zwischen Arbeiter- und Gesellschaftskultur. In: Dominique Herbet (Hrsg.): Culture ouvrière – Arbeiterkultur. Mutations d'une réalité complexe en Allemagne du XIXe au XXIe siècle. Villeneuve d'Ascq: Presses universitaires du Septentrion 2011, S. 117–150, hier: S. 118. (Open Edition 2021).

20 Brigitte Reimann: Ich bedaure nichts, a. a. O., S. 120.

21 Brigitte Pitschmann und Sigfried Reimann: Die Wolffen ist eine ehrliche Haut. Premiere von Gerhart Hauptmanns »Biberpelz« im Maxim-Gorki-Theater. In: Liberal-Demokratische Zeitung, 12./13. 9. 1959.

22 Siegfried und Brigitte Pitschmann [sic] an Dr. Reim, Redaktion der Liberal-Demokratischen Zeitung, 5. 9. 1959. In: BRA, Sign. 864.
23 Günter Caspar an Brigitte Reimann, 19. 10. 1959. In: Ebd.
24 Siewert, Kaderleitung Schwarze Pumpe, an Familie Siegfried Pitschmann, 23. 9. 1959. In: Ebd.
25 Hans-Jürgen Geisthardt, Kulturredaktion »Neues Deutschland«, an Siegfried Pitschmann, 22. 10. 1959. In: Ebd.
26 Siehe Kristina Stella mit dem entsprechenden Nachwort: Siegfried Pitschmann: Erzählungen aus Schwarze Pumpe. Mit einem Gedicht von Volker Braun. Hrsg. und mit einem Nachwort versehen von Kristina Stella. Bielefeld: Aisthesis 2016.
27 Riedel, Kaderleiter Kombinat Schwarze Pumpe, an Familie Pitschmann, 23. 10. 1959. In: BRA, Sign. 864.
28 Brigitte Reimann: Ich bedaure nichts, a. a. O., S. 123, 124.

30. Kapitel

1 Siehe Sigrun Jeck, Elke Roschmann und Ingrid Wirth: Chronik zur Geschichte der Stadt Hoyerswerda. In: Neue Hoyerswerdaer Geschichtshefte, Nr. 11/2008, S. 4–29.
2 Siehe Elke Roschmann und Ingrid Wirth: Chronik zur Geschichte der Stadt Hoyerswerda (Teil 2). In: Neue Hoyerswerdaer Geschichtshefte, Nr. 12/2008, S. 4–41.
3 Grit Lemke: Kinder von Hoy. Freiheit, Glück und Terror. Berlin: Suhrkamp Verlag 2021, S. 10.
4 Brigitte Reimann: Ich bedaure nichts, a. a. O., S. 131.
5 Brigitte Reimann an Genossen Michailuk, 1. 1. 1960. In BRA, Sign. 648.
6 Ellen-Maria Jäger, Deutscher Demokratischer Rundfunk, an Brigitte Reimann, 12. 12. 1959.
7 Brigitte Reimann an Ellen Jäger, Deutscher Demokratischer Rundfunk, 2. 1. 1960. In: Ebd.
8 Brigitte Reimann: Ich bedaure nichts, a. a. O., S. 120.
9 Günter Eich: Inventur. In: Hans Werner Richter (Hrsg.): Deine Söhne, Europa. Gedichte deutscher Kriegsgefangener. München: Nymphenburger Verlag 1947, S. 17.
10 Brigitte Reimann an Sonja-Mama [Sonja Marchlewska], 27. 11. 1959. In: BRA, Sign. 864.
11 Ebd.

12 Christa Wolf: Lesen und Schreiben (1968). In: Dies.: Die Dimension des Autors, a.a.O., S.7.

13 Bertolt Brecht: Volkstümlichkeit und Realismus (1938). In: Ders.: Über Realismus. Leipzig: Reclam 1968, S, 119–128, hier: S.124.

14 Bertolt Brecht: Kulturpolitik und Akademie der Künste (13. August 1953). In: Ebd., S.249–253, hier: S.252.

15 Zu den Zirkeln Schreibender Arbeiter siehe u.a. Rüdiger Bernhardt: Vom Schreiben auf dem Bitterfelder Weg, a.a.O., S.117–176, sowie Simone Barck: »Ein ganzes Heer von schreibenden Arbeitern ...«. In: Dies. und Stefanie Wahl (Hrsg.): Bitterfelder Nachlese, a.a.O., S.141–160.

16 Brigitte Reimann und Siegfried Pitschmann: Ein Mann steht vor der Tür. Hörspiel. Berlin: Aufbau-Verlag 1960, S.9.

17 Ebd., S.41

18 Brigitte Reimann: Das Geständnis. Berlin: Aufbau Verlag 1960 (Einbandrückseite).

19 Hanna Baum: Brigitte Reimann. Das Geständnis. Erzählung. Aufbau-Verlag. BArch, DR1, Sign. 5061a, Paginierung 367 (die Unterlagen sind aus dem Jahr 1999, es wird die alte Signatur angegeben; Kopie in Archiv Gansel).

20 Ebd., Paginierung 368.

21 Brigitte Reimann: Das Geständnis. In: Dies.: Die Frau am Pranger. Das Geständnis. Die Geschwister. Drei Erzählungen. Berlin: Verlag Neues Leben 1969, S.169.

22 Ebd., S.170.

23 Siehe Matthias Braun: Der 17. Juni in der Prosa-Literatur der DDR, a.a.O.

24 Dieter Schlenstedt: Problemfeld Widerspiegelung. In: Ders. (Ltg.): Literarische Widerspiegelung. Geschichtliche und theoretische Dimension eines Problems. Berlin und Weimar: Aufbau-Verlag 1981, S.15–188, hier: S.181.

25 Siehe Geschichte der Deutschen Demokratischen Republik. Von einem Autorenkollektiv unter Leitung von Rolf Badstübner. Berlin: VEB Deutscher Verlag der Wissenschaften 1984, S.158.

26 Lektor Schreck: Gutachten Brigitte Reimann: Das Geständnis. In: Bundesarchiv Berlin, DR1, Sign. 5061a, Pag. 359.

31. Kapitel

1 Freundschaftsvertrag mit den Schriftstellern Frau Brigitte Reimann, Herrn Siegfried Daniel Pitschmann und der Zentralen Klubleitung und der BGL, Kombinat Schwarze Pumpe. In: BRA, Sign. 864.

2 Diesen Hinweis verdanke ich Prof. Dr. Rüdiger Bernhardt.

3 Franz Fühmann: Betr.: Zur Lage der Arbeitsgemeinschaft Junger Autoren, Cottbus. In: BArch, DR 1, Nr. 1359 (Kopie in Archiv Gansel).

4 Joochen Laabs an Carsten Gansel, 30. 4. 2023. In: Archiv Gansel.

5 Joochen Laabs: Schriftstellerleben im Osten Deutschlands. In: »Was ich auf dem Herzen habe«. Begegnungen mit Brigitte Reimann, a. a. O., S. 337–350, hier: S. 340.

6 Rüdiger Bernhardt: Das Sternbild des Krans. Brigitte Reimann, schreibende Arbeiter und die Neubaustadt. In: Ders.: Vom Schreiben auf dem Bitterfelder Weg, a. a. O., S. 149–176, hier: S. 160.

7 Brigitte Reimann: Ich bedaure nichts, a. a. O., S. 135.

8 Brigitte Reimann: Post vom schwarzen Schaf. Geschwisterbriefe. Hrsg. von Heide Hampel und Angela Drescher. Berlin: Aufbau Verlag 2018, S. 10, 11.

9 Brigitte Reimann an Walter Lewerenz, 25. 2. 1960. In: BRA, Sign. 864.

10 Brigitte Reimann an Herrn Scholz, FDGB-Kreisvorstand Calau, 4. 3. 1960. In: Ebd.

11 Siehe Volker Braun: Das Schriftstellerehepaar Reimann/Pitschmann. In: »Was ich auf dem Herzen habe«, a. a. O., S. 329–330.

12 Siegfried Pitschmann an Reiner Kunze, 15. 11. 1960. In: BRA, Sign. 864.

13 Ebd.

14 Volker Braun: Das Schriftstellerehepaar Reimann/Pitschmann, a. a. O., S. 330.

15 Brigitte Reimann an Walter Lewerenz, Verlag Neues Leben, 30. 3. 1960. In: BRA, Sign. 864.

16 Ebd.

17 Christa Wolf: Lesen und Schreiben, a. a. O., S. 40.

18 Brigitte Reimann an Walter Lewerenz, Verlag Neues Leben, 30. 3. 1960, a. a. O.

19 Dr. W. Rödel für die Jury an Brigitte Reimann und Siegfried Pitschmann, 19. 4. 1961. In: Ebd.

20 Brigitte Reimann: Ich bedaure nichts, a. a. O., S. 140.

21 K. J. Wendlandt: Den Finger am Puls der Zeit. Zwei Hörspiele der DDR für internationalen Wettbewerb in Prag. In: Neues Deutschland, 26. 7. 1960.

22 Sophie Schirmeister, Deutscher Fernsehfunk, an Siegfried Pitschmann, 24. 6. 1960. In: BRA, Sign. 864.

23 Ellen-Maria Jäger, Volksbühne, an Frau Brigitte Reimann und Herrn Siegfried Pitschmann. In: Ebd.

24 Druckgenehmigungsvorgang zu H. E. Siegrist, Hoyerswerda-Neustadt. Stürmische Jahre. In: BArch, DR/5077, Druck-Nr. 380/1/60; 1960; Gutachten: J. M. Lange, Paul Friedländer (Kopie in Archiv Gansel).

25 Siehe auch Siegfried Pitschmann: Verlustanzeige, a.a.O., S 83.
26 Brigitte Reimann: Die Geschwister. Berlin: Aufbau-Verlag 1963, S. 193.
27 Heinrich Ernst Siegrist: Für die Welt arbeiten. Ein Lebensbild von Karl Marx. Berlin: Tribüne Verlag 1954.
28 Siegfried Pitschmann an Erwin Strittmatter (persönlich), 12.6.1960. In: BRA, Sign. 864.
29 Siehe Heinrich Ernst Siegrist: Einfach – aber methodisch beginnen. In: Sonntag, 24/1960, S. 12.
30 Brigitte Reimann und Siegfried Pitschmann: Bericht über den Zirkel Schreibender Arbeiter. In: BRA, Sign. 864. Der Brief an Ingeborg Lindemann von der Zeitschrift »Der Bau« ist auf den 28.5.1960 datiert.
31 Siehe Rüdiger Bernhardt: Literarische Salons des Volkskunstschaffens. Zu Geschichte, Aufgaben und Methodik der Zirkel Schreibender Arbeiter. In: Vielfalt und Monotonie. Die Bewegung der schreibenden Arbeiter der DDR – ihre Zirkel, ihre Texte und ihr Archiv – im Wechselspiel mit der Gesellschaft damals und heute. Hefte zur DDR-Geschichte. Heft 134/2015, S. 2–8, hier: S. 3.
32 Brigitte Reimann: Ich bedaure nichts, a.a.O., S. 148.
33 Brigitte Reimann: Der Abiturient. In: Wochenpost, 20/1960, 14. Mai 1960. Siehe auch Dies.: Der Abiturient. In: BRA, Sign. 864.
34 Wochenpost. Leserbriefe (Abschrift). In: Ebd.
35 Wolfgang Schäfer und Eberhard Preuß: Leserbrief (Abschrift Wochenpost). In: Ebd.
36 Brigitte Reimann: Zu meiner Skizze »Der Abiturient«. In: Ebd.
37 Walter Lewerenz, Verlag Neues Leben, an Brigitte Reimann, 24.11.1960. In: Ebd.
38 Brigitte Reimann: Ich bedaure nichts, a.a.O., S. 153, 154.
39 »Kirsche und sein Rivale«. »Sieben Scheffel Salz« – Hörspiel von Reimann und Pitschmann. In: Der Morgen, 16.11.1960.
40 M. H.: Dramaturgen bei Arbeitern. Aussprache über »Sieben Scheffel Salz« in der »Schwarzen Pumpe«. In: Berliner Zeitung, 3.12.1960.
41 Siehe auch Brigitte Reimann an Sonja Marchlewska, 1.12.1960. In: BRA, Sign. 864.
42 Brigitte Reimann: Ich bedaure nichts, a.a.O., S. 155, 156.
43 Brigitte Reimann an Walter Lewerenz, 10.2.1961. In: BRA, Sign. 864.

32. Kapitel

1 Eva Strittmatter: Brigitte Reimann: Ankunft im Alltag. Gutachten. In: BArch, DR 1, 5061a, Pag. 372 (Kopie in Archiv Gansel).

2 Walter Lewerenz: Brigitte Reimann: Ankunft im Alltag. Gutachten. In: Ebd., Pag. 373–377, hier: Pag. 373.

3 Ebd., Pag. 377.

4 Brigitte Reimann: Ankunft im Alltag. Berlin: Verlag Neues Leben 1961 (1989), S. 12.

5 Ebd., S. 20.

6 Ebd., S. 49.

7 Walter Lewerenz: Brigitte Reimann: Ankunft im Alltag. Gutachten, a. a. O., Pag. 374.

8 Siehe Wolfgang Engler: Die ungewollte Moderne. Ost-West-Passagen. Frankfurt/M.: Suhrkamp 1995, S. 31 ff.

9 Brigitte Reimann: Die Geschwister., a. a. O., S. 40, 41.

10 Heiner Müller problematisiert mit seinem »Lohndrücker« bereits die einlinige Feier der selbstlosen Arbeit und gewinnt dem Garbe-Stoff neue Seiten ab. Im Vorspruch heißt es: »Die Geschichte des Ringofens ist bekannt.« Entsprechend wechselt der Blickpunkt von der »heldenhaften Arbeitstat« auf die Reflexionen der Kollegen, die Garbe eben nicht als Aktivisten, sondern als Lohndrücker sehen. Damit liefert Heiner Müller eine Art Vorgriff.

11 Brigitte Reimann: Ankunft im Alltag, a. a. O., S. 27.

12 Ebd., S. 219.

13 Ebd., S. 61.

14 K. Nikolaus: Die Reifeprüfung im Kombinat. Brigitte Reimann: »Ankunft im Alltag«. In: Der Morgen, 14. 12. 1961.

15 Joachim Scholz: Ankunft im Alltag. Die Geschichte dreier Abiturienten in einer Erzählung von Brigitte Reimann. In: Junge Welt, 8. 8. 1961.

16 Ankunft im Alltag. Eva Strittmatter über den neuen NBI-Roman. In: Neue Berliner Illustrierte, 37/1961.

17 Günter Ebert: Konstruiertes Dreieck. Brigitte Reimann: Ankunft im Alltag. Verlag Neues Leben, Berlin 1961. In: Neues Deutschland, 20. 1. 1962.

18 Peter Thöns: Brigitte Reimann. Ankunft im Alltag. In: Sonntag, 4/1962.

19 Siehe Carsten Gansel: Adoleszenz und Adoleszenzroman als Gegenstand literaturwissenschaftlicher Forschung (Forschungsbericht). In: Zeitschrift für Germanistik. Heft 1/2004, Neue Folge, XIV. Jg., S. 130–149, hier: S. 132; zudem: Ders.: Zwischen existentieller Krise und zweiter Chance – Adoleszenz in der Literatur. In: Peter J. Uhlhaas und Kerstin Konrad (Hrsg.): Das adoleszente Gehirn. Mit einem Geleitwort von Wolf Singer. Stuttgart: Kohlhammer 2011, S. 25–44, hier: S. 27.

20 Dorothea Herrmann an Brigitte Reimann. In: Brigitte Reimann: Post vom schwarzen Schaf, a. a. O., S. 157.

21 Anna Seghers: Über eine Rezension. In: Hinter dem Ofen hervorgelockt. Diskussion um das Buch »Ankunft im Alltag« von Brigitte Reimann und die Rezension von Peter Thöns (Sonntag Nr. 4/62). In: Sonntag Nr. 7/1962.
22 Siehe etwa die Anleitung: Ankunft im Alltag. Stadt- und Bezirksbibliothek Magdeburg. Oktober 1961. In: BArch, DR 1, 5061a, Pag. 378–381 (Kopie in Archiv Gansel).
23 Wolfgang Engler: Die Ostdeutschen als Avantgarde, a. a. O., S. 76.
24 Uwe Johnson: Berliner Stadtbahn *(veraltet)* (1961). In: Ders.: Berliner Sachen, a. a. O., S. 7–21, hier: S, 18.
25 Brigitte Reimann: Die Geschwister, a. a. O., S. 64.
26 Peter Dinzelbacher: Zu Theorie und Praxis der Mentalitätsgeschichte. In: Ders. (Hrsg.): Europäische Mentalitätsgeschichte. Hauptthemen in Einzeldarstellungen. Stuttgart: Kroener 1993, S. 21.

33. Kapitel

1 Brigitte Reimann: Ich bedaure nichts, a. a. O., S. 134.
2 Elisabeth Beck-Gernsheim: »Störfall Kind«: Frauen in der Planungsfalle. In: Aus Politik und Zeitgeschichte, 30. 5. 2008. Siehe auch Dies.: Auf dem Weg in die postfamiliale Familie. Von der Notgemeinschaft zur Wahlverwandtschaft. In: Ulrich Beck und Elisabeth Beck-Gernsheim (Hrsg.): Riskante Freiheiten. Individualisierung in modernen Gesellschaften. Frankfurt/M.: Suhrkamp 1994, S. 115–138.
3 Brigitte Reimann: Ich bedaure nichts, a. a. O., S. 129.
4 Elisabeth Beck-Gernsheim: »Störfall Kind«, a. a. O.
5 Brigitte Reimann: Ich bedaure nichts, a. a. O., S. 176, 177.
6 Ebd., S. 180.
7 Zirkel Schreibender Arbeiter im Kombinat Schwarze Pumpe. Hrsg. vom Freien Deutschen Gewerkschaftsbund, Kreisvorstand Schwarze Pumpe. Dresden: Tribüne Druckerei 1961, S. 5, 6.
8 Hans Kerschek: Bewährung. In: Ebd., S. 15–27.
9 Walter Ulbricht an den Zirkel Schreibender Arbeiter und die Genossin Brigitte Reimann, 22. 4. 1961. In: BRA, Sign. 865.
10 Im Schritt unserer Zeit. In: Neue Berliner Illustrierte, Nr. 20/1961. In: BRA, Sign. 197.
11 Freier Deutscher Gewerkschaftsbund an Brigitte Reimann und Siegfried Pitschmann, 13. 6. 1961. In: BRA, Sign. 865.
12 Brigitte Reimann: Entwurf für ein Hörspiel. Die Geschwister (Arbeitstitel) (Kopie in Archiv Gansel).

13 Gerhard Rentzsch an Frau Brigitte und Herrn Siegfried Pietschmann, 29. 6. 1961. In: BRA, Sign. 865.

14 Brigitte Reimann an Gerhard Rentzsch, 21. 7. 1961. In: Ebd.

15 Brigitte Reimann an Günter Caspar, 21. 7. 1961. In: Ebd.

16 Brigitte Reimann: Ich bedaure nichts, a. a. O., S. 209.

17 Angela Drescher und Nele Holdack: Arbeiter, deren Verbesserungsvorschläge in den Schubladen ihrer Leitung verstauben, lange Wartelisten für Autos und eine männermordende Taille. Das wiederentdeckte Originalmanuskript von Brigitte Reimanns »Die Geschwister«. In: Brigitte Reimann: Die Geschwister. Hrsg. von Angela Drescher und Nele Holdack. Berlin: Aufbau Verlag 2023, S. 193–209.

18 Brigitte Reimann: Ich bedaure nichts, a. a. O., S. 186.

19 Ebd., S. 187.

20 Joachim Hannemann und Lothar Zschukelt: Schriftsteller in der Diskussion. Zur Literaturentwicklung der fünfziger Jahre. Berlin: Dietz Verlag 1979, S. 303.

21 Anna Seghers: Die Tiefe und Breite in der Literatur (Referat). In: V. Deutscher Schriftstellerkongreß. 25.–27. Mai 1961. Referate und Diskussionsbeiträge. Berlin: Aufbau-Verlag 1961, S. 32–66, hier: S. 49.

22 Erwin Strittmatter: Diskussionsbeitrag. In: Ebd., S. 112–128, hier: S. 120.

23 Wolfgang Schreyer an Brigitte Reimann, 27. 8. 1961. In: Brigitte Reimann und Wolfgang Schreyer: Ich möchte so gern ein Held sein, a. a. O., S. 43.

24 Brigitte Reimann: Ich bedaure nichts, a. a. O., S. 200.

25 Ebd., S. 204.

26 Ebd. S. 205.

27 Brigitte Reimann: Jede Sorte von Glück. Briefe an die Eltern. Hrsg. von Heide Hampel und Angela Drescher. Berlin: Aufbau Verlag 2008, S. 75.

28 Ebd., S. 77.

29 Familienrundschrieb Nr. 26., Burg, 14. 8. 1961. In: Brigitte Reimann: Post vom schwarzen Schaf, a. a. O., S. 33.

30 Zur nachfolgenden Darstellung des Mauerbaus siehe Carsten Gansel: Parlament des Geistes, a. a. O., S. 203–205.

31 Siehe Bodo Uhse: Entschlossenheit erwirkt den Frieden. In: Neues Deutschland, 14. 8. 1961, S. 3; ebd.: Ludwig Renn: Friedensvertrag ist unser Recht.

32 Bruno Apitz: Nicht mehr nackt unter Wölfen. In: Neues Deutschland, 20. 8. 1961, S. 4; ebd.: Stephan Hermlin: Rote Panzer sind Friedensschutz, sowie Erwin Strittmatter: Entwicklung gefördert. Hermlins Beitrag war eine Antwort auf einen offenen Brief von Günter Grass und Wolfdietrich Schnurre.

34. Kapitel

1 Brigitte Reimann: Ich bedaure nichts, a.a.O., S.157.
2 Brigitte Reimann: Jede Sorte von Glück, a.a.O., S.54.
3 Brigitte Reimann: Ich bedaure nichts, a.a.O., S.133.
4 Jürgen Link: Versuch über den Normalismus. Wie Normalität produziert wird. 3. erg., überarb. und neu gestaltete Auflage. Göttingen: Vandenhoeck & Ruprecht 2006.
5 Brigitte Reimann: Ich bedaure nichts, a.a.O., S.89.
6 Mit Blick auf die erotische Komponente siehe den Nachtrag im Brief von Siegfried Pitschmann an Brigitte Reimann, 21.6.1958: »Nur bei geschlossenem Vorhang lesen!« Pitschmann strich den Nachsatz, schickte ihn aber gleichwohl mit (siehe: »Wär schön gewesen!« Der Briefwechsel zwischen Brigitte Reimann und Siegfried Pitschmann. Hrsg. von Kristina Stella. Bielefeld: Aisthesis Verlag 2013, S.60, 61).
7 Brigitte Reimann: Ich bedaure nichts, a.a.O., S.170.
8 Ebd., S.205.
9 Ebd., S.167.
10 Dorothea von Törne: Brigitte Reimann, a.a.O., S.116.
11 Brigitte Reimann: Ich bedaure nichts, a.a.O., S.178.
12 Herbert Warnke an Brigitte Reimann, 11.9.1961. In: BRA, Sign. 865.
13 Protokoll. Literaturpreisdiskussion über »Ankunft im Alltag« von B. Reimann am 15.1.1962 in der Brigade »10. Jahrestag« (Kopie in Archiv Gansel).
14 Brigitte Reimann: Ich bedaure nichts, a.a.O., S.242.
15 Ebd., S.248.
16 Brigitte Reimann: Die Geschwister, a.a.O., S.196.
17 Brigitte Reimann: Ich bedaure nichts, a.a.O., S.248.
18 Evamaria Nahke: Gutachten über Brigitte Reimanns »Die Geschwister«, 13.9.1962. In: Archiv des Aufbau-Verlages in der Staatsbibliothek zu Berlin, Sign. SBB Dep 38, 1565 0031 bis 0038.
19 Brigitte Reimann: Die Geschwister, a.a.O., S.190, 191.
20 Ernst Röhl: Rat der Spötter. Das Kabarett des Peter Sodann. Leipzig: Gustav Kiepenheuer 2002. Zur Satire in der SBZ/DDR sowie der Rolle der Satire-Zeitschrift »Ulenspiegel« siehe Frank Wilhelm: Literarische Satire in der DBZ/DDR 1945–1961. Autoren, institutionelle Rahmenbedingungen und kulturpolitische Leitlinien. Hamburg: Verlag Dr. Kovač 1998.
21 Siehe auch Andrea Schiewe und Jürgen Schiewe: Witzkultur in der DDR. Ein Beitrag zur Sprachkritik. Göttingen: Vandenhoeck & Ruprecht 2000. Mit

Blick auf die humorvolle Komponente der Alltagskultur: Unsere besten Ostwitze: Kennst Du den? Hrsg. von Frank Wilhelm. Neubrandenburg: mecklenbook 2016. Siehe auch Brigitte Reimann: Ich bedaure nichts, a.a.O., S.249.

22 Brigitte Reimann: Die Geschwister, a.a.O., S.191

23 Brigitte Reimann: Ich bedaure nichts, a.a.O., S.72.

24 Brigitte Reimann: Die Geschwister, a.a.O., S.193.

25 Siehe Joachim Walther: Sicherungsbereich Literatur. Schriftsteller und Staatssicherheit in der Deutschen Demokratischen Republik. Berlin: Ch. Links Verlag 1996.

26 Matthias Braun: Literaturinventur Staatssicherheit. Streifzug durch die neue deutsche Literatur (unv.)

27 Zum Roman selbst und zur Rolle des MfS im Leben von Uwe Johnson siehe Carsten Gansel: Uwe Johnson im Visier östlicher Geheimdienste. Vorläufiger Schlußstrich unter eine Legende. In: Ders. und Nicolai Riedel (Hrsg.): Internationales Uwe-Johnson-Forum. Band 10. Frankfurt/M., Berlin, New York: Verlag Peter Lang 2006, S.55–82.

35. Kapitel

1 Brigitte Reimann: Ich bin Mathematiker. Auszug aus »Die Geschwister«. In: Neues Deutschland, Nr.52, Beilage »Die gebildete Nation«, 29.12.1962.

2 Brigitte Reimann: Jede Sorte Glück, a.a.O., S.92

3 Ebd., S.92, 93.

4 Gespräch mit Ulrich und Dr. Margarete Reimann, 22.3.2023.

5 Wolfgang Schreyer an Brigitte Reimann, 10.4.1960. In: Brigitte Reimann und Wolfgang Schreyer: Ich möchte so gern ein Held sein, a.a.O., S.21.

6 Elfriede Steyer: Die Geschwister. Zu einer Erzählung von Brigitte Reimann. In: Deutsche BauZeitschrift (DBZ), Nr.27/1963.

7 Brigitte Reimann: Entdeckungsreise in unsere Gegenwart. Zum Entstehen meiner Erzählung »Die Geschwister«. In: Neue Zeit, 13.7.1963.

8 Brigitte Reimann: Die Geschwister, a.a.O., S.5.

9 Ebd., S.253.

10 Uwe Johnson: Vorschläge zur Prüfung eines Romans, a.a.O., S.35.

11 Brigitte Reimann: Die Geschwister, a.a.O., S.141.

12 Die Behandlung des Romans »Nackt unter Wölfen« von Bruno Apitz wurde für die 9. Klasse als Eröffnung zum Themenfeld DDR-Literatur vorgeschlagen. Siehe: Deutsch. Literatur. Klasse 9. Unterrichtshilfen. Berlin: Verlag Volk und Wissen 1986, S.111–127.

13 Brigitte Reimann: Die Geschwister, a. a. O., S. 160.

14 Volker Braun: Anspruch. In: Ders.: Provokation für mich. Halle/Saale: Mitteldeutscher Verlag 1965, S. 10.

15 Siehe Julia Frohn: Literaturaustausch im geteilten Deutschland 1945–1972. Berlin: Ch. Links Verlag 2014; siehe auch Carsten Gansel: Deutschland einig Vaterland? Der Deutsche Schriftstellerverband und seine Westarbeit in den fünfziger Jahren. In: Mark Lehmstedt und Siegfried Lokatis: Das Loch in der Mauer. Wiesbaden: Harrassowitz Verlag 1997, S. 261–278.

16 Wolfgang Kahle: Geschichte der deutschen Dichtung. 4. ern. u. verb. Auflage. Münster: Verlag Regensberg 1964, S. 54.

17 Ebd., S. 57.

18 Siehe Arno Hochmuth: Literatur und Dekadenz. Kritik der literarischen Entwicklung in Westdeutschland. Berlin: Dietz Verlag 1963.

19 Sabine Brandt: Annäherung an die moderne Literatur? Christa Wolf; Der geteilte Himmel; Brigitte Reimann: Die Geschwister. In: FAZ, 8. 10. 1963.

20 Sabine Brandt: Zwei deutsche Literaturen? Analyse eines Schlagwortes. In: FAZ, 3. 9. 1965.

21 Entsprechend notiert sie: »Das vermeintliche höfliche ›die Damen‹ entfaltet durch die folgenden negativen Wertungen auf der Sachebene seine Kraft als ironisierende Geringschätzung ausdrückende Personenbezeichnung. Statt die Schreibweise der Autorinnen psychologisierend zu nennen und im Folgenden durch Beschreibung und Wertung die kritische Ablehnung zu konkretisieren, wirkt das mit Gemüts- und Geisteskrankheit assoziierte ›psychotisch‹ als Urteil, damit seien die Texte einer literaturkritischen Diskussion unwürdig. Das Partizip ›übergequollen‹ macht Sabine Brandt zu einer Vokabel der Einflussforschung, die die Beziehungen zwischen den Büchern der genannten Autoreninnen kategorisieren soll.« In: Maria Reinhardt: Geteilte Kritiken. DDR-Literatur und die bundesrepublikanische Literaturkritik. Fallstudien zum Werk von Brigitte Reimann, Jürgen Fuchs und Hermann Kant. Heidelberg: Universitätsverlag Winter 2018, S. 96.

22 Siehe Carsten Gansel: Erinnerung, Aufstörung und »blinde Flecken« im Werk von Christa Wolf. In: Carsten Gansel (Hrsg.): Christa Wolf. Im Strom der Erinnerung. Göttingen: Vandenhoeck & Ruprecht 2014, S. 15–42, hier: S. 16–21. Siehe auch Carsten Gansel und Christa Wolf: »Zum Schreiben haben mich Konflikte getrieben.« Ein Gespräch. In: Carsten Gansel (Hrsg.): Christa Wolf. Im Strom der Erinnerung, a. a. O, S. 353–366, hier: S. 354–356.

23 Christa Wolf: Der geteilte Himmel: Berlin: Aufbau-Verlag 1963, S. 9.

24 Uwe Johnson: Mutmassungen über Jakob, a. a. O., S. 7.

25 Sabine Brandt: Zwei deutsche Literaturen?, a. a. O.

26 Siehe zu diesen Veränderungen aus damaliger Sicht Dieter Schlenstedt: Wirkungsästhetische Analysen. Poetologie und Prosa in der neueren DDR-Literatur. Berlin: Akadamie-Verlag 1979, S. 16.

27 Ebd., S. 17.

28 Für mich ist Politik etwas sehr Persönliches. Ein Sonntag-Gespräch zwischen Klaus Steinhaußen und Brigitte Reimann. In: Sonntag, 21/1963, S. 12.

29 Brigitte Reimann und Hermann Henselmann: Mit Respekt und Vergnügen. Briefwechsel. Berlin: Verlag Neues Leben 1994, S. 49.

30 Brigitte Reimann und Christa Wolf: Sei gegrüßt und lebe, a. a. O., S. 52.

31 Carsten Gansel und Gerhard Wolf: »Wir haben ja laufend über unsere Arbeit gesprochen«, a. a. O., hier: S. 373, 374.

32 Siehe Stephan Pabst und Andrea Jäger: Editorial. In: Dies. (Hrsg.): Reportage-Literatur in der DDR. Hannover: Wehrhahn Verlag 2023, S. 7–10.

33 Christa Wolf: Vorwort. In: Werner Bräunig: Rummelplatz, a. a. O., S. 5–6, hier: S. 5.

36. Kapitel

1 Brigitte Reimann: Gedanken zur Volkswahl. In: Neue Berliner Illustrierte, Nr. 37/1961, S. 24.

2 Walter Ulbricht auf der Bezirksdelegiertenkonferenz der SED. In: BArch, PMA, NY 4182/681, Blatt 21 ff.

3 Brigitte Reimann: Ich bedaure nichts, a. a. O., S. 267.

4 Brigitte Reimann: Entdeckung einer schlichten Wahrheit. In: Neues Deutschland, Nr. 49, Beilage »Die gebildete Nation«, 8. 12. 1962.

5 Regierung der Deutschen Demokratischen Republik. Stellvertreter des Vorsitzenden des Ministerrates an den Präsidenten der Volkskammer und Stellvertreter des Staatsrates Herrn Johannes Dieckmann, 14. 12. 1962. Abschrift an Frau Brigitte Reimann (4. 2. 63). In: BRA, Sign. 866.

6 Brigitte Reimann: Ich bedaure nichts, a. a. O., S. 288.

7 Brigitte Reimann: Rede vor dem Präsidium des Nationalrates der Nationalen Front, 4. 2. 1963. In: BRA, Sign. 170.

8 Regierung der Deutschen Demokratischen Republik, a. a. O.

9 Gudrun Schmidt und Gerhard Fugmann: Kann man in Hoyerswerda küssen. In: Lausitzer Rundschau, 11. 5. 1963.

10 Walter Ulbricht: Schlußwort zur Diskussion. In: Ders.: Das Programm des Sozialismus und die geschichtliche Aufgabe der Sozialistischen Einheitspartei

Deutschlands, 15. bis 21. Januar 1963. Berlin: Dietz Verlag, S. 249–274, hier: S. 267.

11 Aktennotiz von Günter Görlich, 18. 11. 1963. In: AdK, SV, Sign. 1545.

12 Brigitte Reimann: Ich bedaure nichts, a. a. O., S. 308.

13 Brigitte Reimann an Anna Seghers, undatierter Entwurf. In: BRA, Sign. 864.

14 Christa Wolf: Zeitschichten. In: Dies.: Die Dimension des Autors. Essays und Aufsätze, Reden und Gespräche 1959–1985. Band I. Berlin und Weimar: Aufbau-Verlag 1986, S. 353–363, hier: S. 357. Siehe Carsten Gansel: Christa Wolfs Erinnerungspoetik, menschliches Gedächtnis und die Nachlasserzählung »Nachruf auf Lebende« (1971). In: Therese Hörnigk und Carsten Gansel (Hrsg.): Zwischen Moskauer Novelle und Stadt der Engel. Neue Perspektiven auf das Lebenswerk von Christa Wolf. Berlin: vbb 2015, S. 69–93.

15 Brigitte Reimann und Hermann Henselmann: Mit Respekt und Vergnügen, a. a. O., S. 49.

16 Anna Seghers: Der Ausflug der toten Mädchen. In: Dies.: Crisanta. Acht Geschichten über Frauen. Berlin: Aufbau-Verlag 1988, S. 5–33, hier: S. 5.

17 Ebd., S. 7.

18 Wir freuen uns über jedes gelungene Werk. Aus dem Diskussionsbeitrag des Mitgliedes des Politbüros und Leiters der ideologischen Kommission beim ZK, Genossen Prof. Kurt Hager, auf der Delegiertenkonferenz des Deutschen Schriftstellerverbandes. In: Neues Deutschland, 28. 5. 1963.

19 Ebd.

20 Ebd.

37. Kapitel

1 Brigitte Reimann: Ankunft im Alltag. Rohdrehbuch. BRA, Sign. DR 117/331.

2 Wilhelm Paech, DEFA, an Brigitte Reimann, 26. 6. 1963. In: BRA, Sign. 866.

3 Brigitte Reimann und Hermann Henselmann: Mit Respekt und Vergnügen, a. a. O., S. 7.

4 Brigitte Reimann: Ich bedaure nichts, a. a. O., S. 323, 324.

5 Siegfried Pitschmann: Verlustanzeige, a. a. O., S. 87.

6 Brigitte Reimann: Ich bedaure nichts, a. a. O., S. 329.

7 Ebd., S. 335.

8 Dorothea von Törne: Brigitte Reimann, a. a. O., S. 155.

9 Brigitte Reimann an die Wochenpost, 16. 7. 1963. In: BRA, Sign. 866.

10 Siehe zur Gender-Forschung Renate Kroll: Text als Leben als Text ... Briefe, Tagebücher und autobiographische Texte. Eine Zwischenreflexion. In: Ger-

manisch-Romanische Monatsschrift. Neue Folge 43, 1993, S. 452–455. Siehe auch Carsten Gansel: »Aber ich muß nicht erst lernen, zu leben«. Nachwort. In: Brigitte Reimann. Tagebücher 1955–1970. Eine Auswahl für junge Leser. Hrsg. von Carsten Gansel. Mit Anregungen für den Unterricht. Berlin: Aufbau Taschenbuch 2003, S. 276–299.

11 Brigitte Reimann: Bemerkungen zu einer neuen Stadt. In: Lausitzer Rundschau, 17. 8. 1963.

12 Rudolf Hamburger: Die neue Stadt aus dem Baukasten. In: Lausitzer Rundschau, 30. 9. 1963. Siehe Eduard Kögel: Architekt im Widerstand. Rudolf Hamburger im Netzwerk der Geheimdienste. Berlin: DOM publishers 2021, S. 283 bis 286.

13 Dipl. Ingenieur Hamburger, VEB Hochbauprojektleitung Cottbus/Außenstelle Hoyerswerda, an Brigitte Reimann, 12. 10. 1963. In: BRA, Sign. 866.

14 Friedrich Engels: Zur Wohnungsfrage. In: Marx-Engels-Werke, Band 18. Berlin: Dietz Verlag, S. 209–287, hier: S. 236.

15 Christine Hannemann: Schrumpfende Städte in Ostdeutschland. Ursache und Folgen einer Stadtentwicklung ohne Wirtschaftswachstum. In: Aus Politik und Zeitgeschichte, 28/2003, S. 16–23, hier: S. 18.

16 Simone Hain: Über Turmbauer und Schwarzbrotbäcker. Gebaute Landschaft in der DDR. In: Margrid Bircken und Heide Hampel: Architektur und Literatur in der deutschsprachigen Literatur nach 1945. Neubrandenburg: federchen Verlag 2005, S. 9–30, hier; S. 14 (Nachdruck aus dem Band: Zwei deutsche Architekturen 1945–1949. Stuttgart: Institut für Auslandsbeziehungen 2004, S. 26–39).

17 Ebd. Auf die Rolle des Architekten Richard Paulick, der zunächst Leiter des Aufbaustabes in Hoyerswerda-Neustadt war, kann hier nicht eingegangen werden; siehe die Darstellung bei Simone Hain: Schauplatz Hoyerswerda. Porträt einer existenziell bedrohten Stadt. In: Kristina Bauer-Volke und Ina Dietzsch (Hrsg.): Labor Ostdeutschland. Kulturelle Praxis im gesellschaftlichen Wandel. Halle: Kulturstiftung des Bundes 2003, S. 229–246.

18 Brigitte Reimann an Michael Hamburger, 18. 10. 1963. Zitiert nach Eduard Kögel: Architekt im Widerstand, a. a. O., S. 284.

19 Brigitte Reimann: Ich bedaure nichts, a. a. O., S. 360.

20 Brigitte Reimann an Annemarie Auer, 26. 11. 1963. In: BRA, Sign. 26.

21 Walter Ulbricht: Das Programm des Sozialismus, a. a. O., S. 217.

22 Brigitte Reimann: Franziska Linkerhand, a. a. O., S. 145, 146.

23 Ebd., S. 146. Siehe Eduard Kögel: Architekt im Widerstand, a. a. O.

24 Siehe Kristina Stella: »Wär schön gewesen!«, a. a. O., S. 192–195.

25 Kurt Turba und Heinz Nahke an Brigitte Reimann, 3.10.1963. In: BRA, Sign. 866.
26 Brigitte Reimann: Ich bedaure nichts, a.a.O., S.349.
27 Ebd., S.350.
28 Ebd., S.345.
29 Ebd., S.356.
30 Walter Ulbricht: Das Programm des Sozialismus und die geschichtliche Aufgabe der Sozialistischen Einheitspartei Deutschlands (Referat). In: Ders.: Das Programm des Sozialismus, a.a.O., S.5–247, hier: S.82.
31 Zur Bewertung des Neuen Ökonomischen Systems siehe Jörg Roesler: Demokratische und technokratische Wirtschaftsreformer in der DDR. Die politischen Schicksale von Fritz Behrens und Wolfgang Berger. In: WeltTrends, Nr.18/1998, S.115–130.
32 Siehe Wolfgang Engler: Die Ostdeutschen, a.a.O.

38. Kapitel

1 Der Jugend Vertrauen und Verantwortung. Kommuniqué des Politbüros des Zentralkomitees der Sozialistischen Einheitspartei Deutschlands zu Problemen der Jugend in der Deutschen Demokratischen Republik. In: Neues Deutschland, 21.9.1963.
2 Brigitte Reimann: Ich bedaure nichts, a.a.O., S.359.
3 Jugendkommission beim Politbüro. Aus dem Bericht des Politbüros an das 4. Plenum des ZK der SED (zur vertraulichen Information an die Mitglieder der Jugendkommission beim Politbüro). In: BArch, DY 30, IV 2/2.11 (Kopie in Archiv Gansel).
4 Jugendkommission beim Politbüro. Plan der Grundfragen, die im II. Quartal 1964 von der Jugendkommission behandelt werden sollen. 16.4.1964. In: BArch, DY 30 IV 2/2111, Band 12 (Kopie in Archiv Gansel).
5 Ebd.
6 Anlage Nr.1 zum Protokoll 2/64 vom 7.4.1964. In: Ebd.
7 Brigitte Reimann: Ich bedaure nichts, a.a.O., S.361.
8 Brigitte Reimann: Alles schmeckt nach Abschied, a.a.O., S.6.
9 Ebd., S.18.
10 Ebd., S.12.
11 Siehe Silvia Müller und Bernd Florath (Hrsg.): Die Entlassung. Robert Havemann und die Akademie der Wissenschaften 1965/66. Berlin 1996 (= Schriftenreihe des Robert-Havemann-Gesellschaft). Siehe auch Bernd Florath

(Hrsg.): Annäherungen an Robert Havemann. Biografische Studien und Dokumente. Göttingen: Vandenhoeck & Ruprecht 2016.

12 Brigitte Reimann an Alfred Kurella, 17. 7. 1963. In: BRA, Sign. 866.

13 Siehe Rüdiger Bernhardt: Schreibende Arbeiter der DDR zwischen Arbeiter- und Gesellschaftskultur, a. a. O.

14 Christa Wolf: Redebeitrag. In: II. Bitterfelder Konferenz 1964. Protokoll. Berlin: Dietz Verlag 1964, S. 224–234, hier: S. 234.

15 AdK, SV 795, Band 1, Blatt 145.

16 Ebd., Blatt 146.

17 Brigitte Reimann: Das grüne Licht der Steppen. Berlin: Verlag Neues Leben 1965, S. 7 (Berlin: Aufbau Taschenbuch 2004, S. 7).

18 Siehe Reinhart Koselleck: ›Erfahrungsraum‹ und ›Erwartungshorizont‹ – zwei historische Kategorien. In: Ders.: Vergangene Zukunft: Zur Semantik geschichtlicher Zeiten. Frankfurt/M. Suhrkamp 1989, S. 349–375.

19 Siehe Steffen Hendel: Das Subjekt als Weg und Ziel der kommunistischen Welt. Brigitte Reimanns Sibirienreportage »Das grüne Licht der Steppen« in Zeitung, Buch und Tagebuch 1964/65. In: Stephan Pabst und Andrea Jäger (Hrsg.): Reportage-Literatur in der DDR, a. a. O., S. 191–206.

20 Brigitte Reimann: Das grüne Licht der Steppen, a. a. O., S. 19, 20.

21 Brigitte Reimann und Christa Wolf: Sei gegrüßt und lebe, a. a. O., S. 29.

22 Ebd., S. 38, 39, 64.

23 Brigitte Reimann: Das grüne Licht der Steppen, a. a. O., S. 17, 18.

24 Helmut Hauptmann (Hrsg.): DDR-Reportagen. Eine Anthologie. Leipzig: Reclam 1969, S. 8.

39. Kapitel

1 Siehe die Erstauflage von 1965 im Verlag Neues Leben im Vergleich zur Aufbau-Taschenbuch-Ausgabe von 2000.

2 Siehe Carsten Gansel: Zur Systemlogik der Ost-Moderne. Reportagen und ihre »gesellschaftliche Funktion«. In: Stephan Pabst und Andrea Jäger (Hrsg.): Reportage-Literatur in der DDR, a. a. O., S. 39–74.

3 Jan Koplowitz: Diskussionsbeitrag. In: VI. Deutscher Schriftstellerkongreß, a. a. O., S. 103–110, hier: S. 107.

4 Zu denken ist an Klaus Schlesingers »Hotel oder Hospital« (1973) und Karl Heinz Jakobs' »Tanja, Taschka und so weiter« (1975), auch an Günter Kunerts »Ortsangaben« (1970) und »Der andere Planet« (1974) sowie Landolf Scherzers »Nahaufnahmen. Aus Sibirien und dem sowjetischen Orient« (1975).

5 Siegfried Pitschmann: Verlustanzeige, a. a. O., S. 91.

6 Ebd., S. 93.

7 Brigitte Reimann: Alles schmeckt nach Abschied, a. a. O., S. 82. Siehe auch den Briefwechsel zwischen Brigitte Reimann und Siegfried Pitschmann »Wär schön gewesen!«, a. a. O.

8 Alfred Kurella, Deutsche Akademie der Künste zu Berlin, an Brigitte Reimann, 1. 3. 1965. In: BRA, Sign. 867.

9 Willi Lewin, Vorstand Deutscher Schriftstellerverband, an Brigitte Reimann, 31. 3. 1965. In: Ebd.

10 Dorothea von Törne: Brigitte Reimann, a. a. O., S. 210.

11 Günter de Bruyn: Brigitte Reimann. Elisabeth und die Liebe. In: Ders.: Maskeraden. Parodien. Halle: Mitteldeutscher Verlag 1966, S. 17–20. Die Widmung ist auf den 17. 6. 1966 datiert und findet sich in der Bibliothek von Brigitte Reimann (in: BRA). Den Hinweis verdanke ich Withold Bonner: »Der Vogel mit dem bunteren Gefieder«, a. a. O., S. 91.

12 Ludwig Renn (DDR): Begrüßung der Teilnehmer. In: Internationales Schriftstellertreffen Berlin und Weimar. 14.–22. Mai 1965. Protokoll. Berlin und Weimar: Aufbau-Verlag 1961, S. 11.

13 Siehe Marco Ana (Spanien). In: Ebd., S. 69–71.

14 Siehe Tibor Déry (Ungarn). In: Ebd., S. 62–63, hier: S. 62.

15 Yury Suhl (USA). In: Ebd., S. 39–42, hier: S. 39.

16 Brigitte Reimann: Alles schmeckt nach Abschied, a. a. O., S. 142, 106, 107.

17 Brigitte Reimann an Annemarie Auer, 24. 3. 1963. In: BRA, Sign. 26.

18 Walter Lewerenz an Brigitte Reimann, 10. 8. 1964. (Kopie von Walter Lewerenz in Archiv Gansel).

40. Kapitel

1 Johannes Bobrowski: Levins Mühle. 34 Sätze über meinen Großvater. In: Ders.: Gesammelte Werke in sechs Bänden. Dritter Band: Die Romane. Berlin: Union Verlag 1987, S. 9.

2 Siehe Carsten Gansel: Affirmation und Aufstörung? Zu Aspekten des Modernediskurses im ›geschlossenen System‹ der DDR. In: Stephan Pabst, Sylvie Arlaud, Bernard Banoun und Bénédicte Terrisse (Hrsg.): Wolfgang Hilbig und die (ganze) Moderne. Berlin: Verbrecher Verlag 2021, S. 17–48.

3 Klaus Höpcke: … der nichts so fürchtet wie Verantwortung. Über »Antrittsrede« und »Selbstporträt« eines Sängers. In: Neues Deutschland, 5. 12. 1965.

4 Brigitte Reimann: Alles schmeckt nach Abschied, a. a. O., S. 169.

5 Rulo Melchert: Wir dulden keinen Schmutz, auch nicht Schmutz in Versen. Zu diesem Wolf Biermann und seinen Haßgesängen gegen die DDR und die Partei der Arbeiterklasse. In: Junge Welt, 10./11. 12. 1965.
6 Siehe Carsten Gansel: Störfall im Literatursystem DDR. Werner Bräunigs Roman »Rummelplatz«. In: Der Deutschunterricht, H. 4/2014, S. 46–57.
7 Werner Bräunig: Die heute dreißig sind. In: NdL, 5/1964, S. 3–27.
8 Brigitte Reimann: Alles schmeckt nach Abschied, a. a. O., S. 170.
9 Wolfgang Engler: Die Ostdeutschen, a. a. O., S. 135, 136.
10 Herta Müller: Das Ticken der Norm. In: Die Zeit, 21. 1. 1994.

41. Kapitel

1 Carsten Gansel und Gerhard Wolf: »Wir haben ja laufend über unsere Arbeit gesprochen«, a. a. O., S. 374.
2 Hans Baumgart u. a.: Gedankenskizze für den Thesenentwurf, der bei der Vorstandssitzung vorgelegt wird. In: AdK, SV 227, Blatt 1–11, hier: Blatt 6. Baumgart war zu diesem Zeitpunkt Vertreter der Kulturabteilung des ZK der SED.
3 Brigitte Reimann: Alles schmeckt nach Abschied, a. a. O., S. 176, 177.
4 Brigitte Reimann und Wolfgang Schreyer: Ich möchte so gern ein Held sein, a. a. O., S. 97, 98.
5 Erklärung des Vorstandes des DSV. 12. 1. 1966. In: SV (neu), Sign. 150, S. 1, 2. Es handelt sich um ein Papier von 6 Seiten, das in Dresden in dieser Form angenommen wurde.
6 Brigitte Reimann an Wolfgang Schreyer, 25. 1. 1966. In: Ich möchte so gern ein Held sein, a. a. O., S. 97, 98 (zu den Beiträgen, auf die Brigitte Reimann verweist, siehe Arch-DSV, Sign. SSV 227; Kopie in Archiv Gansel).
7 Wolfgang Schreyer an Brigitte Reimann. In: Ebd., S. 100–102.
8 Ebd.
9 Günter Caspar an Brigitte Reimann, 11. 3. 1960 (Kopie in Archiv Gansel).
10 Siehe Kapitel 21, Anm. 36.
11 Für mich ist Politik etwas sehr Persönliches. Ein Sonntag-Gespräch zwischen Klaus Steinhaußen und Brigitte Reimann, a. a. O.
12 Arnhelm Neusüss: Über die Schwierigkeiten beim Schreiben der Wahrheit, a. a. O., S. 77.
13 Brigitte Reimann und Christa Wolf: Sei gegrüßt und lebe, a. a. O., S. 48.
14 Gespräch mit Dieter Dressler, Februar 2001, und Brief von Dieter Dressler an Carsten Gansel, 12. 2. 2002. In: Archiv Gansel.
15 Brigitte Reimann: Alles schmeckt nach Abschied, a. a. O., S. 195.

16 Pernack Obltn/GI »Peter Steinhaus«: Abteilung V/1 mündlich eingegangen, 26. 3. 1963. In: BStU, III 52/ 71, Archiv-Nr. III 259/73, Blatt 000228 (handschriftlich).

17 Treffbericht mit dem IM »Peter Steinhaus« am 9. 6. 1964. In: Ebd., Blatt 000261.

18 Bericht für den Zeitraum vom 4. Januar bis 26. Januar 1965. In: Ebd., Blatt 000260.

19 Werner Müller-Claud, Sonntag, an Brigitte Reimann, 1. 7. 1967. In: BRA, Sign. 868.

20 Brigitte Reimann: Meine Straße. In: Sonntag, 41/1967.

21 Bericht einer Arbeit der Schriftstellerin Brigitte Reimann unter dem Titel »Meine Straße«. In: BStU, a. a. O., Blatt 000296.

22 Thomas Lindenberger: Die Diktatur der Grenzen. In: Ders. (Hrsg.): Herrschaft und Eigen-Sinn in der Diktatur. Köln: Böhlau Verlag 1999, S. 31.

23 Ebd.

24 Brigitte Reimann und Wolfgang Schreyer: Ich möchte so gern ein Held sein, a. a. O., S. 124.

25 Ebd., S. 125.

26 Spur der Steine. Frank Beyer (Edition Deutscher Film 14).

27 Siehe Andreas Kötzing und Ralf Schenk (Hrsg.): Verbotene Utopie. Die SED, die DEFA und das 11. Plenum. Berlin: Bertz+Fischer 2015.

28 So Ralf Schenk auf dem Symposium: Strafgericht über die volkseigene Moderne in Film und Literatur der DDR (Halle, 1. 10. 2021). Konzeption: Paul Werner Wagner. Siehe auch ebd: Carsten Gansel: »aber schreiben kann man dann nicht« (Christa Wolf) – Literatur als »Sündenbock« für eine verfehlte Gesellschaftspolitik oder Über die Auswirkungen politischer Eingriffe in künstlerische Prozesse.

29 Brigitte Reimann und Wolfgang Schreyer: Ich möchte so gern ein Held sein, a. a. O., S. 125.

30 Dieter Dressler an Carsten Gansel, 14. 2. 2001. In: Archiv Gansel.

31 Elisabeth Elten-Krause an Brigitte Reimann, 16. 5. 1966. In: BRA, Sign. 868.

32 Horst Lubos, Rat des Bezirkes/Mitglied des Rates und Leiter der Abteilung Kultur, an Brigitte Reimann, 22. 11. 1966. In BRA, Sign. 868.

33 Freundeskreis des Deutschen Kulturbundes Hoyerswerda-Neustadt an den Vorsitzenden des Staatsrates, den Genossen Walter Ulbricht. Eine Kopie des Schreibens wurde mir von Martin Schmidt zur Verfügung gestellt. In: Archiv Gansel.

34 Abteilungsleiter an Martin Schmidt, 24. 7. 1968. In: Ebd.

35 Brigitte Reimann: Alles schmeckt nach Abschied, a. a. O., S. 214.

36 Carsten Gansel und Ulrich Plenzdorf: »Dass die DDR tot ist, das ist Legende«. Gespräch mit Ulrich Plenzdorf. In: Norman Ächtler (Hrsg.): Carsten Gansel: Literatur im Dialog, a. a. O., S. 165–180, hier: S. 178, 179.

37 Brigitte Reimann an Wolfgang Schreyer, 10. 9. 1968. In: Dies. und Wolfgang Schreyer: Ich möchte so gern ein Held sein, a. a. O., S. 181, 182.

42. Kapitel

1 Brigitte Reimann: Alles schmeckt nach Abschied, a. a. O., S. 221.

2 Verpflichtung Hans Kerschek. In: BStU, Archiv-Nr. Cottbus AIM, 228/79, Sign. 000010.

3 Carsten Gansel und Gerhard Wolf: »Wir haben ja laufend über unsere Arbeit gesprochen«, a. a. O., S. 383.

4 Christa Wolf. In: Brigitte Reimann. 1933–1973 – Leben und Werk einer Schriftstellerin. Verantwortet von Margrit Bircken und Erika Becker. Literaturzentrum Neubrandenburg o. J.

5 Brigitte Reimann und Christa Wolf: Sei gegrüßt und lebe, a. a. O., S. 55.

6 Brigitte Reimann: Alles schmeckt nach Abschied, a. a. O., S. 225.

7 Eleonore Wolf: Mit der Geschichte leben. In: Neubrandenburg. Chronologische Stadtgeschichte und Firmenportraits. Neubrandenburg: BVB-Verlagsgesellschaft 1997, S. 29.

8 Siehe Detlef Stapf: Caspar David Friedrich. Die Biographie. Berlin: Okapi Verlag 2019, S. 152–154, sowie Ders.: Caspar David Friedrichs Wanderer. Franz Christian Boll und die Kunst der Romantik. Berlin: Okapi Verlag 2019, S. 97 ff.

9 Eleonore Wolf: Mit der Geschichte leben, a. a. O., S. 69.

10 Siehe Hansjoachim Popplow: Neubrandenburg im Aufbruch. Die 1950er- und 1960er-Jahre. Texte Frank Wilhelm. Neubrandenburg: mecklenbook 2012. Siehe auch Brigitte Raschke: Der Wiederaufbau und die städtebauliche Erweiterung von Neubrandenburg in der Zeit zwischen 1945 und 1989. München: scaneg Verlag 2005.

11 Brigitte Reimann: Alles schmeckt nach Abschied, a. a. O., S. 231.

12 Ebd., S. 192.

13 Iris Dullin-Grund: Geschichte einer Architektin. Visionen und Wirklichkeit. Hamburg: Mein Buch 2004, S. 89, 90.

14 Bundesministerium für Raumordnung, Bauwesen und Städtebau: WBS 70. Wohnungsbauserie. Leitfaden für Instandsetzung von Wohngebäuden in der Plattenbauweise. Bad Godesberg: 1997, S. 6.

15 Frank Wilhelm: Der Mann, der 30 000 Wohnungen baute. In: Nordkurier, 1./2. 6. 2013; Dana Sierke: Alle 38 Tage ein Wohnblock. Datzeberg wuchs im Eiltempo. In: Nordkurier, 28. 5. 2013.

16 Brigitte Reimann an Wolfgang Schreyer, 26. 2. 1968. In: Dies. und Wolfgang Schreyer: Ich möchte so gern ein Held sein, a. a. O., S. 169.

17 Siehe die Beiträge in: VI. Deutscher Schriftstellerkongreß, a. a. O.

18 Christa Wolf: Nachdenken über Christa T. Berlin und Weimar: Aufbau-Verlag 1973, S. 7 (Kursivierung im Original).

19 Ebd., S. 187, 190, 59.

20 Die Schreiben aus den Unterlagen des Schriftstellerverbandes 1967 und 1968 sind jeweils von Gerhard Henniger und Dr. Jochen Schäfers unterzeichnet; siehe AdK, SV, Sign. 1545.

21 Brigitte Reimann an den Deutschen Schriftstellerverband, 10. 6. 1969. In: BRA, Sign. 869.

22 Der Deutsche Schriftstellerverband beantragt für Brigitte Reimann ein Stipendium. Dr. Jochen Schäfers, 17. 12. 1969. In: AdK, SV, Sign.1545.

23 Brigitte Reimann: Alles schmeckt nach Abschied, a. a. O., S. 263.

24 Ebd., S. 264.

25 Brigitte Reimann: Manuskript. »Sonntag, den ...« Sendung: 20. 3. 70. 20.00 Uhr II. Programm. In: BRA, Sign. 379. Siehe auch Margrid Bircken: Auf einer Straße, in einer Stadt. Anmerkungen zu einem bisher unveröffentlichten Text von Brigitte Reimann 1969. In: Dies. und Heide Hampel (Hrsg.): Architektur und Literatur, a. a. O., S. 202–215.

26 Brigitte Reimann: Alles schmeckt nach Abschied, a. a. O., S. 270, 271.

27 Tagesprotokoll für Freitag, den 20. 3. 1970. In: Deutsches Rundfunkarchiv. Schriftgutbestand Fernsehen. [Ohne Sign.]

28 Film/MAZ-Archiv an Bereich Publizistik. Koll. Köpernick, 29. 3. 1984. In: Ebd.

29 Lied auf Neubrandenburg. Aus einem Fernsehfeuilleton von Brigitte Reimann mit Grafiken von Lothar Weber. In: Freie Erde, 7. 10. 1969.

30 Brigitte Reimann: Manuskript. »Sonntag, den ...«, a. a. O.

31 Brigitte Reimann: Erinnerst du dich? In: Ebd.

32 Zum Problemkreis siehe Carsten Gansel: Zur ›Kategorie Störung‹ in Kunst und Literatur – Theorie und Praxis. In: Ders. (Hrsg.): Störungen in Literatur und Medien. Mitteilungen des Deutschen Germanistenverbandes, Heft 4/2014, Göttingen 2014, S. 315–332.

43. Kapitel

1 Hans J. Markowitsch und Harald Welzer: Das autobiographische Gedächtnis. Stuttgart: Klett-Cotta 2005, S. 230.

2 Brigitte Reimann: Alles schmeckt nach Abschied, a. a. O., S. 276, 281.

3 Annemarie Auer: Gutachten zu: Brigitte Reimann, »Franziska Linkerhand«, Roman: Manuskript 670 S., Verlag Neues Leben, Bln. In: SAdK, Annemarie-Auer-Archiv, Sign. 135.

4 Siehe Gundula Engelhard: »Wenn sie denn laufen sollte auf einem Seil, so spannte sie sich Netze«. Uwe Johnsons »Jahrestage« und Brigitte Reimanns »Franziska Linkerhand« – Romane für Schüler? In: Carsten Gansel und Nicolai Riedel (Hrsg.): Internationales Uwe-Johnson-Forum, Band 8. Frankfurt/M.: Verlag Peter Lang 2000, S. 115–128.

5 Brigitte Reimann: Alles schmeckt nach Abschied, a. a. O., S. 310.

6 Brigitte Reimann: Franziska Linkerhand, a. a. O., S. 5.

7 Ebd., S. 118.

8 Ebd., S. 141.

9 Ebd., S. 156, 157.

10 Ebd., S. 157.

11 Karl Böhm und Rolf Dörge: Unsere Welt von morgen. Berlin: Verlag Neues Leben 1959, S. 387–428, hier: S. 388.

12 Brigitte Reimann: Franziska Linkerhand, a. a. O., S. 212.

13 Christine Hannemann: Schrumpfende Städte in Ostdeutschland, a. a. O., S. 18.

14 Brigitte Reimann: Franziska Linkerhand, a. a. O., S. 414.

15 Juergen Schulz: Brigitte brachte Farbe in mein Leben. In: Helene und Martin Schmidt (Hrsg.): »Was ich auf dem Herzen habe«, a. a. O., S. 187–202, hier: S. 187.

16 Brigitte Reimann: Alles schmeckt nach Abschied, a. a. O., S. 246.

17 Ebd., S. 315.

18 Juergen Schulz über Brigitte Reimann im Gespräch mit Inés Burdow. MDR Dokumentation 20. 2. 2013. ARD-Audiothek. https://www.ardaudiothek.de/episode/mdr-dok/juergen-schulz-ueber-brigitte-reimann-im-gespraech-mit-ines-burdow/mdr-kultur/86231982 (letzter Zugriff: 26. 5. 2023).

19 Ebd.

20 Horst Fitzer, Rechtsanwalt, an Hans Kerschek, 30. 3. 1970. In: BRA, Sign. 868.

21 Horst Fitzer, Rechtsanwalt, an Kreisgericht. Kammer für Eherechtssache. Hoyerswerda. Klage. In: Ebd.

22 Brigitte Reimann und Irmgard Weinhofen: Grüß Amsterdam. Briefwechsel

1956–1973. Hrsg. von Angela Drescher und Dorit Weiske. Berlin: Aufbau-Verlag 2003, S. 214.

23 Juergen Schulz an Irmgard Weinhofen, 16. 4. 1970. In: Ebd., S. 215–217.

24 Brigitte Reimann an Irmgard Weinhofen, 22. 4. 1970. In: Ebd., S. 217, 218.

25 Juergen Schulz an Irmgard Weinhofen, 6. 5. 1970. In: Ebd., S. 220.

26 Brigitte Reimann: Franziska Linkerhand, a. a. O., S. 487, 488.

27 Ebd., S. 495, 496. (Brigitte Reimann hat in den Jahren 1967 bis 1970 eine Chronik geführt, die genannten Ereignisse sind darin aufgezeichnet, siehe Brigitte Reimann: Alles schmeckt nach Abschied, a. a. O., S. 359–382, hier: S. 359.)

28 Ebd., S. 496 (ebd., S. 339).

29 Brigitte Reimann: Alles schmeckt nach Abschied, a. a. O., S. 347.

30 Ebd., S. 349, 350, 358.

31 Beschluß für das Anlegen eines OVA, 5. 12. 1970. In: BStU, III/52/71, Archiv-Nr. III 259/73, Blatt 00008–000189, hier: Blatt 000009.

32 Ebd., Blatt 000019–000028.

33 Der Literaturkritiker Günter Ebert, ein ausgewiesener Kenner der Kinder- und Kriminalliteratur, wurde im Zweiten Weltkrieg schwer verletzt, eine Beinamputation war die Folge. Zudem sollte ihm seine »Blutgruppentätowierung als negativer Stempel ein Leben lang anhängen«. So wird er später in seinem autobiographischen Roman schreiben: »Immer, wenn ich aufsässig werden wollte, wenn ich Widerstand anmeldete, schnürte mir die andere Seite mit der Frage den Hals zu: Warst du nicht bei der SS?« In: Ders.: Der Junge aus dem Henkerhaus. Frankfurt/M.: Cornelia Goethe Literaturverlag 2004, S. 277.

34 Brigitte Reimann: Alles schmeckt nach Abschied, a. a. O., S. 310.

35 Es existieren Treffberichte vom 8. 5., 12. 6. sowie 9. 12. 1969. In: BStU, III 52/71, Archiv-Nr. III 259/73, Blatt 000010–000012.

36 Ebd., Blatt 000062.

37 Siehe zur Rolle von Günter Ebert in Verbindung mit dem eingeleiteten Operativen Vorgang bis 1989: Christiane Baumann: Das Literaturzentrum Neubrandenburg 1971–2005. Literaturpolitik zwischen Förderung, Kontrolle und neuer Geschichtslosigkeit. Berlin: Schriftenreihe des Robert-Havemann-Archivs 2006, hier insbesondere: S. 46–58. Siehe auch Matthias Braun: Brigitte Reimann im Spiegel der Stasi-Akte, a. a. O.

38 Brigitte Reimann: Sei gegrüßt und lebe, a. a. O., S. 153.

39 Juergen Schulz an Irmgard Weinhofen, 22. 2. 1971. In: Brigitte Reimann und Irmgard Weinhofen: Grüß Amsterdam, a. a. O., S. 239.

40 Walter Lewerenz an Brigitte Reimann, 7. 6. 1971. In: BRA, Sign. 868.

41 Brigitte Reimann und Irmgard Weinhofen: Grüß Amsterdam, a. a. O., S. 265.

42 Mitteilung, 27. 5. 1971. In: BStU, III 52/71, Blatt 000058.
43 Erich Honecker: Bericht des Zentralkomitees an den VIII. Parteitag der Sozialistischen Einheitspartei Deutschlands. Berlin: Dietz Verlag 1971, S. 76. Auf Fragen von Kunst und Kultur kommt Erich Honecker im letzten Drittel zu sprechen.
44 Ebd.
45 Erich Honecker: Bericht auf der 4. Tagung des ZK der SED vom 17. Dezember 1971. Auszug des Berichts in: Neues Deutschland, 18. 12. 1971.
46 Brigitte Reimann an Christa Wolf, 18. 3. 1972. In: Brigitte Reimann und Christa Wolf: Sei gegrüßt und lebe, a. a. O., S. 202.
47 Siehe Carsten Gansel und Gitta Lindemann: »Und schreiben, das war wirklich sein Leben«. In: Werner Lindemann. Die Beichte. Ein Lebensbericht. Berlin: Okapi Verlag 2020, S. 149–190, hier: S. 166.
48 Brigitte Reimann an Christa Wolf, 18. 3. 1972. In: Brigitte Reimann und Christa Wolf: Sei gegrüßt und lebe, a. a. O., S. 207.
49 Carsten Gansel im Gespräch mit Gitta Lindemann (Schwerin 2000) sowie Gitta Lindemann an Carsten Gansel, 24. 4. 2023. In: Archiv Gansel.
50 Brigitte Reimann: Franziska Linkerhand, a. a. O., S. 603, 604.

44. Kapitel

1 Brigitte Reimann: Ich bedaure nichts, a. a. O., S. 40.
2 Brigitte Reimann und Irmgard Weinhofen: Grüß Amsterdam, a. a. O., S. 279.
3 Annemarie Auer: Gutachten zu Brigitte Reimann, »Franziska Linkerhand«, a. a. O., S. 11.
4 Walter Lewerenz: Nachsatz. In: Franziska Linkerhand, a. a. O., S. 584.
5 Carsten Gansel im Gespräch mit Walter Lewerenz, 29. 10. 1999. In: Archiv Gansel.
6 Brigitte Reimann: Franziska Linkerhand. Berlin: Aufbau-Verlag 1998, S. 360.
7 Ebd., S. 150.
8 Ebd., S. 545.
9 Ebd., S. 546 (diese Stelle ist in der zunächst publizierten Fassung von 1974 gestrichen).
10 Carsten Gansel im Gespräch mit Walter Lewerenz, 29. 10. 1999, a. a. O.
11 Brigitte Reimann: Franziska Linkerhand. Roman. Ungekürzte Neuausgabe. Bearbeitung und Nachbemerkung Angela Drescher. Nachwort von Withold Bonner. Berlin: Aufbau-Verlag 1998.
12 Carsten Gansel im Gespräch mit Walter Lewerenz, 29. 10. 1999, a. a. O.

13 Christa Wolf an Walter Lewerenz, 13. 9. 1974. In: Christa Wolf: Man steht sehr bequem zwischen allen Fronten. Briefe 1952–2011. Hrsg. von Sabine Wolf. Berlin: Suhrkamp 2016, S. 249–250, hier: S. 249.

14 Christa Wolf an Walter Lewerenz, 9. 3. 1973. In: Ebd., S. 216.

15 Christa Wolf an Walter Lewerenz, 13. 9. 1974. In: Ebd., S. 249.

16 Carsten Gansel und Ulrich Plenzdorf: »Dass die DDR tot ist, das ist Legende«, a. a. O., S. 165–180, hier: S. 173.

17 Brigitte Reimann: Ich bedaure nichts, a. a. O., S. 142.

Personenregister

Bildnachweis

Archiv Aufbau Verlage 19, 28 (Gerhard Kiesling), 29–30, 43

bpk (Herbert Fiebig) 1

Literaturzentrum Neubrandenburg, BRA 2 (Brigitte Reimann), 3–8, 10–14, 15 (Ernst Jäger), 16–18, 20–21, 22 (Brigitte Reimann), 23–24, 25–26 (Brigitte Reimann), 27 (Ernst Jäger), 31 (Schadewald), 32–35, 36 (Gahlbeck), 37–42, 44, 45–46 (ADN-ZB / Franke), 47–48 (Bernd Lasdin), 49 (Hans Wotin), 50

Veralore Schwirtz, Berlin 9

Dank

Das Buch über Brigitte Reimann hätte nicht ohne Unterstützung vieler Beteiligter entstehen können. Dazu gehören eine Reihe von Archiven, an erster Stelle das Brigitte-Reimann-Archiv (Literaturzentrum Neubrandenburg), namentlich Erika Becker, Heide Hampel, Heike Hinz und Yvonne Klomke. Dank gilt Sabine Wolf, der Stellvertretenden Direktorin des Archivs der Akademie der Künste, Berlin; Dr. Jörg-Uwe Fischer und Martina Seidel vom Deutschen Rundfunkarchiv, Potsdam; Magda Jousten und Andrea Ribbschläger von der Bibliothek für Bildungsgeschichtliche Forschung, Berlin; Marita Pagels-Heineking und Michael Köllner von der BStU-Außenstelle Neubrandenburg sowie den Kolleginnen der BStU, Berlin; der Stiftung Archiv der Parteien und Massenorganisationen der DDR im Bundesarchiv, Berlin; dem Staatlichen Russischen Militärarchiv, Moskau.

Für Gespräche und Hinweise danke ich Dr. Gundula Engelhard (Neubrandenburg), die – wie bei anderen Projekten – die Erstleserin von frühen Stufen des Manuskriptes war. Meinem früheren Mitarbeiter, Dr. Norman Ächtler (Universität Gießen), ist für den Austausch zu einzelnen Texten von Brigitte Reimann zu danken. Gleiches gilt für Dr. José Fernández Pérez (Universität Gießen) und Birka Siwczyk (Kamenz). Danken möchte ich meiner Sekretärin, Katja Wenderoth (Universität Gießen), die mich bei der Abschrift von Archivmaterialien unterstützt und Teile des Manuskripts gelesen hat. Mein Dank gilt Freunden, Bekannten und weiteren Kolleginnen und Kollegen wie Detlef Stapf, Michael Hametner, Alexander Zabelin, Dr. Monika Hernik, Dr. Matthias Braun, Gitta Lindemann, Dr. Frank Wilhelm, Eleonore Wolf, Dr. sc. Klaus-Dieter Block, Prof. Dr. Rüdiger Bernhardt, Dr. Klaus-

Rüdiger Mai, Dr. Therese Hörnigk, PD Dr. Birgit Dahlke, Dr. Peter Böthig, Dr. Margrid Bircken, Prof. Dr. Peer Pasternak, Prof. Dr. Cora Dietl, Dr. Bernd Florath, Kristina Stella, Angela Drescher, Christine und Christian Stelzer, Markus Kurze, Dr. Udo Vogt, Antje Stavenhagen, Ingrid Becker.

Nicht zuletzt möchte ich allen danken, die mit Brigitte Reimann zusammengearbeitet haben oder ihr seit der Kindheit oder/und Jugend in Freundschaft verbunden waren. Letzteres war besonders wertvoll, da die Autorin ihre Tagebücher aus den Jahren vor 1955 vernichtet hat, weshalb dieser Zeitraum in der Darstellung besondere Aufmerksamkeit verlangte. Mit zahlreichen von ihnen konnte ich Gespräche führen, genannt seien Dr. Rudolf Burgartz (†) und Siegfried Pitschmann (†), Ludwig Reimann (†) und Margarete Reimann, Ulrich Reimann und Dr. Sigrid Reimann. Ferner Wolfgang Schreyer (†) und Ingrid Schreyer, Walter Lewerenz (†), Volker Braun, Christa Wolf (†) und Gerhard Wolf (†), Georg Piltz (†), Wenzel Renner (†), Joochen Laabs, Erich Loest (†), Helmut Sakowski (†), Walter Kaufmann (†), Margarete Neumann (†), Hans Klockmann (†), Doris Franke, Dieter Dreßler (†), Dr. Christa Eckerle, Elisabeth Elten-Krause (†), Dr. Annemarie Auer (†), Günter Ebert (†).

Christina danke ich für die stetige Motivation und Unterstützung.

Ganz besonders danke ich Nele Holdack, der Leitenden Lektorin Moderne Klassik / Klassik im Aufbau Verlag, die das Vorhaben angeregt, begleitet, befördert und lektoriert hat. Nicht nur im Rahmen des Vorhabens zu Brigitte Reimann gab es einen intensiven und produktiven Austausch.